第 2 版

Second Edition

全球航空业

THE GLOBAL AIRLINE INDUSTRY

【美】彼得·贝罗巴巴 阿梅迪奥·奥多尼 辛西娅·巴恩哈特 著

解开颜 李志军 译

上海交通大学出版社
SHANGHAI JIAO TONG UNIVERSITY PRESS

内容提要

本书由麻省理工学院航空航天系彼得·贝罗巴巴、阿梅迪奥·奥罗尼教授等人所著,是关于全球航空业(主要是全球民用航空运输产业)的一部专著。全书共分 17 章,内容涉及航空运输经济、航空公司的航班规划和运营、航空公司定价和运力分配、产业关系和人力资源问题、航空安全和安全保障、航空基础设施和环境影响等。

本书可作为高等院校航空运输管理专业和相关专业高年级本科生或研究生的教材或教学参考书。同时,对航空公司管理人员尤其是高层管理人员也具有很高的实用价值。

图书在版编目(CIP)数据

全球航空业/(美)彼得·贝罗巴巴(Peter Belobaba),(美)阿梅迪奥·奥多尼(Amedeo Odoni),(美)辛西娅·巴恩哈特(Cynthia Barnhart)编著;解开颜,李志军译.—2 版.—上海:上海交通大学出版社,2018(2023重印)
大飞机出版工程
ISBN 978-7-313-19400-8

Ⅰ.①全… Ⅱ.①彼…②阿…③辛…④解…⑤李… Ⅲ.①航空运输业-研究-世界 Ⅳ.①F561

中国版本图书馆 CIP 数据核字(2018)第 098888 号

全球航空业(第 2 版)

编　　著:[美]彼得·贝罗巴巴　阿梅迪奥·奥多尼　辛西娅·巴恩哈特　译　者:解开颜　李志军

出版发行:上海交通大学出版社　　　　　　　　　　　　　地　址:上海市番禺路 951 号

邮政编码:200030　　　　　　　　　　　　　　　　　　　电　话:021-64071208

印　　制:苏州市越洋印刷有限公司　　　　　　　　　　　经　销:全国新华书店

开　　本:710mm×1000mm　1/16　　　　　　　　　　　印　张:35.25

字　　数:685 千字

版　　次:2018 年 7 月第 1 版　　　　　　　　　　　　　印　次:2023 年 1 月第 4 次印刷

书　　号:ISBN 978-7-313-19400-8

定　　价:298.00 元

译 者 简 介

解开颜 工学硕士，2001年毕业于清华大学并有幸进入民航业。长期从事民航旅客分销和服务方向的理论研究及其实践工作，在计算机订座系统（CRS）、全球分销系统（GDS）、旅客服务系统（PSS），航空公司中短期规划、收益管理及国际航协NDC（新分销能力）标准等领域略有经验。目前任职于某电商公司。

李志军 2001年毕业于清华大学，获得工学硕士学位。毕业后进入中国民航信息集团工作，从此成为民航业的一员。从业以来致力于利用信息技术打造具有IT智慧的航空公司，对航空公司的经营管理、航空公司的数字化战略及其实践略有研究。目前供职于中国东方航空公司。

译　者　序

　　民航业是个相对较小的垂直行业,可能全中国民航业的从业人数还不及一个大国企的职工人数(例如,大同煤矿最辉煌时有40多万名职工)。民航业又是一个非常专业的行业,虽然只是通过运营航班实现收益,却需要大量各领域的知识和专业人员。民航业还是一个广泛采用先进技术的行业,如早在20世纪60年代仅政府或军方用得起计算机技术(或统称为信息技术(IT))时,民航业就已经开始采用当时最先进的IT技术实现了整个行业的半自动化分销,甚至民航分销体系中早已出现了互联网和电子商务(通过专用网络和协议与集中式主机连接的数万台销售终端)的影子。

　　那么,应如何了解民航业的全貌呢? 数十年来介绍民航业某一专业方向的图书汗牛充栋,而能够全面介绍航空业的入门级图书凤毛麟角,所幸《全球航空业》恰好就是这样一部图书。美国麻省理工学院航空系开设同名的研究生课程已有十多年时间,2009年参与授课的多位专家在课程教材和资料基础上编写成本书的第一版,出版后获得了全球从业者的广泛好评。本书第2版中加入了全球民航业的最新发展趋势和动态,使得本书成为全球民航业从业人员必备的入门经典教材。本书的三位编者和十四位合著者都是美国民航各领域的专家,编者中有两位是美国工程院院士(Amedeo Odoni教授和Cynthia Barnhart教授),另一位则是航空收益管理领域的扛旗人物(Peter Belobaba教授),此外合著者中还有两位美国国家工程院院士。

为什么翻译?

　　2001年,本书的两位译者有幸成为民航人。但是从业近十年后,我们依然感觉没能建立起对民航业的系统性认知,并且我们认为很多民航人也有类似的感受。幸运的是某偶然机会接触到了《全球航空业》(*The Global Airline Industry*)这本书,并如获至宝。在通读本书后,发现确实像亚马逊书评所说的那样,"It's worth every penny"(你花在这本书上的每一分钱都物有所值——当时亚马逊上这本书的售价高达 200 美元)。

译者所学专业与民航业并没有直接关系,进入民航这样一个专业行业后,总会被一个问题困扰,就是如何才能获得对民航业的系统性认知,而且从事行业的时间越久这个困扰就越强烈。这种感觉迫使译者不断寻找行业的介绍资料,直到接触《全球航空业》这本书后,译者认为终于找到了这个行业最好、最全面的介绍性文献,这是一本值得花大量时间和精力细读的行业权威著作。

本书虽是介绍性著作,但内容专业、翔实,基本覆盖了全球航空业的各个方面。通读本书的过程中总有种隔靴搔痒的感觉,特别遇到涉及理论、公式的部分,常常会读不懂或者读了后面的内容又忘了前面的内容。因此,为更好掌握书中知识,译者决定用翻译的方式再次深入学习本书。在学习翻译过程中,又萌生了另一个想法,即将这本权威著作完整的翻译出来,既能让国内更多新进入民航领域的从业者读到并快速建立起对行业的宏观认知,又能创造机会与民航业的专家、同行交流与探讨,真是何乐而不为。

翻译过程

本书的翻译由两个阶段组成。第一阶段是在本书第 1 版传到国内以后,从当时译者所在单位招募了许多志同道合者一起翻译,但由于大家日常工作繁忙而未能最终完成。当本书第 2 版上市后,译者决定在第一阶段翻译成果的基础上,利用工作之余完成本书的翻译。第二阶段的翻译工作从 2016 年 6 月 18 日开始到 2017 年 12 月 18 日结束,历时 548 天,主要利用工作日的晚上时间和大部分周末时间。原书一共 512 页,基本上做到了每天读懂并翻译一页。

"优秀的译文应该是完美的交流,译者使用的语言是一把为读者打开原文真谛的钥匙,而不是理解原文的障碍。"虽然本书的译者竭尽全力、力图确保译文能够忠实地反映出原书编著者要传达给读者的涵义,但由于水平所限,译文中存在的错漏之处,请广大读者批评指正并包涵和原谅。

致谢

首先感谢曾参与本书翻译的中国航信同仁。感谢苏菲先生,没有他的大力支持这本书不可能付梓。感谢同仁（排名不分先后）：林彤，卢世凤，郑芸，谢晖，王晨光，岳云霞，孔刚，孙薇，戴晋，胡恒，朱莹莹，郭振华，张婧薇，戴海林，王玥晟，卢静。感谢参与本书翻译和文稿整理工作的石佩佩女士。感谢章章女士花费大量时间对本书译稿进行了两次校对。

　　当然还要感谢上海交大出版社的钱方针和王珍两位编辑老师的帮助，让这本书可以顺利出版，王珍老师还联系了原书作者 Peter Belobaba 教授专门为中国读者作了序言。

解开颜　李志军

2018 年 3 月于上海

《全球航空业》(第2版)中译本序言

在过去的四十年中,全球航空业经历了巨大的改变,推动这种变革的主要动力是全球航空市场上持续增强的自由竞争趋势。市场开放的进程发端于1978年美国在其国内市场上对航线和运价的管制放松,在此之后,竞争激烈的航空市场环境所产生的降本增效效果迅速蔓延到了全世界的每一个区域。低成本航空公司(LCC)的出现是改变航空旅游现状的新一波浪潮;传统航空公司们被迫进行重组并努力提升自己运营过程的成本效益,以抵御低成本和低票价的竞争攻击;新兴且发展更为迅猛的"全球型航空公司"快速构建了大型、国际型航线网络。与此同时,制约全球航空业发展之因素依旧众多,许多国家中机场容量和空域容量的不足阻碍了航空业的快速发展,而航空安全和安保因素则始终是制约航空业发展的主要障碍。

日益激烈的市场竞争促使更多航空公司向旅客提供更加丰富、更低价格的服务,这也刺激了航空旅游需求的快速增长。在全球某些特殊区域中,经济发展史无前例的高速增长使得居民可支配收入大幅增加,这进一步刺激了航空旅游需求的增长。国民经济快速增长的区域中包含了亚洲,其中尤其是中国保持了举世瞩目的高速、持续增长。2016年59家中国航空公司运营着将近3 000架大型客运飞机、运送旅客4.88亿人次,旅客量相比前一年增长12%。在2008年至2017年间,中国航空公司平均年运力投放增长比例高达10.5%,这期间中国航空公司的运力增长超过了一倍[①]。如能继续保持如此惊人的增长步伐,在接下来的十年内,中国将超越美国、成为全球最大的单一国家航空市场。

虽然自由竞争带来的降本增效成果最初显现于美国,但相同的趋势很快出现在欧洲、中东和亚洲地区。在中国所有这些发展趋势也已经逐步显现,并导致航空公司、基础设施供应商及政策制定者必须面对世界其他地区航空发展曾经

---

① 数据来源:《2016年中国民航行业发展统计公报》,中国民用航空局。

历过的相似的种种挑战。中国低成本航空公司(LCC)的成功显而易见,满足了客户低价航空出行需求、提供更多出行选择的本土低成本航空公司——春秋航空就是其中一例。中国最大的航空公司们——中国国际航空公司、东方航空公司、南方航空公司——已经成长为全球最大的航空公司,排名都进入了前12强之列。然而,这些航空公司面临的竞争压力不仅来自本国和周边地区的低成本航空公司,还来自依赖本国的优势中转枢纽、提供全球性国际中转服务的传统或新兴航空公司,比如中东地区的新四大航空公司。

《全球航空业》(第2版)从整个行业结构的视角审视了全球航空业的组成及其重要的发展趋势,描述了全球航空行业在日益激烈的竞争环境中进行规划和运营的全部过程。这本书介绍了航空业运行的基本概念,包括航空出行的市场与需求、航空产品定价与收益管理、机队和机组规划、航空行程计划与评估以及航班计划制定等,为理解新出现的航空业务模式和管理策略奠定了坚实基础。同时,本书深入讨论了机场运行体系、空中交通管理以及航空安全和安保主题,从运行角度为理解航空业提供了洞见。本书其他一些章节则着眼于航空业的未来发展,探讨了航空对环境的影响、新一代航空分销系统以及整个航空业面临的新旧挑战。目前中国航空业发展面对的几乎全部问题和挑战,都能在世界其他地区找到范本和解决的经验,本书能够帮助中国航空从业者学到成功经验,或帮助借鉴其他地区的失败教训以避免再犯同样的错误。

2018 年 3 月于 MIT

THE GLOBAL AIRLINE INDUSTRY 2ND EDITION PREFACE FOR CHINESE TRANSLATION VERSION

Peter P. Belobaba

The global airline industry has undergone a dramatic transformation during the past four decades, driven in large part by the continuing liberalization of airline markets. Beginning with the deregulation of domestic airline routes and prices in the United States in 1978, the effects of increasing airline competition have spread to every region of the world. Low-cost carriers (LCCs) emerged to challenge the status quo of air travel; legacy airlines were forced to respond to low-cost and low-fare competition by re-structuring and making their operations more cost-efficient; and fast-growing emerging global carriers have developed large international networks. At the same time, constraints on airport and airspace capacity present obstacles to airline growth in many countries, while concerns about aviation safety and security remain at the forefront.

Increasing competition has led to more airlines providing more services at lower fares to the consumer, increasing the demand for air travel. And, unprecedented economic growth in some regions of the world has led to greater disposable incomes, further reinforcing the growth in air travel demand. Among the fastest growing regions has been Asia, and especially China. In 2016, 59 Chinese airlines operated almost 3,000 large passenger aircraft and carried 488 million passengers, up almost 12% from the previous year. Chinese airlines have increased capacity at an annual growth rate of 10.5% between 2008 and

2017, more than doubling their size[①]. With continued growth at this pace, China is poised to become the largest single-country aviation market in the world within the next decade.

Although the effects of competition on airlines began in the United States, the same trends have since swept through Europe, the Middle East and Asia. In China, all of these trends are now apparent and give rise to the same challenges faced by airlines, infrastructure providers, and policy-makers in most other regions of the world. The LCC phenomenon is clearly evident, as Chinese LCCs such Spring Airlines have emerged in response to consumer demand for a wider choice of air travel options at lower fares. China's largest airlines-Air China, China Southern and China Eastern-have grown into global carriers that rank among the 12 largest airlines in the world. These airlines face competitive pressures not only from LCCs but from legacy and emerging airlines providing connecting international services via their own country's connecting hubs, for example, in the Middle East.

This 2nd edition of *The Global Airline Industry* presents a comprehensive overview of airline industry performance and important developments in terms of industry structure, planning, and operations in an increasingly competitive environment. The fundamentals of airline demand, pricing and revenue management, fleet planning, route evaluation and scheduling provide a basis for understanding the factors that have led to the emergence of new airline business models and management strategies. Detailed discussions of airport systems, air traffic control and safety and security issues provide insights into the operational side of the airline. And, chapters on environmental impacts of aviation, next generation distribution systems, and emerging challenges look at what the future might hold. Virtually all of the challenges now being faced by Chinese aviation interests are similar to those experienced in other regions, allowing China to learn from the successes (and mistakes) of others.

---

① 数据来源:《2016 年民航行业发展统计公报》,中国民用航空局 (Chinese Civil Aviation Development Statistical Advisory, 2016, Civil Aviation Administration of China)。

前　言

　　全球航空业已经发展为一个由互相关联的技术、经济和组织部件构成的成熟、庞大、复杂体系，所有部件必须协调一致，才能确保航空运输服务安全、可靠运行。航空业的各个领域都由许多持有不同观点、代表不同利益的干系人组成：包括航空业、法律界、商界人士以及其他群体——例如那些被航空公司运送到世界各地的旅客们以及航空货物的业主们。本书介绍了全球航空业得以发展的基础及其重要影响：超过 1 400 家商业航空公司，在 3 800 多家机场运营着 25 000 架飞机，每年完成 3 600 多万个航班，运送旅客超过 30 亿人次。航空本身是独立和重要的行业，同时也已成为世界贸易、政治、安保及环保政策的重要参与者。

　　尽管面临各种复杂艰难挑战，全球航空业依然坚强的运行着——采用现代化 7 天×24 小时全天候方式。我们力图让这本书的内容覆盖航空业方方面面的内容，因为大多数人确实难以理解影响全球航空业的技术、商业、法律、监管、行业、人力资源和竞争环境以及政治压力因素，即便试图理解这个行业的基础知识也需要跨学科方法以及广泛的专业技能。《全球航空业》(第 2 版)所有的作者都是全球航空业各领域的专家，他们在本书中对基本概念、最新研究成果及近期行业发展趋势做出了前沿讨论。

　　本书的读者群体涵盖了航空业的各个领域，包括从事设计、制造、运营、维护和支持工作的所有人员，本书将所有这些工作内容整合为对全球航空业的全面深度探讨。本书的作者与撰稿人不仅深入分析了纷繁复杂的多元行业体系，并且将之以如此清晰简洁的方式呈现出来，这对整个行业发展都将起到积极的推动作用。

Peter Belobaba，Jonathan Cooper 和 Allan Seabridge

SERIES PREFACE

The global airline industry has matured into a vast and complex system of interrelated technical, economic and organizational components, all of which must work in harmony to ensure the safe and reliable operation of air transportation services. Contributing to each of these components are numerous stakeholders with diverse perspectives and interests — industrial, legal, commercial and human entities, including the passengers and freight carried by airlines to every corner of the globe. The introduction to this book puts the importance of the global industry into context: 1,400 commercial airlines operating 25,000 aircraft to over 3,800 airports, operating 36 million flights and carrying 3 billion passengers annually. Not only is this a significant business in its own right, aviation is an important player in world commerce and politics, as well as security and environmental policy.

Despite all this complexity, the global airline industry operates continuously — "24/7" in modern parlance. We have all come to expect nothing less, yet it is difficult for most people to comprehend the dynamics of the technical, commercial, legal, regulatory, industrial and human systems, as well as the competitive and political pressures that affect the world's airlines. Understanding of even the fundamentals of this industry requires an interdisciplinary approach and a wide range of expertise. In this 2nd Edition of The Global Airline Industry, the contributors are indeed experts in many different facets of global aviation, and they provide an updated discussion that includes basic concepts, advanced research, as well as many recent developments.

The Aerospace Series is relevant to a variety of readers involved in all aspects of this industry including design, manufacture, operations, maintenance and supporting activities, and this is a book that integrates many of these activities into a thorough examination of global aviation. It is a great tribute to the contributors that they have not only tackled a multifarious industrial system of such complexity but that they have presented it in such a clear and concise manner.

Peter Belobaba, Jonathan Cooper and Allan Seabridge

编著者介绍

主编

Cynthia Barnhart 是麻省理工学院校长,福特工程教授。她开设和讲授过的课程包括航空运输公司系统、大规模运输系统优化、航空公司航班计划规划及航空业等。她的研究领域主要集中于为各类运输系统的设计、规划及运营过程提供优化模型与算法。她目前(或曾经)担任《运筹学》杂志运输领域编辑、《运筹学》与《运输科学》期刊的副主编、INFORMS(运筹学与管理学研究协会)女士分会的运筹学与管理科学论坛主席、INFORMS 运输与物流分会主席以及 INFORMS 主席。在麻省理工学院,Barnhart教授曾担任工程学院副院长及临时院长、运筹学研究中心联席主任、麻省理工学院运输与物流研究中心联席主任。她是美国国家工程院院士,由于在运筹学与管理科学方面的杰出贡献曾获得 Franz Edelman 二等奖(该奖被誉为"管理学诺贝尔奖"),通用电气基金会的初级教师职业奖,美国国家科学基金会的总统青年研究员奖,《运输科学与物流》期刊的最佳论文一等奖以及 INFORMS 运筹学与管理科学妇女成就奖。

Cynthia Barnhart

Chancellor

MIT Room 10 - 200

77 Massachusetts Avenue

Cambridge,MA 02139

USA

Peter P. Belobaba 是麻省理工学院航空航天系及国际航空运输研究中心的首席研究科学家。他拥有麻省理工学院的运输学理学硕士学位以及航空运输系统专业的博士学位。目前他在麻省理工学院讲授航空业、航线管理及航空运输中的运筹学等研究生课程,并担任麻省理工学院全球航空业研究计划的项目负责人。他是

"旅客始发地—目的地模拟器(PODS)"MIT 研究联盟的负责人——该项目由 10 家国际航空公司资助,目的是研究需求预测、座位库存优化及收益管理等手段产生的竞争性影响问题。Belobaba 博士还担任全球 50 多家航空公司的行业顾问。他多年从事航空产品定价、收益管理、市场竞争、运营成本及劳动生产率分析方面的研究,有多篇论文发表在期刊《航空业务》《运筹学》《运输科学》《决策科学》《收益和定价管理杂志》《运输研究》以及《航空运输管理杂志》上。

Peter P. Belobaba

MIT Department of Aeronautics and Astronautics

Room 33 - 318

77 Massachusetts Avenue

Cambridge，MA 02139

USA

Amedeo R. Odoni 是麻省理工学院航空航天系以及土木与环境工程系教授。他曾担任美国联邦航空管理局(FAA)国家航空教育英才中心联席主席,麻省理工学院运筹学研究中心联席主席,麻省理工学院"航空业研究计划"联席主席、《运输科学》主编,还担任过多家国际机场的顾问及其他与航空相关的机构和项目的顾问。他是美国国家工程院院士,运筹学与管理科学协会(INFORMS)会员,也是 9 本书及 100 多种技术类出版物的作者、合著者或合编者。他获得了诸多荣誉,其中包括 INFORMS 运输科学终身成就奖,麻省理工学院 T. Wilson 主席奖,美国联邦航空管理局的航空教育英才国家奖,雅典经济与商业大学荣誉博士以及 4 项由麻省理工学院颁发的杰出教学、辅导或指导奖。Odoni 博士桃李满天下,他学生的研究成果或学位论文也已获得了众多奖项。

Amedeo R. Odoni

MIT Department of Aeronautics and Astronautics

Room 33 - 219

77 Massachusetts Avenue

Cambridge，MA 02139

USA

编著者

Greg J. Bamber 是澳大利亚墨尔本莫纳什大学管理学系教授。他的(联合)出版物包括《在云端：航空公司如何通过员工参与提高绩效》（康奈尔大学出版社出版）、《国际比较劳资关系》（Sage 出版社出版）。他还发表了许多论文，是国际学术期刊编辑委员会成员。他的研究领域包括外包/共享服务，争端调解以及工作场所变化等，涉及航空、教育、医院、制造、公共服务和电信等众多行业。他与国际机构、政府、公司及其他组织共同进行研究与咨询。他曾担任"英国咨询、调解与仲裁服务中心"仲裁员，澳大利亚与新西兰管理科学院主席，管理学术协会国际联合会主席。他曾就读于曼彻斯特大学、伦敦经济学院及爱丁堡的赫瑞·瓦特大学。他是英格兰纽卡斯尔大学客座教授，哈佛大学、MIT 的访问学者。

Greg J. Bamber

Department of Management

Monash University

PO Box 197，Caulfield East

Melbourne，Victoria 3145

Australia

Arnold I. Barnett　　是 MIT 斯隆管理学院管理科学系 George Eastman 教授。他拥有哥伦比亚大学物理学学士以及 MIT 数学博士学位。他的研究特色是将数学建模应用于重要性政策问题；航空安全也是他感兴趣的领域之一。Barnett 教授撰写（或合著）并发表了近 100 篇论文。他关于航空安全的研究论文被媒体广泛引用，其中较为著名的包括《纽约时报》《华尔街日报》《科学美国人》《经济学人》和《新闻周刊》。他曾多次担任 FAA、TSA 及其承包商的顾问，曾担任 6 家机场与 14 家航空公司的顾问。Barnett 教授曾深入研究商业航空旅客的死亡风险、飞行风险的公众认知与反应以及某些具体安全问题，如天气灾害、跑道碰撞风险、自由飞行航路计划及恐怖主义危害等。他在 1996 年—1998 年间担任 FAA 的"提升旅客行李匹配度"项目技术团队的负责人，2008 年—2010 年担任洛杉矶国际机场北部空侧安全研究小组组长。2002 年他因在"安全领域的杰出贡献"而获得"飞行安全基金会"总裁嘉奖。

Arnold I. Barnett

MIT Sloan School of Management

Room E62－568

77 Massachusetts Avenue

Cambridge，MA 02139

USA

Jody Hoffer Gittell 是布兰迪斯大学海勒学院社会政策与管理系管理学教授，关系协调研究合作组织执行主任，关系协调分析公司的首席科学官。她的研究工作揭示出工作人员如何通过相互间的协调以及与消费者、与领导间的协调来提升工作质量与工作效率。她的研究结果发表在许多科学期刊上，并收录在几本书籍之中。她在最新著作《寻求高绩效进行关系转型》(斯坦福大学出版社出版)中，提出了组织变化的多介入模式。在《西南航空之路：利用关系的力量实现高绩效》(麦格劳希尔出版社出版)与《高效能医保：利用关系的力量实现优质、效率与灵活性》(麦格劳-希尔出版社出版)两本书中，Gittell 教授讲述航空与医保行业中的关系应如何协调。她还是《在云端：航空公司如何通过员工参与提高绩效》(康奈尔大学出版社出版)的合著者之一，此书分析了全球航空业的转型。Gittell 教授拥有 MIT 斯隆管理学院博士学位，并在劳工与就业关系协会董事会、健康基金会及美国管理评论中任职。

Jody Hoffer Gittell

The Heller School for Social Policy and Management

Brandeis University

Waltham，MA 02454

USA

R. John Hansman，Jr. 是 MIT 航空航天系的 T. Wilson 教授，MIT 航空运输国际研究中心主任。他的研究领域包括信息技术如何应用于航空运输中的飞行器运营，空中交通管制及安全等方面。Hansman 博士拥有 6 项专利，也是超过 250 篇技术文章的作者。他累积了大量飞行经验，包括(通用)飞机、直升机和滑翔机的飞行时间 5 900 多小时，还拥有气象、生产与工程试飞经验。Hansman 教授是美国联邦航空管理局研究与发展咨询委员会主席，他是美国国家工程院院士及航空航天协会会员。Hansman 曾获得 1996 年美国联邦航空管理局航空杰出人才奖，2004 年航空飞行研究 Dryden 奖，1994 年美国航空航天协会的 Losey 大气科学奖及 2006 年空中交通管制协会的职业贡献 Kriske 奖。

R. John Hansman，Jr.

MIT Department of Aeronautics and Astronautics

Room 33 - 303

77 Massachusetts Avenue

Cambridge，MA 02139

USA

Thomas A. Kochan 是 MIT 斯隆管理学院的管理学 George M. Bunker 教授。他曾深入研究公共及私营领域的产业关系与人力资源管理。他的近期著作包括《重筑美国梦：工薪家庭的日程表》(2005),《在云端：航空公司如何通过员工参与提高绩效》(2009)以及《共同治愈：凯撒医疗机构的劳工管理合作关系》(2009)。他的书作《美国产业关系转型》(1986)获得了美国管理学会年度管理方向最佳学术图书奖。Kochan 教授是国际产业关系协会(IIRA)和产业关系研究会(IRRA)前任主席。1996 年他获得美国管理学会人力资源方向 Heneman 事业成就奖。1995 年他被评为伦敦经济学院的百年客座教授。1993 年—1995 年间,他曾担任克林顿政府的"劳工与管理层未来关系委员会"委员。2009 年—2011 年间他是麻省理工学院院长。

Thomas A. Kochan

MIT Sloan School of Management

E62 - 334

77 Massachusetts Avenue

Cambridge，MA 02139

USA

Karen Marais 是普渡大学航空航天学院助理教授。她的研究领域包括航空对环境的影响、复杂社会技术系统的安全性分析与风险评估、通用航空安全及改进型系统工程与管理方法的研发。Marais 博士于 2005 年从麻省理工学院航空航天学系取得博士学位。她还拥有麻省理工学院"天基雷达"专业硕士学位。在进入研究生学院之前,她在南非担任电气工程师工作。她还拥有斯坦林布什大学的电气和电子工程学士学位以及南非大学数学理学学士学位。她撰写或参与撰写了近 40 种技术出版物,其中包括 14 种期刊出版物及 2 本书的部分章节。

Karen Marais

School of Aeronautics and Astronautics

Purdue University

ARMS 3325

West Lafayette，IN 47907

USA

Robert B. McKersie 自 1980 年以来一直在麻省理工学院任职。在此之前,他曾担任康奈尔大学纽约学院产业与劳工关系学院院长;再之前,他曾在芝加哥大学布斯商学院任教。他的研究方向主要是劳资关系,特别关注双方的谈判活动。1965年,他与 Richard Walton 合著了《劳工谈判的行为理论》一书。此后,他的研究集中在生产力课题上(与 Lawrence Hunter 合著了《支付、生产力与集体协商》一书),并参与了斯隆管理学院某个耗时多年的项目,最终与他人合著了《美国产业关系的转型》一书并获奖。最近,他重返谈判协商过程研究领域,并与人合著了《战略谈判》一书。McKersie 教授在多个美国国家级的总统委员会中任职,也是美国国家仲裁委员会会员,还曾担任国家产业关系研究协会(现美国劳工与就业关系协会)主席。

Robert B. McKersie

MIT Sloan School of Management

Room E52 - 503

77 Massachusetts Avenue

Cambridge，MA 02139

USA

Alan H. Midkiff　目前是美国某大型航空公司的 B767 机长,他受雇于这家航空公司已经有 28 年。他从 14 岁开始飞行,具有丰富的民用机飞行经验,从轻型单引擎活塞教练机、"蒸汽表"三人机组涡轮喷气飞机到最近在国内国际航线上驾驶具有现代化玻璃驾驶舱的宽体飞机。1992 年他在 MIT 获得航空航天专业理学硕士学位;自 1994 年起在 MIT 航空运输国际研究中心任职研究工程师。他的本科教育经历包括利哈伊大学电气工程学士学位及霍桑学院航空管理专业理协士学位。

Alan H. Midkiff

MIT Department of Aeronautics and Astronautics

Room 33 - 309

77 Massachusetts Avenue

Cambridge，MA 02139

USA

Tom G. Reynolds　是 MIT 林肯实验室空中交通管制系统小组组长助理。他是航空运输系统工程方面的专家,特别关注空中交通管制及其在减轻航空对环境影响中发挥的作用。他曾担任麻省理工学院和剑桥大学研究员,并在英国航空工程公司的维修及飞行运控部工作。他拥有 MIT 航空运输国际研究中心航天系统专业博士学位,是 2013 年出版的教材《机场系统：规划、设计和管理》的合著者。

Tom G. Reynolds

Air Traffic Control Systems Group

MIT Lincoln Laboratory

244 Wood Street，S1 - 539G

Lexington MA 02420

USA

William S. Swelbar 是 MIT 国际航空运输研究中心的研发工程师,他隶属于全球航空业研究计划和航空业联盟计划。2013 年下半年 Bill 加入咨询公司 InterVISTAS 担任执行副总裁,管理其华盛顿办事处。他还担任夏威夷(航空)控股有限公司董事会成员。在过去 20 年中,他以咨询顾问身份代表航空公司、机场、投资商、制造商及劳工群体工作。他职业生涯的大部分时间都在研究兼并、联盟、新开航空公司、小型社区航空服务与新型飞机技术等竞争环境中因市场行为所导致的组织结构变化。Bill 的工作包括竞争性评估、成本效益分析以及其他能够支持战略规划、企业公关及劳资谈判的经济和财务咨询服务。Bill 拥有东密歇根大学的荣誉理学学士学位及乔治·华盛顿大型的 MBA 学位。

William S. Swelbar

MIT Department of Aeronautics and Astronautics

Room 33 - 318

77 Massachusetts Avenue

Cambridge，MA 02139

USA

Vikrant Vaze 是达特茅斯学院工程系助理教授,并的研究领域包括优化理论、博弈论及统计建模在多智能体复杂系统中的应用,并讲授运筹学与统计学课程。他拥有麻省理工学院运输科学专业硕士学位、运筹学硕士学位及运输系统博士学位,还获得位于孟买的印度理工学院(IIT)土木工程学士学位。他获得了诸多荣誉,其中包括"大学运输工程中心"理事会的 Pikarsky 最佳博士论文奖、"美国/欧洲 ATM 研究论坛"最佳论文奖,AGIFORS 协会 Anna Valicek 最佳论文荣誉提名奖、FAA "机场协作研究计划"研究生研究奖、麻省理工学院校长奖学金与 UPS 优秀奖学金和印度理工学院的印度总统金奖。他参与撰写了 8 篇同行评审期刊文章。目前他担任 INFORMS 航空应用部门财务主管和秘书长。

Vikrant Vaze

Thayer School of Engineering

Dartmouth College

14 Engineering Drive

Hanover，NH 03755

USA

Andrew von Nordenflycht　是加拿大温哥华西蒙弗雷泽大学决策学副教授。他的研究方向是人力资本密集型企业的组织结构与管理,着重于专业服务与航空公司领域。他是"劳工与就业关系协会"航空业理事会联席主席,还是《在云端:航空公司如何通过员工参与提高绩效》(2009)的合著者之一,并在《产业与劳工关系评论》《管理学会学报》《管理学会评论》《组织科学》《职业与组织杂志》及《劳工评论月刊》等刊物上发表过多篇论文。

Andrew von Nordenflycht

Beedie School of Business

Simon Fraser University

500 Granville Street

Vancouver，BC

Canada V6C 1W6

Ian A. Waitz　是麻省理工学院工程学院院长、航空航天专业 Jerome C. Hunsaker 教授。Waitz 教授在燃气涡轮发动机、流体力学、燃烧学和声学领域取得了众多研究成果。他的近期研究工作集中于对气候、空气质量及航空噪声影响的建模与评估,对这些影响的缓解技术、运行方式和政策选项进行评价。除了学术出版物之外,Waitz 教授还参与部分有重大影响的政策文件的编写和科学评估过程,其中包括向美国国会提交航空环境影响报告。他还拥有 3 项专利,并为许多组织提供咨询服务。2003 年 Waitz 教授因降噪技术获得美国 NASA 颁发的"目标转化成果奖"。他是美国国家工程院院士,美国航空航天学会会员,美国机械工程学会和美国工程教育学会会员。

Ian A. Waitz

MIT Department of Aeronautics and Astronautics

Room 1 - 206
77 Massachusetts Avenue
Cambridge，MA 02139
USA

Philip J. Wolfe　是麻省理工学院航空与环境实验室助理研究员。他的研究领域是环境政策分析,重点在航空噪声与排放对健康和福祉影响的建模以及替代燃料的使用。他拥有杜克大学机械工程和材料科学工学学士学位、MIT 航空航天专业和技术与政策专业理学硕士学位。在此之前,他曾致力于水资源可持续利用技术的研发工作,并曾担任核能及常规发电技术的工程顾问。

Philip J. Wolfe
MIT Department of Aeronautics and Astronautics
Room 33 - 115
77 Massachusetts Avenue
Cambridge，MA 02139
USA

致　　谢

本书基于自 2001 年 9 月在麻省理工学院开授的跨学科介绍性研究生课程"航空业"的教材资料编写。本书第 1 版出版于 2009 年,引起美国国内外的热烈反响,这说明本书的出版填补了全球航空业基础性文献的一个空白。这一情况也促成了此书第 2 版的编写,第 2 版对第 1 版所有章节都进行了更新和修订,并增加了新的一章专门介绍航空收益管理。

麻省理工学院主导的"全球航空业"项目是开设"航空业"课程的主要驱动力,该项目为跨学科的研究与教育综合型项目,集合了来自麻省理工学院航空航天系、土木与环境工程系、经济系以及斯隆管理学院的教职工、研究人员及优秀学生。来自其他大学的教职员工及研究人员也参与了该项目研究工作,其中部分专家还参与了本书的写作。

"全球航空业研究计划"之所以能够创建,完全得益于 Alfred P. Sloan 基金会产业研究计划对麻省理工学院的慷慨资助,使之能够成立专门从事航空公司与航空运输领域研究的行业中心。该项目成果丰富并且促成多项创新合作,而成果之一是为撰写本书做好了准备——如果没有该项目的支持,所有这些都无法实现。我们特别感谢基金会前主席 Ralph Gomory 博士、基金会执行董事 Hirsh Cohen 博士及继任者 Gail Pesyna 博士,感谢他们多年来的指导和充满智慧的建议。

"全球航空业研究计划"持续了 10 年,在此期间获得了令人瞩目的成就。目前该项目汇集了十多位高校教师、研究人员、职员工以及大量的研究生,一起从事航空业与航空运输项目的研究。如斯隆基金会与麻省理工学院所期望的那样,该项目已经实现了财务上的自给自足。能够实现这一点,很大程度上还要感谢许多航空相关企业、公司对项目的捐赠以及麻省理工学院航空业联合会成立后吸引了众多来自业界与政府的成员。

在此,我们诚挚感谢以下各方对本项目提供的财务支持:加拿大航空、航空飞行员协会(ALPA)、国际机场理事会-北美分部(ACI-NA)、美国航空运输协会(现简称 A4A)、意大利航空、艾玛迪斯信息技术(西班牙)集团公司(Amadeus SA)、美国航空(AA)、美国运通公司、爱唯欧集团公司(Avio Group)、波音商用飞机公司、达美航空(DL)、欧洲宇航防务集团(EADS)-北美分部、美国联邦航空管理局(FAA)、惠普的旅行及运输部门、Jeppesen Systems、捷蓝航空、德国汉莎航空(LH)、麻省港务局(Massport)、大华府机场管理局、北欧航空(SAS)、国际航空电讯协会(SITA)以及美联航。

最后,本书的作者和编辑们要向 500 多名麻省理工学院的优秀学生表示感谢,他们大部分是研究生,在过去的 14 年中,他们选修了我们的课程,他们通过课程笔记和其他由我们分发、逐步修订的调查问卷提供意见和建议,对本书做出了巨大贡献。尽管在过去数十年中,特别是在 2000 年之后,行业经历了数次严重困难时期,但全球航空业仍然是世界经济发展中富有生机与活力的领域,能继续为全世界最聪明的学生、研究者及从业人员提供发人深思的有趣问题。

目　　录

1 引言与概述

Peter P. Belobaba

本章对全球航空行业概况做简要介绍,讲述其发展历史以及目前的发展状况;描述塑造这个行业的各种主要力量以及全球民航业管制放松及自由市场政策;并介绍近期行业所面临的主要挑战,如 2000 年以来整个行业所面临的严峻财务状况及大型航空公司的兼并重组。全球不同区域内航空业发展情况及其财务业绩存在较大差异,不过 2015 年是自 1990 年代以来首次实现持续盈利的第 6 个年头。展望未来,全球航空业仍然面临着各种重大挑战,如油价高企和剧烈波动,全球经济从全球金融危机泥潭中恢复缓慢,地缘政治与公共健康威胁事件使得这一波连续盈利可能随时终止。全球范围内航空基础设施的缺乏是制约行业发展的主要原因,并威胁到行业的持续发展和长期盈利。1.2 节是对本书第 2 章～第 17 章内容的简短描述。

1.1 引言:全球航空业

全球航空业正在为世界上几乎所有国家提供服务,并在全球经济中发挥着不容忽视的重要作用。航空业是一种主要的经济力量,它带来的经济效益不仅仅体现在其自身的运营上,更体现在相关产业的发展上,其中最直接的例子是飞机制造业和旅游业。其他产业很少能像航空业这样引起人们的高度关注,这些人包括直接参与航空运营的专业人员、政府的政策制定者、新闻媒体和数以十亿计的旅客——他们当中的每个人都可能有过与众不同、或好或坏的航空旅行体验。

在全球航空业发展的主要阶段中,技术革新成为其成长的主要动力来源,如 20世纪 50 年代喷气式飞机进入商业航空领域,70 年代大型宽体喷气式客机投入使用等。与此同时,在全世界范围内,航空公司的经营受到严格的管制,形成了一种技术引领与政府管制政策压倒航空公司盈利能力及市场竞争能力的行业大环境。自1978 年美国率先取消针对民用航空行业的经济管制起,成本效率、运营收益能力和竞争行为才成为摆在航空公司管理人员面前的头等大事。取消针对航空行业的管制,或者至少可称为允许航空市场"自由竞争"的做法,目前已经被世界上绝大多数工业化国家所接受。这不仅对各国的国内航空运输产生了巨大的影响,更重要的是,推动了高度竞争的国际航空业的持续演进。

今天的全球航空业由1 400多家商业航空公司共同参与构成,他们运营着25 000多架商用飞机,在超过3 800家机场提供航空运输服务(ATAG,2014)。2013年,全球航空公司共执行了3 600多万个航班,运送旅客约31亿人次(IATA,2014a)[①]。全球航空旅游行业在过去的30年中以平均每年5%左右的速度增长,由于经济形势变化及全球不同地区经济增长速度的差别,这个数字每年都会有较大波动。从历史数据来看,航空旅游业的年增长率大约是各国国内生产总值(GDP)年增长率的2倍,而近些年来,发达经济体中这种倍率关系在逐渐减弱。如保守估计,未来10~15年全球经济增长仍能推动全球航空业保持4%~5%的年增长率,而且这段时期的增长会使全球航空旅游的总产出在目前的水平上增加1倍。

图1.1列出了1984年—2013年间全球航空业客运的详细年均增长率,以收入客公里[②](RPK,定义见第3章)表示。经济增长是驱动航空旅游需求的主要动力,如在图1.1所示的近30年时间中,航空旅游业5%~6%的年均增长率得益于全球GDP 2%~3%的年均增长率。这一数字在不同年份或者在美国及美国以外航空公司之间,存在不小的差异及波动。在最近30年中,全球航空客运基本保持增长,只有3个年份例外。1991年航空业收入下降的原因是第一次海湾战争及随之而来的石油危机和经济衰退;而2001年的收入下降则是因为美国9·11恐怖袭击造成的连锁反应;2009年则又受到全球金融危机的影响。从图1.1中还能看出,美国以外的航空公司所取得的年增长率在大多数时候都超过了美国航空公司。因而,在全球旅客运输中美国航空公司所占的份额在持续下降,由20世纪80年代中期的40%下降到2013年的不足25%。

图1.2所示为全球不同区域全部航空公司(不考虑其所属国家)的航空客运量增长情况。从航空运输量的维度观察,北美地区始终高居榜首,其次是欧洲及亚太地区。9·11恐怖袭击事件对北美地区航空旅游业的影响非常严重,同样全球3大区域的航空旅游业受2009年全球金融危机的影响也非常大。20世纪80、90年代,亚太地区的航空旅游增长速度一直高于北美和欧洲地区;经过多年的高速发展,到2005年前后,亚太地区的客运总量就已与欧洲地区持平了。预期亚太地区的客运量将保持持续高速增长,并且能够很快超越欧洲地区,顺利成为全球第二大航空运输市场。

---

① 括号内为文献作者和日期。航空业组织全称见2.6节。——译注

② RPK是Revenue Passenger Kilometers的缩写,本书按民航业惯例,将RPK译为"收入客公里"(相似的术语还包括"收入客英里"、"收入吨公里/英里"等),作为运输量(Traffic)的单位。虽然译文有"收入"二字,但这是一个无量纲的数字,或可理解成单位为"客·公里"的数字,1 RPK指将1位旅客运送了1公里。在航空收益管理中有另一术语"客公里收入",指航空公司将1位旅客运送1公里所得到的收入,使用货币单位,如美元或人民币。——译注

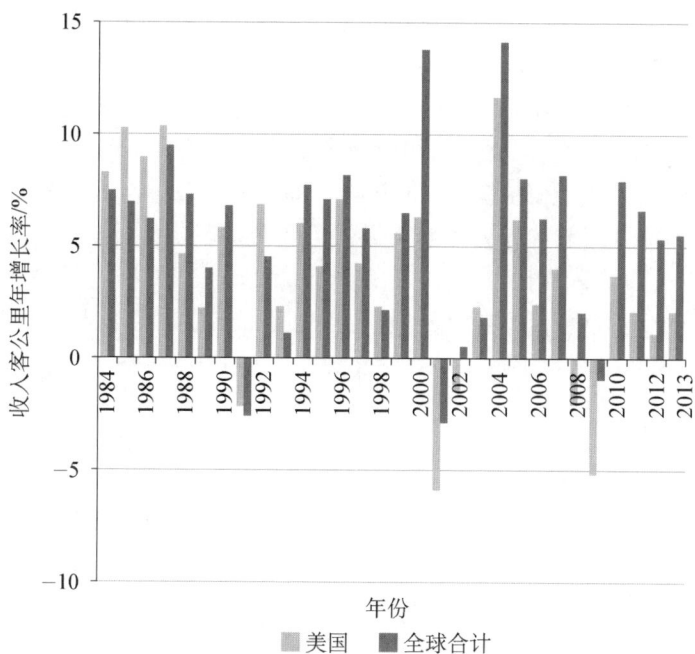

图 1.1　1984 年—2013 年间的收入客公里年增长率（数据来源：国际航协（IATA）；国际民航组织（ICAO））

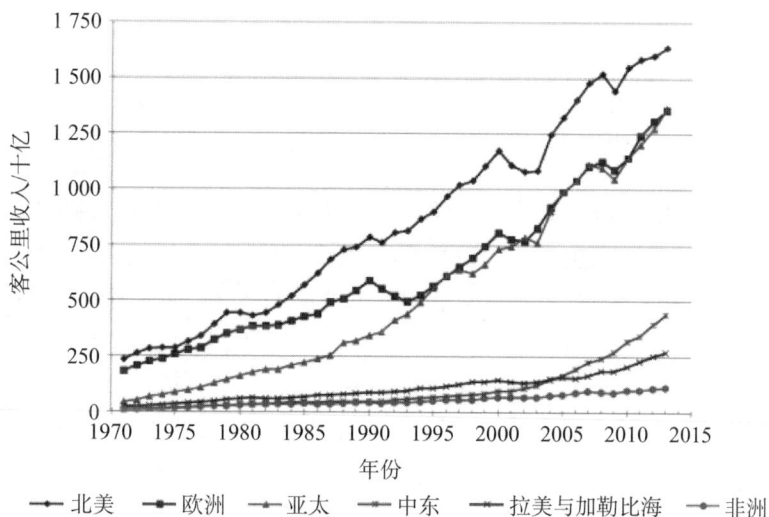

图 1.2　按世界地区划分的航空客运增长（数据来源：ICAO，1971 年—2005 年；IATA，2006 年—2013 年）

图 1.3 与图 1.2 类似,展示了自 1971 年以来全世界各地区航空货运量的增长情况,以"货运吨公里"(FTK,定义见第 3 章)表示。全球各地区航空货运的规模及增长情况与航空客运的略有不同,图 1.3 中时间轴的前一段时间中,欧洲地区的货运量略高于北美。然而,亚太地区的航空货运量在过去的 30 年中增长势头强劲,并自 1992 年开始就在 FTK 维度上引领全球航空货运市场。全球金融危机对航空货运的影响要比对航空客运的影响更加显著。即使到 2010 年时全球经济已部分复苏,北美和欧洲地区的航空货运量增长仍处于停滞状态,亚太地区的航空货运总量甚至还在下降。与两者相比,中东地区的航空货运量一枝独秀,保持了持续增长。如图 1.2 和图 1.3 所示,自 2000 年以来中东地区的航空客运量和货运量都获得了快速的增长。

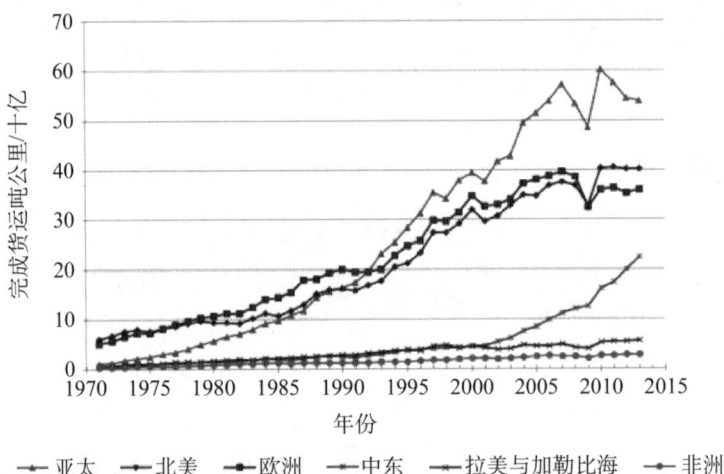

图 1.3   按世界地区划分的航空货运量增长(数据来源:ICAO,1971 年—2005年;IATA,2006 年—2013 年)

美国的航空业共有约 70 家有资质的客运航空公司,每年运营着将近 1 000 万个航班,运送全球约 1/4 的旅客——2013 年美国全部航空公司运送旅客达 7.43 亿人次。美国所有的航空公司(包括客运和货运),共拥有约 58 万名雇员、约 6 700 架飞机,每天执行超过 25 000 个航班,公布的总运营收入为 2 000 亿美元(美国航空公司协会,即 A4A,2014a)。航空业对经济产生的影响,不仅包括直接的航空公司雇员就业、航空公司利润以及资本净值,还包括间接地带动了飞机制造业、机场运营及地方经济发展,旅游业发展,以及带动与航空运输相关的所有其他产业的发展。

根据 A4A 近期的评估,民航业为美国贡献了 5% 的 GDP(A4A,2014a)。全球范围内的估计,航空业对全球经济的影响约占全世界 GDP 总量的 3.4%,在 2012 年超过了 2.4 万亿美元(ATAG,2014a)。这个估算值包含直接和间接的以及被动和主动的经济影响,但不包含额外活动产生的经济效益,如那些必须借助航空运输才能实现的就业或商业活动。

航空业自身的重要经济影响及其对众多其他主要行业的影响,使得航空企业本身的利润能力极易受到整体经济状况影响而产生波动,这一问题也引起了美国国内和国际相关方面的严重关注。如图1.4所示,自1978年放松对航空业的监管以来,全球航空公司的净利润总额呈现周期性变化趋势且变化幅度较大。因海湾战争及其导致的经济衰退,自1990年—1993年的4年内,全球航空业损失高达220亿美元,到了20世纪90年代后期又出现了创纪录盈利。更剧烈的波动发生在2000年—2005年间与2008年—2009年间,也呈现创纪录的亏损与盈利波动。自2010年至今的收入数据说明,整个行业自20世纪90年代后期之后,进入了第二次连续盈利周期。

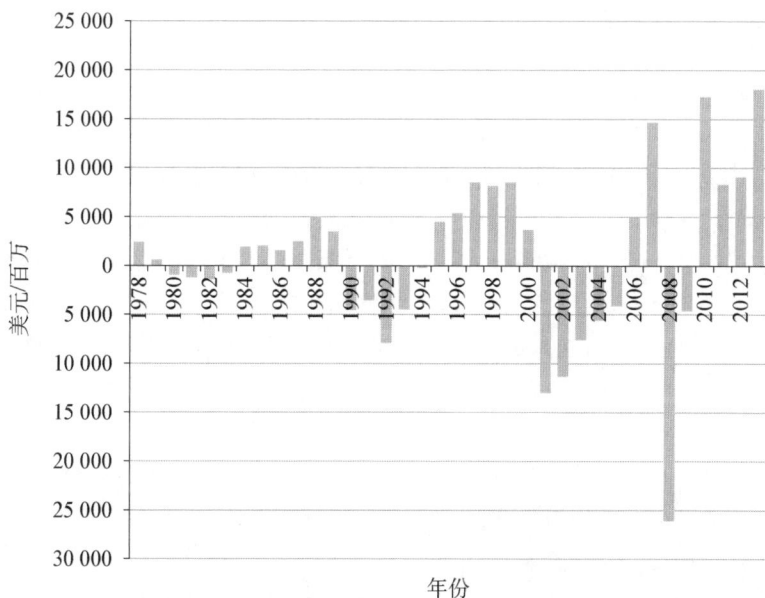

图1.4 1978年—2013年间全球航空公司净利润状况(数据来源:美国航空运输协会(A4A);ICAO)

1.1.1 全球管制放松与市场自由化

自1978年美国政府放松了对航空行业的政策管制后,世界各国政府都感受到了应减少对航空业的经济监管与干涉的压力。由于美国放松对航空业的管制,并因此为绝大多数航空旅客带来的整体好处,使得其他很多国家认为应该学习美国的做法。一方面美国国内航空旅行的增长速度明显高于管制放松之前,另一方面管制放松后实际的平均票价显著下降:按不变价格计,2013年平均票价比1978年降低了

40%(A4A，2014b)。成功的市场新进者及廉价航空公司不仅对传统的航空公司定价行为产生重大影响，还引发了公众对低成本航空旅行的巨大期望。虽然有人担心放松管制导致的竞争成本压力会使航空运维标准下降，但到目前还没有统计数据说明航空安全因此受到了损害(第12章)。

与此同时，航空管制放松对美国航空业也产生了负面影响。成本削减压力以及利润波动更加严重的问题迫使几家大型航空公司破产兼并，造成了周期性的失业潮和大面积降薪的问题。此外，并不是所有旅客都享受了管制放松带来的好处。如美国一些小城镇的居民们发现为他们提供的航空服务变差了——现在较小的支线飞机取代了原来受补贴的大型喷气式飞机。尽管美国国内航空运输市场上实际支付的平均票价确实下降了，但最高价与最低价之间的差距增大使商务旅客被迫支付了更高的费用。最后，美国所有主流航空公司都在努力开发大型联程枢纽，航空公司在自己的枢纽城市和主导航线上进行定价的强大控制力也引发了关注与担忧(联邦审计总署，GAO，1993)。

迫于航空业内竞争日益加剧，航空公司的内部管理战略和实际做法都发生了根本改变。为适应市场竞争，成本管理、提高生产率成为美国航空公司管理的核心目标。在美国以外的航空公司面对同样激烈的市场竞争时，也被迫直面这一挑战。在追逐低运营成本和高生产率的过程中，美国及其他国家的航空公司都被迫努力扩大他们的经营规模。过去，内部增长和(或)同行兼并是航空公司利用经济规模优势的最主要途径。但随着政府对产业整合关注度逐渐提高，进一步兼并会面临更加严格的监管审查。而且，许多国家仍然在实施对于外资所有航空公司的限制政策(见第2章)，所有权归属不同国家的航空公司之间要完全合并仍然面临着难以逾越的政策壁垒。在此种形式下，航空公司只能扩展和丰富自身航线网络，并通过与其他国家的航空公司建立伙伴关系，或者通过旨在为消费者提供标准化的产品集和统一市场形象的航空联盟来寻求规模经济的效应。

1.1.2　新世纪的行业变革

21世纪头一个10年的大部分时间里，全球航空业，特别是美国航空业都要面对严重的财务挑战。这种局面自2001年初受全球经济衰退影响开始出现，随后的9·11恐怖袭击事件几乎让整个航空业遭受了灭顶之灾。根据Heimlich 2007年的报告，仅在美国航空市场，自2001年—2005年累计的损失达到400亿美元，行业恢复到2006年才扭亏为盈，盈利仅为30亿美元。其他国家的航空公司也经历了同样的困境，2001年—2003年间都大幅亏损，2004年和2005年仅实现少量盈利。美国之外的航空公司还常会受到某些国际军事或政治事件以及类似2003年严重急性呼吸综合征(severe acute respiratory syndromes，SARS)流行这类健康安全危机事件的干扰。

其实在9·11事件前，初露狰狞的经济衰退就已导致商务旅客减少及票价下降,从而使航空公司的营收陷入严重问题。但与此同时,航空公司的人力成本和航空燃油价格却节节攀升,几年内的增速均高于通货膨胀率。更糟糕的是,航空公司还要处理日益恶化的劳资关系;解决由于航空基础设施不足,空域、机场日益拥挤、航班延误越来越严重的问题;面对旅客对糟糕的航空服务质量日益不满等一系列问题。

如图 1.5 所示,自 20 世纪 90 年代中期开始,美国及全球航空公司的航班客座率(即可利用座位被付费旅客购买的比例)均呈现稳步增长态势,特别在 2001 年后进入了高速增长期。截至 2013 年,全美航空公司的平均航班客座率接近 83%,相比 2000 年增长了 10 个百分点。同时,全球其他的航空公司整体平均客座率也已增长至近 80%,达到历史新高,这些数字似乎说明航空公司在收入方面也取得了巨大成功。然而真实情况是,即便全球众多传统航空公司运营的航班越来越满,客座率越来越高,但由于竞争加剧导致的票价大跌,这些航空公司依然挣扎在能否从航班运营中获利的生死线上。

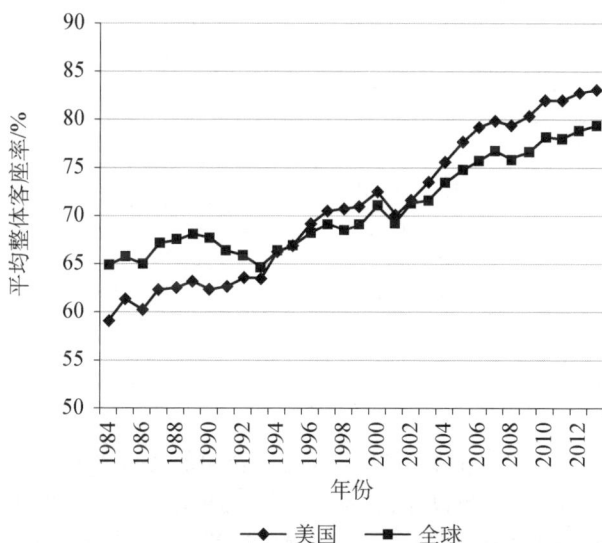

图 1.5　1984 年—2013 年美国和全球航空公司的客座率(数据来源:美国航空运输协会(A4A);ICAO)

1.1.2.1　低成本航空对全球的影响

在美国及全球的很多国家,低成本航空公司(简称 LCC,他们向旅客提供低价航空旅行的产品选项)的快速发展是传统航空公司财务表现欠佳的主要原因之一。"低成本航空公司"概念最先在美国出现,甚至在航空管制放松前就已具雏形,目前已被全球民航业界广泛接受,在部分国家 LCC 的发展势头比传统航空公司更迅猛。图 1.6 列出了按客运量排序的全球 25 家最大的 LCC。低成本航空的先驱者是美国西南航空公司,目前仍保持着全球客运量最大的位置;紧随其后是欧洲的瑞安航空与易捷航空。全球其他地区的低成本航空公司,如南美的戈尔航空,东南亚的狮航和亚航,印度的靛蓝航空,都出现在该列表前10名之内,这充分说明LCC模式已在全球广泛传播和发展。虽然LCC模式已对市场运价与竞争格局产生重大影响,不过与传统大型网络枢纽型航空公司相比,即使最大的LCC仍然要小很多。

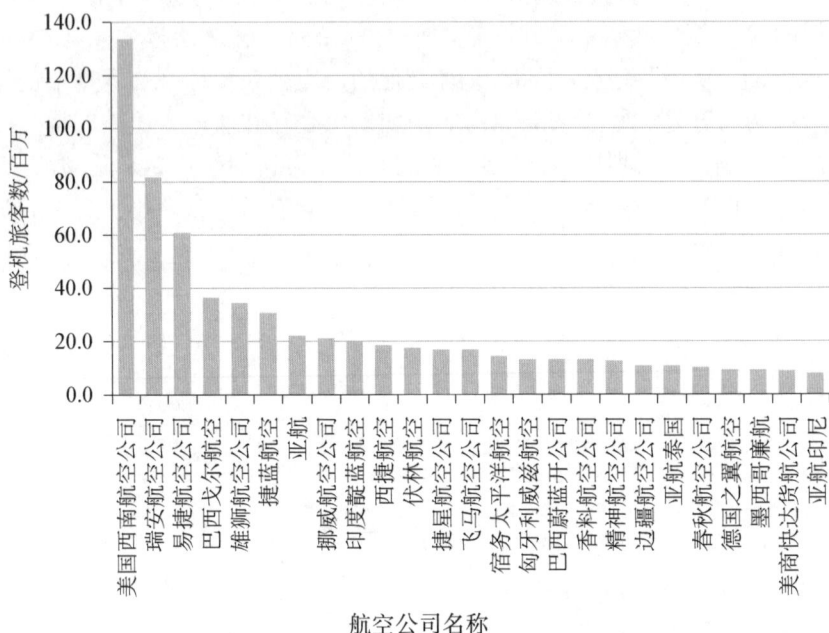

图1.6 **2013年全球最大的低成本航空公司客运量一览**(数据来源：*Airline Business* 杂志,2014)

另一方面,全球范围内中小型低成本航空公司的持续快速增长却更引人瞩目。如图1.7所示,2013年最大的及已发展成熟的低成本航空公司的旅客量几乎没有增长,而其他中小型LCC的旅客量年增长率都超过了10%。其中印尼亚航和巴西阿苏尔航空公司的旅客量增长惊人,达到30%以上,其余10家低成本航空公司的增长率也都超过了15%;相比之下,当年全球航空业的平均增长率仅为5.7%(IATA,2014b)。

在自由开放的航空市场中,低成本航空模式持续改变着市场竞争格局,以超低价格改变了传统的航空运价结构;老牌的传统航空公司在巨大的收入压力下,不得不跟着降价以对抗低价产品、保持自身的市场竞争力。低成本航空公司作为强有力的竞争参与者,导致全球大多数传统航空公司的收入严重下滑,并且与新崛起的低成本对手相比,传统航空公司运营成本高企和劳动生产率低下的问题也越发凸显。

传统航空公司和低成本航空公司在成本结构上的差异直接决定了两者在飞机

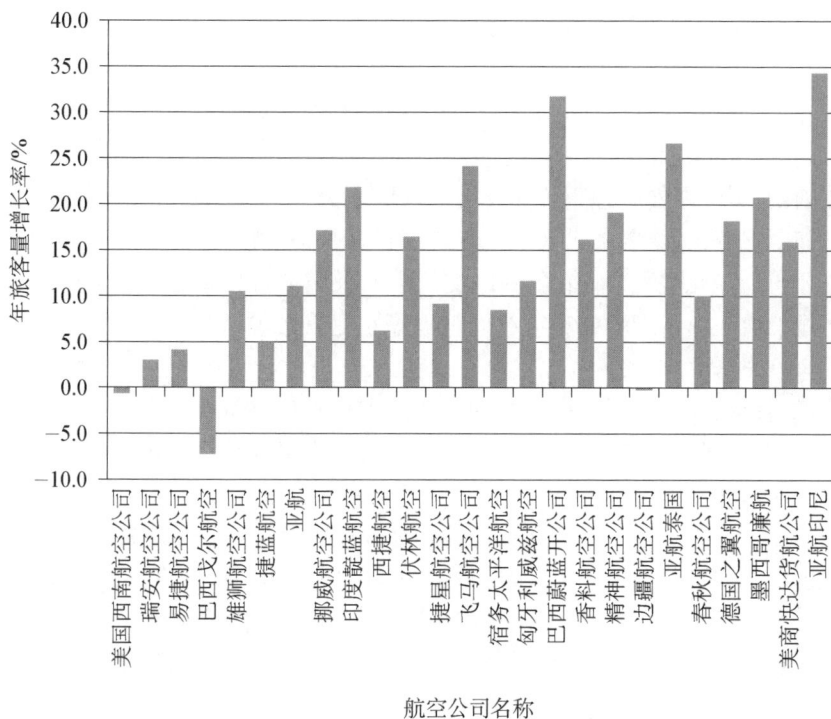

图 1.7　2012 年—2013 年主要低成本航空公司客运量年增长率（数据来源：*Airline Business* 杂志，2014）

与人员使用效率上的高下不同。与传统航空公司的枢纽-轮辐式航线网络布局不同，低成本航空公司通常以点到点的方式来规划和运营航班，这样使飞机在地面停留的时间最短。较短的地面停留时间意味着较高的飞机利用率。如此一来，对于同类型飞机，美国低成本航空公司运营的飞机利用率可比传统航空公司高出 45%。仅此一项，就能使飞机的单位运营成本减少 35%（美国交通运输部，2007）。

此外，促使低成本航空公司商业模式成功的另一个关键原因可能是他们实现了比传统航空公司高得多的劳动生产率。这种差异主要体现在劳动生产率自身上，而与是否有工会或者薪资水平等因素关系不大。美国最早的低成本航空公司——西南航空公司（简称西南航空）——有着美国航空公司中最强大的工会，而其薪资水准甚至还略高于行业平均水平。低成本航空公司在人员使用上的巨大优势大部分源于灵活的用人方式，即除掉某些必须执照的岗位和安全标准规定的特殊情况，大部分情况下人员都可进行交叉复用。这些提升航空公司人员和飞机生产率的方法，已被西南航空用了几十年，如今也已被全球所有的新兴的低成本航空公司广泛模仿和使用。

正是因为有上述种种挑战，美国 6 家传统大型航空公司中的 4 家（全美航空、美联航、达美航空和西北航空，见第 11 章）在 2001 年—2005 年间相继宣告破产。根据破产保护政策，作为重组计划的一部分，他们乘机缩小了人员规模、降低了运营成本并提高了劳动生产率。而降低成本的主要措施也是裁员，仅5年时间里几家公司裁员达30%，共削减了10万个工作岗位，同时把平均薪酬降低了7%（US DOT，2007）

在同期，美国之外的有些航空公司也未能幸免于破产，部分甚至到了被清算的境地。如因财务困境，瑞士航空公司被迫停止运营，并被新的所有者重组为瑞士国际航空公司。在此过程中，员工失业、航线取消及机队规模缩小。比利时载旗航空公司萨比纳航空由于未能成功重组而被迫停止运营及关闭。加拿大航空在兼并了加拿大另一家载旗航空公司（加拿大国际航空公司）后，于2003宣布破产，但之后通过改变成本结构及商务模式重返营利。澳大利亚安捷航空在2002年被清算；在南美，历史悠久声名远扬的巴西航空和阿根廷航空也都相继经历了破产重组。

为了应对挑战渡过难关，世界上许多传统航空公司都努力调整自身结构，通过引进新的IT技术（如互联网机票分销、网上值机等）以及调整运力部署的措施（如将运力从国内航线调整到国际航线，通过增加飞行时间达到提升飞机利用率的目的）来提高生产率。还有一些航空公司转向模仿低成本航空公司的经营模式，如取消短途航线航班上的餐食服务，期望以此节省成本；或者像LCC那样，通过减少飞机周转时间来提升飞机的利用率。

不仅是美国，在欧洲、加拿大和南美等地，大量的低成本航空公司正在快速扩展航线网络，快速抢占了相当一部分市场份额。他们通过购买新飞机、运营更多航班，当然还有用超低价格手段来开拓新的市场。然而随着业务逐步稳定，成熟的低成本航空公司也逐渐面临运营成本增加的难题，这主要是由于机队老化以及资深员工薪资水平上升。此外，低成本航空公司也无法规避燃油价格疯涨的影响，即使能像西南航空那样成功地进行燃油套期保值，也只是一种临时性缓解措施而已。2002年—2008年间油价上涨了3倍，因此无论是传统航空公司还是低成本航空公司都无法通过削减开支来抵消油价上涨导致的成本压力。如图1.8所示，油价在短暂下跌后随着经济复苏又快速上涨（燃油价格按现值美元计），并在每桶120美元以上价位保持了相当长时间。

如图1.9所示，在过去的10年中低成本航空公司的快速发展已经影响到全世界大多数地区。2004年—2013年间，廉价航空公司迅速扩大了在图上所示区域的市场份额（可利用座公里（ASK），多数廉价航空公司不会运营国际长途航班）。虽然低成本航空公司在美国市场上的ASK份额已从17%增长到28%，然而在其他地区市场上低成本航空公司的发展还更快。最引人注目的是，低成本航空公司在欧洲和大洋洲的市场份额由2004年的不到20%增加到了45%甚至更多。他们在南美和中东地区的发展则更为迅速。不过，低成本航空公司在亚洲和非洲地区的市场份额还是相对较小，其中只有东南亚的市场份额略高一些。

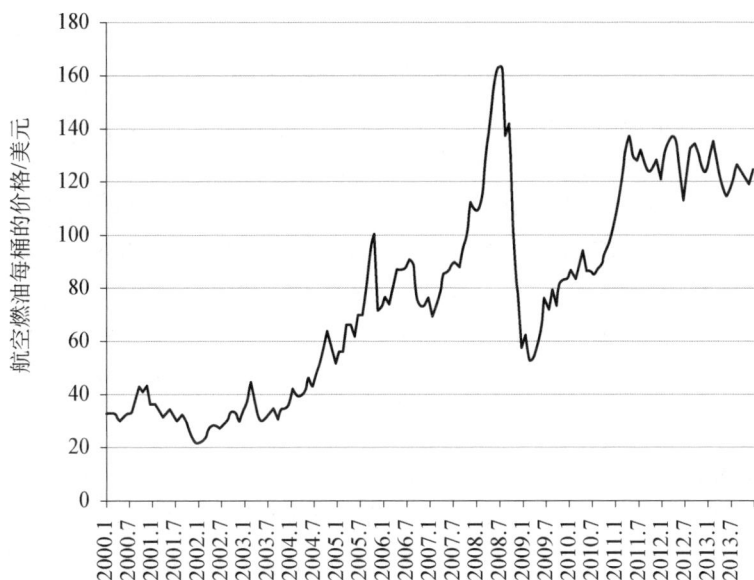

图 1.8　2000 年—2013 年美国航空燃油价格(数据来源：美国航空运输协会，2014a)

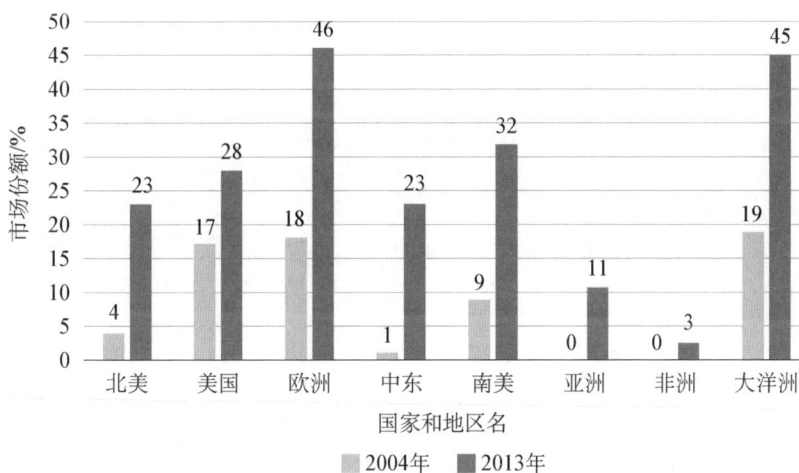

图 1.9　2004 年与 2013 年世界范围内低成本航空公司 ASK 市场份额对比(数据来源：Innovata 航班计划数据服务公司,通过 Diio Mi 分析工具获得)

1.1.2.2　新兴全球性航空公司

在本书第1版中,我们针对全球航空业发展动态的讨论重点是放在低成本航空公司的快速发展,传统航空公司面对采用新的竞争形式并且成本效益更好的对手时采取的应对措施。但这样一来,会让读者误以为老牌传统网络型航空公司(NLC)与快速壮大的低成本航空公司之间的"争斗"就是全球航空业的全部构成部分。然而,自2008年以来,全球航空业中逐步出现了第三种主要形式,他们正在成为现今和未来航空旅游行业的支柱力量。我们将这种新类型称为"新兴全球性航空公司",这些航空公司基本都属于不发达国家(即非第一世界)。其中许多是来自中国、南美洲和中东地区,在过去的10年中发展速度非常惊人。

图1.10为2013年以RPK(收入客公里)倒序排列的全球最大航空公司。在这种展示方式中,最大的美国航空公司(达美、美联航、美国航空)仍然名列前茅,排名第4的则是来自迪拜的阿联酋航空公司。2013年阿联酋航空RPK增长率高达14%,相比之下排名前3的美国公司增长率仅为1%～2%。如果阿联酋航空继续保持这样的快速增长,很快就会超越3家美国公司而成为全球最大的航空公司。图中深色柱子是其他属于这一新分类的全球性航空公司,由于近些年持续高速增长,这

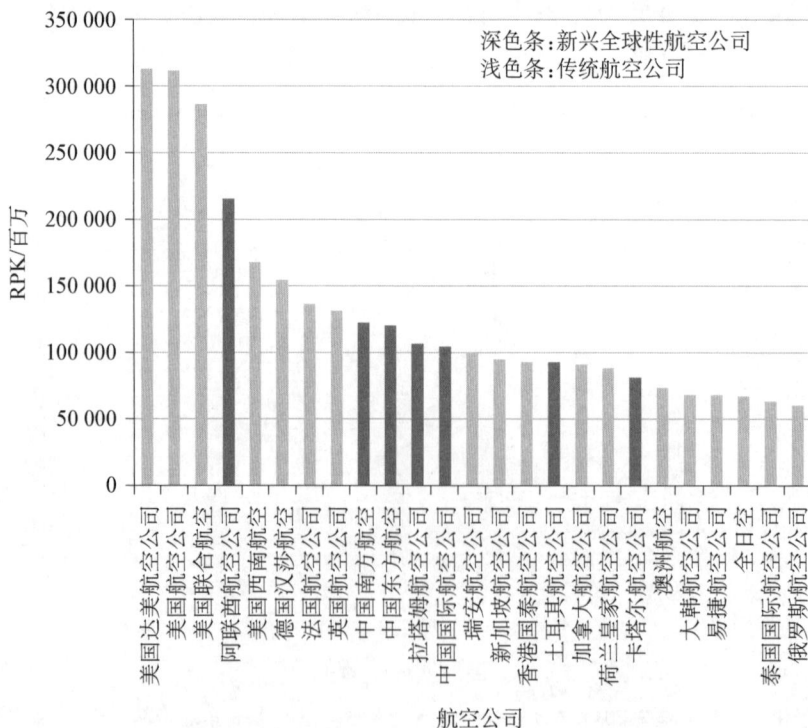

图1.10　2013年全球最大的25家航空公司,按收入客公里排序(数据来源:*Airline Business*,2014)

些航空公司都能够位列全球最大航空公司之中。中国南方航空公司、东方航空公司和国际航空公司分别位列第 9、10 和 12 位,2013 年增长率都保持在 9%～10% 之间。得益于近几年的迅猛发展,南美的拉塔姆航空也进入了新兴全球性航空公司之列,土耳其航空和卡塔尔航空因相同原因跻身前 25 名。2013 年,卡塔尔航空 RPK 增长 12%,而土耳其航空则增长了 23%。

许多新兴全球性航空公司出现在中国和南美,与这两个地区的经济快速发展并带动航空旅游需求大幅增长密不可分。在另一方面,中东地区的全球性航空公司增长速度更快,却有着完全不同的发展策略。如图 1.11 所示,4 家中东公司——阿联酋、卡塔尔、阿提哈德和土耳其航空公司——在 2007 年—2012 年间,不论旅客量、RPK、ASK 还是机队规模方面都获得 2 位数年增长率;而上文曾提到,2013 年和 2014 年他们的年增长率仍保持了相同水平。

		阿联酋	阿提哈德	卡塔尔	土耳其	平均
2007 年— 2012 年	旅客量/%	12.65	16.26	15.83	13.62	14.59
	ASK/%	14.19	18.66	20.41	18.30	17.89
	RPK/%	14.37	21.84	19.28	18.20	18.42
	机队规模/%	11.68	11.50	16.42	15.30	13.73

图 1.11 2007 年—2012 年中东地区新兴航空公司的年增长率[①](数据来源:Al-Sayeh,2014)

中东地区的新兴全球性航空公司能够快速发展也得益于他们采用的网络枢纽战略,即通过各自枢纽机场运送联程旅客。这也是将土耳其航空划分到该类型中的原因。这类航空公司运送的绝大部分旅客都是在其枢纽——即迪拜(阿联酋)、多哈(卡塔尔)、阿布扎比(阿提哈德)及伊斯坦布尔(土耳其)——中转的旅客,枢纽城市既不是他们的出发地也不是目的地。

新兴中东航空公司的发展充分利用了网络枢纽战略优势,即能够整合多个市场的旅客需求,并通过在枢纽进出的中转航班服务满足这些旅客需求(见第 7 章)。采用枢纽战略后他们便有机会运营大型宽体客机,而这些枢纽机场的地理位置比欧洲的传统联程枢纽更具优势。截至 2013 年底,4 家航空公司的飞机订单合计超过 1 000 架,其中近 75% 属于长航程宽体客机。如果在 2020 年前所有订单飞机都能交付并投入使用,那么这 4 家航空公司运载的旅客数量将增加 1 倍以上。不但阿联酋航空会成为全世界最大的客运航空公司,土耳其航空公司的排名也会上升到第 6 位,卡塔尔航空公司到第 7 位,阿提哈德航空公司将排在第 15 位(Al-Sayeh,2014)。

低成本航空公司通过低票价产品、引入提升生产力和成本效率的创新运营模式

---

① 原著多处表格采用图片格式,不更改。——编注

等手段,极大地改变了全球航空业多个地区的竞争态势。然而,新兴全球性航空公司造成的影响很可能更深远。所不同的是,低成本航空公司的经营重点放在地区性短途点到点航线上,而新兴航空公司则几乎完全瓜分了全球各地区之间的长途航线市场。一方面新兴国家经济增长创造出大量航空旅行需求,另一方面中东航空公司提供的新型联程服务很好地满足了这些新出现的航空旅行需求。与此同时,有不少证据表明新兴航空公司运载的旅客中很大一部分来自美国、亚洲,特别来自欧洲传统航空公司的客流转移。因此,新兴航空公司在全球旅客量以及市场份额分布方面的潜在影响,很可能已经超过低成本航空公司对传统航空公司造成的竞争性挑战影响。

　　总而言之,在美国航空市场管制放松并带动全球范围内市场向着自由化方向持续演进了三十多年后的今天,全球航空业依然脆弱。如前文所述,全球范围内航空公司面临的挑战包括传统航空公司持续兼并重组、新进入的低成本航空公司和新兴全球性航空公司带来的巨大不确定性以及改变竞争格局等问题。全球航空业快速发展以及恐怖主义的持续威胁迫使每家航空公司和每位旅客都必须认真面对安全和保障问题。另外,机场和空中交通管理领域的航空基础设施严重不足,急需扩建,如印度、中国、非洲以及中东这样的新兴经济体来说问题尤为严重——根据预测,这些地区的航空客货运需求增长将长期持续保持在较高水平。所有这些关键挑战包括航空公司是否具有持续营利能力,必须确保航空稳定运行与安全以及扩建充足的航空运输基础设施,这些将还会在第17章做更详细的论述。

1.2　章节概览

　　本书全面、翔实地介绍了全球航空业方方面面的情况,并将目标读者定为世界各地从事航空运输业的专业人士、各高校交通运输专业的在校学生以及每一位对这一主题感兴趣的爱好者。本章中,先简要回顾了航空业的发展历程以及最新成果和发展动向,接下来从第2章～第16章详细介绍航空经济学、航空管理、航班计划及运营方面的内容,还包括对航空安全与安保、机场、空中交通管理、对环境的影响等主题的讨论以及对行业依托的国际监管环境进行介绍。所有观点都以国际化角度呈现,这得益于诸位作者对全世界范围内的航空公司和航空运输问题广泛与深入的研究。

　　本书几位主要作者都是来自麻省理工学院(MIT)的学者或研究人员,他们被公认为航空运输领域各个方向的专家,每一位作者都参与了麻省理工学院的"全球航空业研究计划"(见 web. mit. edu/airlines)。本书的许多基础内容取自麻省理工学院研究生一年级课程"航空业"的教学材料,本书的合著者从2001年开始在MIT讲授这门课程,并逐步积累了相关资料。本书第2版更新了大量内容以反映截至2014年航空业最新的发展与变化。

　　为帮助读者更好地理解后续章节,本书的第2章为读者提供了行业背景知识——主要介绍航空运输经营活动所处的监管与制度环境。首先,用通俗的语言简要地介绍了芝加哥公约及其在全球航空业形成过程中所起的作用,并解释在国际航空运输服务中常见的"航权"概念。之后,回顾了航空经济管制放松过程以及航空公司私有化与国际航空市场自由化协议等重要事件,然后再将关注重点放到近期出现的新状况上,如"天空开放多边协议"或随着全球范围内航空联盟兴起而出现的一些复杂问题等。接着,讨论最新出现的机场私有化以及空中交通管理(ATM)服务半私有化的趋势,将关注重点放在基础设施与服务能力缺乏成为制约航空业竞争力的全球性问题。这一章的最后简单地列出了美国国内及全球范围内最主要的民航监管政府机构与组织,并简要说明他们的职责,此外还给出了在国际民航监管环境中扮演重要角色的各类行业协会和专业机构的简要介绍。

第 3 章介绍了航空经济学、市场和需求的基本概念。首先,给出航空业的基本术语及相关定义,说明航空运输市场和航空旅行需求的基本概念;解释了在航线网络中,单个航班可向多个始发地—目的地(O—D)市场提供关联服务的概念;讨论了服务品质和总旅行时间的重要性以及价格对航空旅行需求总量的影响。之后,简要地介绍了航空旅行需求模型,并重点探讨了价格和时间弹性对需求的影响,以及两者对于需求的综合影响。最后,讲述了在竞争性航线市场上影响市场份额的诸多因素,介绍了用于评估航空公司市场占有率的典型方法——描述市场份额与航班频次之间关系的经典 S 曲线,以及该模型的扩展——服务质量指数(QSI)模型。

基于第 3 章介绍的需求基本概念,第 4 章继续讨论航空经济学,介绍航空公司近期在定价与收益管理(RM)方面取得的进展。本章首先从理论视角,介绍了航空公司如何在相同或类似的 O—D 市场(或称航线网络市场)上利用市场细分与价格歧视技术,对航空运输服务进行差别定价,以实现收益最大化。接着从实践的视角,以 2000 年之前传统航空公司的运价(票价)结构为例来说明传统运价产品和结构的局限性,并讨论为了抵御低成本航空公司的竞争压力,传统航空公司采取的简化运价结构定价策略以及定价策略的最新变化,如用于附加服务收入的"运价组合"与"零售营销"策略。

第 5 章成体系地描述了收益管理基础知识。收益管理是航空公司用以管理不同价格上可销售座位数量的基础性工具;本章还描述了计算机收益管理系统(包括超售模型及其应用)的发展过程以及这类系统的特点和能力。之后讨论在单个航班航节上,对舱位和票价优化的最常用方法,以及更加复杂的航线网络收益最优化问题。最后介绍了低成本航空公司首先引入的简化运价结构模式,及收益管理预测和优化模型针对简化运价进行改进等 RM 最新进展。

第 6 章继续深入航空经济学主题,重点介绍航空公司运营成本和劳动生产率度量。随着廉价航空公司的出现和发展以及全球范围内竞争持续加剧,运营成本的管控能力和劳动生产率的高低差异成为影响航空公司能否营利的关键因素。首先,描述了为何对传统航空公司运营成本进行分类存在的困难，并提出一种可行的分类方案。之后，根据航空公司上报给美国交通部的 41 号数据表（截至 2013 年）内容，对航空公司的总运营成本进行分类，并针对不同类型航空公司（传统航空公司与低成本航空公司）以及不同机型进行对比。着重介绍了低成本航空公司业务模式的演变和近年来传统与低成本航空公司的成本削减情况。最后，给出度量飞机及劳动生产率的最常用指标体系，并用传统与低成本航空公司近期的成本策略趋势，说明这些度量指标对单位运营成本的影响。

接下来的几章主要介绍航空公司提供的主要服务产品（定期航班）的规划、优化及运营过程。第 7 章首先给出航空公司规划过程的全貌，然后详细地描述了航空公司进行规划的主要决策阶段，包括涉及飞机采购的长期战略决策以及航线网络规划和航班时刻制订的中期决策。再后对机队规划方法做了介绍，并讨论机队选型过程中需考虑的那些最重要的飞机特性。此外还介绍了几种新出现的机型（如 A380 和 B787）和小型支线型飞机使用减少的趋势，以及这一趋势对航空公司航线网络发展战略的影响。接着介绍了评估航线盈利的方法，着重描述大型航空公司普遍采用的航线网络结构中枢纽经济及其重要性；另外对轮辐-枢纽航线网络运营方式的优势及成本增加问题也进行了讨论，并且说明近期中东地区全球性航空公司崛起的主要驱动因素就是枢纽式航线网络战略。最后，定性介绍航班时刻计划的制订过程，讲述了班期规划、时刻表制订、机队编排和飞机轮换规划等主要步骤。

在第 7 章航班时刻计划制订过程定性介绍的基础上，第 8 章重点讲述航空公司的航班计划过程中，求取若干关键问题最佳解决方案的优化模型。首先，介绍了机队编排模型（即将机型/机队分配给已确定时刻的航班航节），详细地描述机队编排的问题定义、时空网络优化方程以及扩展问题和解决方案。随后，讨论使用该模型如何求解航班时刻制订问题及如何对航班时刻进行调整和优化，顺带简要地介绍了几个航班时刻制订中的子问题，包括机组排班问题（使用"机组配对"和"机组排班"模型，以机组成本最小为目标，优化机组排班并覆盖已计划的所有航班）和飞机维检路径问题（优化飞机路径，使之能在规定的时间间隔内经过维检机场或基地以完成维检任务）。

航班计划制订过程（如第 7 章和第 8 章所述）的输出就是航班计划，而如何顺利执行航班计划是航空公司内部的航班运营部门考虑的核心问题。第 9 章对航空公司航班运行的全过程做了概要性的描述，对航空公司为了让飞机、飞行员、乘务人员、飞机维护设施和地面服务人员协同工作所需的复杂工作流程也做了简要描述。首先，描述了机组人员须遵从的操作规范、规定以及调度问题，为理解本章其余部分提供必要的背景知识；然后，详细地描述了典型航班运行过程中不同阶段中的工作内容。再后，介绍了执行一个正常航班所需的全部步骤，包括准备起飞、牵引车推出登机口、起飞、巡航、下降、着陆和抵达目的地机场后的处理，讨论重点在于整个过程必须遵守的规章制度和每个阶段航空公司工作人员的任务内容。最后,介绍了近期飞机和空中交通管理技术与流程方面的进步对航班运营的影响,其重点在于全球范围不同地区内航班运营流程间的差异。

尽管每家航空公司都试图尽最大努力优化并执行既定的航班计划,但在运营过程中经常不可避免地出现干扰计划执行的意外情况,这就会导致所谓"不正常航班运营"。第 10 章主要讲述与"不正常航班运营"有关的问题,并解释航空公司如何进行"航班计划恢复"工作。这一章首先列出了扰乱航班计划执行的各种原因,并分析计划打乱导致的延误后果及其经济影响。随后介绍了两种既相互补充又不完全相同的航班计划恢复优化解决方案。第一种用于重新安排被打乱的资源计划,重新规划飞机、机组以及乘客行程,称为"航班计划恢复技术"。第二种是"鲁棒规划方法",通过在规划阶段创建能抵御扰乱因素或更易修复的航班计划,降低航班计划的恢复成本。本章最后对航班计划恢复和鲁棒规划方法做出比较和总结,并简要地介绍了该领域中取得的最新成就以及依然存在的挑战。

第 11 章~第 16 章介绍了航空公司在规划并实际提供安全且有利可图的航空运输服务时,需要处理好的几方面关系,包括劳工关系与人力资源管理、安全与安保、机场基础设施、空中交通管理以及信息技术。

第 11 章讲述了世界不同地区的航空公司如何解决劳工关系问题及其人力资源管理方法。这一章先给出一个能够帮助读者理解航空业内雇佣关系主要特征的通用框架,然后讨论航空业使用的传统劳工管理模型,以及行业独特的监管环境对于全球各地区航空公司劳动关系管理的影响。明确了历史上下文环境之后,本章进一步介绍其他类型的航空业劳工关系和人力资源管理模型,在某些应用环境中这些方法被证明更加有效。之后将关注点转移到 2005 年—2013 年间,发生在全球范围内多家航空公司的破产和并购重组,以及这些企业行为对自身劳工雇用模型产生的正面的与负面的影响。作为结尾,本章的最后一部分论证了面对航空业最棘手的劳工关系问题,制订一个行业级解决方案,妥善应对是非常有必要的。

航空安全和安保决定着航空公司的生死存亡,遑论能否营利,9·11 事件是最惨痛的教训之一。第 12 章首先将目光聚焦在和恐怖袭击无关的航空意外或事故,并基于来自全球的统计资料和数据回答"飞行到底安全不安全?"这一问题。接着介绍了如何构建一种能够定量描述航空旅行中旅客致死风险(可能性)的模型,并使用该方法比对了在 1960 年—2013 年这 60 多年里,不同国家和不同航空公司的航空安全状况,还解释了造成这种巨大差异的部分可能原因。为了说明事故预防的重要性,还详细地讨论了飞机在跑道上以及在空中相撞的风险。本章后半部分的主题为航空安保,介绍了国际上常用的防止恐怖袭击的方法。最后用几个案例说明,在机场和航班上投入多少安保资源的决策往往会面临巨大的复杂性。

第 13 章介绍了大型民用机场的特征、运营及财务收入方面的基本情况,目的是让读者清楚地了解机场运营的相关术语和方方面面。首先,描述了全世界不同地区机场的基本特征,并着重对比最近几年亚洲、中东与南美地区的许多机场爆炸式发展以及北美与西欧地区机场发展相对停滞的情况。然后,讨论机场空侧区域(供机场与航空公司工作人员使用的区域,包括跑道、滑行道、停机坪、飞机维修区、空管设施及其周边设施等)和机场陆侧区域(包括综合候机楼、公共交通等对旅客开放的区域)基础设施及其国际设计标准与详细规格,并讨论两类区域中机场容量受限的问题。再后,简要地介绍机场需求管理技术,以及如何借助改进后的空中交通管理系统与基于市场的需求管理方法,缓解机场拥塞的问题。最后,从机场经济学和投资项目财务绩效的视角,讨论机场设施和服务应如何收费这一有争议的话题。

沿着同样的思路,第14章介绍了空中交通管理(常称为"空中交通管制",即ATC)系统的特性及运行情况。这一章讨论的重点在ATC系统的功能、使用中的限制以及在全球不同地区和不同运营环境中使用的空中交通管理系统间的差异。首先介绍了空中交通管理中的技术性基础设施的概况,包括通信系统、导航系统和监控系统。接下来讨论空域及空域的特性以及空域与空中交通管理构成之间的关联,此外还介绍了空中交通管理系统的运营流程以及ATC必须遵循的标准流程对运营的影响。这一章的第二部分主要探讨空中交通管理系统与机场容量限制问题间的联系,以及ATC与前面章节中提到的航空公司航班计划及运营决策间的关联。本章最后一部分讨论全球"新一代"空中交通管理能力和系统的发展情况。

航空业对环境的影响主要表现在噪声污染和排放物污染两个方面,这早已引起公众与政府对航空业环境污染的担心,并要求航空业更好地管理并减少污染。第15章介绍了民用航空对居民区居住质量、当地空气质量、水质和气候变化等方面的影响,也讨论了减轻这些影响的主要方法。本章一开始先简要地介绍了地方层面、国家层面和国际层面关注和管理航空业环境影响的组织机构,然后较详细地介绍航空业对环境产生影响的类型,并针对每类影响讲述近期发展趋势以及可能的减排和环保策略。另外,对于近期运营流程方面的改进、飞机采购的趋势、飞机对环境的影响以及目前和未来在飞机设计上的创新对环境的影响进行了深入讨论。本章最后还介绍了各类型环境污染的最新发展状况,尤其关注目前最新的研究方向与成果以及这些研究对环境监管政策和环保技术发展的影响。

在信息技术(IT)应用方面,航空业是公认的领先者,在本书前面章节中提到航空业早已建立了大型数据库系统和决策支持系统。第16章首先概述计算机系统在航空公司的规划和运营过程中承担的角色,然后重点介绍在航空分销和旅客服务领域中信息技术的应用及其变革。之后讲述计算机预订系统的研发及发展,以帮助读者理解在过去的二十多年中,航空分销领域发生的巨大变化。接着详细地解释了传统的全球分销系统(GDS)与新兴的航空分销渠道之间的异同,并讨论了传统的与新兴的航空分销方式对航空公司及消费者的潜在影响。本章还分析了分销模式的变化以及电子机票等变革如何帮助航空公司降低运营成本。另外,本章还讨论了近期在旅客服务方向上出现的一些创新,如网上值机、升舱通知和行李跟踪技术,并重点讨论这些 IT 创新对航空公司的经济状况及旅客满意度的影响。

第 17 章是对本书的总结,首先介绍全球航空业面临的主要问题,并对未来进行展望;其次得出对前面章节深入讨论得到的有关驱动产业演进的诸多因素的洞见,例如行业发展制约因素、决策过程及利益相关者,对此进行了整合。最近美国和欧洲的行业兼并帮助一些大型航空公司恢复了营利能力,低成本航空公司继续发展壮大、新兴全球性航空公司的快速成长改变了市场竞争格局,对传统航空公司造成压力。政府实施的自由竞争政策打开了很多新的市场,然而限制外资拥有航空公司的政策、劳资问题和地方保护主义还将持续影响航空业发展。展望未来,全球航空业面临的挑战仍然是:如何使航空公司在高度不确定的运营环境中实现持续营利,同时维持良好的安全纪录,并且通过合理的成本为客户提供满意的服务。

参 考 文 献

ATAG (Air Transport Action Group) (2014) *Aviation*: *benefits without borders*. Available at www. iata. org (last accessed April 2014).

Airline Business (2014) *Top low cost carriers 2013*. Annual Surveys, Airline Business Database. Available at http://www. flightglobal. com/.

Airlines for America (2014a) *Economic Report 2014*. Available at www. airlines. org.

Airlines for America (2014b) *Annual round-trip fares and fees*: *domestic*. Available at http://airlines. org/data/annual-round-trip-fares-and-feesdomestic/.

Al-Sayeh, K. M. (2014) *The rise of the emerging Middle East carriers*: *outlook and implications for the global airline industry*. Master's thesis, Massachusetts Institute of Technology, Cambridge, MA.

GAO (General Accounting Office) (1993) *Airline Competition*: *Higher Fares and Less Competition Continue at Concentrated Airports*. Report to Committee on Commerce, Science and Transportation, US Senate, Report GAO/RCED-93-171, Washington, DC, July.

Heimlich, J. (2007) *Outlook*: *reaching for the skies*? Air Transport Association of America. Available at www. airlines. org (last accessed January 2007).

IATA (International Air Transport Association) (2014a) *Fact Sheet*: *World Industry Statistics*. Available at www. iata. org.

IATA (International Air Transport Association) (2014b) *Economic Performance of the Airline Industry*. 2014 Mid-Year Report. Available at www. iata. org.

ICAO (International Civil Aviation Organization) (1971—2005) *Statistical Yearbook and Annual Reviews of Civil Aviation*.

US DOT (United States Department of Transportation) (2007) *Air Carrier Financial Reports* (Form 41 Financial Data). Bureau of Transportation Statistics, Washington, DC. Available at www. transtats. bts. gov/.

2　国际体制与监管环境

Peter P. Belobaba

2.1　引言

全球没有哪个产业像航空业这样,会如此深刻地受到国内外监管环境变化的影响。在过去的半个世纪中,全世界的航空公司都经历了监管方面的巨大变化,当然时至今日他们仍然要遵守世界各地、各种各样的规章制度与政策法规。而更复杂的是有大量的组织、机构或协会——国际的和国内的、官方的和民间的——在航空运输行业的各个核心领域中(如安全与安保、经济甚至国防领域)扮演着管理、监督或倡导协调的重要角色。从这个角度来看,本章的目的是简明扼要地阐明航空运输运营所处的监管与政策环境,同时也为读者理解本书后续章节提供足够的背景知识。本章叙述尽量使用通俗的语言,因此会省略掉航空运输管制及航空法这些高度专业化领域的部分细节(虽然它们常常很重要)[①]。

2.2 节简要地介绍了《芝加哥公约》的重要贡献,它奠定了现代航空运输体系的基础。然后详细介绍九种"航权",航权的概念用于在国际双边或多边协议中,详细规定进入国际以及本国航空旅行市场的权力。2.3 节关注航空旅行市场的监管,简要介绍已经在世界上大部分地区成为主流的航空公司私有化趋势,及 1978 年以来美国放开国内航空市场管制的过程及其影响。接着回顾了与航空市场准入、指派航空公司、运力投放及运价制订等核心领域相关的国际航空协议的发展与演变。最后,概括描述了现有三大类双边及多边航空协定所包含的基本条款,并举例说明在当前的国际航空业环境中,市场继续朝着鼓励更加自由竞争的方向发展。

2.4 节重点关注机场,讨论了两个重要的发展趋势:首先是机场私有化趋势及由此而来的问题;其次讨论机场基础设施容量不足的问题及其影响,该问题已成为

[①]　70 多年以来,有关这一主题的学术著作可谓汗牛充栋。还有一些期刊,如《航空法与商务学报》,专注于该领域的研究与发展。

国际航空运输市场发展的主要瓶颈,之后,还介绍了机场容量分配的流程。2.5 节简要介绍空中交通管理服务(或"空中导航服务")领域出现的"谨慎的"企业化或称为商业化的趋势。2.6 节介绍了在航空运输领域一些重要的国际及(美国)国内组织与机构,概括介绍他们在航空业中发挥的重要作用及每个组织或机构的主要特点。2.7 节是对本章内容的总结。

2.2　国际航空公司监管环境的背景介绍

本节目标是为了让读者更好地理解第 2 章内容提供必要的背景知识。要想理解为何在不同国家之间,国际航空运输的相关监管及规章制度有如此大的差异,必须从历史的角度审视这类规章制度与配套监管框架的形成过程。2.2.1 节介绍了《芝加哥公约》及其对航空业的重要贡献,该公约确定了航空监管框架的主要构成形式。由此产生的规章制度及国际协议中经常会引用的"航权"概念会在 2.2.2 节做介绍。

2.2.1　芝加哥公约

1944 年即第二次世界大战结束之前,来自 54 个国家和地区[①]的代表参加了在芝加哥举行的国际民航大会,共同探讨国际航空运输行业的未来。最终本次大会的参会代表共同拟定并签署了一份关于全球民航业发展的国际条约,即《芝加哥公约》。该公约的签署成为全球航空史上一个重要的里程碑,并为现行全球航空运输体系奠定了基础。《芝加哥公约》为美国国内特别是国际民航业确立了基本的规范,并为战后行业的大发展提供了坚实基础。

首先,芝加哥会议在总体上肯定了当时的民用航空运输在全球范围内属于极具潜力、有巨大发展空间的新兴行业,应当制定一套国际公认的市场准入规则来对这一行业培育和推广。在制定规则的过程中,各方代表需要就国际航空服务监管环境的类型问题——这也是航空史上第一次——在自由主义或者贸易保护主义之间做出选择。但自此以后,这个基本决定就成为各方争议的中心。当时美国提议采用自由市场框架,基于宽松的管理规定,要求对全球航空运输市场的准入尽量少设限制,允许航空公司间公开竞争,并且航空公司有权根据市场情况决定航班班次及运价。但英国为首的其他多数国家,以国家安全、维护领空主权以及促进当时新生的航空业发展为由,提出采用管制较多的体系。显然,后者的担忧在于自由竞争环境可能导致美国航空公司在全球市场上一枝独秀,因为当时美国航空公司相对于其他国家的航空公司,在财务及其他许多方面都处于遥遥领先的地位。用"拒绝着陆权"作为

---

① 本章中"State"一词与"country"或"nation"表示相同的含义,可按"国家或地区"理解。

讨价还价的筹码，最终贸易保护主义者的意见占据了上风。

　　由于无法建立一套全球通用的规章制度，芝加哥会议退而求其次，决定仅建立一个简单框架，在此框架下两个国家（或地区）可基于双边协议建立对双边航空运输市场的监管体制。因此，国家间的双边航空服务协议（ASA）就成为国际航空运输服务产生与变化的主要依据，也成为监管这些服务的依据。仅两年后，最初也是最重要的双边协议模型问世，这就是 1946 年"百慕大一号"协定，确立了英美两国间航空服务的基本准则。时至今日，双边 ASA 依然被广泛采用，而近年来多边 ASA 也日益普遍并发挥着越来越重要的作用，这类协议的主要条款在 2.3 节中讨论。

　　芝加哥会议的另一项开创性贡献就是认识到，机场、空中交通管理设施、设备和流程的使用方面急需建立国际共通性，以确保跨国境线的航班的安全并具有可操作性。大会建议为协调与规范全球航空运输运营过程，制定航空设施、设备相关的国际标准，并监督各方遵守这些规范和标准，就必须成立一家常设国际机构。1947 年这一构想成为现实，国际民用航空组织（ICAO）因此成立，ICAO 的总部设在加拿大东部港口城市蒙特利尔（见 2.6 节）。

2.2.2　航权

　　芝加哥大会及其协定首先提出了所谓"航权"的概念，不过协定只对现有九种航权（本节中详细介绍）中的前五种给出了具体定义，其余四种是随着国际航空服务的发展逐步出现，没有在协议中给出正式定义。航权是指某个国家的某个航空公司在其他一个或多个国家能够享有的航空运输权力（如国家 A 与国家 B 之间的双边协议，规定注册在 A 国的航空公司享有第五航权）。

　　假设 X 是在 A 国注册的商业航空公司，则须遵守如下航权规则：

　　（1）第一航权：航空公司 X 可飞越国家 B，但没有在 B 国着陆的权力。

　　（2）第二航权：航空公司 X 可因技术原因（如维护或加油）及其他原因在国家 B 内着陆，但没有营运性上下旅客及货物的权力。

　　除了某些特殊情况，第一和第二航权实际上是自动授予的，即根据"国际航空服务运输协定"在签约国间自动交换获得。通常，这里的特殊情况是指因某国的国家安全要求，有选择地给予或禁止一个或多个国家以航权——如某国可以禁止来自某个或几个具体国家的航空公司航班进入其领空飞行。

　　其余航权都来规定商业航空的航行权力，可放在两个国家 A 与 B 间签署的ASA 框架下进行理解

　　（3）第三航权（见图 2.1(a)）：指航空公司 X 可从国家 A 载运商业旅客及货物至国家 B 的某一机场。

　　（4）第四航权（见图 2.1(b)）：指航空公司 X 可从协议伙伴国家 B 的某一机场载运商业旅客及货物，返回其国家 A。

第三与第四航权是所有双边航空服务协议的基础。第五与第六航权则还涉及国家 A 与 B 之外的第三国。

（5）第五航权（见图 2.1(c)）：指当航空公司 X 提供从其注册国 A 起飞或到达的航班服务时，具有从协议伙伴国 B 的一家机场载运商业客货到第三国 C 的权力，反之亦然。

举例说明，美国达美航空运营一个从纽约到巴黎再到孟买的航班。有了第五航权，达美航空就能从巴黎上客并运输到孟买，反之亦然。请注意，虽然第五航权由两个国家签署（见图 2.1(c)中的 A 与 B），但必须同时获得第三国 C 的同意，才能完成这样的服务。

（6）第六航权（见图 2.1(d)）：指注册在 A 国的航空公司 X 能在另两个国家（见图 2.1(d)中的 B 与 C）、使用两套独立的第三及第四航权，以本国某机场作为中转点，载运 B 和 C 两国之间的商业客货。

第三与第四航权自然发展的结果是出现第六航权，同时第六航权也为大部分国际枢纽运营提供了基础及依据。例如，汉莎航空可以将埃及开罗的旅客运至德国法兰克福，并通过其他航班再将他们运至美国波士顿。需注意，一旦 A 国与 B 国以及 A 国与 C 之间开放了第三及第四航权，就相当于 B 国与 C 国自动拥有了符合第六航权的客货流量，即便他们不想要第六航权。上例中，汉莎航空能轻易绕开埃及与美国针对通过法兰克福的中转旅客的所有限制，例如当具有第三及第四航权时，把整个行程中的两个航班拆分出票即可实现第六航权。因此第六航权常被认为是顺理成章，并很少在 ASA 中提及或做明确说明。

最后介绍的第七、第八及第九航权则更加"高级"，因为它们会极大地淡化航空公司"注册国"概念及其重要性。

（7）第七航权（见图 2.1(e)）：指 A 国的航空公司 X 可以在 B 国和 C 国的两个机场间载运客货，而这一服务完全在 A 国境外运营。

注意，注册国 A 并没有参与整个服务过程。例如，加拿大航空可在洛杉矶与墨西哥城的航线市场上提供服务，且航班无需在加拿大起降。

第八及第九航权涉及"国内空运限制"的概念，即在航空公司注册国之外的某个国家内载运商业客货。

（8）第八航权（见图 2.1(f)）：指 A 国航空公司 X 在 B 国内的两个机场间载运商业客货的权力，且航班须从 A 国起飞或到达 A 国。

（9）第九航权（见图 2.1(g)）基本与第八航权相同，但不要求航空公司 X 的航班从其注册国 A 起降。

在第八航权下，加拿大航空从多伦多到芝加哥再到洛杉矶的航班，可以在芝加哥搭载往洛杉矶的乘客；而第九航权下，加拿大航空可以服务美国国内的芝加哥至洛杉矶市场，航班可以从芝加哥、洛杉矶起飞，甚至服务美国国内的任意市场。

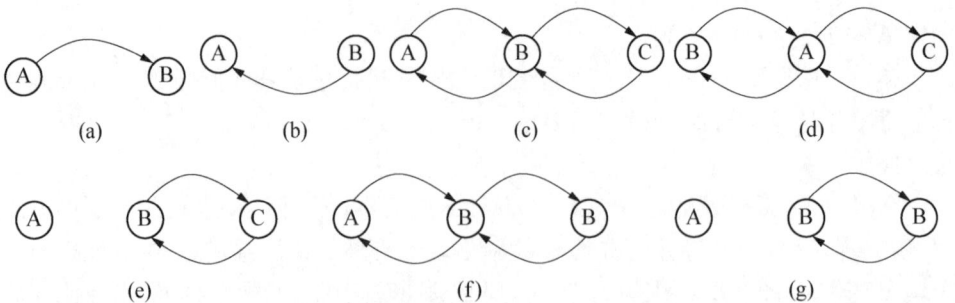

图 2.1 九种航权

图 2.1 所示为九种航权。所有情况下,航空公司的注册国都为 A 国。图(a)为第三航权。图(b)为第四航权。图(c)为第五航权:在每个方向上都是联程航班(A 到 B 到 C 以及 C 到 B 到 A);从 B 处搭载旅客前往 C(或反之),A 国的航空公司享有第五航权。图(d)为第六航权:A 国的航空公司利用不同的航班将客货从 B 运送到 A,再从 A 运送到 C(反之亦然)。图(e)为第七航权:A 国的航空公司在另两国 B 与 C 之间运送客货,且不要求航班从 A 国始发或结束。图(f)为第八航权:航班从注册国 A 的某机场出发到 B 国,然后在 B 国的两个机场之间运送 B 国的国内客货,返程航班亦是如此。图(g)为第九航权:A 国航空公司不受任何条件限制,在 B 国内运送其国内客货。

第九航权实际上去掉了所有的"国内空运限制"。有时称第八航权为"延续"或"填充"国内航权,称第九航权为"完全"或"纯粹"国内航权①。

2.3　航空公司私有化与国际经济管制

本节介绍航空公司所有权及航空公司进入国际市场时需考虑的各种因素。因而,首先简要地讨论最近一段时期国际上出现的航空公司私有化动向与趋势(见 2.3.1 节)。然后介绍了目前常用的三种典型"航空服务协议 ASA",并讲述这些协议的四个核心特征与内容,即市场准入、指派航空公司、运力提供和运价制定(见 2.3.2 节~2.3.4 节)。

2.3.1　航空公司私有化

在 20 世纪 80 年代初,全球绝大多数大型航空公司都是政府所有的——当然美国的航空公司不在此列。导致这种状况有多种原因,其中最主要的是许多人认为航

① 第八和第九航权通常合称为"国内航权",而不是当成两个独立的航权。这样,两者合而为一成为单独的第八航权——即把"延续"国内航权当成是"完全"国内航权的一个特例。

空业仍处于起步阶段,若无政府支持可能就无法存活于严酷的竞争环境①之中。

通常"载旗航空公司"都为政府所有并附属于政府,之前被认为是促进整个行业发展,使其达到经济上成熟的最佳途径。通常载旗航空公司都能在本国国内市场上占据垄断地位,而且其所运营的国际航线也能受到贸易保护(见 2.3.3 节)。即便在美国,虽然并未出现政府所有的航空公司,但直到 1978 年航空业始终处于政府的严格管制之下,防止出现"过度竞争"情况(见 2.3.2 节)。此外,那些世界上最富有的国家也都认为创办和运营一家航空公司面临的财务成本和经济风险巨大,因此不能接受私有化的做法。设立载旗航空公司的其他原因(这一提法被公众广泛接受)包括在国家紧急状态时载旗航空公司可以承担应急任务或者根据政府需要运营某些特殊航线,并以大量政府补贴作为补偿。

当航空业逐步达到所谓的"经济成熟",这种情况首先发生在美国,然后是全球其他地方,国家扶持航空公司的状况就会发生巨大改变。在经济发达地区,目前已很少航空公司完全由政府所有②;而在全球经济欠发达地区,越来越多的私有航空公司开始出现。同时,私有的低成本航空公司(LCC)——只提供必要服务,并以低票价吸引旅客的航空公司——呈现爆炸式的增长。此外,剩余(主要或全部)由政府所有的载旗航空公司,仍然在许多市场或地区内与私有航空公司竞争。此种情况下,为所有市场参与者创造并维护公平竞争环境的重担必然落在行业监管机构身上。例如,自 20 世纪 90 年代中期以来欧盟委员会已发起了好几起针对载旗航空公司的诉讼案,包括比利时航空、法国航空、意大利航空以及奥林匹克航空(希腊),这些载旗航空公司都被指控公开或私下接受本国政府补贴,或受到本国政府的政策优待。

从长期角度来看,20 世纪 80 年代中期以来许多原来归属政府所有的航空公司完全或部分私有化的过程,已经成为航空业发展史上最重要的变革之一。鉴于全球航空业在国际经济监管环境方面持续"管制放松"(见 2.3.2 节与 2.3.3 节),在可预见的未来,全球范围内航空公司的私有化趋势应该不会发生逆转。

2.3.2 航空服务协议(ASA)的类型与主要内容

如前所述,芝加哥公约基于航空服务协议(ASA)体系构建了国际航空运输服务的管理框架。所有的双边及多边航空服务协议内容均需从所提供服务的四个关键方面考虑。

(1)市场准入:列出 ASA 所涉及国家间的潜在城市对(航线),如需第三和第四航权以外其他航权,也可在该部分 ASA 中授予。

(2)指派航空公司:协议涉及的每个国家都有权指定航空公司,以及服务于协

---

① 时至今日,世界上很多地方依然是这种情况。

② 最著名的航空公司私有化案例包括加拿大、法国、新西兰、英国、西班牙、日本、德国汉莎、澳大利亚以及斯堪的纳维亚航空。其中一些国家仍然持有载旗航空公司的部分所有权。

议中所包含的每一城市对或航线的航空公司的数量及其特征①。

(3) 运力：指定每一城市对或者航线上的航班班次以及座位数量。

(4) 机票价格(运价)：指定旅客票价以及货运费率的制订方式，以及监管机构批准运价所需的步骤。

依据对四项关键内容处理方式不同，可将 ASA 划分为下列三类之一(Doganis，2001)。

(1) 传统协议：最早的例子是 1946 年美国与英国之间签署的《百慕大一号协议》；而后，在 1973 年美国和英国又签署了《百慕大二号协议》，标志着更加"自由"的传统型 ASA 协议出现。

(2) 开放市场协议：最早的例子是美国与荷兰、美国与新加坡以及英国与荷兰之间的 ASA，这些协议均于 1978 年—1979 年间签署。

(3) 开放天空协议：最早的例子是 1992 年前后美国与荷兰、美国与新加坡以及新西兰与智利之间签署的 ASA。

时至今日，这三种类型的协议仍然在广泛应用、不断签署。北美及西欧之外的很多国家仍在继续使用传统型双边 ASA。事实上，目前全球航空业中发挥作用最多的仍是传统型 ASA；但是从 ASA 所影响的乘客人数以及所涉及市场的经济意义角度来评估 ASA 的影响力时，传统型 ASA 已不再是最重要的类型。

除了上面介绍的航空服务协议，在航空业发展历史中，还有其他一些具有划时代意义的事件。今天看，20 世纪 90 年代之前发生的最重要事件是美国放松了对国内航空市场的管制。1978 年正值《航空放松管制法》实施初期规定，全球所有航空公司中(只有)美国航空公司能完全自由地进出任意美国国内市场；每家航空公司都能自行决定在任一市场上投放的航班班次、座位数量；决定运价以及每个航班、每个运价舱位上分配的座位数量。美国联邦政府，包括司法部、运输部和联邦航空管理局的职责，被限制为对美国航空运输体系进行监控与管理，包括防止出现潜在掠夺性或垄断性定价(司法部与运输部)；防止出现价格联盟的可能(司法部)；确保广告或计算机预订系统中航班排序等行为属于公平竞争(运输部)；确保遵守安全与安保法规(联邦航空管理局，2001 年后还增加了运输安全管理局)。

2.3.4 节介绍国际航空运输监管史上的其他重要事件，包括欧盟内部市场的三阶段自由化过程(1988 年—1993 年)，亚太经合组织(APEC)的多边航空服务协议(2001 年)以及美国与欧盟整体间的天空开放协议(2007 年)。

2.3.3　双边及多边 ASA 的典型内容

到此为止，我们已可归纳出每一类航空服务协议(传统、开放市场和开放天空)

---

① 注意，仅需指定航空公司的数量，不须指定具体的航空公司；ASA 允许签约国根据需要改变航空公司。

的典型内容。但需要注意的是,同类型的协议与协议之间有可能存在明显差异。以下的讨论围绕 2.3.2 节所介绍的航空服务协议的四个关键内容与特性(市场准入、指派航空公司、运力及运价)展开。

1) 市场准入

传统型协议总是适用于双边签署,仅对有限数量的具体城市对(也称市场或航线)授权准入。而且,协议中还规定了能在这些市场上运营的航空公司的数量。实际情况中,几乎没有任何传统协议会涉及第五航权。而分属两个国家机场间的包机航班权需要一事一议——通常协议中不包含与包机航班相关的通用条款。

在开放市场协议中,两个签约国内所有的潜在城市对市场都互相开放。但是,美国签署的双边开放市场协议通常会限制外国航空公司只能进入部分美国机场,可进入的机场会在协议中列出,同时美国航空公司被允许无限制进入另一签约国的所有(具备资质的)机场①。开放市场协议通常包含对签约国双方包机航班的完全授权,并可授予起降在一个或多个第三国的第五航权。

在开放天空协议中,对签约国双方的城市对/航线准入权限不做限制。这样自然就包含了第五航权(需要与第三国同步签署)及组织与运营包机航班的权力。通常不会授予第八或第九航权,不过近期签订的部分多边开放天空协议中已经包含了第七航权的部分内容。如,2001 年② APEC 协议(见 2.3.4 节)中包含对全货航班的第七航权授权。

2) 指派航空公司

在传统协议中,每个国家通常仅指定一家航空公司在协议航线、市场上运营航班。当然如果市场需求足够大,也可指定两家航空公司参与运营,如在更"自由"的ASA——《百慕大二号协议》中,纽约至伦敦航线就是如此。而在开放市场和开放天空协议中可指派多家航空公司,并且一般情况下都会如此。

上述情况有一个隐含的背景,即航空公司必须有个"国籍"(前面提到的注册国A)——这个条件在现代航空运输发展史上一直没有改变。ASA 中,如需由注册国来判定某航空公司是否有资格出现在 ASA 中,或有资格运营其国内航班时,仍以"该国国民是否拥有实质性所有权及有效控制权"为依据。几乎所有国家(仅极少数例外)都规定了外资所有权比例的上限,即该航空公司可由外国公民拥有的所有权比例。表 2.1 列出了一些国家在这方面的具体要求。能够发现,美国在此方面的要求在全球最为严格,不仅限制外资所有权要在 25% 以下,还要求董事会成员的三分

---

① 存在此种不对称情况的主要原因是美国可提供大量有吸引力的目的地和出发地机场,而另一签约国通常只能提供一个机场(如新加坡或荷兰)或者很少的几个机场。因而,限制另一签约国的航空公司只准进入一部分美国机场是合理的。

② 术语"开放区域"越来越多地称为一类特殊的多边协议,这类协议除授予第五航权外还授予完整的第七航权。可用这一特征区分开放区域和开放天空协议。

表 2.1　部分国家及地区对航空公司外资所有权比例的规定

国家及地区	关于外资所有权的规定
澳大利亚	从事国际业务的航空公司为 49%（单一股东不超过 25%）；仅从事国内业务的航空公司为 100%
加拿大	25%
中国大陆	35%
智利	如果航空公司的主要营业地点在智利，可以达到 100%
欧盟	49%，适用于非欧盟国家公民
印度	49%，但外国航空公司不能持有印度航空公司股份
日本	33.33%
韩国	49%
马来西亚	45%
新西兰	从事国际业务的航空公司为 49%；仅从事国内业务的航空公司为 100%
新加坡	27.51%
中国台湾	33.33%
泰国	30%
美国	25%；董事会成员的三分之一可为外籍人士；董事长必须是美国籍

（资料来源：2001 年 Chang and Williams 的论文，有更新与增加。）

之二及董事会主席是美国公民。此外，多年来各种各样请求放宽该限制的提案都被华盛顿否决了[①]。

　　全球航空业看重航空公司的"国籍"是经济全球化进程中的一个例外。过去很多年中，大部分主流全球性产业跨国公司的股东、董事会成员的国籍已变得越来越无关紧要。那么，之所以对航空公司"国籍"有要求，主要因担心两个问题：首先是国家处于紧急状态或军事动员期时可能征用航空公司的服务；其次是不愿意高价值的航空业工作机会被国外雇员抢走。再有一个原因是很多国家对"载旗航空公司"概念的偏爱。

　　伴随着航空运输业监管环境的自由化趋势、全球化进程不断推进以及在全世界范围内资本在企业间流动更加容易，上述对航空公司所有权的外资比例限制显得越来越不合时宜，国际上要求放松该限制的压力也在逐渐增加。一些国家（如智利）已取消了对外资所有权的全部限制（见表 2.1），其他一些国家（如澳大利亚和新西兰）也已放宽了限制。另一些航空公司（如 SAS）的所有权与主要业务点分布于多个国家和地区[②]。影响力最大的应算"社区航空公司"概念（见 2.3.4 节），允许任意数量

---

① 具体可参考 2.3.4 节中对 2007 年美国与欧盟开放天空协议的介绍。

② 另一有趣案例为阿根廷航空，自 20 世纪 90 年代早期开始所有权不断改变。外资、银行及航空公司的所有权比例经常变化。不过，在 ASA 签署时这家公司始终被认为是阿根廷的载旗航空公司。

的欧盟公民拥有及运营注册国为欧盟(目前)28个成员国之一的航空公司①。

3) 运力限制

在传统型协议中列出的每个航线/市场上,航班班次与投放的座位数都设置了严格的规定。通常,在"自由"度最低的协议中,参与签约的每一方只能投入该市场上50%的运力。更有甚者,某些协议中以运力提供的比例来分配每个市场的利润,居然不去考虑每家航空公司实际载运了多少旅客! 在更"自由"的传统型协议中,采用了较为灵活的运力限制条款(或根本不限制运力投放)。不过通常情况下都会制订运力条款以备可能的政府审查,审查的目标主要是为防止在相同市场上,因对方航空公司投入过多运力而导致本国航空公司处于不利地位。当然这些更"自由"的协议里不会出现类似"收入按运力投放比例分配"的条款。

开放市场协议没有对一家航空公司在某个市场上投放多少运力进行限制。从开放市场协议的一些实例中能发现一个有趣现象,即允许使用第五航权的航班改变机型。举例来说,在开放市场协议下,某美国航空公司运营纽约—法兰克福—雅典航班,在法兰克福—雅典航节上享有第五航权。那么他就可以在纽约—法兰克福航节上使用400座的波音747飞机,在法兰克福—雅典航节上使用130座的波音737飞机,这两个航节用相同的航班号。改变机型及容量是为了使法兰克福—雅典航节(乃至整个纽约—法兰克福—雅典航班)在经济上更有利可图。

同样,开放天空协议中也没有运力投放限制,并且允许第五航权航班改变机型及规格。此外为进一步增加灵活性,往往还允许代码共享协议航班,这样联程航班的若干航段可由不同的联盟伙伴航空公司承运。

4) 机票价格/运价

传统协议中所有的机票价格都必须得到双方监管机构的批准(双重批准)。机票价格通常使用双方商定的"成本加利润"公式来确定。这种情况下,ASA文本中就应有相关说明或者推荐使用IATA(国际航空运输协会)的"运价制订流程"②(见2.6节)。

开放市场协议中,一项运价提议只有当双方监管机构都反对时才能被拒绝(即双重反对)。这样,只要有一方政府支持航空公司,其降价要求就能通过。某些情况下,用"始发地规则"替代双重反对规则,也就是说,机票价格要受到行程起始地国家的批准才能生效。

在开放天空协议中,除了某些极特殊的情况,如出现掠夺性定价或垄断行为,政府会进行干涉,其他情况下机票价格无须监管机构的批准。

总之,从传统型协议开始发展到开放市场再到开放天空协议的过程清晰地表

---

① 原书(英文)第2版出版时,英国尚未脱欧。——译注
② 美国禁止使用该流程,认定这个流程是反竞争的,因而非法。

明，双边和多边 ASA 的四个核心内容都在朝着更加"自由"的方向发展。在行业整个发展过程中，美国起到非常重要的作用，从谈判签署最初的"自由"传统协议（百慕大二号协议），到签署第一个"开放市场"协议和第一个"开放天空"协议[①]。不过，目前美国所执行的航空公司所有权严格管制政策是个例外，与其"亲市场"策略并不一致。

2.3.4 欧盟统一市场及其他主要进展

接下来我们将注意力转向国际航空运输市场上三个最重要的管制放松案例。首先介绍影响最大的欧盟航空运输市场管制放松以及（实质上的）市场统一过程，这一事件对监管的推动作用比所有现存多边 ASA 都要大。甚至有人认为，从全球性影响角度看，欧盟协议能与 1978 年美国国内市场管制放松相媲美。

与 1978 年 1 月 1 日美国在"一夜之间"完成管制放松不同，欧盟的市场自由化变革经历了十多年时间以及经历了许多个步骤才逐步完成，最终形成了三套"一揽子"措施，由（当时）欧洲经济共同体成员国分别于 1987 年、1990 年和 1992 年讨论通过。最后一套"一揽子"措施仍分步骤实现，自 1993 年 1 月 1 日起大部分重要条款逐步生效，至 1997 年欧盟航空公司启用第九航权为标志而结束。2004 年欧盟成员国从 15 个增加到 25 个，2007 年增加到 27 个，2013 年又增加至 28 个，新成员国自动加入统一欧盟内部（航空）市场——一个囊括 5 亿人口的大型市场。

目前在欧盟内部市场上使用的主要监管条款大部分来自"社区航空承运人"（或简称为社区承运人）的概念，社区承运人是指任意注册在欧盟成员国内的承运人，且符合欧盟对航空公司所有权的相关规定。这些条款都非常简单，其目的是突破承运人的国籍限制。由一个或多个欧盟成员国国籍人士构成的组织可在任何欧盟成员国内申请成立航空公司，且该组织须持有大于（含）51％的投票权股份。另外，此申请须通过当事国批准，同时拟议航空公司还应满足相关的技术资质要求。

目前监管欧盟统一市场的主要条款可概括如下。

（1）市场准入与指派航空公司：自第三套"一揽子"措施开始实施（1993 年 1 月 1 日）起，所有的"社区承运人"都被授予了在欧盟内运营航班的完全第七航权（显然包含了第五及第六航权）。举例来说，法航可以在米兰与巴塞罗那之间提供航班服务，而该航班无须从法国的某机场起飞或降落在法国机场。条款还授予航空公司第八航权（连续国内航权），允许从 A 国出发的欧盟内部国际航班载运 B 国的国内旅客，并且不超过飞机容量的 50％[②]。后来所有的国内航权限制都逐渐取消，现在社

---

① 截至 2014 年，美国共与超过 100 个国家签署了"开放天空"协议，包括 2008 年美国与欧盟签署的开放天空协议，其时欧盟共有 28 个成员国（见 2.3.4 节）。

② 例如，在从慕尼黑到意大利米兰再到那不勒斯的汉莎航班上，在米兰至那不勒斯航节上最多只能运载数量为飞机座位数 50%的米兰至那不勒斯乘客。

区航空承运人能在欧盟内享受完全第九航权。例如,易捷(easyJet)航空公司注册在英国,而早已成为法国巴黎至尼斯间巨大市场上重要的参与者。

(2)运力:未对社区承运人在欧盟内任何市场/航线上的运力投放设限。

(3)欧盟内部的国际运价:实际上未设限制。只有当相关国家判定提交的运价存在垄断性或掠夺性价格时,才可以对该提议运价提出质疑——出现这种情况时,可向欧盟委员会提出申述。欧盟委员会是运价争议的最终裁决者。

(4)其他条款:还有一些其他条款,主要目的是防止反竞争行为的出现。例如,条款对如下情况"严格禁止":承运人之间相互勾结,导致价格联盟或运力投放受限;航空公司之间反竞争的合资合作;计算机订座系统(CRS)中的歧视行为;非竞争性的兼并收购以及政府对航空公司的各类补贴行为[①]。

国际航空市场管制放松的另一个重要进展是在 2001 年 5 月签署的多边开放天空亚太经合组织(APEC)协议(Findlay,2003;Geloso Grosso,2012)。参与签署的国家包括美国及 5 个 APEC 国家,即新加坡、文莱达鲁萨兰王国、智利、新西兰和秘鲁。2001 年以前,上述国家之间基本都已签署了包含管制放松条款的双边协议,此次签约的多边协议合并了原有条款然后取而代之。APEC 协议授予所有缔约国第一至第六航权,且无须运价审批流程。在协议规定范围内,航空公司联盟伙伴可在所有航班上进行代码共享,并且缔约国的所有货运航班都享有第七航权。不过协议中没有涉及第八与第九航权的条款。

APEC 航空服务协议对于指派航空公司的处理很有意思。协议规定每个国家都可指定任意数量航空公司,只要这些航空公司主要运营的航线在本国即可,并且每个国家都可自行制定"航空公司资质"要求。这样,对于外资所有权限制较少的国家(如表 2.1 中的智利)就能与对此有较多限制的国家(如美国)进行协商。

参与 APEC 协议的每一方都可自行与第三方进行独立的双边或多边协议谈判。而且 APEC 协议规定,缔约国可邀请其他国家加入协议,从而使现存最自由的多边 ASA 在未来有进一步发展。

2002 年 11 月 5 日,欧洲法院做出的里程碑式的判决使国际航空监管自由化进程获得了第三次突破。该法院发现,在当时欧盟成员国单独与美国签署的双边开放天空协议中,规定航空公司国籍的相关条款违反了欧盟法律(即上述的第三套"一揽子"措施),该法律要求所有欧盟成员国的全部社区承运人都应受到相同的对待[②]。在当时,欧盟的 15 个成员国中有 11 个国家与美国签署了双边的开放天空协议。因

---

① 欧盟委员会通常会对此类案件逐一认真审查。根据以往经验,实际操作中的审判过程会非常耗时。此外在许多情况下,欧盟委员会针对政府补贴行为做出决议的内部一致性,往往受到质疑。

② 例如,美国与法国签署的 ASA 协议允许美国和法国的航空公司飞纽约巴黎航线,但不允许其他欧盟社区航空公司服务此航线。因而协议未能授予其他航空公司与法国航空公司相同的权力。

此,法庭宣布这类协议全部无效①,并委托欧盟委员会代表全体欧盟成员国与美国展开新多边协议的谈判。

为了实现这一目标,谈判从2003年11月开始至2007年4月才结束,并达成欧盟整体与美国之间的临时性开放天空协议,协议定于2008年3月生效②。整个谈判极端复杂与困难,一方面欧盟委员需要考虑欧盟(当时)27个不同成员国的不同利益诉求,另一方面美国的谈判代表也要应付华盛顿方面善变和猜忌多疑的政治态度。此外,除了要解决某些普遍的原则性问题,还需要解决一些具体的冲突,例如长期以来引起英美两国争论不休的伦敦希思罗机场的时刻分配问题(见2.4节)。

该临时性协议包含了一些具有划时代意义的条款。最重要也最基础的条款是:任意美国航空公司或欧盟"社区航空承运人"都会自动获得服务任意美国与欧盟间城市对的权力。双方也批准了第五航权,即欧盟与美国间的航班可延续到第三国,或反之。另外,服务美国欧盟航线的航空公司的联盟伙伴被允许运营到第三国的联程航班。欧盟社区航空公司还获得了第七航权,可为美国及特定非欧盟欧洲国家提供服务。欧盟社区航空公司运营的美国与第三国间的全货运航班也获得了第七航权,同样美国航空公司的特定全货运航班也可以在欧盟与第三国之间运营③。不过,这次长时间谈判中遗留的一些争议问题,未能在2007年临时性ASA中解决,其中最主要的问题仍然是美国能否放松对其国内航空公司外资所有权及控制权的管制(见表2.1)④。一旦这些争议问题得以解决,美国与欧盟就可签署最终正式协议⑤。

虽然美国与欧盟间的开放天空协议尚未产生其支持者所预期的"巨大经济效益"和"大量新工作机会",但毫无疑问,通过引入更多竞争、更低价格以及大幅增加通航城市对,协议确实能刺激北大西洋市场上客货运量的大幅增长。同等重要的是,美国欧盟协议为2007年以及未来签署的(如欧盟与加拿大、欧盟与印度之间)此类协议提供了样板,而且新协议还有机会在此基础上增加"更自由"的条款。

2.3.5　航空联盟的作用

航空联盟为其成员航空公司提供的最重要优势是:有可能绕过双边或多边ASA协议中对市场准入的一些限制。但能否获得这个好处在很大程度上取决于所

---

① 之前签署的双边协议仍然保持有效直到2008年3月为止。参见下面的叙述。

② 由于协议将欧盟当作一个整体,所以这类ASA通常被认为是双边协议,而不是多边协议。

③ 该协议包含了大量的技术性条款。其中最重要的是在一些重要事项上,授予由大西洋两岸航空公司组成的航空联盟以广泛的反垄断豁免权。

④ 针对这一问题,布什政府做了许多尝试和努力,但由于美国国会的强烈反对而最终放弃;支持美国国会的是一些工会组织以及部分美国国内的航空公司。美国运输部曾多次建议,25%的限额应限制外籍人士拥有航空公司的"有效控制"权,而不应该限制所有权的份额——不过欧盟实际上要求将这一限制提高至49%。

⑤ 这期间有过若干次努力和尝试,但直到2014年时仍未达成永久性协议。虽然谈判还未见成效,还好2007年的临时性协议尚未见严重问题。

处的具体情况。比如,考察一个由两家大型航空公司(分别注册在美国和某欧盟成员国内)组成的联盟,欧洲的这家航空公司属于"社区承运人"(见 2.3.4 节),因而在28 个欧盟成员国内享受第七航权及国内航权(第九航权)。由于协议中未对此施加任何约束条件,那么该联盟中的两家航空公司就能够同时在美国及欧盟范围内享有国内航权(第九航权),并能在欧盟范围内享有第七航权;此外,还能享有目前仍有效的美国与欧盟成员国之间签订的双边或多边航空服务协议中规定的完整第五航权。

为避免国际航空联盟成员获得类似授权,同时为了防止联盟成员滥用定价及航班计划方面的权力,美国、欧盟以及数量不断增加的其他相关国家联合建立了相关机制,专门审查并批准对于跨境航空公司联盟伙伴的授权以及航空联盟打算实施的创新举措。自 1988 年起,美国国会要求美国交通部负责审查加入或被邀请加入航空联盟的航空公司,决定是否授予或收回其反垄断豁免权,并对航空联盟请求实施的有可能影响竞争公平或客户利益的创新举措进行审查与指导。在欧盟方面,相关责任自 2004 年起落到了欧盟委员会身上,由委员会的特派员联合管理竞争政策、交通、能源以及环境等事项(Tugores-Garcia,2012)。Bilotkach 与 Hueschelrath(2013)的文献清晰地列出了此类监管机构在近期实施调查的具体情况。

一旦监管机构批准,授予航空联盟内航空公司以完整的反垄断豁免权,就表示允许他们完全自由地与合作伙伴协同确定所运营的航线、航班时刻计划与班次以及向市场上投放的运价舱位及其定价。但很多情况下在真实环境中,反垄断豁免权会附带一些限制条件。典型条件包括:联盟成员须从某些航线的运营中退出,或在有航班计划协同的机场上放弃一定数量的时刻,或取消某些运价舱位[①](见 2.4.1 节)。由于欧洲若干拥挤机场时刻供不应求,放弃时刻的做法就特别受欧盟委员会的偏爱。

2.4 机场

全球航空业运行的基础设施由两个主要部分构成,即机场组成的全球体系及与之配套的全球空中交通管理体系。如 2.3 节所述,在全球范围内,在国际和国内市场上对于航空公司参与竞争的监管和限制正在逐步减少,一些重要区域甚至已取消了限制,这些因素促进了全球航空运输的快速发展。同时,伴随着航业这些年的快速增长,世界各地的大型机场也变得越来越拥挤和不堪重负。为了防止机场拥挤与延误的状况继续恶化,很多机场已开始采取措施减少新增航班。因此,目前拥挤机场的时刻分配流程已成为一种新的市场管制力量,而且会阻碍自由竞争市场发挥其应有的作用。这是 2.4.1 节要讨论的主题。2.4.2 节则将重点放在 20 世纪 80 年

---

① 取消某些运价舱位或是退出某些航线运营的做法有时也称为"出让"。

代以来大型机场发展过程中出现的第二个趋势,即机场所有权及管理权的私有化趋势。这一趋势已经造成了管理制度以及组织结构上的重大变革,并引起国际对于相关管制措施的日益关注。

2.4.1 机场准入限制

公认的限制航空运输业长期发展的最重要原因之一是"机场容量有限"问题。虽然机场内的所有设施,包括飞机滑行道、跑道系统、停机坪、旅客候机楼等,都可成为机场容量的瓶颈,但通常跑道系统才是最根本制约[1],特别在全球最繁忙、最重要的那些机场,这一问题更加严重。

从长期数据看,机场容量受限问题集中表现为:在全球航空运输业最发达的地区,因机场原因而导致的平均航班延误时间在持续增加。同样严重的另一个问题是,在那些运输量已接近上限的机场,极端天气极易造成跑道系统容量不稳定(见第13及第14章)。由于在理想天气条件下这些机场的容量已接近饱和,一旦天气稍有变化,就可能导致航班延误时间大幅延长,航班计划的可靠性难以保证。

从短期或中期来看,解决该问题的方法之一很显然是所谓的"需求管理"。这一术语是指,为避免机场内航空运输过于密集而出现拥塞情况,通过一系列行政或经济手段,限制一天内不同时段或一年内不同航季中批准的时刻请求数量。需求管理属于"提前预防"(或主动)办法,即相关措施及规定会提前几个月开始实行并延续一段时间(如一共生效6个月时间)。该方法不同于动态(或被动)的"空中交通流量管理措施"(见第14章),后者通常由空中交通管理(ATM)服务商(如美国联邦航空管理局(FAA)及欧洲航空安全组织)按日频提供,以平衡某一天[2]内的需求与容量矛盾,并减轻当天的拥塞状况。

机场需求管理在美国以外广泛应用,其核心机制被称为"航班计划协调(SC)"过程,由国际航协研发并普遍应用于全球几乎所有机场,不过各地方或地区在使用时会酌情调整。以下描述省略了部分重要细节,不过这些内容可在IATA(2012)和de Neufville与Odoni(2013)的文献中找到。

使用SC过程的第一步是挑选出"完全协调的"(或"3级")机场。完全协调的机场是指那些"在给定时期内(航班计划期的部分时段内),需求明显超过容量,且短期内无法通过扩展机场基础设施满足需求,也无法通过航空公司间自愿合作方式解决问题"的机场(IATA,2012)。在这类机场中,解决航班时刻冲突问题并根据航空公司的请求分配可用"时刻"的任务通常由"航班计划协调员"完成——多数情况下,有一个由专家和重要干系人组成的委员支持他的工作。"时刻"是可供一个航班起飞

---

[1] 关于机场容量与拥挤问题的更详细讨论,参见本书第13章及第14章。

[2] 需求管理与空中交通流量管理两种方法不是互斥的,它们完全能够互补,并能协同使用。需求管理根据机场的正常容量将需求限制到一个合理水平,空中交通流量管理则能消除日常运营中出现的问题。

或降落的时间段,通常在一个日期范围内分配给某家航空公司或其他飞机运营者,如"下个航季每周周一至周五"。航空公司在一家机场内运营一个航班需要落地和起飞两个时刻。分配之后,时刻需要与特定航班关联,如"X 航空公司 1234 航班的到达时刻"。截至 2014 年,全球共有 170 个完全协调机场,包括欧洲、亚洲及环太平洋地区绝大部分最繁忙的机场。

如果想参与 SC 过程,完全协调机场必须给出具体的"公布容量",通常用每小时(或其他规定的时间单位)内可用的时刻数量表示,也就是说在此时间单位内,机场可提供飞机移动(起飞或降落)的次数。由地方或本国的权威机构负责核实每个机场的"公布容量"。机场公布的容量不仅取决于该机场跑道系统的容量,还应考虑的限制包括可用停机位的数量、旅客处理能力,乃至飞机舷梯服务能力。

SC 过程每 6 个月进行一次,具体形式为每年的两次会议——11 月的会议分配下一个夏季的时刻,6 月的会议讨论下一个冬季的时刻。在每次会议前,航空公司需要提交对每个完全协调机场、每个时刻的需求说明与申请。然后"航班计划协调员"根据一系列规则对机场的"公布容量"进行分配。所有规则或准则中,最重要且能起决定作用的是历史惯例因素。如某个航季("夏季"或"冬季")的某个时刻之前分配给某航空公司,且该航季中该时刻的利用率(有航班起降)为 80% 以上,则该航空公司下一季自动获得该时刻的使用权。航空公司通过"历史惯例"原则获得的时刻,可在新一季中改用在其他航线上。第二个优先分配原则是针对原有时刻的"时间"变更需求。航空公司之间,一对一且不涉及现金交易的"时刻交换"也被允许,这相当于把时刻短租给了代码共享伙伴。

那些上一季中利用率未达到 80% 的时刻或被持有人放弃的时刻都被放回"时刻池",以进行重新分配。通过机场扩容增加的新时刻也会放进"时刻池"。时刻池中的时刻用于满足新时刻需求,而且为了在机场发展中引入更多竞争,时刻池中至少50% 的时刻要求留给合格的新进者。不过,对什么样的航空公司是"新进者"有非常严格的定义:仅那些包含从时刻池中新获得时刻后、每天持有时刻不多于 4 个的航空公司才是新进者(IATA,2012)。即使在最好的情况下新进航空公司也只能获得每天 2 个航班(4 次起降)的运营权,因而很难在大型机场站稳脚跟①。

综上所述,SC 过程仅是国际航协监管下的机场需求管理方法,是完全依赖于历史惯例的行政管理程序,几乎没有经济方面的考虑。即使某些机场的"时刻"确实能产生较好的经济效益,航空公司花再多的代价也无法保证能得到这些"时刻"。再有,仅当一天内几个不连续时段中需求小幅超过机场容量时,SC 方法才会较为有效。除了满足这些条件,并尽可能少调整航空公司的航班计划,通过审慎而明智的

---

① 2004 年欧盟对于在欧盟机场使用的原国际航协"新进者"定义做了较大宽限,即某些情况下,新进者如能满足特定条件,则可拥有一个机场最多 5% 的时刻(见欧盟委员会,2004)。

方式分配时刻,才有可能让机场的日常需求分布合理、航班运营相对可靠而且航班延误减少。然而,当出现需求远超机场容量的情况,应用 SC 方法就会严重干扰市场机制发挥作用。当前,在这种情况下,纯粹用行政手段分配时刻的做法实际上就成为默认的市场监管形式。一些最重要(并且也是拥塞最严重)的欧洲[1]和亚洲机场上已经出现了这种状况。此外,由于 SC 过程严重依赖于历史惯例,因此很大程度上保护了历史悠久的航空公司(很多时候也是载旗航空公司)在其国内或地区内枢纽机场上的既得优势[2]。

美国机场管理或政府机构并未设定强制的商业机场准入条件[3]。但有一个特例,即"高密度原则/HDR"被 4 家机场采用,他们是纽约拉瓜迪亚和肯尼迪机场,芝加哥奥黑尔与华盛顿里根机场。由于历史原因,自 1968 年开始这 4 家机场对计划的每小时起降次数做了严格限制[4]。2000 年 4 月美国国会决定从 2007 年 1 月 1 日起逐步停止除了华盛顿里根机场以外其他 3 个机场的 HDR[5]。

为了解决 SC 方法的基础性缺陷和问题,同时也为了回应那些没法进入全球最具吸引力市场的航空公司的抱怨,欧盟委员会和许多其他国家的政府和监管机构已开始考虑用所谓的"市场化机制"来(部分或全部)替代或对机场时刻分配中完全按"历史惯例"的做法提供补充[6]。

时刻分配市场化机制包括收取拥堵费[7],创建机场时刻的交易市场(进行时刻"买卖")以及对机场时刻进行拍卖。在美国,运输部(DOT)、联邦航空管理局(FAA)和一些独立机场运营机构都在认真考虑如何有效实施市场化措施。然而,虽然已有大量与市场化措施有关的研究成果[8]和一些具体的实施建议,但市场化机制仍然缺乏实践经验。过去的一些年中,有些机场尝试以某种形式收取拥堵费;另外 1986 年以来,美国从采用 HDR 的机场中积累了较丰富的时刻交易经验。不过除了

---

[1]　最近对欧盟内部机场的一项调查(Madas, 2007)显示,主要机场包括阿姆斯特丹、法兰克福、赫尔辛基、伦敦(希思罗和盖特维克)、曼彻斯特、米兰(利纳德与马尔彭萨)、慕尼黑、巴黎(戴高乐和奥利)及斯德哥尔摩,冬季超过 75% 的时刻(每周全部可用时刻的比例)按照"继承"方式年复一年分配给同样的航空公司。如按定期航班最希望得到的时刻统计,则这些机场几乎 100% 的时刻都是按照继承方式分配的。

[2]　2012 年主要航空公司及联盟拥有全球最繁忙的 20 个机场 40% 的时刻(Tugores-Garcia, 2012)。

[3]　部分由于缺少时段准入限制,美国机场的航空运输平均延误时间明显高于其他国家的同类机场。航空公司在美国机场增加航班,考虑的主要问题仅限于登机口、停机位和其他航站设施是否可用。

[4]　直到 1985 年,这 4 个机场都还在使用某种时刻协调方法。然后,因改用"买卖"机制而放弃了这种方法,"买卖"机制允许时刻拥有者出售单个或成组的时刻给其他航空。

[5]　国会允许华盛顿里根机场在 2007 年后继续使用 HDR。另外,由于拥堵问题日益严重,FAA 保留了 2007 年 1 月 1 日后为拉瓜迪亚机场设定起降次数上限的权力,及 2008 年 5 月后为肯尼迪机场及纽瓦克机场设置上限的权利。

[6]　详细的说明与评论请参考 de Neufville 和 Odoni (2013)。

[7]　有关"拥堵收费"的经典文献,可参考 Vickrey(1969) 及 Carlin 和 Park(1970) 的文献。

[8]　有关该领域的最新进展,可参考 DotEcon(2001),NERA(2004) 以及 Ball 等 (2007) 的文献。

在模拟游戏中,时刻拍卖方法没有任何实际经验。此外,由于全球繁忙机场都面临着巨大的压力,因此要求尽快出台能替代 IATA SC 过程的合理和有效的方法,同时在分配时刻时引入更多的经济手段和竞争机制。Czerny 等(2008)对此做了全面回顾。

最后应该指出,目前还有一些与机场相关的做法正在成为市场准入,也即自由市场竞争的阻碍,但其影响程度低于 SC 方法。这包括政府所制定的与机场使用相关的政策法规或行政要求、海关或货币汇兑方面的要求与限制、向用户征收的税费过高、缺乏足够的飞机维护与修理设备以及相关技术支持,还有机场地勤服务的可用性、质量及成本等。

2.4.2　机场所有权与管理

直到 20 世纪 80 年代中期,所有能为定期航班提供服务的机场事实上都为政府[①]拥有,且大部分由政府的下属机构运营,少数由称作"机场官方"的独立公司运营。这种情况不足为奇,机场承担着为航空旅行提供基础设施的公共服务职能,这通常属于政府职责。此外,直到 20 世纪 80 年代,即使全球最繁忙的机场也不得不靠着政府直接或间接的补贴过日子,那些有资本成本的机场更是如此[②]。

然而,自 1986 年英国机场管理局开始私有化的进程,机场所有权构成中出现了越来越多的私人资本。同样重要的另一个趋势是,机场所有权中私营成分带来的管理方式也在快速取代传统的政府管理方式。这些变化是众多因素共同影响的结果,而且不同因素对不同的机场群有不同程度的影响。这些因素包括如下几方面。

(1)随着交通运输量的持续增长,机场已成为"成熟"产业,很多情况下可以做到经济上的自给自足[③],包括支付自己的投资成本。

(2)机场中快速发展的非航空活动与商品销售活动为机场运营者带来了大量收入和利润。

(3)航空公司与其他机场用户(包括旅客)要求机场提升运营效率及经济效益的压力。

(4)航空运输领域环境快速变化,要求机场方面具有快速响应能力以及灵活管理的能力。

(5)很多地方的政府已无法筹集到进行大型机场基础设施建设所需的大量资金。

---

① 机场的所有者要么是联邦政府,要么是区域或者本地政府实体(可能是一个市政府或大都会区域内的多个市政府)或者类似联合体。

② 在多数欠发达经济体中仍然如此。

③ 在这里,交通运输量/规模非常关键。通常认为,如管理得当,年旅客量达到或超过 300 万的机场基本就可自给自足。另外,达到多少旅客量才能做到自给自足在很大程度上还取决于各地不同的环境与情况。

(6)某些类型的机场对交通运输量的争夺,特别是那些处理大量中转旅客的大型枢纽机场。

经过缓慢的起步阶段后,机场私有化运动在全球范围内逐渐加速,并于1997年—2000年间达到顶峰。许多私人或半私人投资者,以公司或个人的形式,从很多独立机场或机场集团获得了或多或少的股东权益。这个趋势在2001年9月之后一段时间内有所减缓,不过又在2005年前后恢复了以往的速度。投资者来自各个领域,包括一些大型国际机场(大部分来自欧洲,部分来自亚洲,小部分来自北美)的运营商、建筑企业、运输服务及机场运行服务的供应商,还有银行和其他金融机构。典型案例是某财团在1998年与阿根廷政府签署协议,获得了阿根廷30家主要及二级机场(基本上是阿根廷的所有机场)25年的控制权,代价是每年须向阿根廷政府支付一笔可观费用,并承诺按要求在这些机场进行基础设施投资与建设。该财团由米兰(意大利)机场管理局、一家阿根廷建筑公司以及一家从事机场服务业务的美国公司(该公司还从事其他领域的业务)组成[1]。

机场私有化常常采用"公私结合"的合作形式,或者"建造、运营及移交"(BOT)方式的合同。如1996年希腊政府与一个由德国公司组成的财团签署了30年期的BOT协议,由后者建设和运营新雅典国际机场,该机场在2001年3月正式投入使用。希腊政府持有为该项目所组建公司55%的股权,德国财团持有其余的45%股权。

1986年BAA开创了另一种私有化方式后,很多机场运营商都将股份放到全球证券市场上供投资者们交易,可交易的股比范围从几个百分点到100%。总体来看,全球有超过200家机场[2],包括美国以外许多最重要的机场,都已实现了某种程度的私有化。

有人会觉得奇怪,美国居然未参与到机场私有化的进程中,而且相反,根据美国法律,大型商业机场只能由州政府或地方政府所拥有[3]。不过从另一个视角看,美国机场的"私有化"程度却是全球最高,因为他们将大部分融资、规划及经营活动都分包给了私营公司。对分包的热衷说明美国多数大型机场的经营者仅雇用了较少的雇员[4]。美国机场经营者大都将业务聚焦于管理机场资产和项目,并从机场角度监

---

① 最初3家合作企业各持三分之一股份,这与其他机场私有化尝试的做法类似;未来财团的构成会逐步改变,而股权结构也会随之变化。

② 这个数字看上去较小,不过2013年全球年旅客量300万以上的机场只有350家左右。

③ 实际上美国允许机场私有化,但需要完成冗长艰难的审批流程,并且还需要退还之前机场从联邦政府获取的机场发展补贴。

④ 如果与海外那些同样从事航空运输和旅客处理的机场经营者相比(见第13章),这些数字就很能说明问题了。美国的经营者没有从事这些活动,而是将这类服务外包给航空公司自己("自行处理")或者包给专业公司。

督和监控航空公司、特许经营者等用户的日常运营活动①。由于"美国模式"取得了成功,自 20 世纪 90 年代后,机场服务外包模式在全球范围内逐步开始流行。

机场私有化的发展使人们逐步意识到必须加强监管保障措施,当私人机场投资者的利益与公众利益发生冲突时,能够优先保护公众利益。随着机场私有化越来越多,这种公私利益冲突问题也会越来越突出。例如,公众期望启动更多的扩容项目,但由于需要大量的资金投入,私营投资者并不愿意进入这些项目。同样,如果不加以限制,私营投资者一定更倾向于逐年提高机场收费。

对机场进行经济监管的另一个重要目的是防止机场经营方在对航空基础设施及服务进行定价时出现垄断行为②。目前为实现该目标进行经济监管的主要手段是如下限制:①机场经营者可获得资产回报率的上限;②机场经营者在任意年限内向指定航空基础设施及服务征收费率的上限;③这些费率的年增长率上限。更详细的信息见第 13 章。

最后,机场私有化也成为促成机场管理与运营另两个重要发展趋势的动力:首先是促使行业更关注以营利为目的的服务及其他非传统服务,并使机场的非航空收入快速增长;其次是促使投机性资金从机场业务周围撤出,因为这些资金经常从事与航空运输业完全无关的活动,如进行房地产开发。因而私有化的结果就是,许多机场管理机构对其组织结构和商务模型进行快速调整,以适应新的运营环境与经营活动的要求。

2.5　空中交通管理

20 世纪 90 年代以来,空中交通管理(ATM)服务③的供应商所处的体制和监管环境也发生了缓慢而重要的变化。传统上 ATM 服务应该由国家的民用航空管理部门即政府机构来提供,他们受常规的政府预算流程、公共服务规则及其他法规政策的制约。除了提供 ATM 服务,传统上民用航空管理部门还承担多项工作,包括监管对 ATM 服务及机场服务的用户收费行为,监督和监控航空飞行安全,进行安全事故调查,收取空域使用费,乃至运营机场之类④。将所有这些(通常会产生内部利益冲突的)职责交给单一的机构是否真的合适,已经越来越多地遭到质疑。近些年来,提供空中交通管理及其相关服务的特殊任务由于如下原因,已经变得越来越复杂,并且变得不可或缺了。

---

① 一小部分美国机场还将机场管理业务转包给一些专业公司,某些情况下甚至可能是美国之外的公司。
② 除少数例外,枢纽轮辐航线网络中所有航班都需经过枢纽机场,这使枢纽机场天然处于垄断地位。
③ 历史上 ATM 服务曾被称为"空中交通管制(ATC)"服务;不过现在该术语的含义已经改变,ATM 服务涵盖了 ATC 服务(见第 14 章)。
④ 各个国家的民用航空管理机构的职责存在很大差异。

（1）服务提供者必须及时、有效地在人力资源与固定资产（设施及设备）方面进行大量投资。

（2）ATM 系统必须紧跟技术的飞速发展与改进。

（3）ATM 的从业人员，特别是空中交通管制员，由于从事工作的特殊性质，通常被认为应该得到与其工作相匹配的薪酬及其他福利待遇，但公共服务管理行业及其薪资发放通常不够灵活，无法适应这类特殊情况。

因此，越来越多的发达国家将 ATM 服务从民用航空管理机构的其他职责中分离出来，转而诉诸所谓"公司化"或"商业化"手段来提供 ATM 服务，也就是说，将原来的政府职责托管给主要依据私营原则运作的自主企业实体。1991 年始于瑞士，1992 年始于德国，到现在已经有 50 个国家为达成此目的而建立了国有公司。这包括大多数欧盟成员国以及澳大利亚、加拿大、新西兰和南非等其他国家。这些新的公司实体通常称为"空中导航服务"[①]提供商（ANSP），而这种方式被认为能比常设政府机构更好地满足上述各种特殊的需求并解决 3 个具体的问题。由于全世界范围内空中交通运量的快速增长，很多 ANSP 已在经济上实现了自给自足。他们可以收到足够的使用费来覆盖成本，获得对持有净资产的合理回报；此外，为应对交通运量快速增长及满足未来发展需求，还可根据需要对这些收费进行相应调整。

这类公司化的 ANSP 通常为政府全资所有，但这并不适用于最近的两个重要案例（GAO，2005）。NAV CANADA，一家成立于 1996 年的私有公司，以 15 亿美元的价格从政府手中买下了加拿大的 ATM 系统。公司董事会共有 15 位成员，其中包括 3 名政府代表。而航空公司，包括通用航空及商业航空以及 NAV CANADA 的雇员（空中交通管制员及工程师）也都有董事会席位。此外，英国的国家空中交通服务公司（NATS）是一家成立于 2001 年的公私合营企业，政府持股 49%，几家航空公司持股 42%，NATS 员工持股 5%，LHR Ltd（希思罗机场控股，原 BAA）持股 4%。

由于具有天然的垄断特性，不出意料，所有公司化的 ANSP 都受到了严格的经济管制。例如，英国民航管理局的经济监管小组预先设定了 NATS 在 5 年期限内收取服务费的总额上限；同样，德国运输部规定必须对使用费的任何变更进行审核和批准（GAO，2005）。根据 ICAO 的规定，ANSP 监管者们的其他职责还包括：保证使用费征收无歧视对待；必须提供高质量的服务；完成满足未来需求的必要投资以及定期就服务质量与服务成本做用户调查。

另一个重要进展是在 2004 年 3 月，欧盟批准了"单一欧洲天空（SES）"[②]提案，其总体目标是通过重构欧洲的空域，优化出额外容量，并提升欧盟内 ATM 系统的

[①]　术语"空中导航服务"是比"空中交通管理"更正式的说法，该术语涵盖了空中交通管理以及为确保空中及机场地面上的全部空中交通安全及高效所需的全部相关服务。

[②]　在 2009 年通过了关于 SES 的第二批、更加详细的系列法案。

整体效率。作为该计划的一部分,欧盟要求把民用航空管理机构的监管职能和空中导航服务的职责分离开[①]。欧盟还要求设立独立机构,或称为"国家监督管理局(NSA)",以方便各国对 ANSP 进行监管[②]:"国家监督管理局要独立于 ANSP(空中导航服务提供商)……欧盟成员国应该确保国家监督管理局公正和透明地行使他们的职责。"而 ANSP 自身[③]"也应该考虑在市场条件下组织起来,充分考虑到此类服务的特殊性,并且维持较高的安全水准。"每家 ANSP 必须准备一个商业计划书,并定期进行更新,还需定期就绩效目标达成以及使用费情况征询用户及其他利益相关者的意见。

SES 计划的核心特征是"功能性空域区块(FAB)"概念,其目标之一是减少欧盟成员国边境附近领空划分出的空域碎片,同时通过 ANSP 之间的合作甚至是合并来提高服务效率。近期 SES 计划的眼前目标是将此前欧盟境内的 67 个"空域区块"减至 9 个。2014 年其中两个空域的合并已经完成,即英国与爱尔兰间以及丹麦与瑞典间的 FAB 化。

最后,欧盟立法机构赋予机场运营商一项选择权,即在自己塔台和航站楼空域中选择 ATM 服务商的权力,并且可以不选择目前国际惯例中常见的国家 ANSP。真正的突破性进展是,盖特威克机场有限公司(伦敦第二繁忙机场的拥有与运营者)在 2014 年宣布,经过严格的竞争性比对,最终选择 DFA 的子公司,来自德国的 ANSP 作为盖特威克机场下一阶段的 ATM 提供商。结果,英国的 ANSP(NATS)继续为盖特威克机场起降的飞行中的航班提供 ATM 服务,而 DFS 子公司则在航站空域及机场表面为这些航班提供 ATM 服务。

2.6 重要组织及其职责

在制定航空运输的经济、监管和技术等规则、政策的过程中,大量的公共或私营机构和组织发挥着重要作用。本节选取一些较为重要的这类机构与组织(当然不够全面)进行简要介绍,有较大国际影响力的组织在 2.6.1 节介绍,在美国国内有影响力的组织在 2.6.2 节介绍。欲了解更多详情,读者可以访问这些组织的官方网站,其中有些网站内容翔实。

2.6.1 国际组织

在国际组织中,本节仅概括性地介绍国际民用航空组织(ICAO)与国际航空运输协会(IATA),然后简要描述一些与机场相关或与航空公司相关的国际组织。最

[①] 见《SES 规则》549/2004 和 550/2004。

[②] 见《SES 规则》549/2004,第四条。

[③] 见《SES 规则》550/2004 序言。

后,对与欧盟同等级别的一些机构及其职责做简要介绍。

1) 国际民用航空组织——ICAO

如本章第2.1.1节所述,ICAO在1947年根据芝加哥会议的要求而创建。除了位于加拿大蒙特利尔的世界总部,ICAO在世界各地还有7个区域总部。ICAO更像是"民航业的联合国",实际上ICAO的"官方身份"也正是联合国(UN)下属的一个专门机构。ICAO具有很多重要职能,包括制定、核准及更新国际技术标准,给出机场和空中交通管制(ATC)的最佳实践建议,并为国际航空运输行业编写和出版各类监管指南与经济、环境的政策声明。通常这些声明的表达用语都是非常宏观和宽泛,很少给出细节。

截至2014年,ICAO共有191个会员国,也就是说全球所有参与各级别航空活动的国家都已参加ICAO。ICAO每3年举行一次大会,邀请所有会员国参加。大会的主要任务之一是选举出由36个会员国组成的理事会,任期3年。理事会定期举行会议,并行使ICAO的大部分政策制定与监督的权力。类似于联合国安全理事会,ICAO理事会有一些常任理事国,除此之外是每3年换届的成员国。常任理事国是"在航空运输业中最重要的国家",即拥有巨大航空运输市场或在民航历史上具有较大影响力的国家。ICAO的日常事务和职责由常设秘书处承担,秘书处由人数众多的专业团队构成。

多年来ICAO将主要精力放在技术性法规的制定上,先后制定了19个"芝加哥公约附件",包含10 000多条针对国际的标准与建议措施(SARPs),涉及航空安全和安保、机场设计标准以及空中交通管理的需求、设施及设备等方面。ICAO还会组织有关经济事务或监管规则制定的不定期会议,会后还会发布包含相关领域通用指南和准则的"会议声明"。

所有的双边和多边ASA(见2.2节和2.3节)都必须向ICAO注册,目前有约5 000个这样的协议备案存档。

2) 国际航空运输协会(IATA)

IATA是全世界大多数国际型航空公司的行业协会,总部设在瑞士日内瓦以及加拿大蒙特利尔。截至2014年IATA的成员航空公司约有240家,来自140个不同的国家,按可用座公里(ASK)计,覆盖了全球国际定期航班客运量的84%。

IATA成立于1945年,即芝加哥会议后的第二年,主要目的是协调国际航空运价,这一主题未在芝加哥公约体现。IATA确实承担了这项职责,并且通过每年举行的"交通会议"来协调制定国际航空运价。此外,在最初的三十多年中,该组织在推进国际航空运输发展方面起到了至关重要的作用。不过,1978年美国政府做出最终结论,认定航空公司价格联盟属于不正当竞争[①]行为,并要求IATA对"IATA

---

① 1946年美国政府授予IATA反垄断豁免权,以进行航空运价协调。

的运价制定机制在过去 33 年中享受的反垄断豁免权"不应被终止给出充足的理由 (Shane,2005)。

作为回应,其间当然经历了很多国际争论,IATA 最终演变成为向会员航空公司提供技术、法律及金融服务的真正意义上的行业协会。例如 IATA 定义了"承运条件",即规定承运人须对乘客及货物承担的法律责任。并且就以下事项为航空公司提供建议,如危险货物运输,机场及空中交通控制设施的成本、状况和可利用性;并组织一年两次的机场时刻协调会(见 2.4.1 节)。IATA 的所有成员航空公司都可享受这些服务。

在非常受限的范围内,IATA 仍在作为"运价协调"组织运作,协助制定某些市场的客运票价及货运费率以及确定旅行社佣金等。只有一小部分航空公司会参与这个过程。运价协调过程基于"成本加成"公式,在"交通会议"期间进行。目前运价协调仍然覆盖了相当数量的国际市场,但其中很少有重要市场[①]。

随着国际航空运输行业(见 2.3 节)中自由化及管制放松趋势的扩大,IATA 的影响力在过去这些年里持续降低。不过在许多国家中,IATA 仍被当作一个半官方的国际机构,而不是行业协会。

在航空运输业特定组成部分的经济与监管政策环境的形成过程中,还有一些颇具影响力的国际组织或协会。其中比较重要的包括:国际机场理事会(ACI),是越来越活跃也日益重要的机场运营者的行业协会(截至 2014 年共有 591 个会员,他们运营着 177 个国家的 1 860 家机场),在非洲、亚太、欧洲、拉丁美洲与加勒比海地区以及北美都设有地区总部,ACI 同时也是 ICAO 的下属机构;国际航空公司飞行员协会(IFALPA),除了代表国际飞行员工会的利益,还在全球空中导航服务及空中交通管理事务中发挥重要作用;飞机所有者与飞行员协会之国际理事会(ICAOPA),是国际通用航空社区中许多组织的重要代表之一。

在地区层面还活跃着大量的航空公司协会。如 2014 年欧洲航空公司协会(AEA)有 30 家航空公司会员,欧洲地区航空协会(ERAA)有 50 家航空公司会员,欧洲低成本航空公司组织(ELFAA)有 10 家航空公司会员,他们各自代表着欧洲航空业不同类型实体的利益。

欧盟通过下属的多个部门(即设在布鲁塞尔的欧盟执行委员会各署,简称 DG),不断地扩大其在国际航空运输的经济、环境以及安全等事务的规则与政策制定中的作用。欧盟委员会代表欧盟参加了美国与欧盟开放天空协议的谈判,并且制定了一系列有关机场时刻分配的规则,还在保护航空运输消费者权益方面以及最重要的环境保护与减排方面表现出积极姿态(见第 15 章)。

欧盟的欧洲航空安全局(EASA)成立于 2002 年,分担了欧洲联合航空管理局

---

① 如美国和欧盟内部的国际旅游市场都未包含在内。

(JAA)的部分职能,同时承担了民用航空安全及环境保护方面的许多职能。EASA的主要职责包括:通过检查、培训以及标准化程序,确保欧盟的航空安全法规在所有的成员国内能够统一执行;对飞机、引擎及零部件的安全与环保认证;对使用欧盟机场的外国飞机进行安全性评估。

欧洲空中航行安全组织(简称 EUROCONTROL)是一个日益重要的欧洲(包括非欧盟成员国以外的欧洲国家)机构,其主要任务是"协调与整合欧洲航空导航服务",并为民间及军方用户搭建统一的 ATM 系统。作为欧洲 ATM 系统的协调者与(短期及长期的)核心规划者,EUROCONTROL 有 40 个成员国(俄罗斯不在其中),每个欧洲国家 ATC 系统的日常运营工作并不在其职责范围之内。此外,如 2.5 节所述,在欧盟的"单一欧洲天空计划"中 EUROCONTROL 承担了核心角色。

2.6.2 美国国内的相关组织

在美国,制定国内和国际航空经济政策与规则的是美国运输部(US DOT)。美国运输部监控其国内航空业中的反竞争活动迹象,比如发现某些枢纽机场利用其市场垄断优势抬高价格或进行掠夺性定价的行为。美国运输部的职责范围很广,包括防止出现与机票价格有关的欺骗性广告,保证旅行社使用的计算机订座系统中航班排列顺序公平合理,以及统计公布航空公司航班服务的准点率报告等。美国运输部还负责监管和审查对美国国内航空公司援助方案的执行情况,此方案从 9·11 事件后开始执行,包括总额 50 亿美元的直接补贴以及总额 100 亿美元的政府担保贷款。对援助方案审查的最主要目的是协助向负责政策事务的(运输部)副部长汇报的"航空与国际事务助理部长办公室"的工作,规划美国在国际航空事务方面的政策,代表美国政府协调和领导双边及多边 ASA 谈判。如 2.3.5 节所述,美国运输部还负责与授予国际航空联盟反垄断豁免权有关的案件,当然这是非常复杂的工作。此外,运输部的政策事务副部长还需要监督国外政府及民航管理部门对其与美国签署的航空协议的执行情况。美国国务院也会为国际航空的政策以及法规制定工作提供支持,此外,美国司法部负责其国内与各种类型反垄断立法相关的事务,包括对涉嫌违法的嫌疑人提起诉讼。

美国国内航空运输体系的实际运营过程中,联邦航空管理局(FAA)扮演了主导角色。FAA 成立于 1958 年,成立时作为联邦政府的独立机构存在,并从 1968 年起成为美国运输部的一个部门。截至 2013 年,FAA 有 44 000 名雇员,其中约 15 000人为空中交通管制员。FAA 下设许多地区办事处,在布鲁塞尔设有欧洲办事处。2013 财政年度,FAA 的预算约为 160 亿美元,其中约 100 亿美元用于运营,35 亿用于"机场改进项目(AIP)",这笔钱会分配给全美国的机场,且规定只用于机场基础建设开支。FAA 按 6 个方面的工作设定组织架构,即监管与认证、研究与收购、机场、行政、商业太空运输以及空中交通服务。截至目前,联邦航空管理局中人员和资源投入最大的是提供空中交通管理服务的部门。

此外还有两个政府部门,即国家运输安全委员会(NTSB)和运输安全管理局(TSA),分别在航空安全及安保领域承担主导角色。前者(国家运输安全委员会)是一个独立的政府机构,负责调查在美国国内发生的所有民航安全事故,并负责调查所有其他重大交通意外事故,制定和提出改进交通安全的相关建议和意见。TSA目前是美国国土安全部的下属部门,成立于 2001 年年底。

除了上述的政府组织,在航空运输各个方面的政策制定中发挥重要作用的还有一些行业协会及工会组织,他们的总部都设在华盛顿。其中主要代表包括如下:

(1)美国航空运输协会(最近更名为 A4A,以前称为 ATA),代表大型及国家航空公司,2013 年有 11 个会员,包括传统及低成本航空公司,运载了全美约 90% 的旅客。

(2)区域航空协会(RAA),代表提供中短途定期航班服务的区域型航空公司,他们中大部分使用支线飞机,约 50 个成员。

(3)国际机场理事会北美分会(ACI - NA),ACI 在北美地区的分支机构,机场运营机构的全球性行业协会(见 2.6.1 节)。

(4)美国机场管理人员协会(AAAE),代表了机场的利益。

(5)飞机所有者及机师协会(AOPA),代表通用航空利益的主要协会,对华盛顿有很强的政治影响力。

(6)全国公务航空协会(NBAA),代表通用航空中商业飞机的所有者和运营者,该协会所代表的利益及活动通常与 AOPA 一致。

(7)航空飞行员协会(ALPA),许多航空公司飞行员的联合工会,2013 年有约5 万名成员。

(8)国际机师与航空工作者协会(IAMAW)。

(9)空中乘务员协会(AFA),2013 年有 6 万名会员。

(10)国家飞航管制员协会(NATCA),2013 年有 2 万会员,包括管制员与工程师。

2.7 本章摘要与结论

最后一节对本章讨论的要点进行如下概括:

(1)全球航空业运行于特殊的国际监管环境之中,在该环境中,一些国家与地区实行严格的管制及贸易保护主义,另有一些国家则几乎完全放松了管制。当然,行业长期发展趋势仍然是管制放松与自由竞争,20 世纪 90 年代早期,欧盟创建统一航空市场及双边与多边"开放天空"协议推广,标志着该方向上的重大进展。国家所有权制约了整个航空业的"全球化"发展,即便在经济发达地区也算是巨大障碍。私有化趋势的另一个重要动向是政府所有的国家(载旗)航空公司也开始私有化,这些公司主导着美国以外的航空市场已很长时间。

(2) 全球很多地区的机场容量制约正日益严重,并导致了多个严重的问题,包括航班延误或取消,航班变更时常发生,航班计划可靠性降低等。使用IATA的"时刻协调体系",全球一些重要的国际机场在申请机场起降时刻时,很大程度上依赖于按"历史惯例"分配的做法。这种机场需求管理方法限制了竞争,被认为是间接的行业管制形式。效率更高的市场化时刻分配机制正逐步成为国际航协方法的可能替代方式。20世纪80年代末90年代初,全球除美国以外地区出现的机场所有权私有化是另一个重要趋势。虽然美国机场属于州政府或地方政府所有,但经营活动的大部分内容如融资、规划和运营等都外包给了私营公司。这种机场管理方式正在被世界各地的私有及政府所有机场效仿。目前全球许多最繁忙机场也在施行这种私有化方式管理机场的运营。机场私有化趋势还激发了对机场经济进行管制的做法——特别针对他们收取的航空服务费率方面。

(3) 为了解决"空中导航服务"(或称"空中交通管理")日益增加的复杂性及成本压力,一些经济发达国家已经使这些服务的提供者"公司化"或"商业化"了,建立起通过市场化原则运营的自主公司法人实体这些法人实体大部分是政府全资所有,承担了之前由政府机构提供的服务职责。因此,与对待机场的办法类似,也制定和实行了针对这些新出现公司的严格经济管制措施。

(4) 大量国际与美国国内机构和组织,或是公有或是私有,共同发挥作用,深刻地影响了航空运输业的经济、监管及技术方面的政策制定,并发挥着重要和关键的作用。2.6节对部分最重要的组织做了简要介绍。

(5) 在研究全球航空业的所有课题时,都必须认识到,该行业运营在非常复杂的监管、法律及制度环境中。

参 考 文 献

Ball, M. O., Ausubel, L. M., Berardino, F. et al. (2007) *Market-based alternatives for managing congestion at New York's LaGuardia Airport*. Proceedings of AirNeth Annual Conference, Amsterdam.

Bilotkach, V. and Hueschelrath, K. (2013) *Airline alliances, antitrust immunity, and market foreclosure*. The Review of Economics and Statistics, 95(4), 1368-1385.

Carlin, A. and Park, R. (1970) *Marginal cost pricing of airport runway capacity*. American Economic Review, 60, 310-318.

Chang, Y. C. and Williams, G. (2001) *Changing the rules-amending the nationality clauses in air services agreements*. Journal of Air Transport Management, 7, 207-216.

Czerny, A. I., Forsyth, P., Gillen, D., and Niemeier, H. M. (eds) (2008) *Airport Slots*:

International Experiences and Options for Reform, Ashgate, Hampshire, UK.

de Neufville, R. and Odoni, A. (2013) *Airport Systems: Planning, Design and Management*, 2nd edn, McGraw-Hill Educational, New York.

Doganis, R. (2001) *The Airline Business in the 21st Century*, Routledge, London/New York.

DotEcon Ltd (2001) *Auctioning Airport Slots*. Report for HM Treasury and the Department of the Environment, Transport and the Regions, UK. Available at www.dotecon.com.

EU Commission (Council of the European Communities) (2004) *Regulation (EC) No. 793/2004 of the European Parliament and of the Council of 21April*. Official Journal of the European Union, 138, 0050 – 0060. Available at http://europa.eu.int/eurlex/pri/en/oj/dat/2004/l_138/1_13820040430en00500060.pdf.

Findlay, C. (2003) *Plurilateral agreements on trade in air transport services*. Journal of Air Transport Management, 9, 211 – 220.

GAO (US Government Accountability Office) (2005) *Air Traffic Control: Characteristics and Performance of Selected International Air Navigation Service Providers and Lessons Learned from Their Commercialization*. Report GAO – 05 – 769, Washington, DC.

Geloso Grosso, M. (2012) *Air passenger transport in the APEC: regulatory impacts and prospects for Asia Pacific integration*. Journal of Economic Integration, 27(2), 312 – 327.

IATA (International Air Transport Association) (2012) *Worldwide Slot Guidelines*, Montreal, Canada.

Madas, M. (2007) *A critical assessment of airport demand management: strategies, implications, and potential for implementation*. Ph.D. thesis, Department of Management Science and Technology, Athens University of Economics and Business, Athens, Greece.

NERA (National Economics Research Associates) (2004) *Study to Assess the Effects of Different Slot Allocation Schemes*. Final Report for the European Commission, DG TREN, London. Available at http://europa.eu.int/com/transport/air/rules/doc/2004_01_24_nera_slot_study.pdf.

Shane, J. N. (2005) *Air transport liberalization: ideal and ordeal*. Second Annual Assad Kotaite Lecture, Royal Aeronautical Society (Montreal Branch), US Department of Transportation, Office of Public Affairs, Washington, DC, December 9. Available at http://www.dot.gov/affairs/briefing.htm.

Tugores-Garcia, A. (2012) *Analysis of global airline alliances as a strategy for international network development*. S. M. thesis, Engineering Systems Division and Department of Aeronautics and Astronautics, Massachusetts Institute of Technology.

Vickrey, W. (1969) *Congestion theory and transport investment*. American Economic Review, 59, 251 – 260.

3 航空经济学、市场与需求概述

Peter P. Belobaba

航空运输服务的市场主要由航空旅行的需求和航空货运的需求驱动。航空业内各种从业方与利益相关方的所有决策与活动都是为了满足航空运输量和需求的不断增长。航空市场上方方面面的供给和需求关系不断地相互作用,决定并且推动包括政府监管、航空公司实体、机场运营公司以及飞机制造商们进行着大量的市场活动。本章将为后续章节要讨论的与航空业相关的经济学、市场与需求等各方面内容打好一个基础,主要介绍基本的航空业术语及其定义、航空运输市场的相关概念以及航空旅行中需求的概念。

3.1 航空业术语及其定义

航空运输业已定义了度量旅客运输量及航空公司产出的一些标准方法,这些方法组合使用还可作为航空公司绩效评估的手段。此外,在本章中也会指出,单独使用某些绩效评估方法未必有效,且容易被曲解。因此有必要先介绍这些衡量指标并给出它们的定义。

1) 航空运输量和收入

"航空运输量"是对已经消耗掉或已经售出的航空产品的定量描述,航空运输包括航空公司承运的旅客和货物,货物又包括货物、邮件及旅客行李。全货运航空公司只运输货物,而客运或复合型航空公司承担以上提及的 4 种类型运输。复合型航空公司可以运营全货机和客机,正常的客机都可以在机腹的货舱中装载一种或多种货物。下面的段落中,我们集中讨论客运航空公司的相关术语、定义及举例说明,并据此给出货运航空公司的对应概念。

对客运航空公司而言,"交通运输量"指的是实际运送的或搭乘飞机的乘客数量,这与"需求数量"的概念有一些差异,需求数量包括了实际搭乘飞机的乘客以及有意愿搭乘但因运力不足而未能被飞机接纳的消费者。因而在给定的价格水平(或多种价格)下,城市对之间存在航空运输的总潜在需求。航空公司只提供了有限的总运力(可用座位),因而潜在的总需求就包括成行的和未能成行的客户数量,后者也称为"拒绝需求"或"溢出需求"。

客运航空运输量可用运送的旅客数量来表示,不过行业中最常用的度量方式是RPK 或者 RPM——即收入客公里或者收入客英里。以下讨论中我们都采用公里单位。1 个 RPK 表示将 1 个付费旅客运送 1 公里。如某航班搭载 140 位旅客飞行了 1 000 公里,则就产生了 140 000 RPK。

旅客为享受航空旅行运输服务而支付的价格取决于飞行距离、航季以及所购买产品的不同使用条件及特征(如商务舱或者提前购买的短途机票)。收益率(yield)是在航空公司运营的特定市场、航线集合或区域之中,所有旅客为每公里(英里)飞行支付的平均价格的度量指标,其计算方法是总旅客收入除以总 RPK。在上面的例子中,如航班 RPK 为 140 000,产生了 16 000 美元销售收入,则收益率为 0.114 美元/RPK(等于 16 000 美元/140 000)。

2) 航空公司产出及运营成本

正如我们将在本书后续章节中看到的那样,客运航空公司的产出可用多种方式来表示,包括离港航班数量或飞行的座位数。与 RPK 类似,最常用于度量航空公司产出的指标是可利用座公里数(ASK),或可利用座英里数(ASM)。1 个 ASK 等于1 个可利用座位飞行 1 公里。在前面的例子中,如航班使用 200 座飞机飞行了 1 000公里,则航空公司共产出 200 000 ASK。

为了创造产出,航空公司需投入各类型的运营成本,这将在第 6 章详细介绍。单位产出(ASK)的平均运营成本,即单位成本,是航空公司成本效率的重要指标,可以和本公司的历史成本数据或者与其他公司的指标对比。单位成本等于航空公司在特定航线、地区或整个航线网络上的总成本除以对应的 ASK。在上述例子中,如该航班的运营成本为 15 000 美元,则其单位成本等于 0.075 美元/ASK(单位成本=15 000 美元/200 000 ASK)。

3) 客座率

客座率是旅客数量与航空公司产出之间的比率,表示航空公司产出中被销售或消费的比例。对于单航节航班(即无经停的航班),计算其客座率可简单用旅客数量除以座位数的办法。在上面的例子中,客座率由旅客数量 140 除以可利用座位数量200,等于 70%(140/200)。

大多数航空公司都运营着成百上千航班,航班的飞行距离各异,以平均客座率表达成本与产出间的比例更为合适,即采用 RPK 与 ASK 之比(或 RPM/ASM)。上面例子中的客座率也可用 140 000 RPK 除以 200 000ASK 计算,仍等于 70%。

现假定该航空公司运营另一个航班,仍然使用 200 座的飞机,飞行距离为 2 000公里,载客 170 人,则该航班的客座率为

$$LF = 乘客数 / 航班容量 = 170/200 = 85\%$$

那么这个由两个航班组成的"航线网络",其总体平均客座率是多少呢?有两种不同但都正确的方法和答案。

(1) 平均航节客座率(ALLF),即两个航节客座率的简单平均:

$$ALLF = (70\% + 85\%)/2 = 77.5\%$$

(2) 平均网络或系统性客座率(ALF),即总 RPK 与总 ASK 之比:

$$ALF = (140\,000 + 340\,000)/(200\,000 + 400\,000) = 80.0\%$$

这两种计算方法都正确,不过分别用于不同的场景。ALLF 适合用于分析一组始发航班航节(如某个月内、某特定航班)上的运力需求或者旅客服务水平。ALF 是更常用的度量方式,通常用于衡量航空公司的整体绩效,或用在绝大多数航线网络层面的财务和旅客量报表之中。

旅客量(RPK)、收益率(yield)、运力产出(ASK)、单位成本和客座率这 5 种指标是衡量客运航空公司绩效的最常用指标,本书后面的内容都会用到这些指标。当然,还有很多其他方法来衡量成本效率、生产率和财务绩效,也将在本书的相关章节中介绍。虽然我们只定义了客运航空公司的度量指标,不过货运航空公司的度量指标与之对应且非常类似。如货运量的度量指标是收入吨公里或收入吨英里(RTM),表示将 1 吨货物运输 1 公里。货运航空公司的产出以可用吨公里(ATK)表示,此外也有收益率及单位成本指标,用于衡量和分析财务绩效。

3.1.1 基本的航线收益公式[①]

与其他行业相似,航空公司的运营利润的定义为总收入减去总运营支出。对于客运航空公司,收益和成本可分别采用上面已给出定义的产出量和销售量,即

$$运营利润 = RPK \times 收益率 - ASK \times 单位成本 \tag{3.1}$$

这是航空公司利润的基本公式。用这个公式能够说明,如果只使用上面介绍的单独指标衡量航空公司的绩效,很可能造成错误。如高收益率经常被(错误地)用来表示航空公司的成功甚至营利能力,如果真实情况是很少旅客支付了很高的价格,却有大量空座未能销售并造成很低的平均客座率(ALF),最后导致亏本的做法显然不可取。因而,用收益率单独衡量航空公司的营利将造成片面及错误。

较低的单位成本也常用来表示航空公司的成功。尽管低成本在任何行业都能带来竞争优势,不过对航空公司而言,如果收益率很低或客座率很低,总收入都不足以维持总运营成本,单位成本再低对航空公司而言也没多少价值,说明不了问题。

---

① 原书仅有 3.1.1 节,没有 3.1.2 节。——编注

高 ALF(平均客座率)也可能是用极低价格销售大量座位的后果,所以只看 ALF 不能确保营利,最近许多高成本航空公司终于认识到了这一点。

根据基本利润公式,很明显,航空公司实现利润最大化的策略就是提高收入和降低成本。等式中各个变量间存在很明显的关联性,任何变量的改变都会影响到其他变量,进而影响总体运营利润。如旨在提高收入的战略决策要求航空公司提高 RPK 或提高平均价格(收益率)。但任一单独手段都会对航空公司基本利润公式中的其他变量产生无意识或潜在的负面影响,下文将对此进行讨论。

如航空公司的目标是提升旅客量,因而决定降价(平均收益率)以刺激需求,可是降价对收入的影响主要取决于航空旅行的需求弹性——即需求的价格弹性,就是说价格变化对需求影响的大小。降价发生后,仅当需求总量不成比例地上升(需求弹性较大)时总收入才能增加。另一种方法,航空公司提高航班频率或通过提升服务质量吸引更多旅客使 RPK 增加,不过这些措施都会导致运营成本增加。假设其他因素不变,增加航班班次可提升总 ASK,但同时造成运营成本增加。同样,提升旅客服务质量也会导致单位成本上升。

通过简单提价(收益率)来提高总收入是另一个选择,然而经济学理论告诉我们,提价将不可避免地导致旅客量减少。不过,需求弹性较低时(即旅客减少的比例<价格增加的比例)提价仍能对收入增加产生积极的效果。

航空公司通过降低成本提升盈利水平的手段包括降低单位成本(每 ASK 成本)或降低产出(ASK)本身。两种策略都能减少总的运营开支,但同样这会给基本利润公式中的其他变量带来影响。航空公司的常用策略是通过降低对旅客服务的品质来降低单位成本,如取消餐食、枕头或减少不必要的机组人员。然而,过分削减这类成本会影响客户对航空公司产品的用户体验,导致市场份额下降,并最终使 RPK 下降。提高 ASK 可以间接降低单位成本,如运营更多的航班,采用更大的飞机,通过大幅提升产出来分摊固定成本。但这种策略必定会导致更高的总运营成本,并很可能使客座率降低,进而影响到营利能力。

最后,航空公司也可减少产出 ASK 达到降低总运营成本的目的。削减航班数量可使总成本显著下降,但较少的航班班次导致市场份额下降(以及更低的 RPK 和更少的收入)。与此同时,减少航班班次或使用小飞机固然可以减少 ASK 并降低总成本,但也会导致更高的单位成本,因为航空公司的固定成本被分摊到了较少的 ASK 上。

本节介绍了航空公司基本利润公式,该公式使用了 5 个最常用的航空公司绩效度量指标;本节同时说明这些指标之间的关联如何影响航空公司的管理决策。最重要的是,本节的叙述为读者提供了一些初步认识,能让我们意识到制订能提高和维持航空公司盈利水平的策略有多么困难。

3.2　航空运输的市场

本节集中讨论航空运输的市场。首先详细地描述了典型的完整旅客行程,随后给出关于航空旅行市场的一组定义,并着重介绍与为旅客提供定期航班服务相关的一些概念。介绍这些概念的目标是,以定期航空运输服务中旅客典型行程的各种特征为例,从地理的以及空间的角度,为航空运输市场建立明确的定义。

3.2.1　旅客的典型航空行程

从空间角度定义航空运输市场会涉及消费者和航空承运人(或称"航空公司"),同时采用经济学模型描述该市场上的供需关系,还必须深入理解航空旅客典型行程的各种特征。该工作最早由 Simpson 于 1995 年完成,也是理解本节给出的多个定义的基础。

如图 3.1 所示,典型的旅客航空行程并不是直接从机场开始,而是从诸如居住地或办公地这种地方出发,从旅客的实际出发地到机场的地面交通可采用私家车、出租车或者公共交通工具来实现。"出发的机场区域"包含了所有可能从该机场出发的旅客,半径可为几公里或者几百公里,取决于旅客出发地与机场之间的距离,地面交通所花的时间也从几分钟到数小时不等。

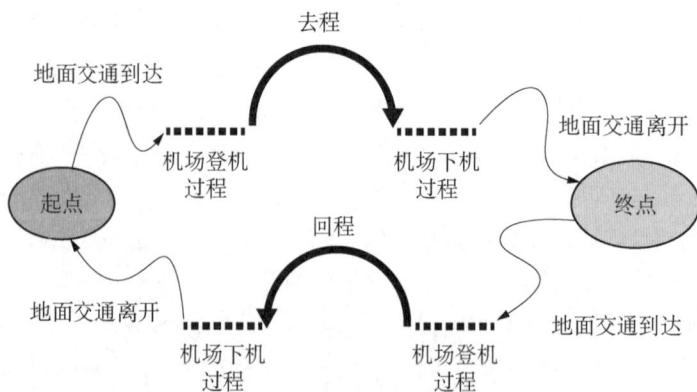

图 3.1　典型航空旅行行程

乘机流程由以下步骤组成:先购买机票(如未提前预订),换领登机牌,托运行李,接受安检以及登机。在短途国内市场上,某些小型机场中完成这些步骤所花费的时间可能仅 15～20 分钟。不过,由于各种原因近些年对机场的安检要求大幅提高,使得全球大多数机场的乘机时间都有增加,特别是在美国机场,许多情况下安检需要 1 个小时甚至更长。乘坐长途国际航班的乘机手续办理时间会更长,航空公司常常要求旅客至少于起飞前 2～3 小时到达机场办理登机手续。

航班起飞后就进入航空旅行的机上阶段,常常持续 1 小时以上,飞行距离 200～14 000 公里(125～9 000 英里)不等。2004 年—2013 年间,新加坡航空公司运营着全球最长的无经停直达航班即纽约纽瓦克机场与新加坡间的定期客运服务,计划飞行时间为 19 小时(门到门时间或"轮挡时间"),飞行 15 283 公里(9 524 英里)(Official Airline Guides,2008)。还有一些"超长航班",如约翰内斯堡与亚特兰大之间(达美航空),迪拜与洛杉矶之间(阿联酋航空),计划飞行时间都超过 16.5 小时。全球平均的航程长度约 1 824 公里(1 140 英里)(Airline Business,2005)。美国国内约五分之一(21.5%)的航班航程不足 500 英里(Aviation Daily,20014 年 10 月 11 日)。

航班到达目的地后下机流程就开始了,如果乘客只是走出航站楼,下机流程也就耗时几分钟;如果旅客需要提取行李、办理移民或海关检查手续,则可能需要 1 小时以上。接下来的旅行以地面交通为主,也就是完成落地机场到实际目的地间的路程。

每次航空旅行都会在目的地停留一段时间,从几个小时到几个月(或更久)不等,这通常是指旅客返回出发机场或者区域,并最终通过地面交通方式回到最初的出发地点(例如家中或办公地)之间的时间。

上述关于典型完整航空旅行的描述,目的是为定义定期航班服务的市场和需求概念提供若干基础性概念。首先,每一次航空旅行的目的都是让旅客从一个"真正"的起点移动到一个"真正"的目的地,而不是简单地从一个机场到另一个机场。整个旅行中所有环节的特征,包括实际飞行时间和其他各个步骤花费的时间,都会影响两个机场间航空运输的总需求数量。

其次,乘客航空旅行通常都包括离港和进港两个阶段,航空运输市场的消费者从出发机场区域开始旅程,并在一段时间后返回出发机场区域。因而,每个航空市场都具有起始于目的地机场区域的反向市场。同一家航空公司通常会同时服务于这种正向和反向的航空市场(Simpson,1995)。在出发市场上的出港航班同时也会成为返回市场上的进港航班。在后面的讨论中将会看到,当消费者在任意给定的市场上,购买了各种各样由经停航班或联程航班构成的行程时,服务于单一市场的航班还能够为多个市场的需求提供航空运输服务。

3.2.2 航空公司市场的空间定义

另一个定义航空运输市场的方式是通过其空间边界,如图 3.2 所示。机场 A 周边的始发区域包括了旅客可能的出发点之集合,或称为"机场辐射区域"。机场辐射区域可以延伸到几百公里外,根据旅客的目的地或出行目的不同而各不相同。如短途的商务出行旅客会选择在目的地停留较短时间,希望飞行距离和时间都尽量短,并且抵达机场需要的地面交通花费时间尽量少。而在另一方面,度假旅客通常选择飞行很长的距离,并且会在目的地停留几周时间,因而更有可能为了较低的机票价格,而通过地面交通到很远的出发机场乘机。

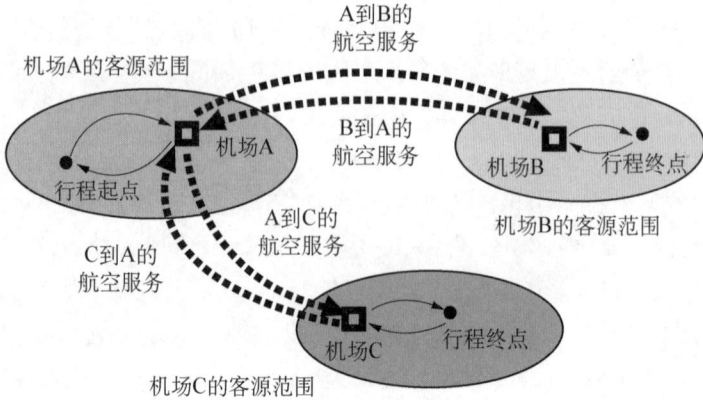

图 3.2　独立的 O—D 市场及其区别

　　同样,机场 B 的目的地区域是指来自 A 机场区域的所有旅客的目的地之集合。与始发地机场区域的情况类似,目的地机场区域 B 的大小也因旅行目的不同而变化。以伦敦希斯罗机场为例,大多数外来的商务旅客的目的地都集中在伦敦大都会区域中心一个很小的商务目的地之内,但对休闲旅客、观光客或者伦敦本地的居民而言,这个目的地区域就要大得多。

　　在图 3.2 中,从 A 到 C 再返回的市场是与 A—B—A 市场完全无关的独立市场(Simpson,1995)。改善 A—C—A 市场的服务品质或者调整 A—C—A 市场的票价高低并不会影响到 A—B—A 市场上的航空旅行需求。很明显它们是两个不同的市场,尽管两个市场的潜在乘客都来自于出发机场区域 A 内居民。图 3.2 中也有两个反向的市场,市场 B—A—B 的客户来自出发机场区域 B,希望旅行到目的地机场区域 A,享受与市场 A—B—A 相同的航空服务。

　　反向市场可具有不同的特性。虽然反向市场的需求总量可以不同,不过由于几乎所有的航空旅行都是往返行程,如在一个较长的时间尺度上观察,两个方向上的旅客量大约相当。可能有另一种情况,即两个市场上的票价设置不同,尽管它们都由同一家航空公司提供服务。当始发地和目的地分别属于不同国家,并使用不同的货币单位给出价格时,就有可能发生这种情况。

　　当两个或多个机场为旅客在出发地和目的地区域间提供了可替换的航班服务时,机场区域会发生重叠。图 3.3 展示了这种情况,从机场 A 和 D 都有到机场 B 的航班,能到达机场 C 的航班只从机场 A 出发。在这个例子中,市场 A—C—A 的机场辐射区域是机场区域 A 和 D 交叠的整个阴影部分,即市场 A—B—A 和 D—B—D 的机场辐射区发生重叠。从重叠区出发的旅客需要选择从哪个机场出发,以最终到达机场 B。

　　上述市场 A—B—A 和 D—B—D 称为平行市场,而在一个更大的区域内,平行

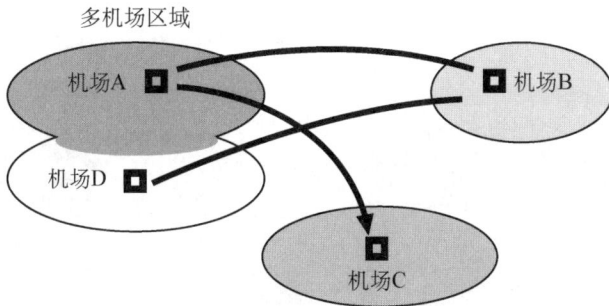

图 3.3 平行市场与机场辐射区域重叠

市场上的航班在某种程度上可以互相替代。例如,当往返机场 A 的地面交通的可用性或者效率提升后,则 A 的机场辐射区就会扩大。平行市场上航空服务的价格也会影响每个市场的需求总量。如果航空公司提供竞争性的定价,旅客就可以选择较长的地面运输,以获得平行市场上更低的航空票价。举例说明,如果从蒙特利尔特鲁多机场去往欧洲目的地的机票价格很低,一些来自渥太华地区的旅客就会选择驾车到蒙特利尔机场(160 公里)出发,而不是直接从渥太华机场出发。

如图 3.4 所示,市场 A—B 上的旅客可以通过市场 A—C 和 C—B 上的航班实现联程。因此从 A 到 B 的航班同时与 A—B 和 A—C 市场共享了服务供给(可能有其他市场参与,取决于航线网络的扩展程度)。而且从 A 到 B 经停 C 的票价可能比直达的 A—B 票价还低。如果经停 C 的票价更便宜,就会影响市场 A—B—A 上直飞航班的需求数量。甚至有可能,从 A 到 B 经停 C 的航程价格比 A—C 之间的公布运价还低,这是因为 A—B 和 A—C 市场从经济学角度看是不同且独立的市场,因而行程的价格取决于需求和不同市场的竞争特征,不见得与行程长短有关。这一类以及其他类型的航空定价方式能够反映出航空运输市场的本质特征,我们将在第 4 章中对此进行更详尽的讨论。

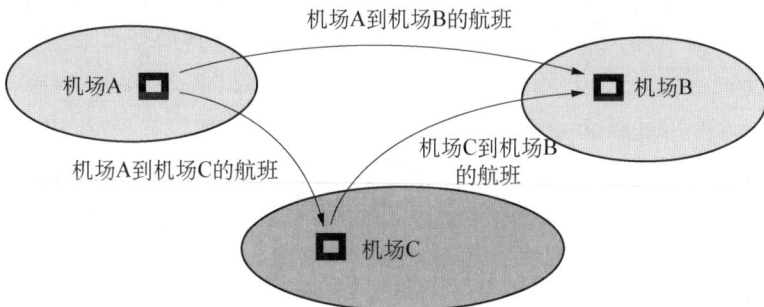

图 3.4 从机场 A 到机场 B 的直达与联程服务

有关航空旅行市场的空间定义说明,航空旅行的出发地和目的地区域可能是多个,或者在地理上是重叠在一起。最常见的出发地—目的地(O—D)需求可以用城市对间的市场来指代,如每天在波士顿和芝加哥之间旅行的潜在旅客数量。不过由于芝加哥有两个机场,城市对之间的需求可分解为两个平行的机场对市场——分别是波士顿洛根机场和芝加哥奥黑尔国际机场,以及波士顿与芝加哥米德韦机场之间的航空市场。另一方面,在大波士顿都市圈和芝加哥都市圈之间存在一个范围更广的航旅O—D市场,包括了更多的机场对,如普洛威顿斯(罗德岛)到米德韦,普洛威顿斯至奥黑尔,曼彻斯特(新罕布什尔)到米德韦,以及曼彻斯特到奥黑尔。这个范围更广的地区对市场包含6个机场对市场,且都是平行和相关的市场。

总结一下,本节给出的O—D市场空间定义考虑了典型航空旅客的整个旅程中所有环节的全部特征。航空运输的需求产生于特定的出发地和目的地(即O—D)市场。不过由于机场区域的重叠,平行市场以及联程航班引起的定期航班供给共享现象,即使是"不同和独立"的O—D市场间也存在互相关联。

3.3 O—D市场的需求

航空旅行需求是定义在O—D市场上的,并不定义在航线网络中的单个航班航节上。航空旅行的需求通常是以某O—D市场上,指定时间段内的单向或双向的(潜在)客流量进行衡量。例如,在指定时间段内(如每天)希望从A到B的人数就是此单向O—D市场的需求总量。

请注意,在指定时间内从A到B的旅客总人数,既包括从A出发开始行程的旅客,属于A—B—A往返程市场,也包括B—A—B往返程市场上从B点回家或完成行程的旅客。当然,可以精确区分这两个方向上的往返程需求数量,但通常的数据统计方法只是将两者简单相加。因此,总的O—D需求可以用两种指标度量,即在指定时间内单方向上的单程旅客数量或者在指定时间内O—D市场的双方向上的单程旅客数量之和。如果双方向上旅客数比较平衡,后一种方法得到的结果应该是前者的2倍。航空业内通用的度量O—D市场需求的方法是"单日单向客流量"(简称PDEW)。

3.3.1 航空供需的二分法

航空运输的供给侧可总结为高强度"联合生产"——航空公司航线网络中的每一个航班可同时服务于多个市场。作为航线网络的构成部分,单个航班航节上登机的旅客来自多个市场,不只限于表面的那个O—D市场。多数航班航节上的成行旅客数量都远大于通过无经停方式服务的"本地"O—D市场上的旅客总数。从经济学角度看,其他O—D市场上多出来的旅客与"本地"O—D市场上的旅客有显著区别,他们与"本地"O—D市场共用了相同的航班航节,而该航班只是他们的多个经停行程中的一个部分。

把O—D市场需求的概念和航空公司在航线网络上提供服务的实际做法结合起来,可得出另一些结论。首先,不是所有AB间O—D市场上的旅客都将选择无经停直飞行程,有些旅客会选择一次经停或联程的行程或路径。同时,单段直飞航班A—B也并非只运送AB间O—D市场上(即A—B—A或者B—A—B往返程市场)的旅客,还会服务于许多其他O—D市场,作为多次经停路径或联程的组成部分。

图3.5所示数据生动地说明了一个直飞航班如何为多个O—D市场供给的情况。在经历了几个月的运营之后,这个从波士顿出发,到某航空公司枢纽机场的航班运送了至少64个不同O—D市场的旅客,图3.5给出了旅客量最大的前20个市场。平均下来,这一直飞航班每天搭载的旅客总量约为120名,其中只有35名左右属于"本地"O—D市场,航班上剩余的70%旅客都属于许多其他的联程或经停O—D市场。如图3.5所示,经该枢纽前往墨西哥城,拉斯维加斯或火奴鲁鲁(檀香山)的旅客数量仅次于"本地"O—D市场的旅客数量,成为排前三的联程O—D市场,而波士顿至该枢纽机场的航班只是这些联程的组成部分。

波士顿枢纽航班
按照中转旅客量的O—D市场排序

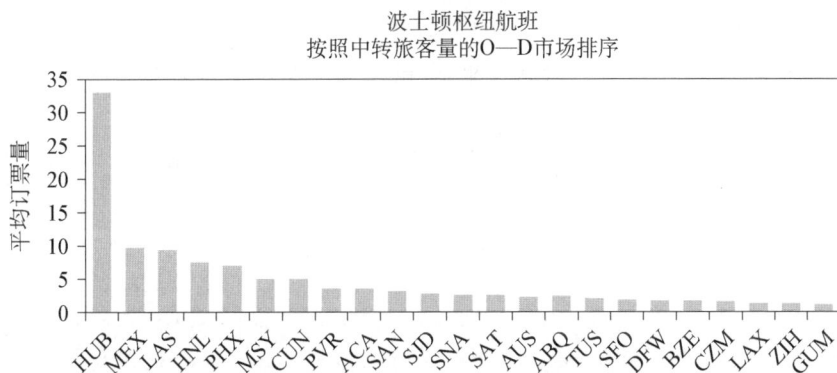

图3.5　航空服务在多个O—D市场上的关联供给

航空经济学分析方法中有一类"供需二分法",该方法认为在单个O—D市场上直接比较供给和需求是不可行的。需求产生于旅客的O—D旅行愿望,而供给却由航线网络中某个计划好的定期出港航班航节来实现。一个航班航节可同时为许多个O—D市场提供"关联"的座位供给,因此用航班航节上的总座位数来表示某个O—D市场上航空运输的"供给"并不合理,而且通过这种方式精确计算该航班航节为每一个O—D市场提供的实际座位数量也不现实(Simpson和Belobaba,1992b)。

单一O—D市场通常由许多相互竞争的航线路径(无经停、一次经停以及联程)提供服务。因此,O—D市场需求的规模不能简单地用出发地到目的地之间运营的直飞航班上的旅客数量来计算,而必须分析成行的机票数据,以确保所有从 A 点出发并且终点到 B 点的旅客都被计算进来,不管他们选择了何种行程或飞行路径。

O—D 市场上这种供需完全分离的特性,使得在回答一些与供给和需求有关的经济学问题时面临诸多困难。例如,如果不能确定由联程航班构成的航线网络中某一O—D 市场上的可利用座位数,那么就无法知晓这个市场的供需是否平衡,也无法了解该 O—D 市场上机票定价到底过高还是过低,乃至无法判断航空公司在该市场上提供的航班服务是否能营利。所以,至少在理论上,这个问题只能从整个航线网络的角度考察才可能进行解答。

3.3.2 影响 O—D 市场需求的因素

O—D 市场上的航空旅行需求受到诸多不同因素的影响,然而航空旅行需求的经济模型通常只包含那些对需求有重大影响并且可被度量的因素。本节中,我们简要回顾影响 O—D 市场上需求数量的主要因素。

社会经济学和人口统计学上的变量能够反映 O—D 市场上潜在旅客的一些特征。城市 A 与城市 B 的人口数量显然对其航空旅行需求有影响,即人口越多潜在的航空旅行需求量就越大。城市 A 和 B 之间的经济交流总量与类型也会影响他们之间的航空旅行需求,也就是说两个拥有共同产业领域的城市会产生更多的潜在航空旅行需求(如底特律和首尔之间的大多数商务出行都与汽车制造业有关)。此外,各个城市中人口可支配收入、教育水平、年龄层次分布也会对航空旅行需求量产生影响,如可支配收入较高的城市会产生更多的航空运输需求。

在城市 A 和 B 之间旅行的目的特征也会影响航空旅行需求量。如果其他因素都相同,一个以商务旅行为主的 O—D 市场的总需求量可能低于一个包括了商务出行、休假及个人探亲访友(即 VFR)的 O—D 市场的需求量。

各种出行方式的价格无疑也会对每个 O—D 市场上的航空旅行需求总量产生重要的影响。需要支付的机票价格本身以及票价使用限制条件造成的"不便成本"(如周六最小停留时间要求、不得退票改期等),可能是决定 O—D 市场需求量最关键的决定性因素。此外,竞争性交通服务(如火车、大巴、私家车)的价格也会对航空出行需求产生较大的影响,尤其在短途市场上,竞争性交通服务有可能替代航空服务。

最后,无论是与航空业自身比较还是相对其他交通服务模式来说,"服务质量"因素也会影响航空出行方式的整体吸引力。正如后文会详细描述的那样,定期航班班次及由飞行时间、等候航班起飞的时间等组成的"总旅行时间"属于"服务质量"的范畴。航空出行与其他出行方式相比,通常总旅行时间较短,而这也是旅客选择航空出行的最主要原因;航空出行的其他服务质量优势还包括舒适性、安全性及便利性。

3.3.3 服务要素的质量

旅客在为具体旅行选择出行方式时,必然会考虑到各种出行方式的服务质量差异。事实上,O—D市场中航空运输的服务质量会对市场需求总量产生举足轻重的影响。航空公司的"服务质量"要素包括机上设施与服务,行程的可靠性,票务的便捷性及总旅行时间(Simpson 和 Belobaba,1992a)。在所有这些因素中,总旅行时间也许是决定 O—D 市场上航空旅行需求量的最重要因素。

正如 3.2 节所述,典型的旅客行程总时间会比飞机的实际飞行时间长。总旅行时间按照从"真正"出发地(如城市 A 的家中)到"真正"目的地(如城市 B 的酒店中)的总时间来计算。下文中会更详细地介绍,总旅行时间还要考虑包括定期航班的班次以及航空服务的直接性(如直飞或者联程)等因素。举例来说,伦敦与巴黎之间高频次、无经停直飞航班使得这两地间的航空出行非常方便。因而,这种情况下的旅客量会比 O—D 市场上仅三个航班可选的情况(即便采用大飞机能满足全部需求)或者 O—D 市场上只有联程航班服务的情况都要高。

可靠性往往被认为是理所当然的事情,包括按既定计划完成航班飞行的概率、准点率和安全性等,都会影响到航空旅行的需求总量。例如,假设伦敦与巴黎间的航班每隔一个有被取消的可能,而且一些出港航班因故障而发生延误,那么两地之间的航空旅行需求量肯定会大幅地减少!

无论从航空旅行本身的角度,还是与其他竞争交通模式对比的角度,机上服务的品质如座椅空间大小、餐食优劣乃至有无机上娱乐都会在某种程度上影响航空旅行需求量。旅客能否便捷地预订、支付和出票,行程是否符合航空公司的要求和条件,也会影响航空旅行的需求量。假如航空公司要求所有旅客在某个城市的营业部集中排队预订并购买伦敦与巴黎之间的机票,那么该市场的航空需求会不可避免地降低。

3.3.4　总飞行时间与航班班次

如前文所述,除去机票价格因素,总旅行时间是影响航空旅行需求量的第二个决定性因素。根据 3.2 节中提供的典型完整旅客行程的描述,总旅行时间中应包括如下方面:

(1) 从出发地到达机场以及从目的地离开机场的地面交通耗费的时间。

(2) 在起飞以前以及到达以后的机场处理时间。

(3) 实际飞行时间以及航班中转花费时间。

前面在描述典型完整旅客行程时并未提到总飞行时间的一个重要组成部分:"航班时刻间隔"或"等待时间"——当旅客准备好出发时,不见得正好赶上定期航班的起飞时间。例如,旅客希望的出发时间可能是下午 3 点 30 分,但可选择的定期航班起飞时间只有下午 1 点整和 5 点整,此时这名旅客的"航班时刻间隔"就是 2.5 小时或者 1.5 小时,取决于旅客最终选择搭乘哪个航班。

如需对一个 O—D 市场上的航班集合进行时刻间隔分析,则首先应假设有大量旅客旅行,其次他们所期望的起飞时间在整个白天中均匀分布。在上述例子中,如果所有希望在下午 1 点到 5 点间离港的旅客符合均匀分布,则我们可以计算出整个旅客集合的平均等待时间为 1 小时,最长等待时间为 2 小时(假设旅客对乘坐早班和晚班航班没有要求),等待最长时间的是那些希望在 15 点起飞的旅客;对于恰好期望在下午 1 点整或者 5 点整起飞的旅客,等待时间最短,等于零;如果旅客期望的起飞时间均匀分布,很自然,全部旅客的平均等待时间就等于 1 小时。

因此,总旅行时间的概念不仅能说明飞行路径质量产生的影响(无经停直飞或联程航班),还能体现出航班班次产生的影响。提高离港航班的频次或提高直飞航班的数量都能减少 O—D 市场上行程的总飞行时间。存在直观关系,即总飞行时间(用 O—D 市场上所有潜在旅客的平均总旅行时间表示)减少可使该市场上总航空旅行需求量增加。

总旅行时间模型(Simpson 和 Belobaba,1992a)

用 T 表示旅客航空旅行的总时间,则

$$T = t_{(\text{固定})} + t_{(\text{飞行})} + t_{(\text{时刻间隔})} \tag{3.2}$$

固定时间包括旅客到达和离开机场所耗费的时间以及在机场办理各种手续的时间,短期内变化很小。飞行时间中还应包含飞机"轮转时间"及中转时间。须注意,轮转时间的定义是飞机从到达登机口到离港登机口之间的计划时间,因此包含飞机推出登机口、滑行至跑道、实际飞行时间以及从目的地机场跑道到登机口的全部时间。

总旅行时间中"航班时刻间隔"部分可以简单地用航班班次的近似反比函数表示,例如:

$$t_{(\text{时刻间隔})} = K / \text{航班频次} \tag{3.3}$$

其中 K 是单位为"小时"的常量,航班班次是指该市场上单位时间内(每天)离港航班的数量。因此航班时刻间隔(或等待时间)随着航班班次增加而降低。

举一个简单例子,假设在一个直飞短途市场上,旅客期望起飞时间平均分布于 6 点至 22 点之间,即每天有 16 小时的合理离港时间。如果每天只有一个航班在 14 时起飞,这就意味着旅客的平均等待时间是 4.0 小时(等待时间的可能为 0~8 小时,对应恰好期望在 14 时起飞的旅客以及期望在 6 时和 22 时起飞的旅客)。如果航空公司增加航班班次至每天 2 班(假设为了使平均等待时间最短,将航班起飞时间定为 10 时和 18 时),那么平均等待时间就会缩短到 2.0 小时。继续增加航班班次到每天 3 或者 4 班(同样为了使平均等待时间最短),则能够把平均等待时间分别降低至 1.33 小时和 1.0 小时。这样,在这个简单的例子中,式(3.3)中的 K 值应该等于 4。

总旅行时间模型能够解释为什么旅客更青睐直飞航班,而不是联程航班——直飞航班的飞行时间更短,所以总旅行时间 T 更短。此外,由于减少航班时刻间隔能使总旅行时间 T 缩短,所以离港航班的班次更密,还可提高 O—D 市场总需求。该模型还说明,航班班次对短途市场的影响比对长途市场的影响更加显著。因为在短途市场上,时刻间隔占总旅行时间 T 的比例较大;而在长途市场上,离港航班班次的频度增加不会明显减小飞行时间在总旅行时间 T 中所占的比重。

最后,在枢纽轮辐式航线网络中,总旅行时间模型能够说明,为何大量联程航班能够为旅客提供比每天仅 1 个直飞航班更好的服务。尽管联程航班的总飞行时间更长,但由于联程航班的班次更多,因而航班时刻间隔就相对更小,最终使得平均总旅行时间 T 更短。

3.4　航空旅行的需求模型

需求模型是需求数量与所选的"解释变量"之间关系的数学表达。由定义可知,模型不会也不可能覆盖所有影响航空旅行市场需求的因素或变量。因此,"需求模型"的目标是尽可能多地"解释"需求的变化,不论是在多个市场上还是在某个市场的不同时间段内,识别出那些能够最直接、最大程度影响 O—D 市场需求数量的解释变量。

所有的需求模型都是基于这样的假设,即寻找什么因素会影响航空旅行的需求。根据前面的讨论,影响 O—D 市场上航空旅行需求量的主要因素是航空旅行的价格,总旅行时间(T)以及和市场本身相关的人口统计学变量。详细规范的需求数学模型能够体现解释变量发生变化时需求随之变化的先验预期。在最简单的例子中,航空旅行需求模型中只有一个变量,即收取的价格,并且根据经济学原理可预期(如当价格提高,需求会下降)两者之间是反比关系,数学公式可采用加法关系(线性关系)或乘法关系(非线性关系)。

加法或线性的价格—需求模型可用公式表示为 $D = a - bP$,其中 D 是市场需求;P 是平均市场价格;a 和 b 是与价格相关的需求函数的截距和斜率参数。这样,这个线性模型表达的直观意义是,市场价格每提升 1 美元就会导致需求下降 b 。

大多数航空市场需求模型都预先假设:独立的(解释)变量间存在乘数关系(Doganis, 1991)。基于乘法的价格—需求模型可用公式表示为 $D = aP^b$,其中 $b < 0$ 。这个函数仍然是向右下倾斜的,但需求和价格只是在比例上保持不变,而不是在绝对值上不变。该模型的直观解释为,当市场价格增加 1% 就会导致需求下降 $b\%$ 。

选择合适的需求估算模型能让航空公司准确分析市场需求,甚至可预测 O—D市场上的需求。例如,当给定近期或计划的航班班次变化,或给出市场人口统计学或经济条件方面的变化,可用需求模型计算出平均价格变化。

3.4.1　航空旅行需求的弹性

需求的价格弹性是指平均价格每变化1%导致的市场需求总量变化的比例。对一般商品与服务(相对于奢侈品)而言,价格弹性总是负值。在其他因素保持不变的情况下(如不考虑航班班次或其他市场因素变化),提价10%将会导致$X\%$的需求下降。从历史数据中能发现,商务类航空旅行需求倾向于"无弹性"($0>E_p>-1.0$),这意味着,价格变化的百分比会远大于需求变化的百分比。与之相对的是休闲类航空旅行需求,则表现为弹性十足($E_p<-1.0$),也就是说价格变化的百分比会小于需求变化的百分比。

过去几年有关航空旅行需求的多个不同的实证研究发现,航空O—D市场上的价格弹性通常范围为$-0.8\sim-2.0$(Gillen、Morrison和Stewart,2003)。因此,可以说航空旅行需求具有价格弹性,或者航空旅行平均价格的变化会引起较明显的需求变化。当然,特定O—D市场上的需求弹性取决于该市场中商务类和休闲类旅行需求的相对比例。商务旅行需求主导的市场上的价格弹性会明显小于休闲旅行需求为主的市场。

每个O—D市场上的需求价格弹性都会对航空公司定价产生重要的影响。无弹性(-0.8)的商务航空旅行需求意味着需求对价格变化不敏感,价格增长10%仅使需求下降8%。所以整体结果是即使价格提高,航空公司的收入仍会增加。另一方面,价格弹性较大(-1.6)的休闲航空旅行需求对价格变化较为敏感,价格上升10%会导致需求减少16%。对航空公司来说,价格上升则使收入减少,反之亦然。

过去20年中,航空公司在定价过程中取得的大部分进展都可用商务和休闲旅客间的价格弹性差异来解释。航空公司应该尝试对价格弹性较小的商务旅客提价以增加总收入。与此同时,假设采用了同样的需求细分方式,如果航空公司期望增加收入,则也可对针对价格弹性较大的休闲旅客降价。

与上面价格弹性的定义类似,需求的时间弹性是指当总旅行时间(T)增加1%时,O—D市场上需求量变化的百分比。时间弹性也是负值,如假定其他因素不变(如价格不变),当总旅行时间增加10%时将导致需求下降$X\%$。商务类需求的时间弹性较大($E_t<-1.0$),即一旦总旅行时间减少(通过增加航班班次或用直飞航班替换联程航班),就会吸引更多的商务旅客出行。休闲类需求的时间弹性较小($0>E_t>-1.0$),即对价格敏感的度假者可以忍受较长的总旅行时间(较少的航班班次或联程航班)以换取更低的价格。

航空市场需求的时间弹性取决于市场上商务需求的占比以及市场上航班班次的多少。也就是说,在航班班次较密的市场上,因为增加航班班次带来的需求量增加会小于在航班班次较少的市场上增加相同数量班次带来的需求增量。

每个市场都有"饱和班次",即存在某个班次,即便对于商务旅行而言,再增加更多的班次也无法使需求增加(Simpson 和 Belobaba,1992a)。如在波士顿至纽约的短途(两者间距约 340 公里)往返市场上,两家竞争航空公司都提供每小时 1 班的直飞航班(如其中一家在每个整点起飞,另一家在每个半点起飞),所以该市场上每半小时就有 1 个航班起飞。如将航班频次提高到每 15 分钟 1 班,能否对市场总需求量产生可测量的正面影响仍很难说。

航空旅行 O—D 市场需求的时间弹性对于航空公司制订航班计划有重要意义。O—D 市场的总旅行时间减少,对商务需求的影响比对休闲需求的影响更大。短期内,航空公司缩短航班时刻间隔,减少商务旅客总旅行时间的最主要手段是增加离港航班班次。缩短飞行时间也能产生相似的影响,在原先只有联程服务的市场上提供直飞航班可缩短飞行时间。同样,不同型号飞机的飞行速度也会影响商务旅行需求(如喷气机与涡轮螺旋桨飞机),但影响程度较小。由于休闲需求几乎对时间不敏感,对这些旅客而言,航班班次的多少或者是否直飞航班都不如低价重要。因而在休闲需求占主导的市场上,航空公司很少会主动提供多班次、无经停的直飞航班服务。

3.4.2　航空旅行的需求细分

将旅客分为商务和休闲两类是航空旅行需求细分的最常用方法,无论在研究领域还是工业实践领域都得到了广泛的应用。正如上文中讨论的,航空公司利用商务和休闲旅客在价格与时间方面的敏感度或弹性的差异,制订其定价与航班计划策略。这个简单的商务/休闲需求模型忽略了一些实际差异,即不是所有的商务旅客或者休闲旅客都有相同的旅行习惯和特征或称航空旅行偏好。例如,休闲(度假)旅行需求是"非商务需求"或个人细分市场的组成部分之一,该市场还包括探亲访友型(VFR 旅行)和个人紧急事务出行需求。事实上,非商务旅行需求的每个子类中旅客都有不同的特点与偏好。

价格和时间的弹性或敏感性概念可用于细分航空旅行的总体需求。对价格非常敏感的旅客在做航旅决策时几乎只考虑最低票价这一标准,他们愿意接受各种限制,接受较低水平的服务,忍受不便利的航班时刻甚至飞行路线,他们的目标就是掏最少的钱完成航空旅行。与此相反,对时间有严格要求的旅客或者对服务有要求的旅客会更重视航旅中的服务因素,如航班时刻的方便性、行程计划的灵活性、航班服务的好坏,至于价格可能完全不在其考虑范围之内。当然,在这两种极端情况之间必然存在大量中间状态,并且大多数旅客都属于这些中间情形。

由于在极端价格敏感和极端服务敏感之间存在大量中间状态,因而很难对航空市场的总体需求做出精确划分。Belobaba(1987)提出了一个需求细分模型,明确地将两种思路整合起来,即在价格与服务间权衡,并依据给定旅程中的旅客时间敏感性来决定旅行的价值。该需求细分模型将时间敏感性和价格敏感性分离,因而可以在不关注客户旅行目的的前提下,根据旅客特征对需求进行划分。

根据不同的价格水平、不同的航班和时刻可利用性，大致产生两种选项，旅客可在此两种选项中权衡：一种是较高价格，较高服务水平、更少使用限制；另一种则是较多使用限制，服务水平降低，当然价格也较低。在指定的行程中，旅客在这两者间权衡不仅要考虑自己的价格接受能力，同时也要考察自己的时间敏感性。旅行的时间敏感性取决于旅客是否能够在可选的"时间窗口"中完成旅行，到达期望目的地以确保旅行的价值。有一种"身不由己"的旅程，也就是旅客必须在指定的时间范围内完成行程到达目的地，所以可接受的"时间窗口"特别小。还有一种完全自主的旅行，旅客可以自由选择出行时间，因而可接受的时间窗口很长。

每个客户在价格敏感性和时间敏感性坐标系中所处的位置视旅程类型不同而有所不同。某人由于商务或个人原因出行，可能时间敏感性很高而对价格不敏感；同样一个人在另一次旅行中可能对价格非常敏感，而对时间完全不敏感，同样不论他的出行目的怎样。可将每个维度一分为二，这样就形成4种常见需求细分类型，如图3.6所示。

旅客：价格敏感度

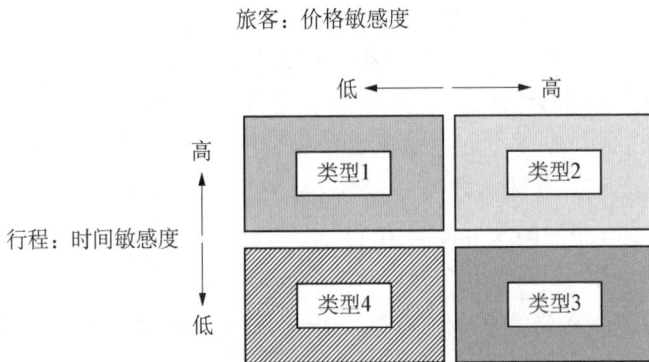

图 3.6　航空旅行需求细分，引自 Belobaba(1987)

根据大多数旅客的出行特征，可把他们归到如下需求类型中。

类型1：对时间敏感而对价格不敏感。这类需求具有传统商务旅客的特点，他们愿意为能够满足既定行程时间要求的航班支付高价，也有可能购买更好的服务甚至商务或者头等舱。对属于这个需求类型的旅客来说，行程的灵活性（行程可改变）及起飞前有无可利用座位（行程的不确定性）都非常重要。

类型2：时间敏感同时价格敏感。该类型需求不属于传统的商务—休闲分类，不过确有相当比例的商务旅客属于该类型。这些消费者必须完成旅行，不过可接受相对灵活的行程，有更低票价时也可改变计划。他们的预订时间太晚因而不满足提前预订条件，所以无法使用最低票价；但如有可能节省花费，他们可以改变出行时间，接受不那么方便的航班时刻或路线安排。

类型3：对价格敏感而对时间不敏感。这类需求包含传统的休闲度假旅客，为了找到最便宜的票价,愿意改变出发时刻或旅行日期,甚至改变目的地机场。他们愿意接受经停或选择联程航班,能够接受低票价所要求的全部旅行或票务方面的限制条件。

类型 4:对价格和时间均不敏感。属于这个细分需求类型的消费者数量相对较少,他们对旅行时间没有要求,而且愿意为高质量的服务支付高价格。类型 4 可以与类型 1 合并,因为不论他们出于何种目的出行,都愿意花费更高的价格以获得更高水平的服务以及行程计划的灵活性。

另外,需求细分类型的个数不必局限于 4 类。实际上,很多航空公司为了让自己的产品和服务更有针对性,通过调整自身的市场营销和定价策略,努力划分出更多的航空旅行需求细分类型,并为每种类型提供不同的产品和服务。但由于用来划分航空旅行需求类型的主要指标或维度只有价格和时间敏感性,所以想精确定义并有效识别不同类型的需求仍然较为困难。

上面介绍的模型能够继续扩展,以支持更多的需求细分类型。要这样做,只需在每个维度上划分更细,不过划分越细则越难以进行量化描述。理论上虽然如此,不过在实践中需求细分的目的是支撑定价,所以还是对需求细分模型做了大量扩展,毕竟航空旅行需求和客户的实际特征远比理论上商务和休闲旅客间的差别复杂。

3.4.3 O—D 市场需求函数

可以把航空旅行需求的价格和时间弹性概念整合成相对简单的 O—D 市场需求函数。考虑如下乘法模型:在给定 O—D 市场上,设单位时间区间内(如每天)的需求用 D 表示,则

$$D = MP^aT^b \tag{3.4}$$

其中:M 是表示市场容量大小的参数(常数),反映城市人口规模及相互间经济合作程度;P 是该市场上航空旅行的平均价格;T 是总旅行时间,反映航班班次变化;a 和 b 分别是需求的价格和时间弹性。

我们可以根据同一市场上 D、P 和 T 的历史采样数据,或者相似市场上某段时间的采样数据来估算 M、a 和 b 的值。所需的历史采样数据是在不同的价格(P)及总旅行时间(T)组合之下观测到的需求水平(D)的变化。使用统计估算技术处理历史数据,例如最小二乘(OSL)回归算法,对参数 M、a 和 b 进行估算,可拟合出最"合适"的曲线。需要注意的是,通过分别改变 P 和 T 的值,能够估算出"弹性常数"a 和 b 的值。

航空公司向旅客提供了多种航空旅行"产品",因而可扩展上述简单的航空旅行需求模型,使之能更精确地描述市场上航空旅行需求的不同构成(Simpson 和 Belobaba,1992a)。航空公司通常都会为旅客提供多种不同价格和服务品质的机票

产品,因此航空旅行需求可按旅行目的进行分类,描述市场需求对价格与服务品质变化的反应。

"多种产品"的航空需求模型最早由 Simpson 提出,模型假设航空公司提供了3个等级的服务产品,设定了每个等级的服务内容和使用条件:头等舱(f),经济舱(c)和折扣舱(d)。在同一 O—D 市场上,每个等级具有不同的价格,分别用 P_f、P_c 和 P_d 表示。

同时,航空旅行市场上的总体需求可根据出行目的不同进行区分。如前文所述,航空运输经济学中最常见的分类方法是将需求分为商务旅行(b)和休闲旅行或者个人旅行(p)两大类。因此,我们得到3种航空旅行产品以及2类航空旅行需求,即可把市场上的航空旅行总体需求分拆为如下几个部分:

(1) D_{fb}——商务旅客对头等舱服务的需求。

(2) D_{cb}——商务旅客对经济舱服务的需求。

(3) D_{cp}——个人旅客对经济舱服务的需求。

(4) D_{dp}——个人旅客对折扣舱服务的需求。

为简化起见我们省略了两个部分,即 D_{db} 和 D_{fp},由于这两类需求的数量足够小,因而可在"离散多产品需求模型"中忽略不计。基于上述分类,可用两对需求函数表示4类航空旅行需求。对商务出行来说,需求为

$$D_{fb} = M_b Q_f P_f^{a_1} T_f^{b_1} P_c^{c_1} \tag{3.5}$$

$$D_{cb} = M_b Q_c P_c^{a_1} T_c^{b_1} P_c^{c_1} \tag{3.6}$$

其中:M_b 是表示商务旅行需求市场大小的参数(常数);Q_f 与 Q_c 是头等舱和经济舱的服务质量系数;P_f 与 P_c 是头等舱和经济舱的价格;T_f 与 T_c 是头等舱和经济舱的总旅行时间;a_1 是商务旅客的需求价格弹性;b_1 是商务旅客的需求时间弹性;c_1 是商务出行需求的"交叉弹性",表示头等舱服务和经济舱价格对需求产生的综合影响,反之亦然。

类似地,对于个人出行来说,则有

$$D_{cp} = M_p Q_c P_c^{a_2} T_c^{b_2} P_d^{c_2} \tag{3.7}$$

$$D_{dp} = M_p Q_d P_d^{a_2} T_d^{b_2} P_d^{c_2} \tag{3.8}$$

其中:M_p 是表示个人出行需求市场大小的参数(常数);Q_c 与 Q_d 是经济舱和折扣舱的服务质量系数;P_c 与 P_d 是经济舱和折扣舱服务的价格;T_c 与 T_d 是经济舱和折扣舱服务的总旅行时间;a_2 是个人旅客的需求价格弹性;b_2 是个人旅客的需求时间弹性;c_2 是个人旅行需求的"交叉弹性",表示经济舱服务与折扣舱价格对需求产生的综合影响,反之亦然。

上面两对需求公式给出了航空旅行需求模型更复杂(同时也更符合实际)的数

学表示。此外,该"离散型需求模型"有两个假设和前提需要明确,即商务旅客只会在头等舱和经济舱服务之间选择,而个人旅客只会在经济舱和折扣舱服务之间进行选择。虽然也存在其他可能性,但由于数量较少而忽略之。

机票产品的价格与所提供的服务质量之间的对应关系,决定了选择各个服务等级的商务旅客及个人旅客的比例。如果折扣舱的价格降低,通常会导致折扣舱需求量增加,增加的需求可能来自于两个方面,其一是由更低的价格吸引来的新旅客,另外是从原来的经济舱需求中分流到折扣舱的低支付意愿需求。类似的,如果经济舱服务品质提升而价格保持不变,则能预期部分商务旅客会从头等舱转移到经济舱,同时也会有部分原折扣舱的旅客转移到经济舱。

上述离散型航空旅行需求模型包含 6 个互相独立的需求弹性系数、3 个描述这三类产品服务品质的变量以及 2 个描述每个 O—D 市场上商务及个人航空旅行需求规模的市场规模参数。该模型引入两种不同的需求价格弹性,分别对应着商务和个人市场需求。正如前文提到的,商务旅客对价格不敏感,即具有较低的价格弹性;个人旅客对价格较为敏感,即具有较高的价格弹性。而在另一方面,商务旅客对出行时间的要求较高,即具有较高的时间弹性;个人旅客则对出行时间没什么要求,即具有较低的时间弹性。

上述公式中新引入了两个"交叉弹性"系数,表示:①对商务旅客而言,头等舱可以替代经济舱的程度;②对个人旅客而言,经济舱可以替代折扣舱的程度,并且两者都应取正值。在所有的产品替代关系中,某一种产品的价格上涨会导致其对应替代产品的需求量增加;相反,某一种产品的价格下降也会导致其对应替代产品的需求量下降。举例说明,假设根据历史采样数据得出式(3.5)和式(3.6)中的参数 c_1 的值为$+0.6$,那么经济舱的价格上涨 10% 就会导致商务旅客(此处有一个暗含的假设,即市场上没有其他替代产品)对于头等舱的需求增加 6%。一般来说,交叉弹性参数的数值越大,那么消费者选择对应替代品的可能性就会越高。

离散型航空旅行需求模型能部分反映在现实世界中分析航空旅行需求时面对的复杂性。但另一方面,这个模型仍然不是一个完美模型,它的基础是简化后的现实世界行为以及若干条不能保证在所有情况下都正确的假设与前提。该模型仅是众多需求模型中的一例,针对我们认为的对航空旅行需求影响较大的部分因素进行建模。如果有合适的历史数据和统计估算技术,我们可以用这个模型估算和预测需求。

总结一下,以上介绍了单一 O—D 市场上航空旅行需求的一些重要特征,并试图用多种模型和数学公式建模,描述这些特征。那么这些特征包括如下几个方面:

(1) 航空公司通过一组航班,向航空旅行市场提供座位产品,并为其设置不同的舱位等级、服务品质及价格水平。

(2) 某个市场上航空旅行的总需求,可从出行目的或相关特征的角度划分为两个或多个具有不同价格和时间弹性的类别。

　　(3) 某个市场上航空旅行需求的不同类别并不是相互独立的,同一位旅客可在航空公司提供的具有不同价格和服务品质的产品间选择。在需求模型中采用需求"交叉弹性"的概念描述不同类型需求间的相互依赖关系。

3.5　航空公司间的竞争及其市场份额

　　航空公司间针对旅客及市场份额的竞争受到如下因素的影响:

　　(1) 提供服务的每条航线上的航班班次与起飞时刻。

　　(2) 与其他航空公司相比价格高低,必须在法规允许范围内展开价格竞争。

　　(3) 所提供产品与服务的品质,包括机场和机上的服务、对折扣价产品使用的限制条件等。

　　旅客选择产品与服务时会综合考虑航班班次、起飞时刻、产品价格与服务品质,以使"总体负效用"最小。每个旅客都愿意以最低的价格,购买出发时刻最方便且服务最好的航班。不过旅客很少能同时获得最低的价格、完美的行程和最高品质的服务,因而只能在满足预算条件的前提下,在这些因素中进行权衡并最小化负效用。

3.5.1　市场份额/班次模型

　　到目前为止,我们关注的重点都放在某一时期内 O—D 市场上需求及其影响因素,并建立了多种数学模型。本节我们将介绍指定 O—D 市场上描述航空公司市场份额的简单模型。通常航空公司 A 的"市场份额"是指该公司在总市场需求中占有的需求比例。为了讨论和说明方便,市场份额也可表示为某航空公司运载的旅客数量、RPK 或者收入占整个市场中的份额。

　　当其他因素都相同时,O—D 市场上航空公司的市场份额约等于他投放的航班班次份额,直接表示为竞争性直飞航班的班次。这一结论是在对历史航线数据和客流数据分析的基础上得出的,可作为一条相对简单的经验法则使用。"其他因素相同"的假设,要求忽略竞争航空公司间的价格和服务品质差异。现实世界中,在成熟市场上航空运输已经成为标准"商品",且参与竞争的主要航空公司提供的服务实际上并没有太大差异,因而在大多数情况下这些差异确实可以忽略。

　　不过,整个航空业目前使用最普遍的用以描述航空公司市场份额与航班班次之间关系的方法是"S 曲线"模型,如图 3.7 所示。按 Button 和 Drexler(2005)的说法,在已发表论文中难以找出这个模型的起源及演化过程。早期的(20 世纪 70 年代和航空管制放松之前)理论和实践证据说明较多的班次和较高市场份额间存在非线性、正向关系(Simpson,1970;Taneja,1976)。在全球航空管制放松以后,文献中才出现了对"常见的"S 曲线(Kahn,1993)和"著名的"S 曲线(Baseler,2002)两种说法的引用。

　　航班班次和市场份额之间的这种 S 型曲线关系,解释了航空公司为何将航班班次作为重要的竞争性武器使用。例如在某两家航空公司竞争的市场上,一家航空公司提供 60% 的直飞航班,则他就有可能获得高于 60% 的市场份额。相对地,另一家公司提供 40% 的航班班次可能仅获得不足 40% 的市场份额。市场份额与航班班次份额间这种非线性的正相关程度,取决于 S 曲线偏离市场份额=班次份额对角线的程度。图 3.7 所示的 S 曲线能够直观地反映出三个问题:

　　(1) 当航空公司没有投入航班时,他的市场份额为零。

　　(2) 当航空公司提供 100% 的航班时,他的市场份额肯定是 100%。

　　(3) 如果价格和其他服务环节无明显差异,当两家公司各提供 50% 的航班时,他们将各获得 50% 的市场份额。

　　除此之外,图 3.7 中 S 曲线模型还有其他一些要点需解释。假设大量的旅客期望出行时间均匀分布于一整天时间中,且旅客会选择那些最接近自己期望出行时间的航班。那么拥有较多出港航班的航空公司,将独占期望在仅由他提供唯一航班的时间段内出行的全部旅客;此外在两个航空公司都提供服务的时间段内必然会产生竞争,由两者分享全部出行需求。

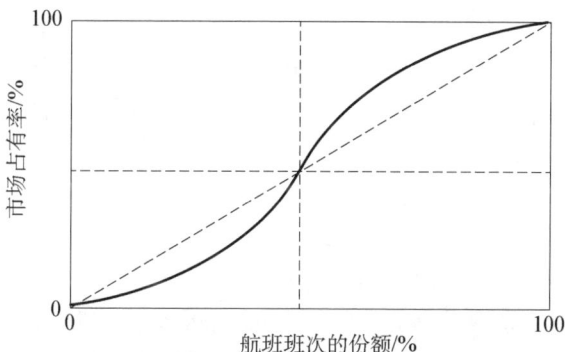

图 3.7　市场份额与航班班次份额的 S 曲线模型

　　举个简单例子,在某长途国际航线市场上,航空公司 A 提供每天 1 个直飞航班(每周 7 个航班),航空公司 B 只提供每周 3 个航班(Simpson 和 Belobaba,1992a)。假设在每周 7 天内需求均匀分布(在实际中不完全正确),每天需求占一周需求的 1/7。则这两个航空公司的市场份额分别是

$$MS(A) = 4 \text{天} \times 1/7 + 3 \text{天} \times 1/7 \times 50\% = 79\%$$
$$MS(B) = 3 \text{天} \times 1/7 \times 50\% = 21\%$$

　　在这个例子中,两个航空公司的周班次份额分别是航空公司 A 为 70% 和航空

公司 B 为 30%。然而,航空公司 A 获得的市场份额是 79%,而 B 只有 21%。尽管这个例子反映的只是长途国际市场上的周班次状况,但在每天的短途市场上,如假设每天内不同时段都对应着相同的出行时刻需求,则上述逻辑也适用。

从 S 曲线模型及上面的例子中容易发现,为了在直飞市场上保持市场份额,互相竞争的航空公司会提供相同数量的航班班次。在只有 2 家公司竞争的市场上,这 2 家公司提供相同的航班班次,他们都会获得大约一半的市场份额。同样在 3 家公司竞争的市场上,如每家提供 33% 的航班班次,大致就能保持各自 33% 的市场份额。

3.5.2　S 曲线模型的公式

描述直飞航班班次份额和航空公司市场份额间关系的 S 曲线模型,可用数学公式表述为

$$MS(A) = \frac{FS(A)^a}{FS(A)^a + FS(B)^a + FS(C)^a + \cdots} \tag{3.9}$$

其中: $MS(i)$ 为航空公司 i 的市场份额; $FS(i)$ 为航空公司 i 的直飞班次份额; a 为指数系数,大于 1,通常取值为 1.3~1.7。

模型中指数系数 a 的值决定了 S 曲线偏离对角线的程度,即 S 曲线的弯曲程度。当 $a = 1.0$ 时,等式右侧的分母等于 1,退化为线性模型,即 $MS(A) = FS(A)$。 a 的值越大,S 曲线的弯曲程度越大,说明当航空公司提供的班次比竞争对手越多时,获得的市场份额回报也会越大。前面曾经提到,实证研究表明指数系数 a 的值通常介于 1.3 和 1.7 之间。

应注意,具体市场上航班班次影响的大小决定了指数系数 a 的取值。根据前面的讨论可知,短途商务市场上指数系数 a 的值较大,说明航班班次对份额的影响较大;而在长途或休闲主导的市场上指数系数 a 的取值则较小。

上面介绍的简单模型只说明了直飞班次竞争市场的情况,但现实中大多数 O—D 市场中不仅有直飞航班,还有 1 次经停航班及联程航班,因此我们需要调整模型,将 1 次经停以及联程航班的贡献也考虑在航空公司市场份额的模型之内。

方案之一是在上述模型中引入所谓的"权重"系数,并通过数学方法拟合参数的值。假设直飞航班班次的权重为 1,则 1 次经停航班班次的权重就应当小于 1,同时多次经停的联程航班的权重应该更小。因此,上述模型中每家航空公司航班班次份额就用不同航班类型(直飞、经停、联程)的权重组合,按照固定周期(每周或每天)进行表示。已有航空公司尝试使用该方法,根据航程不同估算出经停 1 次航班的相对权重为 0.2~0.3,而联程航班的权重则低至 0.05 左右。

3.5.3　服务质量指数(QSI)模型

另一种从航线路径以及时间安排角度估算市场份额的方法,称为"服务质量指

数"(QSI)。该方法最初由美国民用航空委员会(CAB)研发,用于预测新进竞争者对指定航线的航班运营造成的影响(Jenkins,2011),目前 QSI 模型已在专业咨询顾问及航空公司内的规划部门中广泛应用。该方法能够评估特定 O—D 市场上航空公司运营的全部航班集合(包括 1 次经停与联程的情况)与其竞争对手产品间的"服务品质"差异。该模型是对上文中直飞航班班次/市场份额模型的扩展,不涉及 S 曲线模型中航班班次与市场份额间那样的非线性关系。

当航空公司在规划新开航线或计划在已有航线上新增航班时,可使用 QSI 模型来估算自己的市场份额及潜在需求量。以下用一个简单的例子来说明,航空公司决定是否在布宜诺斯艾利斯(EZE)至波哥大(BOG)间的 O—D 市场上增开直飞航班时,QSI 模型起到的作用。假设该公司在这个市场上已投入每天 1 班直飞航班,同时有竞争对手运营着 2 个 1 次经停及 8 个联程航班。

图 3.8 中的例子是该市场上 QSI 的计算过程,最终市场基准 QSI 值等于 1.90。其中直飞航班的权重设为 1.0,1 次经停及联程航班的权重分别为 0.33 和 0.03。这些权重值说明,从"有效航班班次份额"的角度看,旅客不太喜欢 1 次经停航班,更不喜欢联程航班。这个例子中的权重值是由航空公司基于经验判断确定的,并非用统计方法从历史数据中估算得出。QSI 模型的权重系数取值范围较大,如对 1 次经停航班取值可低至 0.25,对联程航班取值可高至 0.125(Emrich 和 Harris,2008)。当然也能从历史数据中估算这些权重,只是应注意,该模型输出结果的优劣很大程度上取决于所使用的权重系数值。

布宜诺斯艾利斯-波哥大市场上的 QSI

	数量	权重	指数
直飞	1	1.0	1.00
一次经停	2	0.33	0.66
联程	8	0.03	0.24
市场 QSI			**1.90**

图 3.8 "市场基准 QSI"的计算过程(举例)

如图 3.8 所示,市场基准 QSI 为 1.90,其中 1 个直飞航班占了该 O—D 市场52.6%的份额(1.0/1.90)。假设 O—D 市场上总需求估计(也可从历史出票数据中获取)为 227 PDEW(日单向客流量)并作为基准,则估算出该直飞航班上当前平均运载旅客量为 120.3 个(即 227 的 53%)。由于航空公司知道竞争对手提供的航班总数,并且确切知道自己直飞航班上的旅客量,还有可能知道该 O—D 市场的总需求量,此时该航空公司就能使用这些数据来校准 QSI 模型中的权重系数。

航空公司估算增加 1 个直飞航班造成的影响需要以下步骤。首先,添加 1 个直飞航班会使 QSI 增加 1.0（直飞航班的权重）变为 2.90。其次，航空公司需估算，新增直飞航班带来的便利（因缩短了航班时刻等待时间）可能会刺激布宜诺斯艾利斯至波哥大市场的航旅需求增加 10%，那么估算该 O—D 市场的总需求会达到 250 PDEW。新增直飞航班的 QSI 份额约为 34.5%（1.0/2.90），换算为平均每天 86.2 个旅客运载量。该航空公司 2 个直飞航班的总市场份额将增加至 69%（2.0/2.90），相比基线 52.6% 提升了不少。

QSI 方法也能捕捉到对该航空公司现有直飞航班的影响，因为其中一部分旅客会流向新增航班。由于新的直飞航班加入，现有航班的 QSI 份额降到了了 34.5%，它的平均旅客运载量也从 120.3 个降到了 86.2 个。通过这个 QSI 的例子能够发现，添加 1 个直飞航班对航空公司的整体影响，首先是布宜诺斯艾利斯至波哥大 O—D 市场上的需求份额增加（从 52.6% 增加到 69%），其次是搭载的旅客数量增加，从 120.6 增加到 172.4 PDEW。不过总的 PDEW 要均分给 2 个直飞航班，每一个航班都搭载比之前的 1 个直飞航班更少的乘客。航空公司将不得不在市场份额提升带来的收益增量与增加 1 个直飞航班带来的额外运营成本之间进行权衡。

估算航空公司在竞争性 O—D 市场上的份额可用两种模型，分别是 S 曲线和 QSI 模型，都以航班班次作为主要依据。QSI 模型还考虑了路径选择和服务质量，即直飞航班、1 次经停航班以及联程航班。两种模型都阐释了航空业竞争中一个基本问题，即航班班次的增加、选择的增多不仅会提升市场份额，也会降低 O—D 市场上参与竞争的所有航空公司现有航班的旅客运载量（以及客座率）。

3.6　本章小结

本章给出了基本的航空术语与定义，以及几个与航空运输市场及航空旅行需求相关的概念。之后介绍了度量航空公司绩效的 5 个最常用指标，分别是 RPK、收益率、ASK、单位成本及客座率。这些指标被整合到航空公司营利"基本公式"中，该公式说明这些指标间的相互关系以及它们如何影响航空公司管理决策。

我们对航空运输市场的讨论始于对典型完整旅客航空行程的描述，随后从空间维度给出与 O—D 市场相关的几个术语定义。我们认为不同的 O—D 市场具有不同的性质并独立存在，它们之间通过"平行市场"发生关联。由于存在针对多航班航节和联程航班的旅客需求，多个 O—D 市场可以共享单个航班航节提供的"关联座位供给"。另一方面，航空旅行需求产生自旅客的 O—D 行程，并且多个航班航节可通过"关联供给"方式为多个 O—D 市场提供座位，这就自然导致了无法直接确定某个 O—D 市场上的需求与供应的状况。

O—D 市场上的航空旅行需求受到诸多因素的影响，这包括出发和到达区域的各种社会经济学特征，航空服务的价格（同时要考虑竞争模式）以及服务质量涉及的多种内容。总旅行时间是影响 O—D 市场上航空旅行需求量的最重要服务质量因素，也在本章中做了详细的讨论。

接下来介绍价格和时间弹性的概念以及航空公司如何使用这些概念对总需求进行细分。在传统上将需求分为商务和休闲两类，并据此做出价格和航班时刻决策。随后给出了几个 O—D 市场需求的例子，其中也使用了两种弹性的概念，包括对市场上航空旅行需求进行细分的模型，并说明航空公司如何向旅客提供多种航空旅行"产品"。

本章最后解释了航空公司为市场份额在航班班次层面进行竞争的本质。航空公司市场份额与投放航班班次之间的非线性关系可用"S曲线"模型表示，说明在竞争性市场上，航班班次份额越高则市场份额越高。该模型能够解释为什么参与竞争的航空公司更愿意用航班班次作为主要武器保持市场份额，而不使用其他的服务质量因素。

参 考 文 献

Airline Business (2005) *The Airline Industry Guide*, 2005/06, September.

Aviation Daily (2004) *"Change in Domestic Origin and Destination Traffic by Mile Group"*, October 11, p. 7.

Baseler, R. (2002) Airline fleet revenue management—design and implementation. *Handbook of Airline Economics*, 2nd edn, Aviation Week, Washington.

Belobaba, P. P. (1987) *Air travel demand and airline seat inventory management*. Unpublished PhD thesis, Massachusetts Institute of Technology.

Button, K. and Drexler, J. (2005) Recovering costs by increasing market share: an empirical critique of the S-Curve. *Journal of Transport Economics and Policy*, 39 (Part 3), 391 – 404.

Gillen, D., Morrison, W., and Stewart, C. (2003) *Air Travel Demand Elasticities: Concepts, Issues and Measurement*. Final Report, Department of Finance, Ottawa, Canada. Available at http://www.fin.gc.ca/consultresp/Airtravel/airtravStdy_e.html.

Doganis, R. (1991) *Flying Off Course: The Economics of International Airlines*, Harper Collins, London, p. 246.

Emrich, R. and Harris, F. (2008) Share shift and airport substitution in origin destination markets with low-cost entrants. *International Journal of Revenue Management*, 2(2), 109 – 121.

Jenkins, J. J. (2011) *The evolution of passenger accessibility in the US Airline Industry*, 1980—2010. Unpublished Master's thesis, Massachusetts Institute of Technology, p. 58.

Kahn, A. (1993) Change, challenge and competition: a review of the airline commission report. *Regulation*, 3, 1 – 10.

Official Airline Guides (2008) *OAG Pocket Flight Guide North American Edition*, June.

Simpson, R. W. (1970) *A Market Share Model for US Domestic Airline Markets*. Flight Transportation Laboratory Memorandum M70 – 5, MIT Department of Aeronautics and Astronautics.

Simpson, R. W. (1995) *Markets in air transportation*. Unpublished Notes for Air Transportation Economics Course 16. 74, Massachusetts Institute of Technology.

Simpson, R. W. and Belobaba, P. P. (1992a) *The demand for air transportation services*. Unpublished Notes for Air Transportation Economics Course 16. 74, Massachusetts Institute of Technology.

Simpson, R. W. and Belobaba, P. P. (1992b) *The supply of scheduled air transportation services*. Unpublished Notes for Air Transportation Economics Course 16. 74, Massachusetts Institute of Technology.

Taneja, N. K. (1976) *The Commercial Airline Industry*, D. C. Heath and Company, Lexington, MA.

4 航空产品定价的理论与实践

Peter P. Belobaba

航空业中少有像航空产品定价和收益管理实践这样的主题,在产业观察者和消费者中产生如此众多的讨论与困惑。"定价"是指在给定的始发地—目的地(O—D)市场上,综合考虑构成产品的各类服务及其使用限制条件,为一系列机票相关产品制定价格水平的过程。"收益管理"是定价过程的后续过程,确定在每个票价水平上的座位可利用数量。航空产品定价和收益管理相互作用,向那些只是想知道"从一点到另一点进行航空旅行"到底需要支付多少钱的消费者提供各式各样的报价。

本章中,我们将进一步明晰第 3 章介绍过的 O—D 需求、需求弹性及需求细分的概念,并提供航空产品定价行为背后的经济学基本原理。本章开头简要地讨论了航空产品定价的概念并给出有关术语的定义,然后介绍航空产品差异化定价的理论与理论做法,并借助几类航空公司运价结构的案例加以说明。之后进一步讨论由低成本航空公司(LCC)最先采用的"简化的"运价结构以及运价使用限制条件的新模式,介绍最近出现的"品牌运价(fare families)"以及为了提升附加服务收入而大行其道的"拆包(unbundling)"趋势。最后总结出能够影响 O—D 市场上所使用运价结构的诸多因素,并据此提出能够帮助航空公司提升自身竞争力的价格策略建议。

4.1 机票价格与 O—D 市场

从航空旅行需求角度看,航空产品的价格基于 O—D 市场的概念来确定,并非通常认为的针对航班/航节制订。也就是说,航空产品价格由起点 A 与终点 C 之间的行程确定,而 A—C(抑或 C—A)就是所谓 O—D 市场。基于第 3 章介绍的"供给与需求二分法",旅客在 A—C 市场上可在多种类型的行程(或路径)中选择,这些行程可以是无经停直达、一次经停或者联程航班(此为需求);同时每个航班航节可服务于多个不同的 O—D 市场,且在每个市场上有不同的价格组合(此为供给)。

对每个 O—D 市场上的产品都要进行定价,所以可从中总结出一些关于航空产品定价的规律。航空公司在 A 点到 C 点这个旅行市场上的定价取决于几个主要因素,即在 A—C 之间 O—D 市场的需求数量与特性(如旅行目的和需求的价格弹性)、在 A—C 之间航空公司供给的特性(航班班次、路径质量等)以及该市场上的竞争因素(竞争航空公司的数量及类型等)。

因此,如给定了 O—D 市场 A—C 以及另一独立且需求无关市场 A—D,即使航程长短差不多,两者的定价在理论上也不应该有何关联。不过,如采用在严格管制条件下,按航程长短来确定价格的方法,A—C 与 A—D 航线就应该具有相似的航程和价格。当计算提供航空服务所需的成本时,航行里程是一个重要因素,因此在很多情况下也确实反映了不同市场的价格差异。不过由于前面提到的其他市场特征(需求弹性、航空公司供给、竞争情况等)会对航空产品价格产生影响,这样就有可能出现即使 A—C 的航程更长,但 A—C 的价格却比 A—D 的还低的情况。如第 3 章所述,这两者就是所谓"不同、独立无关且具有不同需求特征"的市场,可能碰巧由同一航班航节提供"关联座位供给"。

4.1.1 管制定价与自由定价

在航空价格管制的年代,价格通常由政府机构控制。在美国,民用航空委员会(CAB, 1938—1985)采用基于里程的公式来确保相同的里程有相同的价格。这样,从波士顿飞往西雅图(约 4 000 公里或 2 500 英里)的无经停旅客支付给航空公司的费用,与从博伊西(爱达荷州)飞往迈阿密(佛罗里达州)中间经两次中转的旅客支付给航空公司的费用相当,因为两种情况下里程基本相等。这种情况下,航空公司被要求向乘客收取相同的费用,却不管博伊西至迈阿密的市场需求很小,而且航空公司使用小飞机提供两段联程的旅客平均服务成本更高。当时,航空公司仅被允许提供头等舱和无限制条件经济型机票产品(经济舱或"游客"舱),两者的定价都必须严格遵循基于里程的票价计算公式。

随着航空管制放松和自由定价的做法在美国及世界上许多其他国家内的逐步应用,航空产品价格与里程之间的严格对应关系已变得非常少见了。传统航空公司为了在与廉价对手的竞争中保住市场份额和客座率,可能采用与里程无关的定价方式,甚至采用与运营成本无关的定价方式。此外,在那些里程相当但需求较少的 O—D 市场上,出现高于需求较大的 O—D 市场的定价也属合理。一旦将成本平摊到每位旅客时,低需求 O—D 市场的旅客平均服务成本肯定会高一些。

图 4.1 所示的例子说明 O—D 市场与航线价格之间的关系。图示有两个独立的 O—D 市场(航线),即纽约(NYC)到迪拜(DXB)和纽约(NYC)到孟买(BOM)。第 3 章曾深入讨论,在不同且独立的市场具有不同的需求量、价格和时间弹性各异的旅客以及各式各样的出行目和货币汇兑价值。图 4.1 所示为 2014 年 7 月生效的单程经济舱最低价格:在纽约至迪拜的 O—D 市场上,阿联酋航空公司的单程价

格是 1 007 美元,而同一家公司在纽约到孟买的 O—D 市场上(经迪拜中转)投放的最低单程价格是 794 美元。比较两个价格会发现,纽约至孟买的机票价格远低于纽约到迪拜的价格,尽管纽约到孟买的航程更长。

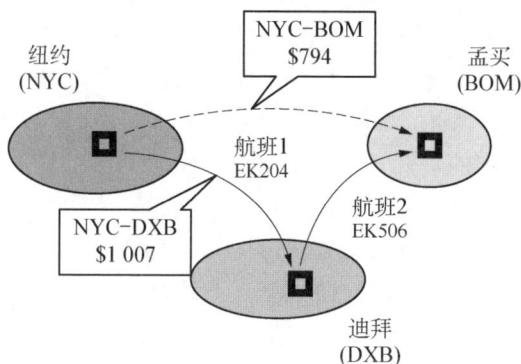

图 4.1　O—D 市场上价格差异的例子(数据来源:
www.itasoftware.com)

之所以出现这种航线价格明显不一致(没道理)的情况,是因为这两个市场不同且独立,并且他们的需求特征也有很大差异。另外,竞争概念也可解释这类"奇怪的"现象:如果某竞争对手以 794 美元的价格提供纽约到孟买的无经停航班服务,阿联酋航空公司为了保持自己在纽约至孟买市场上的份额,只能以这个价格提供服务,即使这个价格低于航程较短的纽约至迪拜市场。在经济学范畴中,这样的定价也完全合理——具有不同需求特性、处于不同竞争环境中的市场应该差别定价。然而,对于旅客而言情况就变得复杂了,从纽约到孟买的旅客,可能在纽约至迪拜航班上遇到为纽约至迪拜行程支付更高费用的其他旅客。这也是航空运输网络中"供需二分法"的一个生动例子。

4.1.2　理论的定价策略

本节给出航空公司为航空运输服务产品制订价格所需的各种常用理论基础。从理论角度,航空公司为了制订 O—D 市场上航空产品的价格,可采用如下的经济原理之一(Simpson 和 Belobaba,1992):①基于成本定价;②基于需求定价;③基于服务定价。

在实际中,大多数航空公司的定价策略都会综合使用上述各原则。如上一节初步讨论的结果,在很大程度上,价格会受到每个 O—D 市场上竞争特征的影响——廉价航空公司参与竞争可能是影响平均票价水平的最关键因素。

4.1.2.1　基于成本的定价

微观经济学教科书上常使用"边际成本定价"的概念,这个概念的定义为:生产者制订的产品价格等于生产一个增量单位的产出所需要的边际成本。这种做法是达成"完美竞争"市场环境的理论最优条件之一,在现实世界中不会使用。而在另一方面,航空公司多销售一个座位以及多运送一名旅客的边际成本极低。

从短期来看,航空公司运营一个定期航班的成本实际上相对固定。如果运营定期航班服务,不考虑实际登机的旅客人数,那就意味着不仅可以把飞机拥有成本(折旧)当作固定成本,还可将机组人员成本和燃油成本看作固定成本。这样一来,运载一个增量旅客的边际成本就会非常低——实际上仅仅是增加一份餐食以及极少量燃油消耗所需的成本。因此,如果航空公司采用严格的边际成本定价方案,根据航班运载更多旅客而增加的边际成本进行定价,肯定不足以覆盖整个航班的总运营成本。

采用成本定价原理还有另一个方法,称为"平均成本定价"法。使用该方法时,航空公司在所有O—D市场上定价的依据是航线网络上每个航班的或者每可用座位公里(ASK)的平均运营成本。上文曾提及,价格管制下的航空公司实际上采用了这种定价方法。虽然该方法在实际中可行,不过该方法的缺陷也成为取消价格管制的最主要原因。

平均成本定价策略忽略了航空公司在不同的O—D市场上提供相同质量服务的成本差异。该方法让小需求的市场受益(人为压低票价),其代价是"高密度"市场的运营效率(如使用更大的飞机)。一些人认为平均成本定价能够保证"公平"——他们认为,对所有旅客而言,只有航空旅行每一公里的价格都相等才是公平的航空运输。

4.1.2.2 基于需求的定价

"基于需求的定价"理论建立在客户"支付意愿(WTP)"概念基础之上,由每个O—D市场的价格—需求曲线定义。该方法的基本假设是,有某些客户"愿意"为航空旅行的便利性支付很高的价格,而另一些客户可能只会在票价较低时才选择乘飞机出行。根据这一假设,航空公司可以向价格敏感程度不同的客户收取不同的费用。不同的O—D市场、不同需求细分下的价格弹性反映出旅客对于航空旅行的价格敏感度,据此航空公司为每个细分市场制订不同的价格,以期实现总运营收入的最大化。

采用基于需求的定价策略的结果是,在不同O—D市场上、甚或在相同的O—D市场上,不同的需求类型导致不同的价格水平。这种价格差异与航空公司为不同的需求细分提供服务产生的成本差异无关,而仅与价格敏感度、需求弹性和"支付意愿"方面的差异有关。经济学家将这种做法称为严格的"价格歧视"。

4.1.2.3 基于服务的定价

第三类定价理论利用服务质量上的差异(或者,换句话说就是提供这些服务的成本)作为定价的基础。即便在美国还未放松航线价格管制的时候,在航空公司运价结构中也存在差异较大的服务价格(如头等舱和经济舱),因为提供这些服务的成本差异也较大。而在理论上(以及在实践中),差异化票价产品常被扩展,而不仅指头等舱与经济舱之间的区别。

与基于需求的定价方法不同,基于服务的定价建立在航空公司成本差异的基础上。由于更高质量的服务通常需要航空公司投入更多成本,该方法不能被认为是严格意义上的"价格差异"方法。即使机上服务(如经济舱提供的座位与餐食)相同,提前购票行为也能享受较低的价格。这是因为提前购票能够为航空公司节省机会成本,并借此减少未来起飞航班上客座率的不确定性以及降低起飞时空座造成损失的风险。

4.1.3 价格差异与产品差异

在前面关于航空公司定价方式的原理性讨论中,提到了"价格差异(或差异化定价)"和"产品差异"的概念。在讨论与理解航空公司如何在实践中应用这些原理之前,认清两者的区别相当重要。

价格差异是指对生产成本相同的同类(或者非常相似的)产品,仅基于不同的顾客"支付意愿"收取不同价格的行为(Tirole,1988)。在另一方面,产品差异是指对具有不同品质服务的产品及由此造成的产品生产成本差异收取不同价格的行为(Botimer 和 Belobaba,1999)。

大多数航空产品的运价结构同时使用了以上两种策略。航空公司在同一 O—D 市场上提供的各种各样运价产品中"产品差异"策略的应用显而易见。产品差异策略的使用不仅体现在有形的服务品质上(如头等舱与经济舱),也体现在这些运价产品的购买和旅行限制条件方面(限制常用于价格最低的产品)。

同时,大多数航空公司在经济舱内部又再细分出许多不同的运价产品,这些产品间巨大的价格差异却无法用"产品差异"策略来解释。航空公司通常为没有使用限制条件的产品设定(经济舱)最高价格,这类产品的目标是商务出行需求,基于这类旅客具有更高的支付意愿。这种现象说明航空公司同时采用了"价格差异"策略进行定价。在本章其余部分中,将统一使用"价格差异"这个术语来指代航空公司目前使用的定价方式,包括"产品差异"和"价格差异"两种定价原理的综合应用。

4.2 差异化定价

航空公司在 O—D 市场上使用差异化定价策略,旨在为顾客提供更多的票价产品选择范围,顾客可以在如下两类产品间做出选择,即低价格但使用有某些限制条件或者不便的产品,以及高价格但没有使用限制的产品。用微观经济学表述,就是航空公司的运价结构允许每个顾客在给定预算下,实现自己的效用最大化(或者负效用最小化)。

商务旅客愿意支付更高的价格,以获得更多的便利性以及在购买和使用机票时受到更少的限制,这意味着相对于限制条件带来的负效用,价格对他们的影响要小很多。而休闲旅客支付高票价的意愿很低,但可接受低票价产品上附加的限制造成的负效用"成本",例如联程航班的旅行时间较长,或者机上服务品质下降等。

在经济学中,"支付意愿(WTP)"的概念通过某O—D市场上的"理论价格—需求曲线"定义。可对"价格—需求曲线"做如下诠释,即对于给定的产品或服务,任意数量的顾客都愿意支付的最高价格。航空公司使用差异化定价原则的目的还是促使具有高支付意愿(WTP)的客户购买限制条件较少、价格较高的票价产品。

图4.2所示为某O—D市场的价格—需求曲线。如果航空公司提供了一个无使用限制的票价P_1给那些高支付意愿的客户,预期有Q_1个客户愿意支付该价格,由于他们的支付意愿等于或高于P_1。假设航空公司还为支付意愿略低的客户提供了一个稍低(或折扣)的票价P_2,预期有Q_2-Q_1个客户支付该价格,由于他们的支付意愿高于P_2而低于P_1。该简单模型的前提是航空公司能完全依据WTP细分市场需求,因而所有高WTP的顾客都会购买P_1票价产品。

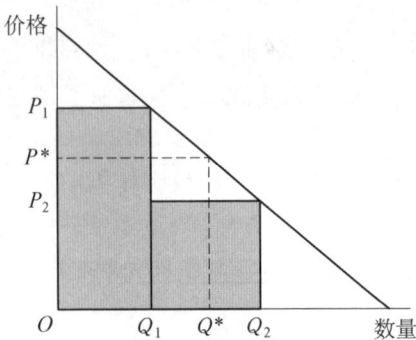

图4.2 差异化定价模型

假设航空公司能完全根据支付意愿对市场需求进行细分,如图4.2所示的那样,则差异化定价方法能够为航空公司和客户双方带来好处。对航空公司而言,为所有的旅客提供两种不同的价格而不仅仅一种价格(假定价格等于P^*时总收益最大),可使航空公司在总运营成本不变的前提下提升航班总收入。很明显,所增加的收入一方面来自支付折扣票价的旅客(Q_2-Q^*个旅客):如仅提供一种价格P^*,则这些旅客不会选择航空旅行;另一方面,收入增加还来自于愿意支付P_1的高价值旅客,此处P_1高于P^*(与航空公司只有单一票价P^*的情况对比)。如果采用单一票价策略,许多成本较高的"传统"航空公司就无法吸引足够多的旅客(及收入)以覆盖其航班运营总成本。

航空公司采用差异化定价方法也能让客户受益。很明显,购买折扣价的(Q_2-Q^*位)旅客们可以从中获益,他们现在只需支付P_2的价格就可以享受航空旅行服务,而在单一票价P^*下他们只有不选择航空旅行。需注意,本来愿意支付P^*的(Q^*-Q_1)位客户也能从中受益,此时他们只需支付P_2的价格。同时也要看到部分旅客支付的价格P_1确实比采用单一票价P^*时支付的价格高;但是由于低票价旅客增多使航班班次增加,那么这些支付了高票价的客户最终实际付出的金额也会减少。这是由于,如果没有低票价旅客贡献的增量收入覆盖航空公司的运营成本,高票价旅客就需要支付更高的票价,并且可供选择的航班数量也会减少。

以上讨论的结果,在消费者,甚至一些政府机构的管理者中仍存在较大的争议。常见的反对意见提出了这样的质疑,即航空公司对于商务旅客收取比休闲旅客更高费用的做法显然对前者不公平。不过认识到一点很重要,就是有许多经济学理论支持使用这类定价方法,并为这类做法提供合理的解释。

4.2.1 市场细分

能否成功应用差异化定价原理取决于航空公司的需求细分或分组能力。理论上,如果一个 O—D 市场(或单个航班)上的每位客户都按照自己的最高支付意愿价格购买产品,航空公司总收入就会达到最大化。在图 4.2 所示的价格-需求曲线中,曲线下方的整个三角形区域代表理论上该市场可获得的最大潜在收入。如果航空公司能够根据顾客的最高支付意愿对每个人收取相应的费用,其收入会趋近于理论的潜在收入最大值。很明显,在实际中这样的理论细分程度不可能实现,一方面因为航空公司无法确知给定行程上每个旅客的支付意愿,另一方面(目前)他们也无法向具体个人发布个性化的票价信息。

退而求其次,航空公司可通过相似的特征,如旅行目的、价格敏感度或时间敏感度,对整体市场需求进行细分。在航空公司进行差异化定价的过程中,商务和休闲旅客是两类"传统"的细分分类。即便最近航空需求模式出现了一些新变化,商务旅客相对于休闲旅客的比重也在下降,但这种传统分类方法仍然是以定价为目的,是对航空旅行需求进行细分的最常用方法。当然航空公司为了进一步提升收入,还可对需求再细分,并提供更多的价格和产品选项,但这样做的问题是通过识别旅客购买行为间的差异进一步细分需求非常困难。

在实践中,航空公司为了进行需求细分,对自己的产品进行物理的差异化改造,提供不同服务品质的产品,例如头等舱、商务舱与经济舱之间的产品差异。在另一方面,航空公司可以为经济舱折扣票价产品设置使用限制条件,例如提前购票时间、使用和退票等方面的要求。虽然这类限制条件不如物理差异那么明显,但也是降低产品对客户、特别是商务旅客吸引力(即增加负效用),从而实现需求细分的有效手段。

与设置了较多使用限制条件的折扣票价产品相比,为"全价经济舱"票价产品提供更多、更好的服务以及较少使用限制,能让这些产品对商务旅客有更大的吸引力。举例来说,通常情况下航空公司为全价经济舱旅客和折扣经济舱旅客提供的机上服务大致相同,不过仍有一些航空公司为了提升全价产品的吸引力,向全价旅客提供了诸如"座位优选"、优先值机等服务。与此同时,全价经济舱产品通常不设置使用限制,也是很重要的差异化因素之一(与折扣价产品相比),这对于部分高价值商务旅客而言可能更加重要。

下面再概括一下一家航空公司在任意 O—D 市场上建立差异化运价结构的总

体目标。通过提供数量足够多的具有不同价格水平的票价产品选项,目标是从市场价格-需求曲线中获取尽可能多的潜在收入,同时也要确保每个票价产品针对特定的需求细分类型,并且不同的需求类型对应着不同的支付意愿。在运价结构的顶端,航空公司需要增加服务类型并提升服务品质,以增强这类票价产品对于那些价格不敏感并愿意为服务品质掏钱旅客的吸引力。同样,在运价结构的底端,价格需要足够低以刺激出新的旅客对低价航空旅行的需求,这样才有可能填满那些原本会空着的座位。

整个过程中最困难的一点是,在旅客必须进行航空旅行而且肯定会注意到低价产品的情况下,如何建立有效机制防止高支付意愿的旅客(原本期望他们购买高价格产品)购买低票价产品(即防止需求转移)。

4.2.2　票价产品的使用限制

正如前面介绍的那样,产品服务品质及便利性上的差异通常不足以防止高支付意愿的旅客购买低票价产品。这种情况下,航空公司通常会选择对低票价产品施加使用限制条件,而这也是目前航空公司用以防止"需求转移"的最主要方式。经常乘坐航班的旅客比较了解,大部分O—D市场上的低票价产品都会有使用限制和特殊要求。通常,低票价产品都有提前购票及最短停留时间要求,如需退票或改期还要收取一定的手续费。对高支付意愿旅客而言,此类使用限制极大增加了不便性或者"负效用成本",因此,这类旅客就会选择那些票价高但航空旅行方便性也最大的产品。研究表明,"周六最短停留"限制是阻止短途商务旅客购买低票价产品的最有效手段(波音公司,1988)。在长途国际市场上,则需设置更长的最短停留条件(如7天),原因是在长途市场上,仅周六晚间最短停留限制还不足以阻止商务旅客流向低票价产品。

即便已经设置了各式各样的限制条件,也不可能实现图4.2所示模型中理论上的需求细分。存在一定比例的高支付意愿旅客会符合哪怕最严格的使用限制条件,甚至愿意重新计划他们的行程来符合这些限制条件。来自航空公司的数据显示,一些商务旅客常常通过重新安排他们的旅行计划的方式去购买有使用限制的低票价产品。当无限制的全价票与有使用限制的折扣票之间价格差距越来越大,同时由于各种原因,商务旅客支付最高票价的愿意越来越低时,这种情况也会变得越来越普遍。

对航空公司而言,采用差异化定价方法的主要挑战在于建立一套对票价产品的有效限制机制,以降低旅客需求转移的可能性,特别是旅客对于使用限制的负效用认知发生变化时。无论怎样组合票价限制条件都不能完美地实现需求细分。图4.3所示的简单差异化定价模型中,一定比例的高支付意愿客户将购买价格略低的 P_2 产品——价格 P_2 低于他们的支付意愿。假设航空公司预期,所有愿以高价 P_1 购买产品的高 WTP 客户之中有 50% 实际购买了 P_2,则图中浅色区域表示了收入损失。

这个例子说明在票价产品差异化过程中,有效的限制条件组合至关重要。极端情况下,如低价产品的使用限制或称为"票价屏障"不足,可能导致大量需求转移,从而使差异化定价带来的收益增量消失殆尽。

在另一方面,如果客户的出行符合低价产品使用条件,然而找不到对应的可利用座位,因而无法购买低价产品,则他们有购买上一个较高价的产品。在航空业中这种行为常称为"超买",超买与需求转移完全相反。只

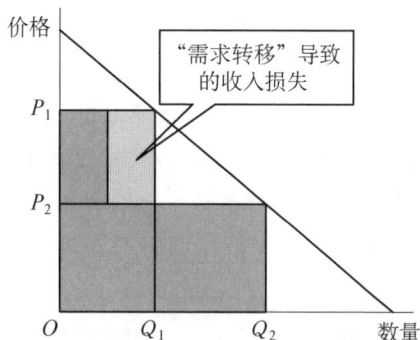

图 4.3 "需求转移"对收益的影响

有那些本来已有"真正的"高支付意愿的客户才会在买不到低价产品的情况下购买高价产品。这些具有高支付意愿的乘客在第一时间对低价票感兴趣,正是因为低价票产品上的使用限制不够。

4.2.3 航空公司的运价结构

在管制放松的市场上,航空公司能够自行决定所使用的运价结构,这使得他们有更多的自由度,逐步向基于服务多样化以及折扣票价多种限制条件的差异化运价结构方向前进,恰如前文所述。此类运价结构设计成为防止客户需求转移,在低价格产品上施加了更多并更严格的使用限制,通常称为"传统型"或"限制型"运价结构。在 20 世纪 90 年代后半程进入市场并获得快速发展的廉价航空公司促进了航空产品定价策略的改变——运价结构变得更简洁、更少使用限制。下面将借助例子来阐释这两类运价结构,并探讨两者在竞争性航空市场背景下发展演变的过程。

4.2.3.1 限制型运价结构

传统型或限制型运价结构依靠服务多样性和运价使用限制条件来吸引高支付意愿的客户购买高价格产品。附加服务的例子如更宽敞的座位、优质的餐食,从实物层面提供了产品差异,头等舱及商务舱是最明显的例子。一些航空公司也会为全价经济舱旅客提供专门的值机通道,提前安排座位,或提供贵宾休息室等服务。随着经济舱内运价产品的数量增长,为了区分这些运价产品,又引入了运价使用限制使低票价对高支付意愿客户的吸引力减小,同时又能够为低支付意愿的客户提供可接受的出行选择。如前文曾提到的,由于无限制票价产品在购买和行程服务中较为灵活和方便,与有使用限制的低价产品相比,也可算是某种"附加服务"。

在传统的限制型运价结构中,周六晚间最短停留限制一直用在大部分低折扣票价上。而且在多数 O—D 市场上,购买折扣票价都要求有 7～21 天不等的预订及购票的提前期。另外,低价产品通常都带有不得退票的限制,或者必须收取改签和退

票手续费的条件。

图 4.4 所示为一个假想的传统运价结构的例子,在经济舱(也就是说不包括头等及商务舱)中,通过施加运价产品的使用限制实现差异化运价产品供给。在这个假想的例子中,所有低于经济舱全价(Y)的票价产品都设置了使用限制,如要求提前预订出票、旅客周六晚间最短停留时间,以及退改收取手续费和不得退票等限制,并且从全价经济舱往下,折扣越低则使用限制条件就越严格。

运价代号	价格/美元	提前预订/天	周六晚间最短停留	改期收费	不可退票
Y	750	—	—	—	—
B	575	7	—	是	是
M	325	14	是	是	是
Q	250	21	是	是	是

图 4.4　有使用限制的传统运价结构

实际上,这种运价结构实现差异化运价产品的方式,是使用限制条件而不是提供多样化服务。这种做法在防止高支付意愿的商务旅客购买低价产品方面较为有效。事实上,所有不能或者不愿意在周六晚间停留过夜的商务旅客,除了去购买最高价的 Y 舱或 B 舱产品以外别无选择。即使有商务旅客愿意在周六晚间停留,但如不能在起飞前 14 天(或者以上)完成购票,或者他希望保留改期的灵活性,又或者要求在行程改变时能够退票,就仍然不能选择这些低价产品。

图 4.5 所示为传统型运价结构的一个真实案例,是达美航空在波士顿至底特律航线上提供的 2013 年 9 月的票价产品和使用限制。这类运价结构是美国国内市场上普遍采用的票价产品差异化方式,一直用至 2000 年左右当廉价航空公司竞争者获得快速发展后,他们去掉了传统运价产品上的许多使用限制(下文将对此详细

舱位	单程价格/美元	提前预订/天	最短停留	改期收费/美元	可否退票	需要回程
Y	936	—	—	—	是	否
B	794	—	—	200	否	否
M	603	—	—	200	否	否
H	501	14	—	200	否	否
K	365	—	周六过夜	200	否	是
T	249	7	周六过夜	200	否	是
X	215	14	周六过夜	200	否	是
V	205	21	周六过夜	200	否	是

图 4.5　波士顿至底特律的运价产品——达美航空,2013 年 9 月(数据来源:Sabre GDS)

讨论）。不过,上面这个 2013 年的例子说明近期差异化运价结构又再次兴起,特别是在那些传统航空公司占主导、尚未被廉价竞争对手占领的市场上。

通常情况下,最高且无限制条件的经济舱 Y 舱全价,几乎是带有多种使用限制的最低折扣舱价格的 4.5 倍,在某些市场上,这个比值甚至可以达到 8 倍。值得注意的是,最低折扣票价都会同时带有提前购票和周六晚间最短停留的使用条件。此外,所有低于全价 Y 舱的票价产品都不可退票,并收取 200 美元的取消或改期手续费。

同样值得关注,类似的差异化定价方法以及传统限制型运价结构在国际航空市场上的使用也非常广泛。图 4.6 所示是 1999 年洛杉矶至奥克兰市场上运价结构的例子,其中将提前购票与最短或最长停留限制结合在一起使用,目的是使最低票价对休闲旅客产生最大的吸引力,因而能够要求休闲旅客提前计划行程,并且在目的地停留至少 7 天。请注意,在该长途市场上最短停留要求为至少 7 天,因为长途出行的商务旅客在目的地停留的时间通常较长,如 3～4 天,很可能包含周六,因此能满足周六晚间停留的限制条件。

运价代号	单程价格/美元	提前预订/天	最短停留/天	最长停留/天	需要回程
Y	1 741	—	—	—	否
B	1 129	—	7	365	是
M	979	14	—	—	否
H	849	14	7	180	是
K	774	14	7	90	是
Q	574	21	7	30	是

图 4.6   洛杉矶至奥克兰的票价及使用条件,1999 年 10 月(数据来源:Travelocity.com)

4.2.3.2 简化及较少限制的运价

航空公司应用上几节所介绍的差异化定价方法,在增加收益和降低本来相对较高的运营成本方面取得了不错的效果。20 世纪 90 年代后期,航空公司实现了创纪录的高收益,这其中综合使用多种价格水平、不同使用限制条件的运价产品,并且借助收益管理系统控制低价产品的可利用座位数等手段都起到了关键作用。这些组合手段提升了客座率,增加了单位收益(每 ASK 的旅客收入),使航空公司逐渐接受了基于旅客支付意愿定价的理念。

然而在 21 世纪初期,传统航空公司的收益模式开始快速解体。同样的旅行市场上,相同的航空公司、相同的经济舱座位,商务旅客支付 5 倍、8 倍甚至 10 倍于最低票价的意愿下降了许多,同时他们对于运价产品上施加的使用限制条件关注越来越少。此外,由于互联网分销渠道的迅速发展,包括航空公司直销网站、在线旅行社和机票平台,例如美国的 Expedia、Orbitz 以及欧洲的 Opodo,为所有旅客提供了比以往多得多的价格和航线选择。更重要的是,廉价航空公司的出现为旅客提供了更低的价格以及更多的产品和行程的选择。

所有这些因素促成了航旅需求模式以及被迫随之挑战的航空公司定价方式的空前变化。那些差旅预算紧缩的商务旅客们,逐渐适应了购买带有使用限制条件的低票价产品,放弃了价格更高、服务更好且没有使用限制的产品。与此同时,传统航空公司不得已削减成本造成了服务质量的下降,如此一来,传统航空公司相较于廉价竞争对手仅剩的一点"价值"优势也消失殆尽了。互联网分销渠道以及廉价航空公司运营模式的快速成长,也给航空业收益管理带来了前所未有的挑战。

上节描述的有严格限制的运价结构使传统航空公司能够有效地细分自己的市场需求,并迫使乘客支付接近其支付意愿的票价——这其实是从"消费者剩余"[①]中攫取更多的收益。如果上述收益管理挑战没出现,高成本传统型航空公司肯定没有动力放弃已被证明非常有利可图的定价方法。然而这些重大变化,尤其是不依赖于传统定价模型实现营利的低成本航空公司快速成长,并积极采用"简化的"运价结构,正迫使着传统运价结构朝着简化方向变化。这种趋势迅速波及了整个航空旅行市场,不仅美国本土,世界各地的航空公司使用的运价结构大都在发生着变化。

"运价简化"是指航空公司在任意给定的O—D市场上减少低价产品的使用限制条件,同时保留多个不同票价水平的定价策略。航空公司在使用"运价简化"方法时,更愿意取消"周六晚间最短停留"的使用限制。图4.7所示是图4.4中假想限制型运价结构的简化版本。"周六晚最短停留"的使用限制条件已被取消,提前购票的限制仍是一个有效的需求细分工具而被保留。此外,在所有折扣票价产品上仍然保留了改期手续费以及不可退票的限制。

运价代号	价格/美元	提前预订/天	周六晚间最短停留	改签收费	不可退票
Y	750	—		—	—
B	575	7	—	是	是
M	325	14	—	是	是
Q	250	21	—	是	是

图 4.7 简化的运价结构

当然,作为客户尤其是商务旅客,非常乐意航空公司取消低价产品上的最短停留限制,但该限制的取消也使航空公司失去了最有效的辨别商务和休闲需求的手

---

① 消费者剩余(consumer surplus)又称为消费者的净收益,是指消费者在购买一定数量的某种商品时愿意支付的最高总价格和实际支付的总价格之间的差额。消费者剩余用于衡量买者自己感觉到所获得的额外利益。——译注

段,如前文所述。在所举的例子中,当最低票价的 M 和 Q 舱上"周六晚停留"限制取消后,会使一定比例、原本会预订高票价的 Y 和 B 舱的商务旅客最终购买低票价产品。模拟研究显示,在其他所有条件保持不变的情况下,取消这个强有力的需求细分手段,可能使航空公司损失 10%～15%收入——更多的商务旅客符合了低价票产品的购买条件(Dar,2006)。

图 4.8 是波士顿至亚特兰大 O—D 市场上,简化运价结构的真实例子。这个运价结构由达美航空公司提供,事实上该公司早在 2005 年就已将类似的运价结构应用在其所有的美国国内航线上了。与上述带较多限制条件的运价结构相比,图中所示的航班均没有周六晚最短停留的限制,旅客不用购买往返机票就能使用这些票价。

运价代号	单程价格/美元	提前预订/天	最短停留	改签收费/美元	退票	需要回程
Y	404	—	—	—	是	否
B	354	3	—	50	否	否
K	209	3	—	50	否	否
L	184	7	—	50	否	否
U	139	14	—	50	否	否
T	124	21	—	50	否	否

图 4.8　达美航空,波士顿至亚特兰大的运价例子,2005 年 4 月(数据来源:Sabre GDS)

如图 4.8 所示,依然使用提前购买的限制,并且根据客户提前计划及确定行程的时间对其需求进行分类。这种用起飞前的预订时间来细分需求的办法,虽然不如以最短停留时间限制来区分商务与休闲旅客的方法那么有效,也还算是个可行的分类方法。这种运价结构中仍然假设,商务旅客倾向于在临近出发时订票,而且他们不愿意承担因为很早买票而导致的不可退票或难以改期的风险。此外,提前购票的需求细分方法能够获得那些临近起飞才决定购票、因而具有较高支付意愿的旅客,且不用担心这些旅客的出行目的。

廉价航空公司往往都使用简化的运价结构,而传统运营商为了从低价竞争者手中保住自己的市场份额,不得已也在简化自己的运价结构。图 4.9 所示是低票价竞争对手进入 O—D 市场后,促使传统航空公司简化运价结构的一个生动例证。表中数据是与图 4.5 相似的达美航空波士顿至底特律市场上的运价结构,但日期为 2014 年 7 月份,即捷蓝航空在该市场上提供了每天 3 个航班后的情况对比。

与图 4.5 所示的严格限制的运价结构相比,可以发现有两个主要变化。首先,尽管达美航空全面取消了之前的周六晚最短停留时间限制,但最低价产品至少还是施加了提前购买以及往返程的限制。而且,所有低于全价票 Y 舱的低价产品不能全

运价代号	单程价格/美元	提前预订/天	周六晚间最短停留	改签收费/美元	需要回程
Y	955	—	—	—	否
B	687	—	—	200	否
M	587	—	—	200	否
H	467	—	—	200	否
K	277	3	—	200	是
U	197	7	—	200	是
T	137	14	—	200	是
X	99	21	—	200	是
V	69	21	—	200	是

图 4.9   达美航空,波士顿至底特律运价,2014 年 7 月(数据来源:Sabre GDS)

价退票,而必须收取 200 美元的改期或退票手续费。另外一点是,经济舱中最高和最低票价的比例由原来的 4.5∶1 提高到 13∶1。在该市场上,最低单程票价降到了 69 美元,而没有使用限制的全价票仍然保持 955 美元。最低折扣票价大幅下降,反映出新低成本竞争对手所提供的低票价产品对市场产生了巨大影响。另一个需要注意的改变是,达美航空提供了数量更多的票价产品,而这却是"简化运价结构"的结果。

图 4.5 和图 4.9 的对比不仅仅突显了严格限制型与较少限制型运价结构间的异同,同时突显出,运价结构简化的趋势主要由廉价航空公司推动这一事实。相对于较少限制型定价策略,采用严格使用限制的运价结构,廉价航空公司能够更好地对需求细分,并从 O—D 市场上获得更多收益。但为了保持竞争力、保住市场份额,许多传统航空公司只能选择在价格水平和运价结构上做出调整来应对廉价竞争对手的挑战。这些"简化的"票价使得旅客(尤其是商务旅客)可以购买到更便宜的单程机票,不再受最短停留时间和返程机票的限制。与此同时,航空公司们在单一市场上提供了大量(甚至比简化前更多)的票价产品,而这些运价结构并不真的那么"简化"。

与普遍看法相左,差别化定价的做法并不仅局限在美国或其他地区的传统航空公司。几乎全球所有的"廉价"航空公司都会在同一 O—D 市场(或相同航班)上提供各种各样的运价产品。在极端情况下,像易捷和瑞安这样的廉价航空公司提供了在限制条件方面最简单的运价结构。甚至某些公司称他们的运价结构为"无限制的运价结构",或者用更准确的表述应称为"无差别的运价结构"。

举例来说,易捷航空在一个航班上提供了多达 13 种价格水平产品,而每种价格都使用相同的限制条件:即不可退票和改期收手续费。另外虽然这些廉价航空公司没有明确要求其最低票价要提前购票,但大多数熟悉易捷航空的旅客都确认越靠近起飞所能查到的票价就越高,这意味着航空公司的收益管理系统会随着起飞临近关闭低价格的可利用舱位,也就是说确实施加了有效的提前购票限制。

事实上,使人们认为廉价航空公司相比传统网络型航空公司具有更简单的运价结构,这种认知一直是前者使用的一种有效营销手段。然而,绝大多数廉价航空公司不仅在O—D市场的单个航班上提供了多个价格水平的产品,其中很多公司还在他们的折扣价产品上施加了提前购票以及取消、改期方面的限制。廉价与传统航空公司的运价结构间的差别仅在于廉价航空公司的差异化运价结构上限制更少,以及最高和最低票价间的比值较小。

4.3 航空公司定价的近期趋势

新兴的廉价航空公司自21世纪初期快速发展,他们采用较少限制的运价结构并获得巨大成功。这种情况下,几乎全球所有的传统航空公司都被迫采取了应对措施,即调整运价结构。这也让不少人认为较少限制,甚至无使用限制的运价结构会在不久之后成为航空业的常态。不过航空公司近期的定价策略走势却说明,一旦面对成本持续上升的压力时,采用差异化定价方式能使所有类型航空公司的运营收入实现增长。即使发明了较少限制运价结构的"新兴"廉价航空公司,在面对油价、成熟劳动力及飞机折旧等成本快速上涨压力时,也都采用了差异化定价方法。

对运价产品进行差异化定价的做法确实已经回归,主要表现在市场上出现了提供"品牌运价产品族"的创新策略,即通过"显式"方式为旅客提供包含附加服务及相关使用限制的产品组合。目前许多航空公司已经不再强调自己是"全网最低价",转而在官网上突出显示相同航班上由不同特征内容构成的产品组合及其多种价格。另外,与图4.5所示运价结构的做法类似,最短停留时间、往返程同时购买限制、提前购票规则以及其他一些限制条件又重新出现在许多航线市场上。

同时,廉价与传统航空公司为了更有效地提升收入,都推出了新附加服务收费,并向菜单式定价模式迁移,后者也称为运价产品的"拆包"。在飞机上售卖食物、饮料、枕头和毯子——这些服务原先都包含在票价中——已成为很多航空公司"辅营收入"的关注重点,并作为主要的利润来源。在下面的章节中,我们将深入探讨近期在航空公司定价策略上采用的两个貌似完全不同的手段:品牌运价组合(打包)以及附加服务产品收入(拆包),如图4.10所示。

4.3.1 品牌运价组合

"运价产品组合"方法也是借助产品定价方式变化进行需求细分,即借助机票以外的附加服务并配套使用限制条件定义出多种运价产品组合。在每个运价产品组合中,航空公司根据航班舱位的开放和关闭情况(采用收益管理技术,见第5章)产

| Day's lowest fare→ | Sun 03-Feb $98 | Mon 04-Feb $98 | Tue 05-Feb $98 | Wed 06-Feb $98 | Thu 07-Feb $220 | Fri 08-Feb $220 | Sat 09-Feb $118 | Sun 10-Feb $98 | Mon 11-Feb $118 | Tue 12-Feb $98 | Wed 13-Feb $220 |

From: Toronto, Pearson Int'l, ON (YYZ)
To: Fort Lauderdale, Fll Int'l, FL (FLL)

Compare our fare options

Op.	Flights	Depart	Arrive	Aircraft	Stops	Connections	Tango	Tango Plus	Latitude	Executive Class
Direct Flights										
★	AC938	07:15	10:25	320	0		○ $307	○ $343	○ $583	○ $1048
★	AC1216	10:10	13:20	321	0		○ $358	○ $394	○ $634	○ $1048
★	AC900	14:45	17:55	320	0		○ $419	○ $454	○ $694	○ $1048
★	AC932	21:00	00:10 +1 day	321	0		○ $220	○ $256	○ $496	○ $1048
Connecting Flights										
★	AC480	06:30	07:45	E90 ★	0	Montreal (YUL)	○ $358	○ $394	○ $634	○ $1048
★	AC924	08:45	12:20	320	0					
★	AC480	06:30	07:45	E90 ★	0	Montreal (YUL)	○ $358	○ $394	○ $634	○ $1048
★	AC928	11:00	14:36	319	0					
★	AC400	07:00	08:15	767	0	Montreal (YUL)	○ $358	○ $394	○ $634	○ $1048
★	AC928	11:00	14:36	319	0					

图 4.10　品牌运价组合。加拿大航空,2008 年 2 月(数据来源: aircanada. com)

品组合设置不同的价位点,但每个组合的整体运价特征保持相同。"品牌"运价组合是说航空公司为进行市场推广,给每个差异化的产品组合指定了名字。

品牌运价组合由加拿大航空在 2008 年最先引入,之后将该创新理念广泛应用到整个航线网络的营销中,并成为该领域的引领者之一。图 4.10 为该公司官方网站上显示的多伦多至劳德代尔堡(佛罗里达州东南沿海城市)航线市场中,每个航班的 4 种品牌运价产品选项。Tango 产品价格最低,不能退款、改期收费,产品中不包含提前选座和机上餐食服务且常旅客的里程累积也会有扣减。Tango Plus 产品价格略高,但包含提前选座服务,常旅客能获得全额里程累积,改期手续费也略低。Latitude 产品的价格更高,相当于传统运价结构中不受限的全价经济舱,允许全额退票、改期不收费,可提前选座、提供机上餐食和饮料,还享有额外的常旅客里程累积。Executive class fares 由隔开的商务舱来提供服务,座位更大,享受机场休息室及机上餐食饮料服务。

研究表明,品牌运价组合定价方式可以帮助航空公司获得比使用传统运价结构更高的收益(Surges,2013)。通过各种附加服务和使用限制条件来定义不同的运价组合,航空公司能够在临近起飞时为商务及休闲旅客提供更多的选择。在传统运价结构为休闲旅客提供的运价产品上通常带有提前 21 天购票的限制条件,相比之下 Tango 产品在预订过程后期也可被休闲旅客选择,因而能进一步增加收益和提高客座率。品牌组合中使用产品间的物理差异降低旅客需求转移造成的收入风险。同时,期望购买 Latitude 产品的商务旅客如果提前购买,则价格会比传统受限运价结构中的经济舱"Y 全价"略低,因而能够刺激和产生出新商务成行需求,并提升收入与提高客座率。

另外需要注意在图 4.10 中,加拿大航空公司在该市场上投放的 4 个航班中每种运价产品的不同价格。从中可发现,每个"运价组合"都能有多个价格,决定每个运价组合内、每个起飞航班的价格是航空公司收益管理系统(见第 5 章)的职责。在图 4.10 中,起飞最晚(21∶00)航班上的 Tango 产品价格最低,而同一天起飞但时间较早航班上的 Tango 产品价格要高一些。

4.3.2　拆包及附加服务收入

与品牌运价组合采取"打包"方式相反,在基本机票价格之外针对附加服务收取额外费用的做法称为"拆包"或菜单式定价方法。一些航空公司的营销部门称这种方法为"零售",意为让旅客根据自己的愿望"自由选择"所需的航空旅行产品。在另一方面,很多消费者认为这是航空公司对消费者的锚铢必较,因为这些额外的收费项目原本都包含在票价之内。

历史上,航空公司附加服务(或简称辅营)收入主要来自逾重行李收费以及取消/改期手续费。最近,不少航空公司开始对以下项目进行收费:

(1) 乘客托运的第一或第二件行李。

(2) 机上售卖的食物、饮料、枕头/毯子、电视及上网服务。

(3) 提前分配较好座位,付费选座,带额外腿部空间的座位及选择相邻座位。

(4) 优先登机以及快速安检。

以下是部分航空公司推出的部分更具创新性(和争议性)的辅营收入项目:

(1) 对放置在头顶上方行李架中的超规手提行李收费。

(2) 针对网上购票收取的"便利费"(在机场购票类似)。

(3) 网上值机收费(且无可替代)。

(4) 在 72 小时至 7 天内确保票价不变的保证金收费。

目前,这种相对较新型的航空产品定价方法所产生的辅营收入,已被当作航空公司运营收入和利润的重要来源。如图 4.11 所示,自 2008 年传统航空公司开始向乘客收取行李托运费以来,美国航空公司的辅营收入持续显著提升。至 2013 年,仅美国航空公司每年的辅营收益就达 100 亿美元,几乎占到总收入的 6%。而 2013 年全球范围内的辅营收入估计可达 426 亿美元(IdeaWorks Company,2013)。

与近期航空业出现的其他定价方式相比,廉价航空公司造成的激烈竞争是推动传统航空公司向拆包和菜单点选式定价方法转型的重要驱动力。一些"超级"廉价航空公司推出的"最小服务"低价产品中不包含任何额外服务,包括行李托运、机上餐饮及提前选座等。如前文所述,传统航空公司希望通过提供更多的低价产品来保住他们的市场份额。然而,陈旧的分销系统限制了传统航空公司向消费者展示各种各样的价格与产品属性的能力。互联网上的低价搜索引擎可列出各航空公司提供

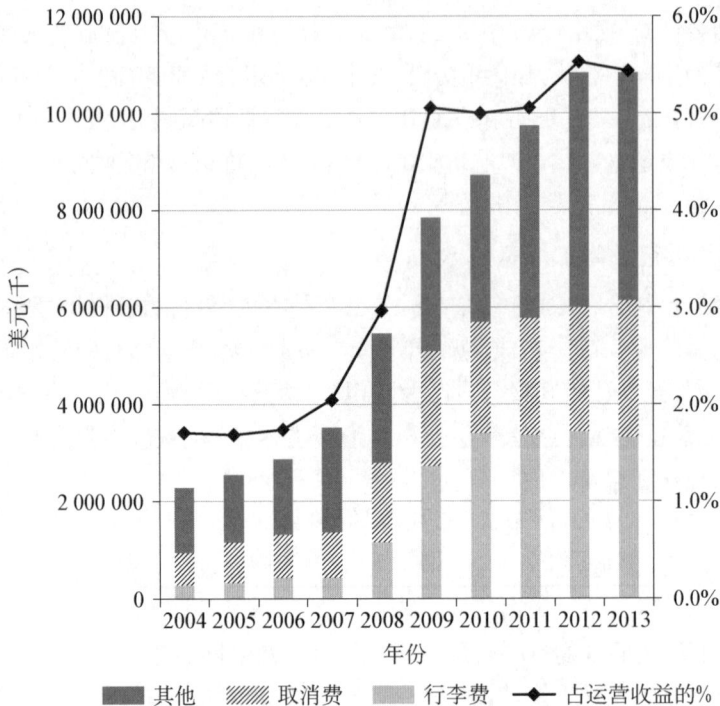

图 4.11 辅营收入的增长——美国国内航空公司(数据来源:美国交通 部交通统计局 41 号表)

的最低"基本票价",但却找不到附加服务及产品的价格。

由此,传统航空公司面临一个艰难的选择:即要么期望消费者意识到他们提供的高价产品中已包含了附加服务,要么把票价降到市场最低水平并依然提供这些附加服务。很明显两者都不可持续且不能保证营利,这种情况最终逼迫传统航空公司采取拆包策略并对附加服务进行额外收费,这样既可在分销系统中展示与廉价竞争者相当的票价,又能保证收入。

虽然此前引入拆包模式的主要目标是为了保持传统航空公司自身的价格竞争力,但现在却有很多航空公司主动向客户提供附加服务项目,包括原有的基础票价产品里没有的新附加服务。如前面提到过,很多航空公司开始销售登机前服务或优先安检服务。其他的做法还有销售单次贵宾休息室的使用权、附加服务付费后额外奖励常旅客里程积分等。

引入辅营收入模式的成功,促使航空公司投入新的资源来进一步推动"零售"转型的发展。对许多航空公司而言,附加服务收入已成为收益最大化的关键性工作,为此须构建运价结构(定价模式)以及决定每个价格上的可利用库存(收益管理),并把这些更好的集成在一起形成航空新零售模式。为实现航空公司收益最大化的目标,应该盯住每位乘客带来的总体收入贡献,而不仅仅满足于该位乘客的机票收入。

　　"新分销能力(NDC)"是国际航协正在为全球航空分销体系变革制定的新行业标准,能够让航空公司向旅客展示其票价产品的所有特征和内容,而不是只提供机票价格和使用限制。同时 NDC 标准也能帮助航空公司向"动态定价"甚至"个性化定价"迈进——航空公司可针对单个客户的潜在总收入贡献进行评估,并向他提供个性化价格或产品组合(Westermann,2013)。

4.4　航空公司的定价策略

　　本章前面的章节介绍与讨论了航空公司运价结构演进过程(从传统的诸多限制方式到简化运价结构以及定价模式的最新发展趋势)的经济原理、原则及竞争驱动因素。虽然全球绝大多数航空公司都在某种程度上使用了差别化定价方法,但不同航空公司使用的运价结构仍然大不相同,并且,同一家航空公司也可以在不同的O—D市场上使用完全不同的运价结构。作为对本章的总结,以下将简要描述在特定O—D市场上,能够影响航空公司决策提供何种运价产品及其使用限制的诸多因素,以及航空公司在进行定价决策时进行的战略考量。

4.4.1　O—D市场上运价结构的影响因素

　　差异化定价的经济学理论是影响航空公司在给定O—D市场上决策多种票价水平及运价产品特征的首要因素。如本章所述,航空公司基于需求细分的概念在每个市场上提供多种票价水平,并为了细分需求给票价设定了不同的规则和使用限制条件,以期获得高支付意愿乘客带来的增量收益。通常来说,航空公司的定价部门能够敏锐地感知商务出行与休闲旅行需求细分的价格弹性特点,以及这些特性在不同市场和航季里有哪些区别。航空公司定价分析师面临的最基本挑战是如何利用这种差异来刺激低票价休闲旅行需求的增长,同时防止高票价商务需求转移到低票价上。

　　航空旅行的需求在每天的不同时刻、每周的不同日子、一年里的各个季节都有所不同,而且在不同O—D市场上商务和休闲出行的需求模式也会变化。因此,航空公司的运价结构也需要根据运营目标不同而有所变化,淡季的目标是刺激低票价消费的需求,而旺季则要提高票价水平提升收益。促销或"打折"机票通常在淡季销售,而在旅游旺季航空公司一般不会提供最低票价产品,或干脆把它们"关掉"。

　　这种根据周期性需求变化的定价方式要求航空公司能预测未来需求,并据此规划未来一个时期的座位可利用供给。大多数航空公司会密切关注未来起飞航班的实际预订情况——监控已经售出座位的客座率,通过与往年同期同类数据比较,如对比相似航班上、类似的起飞前时间的预订客座率,掌控销售情况。如果未来起飞航班的实际预订量低于历史或预期水平,可能是因为竞争加剧,整体需求下降,或者市场上运力投入的增长,因而可能需要采取降低票价水平刺激预订、提升客座率的措施。另一方面,如果提前预订的数量比预期的数量多,剩余的座位数不足,那么提升票价水平是个比较好的选择。针对预期或计划外的需求变化做出实时、动态的价格水平调整,是航空公司收益管理系统的职责,简单地说就是决定每个运价水平上可销售的座位数量,这将在第 5 章做详细讨论。

品牌和服务上的考虑也会影响航空公司在 O—D 市场上的运价结构。在这个意义上,如果航空公司能提供更高质量的航空运输服务,并使消费者感受到自身的品牌价值,才能有机会借此提升销售收入。如一家全服务航空公司为经济舱旅客提供了美味的食物与饮料、枕头和毯子,那么机票售价就可能会更高一些;否则就只能采取与那些不提供附加服务和产品的廉价竞争对手一样的运价结构、规则和限制条件了。

同样,当航空公司在某个竞争对手只提供了中转航班服务的市场上,提供频繁的直达航班,就可能对相同的运价产品制定较高的价格。对航空公司而言,为直达航班制定比联程航班更高的价格属于常规的定价做法,特别针对时间敏感、价格不敏感的商务旅客这种做法更加普遍。即使航空公司运输一名中转旅客所需的典型成本要高于运送一名直达旅客,他们也会采用这种定价方法——中转旅客消耗了两个航班的机场资源和机上资源,消费的资源肯定多于一个航班,并且飞行时间通常也会更长。直达航班更高定价做法的合理性是基于"支付意愿"定价,而非运输一名旅客的边际成本。

事实上,为特定 O—D 市场提供服务的整体运营成本与运价结构或者任意时间点上该市场的整体票价水平关系很小。很明显,一家追求利润最大化的航空公司想要生存下去必须收取足够高的费用来平衡长期的运营成本,大多数航空公司的策略是产生足够多的收入来保证航线网络(或者自网络)上的运营利润。然而,同样为了最大化利润,决定单一 O—D 市场采用运价结构和票价水平的方式却与决定所有 O—D 市场的方式不同。

这其中的原因在于,采用供应和需求的二分法后这样做的难度非常大。第 3 章中曾提到,供需二分法意味着单一航段可同时向多个 O—D 市场供给座位,而一个 O—D 市场可由一家航空公司的多个直达或联程航班来供给座位。所以,如果航班只为单一 O—D 市场供给座位和服务,那么这些航班需要的机队、航线网络和起降时刻资源都可计入该市场的运营成本。而如果一个航班向很多个 O—D 市场供给座位时,计算该航班在每个 O—D 市场的分摊成本就成为非常复杂的成本分配问题。想要解决该问题,只有基于随意的假设并近似求解。

在一个 O—D 市场上,对运价结构类型和价格水平影响最大的因素是竞争——包括竞争形式和竞争对手们的类型。众多关于航空公司定价决定因素的经济学研究已经证实,竞争对于平均票价,对于机场和O—D市场都有非常重要的影响。

伴随着由枢纽型航空公司控制的大型中转枢纽机场的出现和发展(见第7章),航空公司就获得可能性,能从该机场起降的乘客收取更高的费用(平均来说)。Morrison和Winston(2000)研究了美国国内市场的平均票价后,发现了枢纽机场获得"红利"的经济学和统计学证据。O—D市场上进出主要联程枢纽机场的平均票价比非枢纽机场间的平均票价高出34%,甚至认为改变航路特性或竞争因素都没能改变这种情况。

产生枢纽红利的原因包括控制枢纽机场的航空公司具有市场掌控能力、常旅客忠诚度计划产生的增强效应以及枢纽型航空公司在其枢纽市场上提供了多种品质的航空服务选项。与非枢纽市场相比,在枢纽市场上起降的绝大多都是直达航班,有些人认为旅客应该为由此产生的便利支付更高的费用。近些年来,枢纽红利的幅度有所下降(Borenstein,2012),然而竞争对于各个机场起降航班平均票价的影响无疑仍然显著。

在O—D市场层面,竞争对于平均票价的影响就更大了。大量的经济学论文曾讨论这个问题,特别在美国放松航空经济管制后的20年里,大量研究论文都得出了一致的定性成果。例如,Borenstein(1992)发现,在保持其他要素不变的情况下,一个竞争对手在垄断航线上提供新的航班服务可使平均票价下降8%左右。出现另一个竞争对手可使平均票价再下降8%,但再多竞争对手加入对票价基本就不会有影响了。

同时在一个O—D市场上,竞争对手的类型是否相同与竞争对手的数量,对于平均票价和所使用的运价结构产生的影响相当。通常情况下,对平均票价影响最大的因素为是否有低成本航空公司进入了原先仅由传统航空公司服务的市场。Morrison和Winston(2000)发现,某个市场上每增加一家传统航空公司导致平均票价下降3%左右,但当低成本的美国西南航空进入后,该市场的平均票价降低了40%。此外,他们还发现另一些能使平均票价小幅降低的因素,包括有无其他低成本公司加入竞争、市场上低成本公司的数量以及西南航空或其他低成本公司是否出现在关联或平行市场上(见第3章论述)。

类似"西南效应"对运价的影响在美国国内航空市场的定价实践中屡见不鲜,并有大量研究和记录。一般来说,西南航空进入某机场及其关联市场后就会使平均支付票价下降50%左右,并伴随旅客量的倍增。图4.12所示的例子生动展示出1996年西南航空进入从普罗维登斯(罗德岛)机场后,对该机场出发的14个O—D市场所产生的影响。西南航空进入后的一年时间里,这14个市场上所有航空公司的平均票价下降了50%还多,同时旅客总数几乎增加了2倍。在这个有代表性的例子中,我们应当注意到,一部分客运增长来自于波士顿罗根国际机场,即所谓"平行"市场的分流,该机场距普罗维登斯机场大约60英里。

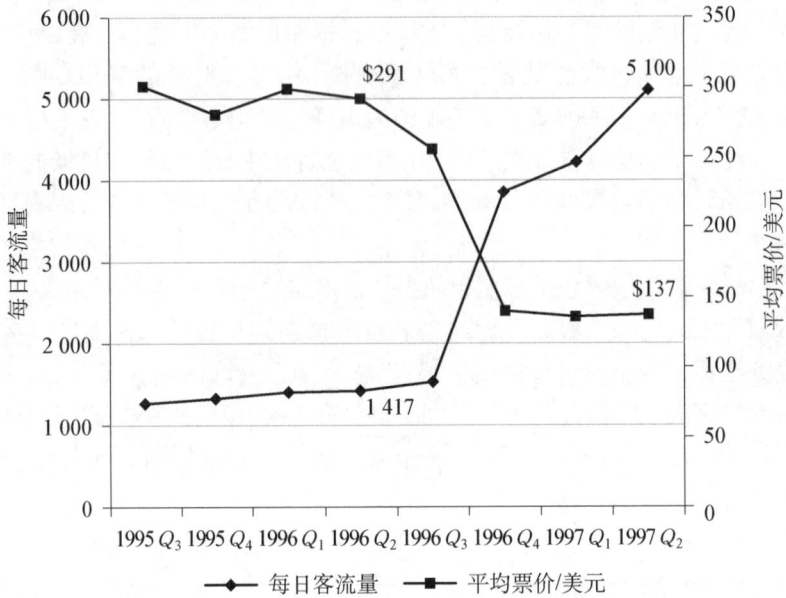

图 4.12 **1996 年 10 月西南航空进入普罗维登斯的 14 个市场前后,平均票价与旅客量的对比(由 N. Rose 教授友情提供。数据来源:美国交通部 DB1A 数据库)**

西南航空通过降低票价刺激需求的成功案例促进了 LCC 的业务模式在全球的推广。大多数 LCC 能进入一个市场的前提是,他们可以刺激出足够的需求"做大蛋糕",使旅客量增长并填满他们的飞机,同时又不会影响竞争对手的客座率(但实际上会对竞争对手的平均票价和收益状况产生显著影响)。对美国国内市场的最新研究显示,西南航空造成的影响可能正在减弱。Wittman 和 Swelbar(2013)发现,随着时间流逝,西南航空在 O—D 市场上对平均票价的影响已经在减弱,同时 LCC 模式成熟后运营成本增加,也迫使 LCC 提高票价。此外,另一些 LCC,如捷蓝航空及新的"极低成本"航空公司,如精神航空和忠实航空,成为拉低平均价格的重要力量和竞争参与者。

上述研究成果证实了这一结论,即在 O—D 市场上,参与竞争的航空公司数量,特别是竞争航空公司的类型,对于运价结构及由运价结构决定的平均票价有重要影响。LCC 玩家的出现影响和改变了全球各地航空公司的定价策略,所有传统航空公司都必须应对 LCC 带来的低票价(多数情况下也是较少限制条件的)冲击。

4.4.2 竞争性的运价跟随

鉴于"行业竞争"已被证实是 O—D 市场上影响运价结构及票价水平的最重要因素,那么航空公司对其竞争对手的运价结构赋予极大关注也就不足为奇。而且在绝大多数情况下,航空公司都会紧盯竞争对手的票价,特别要紧跟那些提供最低票价的对手。跟随竞争对手运价结构的决策包括跟踪每个运价产品的具体价格水平,并且复制产品价格的具体使用规则及限制条件。航空公司采取跟随策略时,如未能正确跟随竞争对手的低票价或未能采用同样严格的限制条件,都必然会导致市场份额的损失。此外在某些情况下,采用不跟随策略比采用跟随策略,能使航空公司收入方面的损失更小,下文将对此进行详细的讨论。

有两类论据:首先是上节提到的计量经济学的证据,其次是来自航空公司实际运价结构的经验数据证据,都说明在特定 O—D 市场上,绝大多数航空公司都会采取跟随低价竞争对手的策略——即采用完全相同的票价并复制其所有使用限制条件。航空公司这样做的动机从来都是想通过阻止自己的旅客流向竞争对手的低票价产品,以保住自己的市场份额并保持客座率。

最近,互联网机票分销模式的广泛普及进一步推动了票价跟随策略使用。当消费者利用机票低价搜索引擎查找最低价机票、规划未来旅行时,哪怕航空公司与竞争对手的产品在价格上只有一二美元的差异,也会使该产品在网页上显示的排名下降,并造成预订量严重减少。在图 4.9 所示的例子中,达美航空在波士顿至底特律市场上提供了较少限制的运价结构,但在捷蓝航空进入该市场之后,达美航空只能使其低价产品的价格与捷蓝航空的低价产品保持一致。

正是由于航空公司担心旅客流失及市场份额下降,才会做出决策去跟随竞争对手放出的更低价格。然而不论是否决定跟随竞争对手的低价,这个决定本身都会受到其他因素如竞争态势、服务质量以及长期战略的影响。在竞争态势方面,需要考虑的问题包括该 O—D 市场对航空公司的重要性,并需要评估出如果不跟进竞争对手的低价策略,可能损失的市场份额。另外,正如上面曾提到的,如果采取不跟进低价的策略,对航空公司自身产品在其计算机订座系统(CRS)及互联网低价搜索引擎上的显示排名会产生的较大影响,也应作为一个重要的考量。

航空公司的品牌影响力及服务品质也会影响是否跟随竞争对手低价的决策。前面曾提到,如能通过良好的旅客服务、机上附加服务、航班时刻优势以及直飞与联程航班选项的组合建立起完善的差异化优势,航空公司就可以给产品定个高价。当然,这种产品差异化优势也可被用来评估及决策是否需要跟随竞争对手的低价。很多传统航空公司相信他们的服务品质远远好于 LCC 竞争对手,并且客户也愿意为服务质量上的差异掏更多的钱。但 LCC 快速发展并且成功地从传统航空公司手上抢夺了相当大的市场份额,特别是对于价格敏感度较高的休闲旅客的吸引力,让这个想法看上去有点不切合实际。

最后,制订低价跟随决策的过程不仅受短期的预测客座率、预期收入以及预计市场份额的限制和影响,还应当考虑航空公司的中长期战略。例如,某传统航空公司在市场上提供了比新兴 LCC 更多的航班时刻以及更好的服务,因而认为短期内

LCC 对其市场份额与收入的影响较小,因此可以决定采取无视新竞争对手的策略。然而许多传统航空公司的 CEO 很快就会发现,如果对廉价竞争对手的威胁置之不理,很快 LCC 就会找到存在感,并对传统航空公司的市场份额造成巨大影响,并最终影响到传统航空公司在那些 O—D 市场上的生存。因此,这一战略思考过程促使全球几乎所有的传统航空公司在应对廉价竞争对手时采取了一致做法:跟随他们的低价。

　　总而言之,本章所论述的需求细分及差异化定价原则是全球所有地区、所有类型航空公司使用的航空运价结构及理解其发展演变过程的基础。从航空市场管制放松后出现的传统型使用限制条件运价结构,发展到现今由 LCC 开创的较少限制条件的"简化"运价结构,其目标都是在既定的航班时刻以及运力、库存之下产生更多的总收入。最近出现的新型定价模式,如拆包与附加服务产品收费,代表着航空业在增加收入方面取得了一个重大进步。此外,任何单独的航空公司想通过多种定价机制来获取最大化收入,都必须认真考虑市场竞争及其影响。同时,多数航空市场上的运价结构是由参与其中的廉价竞争对手的定价模式所决定的,并且这一现实情况已对全球航空业的营利模式产生了重大影响。

参 考 文 献

Boeing Company (1988) *1988 Domestic Fare Survey*, Seattle WA.

Borenstein, S. (1992) The evolution of U. S. airline competition. *Journal of Economic Perspectives*, 6(2), 45—73.

Borenstein, S. (2012) *What happened to airline market power*? Unpublished Working Paper. Available at http://faculty. haas. berkeley. edu/borenste/AirMktPower2013. pdf.

Botimer, T. C. and Belobaba, P. P. (1999) Airline pricing and fare product differentiation: a new theoretical framework. *Journal of the Operational Research Society*, 50(11), 1085 – 1097.

Dar, M. (2006) *Modeling the performance of revenue management systems in different competitive environments*. Unpublished Master's thesis, Massachusetts Institute of Technology, Cambridge, MA.

IdeaWorks Company (2013) *Airline ancillary revenue projected to reach* $42. 6 *billion worldwide in* 2013. Press release, October 29, 2013.

Morrison, S. A. and Winston, C. (2000) The remaining role of government policy in the deregulated airline industry, in *Deregulation of Network Industries: What's Next?* (eds S. Peltzman and C. Winston), The Brookings Institution, Washington, DC.

Simpson, R. W. and Belobaba, P. P. (1992) *The prices for air transportation services*. Unpublished notes for Air Transportation Economics Course 16. 74, Massachusetts Institute of Technology, Cambridge, MA.

Surges, V. (2013) *RM methods for airline fare family structures*. Unpublished Master's thesis, Massachusetts Institute of Technology, Cambridge, MA.

Tirole, J. (1988) *The Theory of Industrial Organization*, MIT Press, Cambridge, MA.

Westermann, D. (2013) The potential impact of IATA's New Distribution Capability (NDC) on revenue management and pricing. *Journal of Revenue and Pricing Management*, 12(6), 565 – 568.

Wittman, M. D. and Swelbar, W. S. (2013) *Evolving Trends of U. S. Domestic Airfares: The Impacts of Competition, Consolidation and Low-Cost Carriers*. MIT Small Community Air Service White Paper No. 3, Report No. ICAT – 2013 – 07, Massachusetts Institute of Technology, Cambridge, MA.

5 航空公司收益管理

Peter P. Belobaba

第 4 章讨论了航空公司为细分需求并增加收益而采用的差异化定价业务模式及其背后的经济学原理和竞争策略基础。在实践中，航空收益最大化还涉及另一个过程，即影响消费者为某定期航班上的座位支付票价的业务流程。收益管理（revenue management，RM）或称为利润管理（yield management），是指在同一 O—D（出发地—目的地）市场上，在为不同旅行需求特性设定不同票价的运价结构下，决定某个航班上每个"运价舱位"的可利用座位数量的过程。

本章将重点讨论航空公司收益管理及其核心目标，并讨论航空公司用以控制座位库存以最大化收入的相关系统和模型。本章还回顾了航空公司收益管理模型从传统基于航节的体系到最新基于航线网络的收益管理体系的演变过程。本章接下来继续讨论近年来一些定价策略方面的创新和变化，如运价结构简化等，对于收益管理过程的影响。最后，描述了收益管理的预测及优化方法的最新进展，结合讲述运价结构简化、乘客支付意愿（WTP）和选择模型的变化对收益管理的预测和优化模块产生的影响。

多数航空公司已经实施了收益管理系统，他们为所有将要起飞的航班，定期和系统地计算每个票价舱位（预订舱位）的限制销售数。通常收益管理系统的输入是给定的差异化价格/产品集、航班计划与航班容量；并假定在短期内，一个既定的定期航班的固定运营成本占其总运营成本的非常高的比例，因而对于航空公司而言，实现收入最大化的目标就相当于实现了利润最大化的目标。

随着差异化定价——即为航班上同样的座位设置不同的售价——策略的发展和广泛应用，收益管理成为一种必然的选择。通常休闲（折扣）和商务（全价）旅客都希望在同样的时间旅行，并因此会竞争同一航班航节上的座位，例如在周五下午和周日下午的高峰时段。如果不对折扣票价座位设定"库存控制"（限制销售数），那么休闲旅客很可能会在需求高峰航班上抢占商务旅客的座位。其原因是休闲旅客通常比商务旅客更早订票，施加在折扣票价上的提前购买要求也加剧了这一情况。

　　因此,简单地说,收益管理的主要目标就是为那些较迟预订、能接受高票价的商务旅客预留座位。具体做法是,通过预测较高票价舱位的未来预订需求,以数学优化方法来决定在较低票价舱位中"保护的"(即不卖出)的座位数目。如此一来,那些未被保护给未来高票价需求的剩余座位就是可供较低票价需求预订的座位。

　　收益管理实际上是所有未来起飞航班座位库存控制的战术性方法。当给定航班计划、航班容量以及价格和产品之后,收益管理就是航空公司实现收益最大化目标的"最后机会"。飞机采购决策早在几年前就已经做出了,航班计划决策提前 6 个月甚至更长时间就已完成,产品价格决策也要提前数月确定。因此,对特定的未来起飞航班上不同票价舱位设置"限制销售数"是航空公司最大化航班总收益的动态的和战术性手段,是基于前面给定的飞机机队、航班计划和定价决策进行的。

　　为了使收益最大,RM 系统试图用尽可能高的收益填满每一个未来起飞航班上的可利用座位。收益管理的"限制销售数"技术支撑差异化定价的目标,即让有较高支付意愿(WTP)的消费者购买较高的票价产品。在紧俏航班上,收益管理系统(RMS)会在折扣票价和团队预订上设置限制销售数,为后期预订较高票价的旅客预留座位。这可能导致航空公司的整体平均客座率轻微下降,但确实能带来更高的总收入并使利润增加。另一方面,当低需求航班上有剩余座位时,恰当的收益管理策略是不给低价舱位设置严格的限制销售数,刺激以任何低价销售剩余座位。这可能会提升航空公司的整体平均客座率,并使总利润下降,但同时能提升航班总运营收入。

　　图 5.1 给出一个具有 5 个订座舱位的假想航班例子,以演示最大化利润、客座率和总收入之间不同收益管理策略带来的不同效果。在利润最大化策略下,航空公

举例:航班航节里程长度 2 000 公里　　　　　　　　　　容量:180 座

运价舱位	平均收入/美元	售出座位数		
		重视利润	重视客座率	重视收入/收益
Y	420	20	10	17
B	360	23	13	23
H	230	22	14	19
V	180	30	55	37
Q	120	15	68	40
总旅客数/个		110	160	136
客座率/%		61	**89**	76
总收入/美元		28 940	30 160	**31 250**
平均票价/美元		263	189	230
收益(美分/RPK)		**13. 15**	9. 43	11. 49

图 5.1　座位库存控制的策略对比

司可能会过度限制低价预订以求更高的利润,并导致相对较低的客座率。在客座率最大化原则下,航空公司可能会接受大量的低价旅客,但高价旅客相对较少。在这个例子中(同时可作为一般性的原则使用),对客座率重视的策略比对利润最大化重视的策略带来更多的总体收入,原因是对于航空公司而言,一个座位只要能带来任何一点收入都比座位空着更有价值。

如上所述,正确的收益管理策略是控制每个起飞航班的座位库存使得总的航班收入最大。如图5.1所示,重视收益的策略使得平均客座率略低于采用重视客座率方法时,并且利润率略低于采用重视利润方法时,但是航班的总体收益(收入)却是最大的。

5.1　收益管理系统的计算机化

航空公司座位库存控制问题的规模和复杂性要求航空公司必须使用计算机化的收益管理系统。举例来说,某航空公司每天运营 500 个航班航节,在其订座系统中每个航班航节上提供 20 个订座舱位,并接受航班起飞前长达 330 天的预订。在任何时间点,该航空公司的座位库存中包含了与航空公司总体收益潜能相关的约330 万个限制销售数。即使有再多的收益管理分析师,每天监视和控制如此海量的库存限制销售数也非常不切实际。

最早的收益管理系统,研发并实际应用于 20 世纪 80 年代早期,可从航空公司订座系统中抽取历史预订模式,并收集和存储完成这项任务所需的数据。当时的RM 功能为收益分析人员提供了大量历史数据,但并没有提供任何决策支持与辅助,如为提升航空公司收益应从限制销售数方面采取何种行动的建议。因此收益管理分析人员只能对库存控制策略做出自己的判断。

到 20 世纪 80 年代中期,新出现的几个收益系统提供了先进的监测功能,系统可提供航班实际订座情况曲线与预期(或"阈值")订座曲线的对比分析,一旦航班订座情况偏离了预期模式就向收益分析人员发出"例外警报"。这些例外警报的作用仅是提醒收益分析人员注意某些航班,并没有为分析人员提供怎样对限制销售数进行改变的相关建议。虽然这些监控系统很受收益管理分析人员的欢迎,但在很大程度上,他们仍然依赖于"阈值曲线"[1],或基于历史预订模式生成这类曲线,帮助分析人员进行判断和估计。无论哪种情况,都不能确保依照"上座曲线"行事就可以使航班收益最大化。

到了 80 年代后期,一些更先进的大型航空公司和收益管理系统提供商开始研发新型收益管理系统,能为每个未来出发航班航节上的订座舱位,执行预测和优化任务,这类收益系统仍然具有之前系统相似的数据库和预订监控功能。这就是典型

---

[1]　即上座曲线。——译注

的"第三代"收益管理系统,它具备如下功能:

(1)基于航班和订座舱位收集与维护历史订座数据。

(2)基于航班起飞天数和订座舱位,预测未来需求。

(3)通过在飞机座舱(即大舱位,如头等舱、商务舱或经济舱)层面,优化超售水平及针对座舱内每个订座子舱位的限制销售数进行优化的方式,利用数学模型最终优化预期的总体航班收益。

(4)为收益管理分析人员提供交互式决策支持,允许分析人员审查、接受或拒绝系统提出的超售和限制销售数的建议。

图 5.2 所示是第三代"自动限制销售数系统"的整体结构和主要组成模块。来自相同航节与班期(星期几)的历史订座数据与未来起飞航班的实际订座信息相结合,预测指定航节上、相应订座舱位的需求。将订座舱位上的需求预测与每个订座舱位的预估收入值一起输入一个数学优化模型,为将来起飞航班上每个订座舱位计算推荐的限制销售数。同时,需求预测的结果输入超售模型,后者利用相同航节和班期上旅客 no-show 率的历史信息,计算未来航班上的超售优化水平。由数学模型计算所得的所有限制销售数和超售水平,经过汇总和整理后作为建议提供给收益管理分析人员,并在他们批准或修改之后,再上传到航空公司的订座系统中(将线下计算的决策结果上传到实时交易系统中执行)。

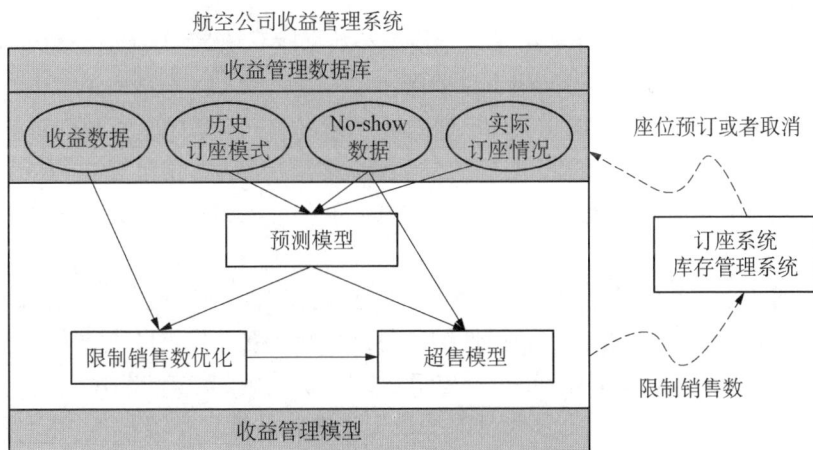

图 5.2 典型第三代收益管理系统的构成

所有的第三代收益管理系统,在整个航班预订的过程中,都会定期(或随时通过手工启动)地对其给出的预测和限制销售数结果进行修订,很多情况下是每天调整一次,比较未来航班的实际订座情况和系统产生的需求预测之间的差异。一旦发现预订情况偏离预期,系统将重新预测需求并重新优化限制销售数。运价组合优化带来的相当部分收益增量都来源于限制销售数动态调整。在非正常环境下(如某些特殊事件造成的需求激增),需要人工干预或调整系统给出的限制销售数建议;然而大多数情况下,航空公司基于人工判断对限制销售数所做的干涉都可能变成"过度管理",并会使收益管理系统带来的收益增量减少。

根据航空公司和专家学者所做的各种各样的实证研究和模拟实验,目前业界普遍认为,如能正确地使用,收益管理系统可为航空公司带来 4%～6% 的收益增长(Belobaba,1989;Smith、Leimkuhler 和 Darrow,1992)。令人惊讶的是,通过提升座位库存管理效果产生的收益增长——包括超售优化及设置运价舱位的限制销售数——并不导致航空运营成本增加。

除了能带来明显的收益增长之外,使用收益管理系统还能改善航空公司需求和供给间的战术配合程度。在紧俏航班(需求量大)上对较低价格舱位设置限制销售数可以使低价需求向需求较少的空闲航班上转移,从而使客座率分布更加平均。通过将低价需求转移到更空的航班上,收益管理系统也为那些高价值乘客在预计满载的航班上预留了座位。

对面临激烈市场竞争的航空公司而言,收益管理系统则更加重要,因为 RMS 能帮助他们实现有竞争力的定价策略。借助 RMS,航空公司可以向市场上投放任意低的价格,前提仅仅是此价格能覆盖可变旅客运输成本(边际成本)。在低价舱位上合理使用限制销售数帮助航空公司预防收益流失,并能在低价竞争环境中保持竞争力较强的价格策略以及市场占有率。

计算机化的收益管理系统基于数学模型和数据库系统,管理航空公司的可利用座位库存,目标是解决以下三类不同的问题。

(1)超售:数十年来,航空公司一直会接受超过飞机容量的座位预订请求,目的是降低因为旅客单方面、不可预料的 no-show 行为导致的收益损失(Rothstein,1985)。随着收益管理系统的开发与应用,超售也被纳入到这些系统的座位库存控制功能之中。

(2)票价舱位组合:收益管理系统中最常用的技术是确定每个未来起飞航班航节上订座(票价)舱位的座位可利用性的收益最大化组合。实际上所有的航空公司收益管理系统的研发都将优化票价舱位组合的能力作为其主要功能目标。

(3)O—D控制:该能力目前仅限于最先进的收益管理系统具备,并被具有大型枢纽网络连接的航空公司所使用。O—D 控制允许航空公司通过运价产品及价格水平,进一步细化为短途(点到点航班或单航节)与长途(联程航班)旅客提供的座位可利用性。

运筹学(OR)正在为航空收益管理持续提供越来越完善的数学模型:早在 20 世纪 70 年代,OR 学者们就提出了超售模型,紧接着在 80 年代为票价舱位的需求预测和票价舱位限制销售数优化提供了数学基础。在 20 世纪 90 年代,运筹学的重心转移到了航空公司采用 O—D 控制后的收益管理问题以及各类网络优化技术。

McGill 和 van Ryzin(1999)的论文对于运筹学在航空及其他行业的收益管理领域应用的情况进行了全面的回顾。在本章剩余章节中,我们对应用于航空收益管理系统中,解决超售、票价舱位组合优化和 O—D 控制问题的各类数学模型和方法做简单介绍。

5.2 航班超售模型

在收益管理系统中设立"航班超售模块"的目的是在给定的物理容量(以座位数表示)下,为将来起飞航班确定最大可接受的预订座位数。由于在未来起飞航班上乘客的 no-show 行为不确定,所以接受的订座数超过物理容量就会产生一定的风险。如果接受了过多的预订,而在航班起飞时并没有那么多乘客 no-show,导致需登机的人数超过了飞机物理容量,那么航空公司就必须承担"拒绝登机"(DB)所引发的成本和旅客服务事项。另一方面,如果接受的预订数量不足,或者 no-show 的乘客数量比航空公司预期的数量多,那么航班上就会出现空座(这些空座原本应该有人乘坐),那么航空公司必须承担由此产生的收益损失,也称为"座位空置"(SP)。这样,大多数航空超售模型的具体目标就成为让整体的综合成本以及拒绝登机和空置的风险都降到最低。

那么,为什么需要超售?原因很简单——航空公司历来就允许其乘客提前预订座位(从航空公司的可利用座位库存中减除座位),并允许乘客在付出极少或根本没有任何赔偿的情况下 no-show。而在其他服务行业或制造领域中,这样的情况极其少见:允许消费者"承诺"购买某个产品或服务,然后在最后一分钟改变主意,却只需支付极少或无需付出任何代价。这样航空公司采取超售策略的经济动机就非常充分了。虽然不同地区及航空公司间 no-show 率存在不小的差异,但最终起飞前预订的 no-show 率平均仍可达到 10%左右,在旅游高峰季节甚至会超过 20%。相比之下,大多数航空公司全力以赴仅为了获得 5%的运营利润,却在订满的航班上损失掉 10%~15%(如没有超售就真会发生)的潜在收益,对财务利润绝对是重大噩耗。

作为收益管理系统的一部分,有效的超售策略能够带来与票价舱位组合优化相当的收益(Smith、Leimkuhler 和 Darrow,1992)。对于两者产生相当的收益增值,直观的解释是这样:超售抓住的是卖出座位与座位空置无收入间的收入差异,而票价舱位组合则仅抓住了旅客所支付的不同票价水平间的细微差异。

为了讨论航空公司超售处理的机制以及航空公司用以计算超售水平的数学模型,需要先定义一些基本的术语。对于下述的每个术语,同时给出它们的缩写,以便在接下来的模型讨论中使用。

(1)物理容量(CAP):一个航班或者指定客舱(大舱位)中实际的座位数,即可由旅客乘坐的座位数。除非有其他限制,例如航班配载或重量限制,通常这就是飞机(或者客舱)的最大容量。

(2) 核准负载值(AU)：在给定的物理容量(CAP)之下，航空公司愿意接受的最大预订数量。

(3) 确认的预订(BKD)：在指定航班上，已被航空公司接受的总旅客预订数量，在值机过程进行航班初始化时计数。通常，确认的预订(BKD)数应小于或者等于核准负载值(AU)的值。

(4) No-show 率(NSR)：旅客订座已经确认(指已支付和出票)，但最终没有乘机的平均比例(百分比)。

用数学公式表示，求解航空公司超售问题就是确定"超售因子"(OV)的问题：

$$AU = CAP \times OV, 其中 OV > 1.00 \tag{5.1}$$

解决超售问题的主要挑战是无法精确预测未来起飞航班的实际 no-show 率。接下来我们将回顾航空公司超售解决方案的发展过程，从最简单的到目前在实际中广泛使用的。为了说明不同的方法得到的超售因子之间的差异，我们假设有一个比较简单的未来起飞航班，具有 100 个物理容量(CAP)，具有(正确)预测的平均 no-show 率(NSR)20%，另外 no-show 率的标准差(STD)等于 8%。

航空公司用以确定未来起飞航班 AU 值的最简单办法是通过分析师的经验判断。分析人员基于他们的"市场经验"以及对近期相似航班(也就是之前相同班期"星期几"起飞的相同航节)no-show 情况的评估来确定超售因子。由于多数航空公司都要求其分析人员解决超售问题时要尽量避免拒绝登机情况的出现，并采用较严格的策略，多数分析人员会采用 $OV = 1 + NSR$(或低于 NSR)的方式确定超售因子。如在我们例子航班上，分析人员很可能采用 115 和 120 之间的 AU 值。尽管这种方法简陋并且没什么科学依据，世界上仍有很多(主要是比较小的和不太成熟的)航空公司严重依赖于(个人)判断式的超售策略。

如以数学方法来校正上述情况，可使用简单的"确定性模型"计算，也即模型假定未来的 no-show 率已知。如果给定预测的 NSR 等于 20%，并假设航班上的预订数量可到达 $BKD = AU$ 的程度，则确定性模型用公式表示为

$$AU = CAP/(1 - NSR) \tag{5.2}$$

在我们的例子中，$CAP = 100$，$NSR = 0.20$，这样 $AU = 100/(1 - 0.20) = 125$。也就是说，使用数学方法校正 AU，是我们在确知未来航班的 $NSR = 0.20$ 的情况下计算出 AU 等于 125，这个值高于多数分析人员凭直觉(个人判断)得出的值。

当在实际中运用确定性模型，但又遇到 NSR 不确定的情况(也就是说标准差 $STD > 0$) 时，如果使航班预订数量达到 AU，则出现 DB(拒绝登机)情况的可能性为 50%，而剩余 50%的可能性则是出现座位空置(SP)的情况。只有航空公司完全

不在乎拒绝登机和空置座位所产生(经济或其他方面)的影响情况下,确定性模型提供的超售结果才能(敢)用起来。所以,确定性超售模型的主要问题在于它的前提假设了未来航班上 no-show 率 NSR 是确定已知的。

一个更加科学的处理 no-show 不确定性的方法是使用概率的或考虑风险的超售模型。这种模型使用正态(高斯)概率分布来表示 no-show 的预测结果的分布,将未来起飞航班的 NSR 的不确定性考虑在内。这样用以估计未来起飞航班 no-show 行为的超售模型就会用到 NSR 的均值以及其标准差 STD。

利用正态分布的特性,在航班订满(即 $BKD = AU$)的情况下,概率或风险超售模型的目标是计算 AU 值,以确保在符合航空公司指定可信度的情况下,DB 数量低于给定的目标值。例如,对于未来起飞航班,如给定 CAP 以及估计的 NSR 和 STD 值,并且航空公司要求不出现 DB($DB = 0$)的概率在 95% 以上,则 AU 值为

$$AU = \frac{CAP}{1 - NSR + 1.645\ STD} \tag{5.3}$$

假设 NSR 符合正态分布,且单侧可信度达到 95% 以上时,"标准正态值"(或称为"Z-记分法"值)等于 1.645,见等式右侧分母部分。如果航空公司要求的保证无拒绝登机的概率稍低一些,如达 90%,那么这个值也会小一些(等于 1.28)。当航空公司仅要求有 50% 的概率保证无拒绝登机情况的发生,那么 Z 记分值就等于 0.00,此时概率超售模型就会退化为确定性超售模型。

回到前面的例子,将 $CAP = 100$,$NSR = 0.20$,标准差 $STD = 0.08$ 代入公式,并假设不发生 DB 的概率为 95% 以上,则

$$AU = \frac{100}{1 - 0.2 + 1.645 \times 0.08} = 107 \tag{5.4}$$

概率模型考虑了未来起飞航班上 NSR 的不确定性/可变性的概率分布。假设根据近期对 NSR 的观察值得出了较大的 STD,则等式右侧分母的值会变大,优化得出的 AU 值就会减小,很明显其原因是 NSR 的不确定性增加了。相反,较小的 STD 会产生较大的 AU 值,因为预期未来的 NSR 不确定性降低了。

概率或风险超售模型能够为航空公司制订自己的超售政策带来极大的扩展能力和灵活性。如果想让超售策略更加激进一些,航空公司可以选择降低无 DB 的可信度水平指标,这样等式右侧分母中的 Z 记分值(或称 Z 因子)就会减小,而最后得到的 AU 值就会增大。

另有一种情况,即航空公司可以花费较少成本或零成本找到一些"自愿拒绝登机"(VOLDB)的乘客,如果航空公司将这种可能性考虑在内,还可以进一步提升对 DB 的容忍程度。事实上,如果航空公司认为有必要,可以在起飞时招揽"自愿拒绝登机"(VOLDB)乘客,并使航班的"有效容量"增加。此时概率模型等式右侧的分子

就变成了 $(CAP + VOLDB)$，同样能使 AU 值增大。另外，当航空公司预测到未来起飞航班的头等舱或商务舱有空余座位时，可以为经济舱旅客提供升舱服务，提升经济舱最终销售的数量。实际上这种方式也增加了航班的"有效容量"。

概率或风险超售模型有很多扩展的应用，其中主要方向之一是"基于成本的超售模型"，它不仅考虑了未来航班上 no-show 行为的不确定性，而且显式地考虑了拒绝登机和座位空置的成本。这样，基于成本的超售模型的主要目标是找到使拒绝登机和座位空置的成本之和最小时的优化 AU 值：

$$\min(DB\ 成本 + SP\ 成本) \tag{5.5}$$

如给定 CAP、估计的 NSR 与 STD，使用符合正态分布的概率计算如下式，可计算出每个 AU 值之下的总成本为

$$总成本 = \$DB \times E[DB] + \$SP \times E[SP] \tag{5.6}$$

其中：$\$DB$ 和 $\$SP$ 为每个 DB 和 SP 的成本；$E[DB]$ 为给定 AU 值的预期 DB 数量；$E[SP]$ 为给定 AU 值的预期 SP 数量。

使用该方法计算优化的 AU 值，首先要计算各期望值及其高斯概率，然后对 AU 值的合理范围进行数学搜索，最终确定最小成本。图 5.3 所示为前面提到的例子，当 AU 值增加并大于物理容量($CAP = 100$ 个座位)时，拒绝登机的成本开始上升。同时，AU 值增加会使座位空置成本降低。在该例中，假设每个拒绝登机的成本为 200 美元，每个空置座位的成本为 300 美元。图 5.3 中两条曲线上最小成本之和点出现在 $AU = 123$ 处。某些收益管理系统为航空公司收益管理分析人员提供的曲线与图 5.3 所示的非常接近，这方便收益分析人员根据总超售成本的敏感性来决定如何修正优化后的 AU 值。

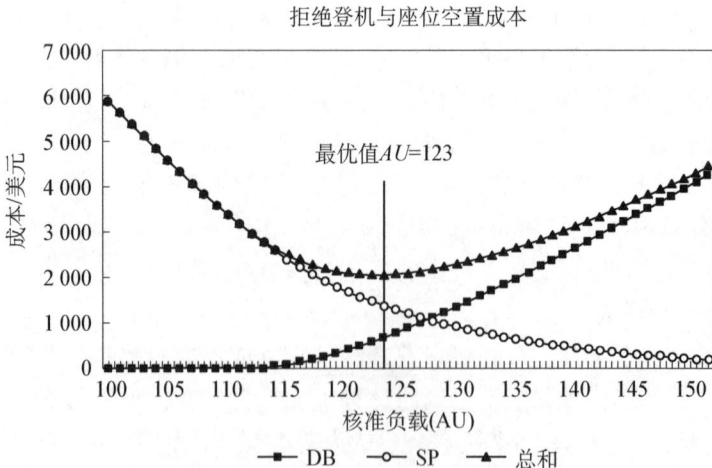

图 5.3　基于成本的超售模型

　　显然基于成本的超售模型能够满足航空公司超售业务最本质的经济需要,即使拒绝登机和座位空置的总成本最小化。但目前大多数航空公司在实践的深度和广度方面并未能完整应用这一模型。相反很多航空公司仍在使用概率或风险模型,其中的原因在于概率模型实现起来相对简单,并且基于成本的超售模型所需的输入"成本估算"值通常难以获得。

　　在给定航班上,拒绝登机的成本包含多种因素,其中一些很难以用货币数值进行量化,这些因素包括如下几方面:

　　(1)给"非自愿"拒绝登机乘客以现金补偿。

　　(2)用以鼓励"自愿"拒绝登机的免费旅游代金券。

　　(3)向未登机旅客提供餐食与住宿的成本。

　　(4)在其他航空公司航班上安排未登机乘客的成本。

　　(5)因损失良好声誉而产生的隐性成本。

　　很多航空公司发现估算上述这些因素的精确成本非常困难,而且他们发现拒绝登机的成本随着航程长短及航班起飞时间的不同而有巨大差异,例如短途国内航班与远程国际航班的成本差异,或者当天最后一个航班发生 DB 后由于需提供餐食和住宿,成本会远高于其他时间发生 DB。

　　尽管本节介绍的超售数学模型已经被许多航空公司成功研发、投入使用并获得了良好效益,但仍有一些航空公司认为超售会带来负面影响。即他们相信拒绝登机必然导致差劲的旅客服务体验,并最终会令乘客丧失对航空公司的好感。还好对于超售问题的更客观理性、更经济的看法是,座位空置造成的收益损失实际上远高于 DB 的成本。如果在航班起飞前一天因为开放 AU 不足而拒绝了一个全价乘客,那就意味着损失几百甚至上千美金的收益。

　　另一方面,用相对较低的成本来补偿拒绝登机的乘客确实可行,如为乘客提供免费机票、未来的升舱服务或者在等候下一个航班时免费使用航空公司贵宾休息室等。如果采取较为激进的超售策略,可采用"自愿 DB 计划"来控制成本并解决旅客服务方面的问题。如此一来,能够帮助绝大多数航空公司减少因座位空置而造成的巨额收入损失。

　　虽然有些人认为,美国最大的那些航空公司采用了非常激进的超售策略,但借助"自愿 DB 计划"的帮助,他们在控制 DB 数量以及 DB 成本方面还是获得了巨大成功。2013 年美国主要航空公司的非自愿 DB 率为每 1 万登机旅客中有 0.92 人(美国运输部,2014)。另外,美国超过 89% 的 DB 是自愿的,这就说明美国航空公司实际的 DB 率为每 1 万名登机旅客中有 8.4 人。这个总数符合全球航空业每 1 万名登机旅客中有 6 到 12 人的平均水平。不过应该强调的是,美国航空公司之所以能实现比世界上大多数航空公司低得多的非自愿 DB 率,主要还是因为有效地实施了"自愿 DB 计划"。

5.3　用于航班航节收益优化的 EMSR 方法

在超售之后,我们介绍第二种关键的收益管理技术——"运价舱位组合"(fare class mix)优化,即用于确定共享座位库存的每个票价舱位的限制销售数的方法。具体来说,"票价舱位组合"问题可以这样表述:给定一个未来起飞航班,已知其核准负载值(AU)值,现在需要确定,在同一个物理舱位(通常为经济舱)的座位库存范围内,每一个票价舱位的可利用(可销售)座位数,以使得航班整体的预期收益最大化。

为了确定每个票价舱位的可利用座位数,航空公司的收益管理系统必须对每个未来起飞航班、每个票价舱位上未来预订的需求做出预测。另外,还需要估算每个票价舱位上预订所产生的收益总值(见图 5.2)。在本节中,我们将描述航空公司收益管理系统中最常用的为每个票价舱位设置限制销售数的数学模型。1987 年 Belobaba 发表论文阐述如何使用"期望边际座位收益"(EMSRa)模型建立 RM 的销售限制数,并在 1992 年经过完善形成了"EMSRb"模型,下面将介绍该方法 (Belobaba,1987、1989 及 1992)。

所有的航空预订系统都包含未来起飞航班的可利用座位"库存"。座位库存如何组织,即库存结构对收益管理系统的优化模型如何确定限制销售数有重大影响。EMSRb 模型基于"嵌套"库存控制系统,因此先要介绍一下"嵌套预订舱位"[①]概念。目前绝大多数航空预订系统的库存结构都是基于"串行嵌套"的订座舱位,如图 5.4

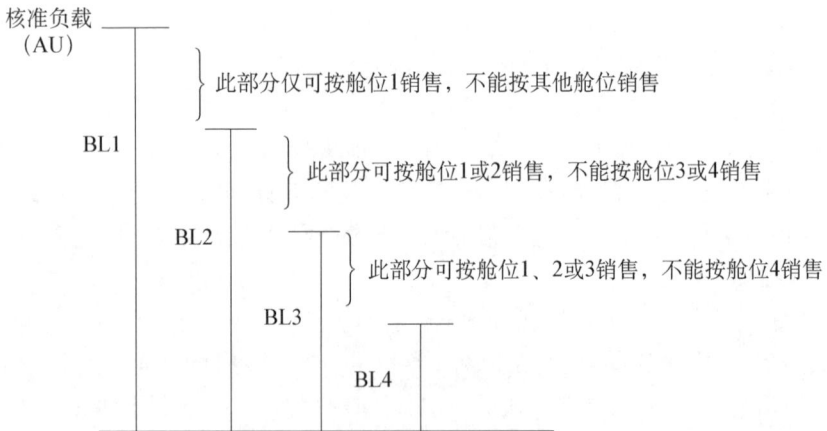

图 5.4　嵌套座位保护与限制销售数

[①]　订座舱位(booking class)与票价舱位(fare class)有细微的差别,订座舱位仅表示共用同一大舱位 (compartment 或者 cabin,包括超售)的虚拟座位组合,而票价舱位为订座舱位赋予了价格信息。通常在实际使用中这两个术语表示相同的意义。——译注

所示。事实上,座位库存不是被"分配"给独立的订座舱位,而是被"保护"给更高票价的舱位,同时嵌套的"限制销售数"应用在更低票价的舱位上。

举例来说,某未来起飞航班的经济舱具有核准负载值 $AU = 120$,三个子舱位(按票价降序排列为 Y、B 和 M)共用该库存。对每个订座舱位的座位分配可以是:Y 舱限制销售数为 30,B 舱为 40 以及 M 舱 50 个。不过在"串行嵌套"库存结构下,当先到的 120 个订座请求都是全价 Y 舱产品的情况下(实际中不大可能发生),所有120 个座位对于最高的 Y 舱都是可用的。这就保证了航空公司永远不会拒绝 Y 舱的订座请求,同时航班上其他座位(Y、B 或者 M 舱价格)仍保持可利用的状态。

可以这样理解,Y 舱独占了 30 个座位库存,并为 B 舱设定 90 个座位的限制销售数。其中的 40 个座位对 M 舱不可用,仅用以满足对 B 舱的需求(当然也可用以满足对 Y 舱的需求),那么 M 舱的限制销售数就是 50。此时"嵌套限制销售数"为 Y舱 120、B 舱 90 及 M 舱 50——注意,这些限制数是嵌套在一起的,航班总共只有120 个可预订的座位库存。如果首先接受了一个 M 舱的订座,那么剩余的可利用情况为 Y 舱 119、B 舱 89 及 M 舱 49。

如果假设每个票价舱位上未来的订座需求确定,那么计算未来起飞航班的"票价舱位组合"就会比较容易。我们可以从最高的舱位开始,根据"确知的"针对该舱位的预订需求数量,为该舱位分配响应的限制销售座位数,然后以此类推到下一个较低票价的舱位,并直到所有 AU 分配完。

然而在现实世界中,未来的订座需求无法确知。对于给定的未来起飞航班上每个票价舱位的未来订座需求,只能通过预测、使用概率或随机方式表达——每个预测结果都由一对均值和标准差构成,标准差用以表示不确定性。在这种情况下,确定各个舱位的限制销售数就不那么容易了。

当把 EMSRb 模型应用到串行嵌套预订舱位的限制销售数计算时,需要先明确几个建模的前提条件:

(1) 每个运价舱位的需求都是独立的,且与其他舱位的需求无关。

(2) 针对每个舱位的需求是随机的,并且可用某一类概率分布表示(通常是正态分布)。

(3) 价格最低的舱位先被预订,然后是价格次低的,依此类推。

在嵌套预订舱位的库存结构中,销售较高票价的舱位可借用可利用的较低舱位的座位库存,因而问题变为:确定较高舱位的座位保护级别,确定较低舱位的限制销售数。

对于给定的运价舱位 i 及估计的均值和标准差,S_i 是保护给该运价舱位的座位数,则可以确定 $P_i(S_i)$ 的值,即该舱位上需求超过 S_i 的概率。此时,为保护舱位 i 上第 S 个座位的"期望边际座位收入"定义为

$$EMSR_i(S_i) = F_i \times P_i(S_i) \tag{5.7}$$

此处 F_i 是舱位 i 的平均收入(或票价)。也就是说,保护第 S 个座位的预期收入等于舱位 i 的平均票价乘以在舱位 i 上销售(接受)第 S 个或更多座位的概率。

此时,优化座位保护级别 π_{12},即从舱位 2 中为舱位 1 保护的座位数应满足如下条件:

$$EMSR_1(\pi_{12}) = F_1 \times P_1(\pi_{12}) = F_2 \tag{5.8}$$

因此,航空公司应持续地把座位保护到舱位 1,直到将该座位以较低价格(在舱位 2 上)销售与保护该座位到较高价格(在舱位 1 上)并被销售掉的概率相当的时候。上述条件定义了这个平衡点,航空公司要么确定地以较低的价格舱位 2 销售该座位并获得增量收入,要么期望这个座位能在较高的票价舱位 1 上销售。使用式(5.8)定义的静态优化方法,可为两个嵌套的订座舱位确定优化的保护级别,最初由 Littlewood 在 1972 年提出(Littlewood,2005)。

一旦确定了 π_{12},便可计算出舱位 2 的限制销售数,则有

$$BL_2 = AU - \pi_{12} \tag{5.9}$$

因为在嵌套预订舱位结构中, $BL_1 = AU$。

EMSRb 模型是上述逻辑的启发式扩展,可用于确定多个嵌套预订舱位的限制销售数。在该过程的每一步中,必须顺序计算舱位 1 至 n 的座位数,然后才能得到舱位 $n+1$ 的座位数。对 EMSRb 座位保护算法的完整描述请参考 Belobaba 和 Weatherford 的论文(1996)。图 5.5 所示为有 6 个嵌套预订舱位的航班用 EMSRb 方法求解的例子。

在图 5.5 的例子中,航班的大舱位核准负载值(AU)为 135,并且目前没有订座。航空公司提供 6 个订座舱位(Y、M、B、V、Q 和 L),每个舱位对应具体的票价产品及平均价格。预测得到每个订座舱位的需求均值和标准差(希格玛)如图 5.5 所示。使用 EMSRb 模型计算得出应为 Y 舱保留 6 个座位,则 M 舱的嵌套限制销售数等于 129。注意 Y 舱的保护级别小于预测的需求均值,说明需求预测中存在不确定性,并且 M 舱上的订座价值等于 Y 舱价格的 82%(550/670=0.82)。因此,EMSRb 模型只为那些购买 Y 舱的需求中确定性高于 82% 的乘客保护了座位,在这个例子中,只有 6 个座位符合这一条件。

图 5.5 中的其他较低舱位的限制销售数使用相同的计算逻辑来确定。对于前 3 个预订舱位,需求均值之和为 39,模型为其中最低舱位(B 舱)总共保护了 37 个座位。对于最低的舱位 L,EMSRb 模型给出的限制销售数为 40,少于该舱位的预测需求均值 47。对于这个航班,即便预测所得总需求的均值为 135,正好等于核准负载值(AU),但 EMSRb 的计算结果通常会拒绝最低的 L 舱的需求。实际上,该模型

已对"将座位保护到较高舱位,因此未能售出的风险"做了权衡,最终结果使航班的总期望收益增加。

尽管 EMSRb 是一种静态的启发式方法,只能针对未来起飞航班航节,计算预订过程中给定时刻的销售限制数,但在实际中,航空公司收益管理系统会在多个"数据采集点(DCP)"反复预测剩余的需求,并根据由此产生的有关航班实际预订模式的更新信息,重新优化运价舱位的销售限制数。收益管理系统产生的收益增量中很大一部分来自于在预订过程中(伴随着预订不断产生)不断更新预测结果并修正销售限制数的能力。如果预测需求旺盛则会导致低价舱位的可利用性降低(甚至关闭),而航班预订速度低于预期,则会导致低价舱位的可利用性增加。对客户而言,收益管理系统对销售限制数的改变(即使没有对实际的运价价格进行调整)则表现为低价舱位上显示的可利用性快速变化。

座舱容量=135						
可利用座位数=135						
预订舱位	平均票价/美元	已预订座位数	需求预测		联合保护座位数	限制销售数
			均值	希格玛		
Y	670	0	12	7	6	135
M	550	0	17	8	23	129
B	420	0	10	6	37	112
V	310	0	22	9	62	98
Q	220	0	27	10	95	73
L	140	0	47	14		40
	合计	0	135			

图 5.5 案例:有 6 个嵌套舱位的航班用 EMSRb 模型求解

5.4 网络收益管理

当前,部分已经掌握基于航节的收益管理理念并成功实施了第三代 RM 系统的航空公司正在(或已完成)研发并实施第四代收益管理系统——在现有基于航节的收益管理功能之外提供"始发地—目的地"或"O—D"控制的 RM 系统。O—D 控制的出现,是在具有票价舱位组合功能的第三代收益管理系统基础上的一大进步,这种控制技术正受到一些世界上最大和最先进的航空公司的关注,这些航空公司拥有枢纽型航线网络,很大一部分是联程旅客。顾名思义,O—D 控制赋予航空公司用航线网络上旅客 O—D 行程的综合收益控制航班座位库存的能力,而不是仅用单个航节的运价舱位的限制销售数来控制航班库存。

本节简要介绍网络收益管理过程,它被认为是第四代收益管理系统的核心理念。本节开头先说明网络收益管理如何克服基于航节的运价舱位控制方法中存在的问题,然后按出现的先后顺序介绍几种用于求解网络收益管理问题的库存结构与相应的优化算法。最后讨论网络收益管理之所以优于第三代收益管理系统的原因及其能带来的好处。

前面的章节中曾提到,目前全球大多数航空公司仍在使用第三代基于航节的收益管理系统,即"运价舱位控制"功能。第 4 章图 4.4 所示为典型基于利润的运价舱位结构:

(1) 高利润(全价)运价类型与每个航节的最高订座舱位(Y)相关联。

(2) 低利润(折扣)运价与较低的订座舱位(B、M 和 Q)相关联,航空公司在这些运价舱位上设置限制销售数。

实际上这种收益管理方法的设计目的就是使得每个航班航节的收益(或更具体地,利润率)最大,但未必能使航空公司在整个航线网络实现总体收益最大化。

在基于航节的运价舱位控制方法下,旅客请求的行程中多个航节的运价舱位必须一致,并且所有航节上该舱位都有可利用座位。但这样一来,航空公司的收益管理和订座系统就无法从相同的运价舱位中区分出不同的行程。如一个 Q 舱的座位可能被某个单航节旅客,也可能被一个联程长途联程旅客所预订。这样,那些紧俏的短航班航节却成为贡献更大的长途旅客购买产品的"障碍",而只有把座位卖给长途旅客航空公司才能获得较高的网络收入。

如图 5.6 所示为小型航线网络的例子,从尼斯(NCE)飞往法兰克福(FRA)的短航节(LH100)连接了两个长航节:一个是从 FRA 飞往香港(HKG)的 LH200,另一个是从 FRA 飞往纽约肯尼迪国际机场(JFK)的 LH300。我们用这个例子来说明基于航节的运价舱位控制方法,在实现航线网络总收益最大化过程中面临的两个问题:

(1) 如果预期短航节 NCE—FRA 会被订满,而两个长航节上有许多空座,那么由于短航节(LH100)上的低价舱位已被订满,订座系统就会拒绝旅客用低价舱位购买联程航班的需求(因为此时长航节上的低价舱位开放,而短航节上低价舱位关闭)。此时收益管理系统更"愿意"接受一个 B 舱从 NCE 到 FRA 的"本地"单段旅客,却无法接收请求 M 舱、愿意支付高得多的总费用、想从 NCE 到 HKG 的旅客。如果此时航班 LH200 上还剩较多空余座位,很明显未能使总网络收益最大化。

(2) 基于航节的收益管理方法的另一限制是,即使请求的运价舱位相同,运价舱位控制算法也没法知道旅客的 O—D 行程并加以区分对待。在我们的例子中,如果 LH100 和 LH300 航班上的 B 舱座位都为可利用(开放)状态,而航空公司却不能控制把这些座位卖给联程旅客或是分开卖给需要两个航班航节的旅客。通常情况

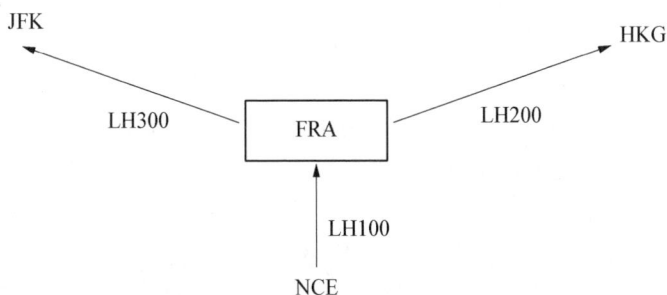

图 5.6　联程航线网络的例子

下,把稀缺座位卖给两个单航段旅客需求能获得更高的网络收益,因为两个单航段的票价之和通常高于相同等级(运价舱位)的联程票价。

　　总结一下,视所处条件不同,多个航班构成的联程航班,实现航线网络层面收益最大化,需要使用两种不同的策略。如果预期构成 O—D 行程的一个或全部航班上将有空座位,航空公司应当为高收益、长航程旅客提供联程座位供给,不要管利润高低。另一方面,如果预计到构成联程的所有航班都会满座,航空公司就应当阻止低利润的联程旅客"抢占"高利润、短行程的单航段旅客的座位。

5.4.1　O—D 控制机制

　　术语"O—D 控制"是对各种不同的网络收益管理方法的统称。简单来说,带有 O—D 控制的收益管理系统能够为航空公司提供根据不同 O—D 请求提供不同的座位可利用性的能力。O—D 控制可以用不同的方式实现,区别仅在于对以下介绍的几个概念的实现程度不同。所有 O—D 控制方法都能够帮助航空公司提升航线网络总收益,各类系统只是在研发成本及系统复杂性方面做了一些权衡。

　　最早出现的 O—D 控制方法使用"收入值组合"替代运价舱位进行座位库存管理。"收入值组合"概念中,去掉了原来票价类型与订座舱位之间的绑定关系,改为根据航线网络的收入值选择订座舱位("组合"),并且不考虑运价舱位的使用限制。然后,每个 O—D 行程或称为"运价类型组合(ODF)"被分配到每个航班航节的某个"收入值组合"上。这样,当请求某个 ODF 的座位可利用性时,收益管理系统需要根据构成该旅客行程的每个航班航节上对应的"收入值组合"的可利用性进行评估。

　　"收入值组合"概念可以借助"虚拟"库存舱位的方式实现。该方法由美国航空首先提出(Smith 和 Penn,1988),需要先开发出一套全新的"虚拟"舱位预订库存结构,然后实现虚拟舱位映射关系。图 5.7 所示的例子中,航空公司目前在每个航班航节(本例中为 NCE—FRA 航段)上设置了 10 个虚拟订座舱位,虚拟舱位在航空公司之外是透明的。图中,从尼斯至法兰克福的全价 Y 舱分配到虚拟舱位 6,而从尼斯到香港的折扣价 Q 舱分配到虚拟舱位 5,由于后者的总体收入值较高,因而分配了更多座位可利用性。也就是说,当 ODF 为 NCE—HKG 且出价 500～599 美元时,NCE—FRA 航节的 Q 舱(以及 FRA—HKG 的 Q 舱)为开放状态,而当 ODF 为 NCE—FRA 且出价 430～499 美元时,在 NCE—FRA 航节上只有 Y 舱开放。

所谓"映射"功能是指将输入的 ODF 请求转换为特定的虚拟库存舱位的可利用性——本质上就是航空公司实现 ODF 服务的运营成本。由于所有的 ODF 请求都需要传送到航空公司进行内部评估,因此销售方需要与不同航空公司的计算机订座系统(CRS)之间建立"无缝可用性连接"。此外,收益管理系统的数据采集和存储都改为以"航节/收入值组合"方式进行,所以需求预测与优化也可按"航节/收入值组合"进行,这和基于航节的收益管理系统的结构一致。同时也实现了能根据不同ODF 的网络收入值响应不同的可利用性。

按行程列出票价:

NCE/FRA		NCE/HKG(经 FRA)		NCE/JFK(经 FRA)	
舱位	票价(单程)/美元	舱位	票价(单程)/美元	舱位	票价(单程)/美元
Y	450	Y	1 415	Y	950
B	380	B	975	B	710
M	225	M	770	M	550
Q	165	Q	590	Q	425
V	135	V	499	V	325

NCE - FRA 航节上的 ODF 与虚拟舱位的映射关系:

虚拟舱位	收益范围	O—D 与舱位的映射	
1	1 200＋	Y NCEHKG	
2	900～1 199	B NCEHKG	Y NCEJFK
3	750～899	M NCEHKG	
4	600～749	B NCEJFK	
5	500～599	Q NCEHKG	M NCEJFK
6	430～499	V NCEHKG	Y NCEFRA
7	430～429	B NCEFRA	Q NCEJFK
8	200～339	V NCEJFK	M NCEFRA
9	150～199	Q NCEFRA	
10	0～149	V NCEFRA	

图 5.7　根据票价值映射虚拟舱位

不过用"收入值组合"方式实现 O—D 控制也存在一些限制。每个航班航节上的"收入值组合"还是用分离的优化功能算出的,并未考虑网络上其他航班航节的需求及可利用性。结果,基于总运价值的"收入值组合"方法会给予长途和联程旅客更高的优先级。因此,这种实现方法也被称为 O—D 控制的"贪婪"方法。从座位可利用性层面看,该方法会偏向出价最高的行程请求,即便两个单航节旅客的出价之和更大,更合适的做法是把两个座位留给这两个单航节旅客。

5.4.1.1 替代成本校正的虚拟嵌套法(DAVN)

在给定航班航节上,一位 ODF 乘客对航空公司整体网络收益的实际贡献必然小于或等于乘客行程的 ODF 票价之和。这是由于在给定航班航节上接受一名联程旅客,将失去(替代)在该 ODF 行程的下一(或上一)航节上接收其他旅客和相应收入的机会。

因而问题就变成:为实现 O—D 控制,如何计算每个 ODF 的网络收益贡献,并避免出现"收入值组合"方法基于总行程票价进行计算时的"贪婪"缺陷。目前许多用于航空网络收益管理系统的数学模型都可为这一问题提供解决方案。假设已给定航线网络上的座位容量以及航线网络上每个 ODF 的需求预测,则可使用某些成熟的网络优化技术,计算出每个航班航节的近似"收入替代成本"。此外,对于接收联程旅客后产生的"收入替代成本"的估算,仍可以使用简单很多的基于航节的 EMSR 模型(Belobaba,1998)。

不论采用何种数学模型估算航程中其他航班航节座位的"收益替代成本",都可以根据估算出的网络收入值,将 ODF 映射到虚拟舱位上。则对于联程航班,其航节 1 上 ODF 的网络收入值,就等于总 ODF 运价减去其余航节预期替代成本的和。如果预测联程航班的每个航节都有较高需求,那么每个航节的替代成本也会较高,这样就用"替代成本校正"减少了该 ODF 的网络收入值。如果网络价值较低,则该 ODF 在座位库存管理中会被映射到较低的虚拟舱位上,也就意味着供给联程旅客的座位可利用数减少。同时,单航节乘客(没有其他航节的替代成本)会获得较多的座位可利用数。

回到前面的小型航线网络例子,图 5.8 所示为基于总体收入值,如何将 15 个利用航班 LH100 从尼斯飞往法兰克福的 ODF 映射到 10 个虚拟舱位上。从尼斯至香港的 Q[①] 舱(即 Q NCEHKG)票价为 770 美元,原来应该映射在虚拟舱位 3 上。此外,如果严格按照总票价低则分配较少座位可利用数的原则,NCE—FRA 市场上的单航节全价 Y 舱应该被映射到虚拟舱位 6 上。假设预测出下一个航班航节 LH200 上有较高需求,且该航班航节上估计的替代成本为 400 美元;那么,航班 LH100 上

---

① 原文中此处就是 Q 舱,但译者认为原文有笔误,应该为 M 舱,即 M NCEHKG。图 5.8 中的示例也是正确的。——译注

按行程列出票价：

NCE/FRA	
舱位	票价(单程)/美元
Y	450
B	380
M	225
Q	165
V	135

NCE/HKG(经 FRA)	
舱位	票价(单程)/美元
Y	1 415
B	975
M	770
Q	590
V	499

NCE/JFK(经 FRA)	
舱位	票价(单程)/美元
Y	950
B	710
M	550
Q	425
V	325

NCE - FRA 航节上的 ODF 与虚拟舱位的映射关系：

虚拟舱位	收益范围	O—D 与舱位的映射	
1	1 200+	Y NCEHKG	
2	900～1 199	B NCEHKG	Y NCEJFK
3	750～899	M NCEHKG	
4	600～749	B NCEJFK	
5	500～599	Q NCEHKG	M NCEJFK
6	430～499	V NCEHKG	Y NCEFRA
7	430～429	B NCEFRA	Q NCEJFK
8	200～339	V NCEJFK	M NCEFRA
9	150～199	Q NCEFRA	
10	0～149	V NCEFRA	

替代成本校正

图5.8 替代成本校正的虚拟嵌套

Q NCEHKG 旅客的网络贡献值就会降到 370 美元,然后该 ODF 被重新映射到虚拟舱位 7 上。这样,Q NCEHKG 的座位可利用性被降低,甚至低于单航节、全价的 Y NCEFRA。

"替代成本校正的虚拟嵌套"或简称为 DAVN 方法实现了前文列出的 O—D 控制要达成的两个目标。"虚拟嵌套"根据总票价为联程和长途旅客增加座位可利用性;当预测构成联程航班的两个航节上需求旺盛时,其他航节的替代成本起到校正的作用,为两个单航节预留足够的座位可利用数。

5.4.1.2 底价控制

如采用"收入值组合"控制方法,当 ODF 的网络价值落到对应的收入值范围时,航空公司便接受该 ODF 请求。为了让一个虚拟舱位组合变为"可用",ODF 请求的收入值(出价)必须大于"最后一个"(即航班航节上可用且价格最低的)座位的期望

边际座位收入值。如将"网络价值"定义为 ODF 的总票价减去其他航节的替代收入时,则满足如下条件时接受 ODF 请求:

ODF 票价－替代成本 ＞ 航节上最后一个可利用座位的价值

通过简单变换,上述条件可以等价表示为以下两种形式:

ODF 票价 ＞ 最后一个座位的价值＋替代成本

或者

ODF 票价 ＞ ODF 的最小可接受"底价(bid price)"

这种基于"最低可接受票价"准则进行座位控制的方法被称为"底价控制"(bid price 控制)。bid price 控制和"收入值组合"方法使用相同的 O—D 控制概念和数学模型,只是控制机制不同——相对于"收入值组合"虚拟嵌套控制方法,低价控制却简单得多。航空公司仅需计算每个未来起飞航节上、每个座位的当前 bid price 值,并将之存储于其订座系统中。当一个 ODF 请求座位可利用性时,航空公司只需比较 ODF 票价与构成所请求行程的各航班航节的当前底价之和。不过航空公司的 RM 系统需要频繁地对航节的 bid price 进行重优化和计算,以防多个 ODF 请求使用一个 bid price,导致收益损失。与计算联程旅客的近似收入替代值类似,航节的 bid price 也可采用网络优化工具或基于航节的启发式方法,如 EMSR 模型,进行计算。

举例说明: bid price 控制

考虑由三个航节构成的联程服务 A—B—C—D,假设已计算出每个航节的底价,如下:

A—B: 50 美元   B—C: 200 美元   C—D: 150 美元

如果旅客请求的 ODF 仅为一个航班航节,如 B—C,则该 ODF 请求的座位可利用性为

B—C	bid price＝200 美元	可利用吗?
Y	440 美元	是
M	315 美元	是
B	225 美元	是
Q	190 美元	否

是否接收包含一个以上航节的 ODF 行程请求,需要比较 ODF 行程的总票价与组成该行程所有航班航节的 bid price 之和后才能确定:

A—C   bid price＝250 美元   可利用吗?

Y	500 美元	是
M	350 美元	是
B	260 美元	是
Q	230 美元	否

A—D	bid price＝400 美元	可利用吗?
Y	580 美元	是
M	380 美元	否
B	300 美元	否
Q	260 美元	否

这样一来,bid price 控制就能够为不同的 ODF 请求提供不同的座位可利用性结果。在这个例子中,底价控制成功拒绝了 A—D 的低收益联程旅客占用能产生更高收益的座位(如将座位卖给 A—C 和 B—C 的行程)。

5.4.2　网络收益管理的优化模型

如前所述,有很多种数学方法可用于计算网络替代成本及 bid price。针对航空公司航线网络收益管理优化问题的早期研究,建立了多种确定型网络线性规划(LP)方法,可求解由联程航班航节构成的网络上每个 ODF 的优化座位分配问题(Glover 等,1982;Williamson,1992)。对每一个 ODF 都分配座位的做法在实际生产中无法用于 O—D 控制,不过线性规划(LP)模型的对偶解提供的"影子价格"可用于对每个航班航节进行容量限制。给定每个 ODF 的最大化收入座位分配方案,在估算每个航节上边际座位的网络替代成本时,航节"影子价格"非常有用。

之后的研究扩展到运价舱位嵌套方向,包括为克服"确定型网络模型"的局限而提出的能预测每个 ODF 需求的随机性模型表示。1998 年 Bratu 发表了"概率型网络收敛"算法,用以估算航空公司航线网络上,每个航节上边际座位的网络收入贡献。该算法基于当前网络上剩余的座位库存,计算每个航节的"临界期望边际座位收入"(critical EMSR)值,同时考虑了 ODF 需求的随机性以及航班航节上 ODF 的隐含嵌套关系。"临界 EMSR"值可以在 DAVN 方法中作为网络替代成本使用,或者在 bid price 控制方法中直接当作 bid prices 使用。

对基于航节的收益管理或者网络收益管理,动态规划(DP)都是推荐的优化方法。Lee 和 Hersh(1993 年)与 Lautenbacher 和 Stidham(1999 年)分别给出了用动态规划(DP)在单航节座位库存控制问题中求解运价舱位的优化预订策略的方法。不同于前文所述的静态优化模型(假设针对某个运价舱位的未来需求在某个确定的时间段内抵达),动态规划模型允许票价舱位需求在整个可订座时间范围内分散到达。DP 优化模型的主要问题是计算复杂度过高,即所谓的"维度灾难",当变量维度增加时计算时间增加过快,因此在实际的 RMS 中只用于单航节问题求解,再者从计算资源角度,求解全航线网络 DP 问题依然不可行。

航空公司内部为网络收益管理研发大规模网络优化工具的工作进展相当缓慢。其主要原因是,多数第三代收益管理系统都以票价舱位及航班航节起飞日期方式组织、采集和存储订座数据,这导致很多航空公司没有详细的 ODF 预订历史数据,但该类数据是所有网络优化模型的必要输入。近年来,部分世界最大的航空公司纷纷建立了增强型数据处理平台,用于从订座记录中直接抽取和存储 ODF 层面最详细的订座数据。详细的 ODF 订座数据可用于在 O—D 票价舱位层面预测未来起飞需求,甚至可预测细到销售点(POS)及渠道层面的未来起飞需求。

近期在网络优化理论方面以及计算机硬件方面的巨大进展,使得利用网络优化工具解决大型航空公司的网络收益问题成为可能。不过航空公司还是有一些担忧,即收益管理分析师早已习惯了基于航节的方法,能否适应和用好网络优化方法需要考虑清楚。例如,使用基于航节的 RMS 时,收益分析人员很容易地判断给 Y 舱分配 8 个座位是否足够,但如使用网络型 RMS,判断某航节当前座位的 bid prices＝201 美元是高还是低就相当困难了。

因此一些航空公司并没有直接投产和实施现已成熟的网络优化模型用以进行 O—D 控制,反而退而求其次选择了可近似计算网络替代成本和航节 bid prices 的方式。一些启发式网络收益管理方法能够基于航节舱位或舱位组合计算 EMSR,并进而求出近似的替代成本和 bid prices。由于这类预测和优化模型能继续使用基于航节的数据,航空公司也就可以沿用现有的库存结构、数据库以及收益管理系统。另外,基于航节的舱位组合方法与航空公司目前使用的 RM 分析工作流程更加兼容,因而风险更小。这样,基于航节的启发式方法能够作为航空公司向 O—D 控制迁移的过渡方案使用(Belobaba,2002a)。

总体来说,网络收益管理系统的特性取决于它用以估算边际网络收入值优化模型的特征。航空公司有效实施网络收益管理系统,需要对数据库改造进行评估,预测模型必须以优化模块所需的细致程度产生对需求的估计,还要选择优化模型以及选择评估和控制 ODF 请求的方式。如图 5.9 所示,为了实现 O—D 控制,航空公司和收益管理系统供应商可选择多种方式组合所需的模块。下面简要介绍其中的 4 种组合方式,基本代表了网络收益管理最典型的实施方案。对航空公司来说,实现网络收益管理的每种方案都有不同的投入产出比(ROI),因而需要进行仔细权衡。这一点将在 5.4.3 节中进行详细讨论。

(1) 基于航节的"启发式 bid price/HBP"方法:基于总行程票价计算每个航班航节的组合收入值。使用该方法,需要按收入组合的结构准备历史预订数据、预测未来起飞的航班航节与收入组合的需求。采用 EMSRb 限制销售数方法控制本地(单航节)预订请求,而对联程票价请求则使用启发式 bid price 控制,即用每个航节

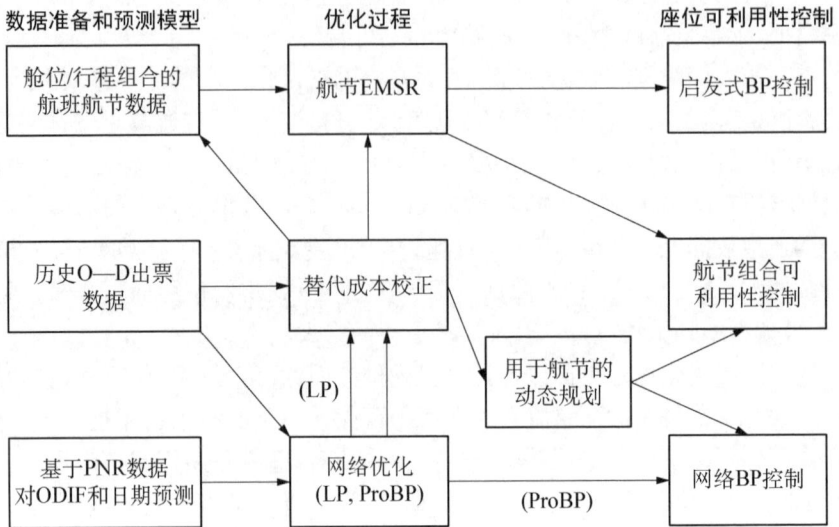

图 5.9　O—D 控制系统的组合方案

上边际座位的 EMSR 值计算其 bid price。

（2）替代成本校正的虚拟嵌套法（DAVN）：将针对 ODF 的需求预测作为确定性 LP 网络优化模型的输入，计算出每个航节的网络替代成本。然后根据虚拟舱位已经替代成本校正的票价值，将航班航节上每个 ODF 映射给某个虚拟舱位。再计算出每个航节/组合的 EMSRb 限制销售数，用行程所有航节的航节/组合可利用性来控制订座请求（即控制舱位是否开放）。

（3）概率性网络 bid price 控制（PROBP）：针对 ODF 的需求预测也可作为Bratu（1998）的"概率性网络 bid price 收敛算法"的输入，该算法能够产生航线网络上每个航班航节的最小可接受 bid price，订座过程中可根据当天的预订情况对这些bid price 做多次优化。预订请求的 O—D 票价与所有航节的 bid price 之和比较，以决定是否接受该请求。

（4）动态规划求解 DAVN（DAVN‑DP）：DAVN 替代校正舱位组合方法保持不变，将动态规划模型（而不是 EMSRb 方法）应用于每个航班航节，以计算虚拟舱位组合的可利用性。不过航节的替代成本仍然用线性规划 LP 网络优化器进行估算。需注意，动态规划 DP 仅作为基于航节的优化方法使用。

5.4.3　O—D 控制带来的收益优势

为了测试不同的优化和控制机制下 O—D 控制所带来的好处，专家学者对不同类型的航空公司航线网络进行了模拟实验（Williamson，1992；Belobaba，2002a）。他们发现，如果一家航空公司已经有效地应用了第三代基于航节的收益管理系统，那么当他迁移到第四代具有 O—D 控制功能的收益管理系统后,将获得 1%～2%的收益提升。也就是说,航空公司有效应用超售与票价舱位组合优化工具可获得 4%～6%的收入增长,应用 O—D 控制可让总收入再增长 1%～2%。

图 5.10 展示了"旅客 O—D 模拟器"(PODS)对几种 O—D 控制方法的效果进行模拟后输出的结果。模拟基于某具有大型航线网络并若干竞争航空公司的联程枢纽,比较了几种 O—D 控制方法与基于航节的 EMSR 票价舱位控制方法的效果(Belobaba,2002b)。

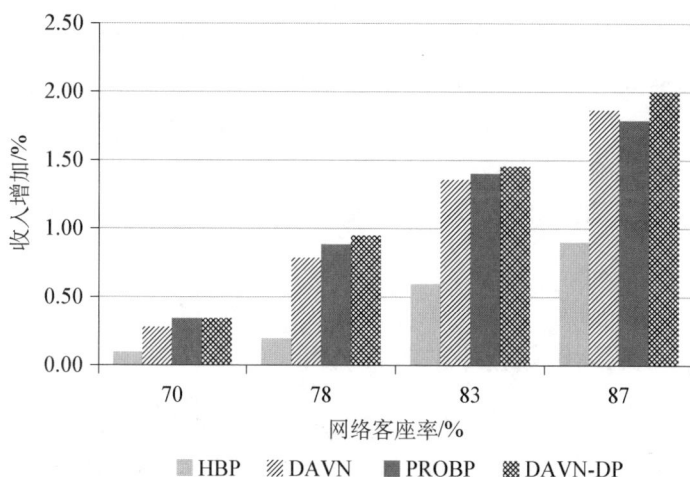

图 5.10 O—D 控制带来的收益增长模拟结果

图中比较了四种常用的 O—D 控制方法在收益提升方面的效果。对比以第三代收益管理系统(即使用 EMSRb 限制销售数的航节票价舱位控制方法)作为基准。

图 5.10 给出的模拟结果表明,O—D 控制提升收益的潜在效果,可使总收入增加 0.5%至 2.0%不等,结果取决于被模拟枢纽网络上的平均客座率。也就是说,当某个时段进出枢纽机场的平均客座率为 70%左右,则 O—D 控制可为航空公司带来 0.3%的网络收益增长。进入高峰期后,枢纽机场的平均客座率达到 87%,那么最有效的 O—D 控制可让航空公司总收入增加近 2.0%。如果平均到一年,假定使用近年来的行业平均客座率值为 85%,那么一家大型网络枢纽型航空公司使用 O—D 控制获得的加权平均收益增长肯定会超过 1%。实施难度和成本较低的启发式 bid price 方法(HBP)能够获得其他两种需要 ODF 预测和网络优化的方法一半左右的收益增加量。

即使应用网络收益管理只带来 1%的收益增加,也足以支撑全球前 20 家大型航空公司实施或研发收益管理的 O—D 控制功能。对年销售收入超过 50～100 亿美元的大型网络型航空公司而言,成功实施网络收益管理功能后每年可增加收入

5 000万美元~1亿美元(基于航空业的成本特点,增加的这部分收入实际上就是纯利润)。即使是最复杂、最成熟的网络收益管理系统,它们的实施成本依然较低,因而回报期也就非常之短。

除了能使收入增长,还有很多其他好处促使航空公司向网络收益管理方向迁移。在第3和第4章中曾经提到,需求是由O—D市场而不是航班航节定义,产品定价也是基于O—D市场层面制订的。因此收益管理过程按O—D行程进行预测和优化也就顺理成章,同时航空公司在分销过程中,也可根据不同的ODF和航线网络预期收入的差异控制座位库存的销售。

然而,目前全球航空公司实施网络收益管理理念的步伐依旧缓慢,但航空业近来的一些进展使得网络收益管理对航空公司实现收入最大化愿景变得更加关键。全球最大的航空公司早已表明将进行网络收益管理系统的研发与实施。同时随着越来越多的航空公司实现了O—D控制能力,落后的航空公司很快就会意识到,如果没有网络收益管理能力,在激烈竞争的市场上自己很快就会处于非常不利的地位。

5.5　简化限制的运价结构下的收益管理

如4.2节所述,航空公司采用的差异化定价原则使得运价结构日益复杂,为应对这种情况而发明了航空收益管理系统。然而最近以来,这种初始设计,通过使用限制条件控制支付意愿从而区分商务和休闲乘客的运价结构,在很多航线市场上已经被更少限制条件的简化运价结构所替代。由于全世界航空公司在定价实践方面发生了巨大变化,人们不禁要问,现有的收益管理系统是否还能像过去那样有效地管理航空公司的座位库存?

事实上所有现有收益管理系统,不论是航空公司自己开发的还是从软件供应商处购买的,都是20世纪80、90年代,在受限运价结构环境下以最大化航空公司收益为目标而设计和开发的。其预测和优化模型的基础都是假设每个票价舱位的需求都是独立、不相关的,并假定限制条件能够阻止不同运价产品之间的需求发生转移。但伴随着较少限制的运价结构出现与发展,客户更愿意购买预订时可用的最低票价产品。虽然运价产品间需求无关的假设一开始就不全对,但在简化运价结构下这种假设更站不住脚。

如果不对收益管理系统使用的预测算法进行重大调整,那么收益管理系统在简化的票价结构下实现收益最大化的效果就会严重下降。当更多的旅客购买最低(较少限制)票价产品时,收益管理的历史数据库中记录到的高票价舱位预订就会减少,因而在未来航班上,旅客对高价产品的真实支付意愿需求就会被低估,然后导致更多的座位以低价卖出,并循环往复。这种RMS的"恶性循环"称为"价格漩涡"。如任其发展,会造成高票价座位数保护不足,低价座位超量销售,最终使航空公司损失大量收益。

当人们发现在较少限制的运价结构下,原本用于限制低价座位销售的座位库存控制方法的收益杠杆效应实质上使"价格漩涡"效应更加严重后,对于收益管理系统进行调整的愿望就更加迫切了。很明显,如果没有强有力的规则按旅客支付意愿进行市场需求细分,航空公司能让高支付意愿旅客都购买高价产品的唯一办法只能是限制低价舱位的座位可利用性。如果失去了大多数能有效细分需求的运价限制手段,航空公司必须在更大程度上依赖于剩余的限制条件——通过收益管理在低价舱位上设置限制销售——其目标仍然是为那些较晚预订且愿意支付高价的乘客预留座位。唯一的不同在于较少限制的运价结构下,座位库存控制对最大化收益更加关键。

当前收益管理研究的重点在于开发适合较少限制或无限制运价结构的模型。这类研究的目标是:在确认对不同运价产品的需求并非独立和无关这个原则的前提下,探索适合各种各样的现有及未来竞争价格环境的模型。这一最新的收益管理研究方向已经取得成功,其中包括新的需求预测方法,库存优化方法以及对旅客支付意愿的预测方法。

5.5.1　基于支付意愿预测需求

在一个完全无限制或无差异的运价结构中,旅客必然会购买可利用的最低票价。如前所述,基于这样的历史预订数据预测未来需求会导致"漩涡"效应。因而我们需要一种新的预测方法,能够基于每位旅客可能的支付意愿预测每个运价舱位上的需求,这与根据旅客在以前航班上被允许支付的金额进行预测的方式正好相反。Belobaba 和 Hopperstad(2004)给出了上述方法的一种实现——称为 Q 预测("Q-forecasting")。

Q 预测方法的设计目标是避免"价格漩涡"问题,该问题由未作差异化的运价舱位之间的相互影响所造成。其基本想法是,只预测最低舱位的潜在总需求,并将旅客支付高票价的意愿纳入考量,然后根据收益管理系统给出的条件适时地关闭低票价舱位。预测模块首先基于旅客"超买"比例的估计,重新对历史订座数据中所有的舱位进行分类,并得出最低舱位上可能的等效需求。然后基于这些超买比例,将整体的可能需求逐级分给上一个较高舱位,并考虑期望的支付意愿。

在现实中,多数航空公司的运价结构既不会完全没限制,也不会完全受限,而是根据需求细分的要求处于"精简的限制"或者半受限的状态。Boyd 和 Kallesen(2004)提出了一种预测方法,能够区分价格导向型(低价的)需求——只购买可利用的最低票价和产品,以及产品导向型(可伸缩的)需求——愿意为产品的特定属性或因较少使用限制而支付较高票价。他们建议,在 RMS 数据库中识别价格导向型和产品导向型需求,能使航空公司分别预测出两种需求,并将之混合为一种"混合型"预测结果。

混合预测方法最适宜用在半受限型运价结构中,这类运价结构以使用限制条件区分高价舱位和低价舱位,但低价舱位之间并无差异。混合预测的基本思路是将所有的历史预订分配到两个需求类型中,然后针对每个类型应用恰当的预测方法。在收益管理系统预处理历史订座数据时,如果旅客在订座当时就选择了可用的最低票价,则这类旅客被认为是价格导向的;如果在旅客订座时还有更低的舱位可选但旅客购买了较高的票价产品,则这类旅客被认为是产品导向的。传统基于时间序列统计模型的 RM 预测模块可用于预测产品导向型需求,Q 预测方法则可用于价格导向型需求。

Q 预测及混合预测都对早前的收益管理预测方法提供了重大改进。由于在需求预测过程中显式考虑了"可能的超买",就使避免在原来较少限制的运价结构下必然出现的"价格漩涡"效应成为可能。在半受限运价结构下的模拟测试说明,混合预测方法至少可提升航空公司收入 2%(Reyes,2006)。如图 5.11 所示,如果航空公司在最低价舱位 6 上接受的预订请求较少,就能将旅客预订需求"挤到"较高的运价舱位上。此时,平均客座率会出现轻微下降,但平均利润率的提升会使收入增加。

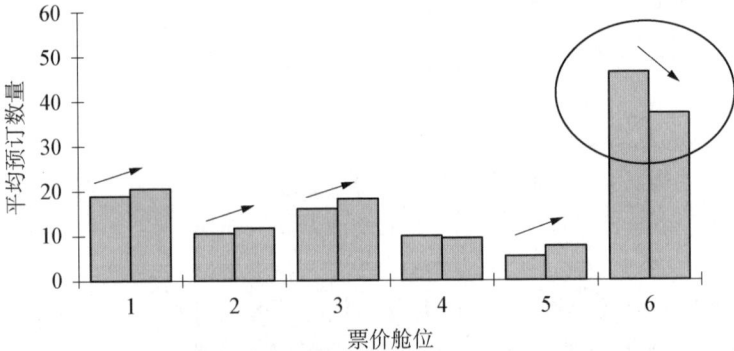

图 5.11　混合预测过程对运价舱位组合的影响

5.5.2　边际收益优化：运价调整理论

前文所述的支付意愿预测方法可以帮助航空公司收益管理系统避免在限制较少的运价结构中"价格漩涡"效应的出现,不过仅通过支付意愿预测需求的改进并不足以确保收益最大化的目标实现,特别是当航班容量的供给大于需求时更是如此。在给定运价结构下,收益管理优化程序要时常根据预订情况做出调整,以防旅客购买低票价的倾向出现。"运价调整"和边际收益优化的概念由 Fiig 等人在 2010 年提出,使航空公司可以根据旅客降价购买的情况,对现有收益管理的优化模型做适当的调整。

Fiig 等人(2010)在论文中提出了"边际收益转换"模型,发现在某些较少限制的运价结构中,即使能预测到航班上会剩下一些空座,为最低票价舱位预留的这些座位仍会对航空公司的收益造成负面影响。这种情况说明,虽然为最低票价舱位预留的每个座位都定然能被卖掉,但一个座位是卖给只愿花 100 美元的增量客户,还是卖给原本要花 300 美元的存量客户,对航空公司收入而言有巨大差别。假如该座位由后者购得,那么事实上预留该座位给最低票价所得边际收入为负,这是因为原来花 300 美元的客户必然会以 100 美元购买该座位,客户"低买"造成预期收入减少 200 美元。

从收益最大化角度考虑,这个具有负边际收益值的座位不该预留给低价舱位库存。因而"运价调整方法"的基本假设是,由于会造成较大"低买"风险,在输入座位分配优化模块时,应当调低低价舱位的收入价值。通过降低这些舱位的输入收入价值,座位分配优化模块就能够减少低价舱位的座位可利用性,并提早关闭这些低价舱位以鼓励超买。这种票价调整理论,可用于各式各样的收益管理系统之中,并几乎可用于所有类型的运价结构。

由于"边际收益转换"理论能够让航空公司继续使用传统的收益管理系统及相关的优化算法和控制机制——这些系统的大部分在 20 多年前设计和开发,他们的基础性假设都是运价舱位的需求相互独立且各不相关——因此航空公司认为该理论对于收益管理实践非常重要。边际收益转换理论及据此实现的运价调整方法既可用于静态与动态优化模型,也可以用于求解基于航节的或者网络型 RM 问题。

以上介绍的这些新预测和优化模型都需要以乘客支付意愿估算作为输入——通常以"超买"可能性、价格弹性或支付意愿曲线形式提供。实践证明,准确计算这些输入数据是研究者面临的最主要挑战。由于历史订座数据中通常缺乏"超买"信息,并且实际的超买行为都有很大的不确定性,即便在统计学上可行,按 O—D 市场、班期和起飞时间详细预测指定超买的可能性也非常困难。近期的研究提出了几种简单估算方法,但即使在简化后的模拟环境中,针对整个市场的超买概率估算也必不可少,正如 Boyer(2010)证实的那样。

随着全球航空市场上越来越多的航空公司转向采用较少限制的运价结构(甚至某些公司使用多价格水平下的无差别运价结构),很明显对于那些想追求收益最大化的航空公司来说,收益管理系统将起到越来越重要的作用。这一论断不仅适于那些面临新兴低价竞争对手的传统航空公司,也适于低价航空公司自身。如前文所述,基本上所有的低价航空公司都采用了某种形式的差异化定价方式,即在同一航班上提供多种不同的价格。虽然某些最新成立的低价航空公司尚未实施成熟的 RM 系统,但几乎所有的大型全服务航空公司及多数成功的廉价航空公司都早已意识到了 RM 对于实现收益最大化的重要意义。

对传统航空公司而言,为了在与廉价航空公司正面竞争的市场上占有一席之地,就必须有效管理座位库存,因而成熟和精细化 RM 能力就变得至关重要。同时,他们在航线网络上有效管理座位库存也就变得十分重要,尤其要管好那些既服务于采用较少限制运价结构的低价市场,又服务于传统使用限制型运价结构的联程 O—D 市场的航班。将新研制的支付意愿预测和边际收益优化算法融入先进的网络 RMS 之中,使网络枢纽型航空公司能在为乘客提供更优的座位可利用性同时,获得更高的全航线网络收益贡献。

参 考 文 献

Belobaba, P. P. (1987) *Air travel demand and airline seat inventory management*. Ph. D. dissertation, Flight Transportation Laboratory Report R87 - 7, Massachusetts Institute of Technology, Cambridge, MA.

Belobaba, P. P. (1989) *Application of a probabilistic decision model to airline seat inventory control*. Operations Research, 37,183 - 197.

Belobaba, P. P. (1992) *Optimal versus heuristic methods for nested seat allocation*. Presentation to AGIFORS Reservations Control Study Group Meeting, Brussels, Belgium.

Belobaba, P. P. (1998) *The evolution of airline yield management: fare class to origin-destination seat inventory control*. Handbook of Airline Marketing, McGraw-Hill, pp. 285 - 302.

Belobaba, P. P. (2002a) *Airline network revenue management: recent developments and state of the practice*. Handbook of Airline Marketing, 2nd edn, McGraw-Hill, pp. 141 - 156.

Belobaba, P. P. (2002b) *O&D control: what have we learned?* Presentation to IATA Revenue Management and Pricing Conference, Toronto, Canada, October.

Belobaba, P. P. and Hopperstad, C. (2004) *Algorithms for revenue management in unrestricted fare markets*. Presented at the Meeting of the INFORMS Section on Revenue Management, Massachusetts Institute of Technology, Cambridge, MA.

Belobaba, P. P. and Weatherford, L. R. (1996) *Comparing decision rules that incorporate customer diversion in revenue management situations*. Decision Sciences, 27,343 - 363.

Boyd, E. A. and Kallesen, R. (2004) *The science of revenue management when passengers purchase the lowest available fare*. Journal of Revenue and Pricing Management, 3(2),171 - 177.

Boyer, C. (2010) *Statistical methods for forecasting and estimating passenger willingness to pay in airline revenue management*. Unpublished Master's thesis, Massachusetts Institute of Technology, Cambridge, MA.

Bratu, S. (1998) *Network value concept in airline revenue management*. Master's thesis, Massachusetts Institute of Technology, Cambridge, MA.

Fiig, T., Isler, K., Hopperstad, C., and Belobaba, P. (2010) *Optimization of mixed fare structures: theory and applications*. Journal of Revenue and Pricing Management, 9(1/2), 152 - 170.

Glover, F. , Glover, R. , Lorenzo, J. , and McMillan, C. (1982) *The passenger mix problem in the scheduled airlines.* Interfaces, 12,73 – 79.

Lautenbacher, C. J. and Stidham, S. J. (1999) *The underlying Markov decision process in the single-leg airline yield management problem.* Transportation Science, 33,136 – 146.

Lee, T. C. and Hersh, M. (1993) *A model for dynamic airline seat inventory control with multiple seat bookings.* Transportation Science, 27,252 – 265.

Littlewood, K. (2005) *Special Issue Papers: Forecasting and control of passenger bookings.* Journal of Revenue & Pricing Management, 4,111 – 123 (AGIFORS Symposium Proceedings, 12, Nathanya, Israel, 1972).

McGill, J. I. and Van Ryzin, G. J. (1999) *Revenue management: research overview and prospects.* Transportation Science, 33,233 – 256.

Reyes, M. (2006) *Hybrid forecasting for airline revenue management in semi-restricted fare structures.* Unpublished Master's thesis, Massachusetts Institute of Technology, Cambridge, MA.

Rothstein, M. (1985) *O. R. and the airline overbooking problem.* Operations Research, 33,237 – 248.

Smith, B. C. and Penn, C. W. (1988) *Analysis of alternative origin-destination control strategies.* AGIFORS Symposium Proceedings, Vol. 28, New Seabury, MA.

Smith, B. C. , Leimkuhler, J. F. , and Darrow, R. M. (1992) *Yield management at American airlines.* Interfaces, 22,8 – 31.

US DOT (2014) *Air Travel Consumer Report.* Office of Aviation Enforcement and Proceedings, Aviation Consumer Protection Division, Washington, DC, February.

Williamson, E. L. (1992) *Airline network seat inventory control: methodologies and revenue impacts.* Ph. D. dissertation, Flight Transportation Laboratory Report R92 – 3, Massachusetts Institute of Technology, Cambridge, MA.

6　航空公司运营成本与生产率度量

Peter P. Belobaba

　　随着对航空业的管制放松以及全球航空市场自由竞争日益加剧,控制运营成本,提高生产率成为航空公司保持营利能力的关键所在。而低成本航空公司的出现及他们的快速成长和成功,很大程度上是因为他们实现了相对于传统全服务航空公司更低的运营成本以及高得多的生产力水平。作为应对措施,传统航空公司不得不寻找降低其运营成本以及提升他们的飞机和员工效率的方法。

　　本章主要讨论航空公司运营成本及生产率度量。6.1节介绍后文使用的成本和生产率的主要数据来源——美国运输部(DOT)41号表格,即交通运输与财务统计。此外本节还描述了在对航空公司运营成本进行分类时遇到的一些挑战,以及在探索替代分类方案方面的一些进展。

　　第6.2节提供了航空公司运营成本的详细对比,对航空公司的总运营成本进行分类,并根据分类对比了美国传统航空公司及低成本航空公司的运营成本,然后对不同类型商用飞机的运营成本做了比较。作为背景知识,本节简要讨论了"低成本航空公司(LCC)业务模型"的主要特征。第6.3节侧重于航空公司单位成本,对其进行了解析,并进一步比较了美国国内公开的单位成本数据,包括传统和低成本航空公司的数据。最后,6.4节描述了一种航空业通用的度量飞机与员工生产率的方法,并介绍了美国航空公司在生产率度量方面的最新趋势。

6.1　航空公司的成本分类

　　本节介绍对航空公司在提供航空运输服务时须承担的运营成本的分类方法。为了能清楚地解释,我们主要采用美国运输部 DOT 41 号数据库中的数据(US DOT,2014)——这是由美国的航空公司向美国运输部提交的运输量、财务以及运营成本的数据报告,该报告内容翔实且容易理解。在全世界公开发布的所有航空公司数据资料中,该数据库的数据量及数据详细程度,特别是与航空公司运营成本有关的数据内容方面都是最好的。事实上,其他任何国家都未向公众(当然包括航空公司的竞争对手)公开如此详细的航空公司运营成本数据。确实有一些公开的全球航空运营成本数据,但汇总程度都很高而用处不大,也包括国际民用航空组织(ICAO)年报中的"F 系列"财务数据(ICAO,2007a)。我们用该数据展示成本分类方法间的差异,并比较航空公司运营成本变化的整体趋势。

在美国运输部 41 号数据库中,运营成本数据来自美国航空公司的报告,其中大部分数据表格每季度公布一次。对不同类别的成本支出,报告的详略程度也有所不同。例如,要求航空公司按照具体的飞机型号(如波音 757—200)及运营区域(如美国国内、拉丁美洲、大西洋以及太平洋地区),按每个日历季度报告飞机的运营费用。其他一些费用则难以按机型分类,如机场处理旅客和行李的地面运营成本,只能按整个系统累计的总额报告。

尽管从 20 世纪 40 年代初期开始,对 41 号表格的报告要求一直在试图推行"统一会计账目体系"(民用航空委员会,1942),但航空公司始终采用不完全"统一"的会计记账方式和成本分配方案。因此某些情况下,由于采用了不同的成本会计规则,航空公司内部的运营成本差异或者年度成本趋势与运营成本绩效之间会存在巨大的差异。

6.1.1 行政类和功能类成本

航空公司成本分类的一种方式是"行政成本分类",是在许多行业中采用的典型财务会计表述方式。41 号表单数据库中行政成本分类由下列独立报表构成:

(1)所有人员,包括一般管理人员、飞行人员、运行维修人员、飞机和交通管理人员以及其他工作人员的工资及相关福利。

(2)购买各种物资,如飞机燃油、润滑油,维修材料,旅客餐食及其他材料的成本。

(3)购买服务,如广告和促销活动、通信、保险、外部委托维修服务、佣金及其他服务的成本。

(4)其他类别包括着陆费、租金(包括飞机)、折旧(包括飞机)以及其他花费。

行政成本分类是一种典型的财务表述方式,它表示航空公司的投入,即花费在劳动力(工资)、材料以及服务等方面的资金,而航空公司的输出是其"产品"。图 6.1所示为 2013 年美国航空公司成本中的行政成本类别构成比例。行政成本类别虽然与通用会计准则保持一致,但它不支持对构成航空公司运营的具体活动及航空公司成本的具体项目进行详细分析。

举例来说,"工资与福利"类目中一些重要子类是无法分离出来的,其中最重要的一个子类是飞机机组成本。实践中,总飞机运营成本(AOC)中包括工资(飞行员和维修人员)、材料(燃油和备件)以及服务(保险)。但在行政成本类别下,很难将工

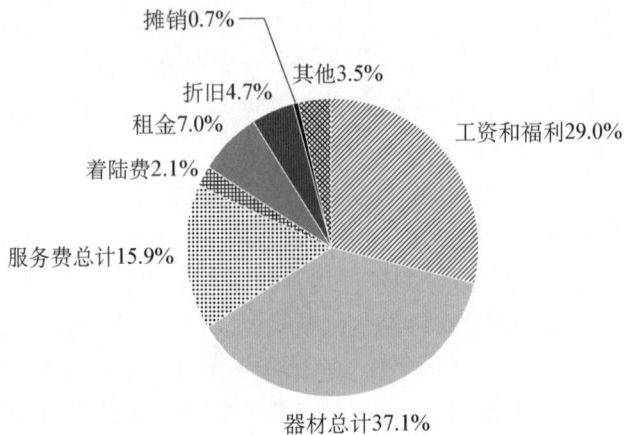

图 6.1　2013 年行政管理成本的分配（数据来源：美国交通部 2014）

资、材料和服务这些与飞机运营紧密相关的子类清晰地分离出来，这正好与地面运营成本的情况完全相反。

另一分类方法是定义"功能性"的成本分类，按航空公司运营过程中的不同功能进行成本分配。航空公司的三个主要功能成本类目分别是飞机运营成本，地面运营成本以及系统运营成本（Simpson 和 Belobaba，2000）。

"飞机运营成本"包括与运营航班相关的所有花费，也称为是"直接运营成本"（DOC）或"航班运营成本"。飞机运营成本是航空公司运营成本中的最大组成部分（历史上常能占到一半左右），并按照整个航空公司机队的轮挡小时数合计进行分摊。41 号表数据库中，下列各项构成了飞机运营成本（美国交通部，2014）。

（1）飞行运营：该功能支出由"飞机在飞行过程中产生的直接成本，包含了与航班机组及燃油相关的所有成本"组成。

（2）维修：维修支出是飞机及设备产生的"所有直接和间接的花费，尤其是与维修及保养相关的费用"。

（3）折旧和摊销：该功能是将航空公司资产——特别是飞机——的资金成本分摊到其预期的使用寿命中。

"地面运营成本"是机场处理旅客、货物和飞机的成本或航空公司进行座位预订与机票销售的成本，以及在向消费者提供运输服务时直接产生的成本。地面运营成本的三个主要组成部分如下：

（1）飞机服务成本，飞机地面作业时产生的飞机服务成本，包括着陆费。

（2）运输量服务成本，机场处理旅客、行李及货物产生的成本。

（3）预订与销售成本，航空公司预订中心及售票处的预订和销售成本，还包括支付给旅行社的佣金及分销系统费用。

"系统运营成本"是除去地面运营成本以后，剩余的间接运营成本。这类成本与提供运输服务没有直接的关联,更多的是公司间接支出。例如,广告成本的支出是为了增加整个系统的收益,而机上旅客服务支出包括餐食、娱乐以及客舱和机组人员的成本。行政管理支出是用于航空公司整个系统的一般管理性质的支出成本(生产设备的维护和检修管理成本除外)。系统运营成本的主要组成部分可以归纳如下:

(1)旅客服务成本,包括餐食、客舱乘务人员成本以及机上服务成本。

(2)广告与宣传花费。

(3)一般及行政管理花费,通常与特定活动无关。

(4)运输相关支出项目是指与"产生运输相关收益"有关之成本(美国交通部,2014)。该项成本包括支付给区域型航空公司合作伙伴的地区性航空服务费用、超重行李费以及其他杂项支出。

图 6.2 所示是 2013 年美国航空公司报告的运营成本按功能分类的情况,可与图 6.1 中的行政成本分类进行直接对比。概括一下,行政与功能成本的分类模式代表了划分航空公司运营成本的两种不同的基础方法。虽然行政分类方法在财务报告及其相关分析方面非常有用,但基于功能分类的方法却能为各航空公司、甚至各个不同机型提供更详细的成本对比。

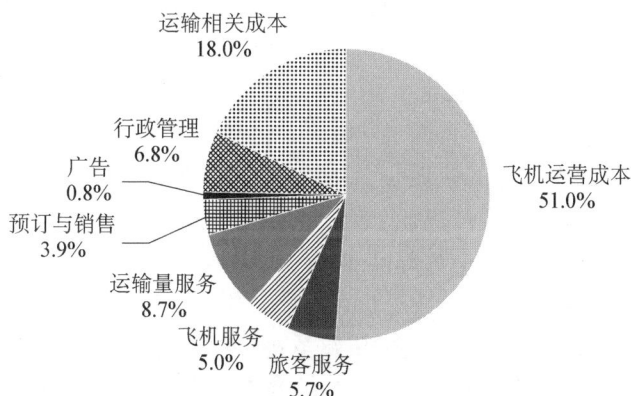

图 6.2 2013 年功能成本的分配(数据来源:美国交通部 2014)①

当然,航空公司运营成本按照功能分类的具体分布取决于每一类别中所包含的成本要素的具体定义。不同企业或实体间,因其进行成本分析的视角或历史习惯不同,所采用的成本分类方法会存在一些差异。长久以来国际民用航空组织(ICAO)提供的航空公司成本分类法被当作国际标准方法使用,ICAO 要求其成员国以标准化形式提交该国航空公司的年运营成本报告(除各项交通运输量及财务数据外)。ICAO 成本分类如图 6.3 所示,并在很多方面与美国 41 号表的功能性分类方法以及

① 四舍五入存在误差,原书如此。——编注

航班直接运营成本

航班运营（总计）
航班机组
燃料和油料
其他
维护和检修
折旧和摊销

间接运营成本

使用费和场站支出（总计）
着陆以及机场相关费用
其他
旅客服务
票务、销售以及推广
综合、行政管理以及其他

图 6.3　ICAO 航空公司运营成本的分类（摘自 ICAO（2007b））

全球航空公司及监管当局所采用的分配方案结构类似。

不过还是有一些差别存在。对能否与 41 号表中美国航空公司报告的运营成本进行详细对比影响最大的是 ICAO 的分类方法的汇总程度更高。上述美国 41 号表的功能分类中，很多情况下，航空公司必须报告更详细的成本分配数据。例如，41 号表将"维修"类成本又分为"直接机身维修""直接引擎维修"以及"维修负担"（间接费用）几个子类。而 ICAO 的数据并不是这样，它将所有的"维修和检修"花费归到单一的成本类别之中。这样，要对美国及美国以外航空公司的维修成本做比较，只能在更高的聚合层面进行。不过总体来说，用国际民航组织分类方案中的"直接飞机运营成本"与上述功能成本分类进行比较还是相对合理的。

仔细研究国际民航组织的"间接运营成本"分类，还能进一步发现两者间的差异。ICAO 的分类方法没有将"场站花费"细分为"飞机服务"和"交通服务"子类，而美国交通部将其归入地面运营成本中。ICAO 将着陆费和机场收费都归到场站支出这类中，类似于美国交通部将着陆费归到飞机服务花费分类中。某些情况下，将着陆费归入地面运营成本的"飞机服务"类中是合理的，但在另一些情况下（如欧洲大型航空公司）直接将着陆费划入飞机运营成本分类，因为没有着陆飞机就无法完成一个航班的运营。

ICAO 的分类方法还将全部"出票、销售及推广"成本归为单独一类，而美国 41 号数据表将广告成本从分销成本（订座、出票及分销系统费用）中分离了出来。在"旅客服务"项目下，这两种分类方法都包含了客舱服务人员（航班乘务）的成本。因而，无论美国交通部还是国际民航组织都没有将客舱乘务人员的成本列入飞机运营成本中，其理由是不同的航空公司运营同样机型时，为实现不同等级的旅客服务会配置不同数量的客舱乘务人员(必须大于等于最小安全人数)。如将客舱乘务人员的成本放到飞机运营成本中,可能会影响与飞机相关的运营成本对比。不过,欧洲联合航空管理局(JAA)在过去将所有客舱乘务人员成本归入飞机运营成本,他们这样做的理由是如果飞机上没有乘务人员,客运航班就无法运营。

以上这些例子都说明对航空公司进行成本分类困难重重,并且也不存在完全"清晰"或完全能自圆其说的定义。航空业内,很多现有的运营成本分类依据以及成本分配和报告方式都是在历史中形成的。还好,我们用来进行成本详细分析的美国41号表与全球航空公司通用的 ICAO 成本标准之间的差别,很多只是聚合程度不同,或在某些不同分类上成本分配的小差异。总体来说,成本分配方案的结构大体相同。

6.1.2　功能类成本的驱动因素

按功能分类的运营成本报表通常是依据航空公司各种成本的"驱动因素"或某项具体活动所产生的类似花销。成本动因大部分来自历史惯例,不过多数情况下,它们都比较直观并具有经济学上的含义:

(1)飞机运营成本以及所有此分类中的支出都按照"每轮挡小时"统计,这样做的前提是,假定绝大部分飞机运营支出都直接与飞机被使用的时间长短相关。

(2)飞机服务成本按每次飞机起飞为单位汇总,前提是假定这些花销是每次为飞机起飞做准备时(飞机清洁、燃油以及起飞调度等)产生的。

(3)运输量服务成本按客运航空公司每位登机旅客为单位统计,因为这部分支出用于在机场处理旅客及其行李。

(4)旅客服务成本按收入客公里(RPK)进行统计,反映出距离越远,对特定旅客整个行程中的机上服务成本就越高。

(5)预订与销售成本按收入的百分比统计,假设这一分类的成本与航空公司产生收入的过程直接相关。

(6)其他间接成本和系统管理费用按照占总运营成本的百分比统计,因为难以按功能分类对其进行更具体的划分。

上述方法都是报告及比较不同成本分类的最常用方法,另外还有用于度量总运营成本的更加汇总的方式,即"单位成本"或"CASK"(也就是每 ASK 的成本)。其他的比较方式还有,例如根据每位登机旅客的总运营成本或收入客公里(RPK)统计和对比。不过在使用不同的航空公司运营成本度量方法时,还需考虑被比较的不同类型航空公司及其不同类型航线网络或运营模式,否则可能得出错误的结论。后面章节还会对各种汇总成本度量方法中可能的出错点做一些探讨。

6.2　运营支出对比

在本节,我们使用上节介绍的功能成本分类及典型的成本动因方法,实现几种不同类型的航空公司运营成本的对比方式。本节首先仔细研究功能成本分类中航空公司运营成本的分布情况,并比较近些年来的一些变化,包括对美国及美国以外航空公司的对比。接下来会更加详细地分析飞机运营成本分类,对不同机型的飞机成本进行对比。本节的目标不光是简单地描述成本比对的方式、介绍其最近发展趋势,还要洞悉在对比基准不一致的情况下进行分析时,可能会遇到的容易出错之处。

6.2.1　运营支出的详细分解

根据 6.1 节介绍的功能成本分类方法,我们可采用图 6.2 所示的 2013 年美国航空公司运营成本细目,来检验此前介绍过的航空公司三类主要成本。

(1)"飞机运营成本"占航空公司总运营成本的 51%,这是按照图 6.2 中美国交通部 41 号表的分类方法报告的数据。同时从历史上看,航班运营成本(AOC)始终占总运营成本的一半左右;过去几年中略有变化的原因主要在燃油价格的剧烈波动。

(2)"地面运营成本"占总运营支出的 17.6%,可细分为如下几类主要功能成本:飞机服务(5.0%)、运输量服务(8.7%)以及预订与销售(3.9%)。虽然在历史上这一类成本的占比曾高达 30%,但过去 20 年中预订与销售成本显著降低(并且其他类别的占比有所提升)使该类成本占比大幅降低。这反映出对旅行社佣金设定上限的效果以及通过互联网分销航空机票降低分销成本的效果。

(3)"系统运营成本"囊括了剩余的 31.3%[①],其中包括旅客服务(5.7%)、广告(0.8%)、行政管理(6.8%)以及与运输相关成本(18.0%)。在近期这一类成本的占比大幅上升,而历史上该类成本只占总运营成本的 20% 左右。另自 2003 年起,美国交通部要求航空公司上报从支线航空公司购买运力的花费,并归入"运输相关成本"。因此,系统运营成本占比的增长可归因于两个方面,一是上报规则变化,另一则是美国网络型航空公司更多地使用支线合作伙伴来提供运力。

这项关于"运输相关成本"上报的强制性改变,也影响了对比不同时期,总成本中不同类别成本占比的一致性与有效性。2013 年美国航空公司上报的运输相关成本占总运营成本的 18%,而 2003 年这一数字是 13.0%。运输相关成本所占比重的增加导致了所有其他类别成本占比的下降,也使对航空公司运营成本细目是如何随时间变化的分析变得更加困难。此外,因运输联程旅客而向合作伙伴(大多数为支线航空公司)支付运输相关费用,使得航空公司自身对于这部分航班运营成本不了解。

基于这些原因,针对在全世界不同区域内运营的航空公司、在一定时间跨度上进行运营成本组成的对比时,更合理的方法是在运营成本分解过程中把运输相关的

---

① 原作为 39.7%,应为 31.3%。——校注

成本剔除掉。如此一来,我们就能清晰地展示航空公司运营成本构成的近期变化了。

　　图 6.4 列出了 2003 及 2013 年总运营成本按类目分解的结果,并剔除了与运输相关的成本支出。自 2003 年以来,成本比例变化最明显的是飞机运营成本占比的增长,从 2003 年的 52.7% 增加到 2013 年的 61.9%,主要由于航空公司燃油成本的大幅上升。特别是在 2008 年以来燃油价格快速上涨并达历史新高,完全抵消了航空公司其他类别成本下降的努力(如劳动力成本的降低)。

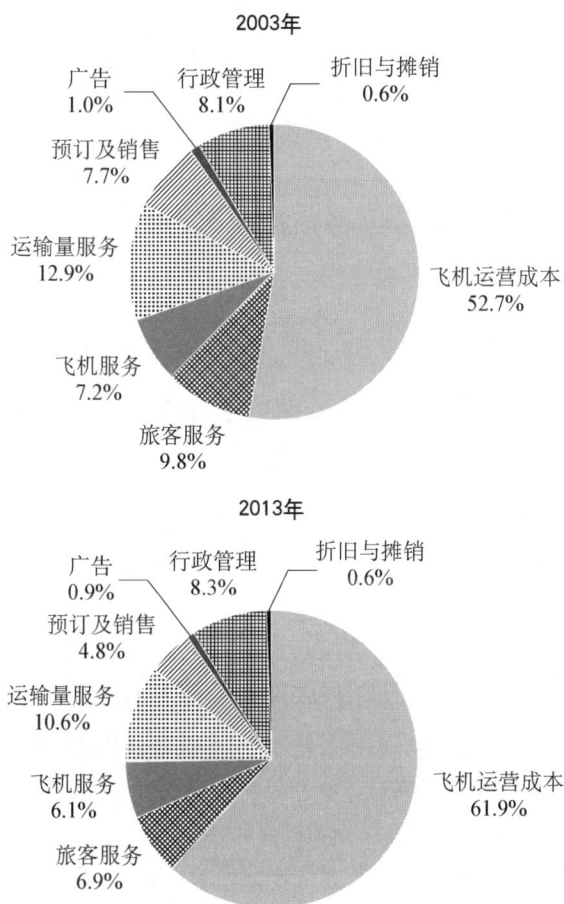

2003年

2013年

图 6.4　美国航空公司运营成本分解(不包括与运输相关的支出),2003 年和 2013 年(数据来源:美国交通部 41 号表,2014)①

---

① 四舍五入存在误差,原书如此。——编注

改为按功能分类方式分解运营支出,能够发现航空公司运营成本的变化趋势;但需注意的是,某一类成本占比的大幅改变都会影响其他所有类别的成本占比,当然这种影响是相反的。图6.4很好地描绘了该现象,图中飞机运营成本占比的明显增长,导致了图中展示的其他类别成本占比的显著降低。

图6.5提供了航空公司运营成本分布变化的另一个例子,根据第6.1节所描述的国际民航组织成本分类方案,该图展示了此分类方法中主要成本的占比。尽管具体分类方式与41号表略有不同,但图中全球航空公司成本占比变化趋势仍然与上述美国航空公司展现出的趋势基本相同。图6.5所示飞机直接运营成本占比从1992年的44%上涨到2009年的55%。前面提到美国航空公司的"飞机运营成本"占比2003年为52.7%,到2013年为61.9%(见图6.4)。除了燃油价格极高时期外,两者该项成本的占比相当接近,都占总运营支出的50%左右。

ICAO 的运营成本分类	1992 年	2002 年	2009 年
直接飞机运营成本	**44.0**	**49.1**	**54.8**
燃料和油料	12.2	13.0	25.9
间接运营成本	**56.0**	**50.9**	**45.2**
使用费及场站费(合计)	17.2	17.0	16.9
着陆及机场相关费用	3.9	4.0	3.9
其他	13.3	13.0	13.0
旅客服务	10.8	10.3	13.3
票务、销售及促销	16.4	10.7	8.9
综合、行政管理费用及其他	11.6	12.9	6.4

图6.5　全球航空公司成本分布,1992年—2009年(数据来源：ICAO(2007b,2012))

在图6.5所示的时间段内,与美国航空公司运营成本的情况类似,全球航空公司各项成本占比上最明显的改变与燃油成本的增长密切相关。1992至2009年期间,燃油支出比例增加超过13个百分点(从12.2%到25.9%),而飞机运营成本增加刚超过10个百分点。这表明在降低飞机运营成本方面努力取得的成果完全被燃油成本增加所抵消。同样需要注意的是票务、销售及促销成本的明显下降(从16.4%下降到8.9%),表明电子票及互联网分销的普及确实节省了成本。同时,综合行政管理成本所占比例也已显著下降,并基本与美国航空公司的相应成本持平。

6.2.2　飞机运营成本的对比

在本节中,我们将着重讨论飞机运营成本以及不同机型或相同机型在不同航空公司中的成本差异。为了能做更加细致的对比,我们使用6.1节介绍的按功能分类的成本定义方法。这一成本分类方法的基础是 41 号表中的功能性分类,将所有与飞机飞行运营相关的成本都计入飞机运营成本类目之中。6.1 节中曾提到,41 号表要求上报的按功能分类的如下成本类别之总和构成总飞机运营成本:飞行作业、运维及飞机折旧与摊销。在直接维护成本外,飞机运营成本中还包含部分维护成本(经常性支出)。

按机型统计飞机运营成本时需将全系统成本分摊到每个轮挡小时,美国 DOT 41 号表要求航空公司为所有机型提交该数据。每轮挡小时的平均成本因航空公司航线网络及运营模式不同而不同,下文会对此进行讨论。飞机运营成本的 4 个组成部分包括如下:

(1) 机组:付给飞行员的全部工资福利(不包括航班乘务人员的成本)。

(2) 燃油:飞机运营成本中最易于配置、最清晰的可变成本。

(3) 维护:对机身和引擎进行维护的直接成本,加上"常规"或称经常性支出(飞机库和备件库存)。

(4) 所有权:飞机折旧费,租赁成本,税收及保险支出。

例如,2013 年美国航空公司报告的空客公司的 A320—200 机型(平均运力 150 座)每轮挡小时飞机运营成本如下表所示。

飞机运营成本

组成部分	成本
机组	$ 652
燃油	$ 2 385
维护	$ 716
所有权	$ 726
总飞机运营成本	$ 4 479/轮挡小时

机型 A320 每轮挡小时的飞机运营成本总计 4 479 美元,这是 2013 年全美主要航空公司运营该机型的行业平均数据。不同航空公司相同机型的轮挡小时成本,根据航程长短及航空公司飞机利用率水平不同而会有较大的差异。同样,由于机组成本(根据工会合同及飞行员资历支付的薪资)、维护成本(人员薪资率及该机型每架飞机的使用时间)以及所有权成本(飞机使用年限与具体的租赁协议)的差异,不同航空公司间的每轮挡小时飞机运营成本也有较大的差异。

6.2.2.1 航空公司间飞机运营成本的比较

图 6.6 所示为 2013 年美国国内 7 家运营相同 A320‐200 机型的航空公司之间,按成本类型对比每轮挡小时飞机运营成本的结果。虽然所有运营 A320 的美国航空公司的平均飞机运营成本(AOC)为 4 479 美元/轮挡小时,但图 6.6 中 AOC 最高的美联航为 4 903 美元,最低的精神航空为 4 053 美元。也就是说 2013 年,运营

	机组成本/美元	燃料/油料/美元	维护/美元	所有权/美元	总飞机运营成本/美元
联合航空	793	2 407	1 079	624	4 903
达美航空	964	2 254	916	536	4 670
全美航空	431	2 375	1 014	686	4 506
维珍美国	419	2 467	362	1 163	4 420
边疆航空	449	2 488	477	827	4 241
捷蓝航空	665	2 417	700	451	4 233
精神航空	518	2 233	381	921	4 053

图 6.6　2013 年空客 A320 飞机每轮挡小时的运营成本比较（数据来源：美国交通部，2014）

相同的 A320 机型，美联航所花成本要比精神航空公司高出 21%。

对比图中所示的航空公司 4 个子类的飞机运营成本，能够解释这种差异。对不同的航空公司，每轮挡小时的燃油费用是差异最小的变量，因为在相同时间内，多数航空公司为每加仑航空煤油支付的费用相差不多。不过精神航空上报的轮挡小时燃油成本还是比行业平均低了 5%，可能由于他们使用燃油套期保值使所支付的燃油价格下降，也可能他们较新的 A320 飞机有更好的引擎燃油效率。各航空公司 A320 飞机的平均航程长度间的不同也导致了每轮挡小时的燃油成本差异：爬升阶段比巡航更耗油，因此航班航程短，则平均轮挡小时油耗就会相对较高。

另一方面，由于各航空公司在工会合同（或因缺少工会合同）、工资率及有资深飞行员飞该机型的比例等方面的差异，使单位时间的机组成本存在巨大差异。对达美航空和维珍美国航空公司的 A320 机组成本比较，前者每轮挡小时的机组成本是维珍美国航空公司的 2 倍以上，导致两家公司的单位时间总飞机运营成本相差 500 多美元。

航班运营成本中的维护成本类别在各家航空公司之间也存在巨大差异，其中联合航空的维护费是维珍航空的 2.8 倍。每轮挡小时内维护成本的差异可能是由于支付给维护人员的工资率及飞机使用时间的不同（新 A320 客机所需的维护成本较少）。维护成本差异也说明在外包飞机维护工作以及如何分配维护成本方面存在差异。联合航空的 A320 机队机龄更长（甚至大于其机队平均机龄），因而需要更多的室内维修，而维珍航空的机队更年轻，并且维珍航空更愿意外包维护工作。运营小机队的新航空公司通常都将飞机维护外包，外包支出也没有归入航班运营成本的维护类，这使得在航空公司间直接比较维护成本较为复杂。

至于所有权成本，通常取决于航空公司购买飞机的具体价格、租赁费率以及每架飞机的机龄（影响折旧成本）。如图 6.6 所示，维珍美国航空公司上报的轮挡小时所有权成本几乎是捷蓝航空的 3 倍。两家公司都是低成本航空公司，但由于维珍美国的 A320 机队比捷蓝航空的同型号机队新很多，就造成了两家公司在所有权成本方面的差异。

在对 2013 年美国航空公司上报的每轮挡小时 AOC 的对比中还发现一个重要影响因素,即 A320 机型的日利用率(每天的轮挡小时数)。例如,捷蓝航空的 A320 机队比达美航空的机队机龄短,因此平均到天的所有权成本应高于达美,但由于捷蓝航空该机型日利用率到达 12.9 个轮挡小时,其所有权成本反而低于达美航空。2013 年达美航空 A320 机队的日利用率仅为 9.6 轮挡小时。这样,捷蓝航空就能把所有权成本(及维护和机组津贴支出中的固定部分)分摊到更多(34%)的轮挡小时上,最终使上报的单位时间所有权成本明显降低。在 6.4 节中还会进一步讨论飞机生产率的差异对于单位运营成本的影响。

对各航空公司相同机型的运营成本对比表明,很多原因都能导致相同机型的每轮挡小时运营成本之间出现较大的差异。其中部分原因说明,各公司提供航空运输服务的成本投入确实有差异——如某航空公司可能向飞行员支付了更高的工资。不过剩下多数原因都是“结构性”的,也就是说飞机运营成本的差异很大程度上是因为各航空公司的航线网络和航班计划特性方面的差异造成——例如捷蓝航空通过横跨大陆的点对点航班及夜间“红眼”航班实现较高的飞机利用率,而达美航空因使用枢纽轮辐式航线网络,导致飞机利用率较低。

比较单一机型的单位轮挡时间飞机运营成本是为了展示运营成本的各个组成部分会如何影响上报的总 AOC 值。这个例子还说明,即使只考察相同的机型,一些上报成本数据中并不显著的影响因素(如外包、劳工协议、机组年资及许多其他因素)可能严重影响航空公司间成本对比的效果或造成数据的曲解。

6.2.2.2 不同机型间飞机运营成本的对比

本节我们将对比美国航空公司运营的不同机型的飞机运营成本。与前面章节中讨论的情况一样,许多“结构性”因素,例如工会的情况,航线网络的结构以及运营的特性,都会影响不同机型之间期望的成本关系。

在其他条件相同的情况下,通常认为大型飞机有较高的小时平均飞机运营成本以及较低的座位或 ASK 平均成本。飞机大小不同还产生规模经济效应,例如 2 名飞行员可驾驶 100 座的飞机也可驾驶 400 座飞机(虽然薪资水平不同),因而可推断,将机组成本分摊到每个座位后,较大飞机的机组成本较低。同样航程长短也产生规模效应,和滑行、起飞及降落有关的固定成本可被较长的航程摊薄。

然而,许多其他因素可能会干扰不同机型间的成本对比,并产生与直观感受相反的结果。例如,通常航空公司付给大飞机、国际航线飞行员更高的小时工资,而且各航空公司大都让资历最老的飞行员飞这样的长途直达航线,所以这样的老飞行员能拿到最高工资。另外一个例子是,新技术新引擎的效率更高,这样的引擎用在小型飞机上也是如此,这样配备了新引擎的小型飞机每座位燃油成本可能比使用老引擎的大型飞机还低。另外如前所述,飞机利用率对于将 AOC 分摊到每轮挡小时有着巨大的影响。

　　图 6.7 所示为基于 2013 年数据的飞机运营成本对比结果,用例子说明飞机的不同特性以及美国航空公司运营飞机的不同模式如何影响轮挡小时成本。可以推测,最大的 B747 - 400 机型具有最高的每轮挡小时总 AOC,最小的 E190 机型则具有最低的每轮挡小时 AOC。E190 飞机的每座位小时成本比其他大型飞机的单位成本更高,这也验证了小型飞机每座位运营成本更高的假设。不过图 6.7 的机型中,每座位小时(也即每 ASK)成本最低的机型是 150 座的 A320。其每座位小时成本比 A330 - 200 还低,而后者至少比 A320 多出 120 个座位。

机型	平均座位数	AOC/轮挡小时/美元	AOC/座位小时/美元	平均航程/英里	飞机利用率/(轮挡小时/天)
E190	100	3 612	36.12	599	9.4
B737 - 700	139	4 358	30.63	762	10.1
A320	150	4 479	29.86	1 181	11.5
B757 - 200	177	5 839	32.99	1 523	10.1
A330 - 200	272	8 795	32.33	3 645	14.6
B747 - 400	375	15 153	40.41	4 861	11.4

图 6.7　2013 年几类机型的飞机运营成本(数据来源:美国交通部 2014)

　　图 6.7 所示的航班飞机运营成本数据解释了为什么很多结构性因素会妨碍我们在假设"其他条件相同"情况下,对不同机型的运营成本进行比对。在图示的所有机型中,B747 - 400 机型每座小时成本最高,高于 A330 机型的对应成本,这是由于对 B747 - 400 飞行员的要求更高,因而他们的工资率更高,并且由于机龄较老且技术落后,该机型的维护及燃油成本也较高,即便分摊到更多的座位也还是单位成本最高的机型。运营该机型的达美航空和美国联合航空都属于运营成本相对较高的"传统型"航空公司。此外,两家公司都为 B747 - 400 长途飞机配置了较多优质高价座位,占用了更多空间,也使飞机座位总数略微减少。虽然这些优质座位能创造比经济舱座位更多的收入,不过分摊到每座位小时的成本仍然较高。

　　图 6.7 中 A320 机型的运营成本相对较低,这说明由某家具体的航空公司运营某具体机型时,还会进一步产生与理论期望值不符的成本偏差。图示 A320 机型的每座位小时成本低于 B757 - 200 机型,除了前面提到的平均机队机龄以及引擎技术的差异,还有一个原因是 A320 很受美国的低成本航空公司青睐。因此,A320 机型较低的平均成本数据主要来自于捷蓝航空、维珍美国、边疆航空及精神航空(见图 6.6)。在另一方面,B757 - 200 机型的平均成本来自于达美航空、联合航空、全美航空及美国航空的数据,其中没有低成本航空公司。由于上报两种机型成本数据的航空公司

有这样的差异,就造成 B757 - 200 大型客机的每座位小时成本高于 A320 中型客机。

本节首先分析了美国及全球航空公司,按功能分类的运营成本差异及其最新发展趋势。随后,从不同航空公司运营相同机型以及运营不同机型两个角度,详细讨论并对比了飞机运营成本间的异同。在讨论过程中还列出了在有效且一致对比航空公司运营成本时遇到的一些挑战。本节提到的成本度量方法受到航空公司结构性特征的影响,这包括航线网络,机队以及从事航空运输服务的类型。

6.2.3　低成本航空公司

管制放松与市场自由化产生的主要影响之一是全球范围内出现了新兴低成本航空公司,他们的运营成本远低于"传统"航空公司。创新低成本航空公司进入市场,为消费者提供了低价航空旅行新选择,并迫使业已成熟的传统网络型航空公司(NLC)降低成本,提高生产率。低成本航空公司(LCC)杰出的低成本结构使他们可以借助低票价产品产生利润,这让 NLC 别无选择,只能重构运营模式以期维持利润率。

前面的讨论对"低成本航空公司"及其较低的运营成本仅是略略提及。在本节中,我们会仔细分析一下航空业 LCC 的那些显著特征,并对照 NLC 的运营成本,重点讨论 LCC 运营成本的演变之路。

NLC 通常指比较传统的航空公司,运营大型枢纽轮辐式航线网络,提供区域性、国内及国际航空服务。与此相对应,LCC 指运营小型航线网络,提供的服务多为"点到点"或无枢纽航空服务的公司——尽管全球很多 LCC 都运营包含"中心城市群"的航线网络,并提供中转服务。多数 LCC 最初只提供低质服务及较低票价,但随着时间推移也出现了各具特点或具有不同战略的 LCC,使得难以找到某种有代表性的 LCC"业务模式"。

6.2.3.1　LCC"业务模式"的演变

通常人们认为所有或至少大部分 LCC 都会具有相同的特点及运营策略。下面列出了其中最重要的几个特征,正是这些因素使得 LCC 可以用更低的票价参与市场竞争,这些票价确实远低于在 LCC 出现前传统航空公司提供的价格。不出所料,能提供如此低价,与 LCC 极高的生产力效率及极低的运营成本密不可分。

(1)使用单一机型或可互换的机型系列:我们将在 7.1 节中对这个主题做详细介绍——"机队通用性"降低了备件、维护以及培训机组人员的成本。

(2)运营"点到点"航线网络,而不是联程枢纽航线网络:将运营的重点放在运载从 A 点飞往 B 点的本地旅客及直达航班,能减少服务联程旅客的成本,并可提升飞机及机组人员的生产效率(见 7.2 节)。

(3)不设工会且员工工资率较低:保持员工不成立工会,允许 LCC 向员工支付较低薪酬,同时由于必须遵循的工作规则较少,因而能实现更高的生产率。

(4)只设单一大舱位,不提供质优价高的舱位与服务:由于 LCC 是要以极低的产品价格,服务于价格敏感型休闲旅客,如果引入多舱位提供差异化产品反而使运营复杂性及成本都增加。

(5) 不为旅客安排座位:开放式座位能够节省机场旅客处理时间,且不用打印登机牌,既能提高生产率又能降低成本。

(6) 减少机上"不必要"的服务,减小座位及间距:取消免费的餐食、饮料以降低旅客服务成本,缩小座位间距以增加所有航班的 ASK,并借此进一步压缩单位成本。

(7) 不提供常旅客忠诚度计划:这类"计划"将不可避免地产生行政管理成本以及奖励性支出。

(8) 不使用传统的分销渠道:许多国家的旅行社还会收取代理佣金,使用称为"全球分销系统(GDS)"的计算机订座系统,我们将在第 16 章中对此介绍。所有的GDS 都会对预订和出票收取费用,但如果 LCC 要求自己的旅客只通过自己的直销渠道或者客服电话预订座位并支付出票,则可以省下这部分的成本。

以上列出的这些特征远谈不上完整,但确实提供了大家普遍认可的"LCC 业务模式"的基本及主要特性,被全球低成本航空公司所普遍采用,并且也在不断演进。不过,那些最大也最成功的低成本航空公司使用的实际业务战略,无法用这些特征精确描述。因而图 6.8 给出了美国、加拿大、巴西以及欧洲的 6 家著名而成功的LCC 的对比,并具体说明了每家航空公司符合上述"典型"特性的程度:

	西南航空	捷蓝航空	亚洲航空①	戈尔航空	易捷航空	瑞安航空
单一机型或单一机型系列	×	×	√	√	√	√
点对点机票,无联程枢纽	×	×	×	×	√	√
无劳动工会,低工资率	×	×	×	×	×	√
单一舱位服务,无高级舱位	√	×	?	?	√	√
无座位分配	√	×	×	×	×	√
减少机上华而不实的服务(对比传统航空公司)	×	×	×	×	√	√
无常旅客忠诚度计划	×	×	×	×	√	√
不使用全球分销系统(GDS)	?	×	×	×	×	×

图 6.8 LCC 主要特点的比较

---

① 原文为 Air Asia,应为西捷航空。——译注

西南航空公司(美国)是全球历史最悠久也最成功并被研究最多的低成本航空公司。很多人(错误地)认为西南航空至今保留着所有 LCC 的典型特征。确实,西南航空仍然提供单一大舱位,不提供座位分配服务。不过该公司却提供免费的小食与饮料,飞机座椅也是真皮的,并且座位空间也与传统航空公司经济舱的相同。西南航空在过去几十年中只运营单一波音 737 机型,不过在最近与另一家美国 LCC (穿越航空(AirTran))合并后就面临着多机型运营的问题。此外,其航线网络属于非典型的枢纽结构,具有许多"焦点城市",很大一部分旅客能在这些城市中转。最令人惊讶的是,西南航空是全美工会组织最强大的航空公司,其员工薪水与美国传统航空公司员工相差无几(Gittell,2003)。

捷蓝航空(美国)成立于 2000 年,此后发展迅速。虽然是一家成功的低成本航空公司,却不具备 LCC 的任何典型特征。虽然航空公司至今不愿雇用工会成员,但捷蓝航空的飞行员在 2014 年初就投票成立了工会。捷蓝运营着两种完全不同的机型系列(空客 320 及巴西安博威 190),并围绕其基地纽约肯尼迪机场(JFK 为其提供了天然枢纽)展开进出航班的运营。捷蓝还为所有旅客提供提前选座服务、机上服务(还提供直播电视服务,这让客户们认为捷蓝的服务优于传统航空公司)以及常旅客计划;自 2007 年起捷蓝开始使用传统分销渠道(GDS)销售机票。捷蓝航空最近决定在其美国洲际航线上引入独立的可平躺商务舱座位,也是其 LCC 业务模式发生重要转变的标志之一。

西捷航空(加拿大)自成立之初就模仿"西南航空模式"开拓市场谋求发展,现在已成为加拿大第二大航空公司,并成为加拿大航空公司在其国内市场及美加两国间市场上最强力的竞争对手。西捷航空没有员工工会,不过机队由波音 737 喷气机和庞巴迪 Q400 涡轮螺旋桨飞机两种机型构成。西捷提供单一大舱位,也提供腿部空间更大的座椅供旅客购买。在西捷航空的焦点城市,如多伦多及卡尔加里,旅客可进行联程中转;另外西捷航空还向旅客提供忠诚度计划并使用传统分销渠道销售,还提供可与传统航空公司相媲美的机上旅客服务。

戈尔航空(巴西)是南美地区最大的低成本航空公司,用单一机型系列(波音 737)运营国内和国际航班,提供单一舱位服务。除了这两个特点,戈尔航空不具备上面列出的 LCC 的其他典型特征。

易捷航空(英国)是欧洲最大的低成本航空公司之一,基地设在伦敦郊外的卢顿机场。易捷航空比上述几家航空公司更加符合 LCC 的典型特征。不过该航空公司的部分员工也组织了工会(如飞行员与客舱乘务人员),该公司还提供提前座位分配服务,为了吸引更多的商务旅客还通过 GDS 进行机票分销。易捷之前运营着两种机型系列的飞机,但目前已经将机队调整为仅运营空客 A319 和 A320 机型。

瑞安航空(爱尔兰)是欧洲另一家大型低成本航空公司,也是 6 家航空公司中保留初始 LCC 业务模型"典型特征"最多的一家。瑞安航空具有持续营利能力因而相当成功,同时还是最大(也是唯一一家)符合图 6.8 所示几乎所有条件的航空公司。该航空公司以近乎信仰的方式坚持着最初的 LCC 战略,也因始终保持比其他所有航空公司都低的运营成本而闻名。不过,即便是瑞安航空也未能保持所有 LCC 特征。2014 年 12 月瑞安的航班开始通过 GDS 分销渠道展示和销售。

随着世界各地低成本航空公司的发展与成熟,有部分 LCC 选择继续严格按照典型 LCC 特征策略发展。然而,包括上述 6 家知名大型公司在内的大多数低成本航空公司,都选择采用改良策略与传统航空公司竞争并努力存活下来。事实上,低成本航空公司与传统航空公司之间的界限正变得越来越模糊,因为一方面部分 LCC 已开始采用传统航空公司发明的高效分销方式和忠诚度策略;另一方面,许多传统航空公司也采纳了 LCC 用以提升成本效率及生产率的方法,导致两者在业务模式及运营成本方面日益趋同。

6.2.3.2　LCC 与传统航空公司运营成本的对比

尽管低成本与传统航空公司的业务模式在一定程度上出现了趋同的现象,但不可否认,LCC 的运营成本结构在各方面都依然远低于传统网络型航空公司。以下章节将按照运营成本的功能性分类方法,讨论造成低成本与传统航空公司之间运营成本差异的原因。具体将介绍造成两类航空公司运营成本存在较大差异的底层因素:即航线网络结构、运营方式以及市场策略的差异,并在 6.3.2 节中详细讲述比对用到的基础性概念——单位成本。

1) 飞行运行类

NLC 的系统平均轮挡小时飞行运行支出要高于低成本航空公司。其中部分原因在于 LCC 的工资水平较低而其飞机与人工的生产率水平较高——这也是将他们称为"低成本"运营商的主要原因。不过 NLC 的轮挡小时飞行运行成本更高,还可用另一种更简单的说法解释——传统航空公司通常运营更大的机型,因此每轮挡小时的油耗更高,并且需要花费更多的钱来购买飞机、进行维护并且对飞行员有更高的技能要求(相应支付更多薪资)。因而单纯比较航空公司(或航空集团)间的轮挡小时飞行运行成本,而不考虑飞机大小这个重要因素,有可能得出错误的结论。将机型大小因素纳入考量的方法之一是,只对比不同航空公司的相同或相似机型的轮挡小时飞行运行成本,如图 6.6 所示方式。

2) 维护

平均而言,传统航空公司的每轮挡小时维护费用会高于其低成本竞争对手。原因之一在于,低成本航空公司的机队通常比传统航空公司的机队更年轻。此外,由于需要维护数量更多的引擎和更大的机身,大型飞机的平均轮挡小时维护花费也会更高。运营国际航线网络的传统航空公司,往往拥有很多不仅旧而且大的宽体式客机,这些飞机通常只能用在长途国际航线上。所以再次强调,对传统航空公司与LCC 的维护成本进行有效对比,应在详细数据可用的前提下考虑机型的差异。

许多其他因素也可造成每轮挡小时维护成本较高,其中主要包括多样性机队及支付给维护员工的工资率差异。在美国的低成本航空公司中,将维护工作外包出去已成为一种普遍现象,但这又进一步加大了上报的维护成本间的差异(因为支付给外部维护服务供应商的费用没有被统一要求包含在"维护类"成本中)。

3) 旅客服务

旅客服务成本通常以 RPM(或 RPK)为单位上报,曾经 NLC 与 LCC 在该类型成本上存在巨大差异,但这种差异最近正在逐渐缩小。LCC 率先引入了"不必要"服务概念,即减少机上一切不必要且免费的旅客服务,如取消免费小吃及饮料,通过这种方式降低旅客服务成本。而最近,许多 NLC 也通过取消餐食、枕头/毯子或其他服务削减旅客服务成本;与此同时一些低成本航空公司却在提升机上服务,因而使旅客服务成本增加。

4) 飞机和运输量服务

这两种成本都是在地面上产生,而且 NLC 与 LCC 之间同样存在较大的差异。两类航空公司按每次起飞计算的飞机服务花费都保持了稳定增长,特别是 2001 年9·11事件以后,对旅客及其行李进行安保的相关成本出现了持续快速增加。

传统航空公司上报的每次起飞的飞机服务成本平均是低成本航空公司的两倍。造成这种差异的主要原因之一是 NLC 通常运营较大的机型,且飞行距离较长。较大的飞机需要更多的资源(劳动力)完成两个航班间的服务工作,长途航班也需要对飞机进行更多准备,包括加油和清洁。此外,航空公司向机场支付的租赁费和使用费也是造成这种差异的原因之一。LCC 会选择运营成本较低的二类机场。再者,着陆费及其他机场收费都是根据飞机重量(及大小)确定,运营小型飞机的低成本航空公司按起飞次数计的飞机服务成本也会更低。

两类航空公司在航线网络及运营方式上的差别以及旅客特性不同,造成按每次登机计算的运输量服务花费存在较大差异。相比之下,传统航空公司更有可能在长途行程中运载旅客,可能涉及多段联程航班或国际行程。机场处理国际旅客所需的工作要比处理国内旅客更多(如查验护照、安保控制)。对于长途旅客,不论是国内行程还是国际行程,都可能托运更多的行李,并因此产生更多的运输量服务成本。此外,NLC 通常运营枢纽轮辐式航线网络,因而会运载大量的联程旅客(以及他们的行李),这要求航空公司在中转机场对这些旅客进行额外的中转服务和处理。

5) 预订和销售

1994 年航空业首次为旅行社佣金设置上限,使得航空公司的预订及销售成本有所降低,并且在 2000 年以后,预订及销售成本开始持续下降(见第 16 章)。在之前对总运营成本的构成分解讨论中,这一点体现得很明显。随着电子票持续推广以及互联网机票分销技术的快速发展,整个行业都在快速地削减分销成本。

尽管如此,在以每位登机旅客计的预订及销售成本方面,传统航空公司的花费仍然要比 LCC 高。很大程度上，这种差异可再次用传统航空公司旅客的行程更长或更复杂来解释。如果旅客的行程由多个联程航班组成，涉及国际或长途旅行，甚至是 interline 行程（整个行程由多家航空公司联运完成），则航空公司处理这些旅客的过程必然更复杂，代价也就更高。另外，这类旅客相对来说更不愿意（或不能）使用互联网预订及购票。

以上按照功能分类对网络型传统航空公司及低成本航空公司的对比，说明了这两类航空公司在运营成本上确有巨大差异。在上面讨论的每个成本类别中，LCC 上报的成本数据都明显低于 NLC 的数据。很明显，这种成本差异的部分原因是双方在底层成本结构、工资率及整体生产率方面的差异；同时双方在所提供服务的复杂性、航线网络特征、飞机大小及机队机龄、劳资协议条款等方面的巨大差别也很大程度上造成了成本差异。根据对这些成本度量指标近期发展趋势的分析，这两类航空公司的成本都会受到相同的外部因素（如油价）的影响。并且在上述多个成本类型中，NLC 与 LCC 间的差距正在缩小。

6.3　航空公司单位成本对比

虽然前面已经介绍了几种度量航空公司单位成本的方法，但要保证对比不同航空公司、不同机型的成本时保持公平性是始终都要面对的挑战。在本节中，首先讨论总运营成本与单位成本之间的关系，以及影响两者的各种因素。随后，仔细分析美国的传统网络型航空公司及低成本航空公司近年来在单位成本领域产生的一些变化，分析飞机利用率、平均航程长度度量标准的差别，并解释两类航空公司之间单位成本巨大差异的成因。本节最后对比全球最主要大型航空公司的单位成本。

6.3.1　总运营成本与单位成本

航空公司的总运营成本是指在一段时间（如一年）内，所有运营支出的总和。很显然，航空公司规模越大，员工越多，运营飞机架数越多，运输量越大则其总运营成本就越高。具有更大容量的大型飞机其总运营成本也会更高：因为大型飞机的轮挡小时飞机运营成本（AOC）更高，用在任意航班上成本都会高于运力较小的飞机。同时，航程（飞行距离）更长，当然会消耗更多燃油并花费更多的人工（飞行员和航班乘务人员），也会让总运营成本更高。因此，我们认为某航空公司的总运营成本与其航线网络与机队规模、平均飞机容量及平均航程之间存在正相关的关系。

单位成本是指航空公司总运营成本与其所产生的 ASK 或货运航空公司的 ATK 之间的比率。对客运航空公司来说，单位成本也被称为"CASK"，即"每 ASK 的成本"（以英里计则为"CASM"）。与总运营成本不同，单位成本与航空公司规模、平均飞机运力及平均航程长度之间是反比关系，至少理论上如此。由于固定成本被分摊到了更多的 ASK 上,大型航空公司更容易实现规模经济效应(降低单位成本的同时提升产出)。同样,根据之前的讨论,由于大型飞机的固定成本分摊到更多的座位上(不论用于何种航班),使得每座位小时或每座公里的成本更低,因此容量较大的飞机也更有可能实现与飞机大小有关的规模经济效应。再者,航程较长意味着飞机服务及运输量服务产生的相对固定成本分摊到更多的轮挡小时(利用率)及更多的 ASK 上。长航程上按 ASK 平均的燃油消耗量也较低,因为起飞降落过程中消耗的大量燃油能被较长的巡航航程摊平。

所以假设所有其他条件相同,那么在理论上可预期的结果是:最大的航空公司在最长的航程上运营最大的机型,则该航空公司每 ASK 的单位成本就应该最低。这一理论成为全球航空公司整合、兼并趋势的理论基础。多数航空公司合并的最主要目标之一就是希望通过实现运营规模效应达成更低的单位成本。如果假设该推论在实践中也是正确的,那么美国及全球最大的传统网络型航空公司就应该持续上报比 LCC 竞争者们更低的单位成本。在通常情况下,NLC 确实比 LCC 具有更大的运营规模、更长的平均航程以及更大的机型。

但是现实情况与我们的理论推断不符,即使运营规模较小、使用小型飞机且短途航线的比例更高,LCC 上报的单位成本一直比传统航空公司的低。图 6.9 所示是2013 年美国 11 家主要航空公司的数据,展示了单位成本(不包含与运输相关的费用,见 6.2.1 节)与平均航程长度之间的关系。初一看,单位成本与航程长度间似乎没有预期的反比关系。但如将传统航空公司与低成本航空公司的数据分开观察,就

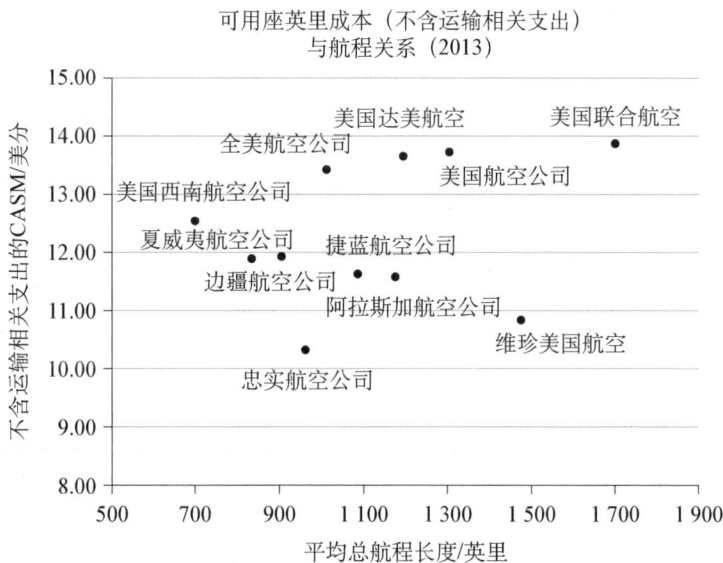

图 6.9 **2013 年美国航空公司的单位成本与航程长度关系(数据来源:美国交通部 2014)**

能看到这种反比关系了,而且仅存在于低成本航空公司的数据中。这说明仅用 LCC 的数据才能说明航程越长对应的单位成本越低,反之亦然。NLC 的 4 个数据点说明,单位成本与航程长度之间没有明显的关系模式。

　　从图 6.9 中可得出两个结论。首先,对比各家航空公司的单位成本需要考虑到他们的平均航程长度。西南航空的单位成本比维珍美国高出很多,不过他运营的平均航程长度也比维珍美国短很多。如果不考虑两者的平均航程长度,贸然定论说西南航空的成本比维珍美国高,有失公平。其次,从图中可以看出,即使考虑平均航程长度,传统航空公司的单位成本仍然明显高于低成本航空公司的单位成本。低成本航空公司在各种平均航程长度下,上报的单位成本都比传统航空公司的单位成本低很多。

　　图 6.10 所示为欧洲航空公司的总单位运营成本与平均航程(或航节)长度之间的关系,可见欧洲航空公司的总单位成本间也有类似的差异。本节阐述的几个重要概念可以通过该图来验证。首先,所示全部欧洲航空公司的数据较为一致,能够发现总单位成本与平均航程长度间的反比关系,这种关系分别存在于传统航空公司与低成本航空公司之中。维珍大西洋具有最长的平均航程以及相对最低的单位成本。其他传统欧洲航空公司如英航、法荷航、汉莎、瑞士以及斯堪的纳维亚航空都具有较短的平均航程以及相对较高的单位成本。

　　图 6.10 反映出的另一个重要概念是航空公司成本及其解释因素之间的理论预

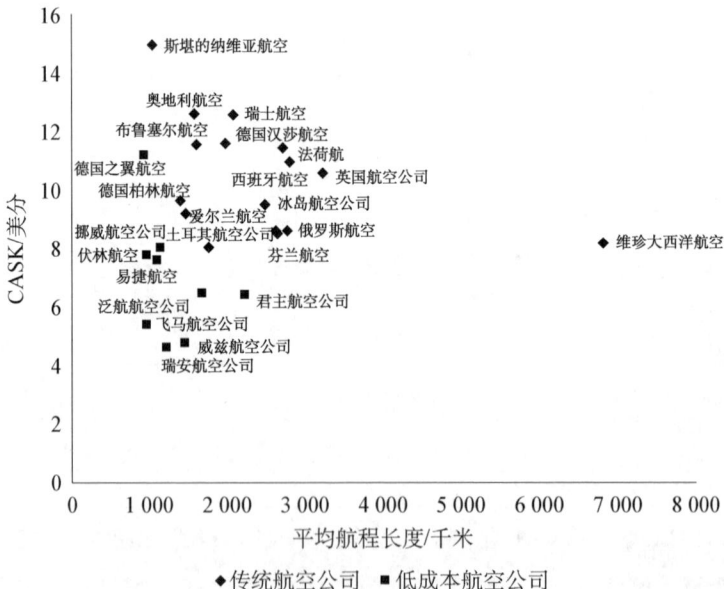

图 6.10　单位成本与平均航程长度的关系,欧洲航空公司,2012 年(数据来源:CAPA2014)

期关系并不总是正确。部分传统航空公司上报的单位成本远低于上述大型传统航空公司——例如芬兰航空、冰岛航空、俄罗斯航空及爱尔兰航空,并且他们的平均航程都较短。航空公司的内部重组工作在降低单位成本方面卓有成效,也让他们在面对大型航空公司对手时更具竞争力。还应注意中东地区新兴的全球性航空公司之一土耳其航空,也实现了相当低的单位成本。

在图 6.10 所示的众多欧洲低成本航空公司中,伏林航空、挪威航空、易捷航空、荷兰泛航以及英国君主航空的单位成本与平均航程长度间存在明显的反比关系。另外,一些 LCC 的单位运营成本明显低于其他同类公司,包括土耳其飞马航空和匈牙利威兹航空。此外,瑞安航空仍然在颠覆航空经济理论。他的平均航程较短,但单位成本最低。

6.3.2 传统与低成本航空公司的单位成本对比

NLC 与 LCC 间单位成本更详细的对比还应基于美国航空公司的数据,原因是美国 41 号表数据库中运营成本数据更加详细,而美国以外的航空公司并未公开此类信息。因此比对采用美国的成本分类方法,并基于美国航空公司的单位成本数据。

对美国航空公司进行分类,不能仅从直观感觉出发,简单地将其分为 NLC 与 LCC 两大类。大部分人认为美国的网络型航空公司(美国航空、联合航空、达美航空、西北航空、大陆航空以及全美航空)应该属于 NLC 类别,并且近期多次并购使该类型中只剩下 3 家大航空公司,即美国航空、达美航空和联合航空。多数人会认同西南航空、捷蓝航空与穿越航空历来就属于 LCC 类别。然而随着时间流逝,这些航空公司也发生了巨大改变,甚至不再采用传统的 LCC"模式",正如 6.2.3 节的讨论。在发展与成熟过程中,这类航空公司多采用"混合"策略,将传统航空公司的特性(多种舱位、联程服务等)与低成本运营模式结合起来。维珍美国就是采用这种"混合"运营方式的最新成功代表。

在美国航空业内,由于部分传统 LCC 正在向混合型 LCC 转变,引出了一种新型 LCC,即"超低成本航空公司"(ULCC)。精神航空、边疆航空和忠诚航空都属于这一类型,他们采取的运营策略更加强调坚持经典 LCC 的做法,更强调只提供必要的服务以及真正的极低票价。

考虑到上面讨论的情况,并为了后文讨论方便,我们将美国航空公司分为如下几大类。该分类方法与前文中分类讨论 2004 年—2012 年运营成本度量方法演变过程的思路相似。

(1)网络型传统航空公司:美国航空、达美航空及联合航空(及各自合并的伙伴:全美航空、西北航空和大陆航空)。

(2)混合型低成本航空公司:西南航空(及合并的穿越航空)、捷蓝航空以及维珍美国航空公司。

　　超低成本航空公司：精神航空、边疆航空和忠实航空。

　　此外，我们未将阿拉斯加航空与夏威夷航空纳入单位成本对比之中，这两家航空公司主营地区性航空服务，航线网络和运营策略都较为独特。

　　需注意的是，在本节乃至本章中所有的运营成本都是以当前现值美元计算（不是经过通货膨胀调整后的定值美元单位）。其原因在于我们的研究重点是在时间跨度上对运营成本进行比较（如 NLC 与 LCC 的每轮挡小时成本）。在这种情况下使用现值美元更合适，因为在相同时间点进行对比能准确反映成本的实际差异。

　　我们曾在 6.2.1 节中建议，在进行运营成本对比时，不应考虑美国航空公司上报到 DOT 41 号表数据库中的"运输量相关成本"。运输相关成本中的很大一部分是干线航空公司因支线航空公司提供了联程服务而支付给后者费用。但对于干线航空公司而言，这些支出并不是在产生运力（ASK）过程中发生的"运营成本"。由于区域型航空公司的 ASK 在计算单位成本时并未计入作为分母的干线航空公司 ASK，所以运输相关支出也不应该计入作为分子的干线航空公司的成本中，并用于不同航空公司间单位成本的对比（Tsoukalas、Belobaba 和 Swelbar，2008）。

　　因为 LCC 通常不需要由支线合作伙伴供应联程旅客需求，上述对 41 号表数据库的调整在对比美国 NLC 与 LCC 的单位成本时就显得特别重要。如果计算 NLC 的 CASM 时不剔除运输相关支出，则在进行单位成本对比时就会产生错误，使 NLC 和 LCC 间单位成本的差异比实际更大。

　　图 6.11 展示了对美国 NLC、LCC 以及 ULCC 进行单位成本对比时用到的成本的主要构成部分，下文会进行介绍。运输相关成本虽然被列出，但如前文解释的，不会参与所有的成本对比。将要比对的 3 个成本组成部分为燃油支出、劳动力及非劳动力成本。

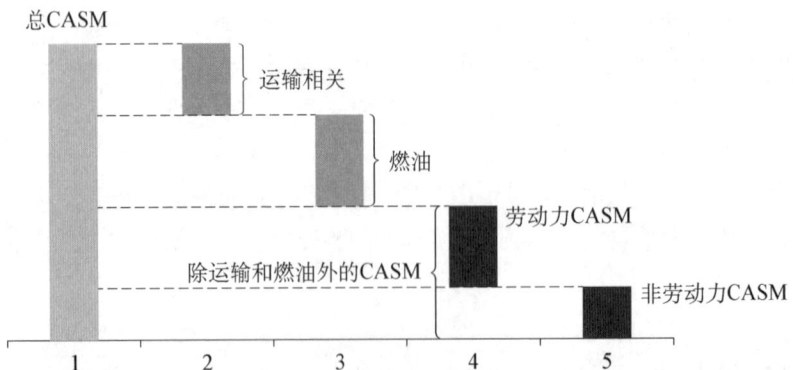

图 6.11　单位成本（CASM）的主要构成（数据来源：Tsoukalas，Belobaba 和 Swelbar（2008））

　　由于历史上假设所有航空公司以相同的价格购买燃油,因此将燃油费用纳入了单位成本的对比中。不过随着金融对冲工具的广泛应用,航空公司有了更多管理燃油成本的方法,也使得直接对比燃油成本越来越没意义。劳动力成本包括薪资总额、福利及其他由航空公司支付给员工的成本,作为航空公司总成本结构中所投入劳动力使用情况及成本效益的指标。非劳动力成本是指这3类成本以外的所有运营支出。最后一类成本包含了航空公司"结构性"成本的各项内容,由于航空公司管理层可对这类成本施加影响,因而可作为管理策略对于与燃油和劳动力成本无关的"可控成本"所产生影响的衡量工具。

　　图 6.12 比较了不同类型美国航空公司的单位成本,当然不含运输相关支出。如果将此类成本剔除,并聚焦于航空公司为产生以 ASM 表示的运力而花费的实际运营成本,则可发现基本上所有 NLC 的单位成本都高于 LCC。另外,两类航空公司单位成本间的差异已明显减小——CASM 之差从 2004 年的 2.36 美分缩小到 2009 年的 0.93 美分,但 2012 年又上升到了 1.36 美分。2012 年 LCC 的单位成本仍有相当优势,不过 2004 年 LCC 的单位成本比 NLC 的低 26%,但到 2012 年就只低 10% 左右了。

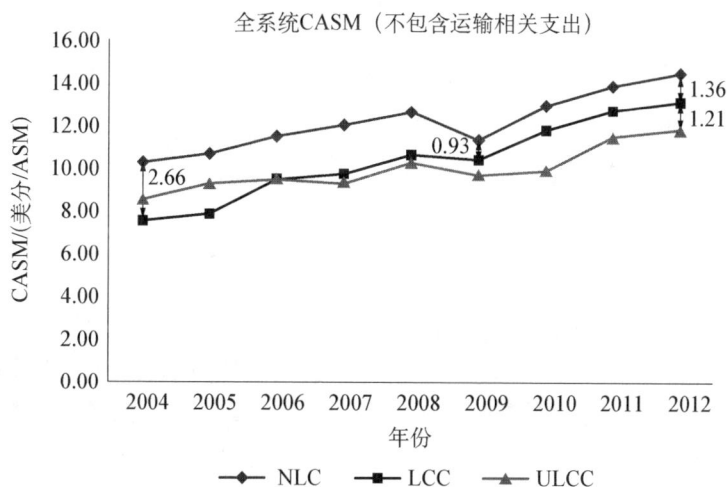

图 6.12 2004 年—2014 年除运输相关支出外的单位成本(数据来源:Jiang 2014)

　　图 6.12 所示的第三类航空公司即超低成本航空公司(ULCC),创造了美国航空公司低成本的新纪录。他们的全系统单位成本低于 NLC 和 LCC,比 LCC 低 1.21 美分、比 NLC 低 2.57 美分。似乎新进者 ULCC 已经获得了类似以前 LCC 之于 NLC 的单位成本优势(如 2004 年的情况),同时持续发展的混合型 LCC 的单位成本却在不断增加,甚至已接近 NLC。一方面 NLC 通过成本削减与结构重组降低了单

位运营成本,另一方面成熟的 LCC 采用混合业务策略导致运营成本增加,两者合力造成这种单位成本趋于一致的现象。

为更好地理解成本趋同背后的原因,将单位成本度量指标拆分为劳动力及非劳动力相关的两部分。图 6.13 所示为 3 类航空公司自 2004 年至 2012 年间,非劳动力单位成本 CASM 的增长情况,未考虑期间通货膨胀的影响。这也再次表明 NLC 与 LCC 之间成本趋同,两者间非劳动力单位成本的差异从每 ASM 1.32 美分下降到 0.71 美分。在此对比中,ULCC 的单位成本不具明显优势,其非劳动力 CASM 上升到介于 NLC 与 LCC 之间的水平。

全系统非劳动力

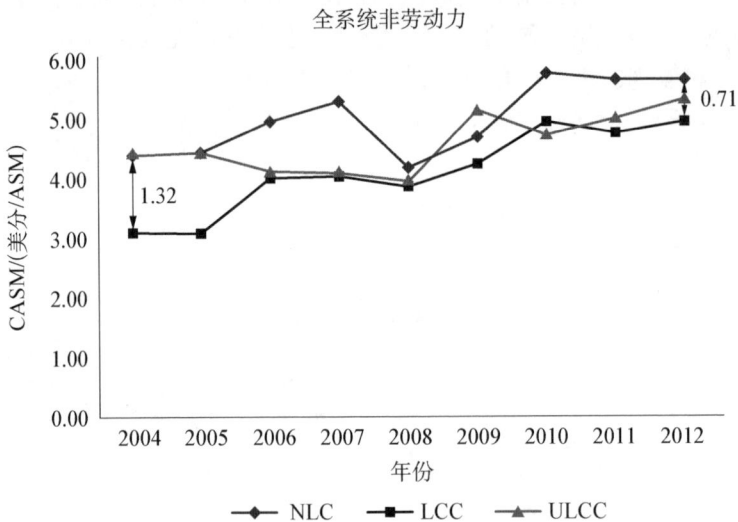

图 6.13 非劳动力相关的单位成本(数据来源:Jiang 2014)

非劳动力 CASM 成本类型实际上就是航空公司受诸多因素影响的结构性成本,例如航线网络结构,机队类型及外包行为等。NLC 与 LCC 的比较说明 NLC 的特定结构性成本(如枢纽机场运营、国际航班、休息室及其他服务项目)会导致与 LCC 间基本恒定(约 1 美分/ASM)的非劳动力单位成本差异。不过随着混合型 LCC 与 ULCC 的非劳动力成本上升,3 类航空公司在这方面的差异也越来越小。如果从非劳动力成本的对比中发现单位成本仍然存在差异,那么就可推断出 NLC 与 LCC 间单位成本趋同的主要原因是劳动力单位成本。如图 6.14 所示,2004 年 NLC 的劳动力单位成本高于 LCC 0.90 美分,这个差异持续下降直到 2006 年。在此期间,LCC 的劳动力单位成本稳步上升。这样两者的劳动力单位成本差距大大减小,到 2006 年时仅剩约 0.3 美分。之后两者劳动力的单位成本差异基本能够保持,并且都有所上升。

2002 年至 2005 年间 NLC 为应对破产或破产威胁实施了成本削减策略,其直接

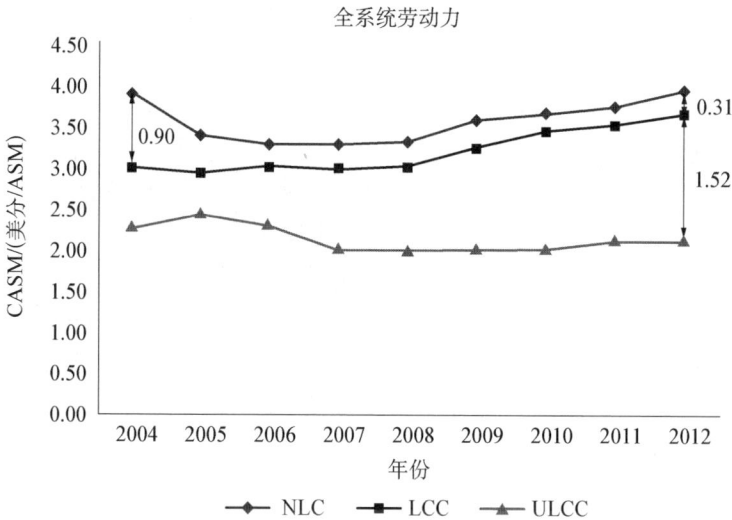

图 6.14　劳动力单位成本（数据来源：**Jiang 2014**）

结果是 NLC 的劳动力单位成本大幅下降。这一时期的金融危机让 NLC 有机会减少雇员数量，并得以谈判降低整体薪酬，同时提高生产率。与此同时，LCC 需面对雇员资历增加及整体增长率减缓的问题，两者都导致 LCC 的劳动力单位成本略微增加。

　　将 ULCC 类航空公司纳入对比是为了表达以下两个观点，首先是突显 LCC 与 NLC 的劳动力成本在多大程度上已经趋同，其次是突出 ULCC 类航空公司的劳动力成本低到何种程度。如图 6.14 所示，ULCC 上报的劳动力单位成本远低于另两类航空公司，2012 年 ULCC 的劳动力单位成本（每 ASM）比 LCC 低 1.52 美分，比 NLC 低 1.83 美分。应注意，ULCC 取得劳动力单位成本方面的巨大优势在某种程度上是由于与其他两类公司相比，ULCC 使用了大量的外包。因而，ULCC 上报的劳动力成本中缺失外包的那部分，而这部分成本却计入了 ULCC 的非劳动力成本之中。这也解释了为何 ULCC 的非劳动力成本相对较高，如图 6.13 所示。

　　类似地，对世界上其他地区 NLC 和 LCC 的单位成本进行详细对比就会比较困难，某些情况下甚至不可行。由于美国以外航空公司的运营成本数据详细程度，通常达不到美国 41 号表数据库的水平，因而无法进行跨多个航空公司、某成本子类（如飞机服务成本）的对比或者进行单位成本的主要构成部分（如劳动力与非劳动力成本）的对比。即便从一些公开渠道能获得某家航空公司的数据，如年度财报，但这类运营成本数据的分类方式各不相同，妨碍了航空公司之间或者与美国航空公司的数据对比。

　　在 6.1 节中曾提到，国际民航组织的航空运输财务报告中提供了 ICAO 缔约国代表其定期航班航空公司上报的年度运营成本，并按图 6.3 所示的方式分类。使用这种分类方式,无法将劳动力与非劳动力成本要素分离开来。例如,"维护与检修"分类就包含了劳动力和非劳动力成本。虽然在本书第一版中采用 ICAO 数据做了一些汇总单位成本的对比,但那些数据已经过时,并且近些年也没有更新的数据可用。

国际民航组织截至 2006 年的数据显示,NLC 的单位成本远高于 LCC 的单位成本,而亚洲航空公司间的差异比欧洲航空公司更加显著。从亚洲航空公司单位成本的演化过程及其与欧洲竞争对手间的差异中能发现一些有趣的现象。如亚洲 NLC 的单位成本增幅比欧洲 NLC 大得多(按百分比计)。亚洲与欧洲的 NLC 都经历了劳动力特别是燃油成本的上升期,但这种情况对亚洲 NLC 的影响更大。由于欧洲劳动力成本历来较高,并且欧洲 NLC 近来为提升成本效益及生产率做出了大量努力,相比之下亚洲 NLC 的劳动力成本增加的实际比例就显得更大。

同时,亚洲 LCC 的单位成本略有下降,而欧洲 LCC 的单位成本上升超过了 30%。两者单位成本的变化中存在较大差异的原因只是因为欧洲的 LCC 比亚洲 LCC 相对更加成熟。欧洲 LCC 的数据主要受到类似易捷航空及瑞安航空等大型 LCC 的影响,虽然他们仍属于低成本公司,但随着公司发展与成熟,单位成本却在不断升高,带来如员工的年资增长就会要求更高的工资,飞机机龄增长就需要更多维护等问题。亚洲 LCC 比欧洲以及美国的 LCC 更年轻、规模更小。他们仍然处于快速发展阶段,而且飞行的平均航程较长,因而能实现和保持相对稳定(甚至略微下降)的单位成本。

对航空公司的单位成本进行比对能够得出以下针对航空公司成本整体变化趋势的结论,反映全球航空管制放松逐渐稳定、LCC 发展壮大及 NLC 结构重组带来的影响。在美国,2000 年之后 NLC 单位成本增加主要由于燃油价格飙升,同时 NLC 通过重组显著降低了劳动力成本。美国 LCC 臻于成熟,其单位成本增长较快,也使 NLC 与 LCC 间整体单位成本差异缩小到 1.5 美分/ASM 以下。欧洲 LCC 也日趋成熟,所以单位成本同样较高。不过欧洲 NLC 并没有像美国的 NLC 那样进行重组以降低劳动力成本,使其与 LCC 间单位成本的差异仍然较大。亚洲 LCC 尚未发展成熟,NLC 进行重组及成本削减的进展则更加缓慢,使得 NLC 与 LCC 间单位成本的差异更大。

6.4　航空公司生产率的度量

在多数行业中,生产率通常用每单位投入创造的产量来衡量,也就是投入与产出之比。从航空公司角度看,产出的最佳定义是其所产生的运力。由于本节将重点讨论客运航空公司,所以选择 ASK 作为度量生产率的指标(货运航空公司使用"可用吨公里(ATK)")。在投入方面,航空公司最重要的生产性投入是资本(飞机)与劳动力(雇员)。本节中我们将介绍航空业内最常用的衡量飞机及雇员生产率的方法,并进一步探讨这些度量指标和方法的近期发展趋势,然后再一次根据美国航空公司使用的 41 号数据库提供的数据,对 NLC 和 LCC(以及 ULCC)的各项绩效进行对比。

6.4.1　飞机生产率

评估飞机生产率时,最常用的度量指标是飞机"利用率"。飞机利用率的单位是每架飞机的轮挡小时或轮挡天数。轮挡小时指飞机的使用时间,即从舱门关闭(将轮挡撤离机轮)到舱门开启(将轮挡放置在机轮下)之间的时间。轮挡时间是"登机口到登机口"的时间,包括地面滑行时间及飞行时间。

航空公司能否达成既定飞机利用率目标的能力取决于:航线网络的特性,航班计划以及到达与下次起飞之间的飞机地面周转效率。如果每天的可行运营小时数是限定的,那么"周转时间"越长,则可增加的轮挡小时数就越少。飞机周转时间的差异可能很大——美国西南航空公司早已将飞机平均周转时间控制在 20～30 分钟,并作为其低成本战略大获成功的标志(Gittell,2003),而网络型传统航空公司会让飞机停在枢纽机场上 1.5～2 小时,以完成旅客及其行李的联程衔接保障。大型飞机所需的周转时间更长;在国际航班服务中,飞机到达后的起飞准备也需要较长的周转时间(因为更长的海关和安保时间要求)。

与单位成本类似,航空公司的平均航程长度会影响飞机利用率,至少在理论上如此。航程较长的航班意味着飞机在地面停留的时间相对较短,另外虽然长途航班的周转时间比短途航班长,但多出的部分与航程长度没有正相关关系。因而可以预计,平均航程较长的航空公司报告的飞机使用率将较高。然而我们按前文所述的方法对比美国 3 类航空公司的数据后发现情况并非如此。图 6.15 所示为 2004 年—

飞机利用率-轮挡小时/(飞机·天)

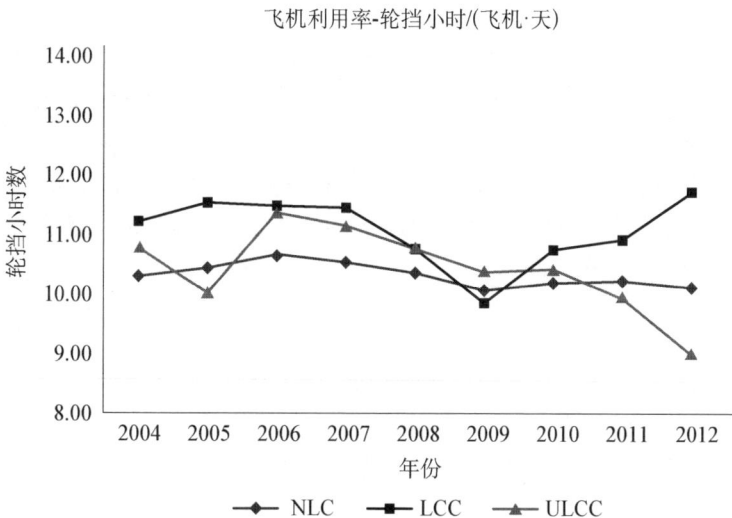

图 6.15　2004 年—2012 年美国航空公司系统飞机利用率(来源:Jiang 2014)

2012 年间两类航空公司飞机利用率的变化趋势。

图 6.15 展示出,截至 2009 年 3 类航空公司的飞机利用率都有所下降,受全球金融危机、经济衰退以及燃油价格上涨的影响,大多数航空公司选择削减定期航班以应对航空旅行需求减少局面。之后 NLC 的飞机利用率趋于稳定,而 LCC 的飞机利用率出现了较大反弹,并且该飞机生产率度量指标保持上升一直到 2012 年。除 2009 年外,LCC 的飞机利用率都高于 NLC,而两者之间的差距通常在 10%~15% 之间。由于低成本航空公司的平均航程较短,因此两类航空公司在飞机利用率方面的实际差异要比表面上大得多。

如图 6.15 所示,ULCC 的全系统飞机利用率在很多年份中都高于 NLC,在某些年份已经赶上甚至超过了 LCC 的飞机利用率。不过近些年 ULCC 的飞机利用率一直在下降,部分原因在于所采用的一些特殊运营策略。例如,忠实航空是面向休闲旅游市场并运营旧飞机的 ULCC,因此班次相对并不重要。具有较高油耗且较低拥有成本的特点,该航空公司只能选择利用率较低的策略运营其机队。

图 6.15 所示的利用率对比说明对每一类航空公司的飞机利用率在全系统范围内求平均值后,可能掩盖掉其中某些显著差异。图 6.16 仅展示了 NLC 与 LCC 的飞机利用率,但将 NLC 的数据分成宽体客机和窄体客机两类。通常 NLC 在长途、国际航线上使用宽体机,这样宽体机的飞机利用率比其窄体机的飞机利用率能高出很多。NLC 的窄体机机队更多应用于国内、短途航线,考虑到 LCC 通常只运营较短途的航线,并只使用窄体机,因此 NLC 窄体机的飞机利用率与 LCC 的利用率不相上下。

但如图 6.16 所示,NLC 窄体机与 LCC 的飞机利用率的差异明显大于图 6.15 中全系统平均值之间 10% 的差距。从图中可发现,除 2009 年之外,LCC 的窄体机利用率一直比 NLC 的窄体客机利用率高 25% 左右。此外,近年来两者间的差异还在逐渐扩大,截至 2012 年 LCC 窄体机的利用率比 NLC 的窄体机利用率高出 33% (并且几乎达到了 NLC 宽体机的利用率水平)。更高的飞机利用率有助于降低单位成本,下文将对此进行讨论。

飞机生产率的另一个度量指标是每架飞机每天产出的 ASK(或美国 41 号表中报告的 ASM),其计算方法为每架飞机每天的起飞次数、这些起飞航班的平均航程以及每架飞机的座位数量的乘积:

$$ASM/(飞机·天) = 起飞次数 \times 平均航程 \times 座位数 \tag{6.1}$$

公式说明共有 3 个因素影响该度量指标,因而航空公司可使用如下一个或多个策略来提升其飞机的生产率:

(1) 基于现有机队,通过减少飞机周转时间或增加非高峰时间的航班频次方式,增加每天的离港航班次数。

(2) 通过选择飞行距离较长的航线并减少短途航线上的航班数量,提升机队的

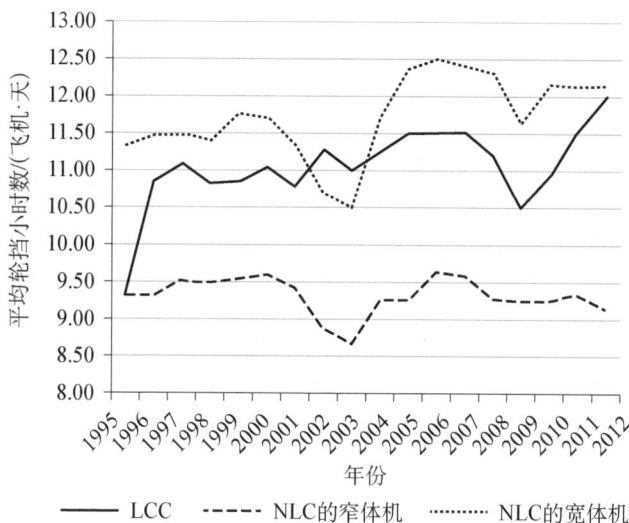

图 6.16　1995 年—2012 年按机型分类的飞机利用率（数据来源：美国交通部 2014）

平均航程长度。较长的航程既可以提升飞机的生产率，也能提高飞机利用率（轮挡小时/天）

（3）通过取消头等舱或商务舱座位腾出更多空间以布置更多经济舱座位或减小座位间距（相邻两排座位间的距离），增加每架飞机上的座位数。

图 6.17 所示的对比结果说明采用了上述三种提高飞机生产率的策略后产生的结果。图中是 2013 年 7 家美国航空公司运营相同的空客 A320 机型的数据，与 6.2 节中对比每轮挡小时的飞机运营成本时所用数据的机型和航空公司完全相同。数据显示，同样运营 A320 机型的航空公司，在平均航程长度、座位数及每天起飞次数三个方面都存在较大的差异。另外，各航空公司的日飞机利用率也有较大差异，从达美航空每天 9.6 轮挡小时到捷蓝航空及精神航空每天 12.9 轮挡小时不等。由于后两家航空公司能比达美航空多出 34%的轮挡小时分摊飞机拥有及维护成本，因此他们报告的每轮挡小时飞机运营成本就更低一些。

飞机生产率间（每架飞机每天的 ASM）的差异也很大。图 6.17 的比较也说明了 LCC（及 ULCC）用以降低其单位成本下的飞机生产率的策略。与图中另外 3 家传统航空公司相比，他们每天的起飞班次更多，平均航距更长，座位投放也更多。根据 2013 年的数据，精神航空的 A320 机型每天产出的 ASM 比达美航空多70%，比混合型 LCC 捷蓝航空多 15%。精神航空报告的每轮挡小时以及每 ASM 的 AOC 都是美国航空公司中最低的，这也是精神航空能实现极高飞机生产率的主因之一。

	每轮挡小时的总 AOC/美元	航程长度/英里	座位数	每天的起飞次数	每天的轮挡小时数	每天的ASM	每 ASM 的AOC/美元
联合航空	4 903	1 165	142	4.6	10.2	760 666	0.066
达美航空	4 670	888	150	5.3	9.6	702 985	0.064
全美航空	4 506	1 090	150	4.9	12.4	796 868	0.070
维珍美国	4 420	1 575	147	4.6	12.5	1 071 914	0.052
边疆航空	4 241	1 057	168	5.0	10.1	894 791	0.048
捷蓝航空	4 233	1 361	150	5.1	12.9	1 042 392	0.052
精神航空	4 053	968	178	6.9	12.9	1 193 464	0.044

图 6.17　2013 年航空公司运营 A320 机型的生产率对比（数据来源：美国交通部 2014）

6.4.2　劳动生产率

在过去的几十年中,美国客运航空公司的劳动力相关支出合计占到其总运营支出的 40% 左右。近些年来,一方面由于航空公司努力降低劳动力成本,另一方面诸如燃油之类的其他支出增长,使得该比例有所下降。2013 年劳动力成本占美国航空公司总运营支出的 29%(见图 6.1)。如 6.2 节所述,为应对来自 LCC 的竞争压力,传统航空公司已将降本的重点放到此类成本支出上,以使总单位运营成本下降。

传统航空公司削减其总的劳动力成本的途径之一是裁减雇员总人数。图 6.18 是 2004 年—2012 年间,按航空公司分类,美国航空业的总体就业人数数据。从图中能发现美国 NLC 的雇员人数相比 2000 年和 2004 年的最高峰下降了 25% 以上,总

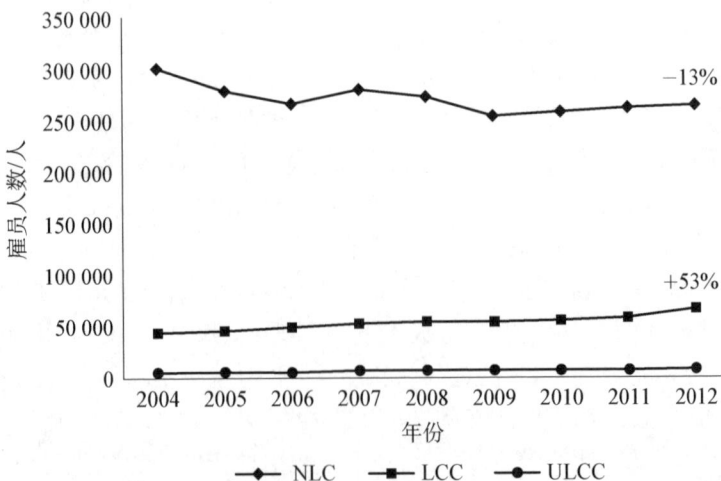

图 6.18　2004 年—2012 年美国航空公司的雇员情况（数据来源：美国交通部 2014）

共减少了超过 10 万个就业岗位。自 2004 年以来,NLC 经历了持续重组和几起大并购,但提供的就业岗位数量趋于稳定,甚至在 2009 年以后有所增加。与此同时,LCC 的雇员人数随着其业务发展也在持续增加,2004 年—2012 年间 LCC 的雇员人数增长了 53%,仍没有此前传统航空公司裁员的人数多。

飞机生产率用某一时期内航空公司的产出量(ASK 或 ASM)进行衡量,劳动生产率的度量通常与此类似,不过以每名雇员为基础进行衡量。因而,衡量指标就是 ASM 与雇员人数之比,而与员工岗位类型无关。与飞机生产率的情况相似,可预期在下列情形下航空公司员工的生产率会比较高:

(1) 更长的航程,由于每个起飞航班所需飞机与旅客服务的劳动力数量与该航班的航程无比例关系。

(2) 更大的飞机尺寸,假定一个起飞航班上每个座位所需的劳动力具有某种规模经济效应。

(3) 因更短的周转时间,从而使飞机生产率水平较高;飞机产出的 ASM 越多,则航空公司的劳动生产率就越高。

然而,平均航程距离较长、飞机较大的传统航空公司上报的员工生产率从来就比航段距离较短、飞机尺寸较小的低成本航空公司上报的员工生产率要低。

在如图 6.19 所示的一段时期内,美国航空公司中 LCC 类公司(见前文定义)的劳动生产率比 NLC 的劳动生产率高约 20%。在 2000 年—2006 年间,所有 3 类航空公司的每员工 ASM 都增加了 35% 以上,但其后各类航空公司的劳动生产率发展趋势就各不相同了。NLC 的劳动生产率增长出现停滞,甚至在 2006 年以后略有下

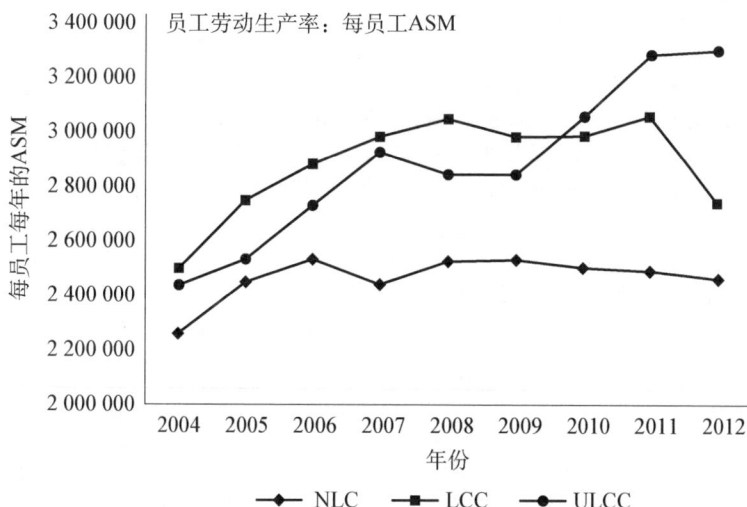

图 6.19　2004 年—2012 年美国航空公司的劳动生产率(数据来源:美国交通部 2014)

降。而 LCC 的劳动生产率持续增长,直到 2008 年停止,随后趋于稳定但又在 2012 年出现了下降。不过 ULCC 的劳动生产率保持了稳步增长,只在 2008 年—2009 年间受金融危机影响而略有下降。

传统航空公司提升劳动生产率的方法除了直接裁减劳动力,还可通过调整、放宽不同岗位的工作规定与限制,更加灵活地安排员工工作以及协调不同工种岗位间的人员需求(将在第 11 章中详细讨论)方式实现。同时,NLC 和 LCC 都借助更多自助服务来减少很多客户服务环节对人工的需求,同时减少雇员人数、提升劳动生产率。例如,让旅客自助完成座位预订、购票、值机及打印登机牌等任务,而无需航空公司工作人员的协助。

通过本章讨论,我们发现与航空公司运营成本的几乎所有其他度量指标那样,单位成本也会受到各家航空公司运营模式及航线网络特征(如平均航程长度)的巨大影响。经过对传统及低成本航空公司报告的单位成本的比对,发现尽管 LCC 相对于 NLC 竞争对手,运营着更小的飞机及更短的航程,但他们的单位成本依然更低。两者在单位成本上的差异很大程度是由于所投入资源的使用效率方面的差异,尤其是在飞机与劳动力方面。随着美国及全球 LCC 的快速发展,降低单位成本并提升飞机利用率和劳动生产率已成为所有航空公司营利的关键影响因素。

参 考 文 献

CAPA (2014) *Unit Cost Analysis of Emirates*, *IAG and Virgin*: *About Learning from a New Model*, *Not Unpicking It*. CAPA Aviation Analysis, January 11. Available at http://centreforaviation. com/analysis/unit-cost-analysis-of-emirates-iag-virgin-about-learning-from-a-new-model-notunpicking-it-147262.

Civil Aeronautics Board (1942) *Uniform System of Accounts for Domestic Air Carriers*. CAB Form 2780, Manual 1-1-42, US Printing Office, Washington, DC.

Gittell, J. H. (2003) *The Southwest Airlines Way*, McGraw-Hill, New York.

International Civil Aviation Organization (ICAO) (2007a) *Digest of Financial Statistics*, Financial Data 2007, Series F, Montreal.

International Civil Aviation Organization (ICAO) (2007b) *Outlook for Air Transport to the Year 2025*, Montreal, September.

International Civil Aviation Organization (ICAO) (2012) *Regional Differences in International Airline Operating Economics*: *2008 and 2009*, Circular 332, Montreal.

Jiang, Q. (2014) *The evolution of U. S. airlines' productivity and cost performance from 2004 to 2012*. Unpublished Master's thesis, Massachusetts Institute of Technology, Cambridge, MA.

Simpson, R. and Belobaba, P. (2000) *Air Transportation Operating Costs*. Unpublished Course Notes for Air Transportation Economics, Massachusetts Institute of Technology, Cambridge, MA.

Tsoukalas, G. , Belobaba, P. , and Swelbar, W. (2008) *Cost convergence in the US airline industry*: *an analysis of unit costs 1995 – 2006*. Journal of Air Transport Management，14，179 – 187.

United States Department of Transportation（US DOT）（2014）*Air Carrier Financial Reports*（*Form 41 Financial Data*）. Bureau of Transportation Statistics，Washington，DC. Available atwww. transtats. bts. gov.

7 航空公司规划过程

Peter P. Belobaba

本章旨在对航空公司规划过程做整体性的介绍,范围包括长期战略性规划制订,如飞机采购;及中长期的决策过程,如航线规划和航班时刻计划。对于航空公司规划过程中每一个主要步骤的关键特性将会做重点介绍,同时还会对航空公司在每个主要决策步骤中使用的典型决策支持模型及相关系统做简要描述。

如图 7.1 所示,航空公司规划过程始于长期战略决策的机队规划过程,并继之以航线路径评估以及航班计划的制订过程。一旦确定了航班时刻计划和运行计划,就需要制订短期的战术性商业决策,如定价和收益管理,第 4 章和第 5 章对此有详细论述。在运营方面,航空公司各类运营计划(包括航班时刻、机队编排、机组排班

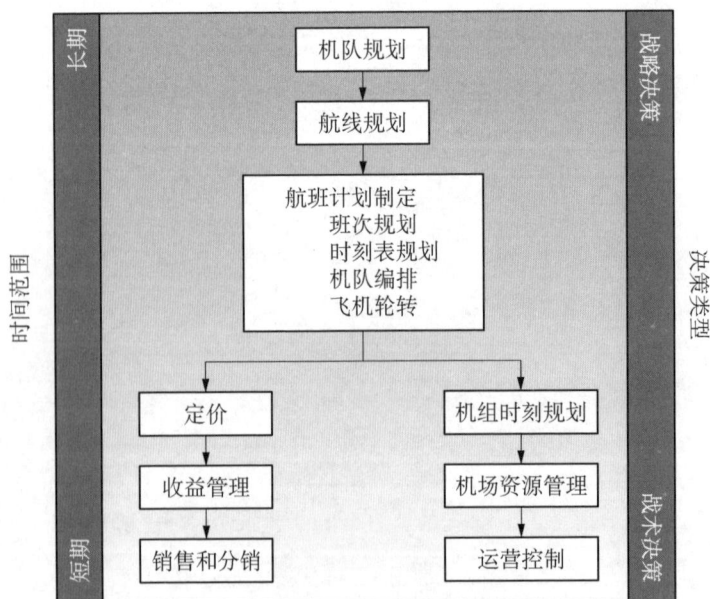

图 7.1 航空公司规划过程(来源:Cynthia Barnhart 教授)

以及飞机维检轮调)的执行效果取决于机场资源的可用性以及由众多因素导致的不正常运营状况,需要由"航空公司系统运营控制中心/SOCC"处理和解决,这将在第9章和第10章中详述。

本章的重点是航空公司管理层需要面对的关键规划决策,包括如下方面。

(1)机队规划:回答何时,购买何种型号的飞机,各买多少架的问题。

(2)航线规划:在满足机队可用性前提下,如何安排航线才能获利?

(3)航班计划制订:综合考虑营运和机队能力约束的前提下,如何确定每个航班的班次与起飞时刻?

本章首先介绍上述每个规划步骤中的基础性假设与前提,然后描述这些决策步骤之间的相互关系以及支持航空公司规划过程的建模方法;并将在后续的章节中对上述决策步骤进行更加详细的讨论。

7.1 机队规划

对航空公司而言,不论是从战略规划角度还是最终的航班运营角度看,机队构成都是一个最重要的长期战略性决策。航空公司机队定义为在任意时刻可投入营运的飞机总量及每架飞机的机型。每种机型都有着不同的技术参数,其中最重要的指标是飞机航程(range),即飞机装载核定载荷并飞行最远距离的能力。

航空公司做出购置新飞机或退役老飞机的决策,会直接影响航空公司整体财务状况、营运成本,尤其会影响公司在有较高营利潜力航线上提供服务的能力。从航空公司长期运营及经济性视角看,做出购买一架新飞机的决定意味一笔巨大的资金投入。2014年,一架适合中短途国内运营的窄体双引擎150座飞机的公开报价大约在8 500~9 500万美元之间。而一架适合长航程的宽体飞机,如有250个座位的波音787-9型飞机,价格约为2.5亿美元左右(波音商用飞机公司,2014)。座位数可多达600个的空客A380飞机报价已超过4亿美元(空客公司,2014)。尽管大多数航空公司都能享受折扣,以一个比报价低很多的价格购买,但不可否认买飞机仍需投入巨大资金。

这类投资对航空公司财务状况的影响包括10~15年内的常规折旧成本、长期债务增加及相关利息支出。从航空公司营运角度看,由于一些商用飞机能够经济地使用30年左右,选择某一种机型将会产生更长时间的影响。例如,一些维护较好或曾经翻新过的、由美国麦克唐纳·道格拉斯公司生产于20世纪80年代中期的麦道80飞机,目前依旧服役于许多航空公司。

有些出人意料,帮助制定这种非常重要的长期战略性决策的工具往往没人们想象的那么成熟,而且远远不如用于短期战术性决策的支持工具成熟,好比用于航班计划和收益管理的那些工具。10~20年以后所有情况都会有高度的不确定性,这就制约了开发与应用更加精细的机队规划优化模型。因此,目前大多数航空公司还是在使用基于(相对成熟的)电子数据表格财务模型,以辅助完成机队规划的决策。

7.1.1节首先概要性地列出了航空公司在进行机队规划决策时面临的各种问题。同时还会介绍不同机型的主要特性,并讨论了航空公司最终确定机型选择的各种主要依据。在7.1.2节中,我们将详尽地阐述机队规划在整个航线规划过程中的作用,同时还将介绍一个用于评估购置不同机型对航空公司经济效益及财务状况影响的框架。此外还将对比两种用于评估不同机型购置策略的机队规划方法:一种是"自上而下"方法,另一种是"自下而上"方法。

7.1.1 航空公司机队决策

航空公司要解决的机队规划问题实际上是一个"分阶段优化"问题。在某个时间点上航空公司的机队组成是确定的,但它会随着购置新飞机及退役旧飞机而发生改变。因此航空公司的机队规划战略应分阶段地反映出未来多个时期的具体策略,包括各类机型的引进数量,新飞机何时交付,旧飞机何时退役,以及在机队规划中为应对未来市场的高度不确定性及可能的突发状况而预先设计的应变计划。制订这样一个多阶段的机队规划还必须考虑到弥补现有机队的不足,考虑到如何处置老旧飞机,以及未来飞机制造商或租赁公司交付飞机的可能性(即是否能按计划的时间点交付飞机)。

在本节中,我们将给出影响航空公司机型选择的一些重要影响因素。首先,对商用飞机的分类及相关特征给出概述。然后,具体讨论对航空公司机队选择决策影响最大的那些因素,包括飞机的技术与性能特性,运营经济性与创收能力,市场因素和环境影响因素,并在最后讨论监管政策及国际贸易相关事宜对机型选择决策的影响。

7.1.1.1 商用飞机的分类与特性

目前可供航空公司购买或已经在航空公司使用的商用飞机主要以航程和尺寸两个参数划分类型。"航程(range)"是指一架飞机搭载合理的有效荷载(可以是旅客和/或货物),并在不经停补充燃料的情况下,所能飞行的最大距离。飞机的"尺寸"是指可以用一些指标表示的该机型的最大有效载荷,如座位数或者载货重量。因此,比较粗的分类,例如"短航程小型机"或"长航程大型机",往往会包含由不同制造商生产的多种不同型号的飞机。对航空公司来说,属于同一大类的机型通常具有相似的运载能力,因而在机队规划的过程中往往把它们当作"竞争产品"看待。例如,空客320和波音737-800就是一对竞争产品,他们都是单通道、双引擎且都有150个左右座位的窄体机,具有差不多的最大航程。

图7.2所示是2014年可供航空公司使用的商用飞机的尺寸和航程分布情况。

从历史角度看,只有飞行距离最长的航班才需要使用最大型的飞机。在 20 世纪 70 年代前后,飞机尺寸和航程间存在接近线性的关系,因此如果某航空公司希望营运一个极长途的直飞航班,则唯一选择就是最大的机型:波音 747。不过自那以后,主要飞机制造商不断地推出了各种尺寸和航程的机型。

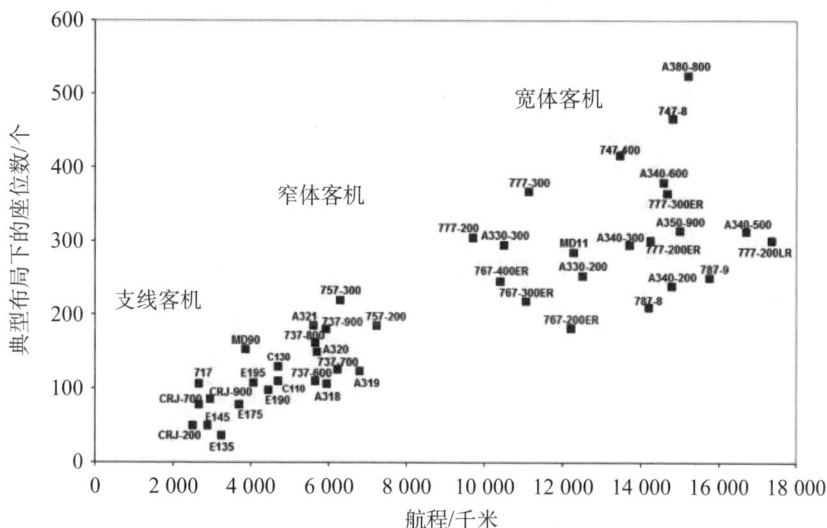

图 7. 2　商用客机(数据来源:飞机制造商官网——www. airbus. com,www. boeing. com,www. embraer. com,www. bombardier. com)

在坐标系的左下角部分是小型支线喷气式客机,通常有 35~50 个座位,出现于 20 世纪 90 年代中期。在许多短途航线上,尤其在北美和欧洲地区,航空公司使用小型喷气式客机替代了涡轮螺旋桨飞机。飞行员工会规约中的"适用范围条款"要求,航空公司如果雇用参加了工会的飞行员,则他们只能驾驶规定座位数量(通常为 70 座)及以上的机型,因此推动了支线客机的快速发展。支线飞机的飞行员工资较低,所以能降低航空公司的运营成本。由于近年来工会规约陆续到期,需要重新协商,并且高油价影响了其经济性,对支线客机的需求有所减少。而窄体机分类中新成员的航程得到大幅提升,如 125~150 座的机型(如波音 737 - 700 和空客 319)可用于 6 000 千米以上的直飞航线。已有航空公司将小型窄体机用在了横跨北美大陆的航线以及类似伦敦至开罗这样的中程国际航线上。随着航程的进一步提高,这类飞机还可用在某些需求较少的直飞航线上,或者用以增加某些竞争激烈中程航线的班次,而在此之前这些中程航线只能用大型机提供服务。

在宽体客机方面,新型"远程"飞机的运载量有所下降,能使航空公司在低需求的长途国际航线上提供直飞航班服务。最新的波音 787 和空客 350 机型进一步强化了这一趋势。波音 787 飞机相对较小(210～250 座)但具有超长的航程：15 000 千米以上,这样就能帮助航空公司覆盖原来因需求少不经济的航线和距离过长不可行的航线。例如,2014 年海航就使用波音 787 飞机开通了波士顿与北京之间的第一条直飞航线。

飞机向着小型化宽体机发展的整体趋势中还有一个例外,就是空客 A380 飞机：具有 500～600 个座位以及最大 15 000 千米的航程。该机型适用于需求旺盛的长途航线,并且班次竞争不是关键因素的情况,目前有 10 多家航空公司运营该机型。2014 年阿联酋航空运营超过 50 架 A380 飞机,且还有至少 50 架订单尚未交付。阿联酋航空用 A380 和其他宽体机型,通过其唯一枢纽迪拜机场运载了大量第六航权的联程旅客。

两大商用飞机制造巨头(波音和空客)都在争相扩展他们的产品系列,以能为航空公司运营提供更多飞机航程与大小的组合方式。飞机制造商通过提供尽可能多的机型系列,以满足航空公司机队规划过程提出的各种需求,并提升自身的竞争力。另外后文将会介绍,航空公司保持机队中机型的一致性,可对航空公司的运营带来很大的好处。

7.1.1.2　技术与性能特性

按照前文描述的商用飞机分类方式,能帮助航空公司选择机型的最重要的技术和性能参数是"载荷—航程曲线"。图 7.3 所示为波音 767 机型的例子,载荷—航程曲线反映出该机型的技术能力,即搭载了一定量的旅客和/或货物时的最大飞行距离。每一种机型都有其独特的有效载荷—航程曲线——在不同的机身上安装不同型号的发动机就能得到独特的载荷—航程曲线。图 7.3 中的有效载荷—航程曲线属于波音 767 - 300ER 机型,它使用通用电气公司生产的发动机。

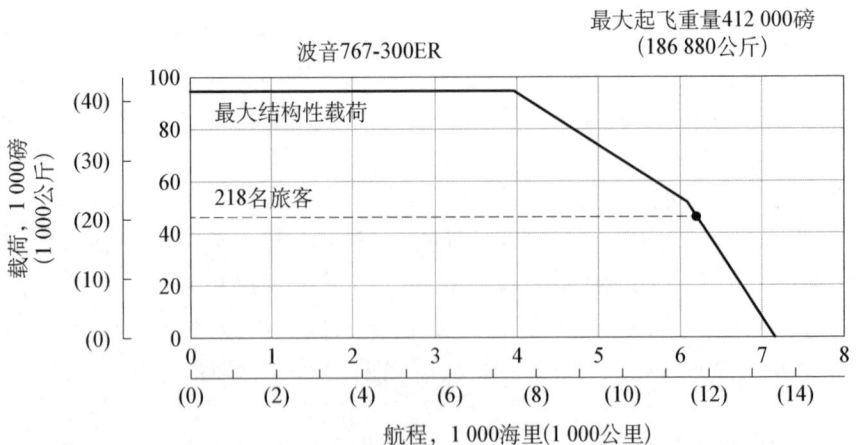

图 7.3　有效载荷—航程曲线的实例(数据来源：波音商用飞机公司(1998))

一架飞机的有效载荷—航程曲线取决于其空气动力学设计、发动机技术、油箱容量以及典型的客/货配比等因素。对所有的机型而言,典型的线形反映的是飞机最大有效载量下能够飞行的距离,因此如能减少载量增加燃油就可以飞行更长的距离。通常需要不断调节以确定飞机的最大可运营航程。

除有效载荷—航程曲线之外,每种机型还有一些与航空公司运营及机场环境限制密切相关的重要技术与性能指标。例如,每种机型对最大起飞和最大降落重量都有具体的要求,这些指标决定了起降跑道的最短长度,因而也就决定了能运营该机型的机场。此外,机场的滑行道长度、登机口空间乃至地面设备设施等都会对航空公司机型选择过程产生影响和制约。

上文曾提及机队一致性,即新飞机与航空公司现有(或规划)的机队机型保持一致非常重要,因为这可以显著降低飞行员与机械师的培训成本,并减少由于引进新机型后采购和准备的新设备及新型号备件库存的数量。机队一致性指一个航空公司不仅应拥有完全相同机型的飞机,还可拥有同一制造商所生产的类似机型的飞机,类似机型具有相似或相同布局的驾驶舱,以及相同的维护方式与备件库存。例如,空客公司的 A318 约 110 座,A319 约 130 座,A320 约 150 座和 A321 约 170 座,这些机型除了座位数不同外其他方面几乎完全相同。该系列机型对飞行员的要求完全一致,因此能驾驶一种机型的飞行员就可以驾驶该系列中的所有机型。这为航空公司机组排班提供了极大的灵活性,并能有效地降低机组人员的成本(机组排班将在第 8 章讨论)。

7.1.1.3 财务与经济问题

航空公司能否购买新飞机取决于能否从内部或外部获得所需资金。通常制造商在交付飞机时,要求航空公司全额付款,付款方式很灵活,可以用手头的现金、留存收益、债务(贷款)、抵押资产净值(股票)等。当然许多航空公司也采用飞机租赁的办法。虽然每月支付的租金相当昂贵,但仍有许多航空公司会租用大量飞机,这是由于租赁方式相对灵活、能够经常更新飞机,并可大大降低前期的资金投入。

航空公司需要对选择每种备选机型的经济和财务状况进行评估,以确定每种选择对其成本和收益的影响,在 7.1.2 节中将做更详细的讨论。新飞机的启动成本不仅包含购买费用,还包括备用引擎及部件库存的费用;如果该机型是首次加入机队,还要考虑购买新的地面设备以及员工培训的费用。当引进新飞机时,每家航空公司需在经济和财务层面所做的最主要权衡在于:应该购买具有较低运营成本但较高拥有成本的新飞机,还是继续使用燃油和维护成本较高但已完成折旧摊销的旧飞机。在经济与财务评估过程中,还应该考虑新飞机具有更大的载量(座位数)能够产生更多收入的能力,以及通过新机型从市场上吸引更多猎奇旅客需求的能力。

7.1.1.4 其他机型选择条件

尽管在决定备选机队机型时,航空公司最主要的依据是经济与财务评估结果以及技术与性能特点,但还有其他几项机型选择的标准也不容忽视,包括环境影响,市场营销考虑和政治政策要求。

全球各国政府已经实施的或计划实行的那些关于环境保护的要求以及法律法规,对航空公司选择机队机型的影响越来越大。商用喷气式飞机的噪声已经成为影响机场及其周边社区的最主要问题。许多机场制订规则或者直接宵禁,限制/禁止引擎噪声超标的老旧飞机运营。同时,各国政府都通过制定更加严厉的专门整治空气污染的法律法规来限制机场周边飞机排放的气体种类及排放量。2012年,欧盟强制实行了"排放交易计划"(简称ETS),旨在限制进出欧洲机场的航空公司的碳排放量。类似的环保法律法规能够促使航空公司更新已经老化的机队,督促他们改用采用了新技术的飞机,做到更加安静并且在排放上也更环保,但航空公司确实需要支付更高的资金成本(参考第15章中关于航空业环境问题的更全面的讨论)。

飞机制造商往往会夸大新飞机能带来的市场优势,例如旅客对新型飞机的喜好,新飞机能帮航空公司增加市场份额并提升收益等。但通常情况下,多数旅客对机型都没有太多感觉,并且随着越来越多的旅客使用互联网搜索最低票价以及越来越多的航空公司用代码共享航班扩展航线网络,旅客对机型的关注度就更低了。在两种情况下,旅客选定行程后都不太可能(甚至不会意识到)去选择机型。但也有证据表明,如果广告推广得当,第一家运营最新型飞机的航空公司或拥有最年轻机队的航空公司确实能够创造更多的收益。例如,2008年新加坡航空公司最先引进了空中巨无霸A380,成功产生了大量专门针对该机型的市场需求,使得新加坡航空能在相同航线上为A380制订比其他机型更高的票价。

最后,尽管经过了财务和经济方面的细致评估,并综合考虑了技术、性能以及上述各种因素,但有时最终决定航空公司机型选择决策的却是某些政治因素与国际贸易争端。有许多记录在案的事例都可以说明航空公司,尤其是政府所有的航空公司,迫于政治压力而从某个指定的制造商或某个国家购买飞机。政治影响力的一个生动案例是在20世纪90年代早期的海湾战争结束后,沙特阿拉伯航空公司(国有载旗航空公司)购买了大批由波音和麦道公司生产的美国飞机。在克林顿总统及美国政府的直接政治压力之下,沙特政府要求沙特阿拉伯航空公司接受这些美国飞机(Lynn,1995)。

图7.4所示为至2013年底,全球范围内的大型喷气式客机(不含支线飞机)尚未完成订单的情况,按机型和制造商进行分类。

以数量论,订单中绝大多数飞机都是小型窄体客机。北美与欧洲地区的传统航空公司经历了十多年收益低谷期之后,终于缓过劲来而急于对老化的窄体机队更新换代,因此飞机制造商的订单列表中空客320和波音737系列飞机的数量合计接近8000架。亚太地区由于航空旅行需求快速增长,以及如印尼狮航等LCC的持续扩张,航空公司都看到了该地区低价航空旅游市场的巨大潜力,因而也有不少窄体机

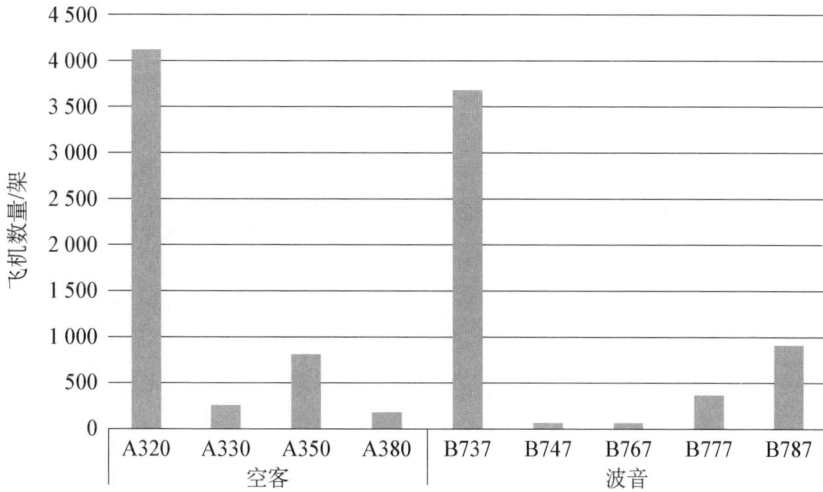

图 7.4 大型客机订单,2013 年 12 月(数据来源:飞机制造商官网 www. airbus. com 及 www. boeing. com)

订单。

订单列表中大型宽体客机的数量要少得多,不过大型宽体机对航空公司未来的运力投放能力以及制造商的收入都有巨大影响。新波音 787 和空客 350 机型的技术优势显而易见,两者订单总数接近 2 000 架。亚太及中东地区航空公司在宽体客机订单中占有较大比例,说明此类航空公司的网络主要由国际及长途航线构成,并且在未来制订了激进的扩张计划。如中东地区 4 家新兴全球性航空公司——阿联酋航空、阿提哈德航空、卡塔尔航空及土耳其航空,都制订了非常激进的机队扩张计划。

7.1.2 机队规划方法

航空公司机队规划决策的主要依据是购买新飞机对于公司财务和资金方面产生预期影响的评估结果。虽然在购置与运营某机型的决策过程中,必须综合考虑各种技术因素与机型特性因素(见 7.1.1 节),但机队规划模型的重点仍然是对财务和资金方面的影响进行定量评估。

图 7.5 所示为机队规划过程中的经济性评估流程。图中所示的评估流程代表大多数航空公司制订机队规划时采用的分析方法,各家航空公司所使用的方法仅在成熟度和细节上略有差异。评估过程中的主要步骤可归纳如下:

(1)评估过程最主要的外部输入是对运输量的预测,即针对要制订的机队购买决策,预测出整个航线网络、子网络或某个航线集合的"收入客公里"(RPK)。

(2)给出未来每个时段内的预测 RPK,可通过"目标平均客座率"预估未来的"可利用座公里"(ASK),并据此预测每个对应时段内、合理客座率下的需求。即用预测得到的 RPK 除以目标平均客座率得到可用座公里数。

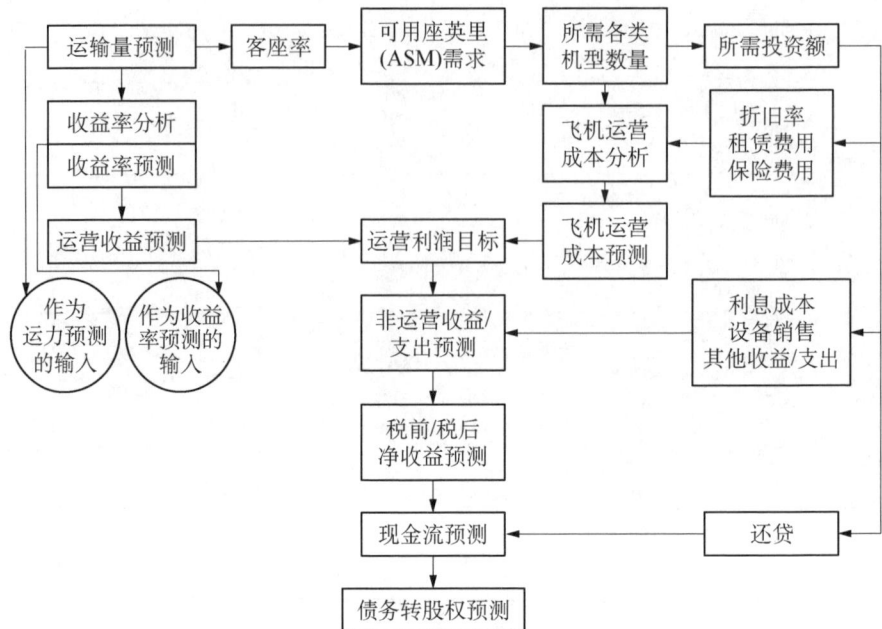

图 7.5　机队规划经济指标评估过程(摘自：麦道飞机公司,1981 年)

(3) 假设衡量某机型的生产率是以其在某固定周期(每天、每月或每年)内产生 ASK 的能力为标准,则可计算出能满足未来 ASK 需求所需的飞机数量。

(4) 有了所需飞机的数量,就可对财务影响进行评估,包括投资基金,折旧率和利息等方面。同时,分析各机型的预期运营成本,预测多种机型的综合运营成本,并综合评估对财务的影响。

(5) 估算新飞机能产生的收益主要基于两类数据,首先是之前用于估计所需飞机数量的预期运输量;其次是预测航空公司在某些航线或者航线网络上运营该新机型的产出,以每客公里收入的方式衡量。

(6) 得出预测收益以及预测运营成本后,航空公司综合两者就能估算出运营利润或给出该机型的利润目标,这些估算结果可用于评估购置新飞机对航空公司的资产负债表、现金流及债务的影响。

上述机队规划过程需要来自航空公司内部各个源头的信息输入。最重要的输入包括初始的运输量预测、产出预测、飞机生产率和营运成本的估算等,综合考虑所有信息得出评估结果。在大多数航空公司内部,这些信息都来自不同部门管辖的不同数据库,使这种理想化的机队评估过程难以在实际中发挥出应有的作用。

7.1.2.1　机队规划模型：自顶向下与自底向上

根据机队规划问题的具体上下文环境,上文介绍的航空公司评估过程可以应用在不同层次的分析中。例如,某家航空公司打算引进 12 架飞机以替换目前老化的短途国内机队,可定义"相关系统"为现有全部国内航线以及由于引进新飞机未来规划新增的航线集合。或者,某家航空公司只想购买一架或两架飞机,用于新开某些国际线路,那么评估过程的范围就仅限于所考虑的这些具体航线了。

无论对哪种情况评估,均可使用下列两种方法中的一种来对更换飞机的经济和财务影响做出分析(麦道飞机公司,1981 年):

(1)一种是从相对高层做聚合分析,称为自顶向下或宏观的方法。

(2)另一种是基于较为具体的航班、航线数据进行分析的自底向上或微观的方法。

使用机队规划评估的自顶向下方法,需求与成本汇总在一张表格里,用于评估不同的飞机购买选项对指定的子系统、区域或航线产生的经济和财务方面的影响。使用汇总的输入,上述评估过程无须大改就可使用。另外前面曾提到,基于目标平均客座率计算出 ASK,然后再计算未来某个时期的 RPK 增长(如计划的平均客座率为 75% 的情况下)。

如图 7.6 所示,当针对某个周期(年)进行机队规划时,"运力缺口"等于未来所需可利用座公里数减去现有可利用座公里数和计划退役的可利用座公里数之差。由于各机型的技术参数(如有效载荷、航程等)不同,需根据各类航线要求的地面准备时间及运量需求预期安排使用不同的机型,因此航空公司的运力缺口须由多种机型弥补。每种机型的航程和日均利用率可确定该机型的"飞机生产率",以每天的可利用座公里数表示(见 6.4 节),随后通过这一参数计算所需的飞机数量。然后使用从历史数据中估算出或者使用来自制造商估计的飞机运营成本数据,对比不同机型的经济性指标。

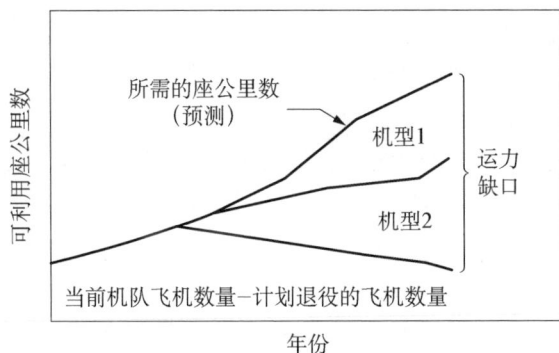

图 7.6 运力缺口分析(摘自:麦道飞机公司,1981 年)

自顶向下方法可用一张电子表格来建模,即在一张电子表格中,清晰地列出针对不同机型的运量预测结果、飞机特性参数、运营成本数据以及预期的运营利润。

该模型的输入为目标整体航线网络或航线集合下，汇总或求平均后的参数估计，模型的输出为不同机型的相对运营收入及其经济性影响。

另一种称为"自底向上"或"微观"的方法，则需要更多的细节用以评估具体航线的特点及对飞机的需求，并因此需要更多对目标航线网络/子网络或航线集合的细节描述数据。为此航空公司必须为其目标子航线网络提供尽可能详细的信息，包括对未来的 O—D 市场需求预测以及创建未来航线路径与航班计划的规划。航空公司还需要在给定自身的航线路径与航班计划的场景下，综合考虑竞争对手的可能对策，并用某种市场占有率分析模型评估其在每个 O—D 市场上的份额。然后再通过一些运载量分配模型，将之前预测得出的 O—D 市场需求与收入结果，分配到航线计划中的每一个未来起飞航班上。

由于输入了非常具体的信息，自底向上的方法可以得出更加详细的结论，如细到每架飞机的调配，以所运营航线、航班，乃至飞机尾号的颗粒度进行营运数据的统计。自底向上方法的评估结果还可用于不同机队规划方案的财务业绩预测。理论上，较为全面的自底向上模型可为航空公司详细描绘未来不同时期内，使用不同机队规划方案时的航线网络布局以及营运情况。因而允许航空公司进行各种"情景假设"分析，即通过输入不同的需求及运营成本参数设置不同的情境，并输入模型得到相应结果。具体评估结果还需与后续航线路径及航班计划的制订过程整合起来——它们也是自底向上模型的组成部分。

因而自顶向下和自底向上模型的主要区别在于，自底向上方法对未来的场景描述更加具体，包括 O—D 市场上的需求预测、航线网络、航班时刻计划以及按单个航班估算的运营成本等方面。例如，更具体的结果有助于航空公司评估单个航线参数上的改变对最优机队方案的影响。不过在实际使用中，很难将未来竞争对手的策略纳入模型——未来竞争环境的不确定性远远大于航空公司自身在未来航线和航班计划策略上的不确定性。

自顶向下方法未把许多具体信息考虑在内，如航线路径、O—D 市场需求或航班时刻计划等。因而比较适合使用相对简单的电子表格模型，当给定航线子网络上运输量及运营成本（如燃油价格）变化的粗略预测值时，即可对新机型进行快速评估。航空公司航线网络结构层面的变化（如航班平均航程）可用综合指标表示。

由于未来 10～15 年的具体情况有极高的不确定性，使得更简单的自顶向下方法在机队规划评估中的实际使用更为广泛。面对不断变化的市场环境，需求和成本预测很难准确，这会造成为了使用自底向上方法而花费大量精力估算出的细节信息不那么可靠。此外，许多航空公司的机队规划决策过程，即便能得出最优的分析结果，也往往会被政治因素或现实考虑（如飞机交付时间）所影响，也造成需要花费大量精力和资源的自底向上方法的效果不理想。

7.2 航线规划

航空公司机队规划过程确定了具有不同容量与航程特性的飞机可用性,然后航空公司规划过程的下一个主要步骤是决定飞行的具体航线路径。在某些情况下,这两类决策过程的顺序是反过来的,即先识别出一条或多条可能营利的航线,然后请求航空公司购置当前机队中没有的新机型飞机来执飞这些航线。

对大多数航空公司而言,经济方面的考虑及预期的营利能力是进行航线评估的原始动力。航线的营利能力估算要求对所考察时期内的需求和收益情况进行预测。大型航线网络中联程航班运输的客流量,对航线的营利能力影响重大。通过对全球枢纽轮辐式航线网络的分析发现,网络型航空公司极少有航班只运载本地 O—D 旅客(即需求为 A 到 B 的乘客搭乘 A 到 B 的直飞航班)。3.3 节中曾讨论,枢纽轮辐式网络上绝大多数航班在为多个 O—D 市场提供关联座位供应,这也使得航线营利能力估算愈加困难。

本节主要描述航线规划评估过程,首先讨论枢纽轮辐式网络结构的经济学基础及其对航线规划决策的重要影响。然后描述航线评估步骤,包括航线营利模型的使用,该模型可帮助航空公司评估在其航线网络中增加一条新航线所产生的经济影响。

7.2.1 枢纽经济学与网络结构

枢纽轮辐式航线网络结构能够让航空公司用较少的航班为很多 O—D 市场提供服务,与完全点到点式航线网络相比,枢纽轮辐式网络需要的飞机数量更少,因而实现总运营成本更低、ASK 更少及客座率更高的效果。以某简单联程枢纽网络为例,假设航班波中共有 20 个航班进入、20 个航班离开该枢纽机场,如图 7.7 所示。

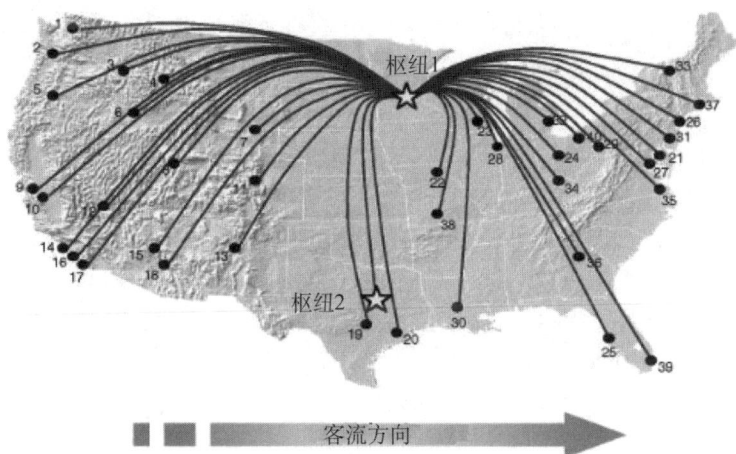

图 7.7 联程枢纽网络的例子

所谓"航班波"是一种枢纽运行的方式,有意将航班计划设置为许多航班几乎同时到达枢纽机场,旅客和行李完成中转,然后起飞航班几乎同时载着中转旅客和行李离开。航班波持续的时间从约 1 小时(小型美国国内枢纽网络)到 2～3 小时(较大的国际枢纽网络)不等。

本例中,假设客流是单向的,每个到达枢纽或从枢纽离港的航班同时服务了 21 个 O—D 市场:1 个与枢纽机场之间的本地市场和其他 20 个联程市场。这样该枢纽机场上的航班波仅占用了 20 架飞机,40 个航班航节,就能够为 440 个 O—D 市场提供服务。相比之下,在一个完全的点到点航线网络上为每个市场提供直飞服务,依据航班计划的要求可能需要 440 个航班航节及数百架飞机。航空公司因运营较少的航班并使用更大的飞机,让每个航班载运更多的旅客所节省的成本,超过因为旅客拒绝联程服务选择直飞航班(如果有)造成的损失时,那么,让航班和旅客通过枢纽中转方式带来的营利就会越多(Morrison 和 Winston,1986)。

枢纽型航空公司将许多不同 O—D 市场上的客流需求整合到单个进出枢纽机场的航班航节上,也能聚合足够的需求为原本不足以支撑直飞航班的 O—D 市场提供联程服务。进一步考虑 O—D 市场需求的特性,枢纽型航空公司还可通过中转联程增加航班服务的频次,即在其枢纽机场实现两个客流方向上,每天运营多个航班波。对旅客来说,O—D 市场上每天由多个航班波提供的服务要比每天一个直飞航班服务更加方便,这是因为航班班次增加使等待时间缩短,并使总旅行时间也更短(见 3.3 节)。

用"总旅行时间"来评估枢纽型航线网络对旅客需求的影响,说明旅客会在每天一两班直飞航班较短的飞行时间和较长的等候时间,以及经由枢纽的多个联程航班和较短的等候时间两者之间进行权衡。例如,达美航空在美国国内运营着一个大型的枢纽网络,每天能在波士顿与萨克拉门托之间提供十几个联程航班服务。如果某新航空公司打算在这个市场上提供每天一班的直飞航班,他很快就会发现,从枢纽型竞争者达美航空或其他运营枢纽网络的大型航空公司碗里分一杯羹有多么的困难!

大型枢纽网络能够带给航空公司市场占有率方面的优势,并最终转换为航空公司收入增长(以及上文提到的运营成本下降)。首先,如果航空公司能在大多数 O—D 市场上提供更多的联程班次及方便的航班计划(缩短等待时间),则就能从竞争对手手中获得更多的市场份额。其次,旅客通常认为 Online 联程航班(即两个连接的航班由同一家航空公司提供)比航空公司间的 Offline 联程服务更加方便。再次,枢纽网络覆盖面更广,并且能为更多的 O—D 市场提供 Online 联程服务,就越能为常旅客提供更多的积分与奖励选择。同时,运营枢纽网络所需的直飞航班能让枢纽型航空公司在本地(点到点)市场上占据主导地位,也能带来定价与收入方面的优势。

枢纽轮辐式航线网络的发展不仅出现在美国民航业环境中,过去 30 多年中,全球大多数大型国际航空公司普遍发展了枢纽航线网络运营模式,例如,汉莎航空在法兰克福枢纽以及国泰航空在香港枢纽。大型航空公司运营枢纽网络,很大程度上需要由中转客流来产生收入,尤其当枢纽城市本身不能提供多少本地(点到点)O—D需求时,更是如此。例如,国际航空公司,如荷兰皇家航空/KLM(阿姆斯特丹枢纽)、新加坡航空(新加坡枢纽)及阿联酋航空(迪拜枢纽),仅依靠基地机场周边的人口不可能支撑他们发展到现有规模,他们必须在非常大的程度上依赖在其枢纽机场中转的旅客客源。

7.2.1.1　枢纽机场的运营优势及成本增长

航空公司在大型枢纽机场的整合运营能带来运营与成本方面的优势。通常航空公司只需较少的"基地"来进行飞机维护及机组住宿安排,从而减少机组与飞机维护方面的支出。此外,由于涉及的机场数量减少,旅客和行李发生中转误机的概率会降低;同时由于在枢纽每天有多个航班波,也能有效减少旅客中转误机的发生。枢纽机场进行的大规模运营和经营,使得飞机维护检修、航空餐食准备及机场地面处理能享受规模效应带来的好处。

枢纽网络也能为航空公司的飞机安排及机组排班工作带来便利。在枢纽机场建立确定的航班波时间能够简化飞机安排与机组排班过程,因为确定航班波的时间就能确定该枢纽机场中航班的"最佳"到达起飞时间。此外,由于同一个航班波中会有大量飞机同时停在地面,在发生延误、航班取消或者其他异常运营情况时,就有更多的机会重新调配飞机。还有,大多数情况下地面上的飞机都属于同一机型系列,那么航空公司就能更加灵活地根据需要将一架飞机从一个航班调换到另一个航班上。

为了应对航班上需求随时变化,可在枢纽机场提前计划,进行飞机交换,这也称为"需求驱动的签派"(Berge 和 Hopperstad, 1993),也属于枢纽运营带来的优势之一。同一机型系列中不同大小的飞机(如空客的 A319、A320 和 A321),在离起飞仅剩 2～3 天时,可根据座位预订情况安排执行特定航班。在枢纽网络中,大部分飞机都会在枢纽和轮辐机场之间来回飞,这样也为飞机交换提供了更多的机会。

然而另一方面,航空公司采用枢纽网络会使其运营成本增加。例如,与运营点到点航线网络相比,枢纽运营会降低飞机和机组的利用率。虽然枢纽运营可能简化飞机安排和机组排班过程,但飞机起降周转必须按照枢纽机场航班波的固定节奏进行,因而会降低航班计划的适应性。服务于枢纽机场周边机场的飞机通常需要长时间停在该机场,等到符合枢纽机场的航班波时刻才能返回枢纽机场。运营枢纽网络产生的收入增量主要来自于航班波形成的客流汇集,因此飞机在非航班波时间飞回枢纽没有什么意义。结果就造成平均飞机利用率(每日轮挡小时数)的降低。

枢纽网络运营对飞机利用率提升的另一个负面影响是,为了让旅客及行李完成中转,有时需要延长飞机在枢纽机场的地面(周转)时间。通常航班波是由一系列时刻非常接近的到达航班航节、一个较短时间的中转间隔以及紧接着的一系列非常接近的起飞航班航节构成。采用这种结构的理由在于，来自不同地方的到达旅客只需很少时间就可完成中转并搭乘后续航班飞往各自的目的地。但是提供此类较短中转时间的联程服务是有代价的。飞机到达枢纽机场后在地面停留的时间通常要长于必要的最短停留时间，这是为了让所有中转旅客及其行李有足够的时间完成中转。点到点航空公司如美国西南航空，可在 30 分钟内在大多数机场上完成一架波音 737 飞机的起飞准备工作，而枢纽航空公司如美联航，在其芝加哥枢纽机场为同样型号的飞机准备起飞则至少需花 60 分钟时间。此外航班波会造成枢纽机场资源（如登机口、跑道）以及航空公司运营和人力资源使用不均衡。在航班波期间需要大量资源维持运营，而其余时间这些资源又会被闲置。

　　某些枢纽航空公司试图通过把固定航班波运营改为连续或滚动枢纽运营方式，以减少对机队及机组利用率的负面影响。连续枢纽运营实际上去除了固定的航班波。为了均衡使用机场基础设施、地面资源、航空公司机组和机队资源，通常采用解构航班波时刻计划，让航班到达和起飞时间均匀分布的方式。这样航班到达枢纽机场后就能尽快离开，不用为了等候旅客中转完成而刻意停留。此类型的枢纽运营实际是想复制低成本航空公司在飞机利用率方面取得的成功经验，后者通常运营很大比例的直飞航班，也不会在其关键城市（枢纽）运营固定航班波。2002 年开始，美国航空首先在其达拉斯沃斯堡（DFW）枢纽机场引入连续枢纽概念，随后其他枢纽型航空公司也进行了类似尝试，包括达美航空和汉莎航空。

　　事物从来都具有两面性，虽然连续枢纽能提高飞机和机组的利用率，降低航空公司的单位成本，然而还是会带来新的问题。其中的最大问题可能是对旅客及其行李的中转时间及可靠性的影响。除非航空公司运营枢纽的规模巨大，在枢纽机场与大多数辐射城市间有无数航班，否则减少固定航班波的数量，就会造成一些联程服务不能连接、另一些联程服务的等待时间变长的问题。这两方面的影响都会使航空公司联程服务品质下降，在与其他对手竞争时吸引力下降，最终导致中转客流量、市场份额及运营收入都减少。另一方面，无航班波枢纽中转时间通常较长，能减少旅客中转延误的情况，使联程服务更可靠。配合恰当的航班计划（见第 8 章），可使平均中转时间最优，仍能在关键市场上提供耗时更短的联程服务。

　　枢纽机场运营还有拥堵与延误成本风险。如果航班波时间固定设置，就会导致旅客活动呈波浪形分布，在每天的几个高峰时段中机场工作人员异常忙碌，在非高峰时段又都闲着。同样在候机楼之外，航班波高峰时间内进出港的航班数量巨大，易导致跑道等资源容量不足而造成航班延误，在非高峰期这些资源又都会闲置。在运营方面，极端天气造成的延误将会波及航空公司的整个航线网络。例如，一场暴风雪逼近某航空公司唯一枢纽机场，就会迫使该航空公司取消到达该枢纽和从该枢纽起飞的所有航班。即使天气对该航空公司枢纽机场造成的延误影响不足一小时，但仍然会严重影响旅客在该枢纽机场按计划中转的进度。

7.2.1.2 近期趋势：枢纽的强化

尽管各种预测多次提及，为解决枢纽机场的拥堵问题应计划和运营更多直飞航班，但建设更大更强枢纽机场的步伐却从未停止，特别在经济衰退与油价高企的时期更是如此。2008 年全球金融危机时期，为应对航空旅行需求大幅降低的困境，美国和欧洲的大型航空公司取消了几乎全部不从枢纽机场始发或者到达枢纽机场的航班。美国大部分传统航空公司削减了 10%～15% 的运力，其中大部分是点到点直飞航班，很多是那些休闲旅游市场上收入较低的航班。

几个因素导致全球枢纽运营持续加强。首先，国家间的自由双边协议使得航空公司能够通过枢纽运营原来认为是低需求的国际直飞市场，如达美航空的盐湖城至巴黎航线、土耳其航空的伊斯坦布尔至波士顿航线及阿联酋航空的迪拜至汉堡航线。其次，枢纽航空公司及其通勤合作伙伴利用小型支线飞机来连接枢纽和较小的辐射城市，提高航班服务频次，替代用直飞航班飞越枢纽机场的做法。目前大部分北美及欧洲地区的支线航班都在大型枢纽机场与辐射城市之间营运(Mozdzanowska，2004)。

全球航空联盟的航线网络拓展使各航空公司枢纽网络间的联系增强，并伴随着联盟伙伴航空公司主要枢纽之间航班数量的增长。例如，美西北与 KLM 之间最早结成的联盟关系使得在随后几年中，在美西北的美国枢纽与荷航阿姆斯特丹枢纽之间的直飞航班数量大幅增加(de la Torre，1996)。时至今日，大多数联盟航线网络中的跨大西洋航班，基本都是始发自或最终到达某航空公司的枢纽机场。

总体来说，枢纽网络运营在经济方面的好处始终多于其所产生的问题和坏处，因而不论在经济繁荣时期还是在萧条时期，它都是大型航线网络不断演进的驱动力。特别是在需求疲软期，当运营收入随着需求的下降不断减少，枢纽型航空公司只能更依赖枢纽网络运营下客流整合所带来的经济效益。

7.2.1.3 枢纽对航线规划的影响

从航线规划角度看，枢纽轮辐式航线网络结构会对航空公司如何评估新开航线的经济性产生影响。在现有的枢纽网络中，能比较容易地添加到小型辐射城市的新航线。在图 7.7 假想的枢纽网络中，新增一条从辐射城市到枢纽机场的航线，可使总的 O—D 市场数量从 440 个增加到 461 个。如果运营该新开航线使用某型号 100座飞机，那么在从该辐射城市出发，到达 21 个联程目的地的每条航线上只要有 2～3个旅客有需求，就可以让航空公司盈利。即使从辐射城市到枢纽的本地 O—D 市场需求不足以支撑新开航班，航线上的中转旅客也能让航空公司获得比新开航班增加的运营成本更多的整体网络收益。

然而，这种注重增量的分析方法有可能导致航空公司规划人员忽视新航线对已有联程航线上客流需求的分散效应。具体地说，只有当新增的中转旅客既不是来自于该枢纽机场中转到其他航班航节的旅客,也不是从该公司已提供的其他中转航线(如通过另一个枢纽机场)上转移过来的,才认为他们对整个网络收益带来正面的影响。

为了将中转旅客的总票价收入合理分配到辐射城市和枢纽机场之间航班上,需要设定许多前提和假设,其中很多假设甚至是主观的,这就使得准确估算目标航班上旅客对于整个航线网络的贡献成为一项艰难的任务。考虑到这些有关收入来源的假设,会与替代成本的相关假设乃至航班运营成本中不同组成部分分配的假设相互作用,使得回答"这个航班航节能够赢利吗?"这个问题异常困难(Baldanza,1999)。

同样基于"增量"逻辑,分析是否取消某个可能不营利航班的经济性评估也非常困难,何况这个航班还在为网络中的其他航班输送客流。换句话说,某个从辐射城市到枢纽机场的航班客座率比其他航班低,但如果该航班通常搭载着大量的国际联程旅客,而这些旅客对整个网络收益的贡献相当可观,此时该航空公司就应当认为这个航班有经济价值。这再一次说明,航空公司的规划人员所设定的关于网络收益贡献如何分配到单个航班的诸多假设,会使其对航班是否营利的判断变得非常困难。

出于同样的原因,航空公司也很难判断是否应该新开一个直飞航班:该航班不再经过某枢纽并且会从经过该枢纽的联程航班上分流旅客。不过,当航空公司用大量的联程航班在某O—D市场上确立相当的市场份额,并保持足够的航班班次及联程机会时,便有可能在该市场上引入直飞航班实现营利。换句话说,引入新直飞航班的做法仅限于在较大的O—D市场上成立;只有这样,当市场上已有很多联程服务可选的情况下,直飞航班才能获得足够的客流而实现营利。

7.2.2 航线规划和评估

给定机组规划与航线网络结构后,需借助航线规划及评估过程确定航空公司应该运营哪些具体的航线。运营航线的选择既是战略层面的决策,也是战术层面的决策,它是航空公司的整体航线网络策略或称为"愿景",必须确定航空公司运营以短航线或是长航线服务为主,以国内还是国际服务为主。此外,所选航线的特性还会影响到航空公司提供给旅客的"产品"类型。例如,当选择偏重国际航线的网络结构时,就需要提供商务舱和头等舱产品以提高整体竞争能力。

航空公司所选航线的距离或"航程"也会影响其成本结构,如执行较长的航线就倾向于使用大型飞机,以使每座位及每ASK(可利用座公里)的单位成本更低。虽然本章首先介绍机队规划内容,但必须认识到,具体航线类型对飞机性能的要求能够、也必须对机队规划决策提供闭环反馈。同时机队规划评估过程还应包含对未来可能的网络与航线机会的扩展分析。

航线规划也可以是短期的战术性决策。随着市场环境变化，某些预料之外的航线机会出现在航空公司的视野中。例如，某航空公司破产后造成的市场空白、共飞航线上竞争对手的撤出或国家层面新谈成的双边协议，都可转化为新的航线机会，必须在几个月甚至几周内做出响应。

7.2.2.1 航线评估的问题描述

类似于机队规划的评估过程，经济性也是航线评估的主要方面，对于在竞争环境中运营并以利润最大化为目标的航空公司更是如此。评估某条航线是否具有盈利潜力，可以在较高的层面进行（类似机队规划中自顶向下方法），或可从更细节的层面进行。各类航线评估过程的最重要输入应该是对该航线上潜在旅客与货物需求（及预期收入）的预测。对于给定航线，本地O—D市场只能算需求及收入的主要来源，但绝非唯一来源。在枢纽轮辐式航线网络中，从已有联程航班（上游航班）以及其他非点到点O—D市场上分流到新航班的旅客量，会使对该航线盈利与否的判断产生巨大误差。

一旦生成了针对每个时段的总O—D市场需求预测值，下一个非常重要的步骤就是，估计航空公司在总需求中的市场份额。航空公司在预测出的总需求中的市场份额，取决于其计划航班班次的份额、航线品质（如直飞或联程）及其计划起飞时间。在竞争市场环境中，产品和服务之间必定会有一定程度的差异，因而价格的高低、服务的优劣等因素也就会成为影响市场占有率的重要因素。

评估航线计划经济性的基础准则是：确定了从其他航线上抽调飞机的机会成本之后，评估短期内新航线产生增量利润的潜力。然而在航线规划过程中（一如在机队规划中），某些现实因素对经济学评估结果的影响也非常重要。能否获得有足够航程及适当容量的飞机决定了服务一条新航线的技术能力；而航空公司机队中可利用飞机的性能以及运营成本特性又会对目标航线的盈利能力产生重要影响。另外如果新航线涉及某个新目的地，还会产生诸如购置必要的机场设施、设立售票营业部以及相关人员重新安置等额外成本。

各类监管规定、双边协议以及机场有限的空闲时刻也会制约新航线的运营，甚至将盈利航线变得无利可图。例如某航空公司想新开一条至香港的航线，但机场给出的到达时刻不理想，使航班不能按预想时间起飞。这种情况会对该公司在这一市场上的份额及航线利润造成负面影响。

某些情况下，即使对航线预期盈利能力的经济性评估得出了亏损的结论，但航空公司从战略层面考虑后还是会决定运营这条航线。考虑到国际双边协议中的政治性因素、航线机会和其他方面的不确定性，航空公司有可能会从长期竞争力提升和市场形象需要角度考虑，决定新开一个短期内亏损的航线。

7.2.2.2 航线规划模型

通常使用详细的评估方法对目标航线进行经济性评估，与机队规划过程中使用自底向上方法的思路类似。因而需要预测与目标航线相关的需求、运营成本以及收入数据和若干年的历史数据。另外基于旅客针对不同航空公司及航班时刻的选择模型,估算出该航空公司在市场整体需求中的份额也很重要。未来需求及市场份额的预测效果,很大程度上还取决于目标航线上是否存在竞争对手以及他们对于新进者的预期反应。

"航线营利性模型"由一些航空公司及软件供应商联合研发。这种计算机软件系统可帮助使用该模型的航空公司完成对航线的评估工作,同样需要由用户输入详细的数据,包括需求预测、运营成本估算以及计划运营的航班时刻计划和班次计划。这类模型的目标是在给定机队及运力条件下,从输入的候选航线集合中根据预测的需求,帮航空公司选出能使网络总利润最大的航线集合。

这类模型在对比可选航线方案时较为有用,但航空公司用户必须认识到,模型输出的利润估算结果是否准确完全取决于未来需求与收入预测的准确性、运营成本分摊到每条航线的方式以及与市场份额有关假设的准确性。不论多么成熟的航线营利性分析模型都有个解决不了的重要问题,即对于综合竞争性影响的分析能力极为有限。此外,不论航空公司使用如何成熟的航线规划模型,都应该意识到,此类模型输出盈利估算结果的优劣完全取决于这两个条件,即输入数据的准确程度及模型本身的前提与假设之特性。

7.2.2.3　示例:航线营利性分析

如上文所述,对新航线营利能力的评估通常都是建立在对目标航线上航班(集合)未来一个或多个时期内的需求、市场份额、收入以及运营成本的预测结果的分析之上。在本节中,使用假想的蒙特利尔(YUL)至米兰(MXP)直飞航班提案来说明航线营利性分析的过程。虽然是假想案例,但使用了真实的运营及成本数据,能够详细说明典型航线营利性分析中的前提假设和主要步骤。

图7.8和图7.9分别列出,在蒙特利尔至米兰航线上估算每天一班直飞航班的年运营利润时,需要的收入与运营成本的计算过程。该航空公司计划使用一架210座、由商务舱和经济舱座位混合配置的波音767-300ER飞机。计算结果说明,一个航班在该航线上运营一年可以产生约270万美元的运营利润,也即运营的利润率为4.0%(利润率=运营利润/总收入)。但仔细研究收入与成本的计算过程就会发现,整个估算过程都是建立在大量的预测、估算以及假设数字基础之上的。

图7.8提供了需求与收入计算的详细过程。需求预测中包含该航空公司运营新航线后能够抓住的几种类型需求的预估年旅客量。本地(点到点)O—D需求的预测值为每年106 000位单程旅客(是两个方向上的单程旅客需求数量之和)。航空公司期望能以平均单程票价585美元获取本地O—D市场上70%的需求份额。由于该航空公司提供了本地O—D市场上唯一的直飞航班服务,因而估计可获得较高的市场份额。这样,在蒙特利尔至米兰的本地O—D市场上仍会有30%需求选择其他

形式的服务,特别是由其他航空公司通过各自枢纽(如纽约、费城、伦敦、阿姆斯特丹与法兰克福)提供的中转联程服务。

在本例中,本地(点到点)O—D 旅客量约占新计划航班总预期旅客量的 64%。预测的剩余需求来自于其他几类联程旅客,这些旅客当然会占用新开直飞航班上的座位。联程旅客的票价中,按比例分摊到直飞航班上的平均收入低于本地 O—D 市场的平均票价,因而航空公司从这些中转旅客身上赚到的客英里收入相对较少。该航班每年的总客运收入预期为 6 290 万美元,并估计货运收入为客运收入的 10% 左右,因而该航班的年运营总收入约为 6 920 万美元。这样预测货运收入显然过于草率,不过在进行航线营利能力初步评估时的确可以这样做,此外估算依据也是类似航线(跨大西洋)上货运收入所占的比例,因而相对可信。

图 7.9 所示为本例中与目标航线的运营成本以及年利润估算相关的输入数据和计算方法。新航线上每个方向的总飞机运营成本(机组、燃油、维护检修以及折旧)都使用计划轮挡时间为单位进行计算。每轮挡小时的飞机运营成本以该航空公

按年估算需求量与运价	年需求量	按比例分摊的平均单程收入/美元	总收入/美元
YUL-ROM 本地 O—D 市场的总旅客量(双方向)	106 000		
每天一班航班的预期市场份额%	70.00		
新开航班上 YUL-ROM 的本地旅客量	74 200	585	43 407 000
额外的客流量			
北美城市-YUL-MXP 双方向的中转旅客量	25 000	490	12 250 000
YUL-MXP-以远城市双方向的中转旅客量	12 500	445	5 562 500
以远城市-YUL-MXP-以远城市的中转旅客量	4 500	375	1 687 500
总旅客量(双方向)	**116 200**		62 907 000
额外的货运收入	按客运收入的10%估计		6 290 700
		总收入	**69 197 700**

图 7.8 示例航线的收入计算过程

输入与前提假设				计算的衡量指标(年度)	
机型	B767 – 300ER			年航班数量	716
座位数	210			轮挡小时数	6 086
年航班数(单方向)	358			收入客英里	441 560 000
完成航班日计划的98%				客英里收入/美元	0.142 5
YUL – MXP 的轮挡时间	08:00			ASM 可利用座英里数	571 368 000
MXP 到 YUL 的轮挡时间	09:00			起飞时座位数	150 360
				登机旅客人数	116 200
直飞航程 YUL/MXP	3 800			平均客座率/%	77.28
每轮挡小时的飞机运行成本/美元					
机组成本	1 050			直接运行成本	47 622 950
燃油成本	4 975			旅客服务	7 948 080
所有权成本	825			交通服务	2 788 800
维护成本	975			飞机服务	1 288 800
每轮挡小时总成本	**7 825**			促销与推广费用	5 661 630
				综合及管理费	1 142 736
间接运营成本					
旅客服务/美元	0.018	每收入客公里			
交通服务/美元	24	每登机旅客		**运营成本/美元**	**66 452 996**
飞机服务/美元	1 800	每次起飞			
促销与推广/%	9.00	占乘客收入比		**运营利润/美元**	**2 744 704**
综合及管理费/美元	0.002	每可利用座位英里		**利润率/%**	**4.0**

图 7.9　示例航线的运营成本与利润计算过程

司在可比航线上同机型 767 – 300ER 的数据或者同机型的行业整体成本数据为基础进行估算。在这个例子里,成本数据来自于 2013 年美国交通部航空公司 41 号表中的确切数字。

除飞机运营成本外,其他几种间接运营成本(如第 6 章介绍)也是新航班总成本估算过程的重要输入数据。图 7.9 中的数值仍然来自于 41 号表;不过在实际中,航空公司应当使用自己的间接运营成本占比数据,以期较为准确地完成此类航线营利评估过程。

图 7.9 的右侧部分是新航班的每年总成本、航线利润的估算结果及简要计算方法。根据分析时给出的假设条件与输入数据,估算出该航线运营的平均客座率为77.3%,运营利润率为 4.0%。即便分析针对的是一个假想例子,我们也能清楚看到,营利性评估结果是否准确,在很大程度上依赖于每一个输入参数的准确性,并且对数据准确性非常敏感。需求预测、航空公司市场份额估计、预期票价乃至运营成本估算中所有的值都能对最终利润估算结果产生重大影响。

这种以电子表格形式呈现的航线评估模型,在保持其他输入值不变的情况下,可用于检测某个输入值的敏感度。例如,一旦该航空公司在蒙特利尔至米兰本地O—D市场的占有率降到 64.8% 以下,新开航线就会变得无利可图。还可对需求预测、平均票价,甚至运营成本的各个组成部分,如燃油成本,进行敏感度分析。这些分析能帮助航空公司了解在未来不确定条件下,航线营利的整体潜力。

这个航线评估案例中整合了可变飞行成本、飞机折旧成本、可变旅客成本以及分摊费用与非运营成本,所以模型被称为“完全分摊飞行成本”模型(Baldanza,1999)。在收入方面,因票价被完全按比例分摊到蒙特利尔至米兰的航班航节上,最终结果就是对“完全分摊航段盈利”值的估计。航空公司规划人员通常使用这种方法对航线的长期(运营几年的)营利情况进行评估。长远来看,将航空公司的成本完全分配到目标航线是合理的;而且将收入按比例分摊到各航线也符合一般会计方法的要求,该方法中航空公司的运营利润等于所有航线预期利润的总和。

航线盈利能力评估过程还有另一类方法,这类方法去掉了航空公司运营成本中某些特定部分,却将网络收益贡献的某些部分纳入到计算中。这类方法用在短期航线利润评估过程中更为合适。例如,蒙特利尔至米兰的这个航班仅计划在旺季运营几个月时间,并假定此类临时航班服务不会使航空公司日常综合及管理成本增加,那么在评估模型中就可以忽略这部分成本。此外,假设新开航线决定在短期内使用航空公司现有某架利用率不高的飞机,那么在进行营利性评估时也可以不再考虑飞机的折旧成本。

如前所述,在收入方面还需要对收入估计值进行调整以更好地反映新航班产生的“网络贡献值”。考虑了网络贡献以后,新航班总收入的估算值将有所增加,从而可使预估的利润值也增加。网络收益贡献值的计算可以用同一家航空公司运营的联程航班上旅客支付的总票价,减去可变的旅客运输成本,再减去这些联程航班上归属其他航班航节的估计收入的方式得到。

但是在航线营利性评估过程中引入网络收益贡献会使这个过程变得较为复杂,因为不仅要考虑与蒙特利尔至米兰的直飞航班相连接的其他航班的网络替代成本,还需考虑服务相同市场的现有航班上客流转移的可能性。例如,假设该公司已提供了一个经由某枢纽(由自己或联盟伙伴运营)中转的蒙特利尔至米兰的联程服务,就需要考虑客流转移情况。

最后,如果将考虑网络收益贡献值的改进型航线营利性评估模型用于中长期分析,还有可能使重复计算收益和利润的风险增加(Tretheway,2004)。也就是说,当把来自联程旅客的收入按高于航程比例的方式分摊到目标航班航节时,虽然能帮助度量这些旅客在给定航节上的网络贡献值,然而这会造成目标航线利润的估算结果中包含联程旅客对其他联程航节收入贡献的问题。如果把这样估算的包含了网络贡献的航班航节利润值相加,就会使来自同一联程旅客的收入在不同航班航节上的网络贡献重复计算两次。因此,将这类网络贡献方法用于航线评估时,最适合用于短期及新增航线的决策,不适于长期枢纽或航线网络的营利性评估(Baldanza,1999)。

7.3　航班时刻计划的编制

本章的开头曾介绍过,航空公司规划过程中一个重要的步骤是编制航班时刻计划。给定航线网络,以及在其上运营的航线集合和机队详细情况,航班计划编制由4类不同但相互关联的任务组成,包括如下几方面。

(1) 班次计划:确定航空公司在选定航线上运营航班的班次。

(2) 时刻表编制:安排航班的起飞时间。

(3) 机队编排:每个起飞航班使用何种类型的飞机。

(4) 飞机周转计划:如何规划航线网络中运行的每架飞机,以确保每个机场上飞机的到达和起飞数量达成总体平衡。

上述每一类任务都是航班计划编制过程的子任务,本节将对各个子任务进行详细的介绍。

通常,航班计划编制过程开始于航班起飞前一年或者更早的时候,并且这一过程将一直持续到航班实际起飞前的那一刻。整个过程从班次计划的制订开始,主要依据提前一年或更早前完成的航线评估结果以及在2~5年前就已完成的机队规划提供的飞机可利用状态信息进行。航班起飞时刻表和飞机周转计划在起飞前1年内开始制订,并在起飞前2~6个月最终完成。最后在起飞前还要对时刻表和飞机周转计划进行最后的审核与修订。因为直到航班真正起飞前,一些无法预料但会影响运营的情况,如维护与天气问题,会导致航班时刻变更或发生不正常航班运营。

航班时刻计划编制过程有时会被要求实现相互矛盾的目标,因而须有所取舍。如目标之一是为旅客提供最大的便利性,并能因此增加运营收入;同时又须满足众多的运营限制条件,因而无法为所有旅客都提供最大的便利性。回想一下,决定航空公司市场份额最重要的因素是航线上的航班班次及航班的起飞时间,尤其在商务需求占很大比例的航线上更是如此。在第 3 章介绍过,旅客会综合考虑航班时刻、价格和产品服务品质等因素,尽量选择使航空旅行总体不便性最小的方式。

7.3.1 班次计划

在某条航线上增加航班班次可提升旅客航空旅行的便利性。提供更便利的航空旅行服务,会有更多旅客愿意飞行(即更多班次对需求的刺激作用),而且可以从竞争对手那里抢到更多的市场份额,因此航空公司增加了班次就可以获得更多的客流和收入。

由于在许多市场上,大部分旅客认为在高峰时间(清晨和晚间)起飞的航班最具吸引力,因而在一天的时间中旅客最期望的起飞时间大部分集中在早上 8:00～9:00 及下午 17:00～18:00。在此基础上更密的航班班次能进一步缩短航班间的时间间隔或"等待时间",因而减少旅行中的不便。如前文所述,班次对短途市场比对长途市场更加重要,只因长途航线的飞行时间远大于"等待时间"。在竞争市场中,航空公司的班次份额是吸引时间敏感型商务旅客的重要手段。

尽管确定某航线上的"最优"班次,需参考航空公司的市场竞争策略,但在多数情况下,仅使用目标航线的需求预测和期望市场份额数据,就可以建立该航线的航班班次"基线"。根据航线营利性评估过程的输出结果,航空公司可以计算得出目标航线上本地(点到点)O—D 市场的总需求估算。而航空公司在整体需求中期望占有的市场份额,则由此共飞航线上该航空公司的班次份额以及具体航班的起飞时间共同决定。

此外,在多数枢纽轮辐式航线网络中,联程航班有能力为目标航线带来一定量的客流。如果中转旅客量能在目标航线的总需求中占有相当的比例,航空公司还可考虑在目标航线上提供更多的航班(同时能使航空公司在本地 O—D 市场上的份额增加),或者使用更大的飞机(每座公里的单位成本较低)服务该航线。

尽管在这里把班次计划与每条航线上的机型选择(即"机队编排")分开介绍,但很明显这两类决策过程之间存在相互关联。航空公司在特定航线上是否提供服务的决策实际由两个部分组成:每天起飞的航班数量以及每个起飞航班提供的座位数量。如果需求预测结果表明在某航线上每天提供 400 个座位就能满足需要,则航空公司可在每天 1 个使用 400 座飞机的航班或者每天 4 个使用 100 座飞机的航班之间做出选择。虽然两种做法都能提供每天 400 个座位供给,但航空公司的市场占有率、运载旅客数量及收入成本都会有较大差异,特别是在该航线上还有一个竞争对手每天也提供 4 个航班的情况下。

在这个例子中,仅提供一个 400 座航班的决策必然会导致航空公司只能占有较低的市场份额,因为在票价和服务质量类似的情况下,航班班次太少(如果竞争对手提供 4 个航班,那么班次份额仅为 20%);此外这么低的市场份额也很难填满飞机上的 400 个座位并达到盈利的程度。虽然只是假想的例子,也能充分说明航线上有无竞争对手及其班次的多少,严重影响班次计划中为指定市场供给足够座位以满足市场需求的方式。该案例还说明,为什么在竞争市场中,特别是相对短途的航线上,航空公司更愿意使用按每座位及座公里计运营成本更高的小型飞机。

以"客流合并"为目标通常也会影响班次与飞机的选择。一个具有多个经停点的航班可同时服务于多个 O—D 市场。将多个 O—D 市场的客流合并到一个航班(一架飞机)上可使航空公司在该航线上运营的班次增加(同时增加其市场份额),并能使用更大的飞机(降低单位运营成本)。在 7.2.1 节曾讨论,这种客流合并的能力是航空枢纽在经济上获得成功的根本原因之一。

7.3.2　时刻表编制

确定每条航线上的航班班次之后,航班计划过程的下一步是制订航班起飞的具体时间计划。前文曾介绍,航空公司设定起飞时间的基本目标是使航班在高峰时段(9:00 和 17:00)起飞,在商务航线上达成此目标尤其重要。当然,受到机队规模及飞机轮转的限制,肯定不可能在所有航线上都达成此目标。即大多数航空公司都没有足够飞机保证其网络中的每条航线上都有航班在 9:00 起飞。

制订航班起飞时刻表需要在飞机利用率(每天轮挡小时数)最大化与旅客便利性之间进行有效权衡。航班时刻表必须考虑如何最小化"周转"时间,即乘客上下飞机、加油及清扫飞机花费的时间。航班使用的飞机机型及其性能特性差异会使"最小周转时间"各不相同。国内航线上 100 座的飞机可在 20~30 分钟内完成"周转",而国际航线上 400 座的飞机则需要 2 小时或更长的时间才能完成"周转"。

即使能满足最小周转时间,同一架飞机执飞的下一航班的最早可能起飞时间也不一定符合能最优航班计划的要求。例如,上午 9:00 从城市 A 出发的航班于 11:00 到达城市 B,需要最少 60 分钟周转时间,因而从 B 机场起飞的最早可能时间为中午 12:00。但如果该飞机 12:00 起飞返回城市 A,就意味着错过了高峰时间只能搭载较少的需求;但让飞机停在地面等待下一个高峰时间,又会降低飞机利用率并增加单位运营成本(将固定成本分摊到较少的座公里上)。

在进行上述的权衡时,大多数航空公司都会选择采用最大化飞机利用率的方式来编制航班起飞时刻表。航班计划的编制人都会倾向于尽可能充分地利用昂贵的飞机资源,因而会使地面周转时间尽可能短。在这种情况下,航空公司还是会安排在客座率较低的非高峰时间起飞航班,以保证班次份额并将飞机调配到其他城市的高峰航班上。在某些时刻表编制过程中,最大化飞机利用率的逻辑发挥到极致,几乎不会为维修及因天气延误预留缓冲时间,因此会导致航班客座率下降,并最终降低航空公司的盈利能力。

航空公司时刻表编制过程除了要考虑上文提到的约束条件,还需要考虑其他的限制因素。7.2节中曾经讨论，为了构造枢纽网络的固定航班波，来自轮辐城市的航班必须在规定时间范围内到达，目的是方便旅客完成中转。如果期望这些航班既能为本地直飞旅客又能为联程旅客都提供服务，那么航班从轮辐城市到枢纽机场的起飞时间就没什么灵活性可言了。

时差也会限制航班起飞时间的选择，特别是在长途航线上。例如，从北美东部城市出发到欧洲的航班通常不会在16：00前起飞，因为乘客不希望在半夜到达他们的欧洲目的地。在北美东部飞往欧洲的航线上还有一些"日间航班"，必须在9：00前起飞，才能在22：00～23：00(当地时间)抵达欧洲目的地。此外一些管制条件，如机场起飞和到达的空闲时刻、噪声宵禁等，都会制约航空公司选择起飞时刻的灵活性。

最后，机组排班及飞机例行维检要求也会对时刻表编制产生重大影响。举个例子：某航空公司运营的每日某一航班在晚上到达机场(如22：00)，如果该架飞机及机组未能满足机组最短休息时间的规定，就不能安排在第二天一早起飞。对航空公司而言，需要安排另一个新的机组在第二天一早出发，不过这样做每个机组的倒班时间就会超过30小时，从而导致机组成本的增加。

典型的航班时刻表编制问题求解十分复杂并且计算规模巨大，这很可能会导致后期航班计划变更的次数增加。某航班起飞时间改变，会对同一架飞机后续航班的到达时间、可行的旅客中转时间、飞机轮转甚至要恢复被打乱的航班计划所需飞机数量方面产生严重影响。如果再考虑机组限制以及飞机常规维检计划的限制，整个问题就会更加复杂，并且需要协调航班计划制订者的部门及其他多个航空公司运营部门。

如果给定的输入是机场集合中数量巨大的可能起降时间的组合、每天中需求和市场份额的变化曲线以及数千个运营的限制条件，那么还没有任何计算机模型能够基于这些条件得出航线网络的"最优"航班时刻计划。即便运筹学与计算机硬件已获得巨大的进步，目前仍然没有可用的算法模型，能够完整地描述该问题，包括描述动态变化的竞争环境以及旅客需求和选择的内在不确定性。因此，现有以及使用中的大部分模型在本质上都是增量模型，即在已有航班计划的基础上，进行航路、机队及航班计划的变更，权衡变化对整个航线网络的影响。那些先进的网络航空公司已经在使用交互式航班计划数据库和决策支持工具，设定不同的航班计划场景，进行快速的"假设分析"。此外，将数学模型应用于机队编排和飞机周转优化的决策支持工具也获得了实质性进展，正如下节介绍的那样。

7.3.2.1　航班计划图举例

航空公司航班计划过程中的时刻表与飞机周转计划步骤可用"时空网络"以图形化表示，图形中横坐标表示飞机从一个机场移动到另一个机场，纵坐标表示时间的流逝。图7.10所示为某假想航空公司时空网络图的简单例子，该公司运营两架同型号的飞机。这个时空网络图展示出两架飞机的时刻计划以及达到平衡的飞机周转计划。第一架飞机早上从斯德哥尔摩(STO)出发飞往法兰克福(FRA),然后到马德里(MAD),再返回 FRA,然后到阿姆斯特丹(AMS),再返回 FRA,最后返回MAD 并过夜。同一个周转计划的第二天,该架飞机从 MAD 飞到 FRA 再到 AMS再到 FRA,最后返回 STO。

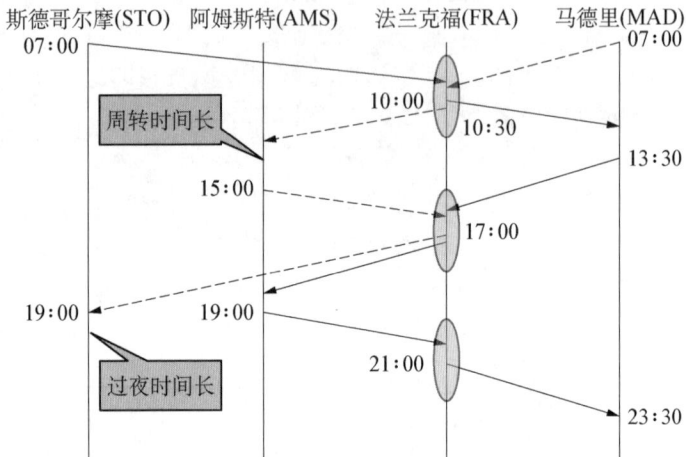

图 7.10　航班计划制订中时空网络图的例子

图 7.10 所示的时空网络图是一个两天的飞机周转计划,起点和终点都在STO——同一架飞机(相同的机尾号)每隔一天的早晨 7∶00 从 STO 起飞。如果航空公司要按日频运营该航班计划中的所有航班,就需要两架相同型号的飞机(关于该问题的进一步讨论见第 8 章)。

这个假想的例子揭示出,在给定的运营和市场的限制条件下,制订可行的航班计划需面对很多挑战。在例子中,我们假设航空公司必须在 FRA 枢纽运送或接收飞往其他目的地的中转旅客。由于法兰克福机场的航班波是固定的,用图 7.10 中FRA 上的椭圆阴影表示,所以航空公司需要在航班波时间范围内安排航班起飞和到达,以便实现旅客中转。航空公司的航班计划人员还需考虑其他一些限制,如每个机场的最小地面周转时间,在例子中假设为 60 分钟。

在图示飞机周转计划的第一天中,该飞机 7∶00 从 STO 起飞,根据 FRA 枢纽的航班波时间经过 FRA 三次,飞行了 6 个航班航节,利用率合计为 11.5 个轮挡小时。所有的地面周转时间都符合 60 分钟的限制。然而在周转计划的第二天中,该飞机仅运营了 4 个航班航节、6.5 个轮挡小时,各种各样的限制条件导致利用率降低。首先,该飞机从 FRA 起飞并于 11∶30 到达 AMS,需在地面等待直到 15∶00 起飞才能赶上 FRA 的下一个航班波。前面曾讨论,在枢纽轮辐式航线网络上短程航线导致飞机利用率会降低,这算是一个很好的例子。飞机在 AMS 机场耗费了 3.5 小时,远超 60 分钟的最小周转时间。再然后飞机于 17：00 从 FRA 枢纽出发,于 19：00 到达 STO,一直到第二天早晨 7：00 才能离开,这也是为了保证飞机数量平衡以及航班计划连贯。飞机在 19：00 就结束了运行,如能利用飞机地面闲置的几小时,那么飞机利用率可以进一步提升。不过,飞机在 STO 早早结束飞行可为例行的维检留出时间,也可为入站的机组留出充足的休息时间,以便继续第二天早晨 7：00 的航班,这样能够降低机组的成本。

在这个时空网络图例子中,航空公司机队中的两架飞机平均每天运营 5 个航班航节,日均利用率为 9 小时。针对这个航班计划问题及其相关限制,图中的解可能不是最优的,肯定也不是唯一的可行解(读者可试着编制其他可行解作为练习)。

时空网络图能提供航班航节、飞机地理位置以及时间维度的直观展示。在早期进行航空公司规划时,时空网络图是贴在航班规划部门墙上的大图纸。现在航空公司的航班计划分析员通过电脑来管理时空网络图,电脑与存储着海量的机队、航线及时刻表信息的数据库相连,允许分析人员通过"拖拽"航班航节的方式改变航班时刻计划。对任意航班的起飞到达时间的改变都会触发重新计算过程,得出运营新的航班计划需要的最少飞机数量,并且通知分析人员,此次航班计划变更的结果违反了哪些限制条件(如机组管理规定、飞机维护要求或者旅客中转时间等)。

7.3.3 机队编排和飞机周转计划

机队编排问题是指,当给定了航线网络以及航班时刻表,确定每个离港的航班航节由何种类型的飞机执行的过程。不要将"机队编排"与 7.1 节讲述的"机队规划"概念混淆。机队编排是初始时刻表确定后进行的一项战术决策,当然也是在中长期规划中的机队采购和航线网络规划之后进行的。机队编排仅限于从航空公司已有机队中挑选合适的机型。

机队编排的目标是使"需求溢出"(因座位不足而被拒绝的需求)损失与飞机运营成本之和最小。当分配给某航班的飞机太小时可能产生溢出,导致航空公司错过潜在的需求和收益。溢出是因航班被订满达到其容量上限而未能被接受的预订产生的损失。溢出程度很难测量,但可利用"溢出模型"基于观测到的预订状况及全部航班数据估算出来(波音商业飞机公司,1978)。对于有溢出问题的航班,可通过分配足够大的飞机满足每天高峰时间的需求来减少(或完全消除)溢出的情况。不过,大型飞机的运营成本更高,在非高峰时段也会有很多座位被空置。

很多航空公司采用的机队编排模型中使用了大规模数学网络优化算法(如 Subramanian 等,1994；Hane 等,1995)。这类计算机模型能够优化飞机分配,使得溢出损失与运营成本之和最小(或与此等价,让利润最大),并需满足许多限制条件,如最短地面停留时间、满足维检要求及满足航空公司机队中每类飞机的可用数量限制等。机队编排模型中的飞机周转限制能确保飞机循环计划具有可行性并且进出每个机场的飞机数量达到平衡。

由于需要在整个航线网络层面平衡飞机的数量,因而需要认识到,即便采用了机队编排优化模型,也无法实现时刻表中每个航班上的座位数量与需求的完全匹配。虽然为某个航班分配的"最优"机型与该航班上的需求相比可能过大也可能过小,但从整个航线网络角度看,优化结果确实能够实现运营收益最大化。

举一个简单例子:为高峰时间9:00从A飞往B的航班分配一架100座的飞机,然后在非高峰时间从B飞回A,这可能造成在高峰时间由A飞往B时产生溢出,又在非高峰时间从B回到A时的客座率较低。此时,为了减少溢出为第一个航段分配更大的机型只会使第二个(回程)航班的客座率更低。因此,计算"最优的"机型大小必须考虑同时同一飞机周转计划中两个(或多个)航班的情况。

机队编排模型还应考虑机队规模与飞机流量平衡问题。飞机路径模型用于将特定飞机(机尾号)分配到每个航班,并创建周转计划以满足飞机维检要求。本书第8章中将对航空公司机队编排和维检路径优化模型做详细描述。求解此类优化问题得出的解决方案能帮助航空公司有效提升飞机利用率。然而如前所述,通过减少地面停留时间来提高飞机利用率,则很可能导致一旦出现计划外维检或因天气延误的情况,就没有多少"缓冲时间"可用于恢复航班计划。

处理"不正常运营"情况需要对之前定好的航班计划做实时动态调整,直至让航班起飞或被取消。第9章将对航班运行控制过程做详细介绍,第10章则详细介绍从"不正常运营"状态中如何恢复航班计划的问题。应该意识到,航空公司在做出取消航班或改变航班时刻的决策时并不轻松。取消一个航班会对飞机周转计划、机组排班计划以及飞机维检计划产生严重的干扰,还可能打乱旅客行程计划。当出现突发状况或/和航班取消状况下,航空公司的首要目标是尽快恢复到正常的运营状态。在航空公司努力恢复回"计划运营"的过程中,很多情况下会优先考虑采用取消航班或重新安排飞机路径等手段,而将旅客便利的优先级降低。

7.4 未来:综合航空规划

目前典型的航空公司规划实践是按顺序对机队规划、航线评估及航班时刻计划做出决策,如本章介绍的那样。这些过程的有序进行很大程度上是因为各个过程的发生时间(距离起飞日期)不同,如机队规划为2~5年,航线规划和评估为1~2年,而航班时刻计划为2~6个月。当这些航空公司规划决策明确后,继续制订更接近战术层面,甚至临近航班起飞的决策,如定价和收益管理(本书的第4章和第5章详细介绍)。在将来出现的综合规划模型,能够对航班计划、飞机容量、运价及座位库存进行综合优化。

很明显,综合决策方法能为航空公司带来多种实质性好处。例如,来自定价与收益管理系统的准确反馈数据能使航班计划及飞机容量优化过程更加高效。与此同时,改进后的航班计划和飞机容量决策能够减少盲目降价或避免"价格战"的发生。

综合优化与规划方法不论在理论上还是实际中都当作一个重大挑战。首先,虽然在订座、收益及运营方面都已积累了海量的详细数据,但很少航空公司将这些数据整合成一致并详细的需求/成本数据源及"企业数据源",用以支持规划和优化的联合决策。其次,尚需大量研究来创新和调优能够捕捉市场动态变化和竞争行为的模型,用以支撑航空公司规划决策的综合优化。最后,航空公司内部仍然存在着对联合决策的质疑看法,由于多个组织间协调难度巨大,所以很难接受能同时"求解"多个航空公司规划问题的大规模决策辅助工具。此外,把航空公司规划决策的方方面面集成到一个优化工具中的做法也并不现实。

最近在航空公司规划的决策支持模型方面有很多进展,但对多数航空公司而言,如何有效利用这些工具和模型才是最大的问题。对航空公司规划过程决策支持工具的用户或开发商而言,最直接挑战恐怕是去了解这些工具能做或者不能做什么。从长远看,为了能有效使用优秀的决策支持工具,首先必须弄清楚这些工具使用的底层模型原理,了解模型的前提与假设条件以及用户应如何解释模型的输出并正确使用结果产生收益。

参 考 文 献

Airbus (2014) *New Airbus Aircraft List Prices for 2014*. Available at http://www. airbus. com/en/presscentre/.

Baldanza, B. (1999) *Measuring airline profitability*. in Handbook of Airline *Operations*, McGraw-Hill, pp. 147 - 159.

Berge, M. E. and Hopperstad, C. A. (1993) *Demand driven dispatch: a method for dynamic aircraft capacity assignment, models and algorithms*. Operations Research, 41(1),153 - 168.

Boeing Commercial Airplane Company (1978) *Load Factor Analysis: The Relationship between Flight Load and Passenger Turnaway*, Seattle, WA.

Boeing Commercial Airplane Company (1998) *Product Reviews on CD ROM*, Seattle, WA, May.

Boeing Commercial Airplane Company (2014) *Boeing Commercial Jet Prices*. Available at http://www. boeing. com/boeing/commercial/prices/.

de la Torre, P. E. (1996) *Airline alliances: the airline perspective*. Unpublished Master's thesis, MIT Department of Aeronautics and Astronautics, Cambridge, MA.

Hane, C. A. , Barnhart, C. , Johnson, E. L. et al. (1995) *The fleet assignment problem: solving a large-scale integer program*. Mathematical Programming, 70,211 - 232.

Lynn, M. (1995) *Birds of Prey: Boeing vs. Airbus*, Heinemann, London, UK, pp. 1 - 10.

McDonnell-Douglas Aircraft Company (1981) *Airline fleet planning*. Unpublished presentation, Long Beach, CA.

Morrison, S. and Winston, C. (1986) *The Economic Effects of Airline Deregulation*, The Brookings Institution, Washington, DC, pp. 4 - 10.

Mozdzanowska, A. (2004) *Evaluation of regional jet operating patterns in the continental United States*. Unpublished Master's thesis, MIT Department of Aeronautics and Astronautics, Cambridge, MA.

Subramanian, R. , Scheff, R. P. , Quillinan, J. D. et al. (1994) *Coldstart: fleet assignment at Delta Air Lines*. Interfaces, 24(1),104 - 120.

Tretheway, M. (2004) *Distortions of airline revenues: why the network airline business model is broken*. Journal of Air Transport Management, 10(1),3 - 14.

8 航空公司航班计划的优化

Cynthia Barnhart 和 Vikrant Vaze

　　航空公司的各类计划也许是反映其商业策略和竞争地位的最重要指标。一旦明确了在各个市场上的航班班次,并据此制订航班计划,航空公司即可决定在哪些市场上参与竞争以及如何运营。航空公司面临现实条件的制约,影响这些重要的战略决策,包括机队的构成、机组及飞机检修基地的位置、某些机场的登机口或降落时刻资源有限而限制进入,以及对国际航班来说,需要签署国家间的双边协议、获得政府许可的航权和确定飞行许可区域。

　　本书第7章对航空公司规划制订过程做了概要性描述,整个过程包含三个主要部分,即机队规划、航路评估和航班时刻计划编制。在本章中我们讨论如何使用优化模型对航空公司的航班计划进行优化。

　　航空公司计划优化主要指制订飞机及机组人员的最优时刻安排,制订出使利润最大化的航班时刻计划,并满足运营、市场以及战略等方面的目标集。这是一项极为复杂的工作,涉及众多昂贵的资源要素:

　　(1) 机场分布在不同位置,各机场的起飞到达须符合规范,每个机场对登机口、地面工作人员及设备有管理要求。

　　(2) 多种飞机机型具有不同的运营维护特征、运营成本、需配备相应的机组人员,具有不同座位容量以及需符合监管方要求做定期检修。

　　(3) 具有不同技能的机组只能操作特定飞机类型,且需要遵守大量要求他们如何及何时工作的规章制度。

　　(4) 不同的航线及O—D市场,每个市场具有不同的需求数量以及各式各样客户的人口统计学特征。

　　仅仅考虑这些因素,航空公司计划人员面对的挑战就已非常之巨大,再加上以下两个重要问题,使得航班计划制订过程更加困难:①问题的规模较大(大型航空公司每天运营数以千计的航班、数百个机组以及数百架飞机);②系统受到乘客需求、定价及航空公司运营等一些不确定因素的影响。几十年来运筹学家们一直致力于建模并给出最优的飞机与机组排班方案。这些成果和工具非常有价值,如美国某大型航空公司提供的数据表明,他们采用航班计划优化系统每年可带来超过5亿美元的利润增量(Cook,2000)。本章描述在制订航班计划过程中遇到的优化问题及其解决方案,并给出了这些优化方法的成功之处及相关影响,最后描述这一领域中有待解决的问题与挑战。

8.1　航班计划的优化问题

运筹学是航空公司解决、制订飞机及机组编排和排班问题的主要工具。在实际中,由于航空公司航班时刻计划问题的规模极大,所以通常需要将航班计划制订问题拆分成若干个子问题进行求解。

(1) 航班时刻计划问题:是指制订航空公司的航班计划,给出航空公司需要运营的航班航节,输出为航路评估和班次计划。每个航节都具有出发机场、到达机场、计划的起飞时间(与据此确定的航班大致到达时间)以及用每周中航班航节运营的天数表示的班次计划。

(2) 机队编排问题:是指在航空公司的航线网络中,为每个航班航节安排合适的飞机类型,并实现利润最大的目标。一般来说,根据旅客需求数量为每个航班航节安排座位数量最合适的机型。概念虽然简单,但由于受到很多因素的限制,实际中为各航班航节分配机型是个极为复杂的过程。这些限制因素包括航空公司机队的组成(即组成机队的飞机类型和每类飞机的数量)以及通过使某类型飞机在某时间段内到达某机场和从该机场离港的数量一致,确保航班计划能周期性(每天或每周)重复运营,满足机队平衡的要求。

(3) 飞机维检航路问题:是指为每个航班航节指定一架确定的飞机(机尾号),同时要与机队编排问题的结果保持一致,最终确保每架飞机都能分配给一系列航班航节(形成"航路"),并保证该架飞机能够在合适的机场进行定期维检。如果维护计划要求某飞机只能飞行有限的小时数,而在两次维检之间该飞机已经达到小时数限制,则航空公司必须停飞该飞机直到检修通过为止。飞机停飞将导致航班取消;打乱飞机、乘客和机组的计划安排;并增加登机口和机票代理的工作量。因此,计划不周的维检轮转方案会使航空公司付出极为昂贵的代价。

(4) 机组排班问题:是指为航空公司航班计划中的每个航班航节分配机组,即飞行员和客舱人员(乘务人员),目标是使成本最小。机组排班计划的内容通常是一段时间内(通常是一个月),机组所有成员的行动安排,如执飞一组航班航节及其他活动(如培训和休假)。机组排班计划制订必须满足监管机构的相关规定以及航空公司与其员工之间的劳资协议规定。

很明显,上述子问题的求解过程有顺序,前一个子问题解决后的输出结果应当作为后续子问题的输入条件。例如,航班时刻计划子问题的输出结果为航班航节的集合以及每个航班的时刻,也是后续其他三个子问题的输入条件,包括机队编排问题、飞机检修路径和机组排班问题。本章的后续各节将详细讲述如何解决这些子问题,使用的优化方法以及研究人员在这些问题上取得的进展和相关影响。为了使讲解更清晰,首先讨论机队编排问题,然后介绍航班时刻计划和机组排班问题。飞机维检航路问题则在机组排班与飞机航路计划的集成求解上下文中做深入讨论。

8.2 机队编排

假设第 7 章描述的航班计划制订过程中的时刻表制订步骤已经完成(或假设按8.3节所述方法,完成了航班时刻计划制订的步骤),下一个步骤就是机队编排。机队编排的问题可通过下面的例子来说明。假设某家航空公司希望运营表 8.1 中列出的航班集合或者运营图 8.1 所示的航线网络。每个航班航节都指定了航班号、离港机场和时间、到达机场和时间、平均票价以及希望搭乘此航班航节的旅客总数量。注意表中所有的时间都以美国东部标准时间(EST)形式给出,以方便规划人员计算轮挡时间和全程时间(即从飞机推出起飞登机口直到进入目的地登机口的时间)及起飞与到达间的地面时间。表 8.2 列出了航空公司机队的详细情况,包括可用飞机的机型、每种机型飞机的数量、每种机型飞机的座位容量或可用座位数量以及每种机型在不同航班航节上的运营成本。

表 8.1　举例:航班时刻计划,票价与旅客需求

航班号	出发	到达	出发时间(EST)	到达时间(EST)	票价/美元	需求(旅客人数)
CL301	LGA	BOS	1100①	1200	150	250
CL302	LGA	BOS	1200	1300	150	250
CL303	LGA	BOS	1400	1500	150	100
CL331	BOS	LGA	0800	0900	150	150
CL332	BOS	LGA	1130	1230	150	300
CL333	BOS	LGA	1400	1500	150	150
CL501	LGA	ORD	1200	1500	400	150
CL502	LGA	ORD	1300	1600	400	200
CL551	ORD	LGA	0800	1100	400	200
CL552	ORD	LGA	0930	1230	400	150

---

① 原文如此。数字前两位表示时,后两位表示分。——编注

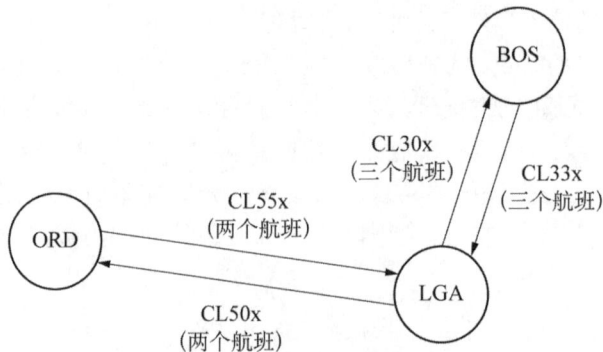

图 8.1　例子中的航线网络

表 8.2　机队信息

机型	拥有飞机数量	容量(座位数)	每航班运营成本(千美元)	
			LGA - BOS	LGA - ORD
DC - 9	1	120	10	15
B737	2	150	12	17
A300	2	250	15	20

　　在给定上述信息的基础上,每日的机队编排问题是指为航空公司航线网络上每一个航班航节分配飞机类型,并使期望利润最大,同时要用到所有可用的飞机,并确保每天每个机场上的飞机类型平衡。这样将机型 f 分配给航班航节 l 的利润可用平均票价与该飞机期望搭载乘客数量的乘积减去相应的运营成本的办法计算得到,即

$$c_{l,f} = fare_l \times \min(D_l, cap_f) - OpCost_{l,f}$$

其中: $c_{l,f}$ 为机型 f 分配给航班航节 l 所产生的利润; $fare_l$ 为航班航节 l 上的票价; D_l 为航班航节 l 上的需求; cap_f 为机型 f 的容量(可用座位数); $OpCost_{l,f}$ 为将机型 f 分配给航班航节 l 的运营成本。

　　此处, $\min(\cdots)$ 表示求括号内表达式的最小值。表 8.3 罗列出将各类型飞机分配给不同航段的全部可能,以及各种情况下产生的利润数额。

　　通常采用"贪婪"算法,按照利润最大化原则将机型分配给每个航班航节,其结果为:将机型 A300 安排到航班 CL301、CL302、CL332、CL502 和 CL551;机型 B737 安排给航班 CL331、CL333、CL501 和 CL552;而将 DC9 安排给航班 CL303。但仔细观察图 8.1 中的航线网络能够发现,这种方式明显不可行——并未考虑机型在机场间的平衡。或者说,在图 8.1 所示的静态航线网络中难以确定运营日常航班需要多少架各类型的飞机。例如,考虑能达到平衡的往返程航班 CL552 和 CL501,并指定 B737 机型。虽然一架飞机在一天内可以完成两个航班的飞行,但 CL552 的到达时间比

表 8.3 利润(千美元/天)

航班号	DC - 9	B737	A300
CL301	8	10.5	22.5
CL302	8	10.5	22.5
CL303	5	3	0
CL331	8	10.5	7.5
CL332	8	10.5	22.5
CL333	8	10.5	7.5
CL501	33	43	40
CL502	33	43	60
CL551	33	43	60
CL552	33	43	40

CL501 的起飞时间晚,因此需要两架 B737 飞机才能完成这两个航班的日常运营。

为了分析该问题中的时间顺序,我们用"时空网络"模型(对第 7 章介绍的航班计划映射概念扩展而来)对航线网络建模。时空航线网络是对静态航线网络的扩展,其每个节点既代表位置也表示某个时间点。时空网络中有两种类型的弧线(连接节点的边)。

(1) 航班弧线:表示一个航班航节,弧线的起点代表出发地和时间点,弧线终点代表到达地和到达时间加上周转时间。最小周转时间是指一架飞机到达某机场之后直到下次从该机场起飞之前所需要的最短时间。最小周转时间中包含了加油、清洁和检查飞机的时间,根据飞机类型、机场以及处于一天中的时间段不同可能有较大不同。本例中,假设最小(及实际)周转时间是瞬时的,因而在处理时忽略。

(2) 地面弧线:表示在两个航班弧线的到达和起飞端点之间,飞机停留在地面上的时间跨度。

图 8.2 对时空网络如何与航空公司航班计划结合给出直观的图示。

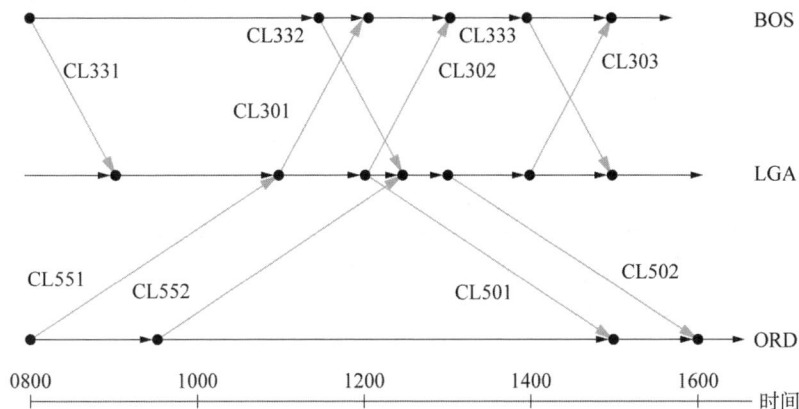

图 8.2 时空网络的时间线表示

寻找切实可行的机队编排方案等同于在时空网络上为每架飞机选择合适的路径。在本例中,B737 和 A300 机型可选择的路径不超过 2 条,DC9 机型则只有 1 条路径可用。由于只有 1 架 DC9 飞机,它的路径只能从同一机场开始和结束才能保证日常的循环往复运营。但对 B737 和 A300 机型就不存在这个限制,对这两个机型只要求在网络中的每个机场上,路径开始和结束时飞机的数量保持一致。图 8.3 给出的最优解就是一组满足上述条件并且使总利润最大的路径。最优的机队编排方案使用了所有可用的飞机,并且用 2 架 A300 飞机来保证机场上飞机数量的平衡,即 1 架每天从波士顿出发,到芝加哥后结束一天的飞行;另 1 架飞机每天从芝加哥出发,到波士顿后结束一天的飞行。该最优机队编排方案的总利润为 280 500 美元。此外图 8.4 给出了次优的解决方案,总利润为 255 000 美元,但该方案实现了每架飞机的路径每天都在同一机场开始和结束。

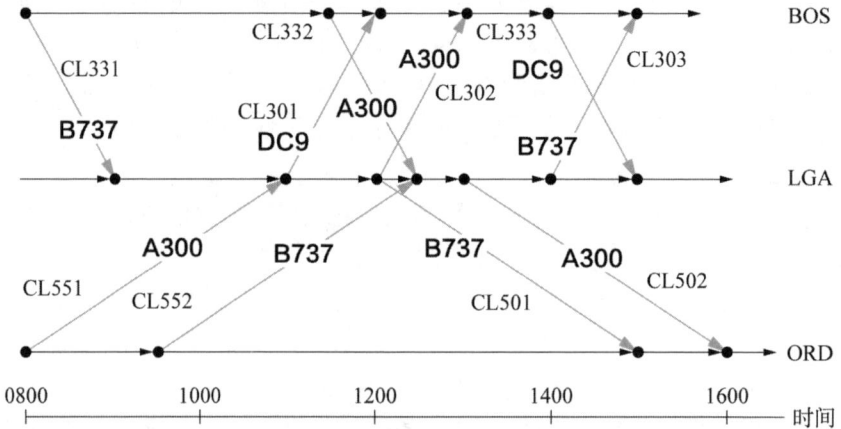

图 8.3 最优的机队编排方案

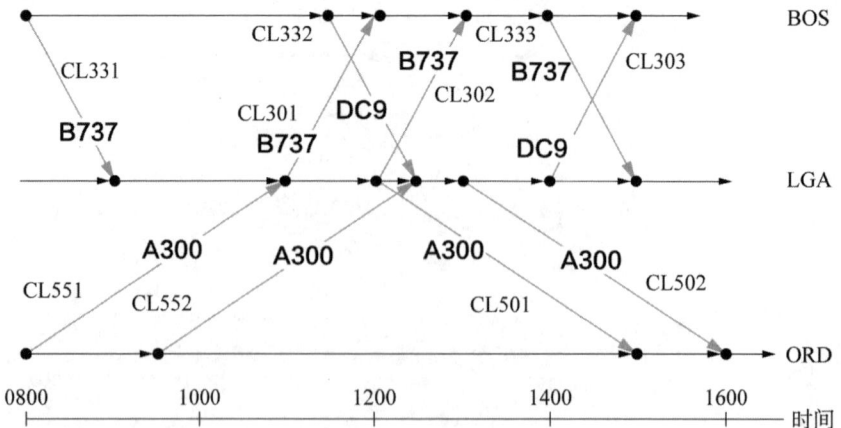

图 8.4 次优的机队编排方案

8.2.1　机队编排模型

（本节内容较难，可跳过不读并且不会影响阅读的连续性）

以上描述的在时空网络中选择飞机路径并将每种机型分配到航班航节的方法可以用公式表示，并写成数学优化问题的形式。时空网络是整个数学模型的基础，可修改为图 8.5 所示的方式。改动之一是，可为每种机型都建立一个时空网络，这能够反映出不同机型下的机队细节差异。举例来说，不同的飞机型号具有不同的飞行速度，不同机型的噪声大小不同，而且在不同机场使用登机口有不同的要求，另外不同的机型还具有不同的运营成本和其他特点（如一些飞机不能飞过水面，而另一些可以）。

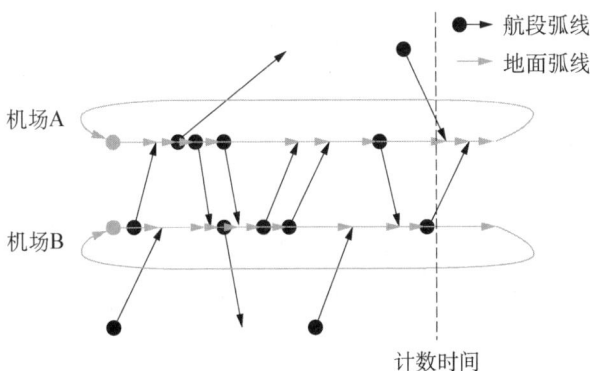

图 8.5　特定机型的时空网络以及计数时间点和轮转地面弧线

另一项改动是为时空网络的每个机场都加上一条连接当天最后一个节点和第二天第一个节点的弧线。这称为地面弧线或轮转弧线，表示飞机夜晚停场的时间。添加这段弧线后，机队编排问题的解决方法就从在时空网络上选择飞机航路变为从时空网络中选择飞机的轮转循环。由于飞机循环包含了轮转弧线，因而可以处理跨天多个航班航节的情况，即所选择的飞机循环就是将指定机型飞机安排给多个航班并能形成一个闭环。例如，假设某个飞机循环包含一个轮转弧线及 2 天的飞行，则为实现这个循环，需要两架飞机，并且每天有一架飞机运营当天的飞行计划。

通常在解决机队编排问题时，为了计算完成某个飞机循环所需的飞机数量，需要在时间轴上设定一个称为"计数时间"的点。所有跨在计数时间之上的地面弧线和航班弧线都称为"跨越计数时间"。只要数一下机型 f 的"跨越计数时间"，就可知道需要机型 f 的飞机多少架。该方法对任意"计数时间"都成立，因为时空网络的循环结构能确保在任意时间点上飞机的数量都相同。

以下用公式来描述机队编排问题，通常称为"基础机队编排"模型或 FAM

(Hane 等,1995)。需要被运营的航段集合用 F 表示,飞机类型的集合用 K 表示,用 M^k 表示机型 k 可用的飞机的数量。为每一种机型构造一个时空网络,其中 N^k 是节点的集合,G^k 是机队 k 在时空网络中的地面弧线集合。在机型 k 的时空网络中,出发节点 n 上的航班集合表示为 $O(k, n)$,同样地,机型 k 在时空网络中的终点 n 的航班集合可以表示为 $I(k, n)$。从任意节点 $n \in N^k$ 开始的地面弧线表示为 n^+,而终点在 n 的地面弧表示为 n^-。在机型 k 的时空网络中,穿过"计数时间"线的航班集合与地面弧线集合分别表示为 $CL(k)$ 和 $CG(k)$。用 c_i^k 表示,将机型 k 的飞机分配到航班航节 i 时,运营成本减去总收入的值。二元的决策变量的取值为,当航班航节 i 指定给机型 k 时 $f_i^k = 1$,否则 $f_i^k = 0$。地面变量 y_a^k 表示在地面弧线 a 上机型为 k 的飞机架数。

目标函数

$$\min \sum_{i \in F} \sum_{k \in K} c_i^k f_i^k$$

服从约束条件

$$\sum_{k \in K} f_i^k = 1, \ \forall i \in F \tag{8.1}$$

$$y_n^{k+} + \sum_{i \in O(k, n)} f_i^k - y_n^{k-} - \sum_{i \in I(k, n)} f_i^k = 0, \ \forall n \in N^k, \ \forall k \in K \tag{8.2}$$

$$\sum_{a \in CG(k)} y_a^k + \sum_{i \in CL(k)} f_i^k \leqslant M^k, \ \forall k \in K \tag{8.3}$$

$$f_i^k \in \{0, 1\}, \ \forall i \in F, \ \forall k \in K \tag{8.4}$$

$$y_a^k \geqslant 0, \ \forall a \in G^k, \ \forall k \in K \tag{8.5}$$

上述优化公式的目标是通过制订机队编排计划使航班运营的利润最大,或从另一个角度看,使运营成本小于总收入并且达到最小。覆盖约束条件(8.1)和二元约束条件(8.4)确保了每个航班航节有且只有 1 类对应的机型。平衡约束条件(8.2)保证了每一类机型的飞机在每个机场上的到达和离港数量相等,计数条件(8.3)约束每一机型中分配的飞机数量小于等于可用飞机数量。最后非负条件(8.5)以及平衡和二元约束条件确保在任何时间只能是非负整数架飞机停在地面上。

值得注意的是基础 FAM 模型只覆盖了最重要的约束条件,远未覆盖全部的约束条件。下面列出一些相对重要因而可以添加到基础 FAM 模型的约束条件。

(1) 噪声约束:某些机型的噪声比其他机型大,所以机场通常对噪声水平有要求,航空公司需要根据机场的要求配置可运营的机型组合。

(2) 维检要求:机队编排解决方案必须让每架飞机都能在规定的时间间隔内抵达具有维检条件的机场,以完成飞机的检修任务。

（3）登机口资源限制：登机口的吞吐量常依赖于机型分配情况，如特定机场可以容纳的窄体机数量通常要比宽体机多；同时很可能由于登机口限制，一部分机场无法为某些机型提供服务。

（4）需考虑机组人员：由于机队编排对机组成本的影响非常大，很多优化方法在给出各种机队编排结果时也会列出估算的机组成本（Clarke 等，1996）。通常机组成本无法精确计算得出，因而采用估算的结果。原因主要是求解精确的机组成本需要更复杂的 FAM，但这类模型在数学上较难求解。

这样 FAM 可表述为一个带有边界约束条件的、整数的多商品网络流问题，可使用现成的商业优化软件包求解，如 CPLEX（2014）、Xpress（2014）或 Gurobi（2014）。各类型航空公司，甚至那些拥有大型航线网络的公司，日常中都采用基础 FAM 求解机队编排问题。表 8.4 中给出了一个有代表性的问题规模及求解时间的案例。

表 8.4　FAM：对问题规模及求解时间的示例

航线网络	
航班航节数量	2 044
机型数量	9
FAM 问题规模	
变量数	18 487
约束数	7 827
求解时间（秒）	974

8.2.2　机队编排问题的解及影响

机队编排问题的最优化方法在实践中有广泛应用，并能促进运营收入显著提升：

（1）美国航空（AA）采用机队编排模型后，运营利润增长了 1.4%（Abara，1989）。

（2）达美航空（DL）使用机队编排模型后每年能节省下 1 亿美元（Wiper 等，1994）。

（3）某项对全美航空的真实审计结果说明，因采用机队编排优化算法该公司每年能节省 1 500 万美元（Rushmeier 和 Kontogiorgis，1997）。

尽管已经取得了一些令人印象深刻的成就，但机队编排问题的建模及优化方面仍存在巨大的提升空间。

8.2.3　对基础 FAM 模型的扩展

（1）基础 FAM 存在一些缺点。如对于需求溢出成本或者重新获取通常只是简单忽略或近似建模。需求溢出成本是指为航班航节安排的飞机不足以容纳所有旅客需求时产生的收入损失，重新获取是指从某个航班航节上溢出的旅客需求又被该航空公司航线网络上其他航班航节所接纳。对基于航节的模型如 FAM 而言,应当评估每个航段航节上的需求溢出成本。但是票价和旅客需求都基于 O—D 市场上的整个行程给出,因而要计算基于航班航节的需求溢出成本,需把整个行程的总票价分配到每个航班航节上(详见 7.3 节中关于收入分配的讨论)。标准方法之一是将总票价按比例分摊到各航班航节,并使分摊后的票价之和与总票价相等。常见的分摊方法是按照每个航节航程长短比例,但也有一些航空公司会将总票价复制到每个航班航节上。采用这种全额分摊方式的理由是某一航班航节上溢出的旅客需求的成本其实就是行程的总票价:一名旅客在某个航班航节上溢出,就无法参与整个行程。无论采用哪种方法,基于航节的 FAM 的优化都是针对每一航班航节上的需求溢出和重新获取进行,因此就忽略了航线网络上其他航节的影响,并使航空公司对整个航线网络的需求溢出和重新获取情况的估计不准确。这种不准确背后的原因就是航班航节的独立性假设或者对网络效应的忽略,一旦旅客行程中包含多个航班航节就会发生,本章还将详细讨论。

(2) 不论基于航班航节还是整个旅客行程,多数 FAM 只考虑了累计的总需求以及平均票价。这一做法对溢出成本的估算影响较大,尤其是大多数航空公司使用成熟的收益管理系统,故意给特定低价舱位设置溢出以保护高价值旅客需求(如第 5 章所述)。这种情况下,需要更加细致地对不同运价舱位的需求以及对应的票价进行更详细的表达,否则在 FAM 中对溢出需求和溢出成本估算的精确性就会大打折扣。

(3) 即使需求具有不确定性,并且会随着航季不同和周工作日/休息日不同变化,多数 FAM 还是假设需求在被优化的航班计划周期内已知并保持静态不变。

为说明上述按比例分配需求方式中存在的问题,在表 8.5 和 8.6 中给出一个详细例子。表 8.5 列出了三个市场 X—Y、Y—Z 和 X—Z(通过 Y 中转)上的需求和票价数据。需要注意的是,在给定行程需求的情况下,最大可能收入为 $75 \times 200 + 150 \times 225 + 75 \times 300 = 71\,250$ 美元。表 8.6 列出每种机型的物理座位容量,表 8.7 给出了每种机型分配到航班后的运营成本。表 8.8 则列出了所有可能的机队编排组合情况或简称机队编排,及每种情况下的运营成本。

表 8.5　需求数据

市场	行程(航班序列)	乘客人数	平均价格/美元
X—Y	1	75	200
Y—Z	2	150	225
X—Z	1—2	75	300

表 8.6 座位库存

机型	座位数
A	100
B	200

表 8.7 运营成本

机型	航班 1/美元	航班 2/美元
A	10 000	20 000
B	20 000	39 500

表 8.8 可能的机型配置

机队方案	航班 1	航班 2	总运营成本/美元
I	A	A	30 000
II	A	B	49 500
III	B	A	40 000
IV	B	B	59 500

在下面的分析中我们假设航空公司可自行决定是否接收具体的旅客。如果选择机型 I,则所有航班航节都有 100 个座位容量。航班 1 和 2 的座位需求分别为 150 和 225,因此航班 1 上有 50 人的需求溢出,航班 2 上有 125 人的需求溢出。由于 X—Z 间长行程的票价低于两个本地短行程的票价之和,那么使收入最大化的策略是优先让航班 1 上溢出的 50 名乘客使用 X—Z 行程(损失 15 000 美元)。航班 1 上剩余的需求不再会超过其座位容量。因为本地航班 2 的票价低于 X—Z 段的票价,还剩 75 名乘客在 Y—Z 行程上溢出(损失 16 875 美元)。这样对于机型 I 而言,最小总溢出损失为 15 000+16 875 = 31 875 美元。表 8.9 给出了各种机队编排情况下的溢出损失。

表 8.9 最小溢出成本以及每种机队编排组合的最终贡献

机队编排	运营成本/美元	溢出旅客数量	溢出成本/美元	贡献/美元
I	30 000	50X—Z, 75Y—Z	31 875	9 375
II	49 500	25X—Z, 25X—Y	12 500	9 250
III	40 000	125Y—Z	28 125	3 125
IV	59 500	25Y—Z	5 625	6 125

如果将"贡献"定义为潜在的最大收入减去溢出成本和运营成本,则组合 I 的贡献(利润)是 71 250 − (30 000 + 31 875) = 9 375 美元。用类似的方法分析其他所有

的机队编排方案发现,最优方案是表 8.9 中所示的组合 Ⅰ。

在上述基于航节的模型中使用了总行程票价的估值体系,模型的目标是让所有独立航班航节上的总溢出成本最小,不考虑航线网络上其他航班的影响。这种情况下,每航段的溢出成本最小化策略要求尽可能多地(贪婪地)让旅客需求溢出直到乘客数量与航班座位容量一致,目的是提高票价。本例中,为了保留总票价更高的联程旅客,本地乘客被安排溢出。如组合 Ⅰ 中,50 名 X—Y 行程的乘客以 200 美元的票价被溢出,而 125 名 Y—Z 行程的乘客以 225 美元的票价被溢出。表 8.10 给出了每种机队编排方案的溢出成本和贡献。

表 8.10 使用贪婪算法的贡献值

机型组合	运营成本/美元	溢出的旅客数	溢出成本/美元	贡献/美元
Ⅰ	30 000	50X—Y, 125Y—Z	38 125	3 125
Ⅱ	49 500	50X—Y, 25Y—Z	15 625	6 125
Ⅲ	40 000	125Y—Z	28 125	3 125
Ⅳ	59 500	25Y—Z	5 625	6 125

如使用上述"贪婪"算法,机队编排方案 Ⅱ 和 Ⅳ 的贡献相同且最优。这两种求解机队编排问题的方法:基于航节的贪婪启发式方法以及基于网络行程的方法的解存在差异的原因在于,贪婪模型未考虑航班之间的相关性或网络效应。计算某航段的溢出乘客数常常受到其他航段的需求和座位容量的影响。贪婪模型可通过代入航线网络视角来扩展,例如可使更多的联程旅客溢出而保留本地乘客。

在本例中,可以列举出所有的机队编排方案并计算对应的最小溢出成本。但对某个由成百上千航班航节构成的航线网络来说,列出所有可能要么根本不可行,要么需要极大的计算量。所以研究人员针对此类大规模问题开发出了数学模型和最优化求解方法。从他们的研究中发现,对网络效应建模的好处相当明显。例如,基于网络的机队编排方法使美国航空公司每年实现收入增长 0.54%～0.77%(Jacobs、Johnson 和 Smith,1999),并使美鹰航空公司的利润率提升了 2.8%(Jacobs、Smith 和 Johnson,2008)。另据公开报道,美联航用网络增强型机队编排模型替代传统基于航节的 FAM 进行机队编排决策后,每年新增贡献 3 000 万美元至 1 亿美元(Barnhart、Kniker 和 Lohatepanont,2002)。据三位学者估计(Barnhart、Farahat 和 Lohatepanont,2009),使用子网络方法对客流精确建模后,美国主流航空公司每年可实现增收 4 500 万美元。另外一些研究还考虑了旅客需求随机性,并据此对机队编排的求解方法进行的改进和优化。在旅客不确定的情况下采用两阶段机队编排模型,Sherali 和 Zhu(2008)两位学者的项目每年为美联航带来 1.2 亿美元的利润增长。

8.2.3.1 对扩展的机队编排问题建模和求解

（本节内容较难，可跳过并且不会影响阅读的连续性）

对网络效应和航班航节间相关性进行建模的方法之一，是对基础机队编排模型进行扩展，使其包含旅客溢出的决策（Barnhart、Kniker 和 Lohatepanont，2002）。该方法在给定如下输入的前提下，寻求利润最大的机队编排方案。

（1）航空公司的航班计划：航班计划是一组航班航节的明确 O—D 位置信息以及机型详细参数与起飞到达时间信息。

（2）基于行程的旅客需求：行程由一个或多个航班航节序列组成。与每个行程相关的是①总票价；②无约束平均需求，表示在座位充足的前提下，期望预订航空公司所提供行程的平均乘客数量。

（3）飞机的运营成本数据：包括燃油、机组人员、维护、所有权以及其他与旅客数量无关的成本数据。运营成本按照每机型对应航班航节组合的形式给出。

为构建考虑网络效应的 FAM，需对基本 FAM 进行扩展，令其包含表示航空公司航线网络上每个行程的平均乘客数量的变量。该变量记为 t_p^r，表示原本期望进行行程 p，却因溢出而转到另一行程 r 的乘客数量。需求重新获取比例写成 b_p^r，表示从行程 p 中溢出后重新加入行程 r 并完成旅行的乘客数量。对于 $r=p$ 的情况，有 $b_p^p=1$，表明如果航空公司为行程 p 提供了足够的座位，那么所有期望加入此行程的乘客都可以接受。因此，原本期望加入行程 p 最后转移到行程 r 的乘客数量为 $b_p^r t_p^r$。

采用这种表达方式后，在 FAM 的约束条件（8.1）至（8.5）的基础上增加①约束（8.6），根据可用座位数限制配给行程 p 的旅客数量；②约束（8.7）根据无约束的需求 p 限制加入行程 p 的乘客总数或从行程 p 中溢出的乘客数量，写成 D_p。分配给所有行程的乘客数量都是非负的（约束 8.8），且可以是小数，因为需求重新获取的比例和无约束需求值都可以是小数。则 FAM 的优化目标扩展为求以下两部分之和的最小值：

（1）对所有航班航节和机型，用机型 k 执行航班航节 i 的运营成本，表示为 c_i^k。

（2）对总收入取负值。

令 P 代表行程集合，当行程 $r \in P$ 包含航班航节 $I \in F$ 时令 $\delta_i^r=1$，否则使 $\delta_i^r=0$。在基础 FAM 中加入的额外因素，创建了基于行程的机队编队模型或 IFAM，表示如下：

目标函数

$$\min\left(\sum_{i \in F}\sum_{k \in K} c_i^k f_i^k - \sum_{p \in P}\sum_{r \in P} fare_r b_p^r t_p^r\right)$$

服从约束条件

$$\sum_{k \in K} f_i^k = 1, \quad \forall_i \in F \qquad (\text{同 } 8.1)$$

$$y_n^{k+} + \sum_{i \in O(k,\,n)} f_i^k - y_n^{k-} - \sum_{i \in I(k,\,n)} f_i^k = 0, \ \forall n \in N^k, \ \forall k \in K \qquad (\text{同 } 8.2)$$

$$\sum_{a \in CG(k)} y_a^k + \sum_{i \in CL(k)} f_i^k \leqslant M^k, \ \forall k \in K \qquad (\text{同 } 8.3)$$

$$\sum_{p \in P} \sum_{r \in P} \delta_i^r b_p^r t_p^r \leqslant \sum_{k \in K} CAP^k f_i^k, \ \forall i \in F \qquad (8.6)$$

$$\sum_{r \in P} t_p^r \leqslant D_p, \ \forall p \in P \qquad (8.7)$$

$$f_i^k \in \{0,\,1\}, \ \forall i \in F, \ \forall k \in K \qquad (\text{同 } 8.4)$$

$$y_a^k \geqslant 0, \ \forall a \in G^k, \ \forall k \in K \qquad (\text{同 } 8.5)$$

$$t_p^r \geqslant 0, \ \forall p \in P, \ \forall r \in P \qquad (8.8)$$

其他的覆盖、平衡、计数及非负约束条件与基础 FAM 相同。它们确保 IFAM 得出的机队编排解可行。另外表示乘客分配或称为"流量"的变量 t_p^r 与座位容量约束(8.6)、需求约束(8.7)以及非负约束(8.8)一起对需求溢出及需求重新获取进行建模,并较为精确地估算与此相关的收入,从而使机队编排的解更完善。

与 FAM 相似,IFAM 只是一个规划模型工具,其设计目标为识别最优的机队编排决策,而不是为确定航线网络上的实际旅客流量(因此用无约束需求值来表示某个时间段的平均需求,因而通常不是整数)。IFAM 借助客流量预测辅助机队编排建模,在进行机队编排决策时考虑了网络效应,所以能够带来显著的经济效益。获得这些经济效益的代价是,由于增加了表示客流量的多个变量,使整个问题规模更大,而且某些情况下更使问题难以处理。表 8.11 用某美国大型航空公司提供的真实数据来说明 FAM 和 IFAM 求解所耗时间的差异。不过,IFAM 造成的求解时间更长以及求解复杂度的问题,由于优化理论和模型方面取得的进展、计算机技术的快速发展以及硬件性能的飞速增长,已经得到了一定程度的解决。

表 8.11　FAM 与 IFAM 对比:问题规模和求解时间

航班计划:2 044 个航班航节和 9 种机型		
	FAM	IFAM
问题规模		
数据的列数	18 487	77 284
数据的行数	7 827	10 905
非零实体的数量	50 034	128 864
求解时间/秒	974	>100 000

IFAM 考虑了基于行程的旅客需求,同时在某种程度上也为需求溢出和需求重

新获取现象建立了模型。但在实际应用中,需求重新获取的比例还会取决于其他可利用的行程对乘客的吸引程度。已经有许多研究人员提出了能部分克服这一问题的建模方法。这些方法各自具有不同的可实现性以及通过计算机进行模型求解的易处理性。

2014 年 Atasoy、Salani 和 Bierlaire 提出了一种方法,使用罗基特模型(也称对数单位模型,见 3.5 节讨论)对需求重新获取的比例建模。其结果是构造了一个难以求解的非线性优化模型。2014 年 Wang、Klabjan 和 Shebalov 提出一个替代方法,直接对比各个行程上宿主航空公司(使用模型的航空公司)、其他所有航空公司以及采用航空以外交通方式的份额。该方法有几个优势,包括模型本身仍然是线性的、变量数较少以及明确考虑了每个可用行程上需求重新获取比例之间的相关性。但问题在于,用该方法寻求最优解要比用 IFAM 方法困难得多。另外,该方法还有一个隐含假设,即其他行程都没有设置容量限制。2013 年 Blaiberg 还提出了一种能克服上述限制的迭代式框架,该方法能帮助目标航空公司构造出使利润最大的飞机排班结果,并将需求溢出与需求重新获取的影响纳入模型。在这个更成熟的 IFAM 中,吸取了 Atasoy、Salani 和 Bierlaire 的方法以及 Wang、Klabjan 和 Shebalov 方法中许多可借鉴之处与经验教训。

到目前为止,从有限的实验结果中可发现该方法的计算过程效率低、费用高。此外,把旅客选择过程纳入到机队编排模型中目前还处于非常初级的阶段,而且本节后半部分介绍的几个方法也未能用于实际或进行大规模测试。

8.3 航班计划的优化

理论上,最优化模型及思路可用于航线网络结构、路径选择以及航班时刻计划的制订,第 7 章对此有概要性的描述。但这一点在实际中却难以实现。与这个任务相关的主要挑战包括但不限于下列条目:

(1)航空公司不一定具备制订和优化整套全新航班计划所需的数据。

(2)从头开始构建一套最优的航班计划,不仅实际操作上非常困难,在计算理论上也不可行。

(3)尽管航空公司希望能在每个规划周期之间保持较大程度的连续性,特别在商务出行市场上保持航班时刻的稳定和一致对旅客意义更大,但最优化航班计划过程通常会改变现有的航班时刻。

即便能够解决上述问题,鉴于航班计划制订对航空公司战略及竞争力提升的重要影响,必须要考虑众多影响时刻计划制订的因素,使得通过数学优化方法达成多方面目标非常困难。因此,不论是近期还是遥远的未来,航班计划制订的工作都不可能完全由优化程序自动完成。运筹学研究者们因而将注意力集中到"增量航班计划"的方法设计上：即对给定或当前在用的航班计划进行多次有限调整，以实现航班计划及机队编排结果的持续优化。增量优化的优点如下：

（1）航空公司能够用历史预订数据及其他出行预报信息来预测自己航线上的未来需求。

（2）完成规划所需的时间和精力在合理范围内。

（3）可有效利用机场的固定投资。

（4）只对航班计划做有限的修改能保证航班计划的稳定和连续。

使用"增量优化"方法，每次进行决策的范围是有限的，如只调整部分航班航节的时刻，或只替换部分不营利的航班航节。另外，航空公司决策者面对战略性问题，需要在大量目标间进行平衡，所以分析工作应聚焦于最能产生效果的地方，向决策者提供分析决策支持。

一个增量航班计划优化的例子是，如何重新设计航空公司枢纽机场上的中转联程。航空公司可借助枢纽机场与若干周边机场构成的航线网络，为多个市场的旅客提供联程服务，在枢纽合并多个市场的需求，并把需求分配到每个航班航节（见7.3节）。在设计枢纽轮辐式航线网络时，航空公司通常会在枢纽机场上对航班航节分组（称为航班组合或航班波），目标是使旅客的中转时间更短。

如7.3节所述，在枢纽机场取消航班波能够显著提升资源利用率与产出，并显著降低运营成本。不过获得这些好处的代价是，由于旅客服务品质下降、旅客中转时间延长、总旅行时间增加以及可能的航班服务班次下降等问题导致的收入减少。目前尚未出现单一优化模型，能对航空公司面对的众多行业限制因素和竞争压力进行建模，并能向航空公司推荐可在哪些枢纽机场取消航班波。不过，当航空公司做出决策要在某枢纽机场取消航班波，确有模型能帮助航空公司决定如何取消这些航班波。在最简单的情况下，当航空公司决定取消航班波并且取消前后运营的航班相同，则需要确定何时对现有航班计划重新修订，在取消航班波的同时让到达起飞的航班数量更平稳并使新航班计划的利润最大化。在更加复杂的场景中，模型需要有新增航班航节或取消现有航班航节的能力。由于下述的各种复杂原因，即使对该问题最简单的情况求解也会十分困难，这样原因包括如下方面。

（1）航班计划决策需针对所有航班航节：由于每架飞机都会执行多个连续的航班航节，航班计划决策不应只针对枢纽机场起降的航班。如调节了某个航节的时刻，也需对这架飞机执行的其他航班航节的时刻进行调整，很可能需要调整该飞机执行的所有后续航节时刻。

（2）机队编排决策必须更新：当航班时刻调整后，一架飞机可执行的航班航节可能发生变化，旧的机会消失新的机会出现，而这又可能导致机队编排调整并从中产生新的经济效益。例如，延长航班航节 f 的到达时间与航班航节 g 的起飞时间之间的间隔，可使后续航班航节选择机型的余地大大增加，这是因为大型飞机的周转时间更长。换言之,在调整航班计划前,如果给航班航节 f 和 g 都安排了大型飞机,则实际上要使用 2 架大飞机而不是 1 架。如果航空公司没有 2 架大飞机,或者发现把大飞机安排到其他航班航节上能赚取更多利润,那么就只能为航班航节 f 和 g 安排小飞机,这又会在这两个航节上造成大量潜在需求溢出。通过调整航班计划,可以让航班航段 f 和 g 共用 1 架大飞机。因而重新安排航班航节 f 和 g 的机型能够提升航班计划的利润率。航班计划变化后,重新进行机队编排通常都能改善最终效果。

(3) 机队编排和航班计划的决策须同时进行:之所以航班计划与机队编排的决策需要同时制订,是因为与航班时刻计划相对应的机队排班优化结果未确定时,航班时刻实际上可有无数组合的可能性,也就无法计算整套航班计划的价值。如果按顺序方式进行,即在一个循环往复过程中不断产生航班时刻,由于无法确保该航班计划为最优解,那么求解与这个航班时刻对应的机队编排问题的做法既不切实际,也无法保证最终能得到最优解。

根据以上观点,航班计划调整与机队编排优化一同进行可提高机队的产出效率,即便保留枢纽机场上的航班波结构,这一点也仍然正确。美国某大型航空公司曾使用"增量航班计划优化"模型辅助决策如何对航班计划和机队编排的结果进行修正,修正只允许在现行航班计划基础上略微调整航班起飞时间,并维持航空公司在枢纽机场上的航班波间衔接。其优化结果是运营相同航线网络所需飞机的数量减少了 0.55%(即 2 架飞机),并且预测每年可节省相应飞机运营成本并增加收入5 000万美元(Rexing 等,2000)。

提高飞机生产率能减少其闲置时间。这样,一方面运营相同数量的航班航节所需飞机数量比以前少,另一方面也能为航空公司提供运营更多航班航节的机会。所以,增量航班计划优化模型应当既允许增加新的航班航节,也可以取消已有的航班航节。然而在航线网络上改变航班航节的起降时刻、增加或删除航班航节是使旅客需求发生转移的重要原因。大量的文献资料说明:①对航空公司而言,航班计划是无约束市场需求的函数,同时也是航班班次的函数;②航班计划的改变会引起总的市场需求的变化(Simpson 和 Belobaba,1992)。为说明该结论,假设从枢纽机场的航班波中去掉某个航班航节。由于该航班不仅搭载本地直飞旅客,同时也会搭载相当数量的其他多个包含该航班的市场的联程旅客,所以这个航班的取消会影响到许多市场上的旅客需求。从这些受到影响市场的旅客角度看,航班班次减少导致联程服务减少,因而认为这些市场上的服务品质下降了。其结果很可能是在这些受到影响的市场上,航空公司的无约束市场需求下降。当往航班波里增加航班航节时,情况正好与此相反。

在激烈竞争的市场上,航班班次与起飞时间是影响乘客选择航空公司的最重要因素,所以行业学者研发出了能够全面描述这类供需关系的方法,并将增量航班计划设计和机队编排决策集成到单一的优化模型之中。美国某大型航空公司采用此模型对整体问题进行优化并制订航班计划,由此每年能为航空公司节省超过2亿美元(Lohatepanont 和 Barnhart,2004)。此外在2010年 Sherali、Bae 和 Haouari 研制出能同时进行航班计划制订和机队编排的集成方法,每年可为美国联合航空带来超过2 800万美元的利润增长。

此外,进一步整合航班计划设计、机队编排以及飞机路径设计的顺序决策过程的方法,已帮助美联航实现利润增长3%,并减少计算时间14%(Sherali、Bae 和 Haouari,2013)。

2009年 Jiang 和 Barnhart 的研究成果表明,基于某类动态决策框架,利用随着临近起飞日期而越来越准确的旅客需求预测结果,并集成航班计划优化和机队编排决策过程还能获得更多益处。他们用美国某主要航空公司提供的数据做了大量试验,发现使用该方法每年帮助航空公司提升潜在利润2.5%～5%,并不十分困难。

8.3.1　航班时刻调整及机队编排优化问题的建模

(本节内容较难,可不读并且不影响阅读的连续性)

我们考察更具普遍性的集成航班计划设计与机队编队问题,其中有一个特殊情况,即给定所有的航班航节,通过对航班时刻调整和对机队编排调整,进行航班计划和机队编排的决策。在时空网络中,为每个航班航节所有可能的起飞时间增加一条相应的航班弧线,问题就可转化为:为每个航班航节选择一条航班弧线来运营(即为航班航节确定计划的起飞降落时间),并为该航班航节安排一种机型。

该问题的模型可对 FAM 做简单的改变得到。具体来说,为 FAM 中的机队编排变量增加一个新的下标,表示特定的航班弧线,例如,$f_{i,b}^k = 1$ 表示机型 k 被指派运营航班航节 i 的第 b 个复本。航班航节 i 的复本集合用 B^i 表示。最终的模型如下(Rexing 等,2000):

目标函数

$$\min \sum_{i \in F} \sum_{k \in K} \sum_{b \in B^i} c_{i,b}^k f_{i,b}^k$$

服从以下约束条件

$$\sum_{k \in K} \sum_{b \in B^i} f_{i,b}^k = 1, \ \forall i \in F \tag{8.9}$$

$$y_n^{k+} + \sum_{(i,b) \in O(k,n)} f_{i,b}^k - y_n^{k-} - \sum_{(i,b) \in I(k,n)} f_{i,b}^k = 0, \ \forall n \in N^k, \ \forall k \in K \tag{8.10}$$

$$\sum_{a \in CG(k)} y_a^k + \sum_{(i,b) \in CL(k)} f_{i,b}^k \leqslant M^k, \ \forall k \in K \tag{8.11}$$

$$f_{i,b}^k \in \{0,1\}, \ \forall i \in F, \ \forall b \in B^i, \ \forall k \in K \tag{8.12}$$

$$y_a^k \geqslant 0, \ \forall a \in G^k, \ \forall k \in K \tag{8.13}$$

约束条件中的分配变量、覆盖约束(8.9)、平衡约束(8.10)、计数(8.11)条件以及二元变量(8.12)在 FAM 公式基础上进行修改得到,修改的目的是对航班弧线的多个复本建模。

可将 Rexing 等人的模型应用于求解在给定时段 T 内,在运营固定航班航节集合前提下,如何取消航班波的优化问题。假设 $z(i, b)$ 表示航班航节 i 的第 b 个复本的时间(如果航班 i 从枢纽 h 出发就是起飞时间,如果航班 i 抵达枢纽 h 就是到达时间);用 H 表示枢纽的集合;如航班航节 i 起始于枢纽 h 则 α_i^h 等于 1,否则 α_i^h 等于 0;如航班航节 i 到达枢纽 h,则 δ_i^h 等于 1,否则 δ_i^h 等于 0。还须添加如下约束,并用阈值 e_t^h 限制每个时间间隔 t 中从枢纽 h 起飞和到达的航班数量:

$$\sum_{k \in K} \sum_{i \in F} \sum_{b \in B^i} \sum_{(i, b): z(i, b) \in t} f_{i, b}^k (a_i^h + \delta_i^h) \leqslant e_t^h, \ \forall h \in H, \ \forall t \in T$$

对 Rexing 模型做一些调整,即可用于支持如何往现有航班计划中添加或移除航班航节的决策。可将航班航节集合划分成两类,即强制类和可选类。强制类航班航节是那些必须执行的航段,而可选类航班航节包括在航班计划中可删除的或者能添加到航班计划中的航班航节(Lohatepanon 和 Barnhart,2004)。设 L 为可选类航段集合,D 为强制类航段集合,且 $L \cup D = F$。则只需替换 Rexing 模型的覆盖约束条件为

$$\sum_{k \in K} \sum_{b \in B^i} f_{i, b}^k \leqslant 1, \ \forall i \in L$$

$$\sum_{k \in K} \sum_{b \in B^i} f_{i, b}^k = 1, \ \forall i \in D$$

8.3.2 航班计划制定中模型竞争的重要性

(本节内容较难,可不读并且不影响阅读的连续性)

如前文所述,在激烈竞争条件下,航班班次和起飞时间是影响旅客选择航空公司的最重要因素。忽略竞争性因素进行航班计划制订和班次计划,常常会得出低估的航班班次以及高估的旅客流量和收入(见 3.5 节中基于 S 曲线的航空公司班次规划及竞争性的相关讨论)。大量研究人员试图在航班计划制订模型中显式地加入竞争性效应来解决这一问题。本节介绍这一领域的最新进展。

对给定机场而言,航班班次(即在规划周期内,如一天内,每个直飞航段上运营的航班数量)的决策模型是一个求利润最大化的问题,并服从基于 S 曲线的班次竞争约束以及座位容量约束(Vaze 和 Barnhart,2012)。假设航空公司 a 运营直飞航段 s,平均票价为 $fare_{as}$,搭载的旅客人数为 Q_{as},每个航班的运营成本为 c_{as},每个航班的座位容量为 CAP_{as}。目标机场上航空公司 a 运营的航段集合是 S_a。在航节 s

上运营航班的航空公司集合为 A_s。α_s 是市场份额的指数参数,表示航段 s 上市场份额与班次间的关系。Dem_s 是航段 s 上的总航节需求。U_a 和 L_a 分别是航空公司 a 在给定机场中运营总航班数量的上限和下限,考虑到机场容量的限制、机队可用性和起降时刻可用性等因素而引入该限制。航空公司 a 在航段 s 上的最优航班班次,通过求解以下优化模型得出:

目标函数:

$$\max\sum_{s\in S_a}(fare_{as}Q_{as}-c_{as}f_{as})$$

服从如下约束条件:

$$Q_{as}\leqslant\frac{f_{as}^{\alpha_s}}{\sum_{a'\in A_s}f_{a's}^{\alpha_s}}Dem_s,\ \forall s\in S_a \tag{8.14}$$

$$Q_{as}\leqslant CAP_{as}f_{as},\ \forall s\in S_a \tag{8.15}$$

$$L_a\leqslant\sum_{s\in S_a}f_{as}\leqslant U_a \tag{8.16}$$

$$f_{as}\in Z^+,\ \forall s\in S_a \tag{8.17}$$

目标函数是最大化给定机场的所有航段上,航空公司 a 的总运营利润。约束条件(8.14)为市场份额与班次份额间的 S 曲线关系建模,约束条件(8.15)是座位容量限制,约束条件(8.16)是航空公司 a 在给定机场上航班班次总数的限制,约束条件(8.17)是完整性限制。约束条件(8.14)中公式右侧的分母由该航段上其他航空公司运营的航班班次决定。所以航空公司 a 的最优航班班次取决于其他航空公司的班次。该问题通过对不同航空公司的班次进行连续优化求解,最终趋于达到一个平衡状态(Vaze 和 Barnhart,2012)。这称为 Nash 均衡求解方法——关于此方法的详细讨论,请参见 Vaze(2011)以及 Vaze 和 Barnhart(2015)的论文。

S 曲线约束条件(8.14)具有的非线性和非凸性特点,使得要解决这一问题或将其他现实因素引入这个等式中非常困难。避免这一困难的方法之一是,将 S 曲线拆分成多个近似的线性部分,并用这些近似的线性部分构造近似的估计解决方案(Pita、Barnhart 和 Antunes,2013)。然而这种近似方法无法保证得出全局最优解。另一种方法是使用有序集合变量对非线性约束条件(8.14)做线性化(Cadarso,2013;Cadarso 等,2014)。对每个航段 s,定义有序非负变量集合 $(\lambda_{is}\ \forall i=1,\cdots,k)$,其中最多含有两个非零变量,且这两个非零变量必须是连续的。另对任意航段 s,用 $z_{is}\ \forall i=1,\cdots,k$ 表示 S 曲线上的 n 个离散点(分别对应班次 $f_s^i\ \forall i=1,\cdots,k$)。如此一来,就可用相邻的一对离散点来线性近似 S 曲线。因此约束条件(8.14)可用以下约束条件替代:

$$f_{as} = \sum_{i=1}^{k} f_s^i \lambda_{is}, \ \forall s \in S_a \tag{8.18}$$

$$Q_{as} \leqslant \sum_{i=1}^{k} z_{is} \lambda_{is}, \ \forall s \in S_a \tag{8.19}$$

$$\sum_{i=1}^{k} \lambda_{is} = 1, \ \forall s \in S_a \tag{8.20}$$

$$\lambda_{1s} \leqslant y_{1s}, \ \forall s \in S_a \tag{8.21}$$

$$\lambda_{is} \leqslant y_{i-1,s} + y_{i,s}, \ \forall s \in S_a, \ \forall i = 2, \cdots, k-1 \tag{8.22}$$

$$\lambda_{ks} \leqslant y_{k-1,s}, \ \forall s \in S_a \tag{8.23}$$

$$\sum_{i=1}^{k-1} y_{is} = 1, \ \forall s \in S_a \tag{8.24}$$

$$\lambda_{is} \geqslant 0, \ \forall s \in S_a, \ \forall i = 1, \cdots, k \tag{8.25}$$

$$y_{is} \in \{0,1\}, \ \forall s \in S_a, \ \forall i = 1, \cdots, k-1$$

约束条件(8.18)将航班班次变量 f_{as} 与离散的班次点联系起来。约束条件(8.19)实现分段化线性近似 S 曲线。约束条件(8.20)保证有序变量集合之和等于 1。约束条件(8.21)～约束条件(8.25)保证了至多有两个有序集合变量可取正值。

式(8.15)～式(8.25)所描述的模型是一个混合整数线性规划问题,可用整数优化解决技术求得最优解(Cadarso 等,2014)。

8.4 机组排班

制订好航班计划,并为计划中所有的航班航节安排执行的机型之后,就需要在优化技术的帮助下制订机组人员的排班计划了。为了便于处理,常把机组排班的优化问题划分为两个阶段。第一个阶段解决人员配对问题,并产生"迷你排班表",也称为"配对表",通常包含 1～5 天内的排班计划;之后解决机组排班问题,将已做好的人员配对分配到长期的机组工作计划中,以"排班表"或称"基准线"的形式给出,通常能覆盖未来 30 天左右的计划。"排班表"是为每个单独的机组人员制订工作时间表,并兼顾他或她的需求(如培训等)及喜好(如要求休假或调休,或指派到期望的航班目的地等)。"基准线"就是所谓的"通用时刻表",通常以资历和能力为基础,按照投标和分派流程指派给某一位机组人员。先让机组人员列出对不同基准线的喜好,将人员按资历降序排列,然后每个人会得到尚未分配的时刻表,他们可按照自己的喜好程度从高到低对其进行排序。以资历为依据的基准线做法在美国仍然比较普遍,不过一些航空公司正在逐步向兼顾机组人员配对喜好的系统迁移。在世界的其他地方,排班表的使用更加广泛。

求解机组人员配对问题的目的是让人员成本最小,同时又能安排机组给所有的航班航节,而求解机组排班问题的目标是调整配对以后的机组工作时间,并让机组的满意度最大。为了使机组人员的满意度最大,规划人员需要使机组排班的结果满足以下条件:①在满足航班计划的前提下使得单个机组人员的需求最大限度被满足,或者使被满足了最少个人要求的机组人员数量最多;②通过使每个航班的最小飞行小时数最大,来拉平每个机组成员的工作时间;③通过优化两个工作期的间隔时间,以保证工作人员的生物钟昼夜一致,并且能够享受到尽可能长的调休时间。

在每个航班航节的执行中都有两类机组人员:一类是飞机驾驶员,负责操纵飞机;另一类是客舱乘务员,负责机上乘客的安全与服务。在执行航班计划表中的每个航节时这两类机组人员都不可或缺,但这两类人员的排班方法却截然不同。由于飞机驾驶员必须拥有相应资质才能操纵某一类型的飞机或相近的系列机型,所以这些机组人员的工作时间往往是相同的,并且同一组人员经常在一起工作一整天甚至更长时间。而客舱乘务员的分配会灵活得多,因为机型对他们没有什么资质要求。另外,给定航班航节上的客舱乘务员的人数可随登机的乘客数而变化:乘客越多,所需的客舱乘务员也就越多。这样,客舱乘务员排班通常倾向于按"个人"进行,而不会将他们作为一个整体,所以一名乘务员很可能在同一天内和许多不同机组同事一起工作。

两类机组人员的另一个重要区别在于成本。机舱飞行员的薪酬远高于客舱乘务员,因而大多数航空公司机组排班优化模型的注意力都放在飞行员排班上。本节讨论采用同样的思路,即认为飞行员就是机组人员。此外,将讨论的重点放在机组配对问题上,因为配对、基准线和排班问题的结构类似,可通过研发相似的模型和求解方法处理这些问题。尽管我们将注意力放在机组人员配对的问题上,但遇到机组配对和机组排班、基准线问题的异同点时,也将重点阐述清晰。

8.4.1 机组人员配对问题

一直以来,机组人员配对问题就为运筹学研究人员提供了最佳实验场。实际上早在1969年就有人对机组人员配对问题做过文献综述(Arabeyre 等,1969)。该问题如此受重视,有两个原因:首先,配对优化是航空公司非常关注的问题,机组人员成本是航空公司运营成本的重要组成部分,常常仅次于燃油成本;其次,机组人员配对问题具有典型性,例如有大量规则约束其结果具备可行性,采用非线性函数表示各个解的成本,以及数百万甚至数十亿种配对可能性的问题规模,使得求解这类问题极为复杂并且困难。如果没有自动化决策支持工具,构造出可行解都非常困难更何谈求出最优解呢。

由于飞行员只能驾驶拥有资格认证的飞机型号和系列,因而机组配对问题定义在每种机型系列之上。所以,针对机型系列的机组配对问题仅与分配了此机型系列的航班航节有关。为了便于后面介绍,我们将"指定机型的机组排班问题"简称为机组配对问题,而不再在问题的描述中重复提及机型系列。

所谓机组人员配对是指给定一组有序的航班航节,或换种说法称其为"执勤期"或"任务组",每个机组配对的执勤期由过夜的休息期分隔。每个执勤期由一系列航班航节组成,执勤期的集合中还包含构成配对的航班航节的准确先后顺序。配对中第一个和最后一个航节必须在相同的"机组基地"开始和结束,所谓机组驻地是机组在配对以外时间待在一起的地方。劳资双方协议常常会限制每个配对中"任务"的数量以及配对的总时间,也称为外勤时间。此外,"机组配对"的计划结果还需符合其他劳资协议及各种监管机构制定的法律法规以保证合法合规。换句话说,是要明确机组人员是否能按"机组配对"计划结果执行。这些规则和限制包括如下方面:

(1) 机组配对中的航班须在时间和空间上连续,即在机组配对中,一个到达航班的目的机场须与后续航班的始发机场相同。

(2) 机组配对中到达航班航节与后续起飞航班航节间的时间间隔由最大和最小连接时间限定。对两个连续航班航节,无论同属一个任务期还是被晚间休息时间隔开,最大允许连接时间(在两个航班航节被过夜休息隔开的情况下,指最长休息时间)的设计目标都是确保机组人员不在地面上逗留过长时间。无论从航空公司角度(机组人员不飞,公司就没收入),还是机组人员角度(待在地面没有飞行补贴收入少一大块)都不希望地面停留时间过长。

在一次任务中,机组连接允许的最小时间是指机组人员从到达的航班航节抵达后续起飞的航班航节所需的最短时间。如果将两个航班航节分配给同一个机组,但使用了不同的飞机,所要求的连接时间就会多于安排同一架飞机执行两个航班航节的情况。由于机组人员无须从当前航班上签退,抵达后续航班的登机口,然后在这个航班航节上签入,因而能节省较多的连接时间。影响机组连接时间的因素除了机组人员需在飞机之间移动之外,还有飞机大小的因素——较大的飞机需要比较长的乘客下机时间(机组成员必须最后离开飞机),以及机场内从到达航班登机口到下一航班航节登机口的预计时间等。

两个任务间的机组连接时间应大于允许的最小休息时长,休息时间的长短取决于机组执行任务的多少。如某机组承担了大量繁重的飞行任务,那么休息时长很可能超过规定的最短休息时间。

(3) 为防止机组人员出现疲劳驾驶情况或发生安全隐患,对每个任务的时长做了最大值限制,并且每个任务中的飞行时间或轮挡时间也被限制在某个最大小时数以内。

上述多个层面的从业规范常常要与定义机组成本的复杂成本函数一起使用。不同国家和地区的航空公司在计算机组成本时采用各不相同的方法。欧洲、亚洲和南美洲的主流航空公司每月会向机组人员支付固定的薪水,并依据分配给机组的航线不同向机组发放每日的津贴或奖金。通常日常的住宿、餐食和津贴补助能占到机组人员总成本的30%左右,因而机组排班优化模型在最小化这部分支出方面能够起到非常重要的作用。

另一些国家——如加拿大、英国、澳大利亚和美国——的机组成本函数则更加复杂,基本上被定义为所完成工作量的函数。如美国国内航空公司的机组收入由两部分构成,一部分是飞行时间补贴,另一部分则较低,属执勤期内但非飞行时间的报酬。通常这些航空公司的执勤期机组成本会取以下三种情况中的最大值:①飞行小时对应的成本;②执勤期间的成本;③最低平均成本。航空公司付给机组薪水的最低限度是按照执勤期内的飞行时间计算,并且为了保护机组成员的利益,当执勤期内的飞行时间很短或者执勤期本身就很短时,要按照最低工资水平支付薪水。美国机组配对的成本构成与此类似,即在以下三种成本中取最大值:①机组配对内包含的任务成本的总和;②外勤时间的总成本;③最小平均成本。同样,至少保证机组人员可以按飞行时间计薪,并在飞行时间不足的情况下保证支付高于最低工资的薪酬。由于飞行时间表示的机组成本只取决于航班计划而与机组排班无关,所以上述额外补贴属于机组成本中的可变部分,也称为机组的债务信用。

以图8.6所示的航班网络为例说明机组配对问题。图中有两个机组,分别用基线 I 和基线 II 表示;共有8个航班航节,每个航节都必须安排给某个机组配对。假设此网络中有6个可行的机组配对:2个来自基线 I,4个来自基线 II。配对为:A—C—D—F 成本1 000美元,A—B—E—F 成本2 000美元,C—D—G—H 成本4 000美元,B—E 成本3 500美元,G—H 成本3 500美元,及 B—E—G—H 成本6 000美元。当给定了机组配对,则所有可行解及其成本列出如下:

(1) A—C—D—F, B—E—G—H, 成本7 000美元。

(2) A—B—E—F, C—D—G—H, 成本6 000美元。

(3) A—C—D—F, B—E, G—H, 成本8 000美元。

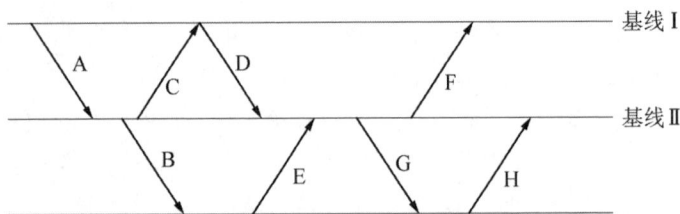

图8.6　机组配对网络的例子

本例中,很容易看出最优解是第(2)种配对方式。但对于规模更大的问题,挑战就在于不可能采取在有限时间内穷举出所有可能性的办法解决优化配对问题。通常在由数百个航班构成的网络中,每天有几十亿种不同的配对方式,列举出所有可能的机组配对方式不切实际。这样,解决机组配对问题只能通过分解、优化和启发式结合的方法了。

8.4.1.1　建模与求解机组配对问题[①]

（本节内容较难，可不读并且不影响阅读的连续性）

机组人员配对问题可以拆成一系列子问题用相当简单的形式表达。如 F 表示航班航节集合，J 为可行的配对集合，配对 j 的成本为 c_j，当配对 j 覆盖了整个航班航节 i 时 $a_{ij} = 1$；对于所有的 $j \in P$，当解中包含配对 j 时决策变量 $x_j = 1$，否则 $x_j = 0$。

则机组人员配对问题建模如下：

目标函数：

$$\min \sum_{j \in J} c_j x_j$$

服从如下约束条件：

$$\sum_{j \in J} a_{ij} x_j = 1, \ \forall i \in F \tag{8.26}$$

$$x_j \in \{0, 1\}, \ \forall j \in P \tag{8.27}$$

覆盖约束(8.26)与二元约束(8.27)确保每个航班航节只会出现且仅出现在问题解的一个配对中。求解目标是寻找成本最小的机组配对集合。这是机组配对的基础模型，可以通过增加机组驻地平衡的约束进行扩展。通常这些约束条件从上限和下限两个角度，限制所选定的机组配对的总飞行小时数，确保在驻地的机组数量能够与选定从该驻地起飞的配对所要求的总飞行时间大致匹配。

如前文所述，机组排班问题可用类似方法建模。与配对问题相同，排班问题也针对每种机型系列求解。但不同的是，排班问题是针对机组人员类型求解的，如机长、副驾驶、飞航工程师等。与配对问题一样，每个排班都是由被"下班时间"隔开的一系列活动组成。对排班而言，活动包括配对、飞行训练和假期。机组配对与排班问题的最主要区别之一是处理时间的方式。通常在机组配对问题中，假设航班计划的重复周期是每天，并以天为周期求解配对问题。因而，选定的机组配对必须包含每个航班航节且仅包含一次，下次配对又从第二天重新开始。由于每个机组配对的延续时间长短各异，就有可能出现多个机组被分配到相同配对的情况。

举例来说，考察一个为期 3 天的机组配对 p：配对 p 中的每个航班航节须每天执行，且在机组配对的解集中，只有配对 p 才包含这些航班航节，因而须有三个机组安排给配对 p，以 A、B、C 代表。航班计划的第 1 天，由机组 A 执行构成配对 p 第 1 天工作的航班航节，同样机组 B 负责配对 p 第 2 天的航班航节，机组 C 负责配对 p 第 3 天的航班航节。到第 2 天时，每个机组都须准备下一个周期的工作，即机

[①] 原文如此。只有 8.4.1.1，没有 8.4.1.2。——编注

组A准备第2天工作,机组B准备第3天工作,而机组C则循环到起点,负责配对 p 的第1天工作。排班问题需要为每一类机组人员制订带日期的计划,包含所有活动、活动的开始日期以及完成该活动所需人员的类型和数量。因此,排班模型需要针对排班期中的每一天以及其中任一天中每个配对的启动时间增加一个约束条件。由于在排班问题中是个人而不是机组被分配,须增加额外的约束条件以保证在每位机组成员的可用时间计划中只有一个时间计划被选定。如果航空公司的航班计划用不到所有的机组人员,则可为这些空闲的机组人员分配空的时间计划——即一张没有工作内容的时间表。

虽然机组配对和机组排班的模型公式较为简单,但除了一些规模极小的问题,求解这两类问题都非常困难。其主要困难在于,如何识别和检测决策变量的可行性以及如何处理海量非连续变量。机组人员配对问题模型中施加于决策变量的二元约束条件,要求我们采取整数规划求解方法,如分支定界法。分支定界法是一种巧妙的枚举方法,首先松弛机组人员配对问题的二元约束,使变量取值范围可以是大于等于0、小于0和等于1几种,这就构成了松弛问题或分支;再用线性规划方法求解松弛问题,不断重复这一过程直到求得最优整数解。但在面对数十亿种不同配对可能性情况时,即使采用上述机组人员配对问题的线性规划松弛方法,也不可能直接求解该问题。

我们还可以采用一种称为"列生成"的方法。在此处,列是变量的同义词,这一方法的核心是根据需要来产生新变量。由于最优解包含的变量通常只是所有可能变量的一个较小子集,因而这个方法的目标就是识别出构成最优解的那些变量,从而避免处理所有的变量。这样一来,机组人员配对问题面临的处理性能和时间的难题就有望被解决:通过求解一个由原变量集合的较小子集所表述的问题,寻求原问题的最优解。所以问题就变成如何高效地找到这个变量子集。为了实现该目标,列生成算法的以下步骤须重复执行。

步骤1,解决受限主问题:受限的主问题是指机组配对(或排班)的线性规划松弛问题,松弛问题仅包含全部变量的一个子集。

步骤2:解决定价问题:定价问题用于产生一个或多个配对(或排班)变量,这些变量可用于改进受限主问题的当前解;如未能识别出此类变量,则停止。此时机组配对(或排班)的线性规划松弛问题已被求解。

步骤3:构造新的受限主问题:将解决定价问题时产生的变量加入到原受限主问题之中,然后返回步骤1继续执行。

如此,可将用以解决"机组配对(或排班)的线性规划松弛问题"的列生成算法整合到分支定界(branch-and-bound)算法中,构造出解决大规模问题的专用分支定价(branch-and-price)算法。分支定价算法成功的关键在于:①为定价问题提供有效的算法;②分支定价算法中的分支策略能够保证求解定价问题采用相同的算法,同时能确保所有分支的决策都会在解中执行。关于大型航空公司机组排班问题所面临的挑战及求解成功策略的详细讨论,可参考文献 Barnhart 等(1996)及 Desrosiers 等(1995)以及 Klabjan、Johnson 和 Nemhauser(2001)。

8.4.2　机组排班问题的解及其影响

航空公司机组排班优化问题已成为运筹学应用最成功的领域之一。大型航空公司采用优化工具创建部分或全部的机组排班计划,并因此节省了大量成本。早在 20 世纪 60 年代,航空公司就已使用决策支持工具对一些困难的机组配对问题自动求解(Arabeyre 等,1969)。近些年来,随着运筹学理论、计算机软硬件的发展,航空公司持续从应用优化工具解决机组排班问题中获益(Clarke 和 Smith,2004)。大约 10 们多年前,机组人员配对问题的结果所产生的"债务信用"成本价值超过飞行成本的 10%～15%,而今天机组配对的结果产生的"债务信用"成本最多超出飞行成本的 1%～2%。对大型航空公司而言,该问题的解决方案质量提高意味着每年可节省 5 000 万美元量级成本。另外,除了能带来经济效益,机组排班的优化工具还可用于劳资协议谈判,以量化工作规定和赔偿计划修正提案产生的效果。

与航班计划优化的各阶段类似,把机组排班制订过程中的顺序步骤集成起来还可带来额外好处。与顺序方法相比,集成优化的机组配对和机组排班决策为北美某主要航空公司节省了 3%总成本,同时减少飞行员数量需求 5.5%(Saddoune 等,2012)。

实际上,排班规划过程如按顺序执行会制约机组排班优化为航空公司带来的效果。由于航班计划、机队编排和路径设计的决策都已确定,机组排班制订的余地有限。为了拓宽机组排班可能解的范围,需要扩展 FAM 在模型中考虑或至少去近似机队编排决策对机组排班决策的影响(Clarke 等,1996;Barnhart 等,1998)。另有一种扩展机组排班可行解空间的方法,即将飞机路径设计与机组排班决策整合在一起(Cohn 和 Barnhart,2003;Cordeau 等,2001;Klabjan 等,2002;Ruther,2010;Sandhu 和 Klabjan,2007)。下节还将对这一方法进行更详细的讨论。

8.5　飞机维检路线设计与机组配对优化

即使在那些已放松了航空市场经济管制的国家,政府监管机构仍会要求飞机接受定期的维护检查,两次维检之间的时间间隔须符合给定飞行时间的限制要求。飞机的维检在维修站完成,一些维修站只能为特定机型提供检修服务,通常这些维修站分布在航线网络的各个机场之内。在美国监管机构和规章制度要求每 3～5 天对飞机进行一次维检[①]。如果违反规定,未做维检的飞机会被停飞,直到完成维检为

[①] 例如检查飞机起落架、控制系统,如襟翼及方向舵,检查液位、供氧系统、灯光照明及辅助电力系统,详见:(http://www.airlines.org/products/AirlineHandbookCh6.htm)。

止。为避免这种代价极高的状况出现,航空公司在设计飞机路径时常要考虑如何提供"更频繁"的维检机会,从而在航班计划中留出足够的时间余量,一旦发生航班计划变更等事件而需要推迟维检计划时能避免出现飞机停场状况。

在给定了飞机维检要求的情况下解决飞机路径设计问题,常用方法之一是为每个分配了相同机型的航班航节子网络定义检修计划。如此一来,优化目标就变成为每架单独的飞机指定路径,并做到每个航班航节有且只有一架飞机执行,每一架飞机路径的起点与终点在同一位置(因而形成一个循环或周转),这样每一架飞机(或机尾号)都能定期前往维修站检查。当构建了日常运营所需的航班计划、机队编排和机组配对后,也就具备条件建立飞机路径模型了。与日频的机组配对问题相似,一个 n 天的周转期就需要 n 架飞机,每一架飞机承担 24 小时内的航班航节飞行,并且要为每一架飞机安排好周转期内下一个 24 小时的航班航节飞行。

飞机检修计划问题有时被简单地当成可行性问题处理,而有时又被当作如何利用"连通航班"获得最多"连通收入"的问题处理。Lacasse-Guay、Desaulniers 和 Soumis(2010)介绍了该问题的不同变形。"连通航班"是指由同一架飞机连续飞行的两个航班航节,由于某些乘客在联程时不愿意换飞机,所以这种"连通航班"有产生额外收入的潜力。当然,旅客更喜欢直达航程,但对于某些市场或考虑到时间上的限制,无法提供不经停的直达航班服务。此时乘客就更喜欢乘坐"连通航班",因为既可以避免上下飞机和在两个登机口之间提着行李步行的麻烦,又能在发生航班计划变更时避免误机。

除了提供潜在的"连通收入",飞机路径制订还能帮助决定可行的机组配对。如第 1 航节的到达与第 2 航节的出发之间有连接时间限制,且小于机场允许的最小换机组人员连接时间,那么换成同一架飞机执行这两个航节,便可把同一机组分配给这两个航节而解决问题。当机组不需要换飞机时就可以采用"短连接"方式,即采用比最小换机组时间更短的转换时间。因此说,飞机路径决策能够找出潜在的机组人员短连接。

由于机组成本通常是航空公司运营成本中第二大成本,那么在不考虑对机组影响的情况下首先求解飞机维检计划问题,很可能对机组配对问题的求解造成影响,并导致机组成本增加。该问题的解决方法之一是,改变上述两个问题的求解顺序,即先求解机组配对问题(允许使用机组短连接),然后解决带约束的飞机维检计划问题,这里的约束是指当两个航班航节有可能为机组配对提供短连接时,强制安排两个航班航节使用同一架飞机(Klabjan 等,2002)。从计算机程序角度看,该方法当然很有吸引力。但是该方法也有缺陷,也就是说这个"有约束的路径设计问题"很可能找不到可行解。此外,另一种方法是整合机组配对问题和飞机路径问题,并集成求解(Cordeau 等,2001)。根据 Papadakos(2009)的说法,相较于顺序优化方法,某种整合了维检计划制订和机组配对优化的方法可为北美某大型航空公司节省成本约

2 400万美元/年。这种集成多个问题一起求解的方法，优势在于理论上能保证有可行、甚至最优解；但也有缺点，即对于大型航空公司而言，由于问题规模过大，在可接受时间内很可能无法求得可行解。

　　还有一种方法是，首先求解扩展的机组配对问题并确保飞机维检计划问题有可行解，然后再返回来求解飞机维检计划问题本身（Cohn 和 Barnhart，2003）。扩展型机组配对问题需要额外的约束条件及变量，以确保机组配对的解中使用的每个短连接，都被包含在一个飞机路径问题的可行解之中。这样扩展型机组配对问题的解，既包含了成本最小的机组配对的解决方案，又包含了飞机维检计划问题的可行解。在求解扩展型机组配对问题之后，通过求解飞机路径问题的一个变体有望找到维检计划的最优解。该变体要求，全部机组配对问题的解中每个短连接都应由同一架飞机执行，并需改变目标函数及增加约束条件以保证飞机路径计划的解符合要求。

8.5.1　建模并解决加强型机组配对问题

（本节内容较难，可不读并且不影响阅读的连续性）

　　假设如下场景，能够较容易描述扩展型机组配对问题的建模过程。类型 k 的机组人员必须分配给一个航班航节集合，而且在这个航班航节集合上每个可行的飞机维检计划解都能找到。为简单起见并且不失一般性，假设类型 k 的机组人员所覆盖的航班航节集合与被机型 k 所覆盖的航班航节集合相等。维检计划的每一个可行解仅由它所包含的短连接列表唯一表示。Cohn 和 Barnhart（2003）提出，只需要关注那些覆盖最全面的路径，即该路径已经包含了所有可能的短连接，并且不存在任何一个可行解，还能再往里增加一条除此以外的短连接。在扩展型机组配对问题模型中，每个最全解中都应包含一个二元变量，并且应增加一个约束条件，以确保在扩展型机组配对问题的解中，有且只有一个最全的飞机路径解被选中。此外，还应为每个潜在的短连接增加一个约束条件，以确保只有当该短连接包含在已选定的飞机路径解中时，它才能包含在机组配对的解之中。通过这些修改，可保证通过扩展型机组配对问题求得的解计算得到的机组成本至少不会比基本型机组配对模型的成本高；而且还可保证在给定机型及航班计划之下，这一成本为最小。此外，该方法能保证至少产生一个飞机维检计划的可行解，其中的短连接也用在配对问题解中。

　　为了用式子表述扩展型机组配对问题，设 F^k 表示类型 k 的机组人员必须覆盖的航班航节集合，T^k 表示在 F^k 定义的航线网络中可能的短连接集合。与基础机组配对问题类似，当配对集合 P 中的配对 p 存在于机组配对问题的解中时 $y_p = 1$，否则 $y_p = 0$。引入新变量 x_s，表示对于飞机路径的解集合 S^k 中的每个解 s，当维检计划的解 s 选入扩展型机组配对问题时使 $x_s = 1$，否则使 $x_s = 0$。当路径解 s 中包含短连接 t 时置 $\alpha_{ts} = 1$，否则 $\alpha_{ts} = 0$。同样，如果配对 p 中使用了短连接 t，则使 $\beta_{tp} = 1$，否

则令 $\beta_{tp} = 0$。当配对 $p \in P^k$ 包含了航班航节 $f \in F^k$ 时令 $\delta_{fp} = 1$,否则 $\delta_{fp} = 0$。这样机型 k 的扩展机组配对问题用式子表述如下:

目标函数:

$$\min \sum_{p \in P^k} c_p y_p$$

符合约束条件:

$$\sum_{p \in P^k} \delta_{fp} y_p = 1, \ \forall f \in F^k \tag{8.28}$$

$$\sum_{s \in S^k} \alpha_{ts} x_s - \sum_{p \in P^k} \beta_{tp} y_p \geqslant 0, \ \forall t \in T^k \tag{8.29}$$

$$\sum_{s \in S^k} x_s = 1 \tag{8.30}$$

$$x_s, y_p \in \{0, 1\}, \ \forall s, p \tag{8.31}$$

覆盖约束条件(8.28)和二元约束条件(8.31)保证了每个航班航节仅被分配给一个配对;短连接约束(8.29)确保当选定的配对集合中包含短连接,则对应的飞机维检计划解中也须包含此短连接。路径选择约束(8.30)以及二元约束条件(8.31)共同作用,保证只有一条路径解被选定。优化的目标是最小化总机组成本,但该目标并非一成不变。例如,可为每个维检计划解变量指派一个成本,取与其对应的"连通收入"的负值。在这种情况下,扩展型机组配对问题的目标就变成为飞机维检计划问题和机组配对问题进行集成优化。

求解扩展型机组配对问题时面对的主要挑战之一是如何生成最全的维检计划解集合。与机组配对的情况类似,生成所有的最全路径解集合并不现实,因而仍然采用列生成方法求解扩展型机组配对问题。研究和实践表明,求解扩展型机组配对问题时只需要生成全部可能维检路径解集合中的一小部分解(Cohn 和 Barnhart,2003)。举例说明,在由 61 个航班组成的航线网络中,可能的维检路径解数量远超25 000 个,但确实只有 35 个最全路径解。此外,当仅产生 4 个最全路径解之后,就能够证明已经找到了扩展型机组配对问题的最优解。

8.5.2 基于扩展型机组配对问题的解对限制型飞机维检路径问题建模与求解

(本节内容较难,可不读并且不影响阅读的连续性)

如前文所述,在求解扩展型机组配对问题之后,可通过求解飞机路径问题的一个变形问题来求出维检路径的解。这个变形问题要求出现在机组配对问题解中的每个短连接必须由同一架飞机执行。用下式表示此受限飞机维检路径问题:设 R_{sc} 表示可行的维检路线集合,如果路径 R_{sc} 包含短连接的一个航班航节,则短连接的另一航班航节也必须在该路径中。令 N 表示在空间和时间上路径的起点和终点集合，$R^T \subseteq R_{SC}$ 表示落在时间范围 T（任意指定的时间范围，也称基线时间）内的路径集合，$R_n^S \subseteq R_{SC}$ 是起点为 $n \in N$ 的路径集合，$R_n^E \subseteq R_{SC}$ 是终点为 $n \in N$ 的路径集合。g_n^- 和 g_n^+ 是地面弧线变量，表示在时刻 t 开始前及结束后瞬间，位于地面维修站 s 的飞机架数。N^T 是与跨越基线时间的地面弧线 g_n^+ 相关的节点集合。K 表示可利用飞机的架数。如果解中包含路线 r，则令决策变量 $z_r = 1$，否则令 $z_r = 0$。c_r 是路径 r 产生的成本。如果路径 r 中包含航班 f，则设参数 $\gamma_{fr} = 1$，否则令 $\gamma_{fr} = 0$。

则受限的飞机维检路径计划问题可用下式来表示：

目标函数：

$$\min \sum_{r \in R} c_r z_r$$

符合以下约束条件：

$$\sum_{r \in R} \gamma_{fr} z_r = 1, \ \forall f \in F^k \tag{8.32}$$

$$\sum_{r \in R_n^E} z_r + g_n^- - \sum_{r \in R_n^S} z_r - g_n^- = 0, \ \forall n \in N \tag{8.33}$$

$$\sum_{r \in R^T} z_r + \sum_{n \in N^T} g_n^+ \leqslant K \tag{8.34}$$

$$z_r \in \{0, 1\}, \ \forall r \in R_{SC} \tag{8.35}$$
$$g_n^+, g_n^- \geqslant 0, \ \forall n \in N$$

目标函数要求飞机维检路径解产生的成本最小。覆盖约束条件(8.32)确保每个航班只包含在一个选定的路径中。平衡约束条件(8.33)保证路径以及地面弧线进入和离开每个节点的数量平衡。计数约束条件(8.34)保证投入使用的飞机架数不会超过该机型在机队中的总数。约束(8.35)是对变量值的限制。

注意，如果将受限飞机检修路径问题中的集合 R_{SC} 替换为所有的可行维检路径集合，就能得到常规飞机维检路径问题的表达。这样，受限的飞机维检路径问题既可以当作可行性问题（即设 $c_r = 0$），也可以添加额外约束条件并改变目标函数，用于挑选出符合某种质量要求的路径解。还应注意，如想达成其他目标，如连通收入最大化，则需在可行解集合（即集合 R_{SC} 中的路径）内优化寻求最优解。

8.6　航班计划优化的未来发展方向

优化技术、计算机处理能力以及排程理论方面的巨大进展，促使大规模机队编排及机组排班问题的求解取得了长足发展。然而，挑战与机会依然并存。以下介绍几个目前较受关注，并且在未来很有前景的重要研究领域。

（1）集成航班计划规划：虽然按顺序求解飞机与机组排程优化问题的思路确能

被实现,不过通常只能获得次优解,很有可能产生较大的经济损失。如本章前面讨论的内容,对部分甚至全部的排程问题,包括航班计划、机队编排、维检路径和机组排班等子问题,可以通过建立和求解集成模型方式的改善和提升求解效果。在本章提供的详细内容以外,Sandhu 和 Klabjan(2007)提出了集成建模的一个有趣案例,并将注意力放在机队编排和机组配对的优化上。

集成建模的另一个方向是将排程规划模型扩展到定价、收益管理决策、旅客选择模型以及竞争关系等方面。将排程模型(其主要效用为最小化运营成本)与定价、收益管理、旅客选择和竞争模型(通过对旅客决策建模,达成最大化收入的效果)集成在一起求解,所得出的解决方案可更精准地反映出未来收入的变化情况,并能够验证排程问题确实获得了最优解。

(2) 运营计划恢复及其稳健性:航空公司生产计划中的各类排程计划和优化结果很少或者很难完全按照原来计划的样子执行。航班计划中随便哪一天的计划都可能因为机械故障、机组人员患病或者恶劣天气条件被干扰和破坏,因而必须进行修订以及创建和执行恢复计划。在短时间内——经常要在几分钟内,创建出既可行又具性价比的恢复方案非常有挑战,而在恢复过程中还必须协调其他航空相关的系统和组织,包括其他航空公司的系统以及空中导航系统供应商(如在美国是联邦航空管理局),因而完成该任务会更加复杂和困难。作为对排程计划如何恢复研究的补充和替代,很多学者致力于创建更稳健的航班计划,此类计划在应对可能造成中断的情况时更有韧性(能减少航班计划变更的次数),并且当计划不得不变更时也更容易修复。目前关于稳健排程优化的研究,通常借助隔离中断原因以及由此产生的后果来获得稳健性,或者通过在排程计划中分配冗余时间来达成稳健性。但迄今为止,大部分工作重点都放在对特定资源的恢复或建立所谓稳健性上,飞机或机组人员都属于这类关键资源。这样,增强排程计划所要面临的主要挑战是:如何增强能力以建立针对旅客、机组和飞机的集成恢复决策体系并产出稳健的规划,以及使用模拟和优化工具对这些规划及恢复策略进行评估的能力。在第10章中,我们将详细讲述有关稳健优化及不正常航班运营中面临的挑战,稳健优化及排程计划恢复问题的详细表述以及模型求解过程中用到的优化方法等内容。

(3) 在拥堵缓解机制下进行排程规划:在民航体系里,拥堵和延误问题导致利益相关者承担了巨大的成本(见第10章)。长期以来市场化的方法,如收取拥堵费(Carlin 和 Park,1970)以及航班时刻拍卖(Ball、Donohue 和 Hoffman,2006)等,都被认为是经济效益较好的拥堵治理方式。这些方法有一些特点很有吸引力,不过由于各种现实情况和政策的限制,特别由于这类市场化机制常要求航空公司为使用航空系统中的资源而支付额外成本,所以这些方法的应用很有限。因此,近年来该领域的研究重点已转向非货币性机制,例如航班时刻管控(Vaze 和 Barnhart,2012;Swaroop 等,2012)以及协同排程(Jacquillat 和 Odoni,2014)。未来研究的一个重要方向是,继续研发模型、算法并产生洞见来帮助拥堵缓解政策的讨论与制定。由于拥堵缓解机制常要求修改航空公司排程计划制订及恢复过程中的约束条件、动机和成本参数,因而在实施了拥堵缓解机制的场景中研究如何为航空公司航班计划制订及恢复开发优秀的框架、模型及算法是另一个重要的方向。

参 考 文 献

Abara, J. (1989) *Applying integer linear programming to the fleetassignment problem.* Interfaces, 19, 20 – 28.

Arabeyre, J. P., Fearnley, J., Steiger, F. C., and Teather, W. (1969) *The airline crew scheduling problem: a survey.* Transportation Science, 3, 140 – 163.

Atasoy, B., Salani, M., and Bierlaire, M. (2014) *Anintegrated airline scheduling, fleeting and pricing model for monopolized market.* ComputerAided Civil and Infrastructure Engineering, 29, 76 – 90.

Ball, M., Donohue, G., and Hoffman, K. (2006) *Auctions for the safe, efficient and equitable allocation of airspace system resources,* in Combinatorial Auctions (eds P. Cramton, Y. Shoham, and R. Steinberg), MIT Press, Cambridge, MA, pp. 507 – 538.

Barnhart, C., Johnson, E., Nemhauser, G. et al. (1996) *Branch-and-price: column generation for solving huge integer programs.* Operations Research, 46, 316 – 329.

Barnhart, C., Boland, N., Clarke, L. et al. (1998) *Flight string models for aircraft fleeting and routing.* Transportation Science, 32, 208 – 220.

Barnhart, C., Kniker, T., and Lohatepanont, M. (2002) *Itinerary-based airline fleet assignment.* Transportation Science, 36, 199 – 217.

Barnhart, C., Farahat, A., and Lohatepanont, M. (2009) *Airline fleet assignment with enhanced revenue modeling.* Operations Research, 57, 231 – 244.

Blaiberg, J. (2013) *An integrated game-theoretic airline schedule planning model with embedded spill and recapture.* MS thesis, Swiss Federal Institute of Technology, Lausanne, Switzerland.

Cadarso, L. (2013) *Robustness and recoverability in transport logistics.* PhD dissertation, Technical University of Madrid, Madrid, Spain.

Cadarso, L., Vaze, V., Barnhart, C., and Marin, A. (2014) *Integrated airline scheduling: considering competition effects and the entry of the high speed rail.* Transportation Science, in press.

Carlin, A. and Park, R. E. (1970) *Marginal cost pricing of airport runway capacity.* The American Economic Review, 60, 310 – 319.

Clarke, M. and Smith, B. (2004) *The impact of operations research on the evolution of the airline industry.* AIAA Journal of Aircraft, 41, 62 – 72.

Clarke, L., Hane, C., Johnson, E., and Nemhauser, G. (1996) *Maintenance and crew considerations in fleet assignment.* Transportation Science, 30, 249 – 260.

Cohn, A. and Barnhart, C. (2003) *Improving crew scheduling by incorporating key maintenance routing decisions.* Operations Research, 51, 387 – 396.

Cook, T. (2000) *Creating competitive advantage using model-driven support systems.* Massachusetts Institute of Technology Global Airline Industry Study, Distinguished Speaker Seminar Series, Cambridge, MA.

Cordeau, J. , Stojkociv, G. , Soumis, F. , and Desrosiers, J. (2001) *Benders decomposition for simultaneous aircraft routing and crew scheduling.* Transportation Science, 35,375 – 388.

CPLEX Optimizer, IBM (2014) http://www-01. ibm. com/software/commerce/optimization/ cplex-optimizer/index. html.

Desrosiers, J. , Dumas, Y. , Solomon, M. M. , and Soumis, F. (1995) *Time constrained routing and scheduling.* Handbook in Operations Research/Management Science, Network Routing (ed. M. Ball), North-Holland, Amsterdam, pp. 35 – 139.

Gurobi Optimizer. (2014) www. gurobi. com/.

Hane, C. A. , Barnhart, C. , Johnson, E. L. et al. (1995) *The fleet assignment problem: solving a large-scale integer program.* Mathematical Programming, 70,211 – 232.

Jacobs, T. L. , Johnson, E. L. , and Smith, B. C. (1999) *O&D FAM: incorporating passenger flows into the fleeting process.* Presentation to AGIFORS symposium, New Orleans, LA.

Jacobs, T. L. , Smith, B. C. , and Johnson, E. L. (2008) *Incorporating network flow effects into the airline fleet assignment process.* Transportation Science, 42,514 – 529.

Jacquillat, A. and Odoni, A. R. (2014) *Congestion mitigation at John F. Kennedy International Airport in New York City.* Transportation Research Record, 2400,28 – 36.

Jiang, H. and Barnhart, C. (2009) *Dynamic airline scheduling.* Transportation Science, 43,336 – 354.

Klabjan, D. , Johnson, E. L. , and Nemhauser, G. L. (2001) *Solving large airline crew scheduling problems: random pairing generation and strong branching.* Computational Optimization and Applications, 20,73 – 91.

Klabjan, D. , Johnson, E. L. , Nemhauser, G. L. et al. (2002) *Airline crew scheduling with time windows and plane count constraints.* Transportation Science, 36,337 – 348.

Lacasse-Guay, E. , Desaulniers, G. , and Soumis, F. (2010) *Aircraft routing under different business processes.* Journal of Air Transport Management, 16,258 – 263.

Lohatepanont, M. and Barnhart, C. (2004) *Airline schedule planning: integrated models and algorithms for schedule design and fleet assignment.* Transportation Science, 38,19 – 32.

Papadakos, N. (2009) *Integrated airline scheduling.* Computers & Operations Research, 36, 176 – 195.

Pita, J. P. , Barnhart, C. , and Antunes, A. P. (2013) *Integrated flight scheduling and fleet assignment under airport congestion.* Transportation Science, 47,477 – 492.

Rexing, B. , Barnhart, C. , Kniker, T. et al. (2000) *Airline fleet assignment with time windows.* Transportation Science, 34,1 – 20.

Rushmeier, R. and Kontogiorgis, S. (1997) *Advances in the optimization of airline fleet assignment.* TransportationScience, 31,159 – 169.

Ruther, S. (2010) *A multi-commodity flow formulation for the integrated aircraft routing crew pairing, and tail assignment problem.* Proceedings of the 45th Annual Conference of the ORSNZ, Auckland, New Zealand.

Saddoune, M. , Desaulniers, G. , Elhallaoui, I. , and Soumis, F. (2012) *Integrated airline crew pairing and crew assignment by dynamic constraint aggregation*. Transportation Science, 46, 39 – 55.

Sandhu, R. and Klabjan, D. (2007) *Integrated airline fleeting and crew-pairing decisions*. Operations Research, 55,439 – 456.

Sherali, H. D. and Zhu, X. (2008) *Two-stage fleet assignment model considering stochastic passenger demands*. Operations Research, 56,383 – 399.

Sherali, H. D. , Bae, K. H. , and Haouari, M. (2010) *Integrated airlineschedule design and fleet assignment: polyhedral analysis and benders' decomposition approach*. INFORMS Journal of Computing, 22,500 – 513.

Sherali, H. D. , Bae, K. H. , and Haouari, M. (2013) *An integrated approach for airline flight selection and timing, fleet assignment, and aircraft routing*. Transportation Science, 47,455 – 476.

Simpson, R. W. and Belobaba, P. P. (1992) *The demand for air transportation services*. Lecture Note for 16.74 Air Transportation Economics, MIT, Cambridge, MA.

Swaroop, P. , Zou, B. , Ball, M. O. , and Hansen, M. (2012) *Do more US airports need slot controls?* A welfare based approach to determine slot levels. Transportation Research Part B: Methodological, 46,1239 – 1259.

Vaze, V. (2011) *Competition and congestion in the nationalaviation system: multi-agent, multi-stakeholder approaches for evaluation and mitigation*. PhD dissertation, Massachusetts Institute of Technology, Cambridge, MA.

Vaze, V. and Barnhart, C. (2012) *Modeling airline frequency competition for airport congestion mitigation*. Transportation Science, 46,512 – 535.

Vaze, V. and Barnhart, C. (2015) *Price of airline frequency competition*, in Game Theoretic Analysis of Congestion, Safety and Security: Traffic and Transportation Theory (eds K. Hausken and J. Zhuang), Springer Series in Reliability Engineering, Springer, pp. 173 – 217.

Wang, D. D. , Klabjan, D. , and Shebalov, S. (2014) *Attractiveness-based airline network models with embedded spill and recapture*. Journal of Airline and Airport Management, 4,1 – 25.

Wiper, D. S. , Quillinan, J. D. , Subramanian, R. et al. (1994) *Coldstart: fleet assignment at delta air lines*. Interfaces, 24,104 – 120.

Xpress (2014) http://www.fico.com/en/products/fico-xpress-optimization-suite/.

9　航空公司航班运营

Alan H. Midkiff，R. John Hansman，Jr. 和 Tom G. Reynolds

9.1　简介

多数航空公司或其他类型的航空承运人都按照系统化方式进行航班运营管理，实现多个优先级目标，包括安全性、经济性及客户服务（如准时起飞与到达）。航空公司航班运营部门的职责是确保安全、有效地将乘客和货物运送到目的地，并最终为航空公司创造收入。对于任一给定航班的运营，需要协调的资源包括飞机与配套设备、驾驶员与机舱乘务人员以及维修机务和地面服务人员等。虽然维修机务及地面服务人员的工作对航班运营至关重要，不过本章讲述的重点放在运营一个给定航班所需的飞行人员管理和调度工作之上，随后详细讨论典型商业客运航班整个运营过程的各个操作步骤。

本章介绍的内容主要是在现有的空中交通管理（ATM）系统指导下如何进行航班运营（Nolan，2010）。空管系统正不断被改进，例如美国的新一代空管系统（NextGen）（FAA，2014）以及单一欧洲天空 ATM 研究（SESAR）计划（Cook，2007），都可能采用新技术引进新流程，如引入能使空域航路效率更高的四维航路管理体系，但航班运营的整体原则基本上不会有变化。本章不会对飞行技能和航班操控主题进行深入讨论，仅在介绍航班运营整体概念时提供一些必要的背景信息；不过为了帮助读者理解航班运营目标的本质及其复杂性，对描述航班运营有直接影响的航班操作流程有关的内容，仍会略有涉及。

9.2　监管与排程

在真正开始航班运营之前，飞机和飞行机组必须符合监管规定，同时航班计划和机组排班还要满足航空公司整个航线网络规划的要求。本节对这些方面做简要介绍。

9.2.1　通用监管要求

航空公司的运营通常要受到其注册国家以及运营发生国家的监管,例如在美国是联邦航空管理局(FAA),在欧洲则是联合航空管理局(JAA)。国际航班在国外运营时[①]还要受到国际民用航空组织(ICAO)的管辖。在美国,联邦管理条例(CFR 14节)[②]中第119、121 和 135 条规定了商业航班运营的相关规则[③],第 91 条则给出了通用航空的运营和飞行规则(FAA, 2013)。第 61、65 和 67 条规定了航空机组的合格认证要求[④]。许多大型航空公司在当地监管机构的许可下,采用了特定机队的航班运营指南。

9.2.2　航班机组监管和训练

航班运营中最基本的人员构成是机组人员,包括驾驶员和乘务员。大型航空公司的花名册上,乘务员和驾驶员的数量可能分别超过 2 万和 1 万。所以很多情况下,在进行某个特定飞行任务前,机组人员可能从未在一起工作过。为保证安全、高效、平稳顺利地完成飞行任务,航空公司和监管部门制订了针对机组人员的非常详细的操作流程,机组人员不能随意更改执行。针对正常情况、非正常情况和紧急情况的操作流程都详细地列入机组人员操作指南[⑤]中,通过系统性的"检查清单"机制以及机组人员间的交叉检验来保证这些流程的正确执行。由培训或飞行标准部门负责保证机组人员对此类标准和指南的熟练掌握以及标准规则的更新。机长对安全及高效飞行负最终责任,在特殊情况下机长还必须做出决定,是否采用不符合标准或指南的非常手段(即机长的紧急处置权)。

客舱机组人员主要负责飞行期间旅客的安全问题。他们的职责还包括为客户提供服务产品(餐食、娱乐等)以及协助旅客登机。航班乘务员所受的专业训练包括处理飞机紧急情况、人群疏散流程、医疗健康方面、照顾特殊需求乘客、飞行条例以及餐食服务等。大多数乘务员在进入航空公司之前都有过提供某种客户服务、医疗护理或者市场营销的经验。教育程度通常要求至少高中毕业,但不做强制性要求。乘务员的初期培训通常为期 4~7 周,包括最后的机上实习。客舱机组人员需每年接受准飞机型的乘务员资格复训。分配给指定航班的乘务员人数,根据这架飞机的

[①]　美国航空公司运营国际航班要受 FAA 和 ICAO 两者的管制。

[②]　之前称为《联邦航空法规(FAR)》。

[③]　第 119 条规定对航空承运人和商业运营者的认证规定;第 121 条规定对运营国内、载旗及支线(通常运营 30 座以上的商业航班)航空公司的要求;而第 135 条则规定对运营通勤航班或包机类航班的要求。

[④]　第 61 条是对飞行员、飞行教员及地面教员的认证规定;第 65 条规定除飞行机组之外人员的认证要求;第 67 条是医疗标准。

[⑤]　航空公司的标准操作流程(SOP)包含一系列文档,包括通用飞行手册(与飞机机型无关的操作规定),飞行操作流程(杰普森航图或者其他方法以及导航图),飞机相关的操作手册,性能手册以及最少装备清单(MEL,本章后面有详述)。

可利用座位数以及工作安排要求不同而各不相同。联邦航空管理局对工作人员人数的最小要求为：座位数为19～50时至少1名乘务员；座位数为51～100时至少2名乘务员；座位数大于100时，每增加50座位（或不足50座）需增加1名乘务员。

当今大多数航空公司运营的飞机都要求由两名飞行员进行驾驶，驾驶舱左边是机长，右边是副驾驶员（FO）。部分老旧机型（如 B747-100/200 Classics，DC-10及 B727）还需要一名飞航工程师来管理某些系统；新型飞机上这些系统已实现了自动化，并且这些老机型飞机大部分都已退役。此外，为符合工作协议或条例法规规定的工作时间限制，长途航班可能需要配一组备份飞行员。虽然机长始终都是飞行负责人（PIC），全体机组人员都必须持有航空运输飞行员（ATP）类型级别证书[①]，以保证始终是持有规定类型级别执照的飞行员控制飞机。

在美国，符合联邦管理条例第121条的航空公司，其很多驾驶舱机组人员都在正规、预备役或航空警卫队接受过一定程度的军事飞行训练。其中许多人受雇于航空公司时，依然保留其预备役或警卫队身份，而且在进行全日制飞行时还必须履行其军事职责。民航飞行员的背景各不相同，包括通勤/支线、企业以及通用航空。飞行员的飞行经验主要以飞行小时数进行衡量，并根据飞机型号和飞行条件做进一步细分。新飞行员的飞行小时数范围一般在1 500～5 000小时，其中需包括驾驶多发动机和/或喷气式飞机的1 000小时。由于飞机的特殊性以及记录飞行小时数的方式不同，对军事飞行员的飞行小时数要求会低一些。一些培训机构（包括航空公司培训部门）提供完整（从头开始）的培训课程，将只有较少或没有任何飞行经验的学员训练成具备一定技能水平的驾驶员，通常够资格成为支线航空公司飞行机组的一员。许多美国以外的航空公司常采用这种方式培训飞行机组，也常常派他们到美国培训，因为在各自领空内操作的成本较高。通常驾驶舱机组人员至少需接受两年的大学教育，实际上多数飞行员都具有四年制的学位。

通常由各自国家的管理机构向飞行员颁发执照，其中包括某些级别的商业/运输资格证书以及针对较大型飞机具体机型的单独资格认证（类型等级）。机组必须完成航空公司的培训计划，并在满足航空公司的资质要求后才能操作该航空公司的飞机。初级资格培训的持续时间根据机型不同而各不相同，但通常为4～6周，包括地面培训与飞行模拟器课程。飞行训练过程中使用先进的模拟器技术，除最极端的情况，模拟器可以模拟真实飞机的各种工况。模拟器能够安全地模拟各种情况，包括各类飞行及机械条件，能够训练飞行机组在正常与异常情况下熟练地操作飞行

---

① 大型飞机要求认证到具体型号，如具体到 B777；相反，小型飞机往往只需在按照类型进行认证，如多发动机陆上飞机类或单发动机水上飞机类。对于机型的评估结果都需要登记在飞行员的执照上，不论飞行员驾驶私人飞机、商用飞机还是作为航空运输飞行员。航空公司的飞机机长（PIC）必须具有 ATP 等级认证或同等资格/认证。

器。在绝大多数情况下,飞行员首次操控飞机都会在一架搭载付费乘客的商业营运航班上①。应当注意,无论模拟器技术发展到什么样的先进程度,并非所有的触觉和视觉刺激都能完整地复制,因而操作真实的飞行器会比操作模拟器更加容易。定期的复训也会包含地面培训和模拟器训练两部分,复训内容由航空公司自行决定,并经联邦航空管理局批准(美国要求这样做),通常间隔期可为 6 个月、9 个月、12 个月或者 24 个月。

在大多数航空公司,飞行机组还要参加机组资源管理(CRM)方面的培训,这是复训课程的一部分。机组资源管理能让飞行机组有效利用所有的可用资源,包括人员(航班乘务员、签派调度员、维修人员、地面/登机口工作人员与空中交通管理/ATC 人员)以及其他航空相关系统。机组资源管理培训能强化与优化操作人机界面的必备技能,包括情景感知、自动化系统使用、团队建设、任务授权、信息传递、问题解决以及决策制订。

飞行员的身体状况必须符合最低健康标准规定,必须由持证医师进行检验和授予。机组成员必须接受定期的飞行体检(在美国是 6 个月或 12 个月),根据他们执行飞行任务所需的具体认证规定确定时间间隔。不过,飞行员"是否适合执飞"某一航班的决定,基于他自己对当前的身体与精神状况做出的评估,这种做法有可能导致机组成员认为自己暂时不适合进行飞行活动。此外,在执行飞行任务前,飞行员还必须遵守关于特定活动的相关规定,包括是否饮酒,服用处方药物,是否献血以及是否参加过潜水等,因为这些活动都可能导致飞行员无法执行任务。

在许多航空公司,飞行机组由劳动工会代表与资方协商签订集体协议。这些合同中包含的工作规则,由于受到安全性以及劳工利益等因素的影响,通常会比联邦法规规定的更加严格。这种集体协商过程的结果,可能会演变成对航空公司正常运营的威胁,而且航空公司还必须考虑到,当某个机组停下手头的工作之后,会对其他机组产生严重的影响。

9.2.3　飞行机组的时间安排

可通过多种方式为给定航班安排驾驶舱机组和客舱机组(本书其他章节对此有非常详细的讨论)。绝大部分机组成员被分配给指定航班都借助他们的普通排班表或"轮职表"实现。轮职表能描述机组成员某个时间段(通常为 1 个月)内的飞行排班计划及具体的飞行任务和调休安排与顺序(如飞行 3 天,休息 2 天)。某些航空公司根据指定机组基地的飞行要求确定"基准线",然后用招投标方式按资历对机组排

---

① 在某位机组成员能独立执行飞行勤务之前,他或她都必须完成飞行培训的最后阶段,这个阶段通常被称为"初始操作经验(IOE)"或"航线操作经验(LOE)"。飞行员资格认证的这一阶段包括,由资深的核查飞行员作为合法合规的 PIC(飞行负责人,并且无论他或她在驾驶舱的左侧或右侧位置)的监督下,完成最初的15 至 25 小时的实际飞行时间。

序。每条报价基线记录都对应某个具体的飞行"任务",常包含机组基地、机型、座位(机长、副驾驶等)及部门(如任务:波士顿-B767-机长-国际部)。按航空公司的工作协议,轮职表与报价基线的覆盖范围为分布在10~18个工作日中的65~85个飞行小时。典型的飞行日可包含1~4个航班航节;但也可能出现某个日子机组人员不用上班(待在酒店里),而在另一些日子需要执飞5个以上航节的情况。

机组人员请病假、休假、错过联程航班(包括住在基地以外的"通勤"机组成员)以及合法性(本次工作时长)问题或者该飞行任务未放入正常投标流程之中(开放时间)等众多原因都会导致未离港航班上出现机组"空座",而通常这些机组座位必须都被填满后才能起飞。在美国由于CFR第117条款的规定,对工作及休息时间的要求越来越严格,造成飞行机组因意外延误而"超时"的情况有所增加。填补机组空座,并满足每次航班的配员要求是机组调度部门的职责。任务开放时间可由其他航线持有人[①]直接填补或与之交易后填补,也可指派给备份机组。每个轮职表或报价基线都配有备份机组人员"待命"以备急用,当航空公司需要时可快速到岗(某些情况下,备份机组直接在机场待命)。当某个机组飞行序列中的第1个航班起飞后,人员调配者的职责就由机组排班变为机组跟踪,负责处理该机组后续飞行中出现的中断问题,包括人员生病、错过联程航班、设备问题以及航班取消等。

9.3　典型航班上飞行机组的标准动作

典型的商业航班包含如图9.1所示的多个飞行阶段。图示各阶段中飞行机组的具体动作内容,将在以下节中按图中飞行阶段的发生顺序做详细介绍。介绍主要

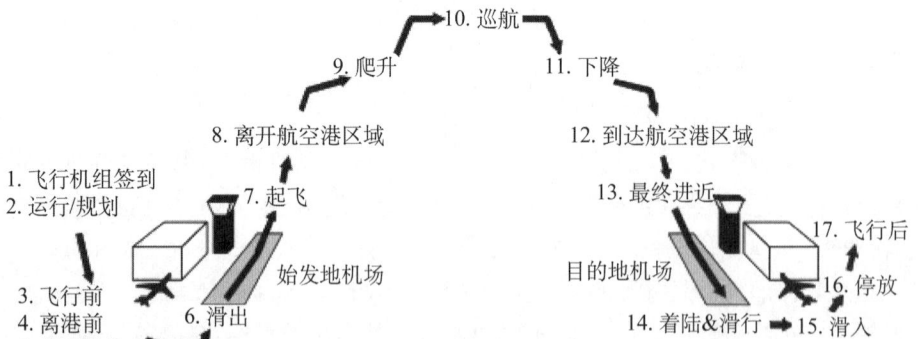

图9.1　典型航班的飞行阶段

集中在飞行(驾驶舱)机组的活动,同时在对应的飞行阶段简要介绍客舱机组的活动。

9.3.1 飞行机组签到

飞行机组的航班序列计划确定后,需在第 1 个航班航节起飞前 1 小时到出发机场的航班运营办公室(或类似名称)签到。要求机组提前 1 小时到达是为了熟悉或调整国际航班的飞行计划,发布/更新飞行手册或完成其他行政管理性任务。许多航空公司为机组提供了可自动更新的"电子飞行包(EFB)",包含了飞行相关的文档、流程和资料。EFB 完整集成了机上资料库与驾驶舱飞行显示系统,分为不同级别和类型,由每位机组成员通过 PC 或平板电脑携带。

机组成员见面后先做自我介绍,在相互认识后,进行飞行任务分配的工作。如果距离起飞的时间较短,则可采用并行方式进行,即副驾驶员进入驾驶舱开始起飞前的准备工作,机长则留在航班运营办公室完成必要的文案工作。

9.3.2 运行/规划

多数航空公司都会设置集中式的"航空公司运行控制中心(AOCC)"、航空公司运营中心(AOC)或系统运营中心(SOC)(取决于航空公司),该部门的员工是持有资质的飞行签派员。他们的职责是同时为 20 个(或更多的)航班制订飞行计划并对飞行"跟踪"。制订飞行计划的任务包括,在有限的可用信息下,考虑时间、油耗、载荷工况等因素以确定最优航路,生成"飞行计划"并提交给 ATC,通常还会据此编制飞机自动导航的工作流计划。这需要考虑飞机型号、天气条件预报、飞机性能、载荷与操作重量、飞机机械状况、市场限制、机场限制/宵禁以及公司的目标重心(如最小油耗或最短时间航迹)。后一个问题可用参数"成本指数"量化,成本指数是时间相关成本与燃油相关成本之比,是飞行计划优化的主要推动因素,当前提为最短时间航迹或者最小油耗航迹时,优化结果间可能存在较大不同(Airbus,1998)。签派员根据产生的飞行计划向飞行机组通报飞行细节信息,通常在起飞前 1 小时左右飞行机组可通过计算机终端获取飞行计划。飞行计划详细描述本次飞行的各个方面,如航路、天气、备降机场、耗油量、起飞性能参数及载荷量(这些信息都有可能在起飞前发生变化)。

飞行计划需要打印出来,由进入驾驶舱的飞行机组检查其中的详细信息。通常机长需在飞行计划的纸质或电子版"场站副本"上签字以表示同意。许多情况下签派员无需与飞行机组直接沟通,除非发现了燃油装载量、航路、天气或飞机运行状态/机械状况的不一致和/或预期会发生延误需要讨论。

图 9.2 是从新泽西纽瓦克(EWR/KEWR)至波多黎各圣胡安(SJU/TJSJ)的某航班飞行计划的示例节选。该示例飞行计划的主要内容(包括标题、航路点、航油和起飞计划)会在下文中做详细介绍。

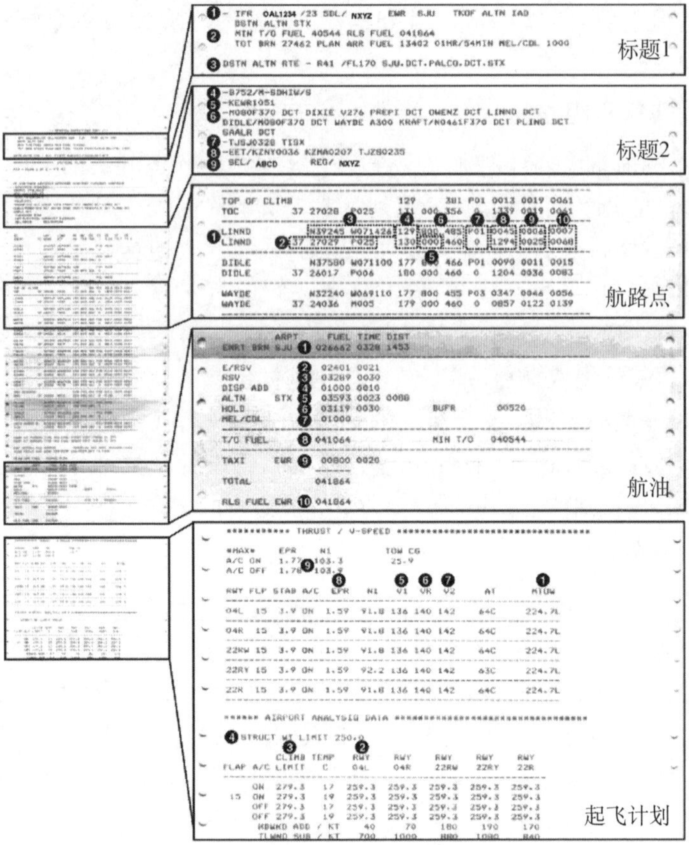

图9.2 示例飞行计划的节选

9.3.2.1 标题

飞行计划的标题中包含飞行计划摘要以及关于机型、飞机注册号、已归档的飞行航路、计划的巡航马赫/高度以及计划经过的航路上空 ATC 雷达扇区等信息。对示例飞行计划中标题内的各信息项介绍如下。

(1) 飞行计划摘要：航班 OAL1234 的仪表飞行规则(IFR)飞行计划，注册号 NXYZ 从纽瓦克(EWR)飞往圣胡安(SJU)；起飞备降华盛顿杜勒斯机场(IAD)，到达备降圣克罗伊机场(STX)——见后文讨论。

(2) 航油摘要：最小需要量、释放量、计划航油消耗及航油储备。

(3) 备降目的地航路：圣胡安(SJU)经航路点帕尔科(PALCO)直达圣克罗伊(STX)。

(4) 机型：B757-200；后跟定义飞机大小及设备的代码(如 M＝中等重量级，S＝配备标准通信/导航/进近辅助设备且可使用，D＝测距设备(DME)，H＝高频(HF)无线电，I＝惯性导航，W＝已获批可减少最小垂直分隔距离(RVSM))。

(5) 起飞细节：计划国际标准时间(UT)上午 10：51 从纽瓦克(ICAO 代号

KEWR)起飞。

(6)巡航马赫：0.80。

巡航高度：飞行高度(FL)370(标准压力下 37 000 英尺[①]；见后文讨论)。

记录的航路：经航路点 DIXIE；之后经由 Victor 航路 V276 过航路点 PREPI；之后经航路点 OWENZ、LINND、DIDLE(海洋入口，此后保持马赫 0.8 与 FL370)与 WAYDE；之后经由海洋航路 A300 过 KRAFT(此后保持空速 461 节)；之后经航路点 PLING 和 SAALR。

(7)目的地：圣胡安(ICAO 代码 TJSJ)。

预计飞行时间：3 小时 28 分钟。

目的地备降机场：圣克罗伊(ICAO 代码 TISX)。

(8)预计穿越 ATC 雷达扇区边界的飞行时间：36 分钟到达纽约扇区(KZNY)，2 小时 7 分钟到达迈阿密扇区(KZMA)，2 小时 35 分钟到达圣胡安扇区(TJZS)。

(9)飞机注册号：NXYZ；SELCAL 指定呼叫目标：ABCD(见后文)。

9.3.2.2　航路点

飞行计划的主体内容为在整个记录在案的航路上，每个航路点的具体信息，包括飞行水平/高度、高空风况预报、航向/前进方向、马赫数[②]/空速/地速、地形高程数据、湍流预测、与标准温度的温度偏差、分段/累计距离、分段/累计飞行时间以及分段/累计油耗。在示例飞行计划中，基于航路点 LINND 给出以下各项信息的说明。

(1)航路点 ID：LINND。

(2)飞行高度：FL370。

风况预测：方向 270°风速 29 节[③]。

相对于航向的风力分量：25 节顺风。

(3)航路点纬度/经度：N39°24.5′/W071°42.6′。

(4)至 LINND 的地磁航向：129°。

地磁方向(风向调整后)：130°。

(5)地形高度：000(海平面)。

(6)马赫：0.80。

真空速(TAS)：460 节。

地速(GS＝风力分量调整后的 TAS)：485 节。

(7)国际标准大气(ISA)温度偏差：＋1℃。

预测湍流指数：0(平稳或良好)。

---

① 英尺为英制长度单位，1 英尺＝0.304 8 米。——编注

② 马赫数是表示声速倍数的数，在物理学上一般称为马赫数，是一个无量纲数。——编注

③ 节为速度单位，1 节＝1.852 千米每小时。——编注

（8）前一航路点的距离：45 海里[①]（nmi）。

剩余总距离：1 294 海里（nmi）。

（9）距前一航路点的分段时间：6 分钟。

出发点至 LINND 的总飞行时间：25 分钟。

（10）分段燃油消耗：700 磅。[②]

出发点到 LINND 的总燃油消耗：6 800 磅。

9.3.2.3　燃油

飞行计划制订中的关键一环是确定航油装载量。同时由于起飞排队等候既会造成延误，也会消耗一定量的航油，因此尽早确定航油装载量非常重要。确定航油装载量时需要考虑的事项包括：到达目的地所需的航油量包括航油储备量（根据航班类型确定，如跨海航班）、目的地的天气情况及备降机场、非最佳飞行速度或高度要求（可能受市场因素或载荷条件的影响），将航油运到高油价地点以降低成本以及飞机机械状况的差异。航油装载量会影响飞机的起飞与降落性能，并可能影响飞机的有效荷载。示例飞行计划中关于航油装载量的信息说明如下。

（1）预计从 EWR 至 SJU 的飞行油量/时间/距离：26 662 磅/3 小时 28 分钟/1 453海里。

（2）跨海飞行所需的储备油量：2 401 磅/21 分钟（占总飞行时间的 10%）。

（3）常规储备油量：3 289 磅/30 分钟。

（4）调度附加油量：1 000 磅/10 分钟（由于可能发生航路削减——见备注）。

（5）改飞备降机场（圣克罗伊 STX）的油量：3 593 磅/23 分钟/88 海里。

（6）等候油量：3 119 磅/30 分钟。

缓冲油量：520 磅（为等候起飞前未预期的过长推出时间而准备的航油量）。

（7）MEL/CDL 油量（为 757/767 机型的燃油泵进行适航预热）：1 000 磅。

（8）起飞油量：41 064 磅。

最小起飞油量：40 544 磅（起飞油量减去缓冲油量）。

（9）纽瓦克机场从登机口推出到跑道所需油量（含预期延误）：800 磅/20 分钟。

（10）EWR 消耗的总航油量：41 864 磅。

9.3.2.4　起飞计划

一个航班能否产生收益取决于能搭载多少有效载荷，而航班的有效载荷又受到飞机性能参数的制约。当确定了飞机的有效载荷后就可开始评估飞机的起飞性能参数，同时还须考虑跑道性能。通常由签派员或载荷管理员利用计算机工具，在飞

---

① 海里为长度单位，1 海里=1.852 千米。——编注

② 磅为英制质量单位，1 磅=0.453 千克。——编注

行计划准备阶段计算出计划起飞性能参数①。飞行机组通常只拿到计算结果不参与计算过程,并(在离开登机口后)可根据需要,获取跑道与襟翼的组合参数。此外,需要根据天气条件或"允许设备降级"情况(见下文讨论)及跑道污染情况(如降雪、泥浆、积水或轮胎橡胶碎片)造成的起飞减重,对起飞计划进行修改和调整。其他需要考虑的因素包括最大跑道重量与爬升重量上限、起飞时发动机推力性能,特别要确认起飞终止条件与障碍清除情况。

指定航班上能够装载的有效载荷总重量最终受飞机最大起飞重量①的制约,如图 9.2 中的相关部分。最大起飞重量还受到其他若干因素的影响,包括跑道对起飞重量的限制②,爬升对起飞重量的限制③,机身结构对载重的限制④以及最大着陆重量的要求。跑道对起飞重量的限制由跑道长度、坡度、越障高度、制动力及轮胎速度等性能参数中对起飞重量要求最严格的那个因素决定。爬升对重量的限制与所使用跑道无关,取决于无论飞机发动机能否全部正常工作,飞机以最小要求角度爬升的能力。结构性重量限制是指在飞机结构限制下获得认证的最大承载重量,与飞机处于什么飞行阶段或地面运行阶段无关。最大着陆重量受可用着陆跑道长度以及飞机在满足最小爬升角度要求的前提下执行终止着陆流程的能力进行表示。计划起飞重量通常远大于最大着陆重量,需要考虑飞行过程中的航油消耗(或者采取应急放油减重措施)以确保飞机触地时的重量小于等于最大着陆重量限制。

起飞性能数据中还包括了多种非常重要的基准空速或称"V-速度";飞行机组要使用这些数据完成关键操作步骤以及相关决策制订。起飞判定速度 $V_1$⑤是能够执行起飞终止流程且在剩余跑道长度上能使飞机停下来的最大速度。一旦速度达到了 V_1,飞机就已具备足够的速度可在一台发动机出现故障的情况下完成起飞并且起飞过程已不能终止。当速度达到 V_1 后,遇到的任何问题都只能在空中或者降落之后解决。抬前轮速度 V_R⑥是飞机抬起机头离开跑道时的空速。起飞安全速度 $V_2$⑦是指在 V_1 和 V_2 间如果发生一台发动机失效仍能保证飞机飞跃前方障碍的目标空速。在飞行计划中的性能数据部分,提供了这 3 个 V-速度,不过当最终载荷值确定并更新性能数据之后,机长和副驾驶员还需对这些速度进行评估,必要时进行重新计算。

很多情况下,实际的计划起飞重量会远低于上文所述的各项限制条件中的重量,同时还会考虑起飞终止流程所应遵循的重量限制。在此种情况下,减小或"限制"发动机的推力起飞,能最大限度地减少发动机磨损以及对机场周围的直接噪声影响。当给定起飞重量,将平衡跑道长度定义为:飞机加速到 V_1 并能利用剩余跑道长度将飞机安全地停在跑道上,或能继续起飞加速到 V_2 且在跑道尽头到达距离地面超过 35 英尺。如果平衡跑道长度小于实际可用的跑道长度,则用于起飞的发动

---

① 某些航空公司会向飞行机组提供计算机工具,并让飞行机组承担起飞、着陆及载荷的规划职责。

机推力（用风扇转速 N_1 或发动机压力比 EPR 来衡量）设定值⑧经过计算最多可在最大可用推力⑨的基础上减少 25%，并仍须符合安全起飞的限制条件。与减小起飞推力相关的参数包含在飞行性能数据中。然而并不是所有情况都适合减小推力起飞。当遇到预报有风切变、顺风、使用除冰液、跑道污染、设备故障或者为了减小噪声影响（如当机场周围都是人口密集区域时要求飞机以最大推力尽快爬升；以及在飞越人口密区域之后，减小发动机推力继续飞行）的情况时，不适合使用减小推力起飞的方式。通常，只有在飞机推出并到达起飞跑道后才能最终确定使用最大推力或者减小推力起飞。

9.3.2.5 备降机场

虽然每个航班飞行的最终目的都是降落在既定的目的地机场上，但某些突发情况，如天气或交通条件，会要求航班备降到另一个机场上。示例飞行计划的标题部分列出了可到达的目的地备降机场及对应航路。飞行计划中规定了当出现特定天气条件或航路限制时，可用的起飞、飞行中及目的地备降机场。当出现必须返航的情况时，还要用到起飞备降机场。判断是否使用起飞备降机场通常要考虑：飞机将处于降级运行状态的概率（如发动机熄火后的进近着陆的最低条件）或出现起飞天气条件要求比着陆天气条件要求更低的情况。此外，决定能否进行起飞备降，通常还要看飞机距离起飞机场的距离是否超出了某个限定范围（如 360 海里）。如在飞行过程中出现某些紧急情况，例如发动机熄火，在高原地区空域中客舱失压或在跨海飞行中改变航道等，飞机操作要求决策应否启用应急航道改变流程时也需要准备飞行中备降计划。本章后面小节将对飞行中的备降及航路改变决策进行详细讨论。当原计划着陆机场不能具备预期天气条件时，需要进行目的地备降；如能判断目的地机场的天气条件良好并预期不会影响着陆，则不需要进行备降。飞行计划中是否包含目的地机场备降内容取决于着陆机场的天气预报及其进近导航设备的情况。如预报的天气条件低于该机场着陆的最低气象条件，则需在飞行计划制订时考虑备降方案，计入从原目的地飞往备降机场的油量，即根据机型准备 30 分钟或 45 分钟的储备油量。备降机场是否可用仍取决于该机场的天气条件及机场进近流程。

9.3.3 飞行准备

在航班起飞之前，飞行机组必须明确飞机的适航性，并解决所有遗留问题。术语"飞行准备"通常指对飞机的内外部进行检查，不过在更一般的意义上，还表示在飞机起飞前所进行的全部准备活动。通常，飞行机组分头完成对飞机的检查，检查包括外部的巡视检查，内部驾驶舱设置以及系统检查。飞行前的检查内容通常以检查表①的形式全部罗列出来（图 9.3 是检查表的例子），由飞行机组使用，需要确保检

---

① 几乎每个飞行阶段都制订了某类检查表，需要由飞行机组成员大声读出或默读完成全部检查。

Pre-Flight Inspection Boeing 757

The entire pre-flight inspection is accomplished prior to every flight. When maintenance has been performed, the pre-flight item(s) associated with the system, component, etc. should also be checked. Also check that any associated circuit-breakers have been reset.

Exterior Safety Inspection

Wheel Chocks	INSTALLED
Flight Control Surface Area	CLEAR
APU Exhaust Area	CLEAR

Cockpit Preparation

Battery Switch	ON (guarded)
Standby Power Selector	AUTO
Electrical Panel	CHECK
Emergency Lights Switch	ARMED
Hydraulic Panel	SET
Gear Handle	DOWN and IN
Altn Flaps Selector / Switches	CHECK
Flap Handle / Flap Position	AGREE
Circuit Breakers	CHECK

Cockpit Initial Preparation

Starting the APU is at the Captain's discretion. Normally it will be started about ten minutes before departure. Earlier starts should be considered when necessary to satisfy air conditioning or electrical requirements, or on critical and international flights to avoid delays resulting from APU start problems.

APU Power / External Power .... ESTABLISH

IRU Mode Selectors	NAV
FMS Active Nav Data Base	CHECK
IRUs	INITIALIZE
Pneumatics and Air Conditioning	ESTABLISH
Parking Brake	SET
Power Transfer Unit (PTU) Switch	OFF (Guarded)
Flight Recorder	NORM
Service Interphone Switch	OFF
Observer's Audio Selector Panels	CHECK
Log Book and Flight Forms	REVIEW
Shoulder Harnesses	CHECK

Cockpit Area Inspection

Crew Life Vests	CHECK ABOARD
Cockpit Emergency Equipment	CHECK ABOARD

Walk-Around Inspection

Walk-Around Inspection	ACCOMPLISH

Cockpit Final Preparation

Yaw Damper Switches	CHECK ON
Electronic Engine Control	
Switches (if equipped)	ON (Guarded)
Overhead Annunciator Panel	CHECK
Evacuation Command Switch	OFF (Guarded)
Passenger Oxygen Switch	BLANK (Guarded)
Voice Recorder	TEST
Ram Air Turbine Switch	BLANK (Guarded)
Engine Limiter Control Switches (if equipped)	ON
Engine Start Panel	SET / CHECK
Fuel Panel	SET
Wing Anti-Ice Switch	BLANK
Engine Anti-Ice Switch	BLANK
Window Heat Switches	ON
No Smoking Signs	ON
Fasten Seat Belt Signs	OFF
Pressurization System	SET
Equipment Cooling Switch	BLANK
Magnetic Standby Compass	CHECK
Reserve Brakes System	BLANK
Standby Flight Instruments	CHECK
Caution and Warning System	CHECK
Standby Engine Indicator	AUTO
Auto Brakes Selector	OFF

EICAS Display Switch	ENGINE
EICAS Display Switch	STATUS
EICAS Computer Selector	AUTO
Thrust Reference Selector	BOTH / IN
HSI Heading Ref Switch	NORM
Altn Gear Extend Switch	OFF (Guarded)
Gnd Prox / Flap Ovrd Switch	BLANK (Guarded)
Gnd Prox / Config Gear	
Ovrd Switch	BLANK (Guarded)
Spoiler Handle	DOWN
Reverse Levers and Throttles	DOWN and CLOSED
Stabilizer Trim Cutout Switches	NORM (Guarded)
Fuel Control Switches	CUTOFF
Fire Handles	IN
Fire Bottle Discharge Lights	EXTINGUISHED
Transponder / TCAS	TEST / SET
Aileron and Rudder Trim	SET
Fuel Panel, Quantity and Distribution	SET and CHECK
ACARS	DATA / SET

Additional Checks

Accomplish the following on the first flight of the day.

Position and Anti-Collision Lights	CHECK
Standby Power	TEST
Indicator Lights Test Switch	PRESS
Fire and Overheat Detection System	TEST
Fire Extinguisher and Overwing Slide Squibs	TEST

图 9.3 飞机起飞前的检查表示例①

查的完整性以及保持每次检查都达到标准要求的可接受水平。

　　飞机起飞前的外部巡检包括目测检查，由机组成员通过目测来确认机身、发动机、机翼及飞行控制面有无明显的损伤。其他需要检查的项目包括轮胎的磨损情况与胎压，制动器磨损标志，斜面上有无渗漏或液体，天线、传感器及灯光状况，是否需要除冰以及其他任何可能影响飞行安全的因素。根据飞机大小与新旧状况及飞机轮胎的数量多少，巡视检查通常可在8～20分钟内完成。

　　图9.4展示了多种典型的地面服务设备，这些设备可在机场登机口处使用。如果飞机完成前一个航班航节的飞行后完全关闭了动力，则在进行下一次起飞准备时，需要借助外部电源和空调源维持飞机内部系统的运行。多数情况下，可供使用的设备包括辅助动力单元(APU)、外部电源及外部新风。通常APU是位于飞机尾翼椎部位置的小型涡轮发动机，当主发动机关闭后，能够为飞机提供足够的电力及气动力供给②。不过，当有外部气源和电源供飞机使用时，通常会用外部动力源代替APU，以节省航油成本和维修成本，并减少废气排放。外部电源通过电缆，从登机廊桥或动力车接入飞机。而外部低压空调气体则通过飞机腹部的软管或安装在登机

---

① 为保持原文准确和直观，不需要翻译。——译注
② 在异常情况下，如发动机/发电机故障以及高空运行期间，APU可为飞机提供额外空气动力和电力。

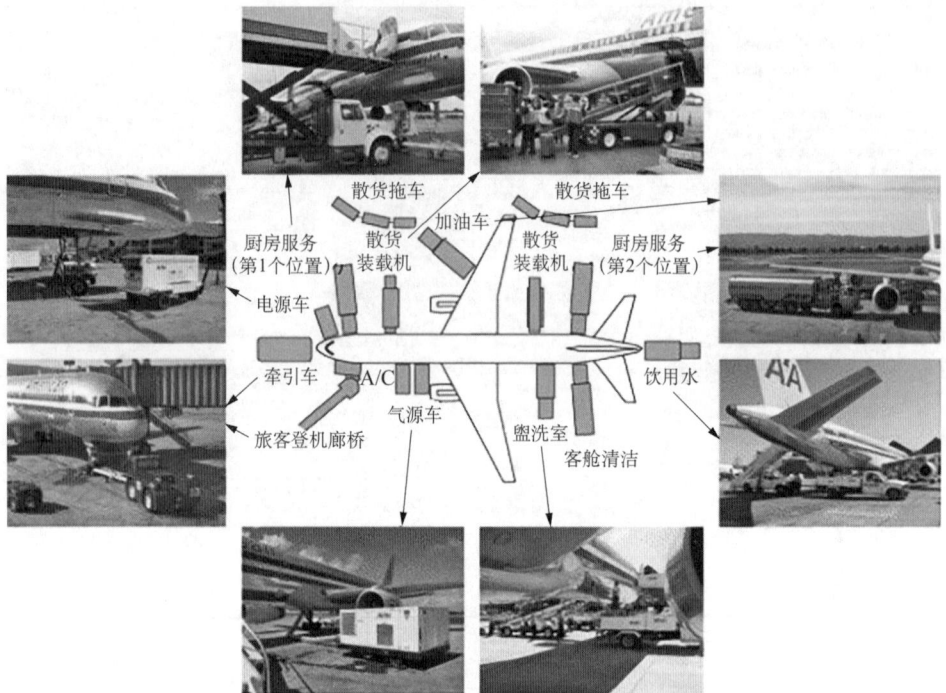

图 9.4　典型的飞机地面服务设备

廊桥上的专门设备向飞机提供。外部高压气体则是通过一辆或多辆"气动"车向飞机提供,并用于启动发动机。最佳情况是,机场通过登机廊桥上的专用设备向飞机提供外部电力和空调气体,直到起飞前 5～10 分钟飞行机组将动力切换回内部(APU)动力源。

　　飞机自身的电源和气源用起来以后,飞行机组即可根据驾驶舱"清理"检查表开始执行内部飞行准备,确认所有系统状态正常。其中某些系统会进行自检(如火警),而其他系统仅需验证参数设置是否正确(如油量)。某些系统还需要执行启动流程,例如需校准"惯性基准装置(IRU)",校准后才能用作"机载导航设备"的基准。客舱乘务人员也需完成起飞前准备工作,包括检查机上娱乐系统并编排娱乐内容,检查餐车情况、机上应急设备状态以及客舱内的整体情况。

　　起飞前的准备工作还包括验证所有必要的手册及文档都已完备并且都在飞机上。通过飞机机械日志(见图 9.5),飞行机组与客舱机组能将机械问题征兆传递给场站维修人员及后续航班的机组成员。记录在日志中的所有机械问题征兆条目必须由具备资质的飞航机械师①进行处理,或者解决问题或者按照具体规范的要求推

---

① 如果本航空公司在该场站的维修服务不可用,则需使用外部供应商。地面维修人员通常须处理故障征兆,进行必要的检查及完成某些国际航班强制要求的日志批注工作。

迟解决问题。日志中的部分条目可根据时间条件(飞行小时数或天数/周数)、可用的维修类型或者是否列入“最小设备清单(MEL)”等条件决定是否推迟解决。MEL能够标识出在给定飞机上已不起作用但又不违反签派及暂缓解决规范的那些部件。MEL 的节选示例如图 9.6 所示。

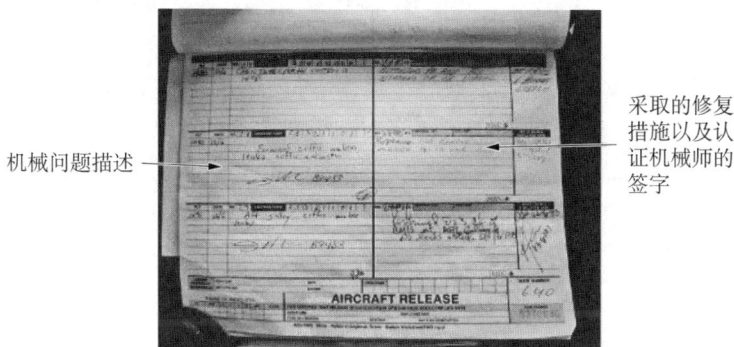

机械问题描述
采取的修复措施以及认证机械师的签字
AIRCRAFT RELEASE

图 9.5 飞机机械日志的示例

	NORMAL COMPLEMENT OF EQUIPMENT	MINIMUM EQUIPMENT REQUIRED FOR DEPARTURE	ADVANCE NOTIFICATION TO DISPATCH REQUIRED	FLIGHT CREW PLACARDING PERMITTED	
SYSTEM 32					LANDING GEAR
-5 Alternative Ant-Skid Valves	4	*	YES	NO	Any or all may be inoperative provided: - Manual braking capability on alternate system is confirmed per MM 32-42-99 prior to first flight with this condition, and - If failure affects normal anti-skid system, anti-skid is placarded per MEL item 32-4. FLIGHT CREW NOTE: Refer to OM Section 16, Abnormal Procedure titled ANTI-SKID. MAINTENANCE NOTE: Braking of one wheel may be deactivated by placarding MEL item 32-2 or 32-4.
-6 ANTI-SKID Light	1	*	-	NO	May be inoperative and anti-skid braking used provided anti-skid system is determined to be operative per MM 32-49-99 prior to first flight with this condition. Not required for inoperative anti-skid when placarded per MEL item 32-4.
-7 Autobrake System	1	*0	-	YES	May be inoperative.
				NO	If AUTO BRAKES light illuminates with AUTO BRAKE selector switch OFF, the autobrakes valve must be verified closed (prior to first flight with this condition) or module removed per MM 32-42-99.
-8 Parking Brakes System ALWAYS REQUIRED	1	1	-	-	

图 9.6 最小设备清单的节选示例①

飞行机组与 MEL 条目相关的职责范围较广,从简单的知晓、了解到复杂关键性流程的更改。一个“非关键 MEL 条目”的例子是,如果只 1 个导航灯发生故障(通常

① 为保持原文准确和直观,不进行翻译。——译注

有 2 个导航灯可用）就不会造成性能损失或启动任何机组流程（但须记住哪个导航灯可正常工作）。然而，某个飞机轮子的制动失灵则属于关键 MEL 条目。这种情况下，在飞行计划中必须考虑到只剩 1 个飞机轮子制动可用，因而应在签派计划中进行起飞减重处理。飞行机组必须自行熟悉 MEL 条目导致的所有流程上的变化。"配置偏差清单（CDL）"的作用与 MEL 类似，但侧重于机体结构性部件问题（如缺少"襟翼滑轨整流罩"）。

一旦完成了飞机外部与内部检查及系统检测，机组人员就可开始进行"飞行管理系统（FMS）"与自动飞行驾驶系统的初步设定，以在飞行中使用。现代化飞机具有大量自动驾驶功能，在需要时能自动完成很多的导航[①]和性能优化任务。

自动化工具使用已成为近年来"人为因素研究"的重点，并促使航空公司纷纷制订了"自动化策略"。此类政策试图处理好工作负荷与态势感知问题，而这两者已被证实是某些飞行意外和事故的影响因素。一般而言，在飞行训练中不断灌输的理念是应使用恰当等级的自动化操作，并确认自动化操作的输入正确。自动化操作有 3 个基本层级，即手动控制（手控飞行），战术模式（直接调整飞行参数，如航向、高度及空速）以及战略层面的俯仰导航模式（即飞机由自动驾驶仪器操纵，并按 FMS 中已编程的飞行航迹自动飞行）。飞行员必须掌握每个层级的操控，懂得正确设置与确认飞行参数的重要性，以及何时使用何种层级的自动化最为适当。某些流程要求高水平自动化模式（如自动着陆），而在其他时候采用手控飞行有利于保持基本飞行技能的熟练度。虽然所有的航迹参数通常都会编程到自动化仪器中，不过是否使用自动驾驶还是由飞行员自行决定；大多数飞行员都选择先手动起飞，在飞机开始爬升或刚进入平飞时再使用自动驾驶功能。通常在进入飞机下降过程前（从到达航站区域到进近阶段的任意时间）退出自动驾驶模式，这取决于地面指挥所采取的流程。

可使用控制显示装置（CDU）[②]将最终确定的飞行计划信息手工录入到 FMS 中，如图 9.7 所示。CDU 提供了多种菜单界面、标准流程模板以及导航辅助功能（NAVAID）帮助完成此类编程任务。某些航空公司借助信息系统，通过"飞机通信与报告系统"（ACARS）中的数据连接设备，自动上载初始化自动飞行系统所需的信息。完成这些编程任务后，飞行机组会检查航路，其中一名飞行员会从 CDU 上读取 FMS 系统里的航路点，并在导航显示器（见图 9.7）上做"单步模拟调试"，同时另一名飞行员需要拿 FMS 中读出的航路点与飞行计划打印版本上的航路点进行比对。

飞行计划中除了基于航迹的航路和航路点数据之外，还需输入飞行计划中的飞机性能与整机重量数据，并与荷载信息进行比对。通常 V - 速度和配置清理速度的

---

① 在地面上空的水平航行采用 LNAV（波音）或 NAV（空客）自动模式，俯仰导航则采用 VNAV（波音）或 PROFILE（空客）自动模式。
② CDU 配有键盘及能显示多行文本的显示器，飞行机组用它完成 FMS 的输入/输出。

刻度在飞行仪表盘上做出直接标记(见图 9.7 中面板左上方的空速指示器上明显的白色标记),或者在数字化飞行显示器上,用"图标"直接标明。

　　驾驶舱内的准备工作还包括启动机上数据通信系统。许多航空公司都使用 ACARS 系统,ACARS 可与 FMS 共用 CDU(提供单独的 ACARS 页面)或使用独立的显示终端(见图 9.8)。

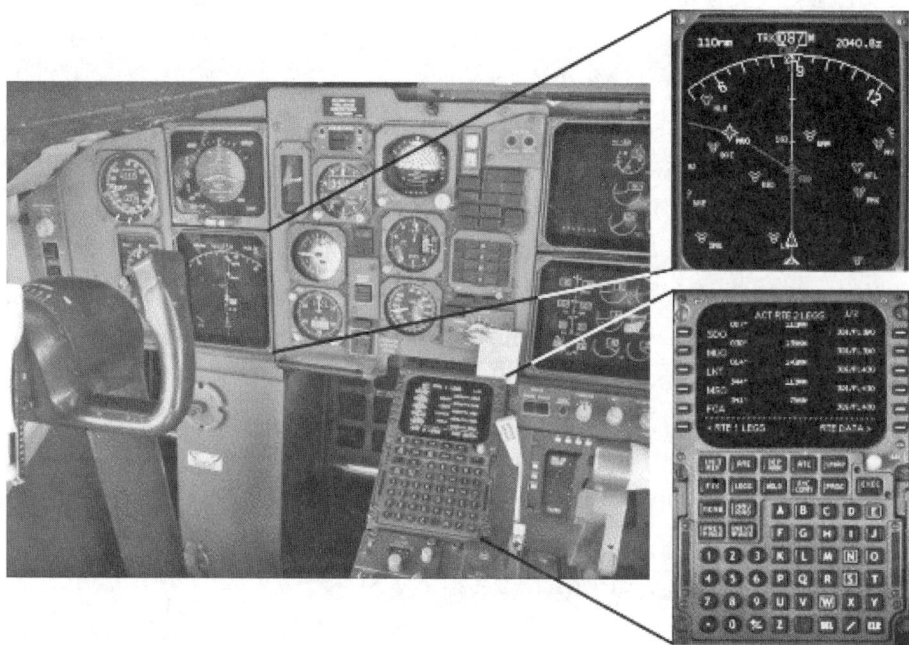

图 9.7　FMS 的控制显示装置(右下)以及导航图显示器(右上)

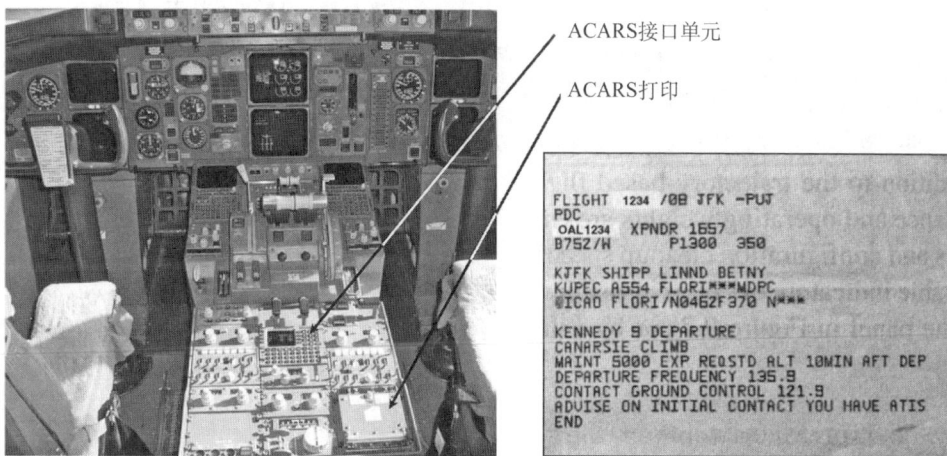

ACARS接口单元

ACARS打印

中控台　　　　　　　　　　　ACARS输出样张

图 9.8　ACARS 装置及其输出的打印样本

ACARS通常使用甚高频(VHF)或卫星数据连接及字符接口,根据航空公司要求的方式实现飞机与运控中心(AOCC)间的通信。使用时,每个航班都至少要将一组最小内容的ACARS报文传回地面,其中包括OUT时间(松制动,客舱门关闭),OFF时间(起飞后机身重量不由起落架承担),ON时间(着陆后机身重量由起落架承担)以及IN时间(客舱门打开),统称为"OOOI时间"。OUT和IN时间也可通过登机口上检测飞机移动的传感器来确定。通常这些时间点都被自动记录与传送,用于统计航班准点率、预计到达时间、飞行补贴及其他用途。许多航空公司还将发动机监测日志(提供发动机运行参数)自动传回地面,用于监控发动机性能及制订维修计划。机组人员还可将天气及位置报告、预计到达时间、等待和转场通知、延误类型及时间、飞机维修请求以及任意的自由文本报文传回地面。传到飞机的上行通信可以是飞行准备期间的FMS飞行计划、航路及性能数据、更新过的起飞性能信息、航班关闭数据(最终确切载荷、油量及起飞数据);签派员提供的信息包括天气预报、飞行员报告(PIREP)[①]以及到达机场登机口信息,包括有无地面电源供使用等。近来ATC(空管)数据通信也更倾向于使用ACARS接口。这样的例子包括起飞前放行许可(PDC,如图9.8所示)、国际跨洋及北大西洋航道(NAT)放行许可、自动航站楼信息服务(ATIS)[②]以及控制员-飞行员通信系统(CPDLC)。通常航空公司要求,在整个飞行过程中签派员与飞机能通过ACARS保持联系。对于超出VHF无线电和雷达覆盖范围的跨洋航段,虽然"自动相关监视-广播(ADS-B)"系统会在可用时将飞机状态(如位置与速度)及目的地(如规划的航迹)信息自动发送出去,但仍要求使用HF通信和选择性呼叫(SELCAL)[③]的标准流程进行通信。

随着起飞时间临近,加油车会向飞行机组提供油量单,确认飞行计划上的油量及其分布(在不同油箱间)是否与机上传感器读数一致。油量单还会标明所加喷气燃油的类型:在天气寒冷地区运营时这是个需要考虑的因素,因为不同类型油料的燃点和冰点各不相同。其他必要的飞行文件包括:用水和盥洗室服务检验单,安全检查确认单,限制性货物必须提供的文件,如有负责人签字的危险品(HAZMAT)清单,带武器乘客的证件(包括囚犯和被驱逐出境者的护送人员、执法人员以及空警)

---

① 飞行员天气报告(PIREP)是飞行员向ATC或航空公司发出的空中天气情况报告,这些信息将传递给其他的飞行机组或设备。

② ATIS是通过VHF或数据链接提供的报文,详细描述高活动航站楼区域内的机场天气状况,跑道/进近操作以及其他安全相关的信息。ATIS通常每小时更新一次,或者在天气情况或机场运行状态发生变化时进行更新。

③ 高频(HF)无线电的SELCAL功能,可允许ATC发起与某架飞机间的间断联系(通常通过第三方路由,如ARINC、Gander Radio、Shanwick Radio等),且一旦与某台设备间建立初次联系后,就需要不断进行检查。当需要与飞机通信时,就发送一个特定音调的音频信号启动驾驶舱内的警报,提示飞行员在指定HF频道上做出答复。有了SELCAL功能,机组人员无须连续检测频率,避免HF的静电噪声使飞行员分心和疲劳的问题。

以及国际航班海关申报文件。此外,乘坐空服人员座位①的乘客需出示其委派机构出具的身份证明。

驾驶舱机组与客舱机组之间的通信是保障航班飞行安全和高效的关键。在飞行准备或旅客登机期间或者之前,机长需要与乘务长或乘务员领班进行简要沟通。沟通内容包括航班飞行时间和目的地天气情况、滑出时间(如果仅是短距离滑行,客舱乘务员必须尽早开始播放安全视频及演示)、安保事项与警告、乘坐条件和空气湍流、客舱中有无失效组件、跨洋飞行须为乘客提供救生衣使用演示、备份机组成员、机组餐食服务以及其他任何关乎安全和运行的信息。机长还有可能讨论遵守"无干扰驾驶舱"相关规定的事项:在关键飞行阶段(即飞机飞行高度在平均海拔高度/MSL 10 000 英尺以下的全部时间),不允许无关人员进入飞机驾驶舱,以确保飞行员集中注意力。在关键飞行期内,飞行机组不得进行与飞机的安全运行无直接关系的其他任何活动(如吃饭或无关紧要的交谈)。例外情况包括(简要说)需要从驾驶舱内通知的客舱紧急情况以及巡航高度低于 MSL 10 000 英尺的较短航班航节。在某些地形复杂区域,如南美洲,无干扰驾驶舱要求扩展至低于 MSL 25 000 英尺的飞行阶段。

9.3.4 离港前

随着临近规定起飞时间,机长、登机口负责人员以及地面机组组长需要相互协同合作,确保所有的起飞条件都已满足相关规定。飞行员通过 ATIS 获取最新的天气情况及跑道使用情况,从而最终确定 FMS 与自动飞行的参数。此外,机组人员必须收到 ATC 对该航班航路的确认信号。在计划的起飞时间(通常至少几小时)前,航空公司的签派办公室会根据飞行计划的优化结果,向 ATC 提出航路申请。然后在航班起飞前 20 分钟左右,通过前文介绍过的 ACARS PDC 功能向 ATC 请求航路放行许可②。飞行机组收到的 ATC 航路放行许可,可能与所申请的内容不同,因而必须做出调整(考虑油量/性能/签派等)并重新编程。

由于起飞性能参数是在起飞 1 小时或更长时间前计算完成的,因而必须密切监测天气、跑道使用情况以及飞机载荷量方面的变化,并重新计算一直到起飞滑跑开始。一旦收到放行许可,飞机机组开始进行"发动机启动前"的各项检查。在起飞前10 分钟左右,机长发出系好安全带的信号,通知航班乘务人员做好客舱起飞准备,并进行必要的广播(PA)通告。

ATC 除了会对航路进行调整,也可能根据当前的空域使用需求及交通管理措

---

① 航空运输器的驾驶舱内通常配有一到两个额外的座椅,称为空服人员座位(jumpseat),通常由备份机组、考核飞行员,FAA 检察员或其他官员使用。此外,其他飞行员在得到当值机长允许后也可使用该座位,这样在客舱满员时他们也能通勤。

② 通常航空公司按照其"仪表飞行规则 IFR"操作飞机,而非"目视飞行规则 VFR"。当按 IFR 操作飞机时,需要 ATC 放行许可以及指定的飞机与航班机组认证。遵循 IFR 规则的飞机运行为整个飞行过程提供可靠的空中交通管理,使得航班能在某些不符合 VFR 规则的天气情况下运行。

施(TMI)对计划起飞时间做出调整。如出现空中交通拥堵、航路冲突或不利天气条件，ATC的放行许可内还会包含"登机口等待"或预计的"收起落架"时间，或预计起飞许可时间(EDCT)。每个机场的登机口等待及起飞延误流程各不相同，可能在飞行机组到达之前就会告知场站工作人员，也可能由ATC在飞机滑出期间或接近跑道时直接通知飞行机组。在美国的繁忙机场中，"PDC登机口等候"指令最为常见，并有可能指示飞行机组通过单独的登机口等候频道进行通信以获得更多信息并监测发生的变化。一旦接到等待指令，飞机机组必须根据预计延误时间及场站的具体要求，决定采取何种措施。如果延误时间较长（并无望缩短），登机口的负责人或机长可选择延后乘客登机或让已登机的乘客下机。也可能由于停机坪及登机口的容量限制，要求飞机离开登机口等待。如是后一种情况，则需要在停机坪上为飞机重新安排位置，并且在离开登机口之前必须完成全部的乘客登机与飞机服务过程。这类延误也必须符合乘客权益法律的要求，在必要时返回登机口（如国内航班延误3小时以上，国际航班延误4小时以上）。此外，飞行员必须考虑到由于长时间使用APU或在一台或多台发动机熄火的情况下长距离滑行造成的额外油耗情况。

在需要处理某些特殊情况或者安全保障要求（以及主动行李匹配要求，即确保每件行李都属于某个旅客）时，登机口工作人员都期望能尽早完成乘客登机流程。如乘客因生病或者行为不当需要下飞机，又或在临近起飞时尚未登机，则他们的行李必须从飞机上挑出、取下。如果不清楚这些行李的确切位置或行李被深埋在货舱内部，就有可能花费很长时间进行处理。航空公司的绩效标准倾向于将压力推到登机口工作人员身上，以按计划达成OUT时间；不过在某些情况下，如机长认为延误的时间能在飞行中找补回来，因而仍能按计划时间到达目的地或者为了满足某种客户服务要求，那么他/她可以批准推迟起飞。如果条件允许并且所有乘客都已经登机，航班也可提前起飞（满足某些限制的情况下）。

一旦所有的乘客都已完成登机并已就座，登机口检票员便可与机长及乘务长协调关闭飞机舱门。在美国，飞机停在登机口时旅客不被允许离开座位。不过，如果有乘客在飞机滑行期间离开座位飞机通常不会停下来，因为这会扰乱地面交通（客舱乘务员需要通知驾驶舱机组）。

在飞机推出登机口之前，地面工作人员需要完成行李及货物的装载，包括后期托运的行李，并关闭货舱舱门。除非需要启动发动机，否则应将外部电源或气源从飞机上撤下。一般情况下不会采用"反喷后退"①方式，而是用拖车通过牵引杆连接

---

① 发动机反喷时，飞机利用发动机的反向推力退离登机口。通常，只有当"发动机反喷"操作能带来某些后勤保障的好处时（如等待拖车到位有可能导致较长时间延误的情况下），机组才会选择这么做，同时要权衡发动机噪声及磨损或至少油耗这样的不利因素。此外，也有一些飞机制造商正在实验如何在前轮上安装电动机来完成推出操作。

飞机进行推出操作。此时飞行机组开始执行检查单上"推出"操作前的准备工作,包括但不限于确认所有舱门均已关闭以及确认防撞指示灯(红色闪光灯)正常工作。此时,客舱乘务员需要在各舱门处启动逃生滑梯预位状态,以备地面紧急疏散之需[①]。在完成所有检查、飞机就绪可离开航站登机口时,地面工作人员就换成推出人员。通常,由机长通过内线对讲机与拖车驾驶员(或其他地面工作人员)进行通信,而副驾驶员通过 VHF 无线电与停机坪控制人员或 ATC 进行通信。

9.3.5　离开登机口

一旦工作人员将登机廊桥移走,推出工作人员便通知驾驶舱机组轮挡已撤走,可以安全松开驻机制动。机长确认已松开驻机制动后,示意副驾驶员呼叫停机坪控制员(美国的部分机场以及大部分美国以外的机场都是地面控制员,取决于具体机场的情况),并请求推出放行许可。当获得许可后,飞机推出登机口区域(见图 9.9);之后推出工作人员通知驾驶舱前方区域无障碍,飞机机组着手启动发动机。在该阶段,迟到的行李只有在获得驾驶舱机组同意后才可装上飞机。

图 9.9　飞机推出

在特殊天气条件下,机身和机翼表面可能会结冰或者结霜,起飞之前需要将其清除掉。如要求进行除冰或防冰处理,机长会推迟启动发动机;然后由推出工作人员将飞机移动到指定的除冰机位上,一些机场的除冰机位就在登机口旁(见图 9.10),另有一些机场允许在登机口除冰。某些时候,需要先完成发动机进气道除冰,再让飞机滑行到其他位置以完成整体除冰操作。许多机场将二次除冰机位设置在起飞跑道附近,这样可以让飞机在有效保持时间之内起飞(有效保持时间是防冰液的有效时间,以分钟计,飞行机组需从飞行手册中查询具体的时间值)。根据温

---

① 一旦处于滑梯预位状态,打开舱门就会启动滑梯的自动充气装置。滑梯预位后客舱机组必须十分小心,误放滑梯会导致严重的地面延误,并可能伤及乘客、工作人员和飞行机组人员。

图9.10　飞机除冰（图片版权© Stewart Andrew，已获授权）

度、降水类型与强度以及所用防冰液的类型和浓度不同，防冰的有效时间有所差异。除冰液用于清除机身上的冰雪，通常是乙二醇和热水的混合液。清除所有污染物后，还应使用防冰液以防止飞机滑行期间冰雪的积聚。这种液体经过特殊设计，能在起飞滑跑期间被气流吹走。完成防冰液施用后，除冰协调员通知驾驶舱机组开始有效保持时间的计时。之后，由机长负责对照起飞时间与有效保持时间，并对飞机进行目视检查，确保没有新的污染物产生。如果起飞前的延误时间过长超过了有效保持时间，那么这架飞机就需要重返除冰机位再次进行除冰和防冰处理。

　　确认发动机启动且牵引杆与飞机的连接断开后，机长向引导员发起断开内线耳机的许可。引导员随后走到从驾驶舱可以看到的位置，出示保险销（在推出过程中用以锁住飞机前轮转向系统），并敬礼以确认停机坪区域无障碍物可滑行。机长回礼，副驾驶员呼叫地面控制员，请求滑行放行许可。接到放行许可后，需要两名飞行员都完成外部目测检查并口头通报"左侧无障碍"与"右侧无障碍"后，机长才会开始滑行操作。

9.3.6　滑出

　　与推出流程类似，无论何时飞机只要进行地面移动，就必须得到管控人员的许可。在飞机离开停机坪区域前的某个时刻（如停机坪与滑行区间的某点）、飞机被推出、被推到可用的滑行跑道或被推到 ATC 认可的停机坪区域之前，副驾驶员都必须与地面控制人员联系，获得滑行许可和到达目标跑道的滑行线路。出于特殊运行要求（如大重量起飞）而申请使用特殊跑道时，ATC 需重新计算和修正滑行线路及操作顺序，有可能造成滑行和/或起飞阶段的延误。滑行时飞行机组会收到来自 ACARS 或 VHF 无线电的装载收尾电报。装载收尾报文通常包含最终的飞机和航油重量，稳定器配平设置、重心数据，旅客人数，货物装载量以及活物装载和安全信息。副驾驶员利用最新信息，借助 CDU 或参照飞行手册，计算出最终的起飞性能数据。副驾驶员还会重新设置稳定器配平,并根据空速指示器上的标记设置起飞参考速度。如出现最终重量大于计划重量的情况,还必须调整襟翼或推力设定,甚至申请使用其他跑道。此外,还须根据风力及温度变化对相关参数进行修正。

当飞行机组处理好各种关闭报文后,还必须完成"滑行"和"起飞前"检查表对照工作。之后,机长会给出起飞简报,其内容包括由哪位飞行员执行起飞操作[1],飞机的初始航向及高度、起飞流程要求、越障高度及噪声降低措施,机场标高和正常净空高度[2]。此外,简报中还必须给出在跑道上终止起飞的判定条件、发动机熄火处理流程和相关净空高度以及出现突发或紧急情况需要返回出发机场或最近着陆地点的预案。

如果登机口至起飞跑道间的滑行距离很长,为了节省燃油并减少污染物排放,飞行机组可采用单发动机滑行规程。如果飞行机组发现排队等待起飞的队列中有较多飞机等候,则机长可以利用机上广播(PA)通知旅客和客舱乘务员,自己对于等候时间的乐观估计。通常根据前面等候的飞机数量就可估算出需等候的时间。如果等候时间较长,航空公司可能会使用 ACARS 或 VHF 无线电方式更新预期的"OFF"时间(ETO)。当飞机滑行接近跑道的起飞一端时,机长会在机上广播(PA)中通知起飞,告知客舱乘务员飞机即将起飞,他们应回到各自座位并系好安全带。如果滑行的距离或时间较短,机长还必须确认为旅客播放的安全介绍视频已经完成。最后,机组人员还需核实剩余油量满足最低要求,并且机组的连续工作时间不会超过 FAA 规定的上限。

9.3.7　起飞

为了最高效地利用跑道资源,地面塔台管制员在发放最终的起飞放行许可前,通常还会向准备就绪等待起飞的飞机发出"排队等待"许可。该许可允许飞机滑行到跑道起飞端的指定位置,等候其他飞机起飞腾出位置、跑道限制结束或直到 ATC 给出起飞时间。但如果无需起飞前等待或者需要尽快起飞,塔台就会直接放行跳过等待步骤。此时,飞行机组需对风力/天气情况以及跑道上有无污染情况进行最后的检查。如果本飞机跟在一架大型飞机之后起飞,还须确保进入起飞滑跑之前有足够的时间间隔,至少满足尾流分离要求的间隔时间(该项要求通常由 ATC 掌握,并作为起飞放行许可的一部分;不过是由飞行机组完成计时以及再确认)。

一旦收到起飞放行许可,机长和副驾驶员的职责就分别变为"执飞驾驶员"/"监督驾驶员"[3](PF/PM),从而开始飞行员执飞航节的各项操作流程。虽然机长通常担任 PM 角色,但他/她始终是该航班的飞行负责人,并且可自行决定是否接管 PF

---

① 如没有特殊要求,飞行员常交替执飞各航节。
② 净空高度是指爬升角度减小,飞机开始加速以收起襟翼及前缘缝翼,并减小总阻力时飞机所处的高度。
③ "监督驾驶员"有时也称为"非执飞驾驶员"。

的职责。根据天气情况(如低能见度)或机组成员的经验水平情况,机长可决定是否在某些或全部飞行阶段承担 PF 职责。

当发动机油门控制杆被推向前方,飞机开始起飞滑跑,在此过程中飞行机组必须监控飞机的中心线轨迹、发动机参数以及飞机内外状况。作为正常流程的一部分,PM 必须读出每一个 V 速度。假如飞机在达到"起飞取消决策速度"V_1 前出现重大问题,则应终止起飞并将飞机停在跑道上。一旦飞机停稳,飞行机组就应立刻执行"异常情况"检查表,包括通知塔台——如果能见度较低,这样做是十分必要而且重要。针对不同的具体情况,飞行机组可能会呼叫消防或救援应急设备、维修/牵引或为旅客提供地面交通工具(在需要撤离旅客或用登机梯疏散旅客时)。不论如何,塔台都需要对情况做出评估,并关闭跑道。通常高速下起飞终止会造成多个飞机轮胎报废(由于紧急制动),而且要花一定时间清除跑道上的污染物,因此造成跑道关闭时间延长。

平稳起飞后进入正常的初始爬升阶段,工作内容包括"整理"飞机(收起落架,收回襟翼及前缘缝翼),同时确认飞机符合所有与降噪和越障有关的要求。同样很重要的是,按流程规定,无论空中交通预警与防撞系统(TCAS)[①]处于哪种运行状态,都至少有 1 名飞行员执行"交通观察"(抬头观察飞机外部情况)的任务。

9.3.8　飞离航站区域

爬升飞行轨迹由空中交通管制 ATC/空域要求以及具体的飞机性能特点共同确定。当机场附近空域无任何障碍并且 ATC 未给出其他限制条件时,飞机可加速至最大低空爬升速度(在美国飞行高度低于 MSL 10 000 英尺时,标称指示空速(IAS)为 250 节)。航站区空域环境可能非常复杂,因此必须为高密度地区的起飞与到达航班专门制订标准流程。在爬升初始阶段,通常飞行应符合标准"离场程序"或DP(也称为"标准仪表离场程序"或 SID),图 9.11 给出了其中一个例子。许多机场都已采用了"区域导航标准仪表离港程序"(RNAV SID),这样才能更准确地实施地面轨迹、高度和速度方面的合规约束。另外,很多 DP 中包含"飞机爬升"协议,即地面控制人员只需发出一个放行许可,然后由飞行机组遵照执行已发布的速度和高度约束。

ATC 通常会提供"雷达航向安排"(也称为"引导")用以缩短地面轨迹或用以提供交通空间,通常借助可用的"自动驾驶模式控制面板(MCP)"实现,如图 9.12 所示。ATC 为了达成分离、排序或效率目标,需要和飞行机组沟通时,常常使用该接口告知具体的高度、航向和/或速度目标值。这是前文曾提到的战术级自动化的一个例子,与之相对的是借助 FMS 实现的战略级控制。

通常在爬升开始阶段客舱乘务员开始准备机上服务工作,除非机长另有指示或

---

① TCAS 是机组人员视力观测其他飞机的辅助系统,能提供预警及飞机相互距离信息。TCAS 的解析功能可为飞行员提供垂直操纵指导,从而避免冲突航机的发生。

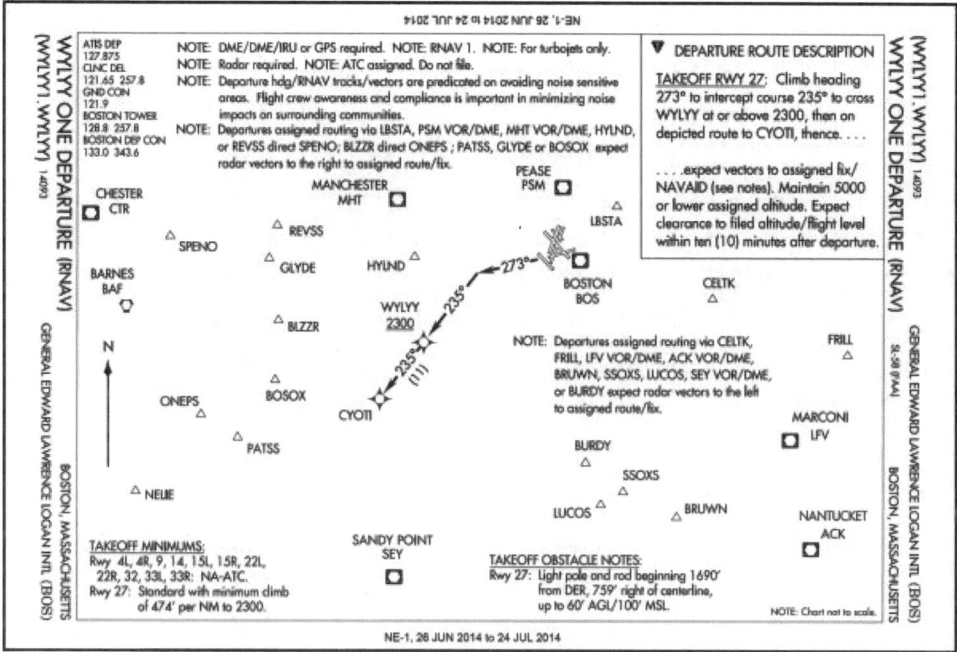

图 9.11　"区域导航（RNAV）标准离场程序"示例①

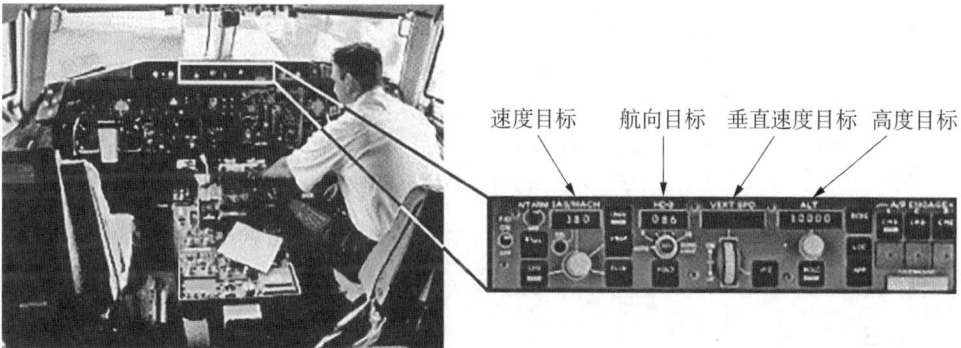

速度目标　　航向目标　　垂直速度目标　　高度目标

图 9.12　自动驾驶模式控制面板

天气及乘坐条件不允许。当爬升到 MSL 10 000 英尺高度后，飞机从 250 节的速度加速到最佳爬升速度，速度范围为 270～350 节 IAS 不等。此外，机长会告知客舱乘务员"无干扰驾驶舱"时间结束。

9.3.9　爬升

飞行环境是动态的，例如期间需要执行 ATC 发出的指令，飞行过程中机组要持

---

① 为保持原文的直观与准确，不进行翻译。——译注

续监控飞机性能以尽可能达成最佳飞行轨迹。在爬升阶段中的某些时段,飞行机组会检查 FMS 或性能图表,用最优和最大巡航高度数据与计划数据和期望巡航马赫做对比。该信息用于和 ATC 协调商讨,以得出最优的巡航高度和速度,并在航油消耗和飞行时长间做出权衡(这将作为影响因素纳入到 FMS 优化航迹的计算过程中,优化航迹的计算基础是前文介绍的飞行计划中的成本指数)。其他影响因素包括风力数据和乘坐(湍流)条件,航路上有无对流天气,MEL 突发事件以及空中交通流量管制导致的速度限制等。尽管会偶遇高空风,不过在多数情况下飞行高度越高发动机的运行效率就越高。如果天气或流量控制原因要求飞机以较低高度飞行,那么飞行机组就必须考虑总燃油消耗与航油储备的问题。此外,某些机型处于非最优巡航马赫时油耗增加明显,也是选择巡航高度要考虑的因素之一。

当飞机爬升通过"过渡高度"[1](美国为 MSL 18 000 英尺,世界其他地区可能低至 4 000 英尺)时,飞行机组会重新设定高度计,将参考值从当地大气压调整为标准大气压,这样所有飞机都使用相同的气压参考值。在此之后,飞机高度以 FL(等于100 英尺)为单位进行计量。根据机外大气温度和指示空速不同[2],一般会将飞行高度调整到 FL270~330 之间。高度大于 FL290 时,为符合 RVSM 设备的使用要求,往东和往西的飞机之间需留出 1 000 英尺垂直间隔;其他情况下需留出 2 000 英尺垂直间隔。

在爬升阶段,与机上旅客服务相关的各项活动包括:准备提供餐食或饮料,进行市场宣传广播,启动机上娱乐系统。此外,机长通常会做广播通知,说明飞行时长、航路中的天气状况、途中需关注事宜、预计到达时间和目的地天气情况,另外有时也会在广播中说明备份机组的情况。由机长决定是否打开"安全带指示灯",该信号灯一般在出现颠簸情况时打开,或者由客舱乘务员在提供餐食饮料服务之前请求打开。很多航空公司都将机长广播中告知乘客"就座后始终系好安全带"的内容作为标准流程使用或当作强制免责声明使用。

9.3.10 巡航

当飞机达到巡航高度后,飞行机组需设置目标发动机动力输出值或马赫值。飞

---

[1] 过渡高度或称过渡水平由机场本地管理当局根据地形、一天中不同的时间和其他影响与限制空域的因素确定。当低于此高度时,气压高度值参考本地气压(或"QNH")设定,由地面通过 ATIS 或 ATC 发布给飞行机组。当高于此高度时,采用平均标准气压作为参考值,相对于海平面的飞行高度用"飞行水平(FL)"表示(FL180 等于 MSL 18 000 英尺)。虽然两种表示方法常会得出相同的结果,两者间的差别也非总是明显,不过通常在爬升过程中(高度换到飞行水平)使用"过渡高度",在下降过程中(飞行水平换到高度)使用"过渡水平"。

[2] 需要在空速和马赫之间转换这件事说明,在低空和高空环境中,"关键限制"在本质上存在较大差异。大多数巡航性能数据都基于马赫数提供,由于该阶段的关键限制大多与机翼局部受跨声速流影响产生的可控性问题相关。而低空时,关键限制大多与机身所承受的、和真实空速有函数关系的气压大小有关。

行机组还需完成各类行政性工作,包括将起飞延误 ACARS 代码与记录的发动机监测日志(如不是自动下传)传回地面。飞机通常会配备至少两台 VHF 收发器,如果确认跨洋飞行,则须配备 HF 电台。通常将其中一台 VHF 收发器设定为当前 ATC 频道,另一台则用于与航空公司进行通信或用于监听"全球紧急频道(121.5 MHz)"。如果飞行范围超出了 VHF 的通信范围(跨洋或人迹罕至地区,如南美洲部分地方),则启用 HF 装置和 SELCAL 设备进行必要的通信,包括飞机位置报告。卫星通信(SATCOM)也可用来与 ATC 及航空公司通信。SATCOM 系统的优势在于能覆盖全世界所有地区并且不会有信号衰减问题,具有全天可用特性,没有 HF 无线电的各种缺点,但使用成本往往较高。此外,当 VHF 电台与地面设备间的通信中断后,飞行机组通常会调整频率到 123.45MHz 的空对空频道进行监听。这个频道常用于飞机之间直接沟通飞行运行信息,如乘坐平稳性报告和航路上的天气情况。

在巡航阶段,飞行机组必须持续记录时间/航油日志,这样便能在飞行计划中的每个航路点上对如下数据进行比较:计划飞行时间与实际到达时间(ATA)以及航油消耗速度与机上航油量(FOB)。以起飞(OFF)时间与 FOB 为基准,可以相当准确地预计到达时间及机上油量(ETA/EFOB)记录。驾驶舱机组必须考虑有可能导致航路点 ETA/EFOB(还包含多油箱油量不平衡的问题)偏离的所有可能原因,并评估其对到达时间和油量的影响。导致时间/油量变化的可能原因包括高空风的风力与预测不符,巡航速度或高度与计划不同,又或发生了漏油等机械故障。飞行机组还需要不断地调整飞行高度。随着航油消耗飞机重量逐渐减轻,最优巡航高度通常会随着增加,因为高度越高发动机效率就越高。可用飞行高度的选择一般由 ATC 来完成,也可能为了符合特定航向上"标称垂直分离需求"中的 2 000/4 000英尺垂直间距要求,选择分步爬升方案。做出爬升的决定时,必须考虑逆风/顺风影响及平稳性条件(如果巡航高度较低,冰冻影响也要考虑在内)。确定巡航高度时,最常用到的信息包括来自其他航班的 PIREP、ATC、飞行员经验、签派计划以及飞行计划。某些情况下也可选择降低巡航高度以利用顺风,为了达到更好的平稳性,或者原航路和高度上,前方飞机速度较慢,或者为了达到最优的巡航马赫数。

当国际航班穿越归属其他主权国家的空域边界时,依据当地监管机构要求,可能需要执行额外的处理流程。这类"飞行信息区域(FIR)边界"通常会纳入飞行计划制订过程(存档于飞行计划中)并提前通知机组,并在接近边界时由飞机方发起通信联系。通常飞机在跨越空域边界时,或者在进入海洋空域时,必须取得不同 ATC 发放的单独飞行许可。进入此类空域前,飞行机组有责任熟悉和了解所有有关的具体流程与要求,包括位置报告、使用数据传输连接、VHF 或 HF 通信以及其他空速或运行的限制(保持速度、给定高度之下的速度限制等)。举例来说,北大西洋空域中很大一部分地区(见图 9.13)处于 VHF 无线电通信及雷达监测范围之外,因而必须采用定义精确的流程式间隔和通信协议(如每飞过 10 经度就需用 HF 电台报告位置)。为了满足这样的通信要求,还可采用卫星通信或 CPDLC 方式自动报告飞机位置。在平时构造北大西洋航迹时,如知晓可用配备了 CPDLC 的飞机,那么就有可能为这些飞机设计出更优的航路。

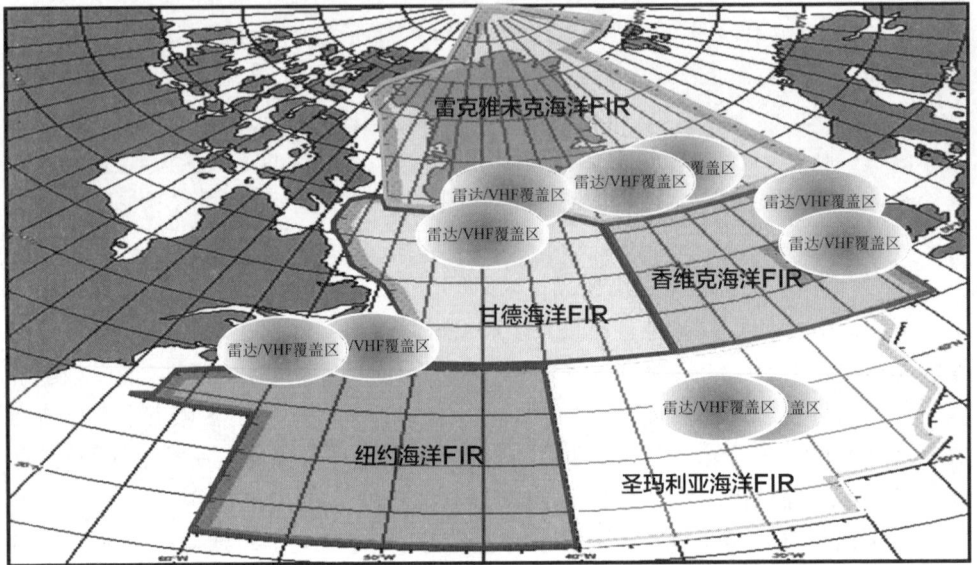

图 9.13 北大西洋空域与雷达/VHF 无线电的覆盖范围

总是存在可能,因为恶劣天气而改变原计划的航路。飞行中遇到恶劣天气情况时的处理流程需根据所处地理位置(如横跨大陆、在加勒比海地区或者在北大西洋地区)及机型、机上设备的不同区别对待。恶劣天气的应对流程及可用选项还取决于飞机所在的空域。在 CONUS(美国本土)空域,对流天气和雷暴常常会导致飞机偏离原计划航路,还好 ATC 能利用 VHF/雷达环境及时进行协调。如果沿着北大西洋航道飞行,雷暴天气非常少见,不过常会遇到晴空湍流,因而需要调整飞行高度、寻找较为平稳的气流。在海洋空域中飞行,通信与监测能力都非常有限(见图 9.13),为安全起见,要求空中交通保持更大的间距,同时相关方很少批准改变原计划航路的请求。在加勒比海地区及西大西洋航线系统(WATRS)中,由于这些地区基本处于雷达覆盖范围之外,一旦出现对流天气处理起来会更加困难;所以已经针对这种情况制订了专门的航道变更流程,使得处理相对灵活一些。

在飞行的其他阶段中,飞行机组必须时刻准备以应对那些可能在飞行过程中出现,并能导致飞机转场备降的突发事件。除了目的地机场可能(因天气、停电或其他情况)关闭以外,造成飞机备降的原因还包括紧急医疗状况(旅客/机组人员发生急病),飞机设备故障,机上恐怖分子活动,等待时间过长及因大风或大面积延误造成的油量不足等。备降决定通常由签派员做出并通知机组,另外还须获得管制员发出的放行许可——机长宣布发生紧急情况时不需要许可。飞机宣布进入紧急状态后,可以优先选择使用航道;另外在指定机场上,必要的服务和救援设备会尽快准备就绪,以备航班抵达后马上投入使用。

此外,在巡航阶段飞行机组还需完成一些例行工作,包括监测飞机的飞行路径与系统状况,保持飞机两侧油量平衡(如果飞机没有提供自动化方式),进行客舱温度控制以及响应 ATC/AOCC 的通信要求。在山区地形上空或水域上空进行长程飞行(及双发动机运行(ETOPS)的长程飞行)时,如出现突发事件或紧急情况,由于可选的备降机场非常有限,所以需要提前制订专门的应对流程。当飞机飞越山区地形时,一旦出现客舱压力维持问题或者因发动机失效导致飞机无法维持飞行高度,可能需要操作进行紧急下降。无论哪种情况,针对航班飞越的所有关键地形,都必须提前制订有针对性的备用应急航路;飞行机组必须持续更新导航系统中的决策点数据并接收备选航路。对于双发动机机型进行水域上空长程飞行的情况,一旦飞机发生紧急状况(如一台发动机故障)则要求剩余的发动机必须能飞到最近的备选机场,所以对飞机有最长飞行时间要求。例如,180 分钟 ETOPS 要求是指,双发机型,如果一台发动机出现故障飞机仍能飞行至少 3 小时并降落在合适备降机场的能力。这种情况会严重影响 ETOPS 机型的航路空域选择(见图 9.14),并且对于跨洋航班,3 或 4 发机型可使用直线航路,而双发机型就必须绕路。ETOPS 中的"抵达备降机场时间"限制,根据机型及所获认证各有不同,通常范围为 60~180 分钟,获得

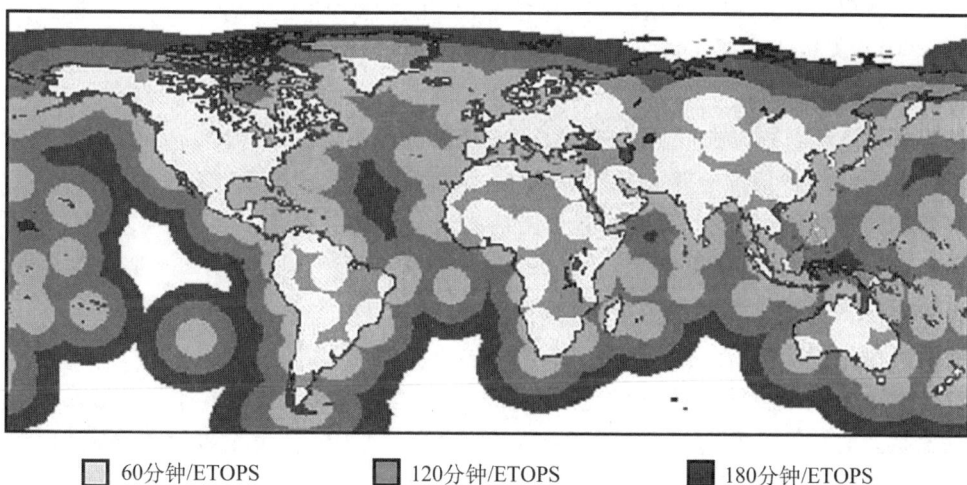

  ☐ 60分钟/ETOPS   ☐ 120分钟/ETOPS   ☐ 180分钟/ETOPS

图 9.14 ETOPS 空域(地图由 Great Circle Mapper/www.gcmap.com 生成,版权© Karl L. Swartz,已授权)

更长的时间指标认证也是新机型研发的目标之一。

此外，与等效的"非 ETOPS 模型"对比，ETOPS 认证的双发动机喷气机必须符合更严格的 MEL（最小设备清单）要求。在 ETOPS 飞行期间，必须不断评估航路周边备降机场的可用性；并且在"危险地形"上空飞行时，还必须为每个可能的备降机场设置"决策点/检查点"。

9.3.11　下降

在未来的空中交通管理环境（如美国的 NextGen 以及欧洲的 SESAR）中，当给定了航线网络的整体需求以及限制条件后，采用"四维航迹管理"方法能够针对每架飞机的所有飞行阶段进行优化。理论上，最优化的下降计划能指导飞机以最适合的方式下降及着陆，同时确保油耗和排放都最少。在当前环境中，飞机的下降计划由 ATC 限制条件和最优的飞机效能共同决定。飞行在典型巡航高度（FL310～410）的飞机，通常会在距离目的地机场 100～130 海里处开始下降。下降开始距离主要由 ATC 规范/流程限制决定，但也会因机型及环境条件（如高空风和湍流）的不同而不同。通常当飞行时间还剩 30～40 分钟时开始下降过程，此时机组人员也应开始进近及着陆的准备工作。通常机组用 ACARS 或 VHF 电台设备将"进入机场范围"的报文发送给目的地机场塔台。此信息中包括最迟着陆时间的估计，特殊旅客需求（轮椅/中转）以及（如尚未发送）全部维修问题。塔台会向飞机发送或上传到达登机口安排、地面动力设备状态以及其他有关的状态信息，如给定登机口只能"牵引进入"要求。

飞机下降过程中 ATC 会发布"穿越限制"信息，可作为已发布的标准到达程序（如"RNAV 标准航站到达航路/STAR"，图 9.15 所示为其一例）的一部分，或作为对"空中交通排队要求"的答复。与下降计划（DP）类似，许多 STAR 中包含"按某协议下降"内容（或者由空管员发出单独的下降许可），此后飞行机组需要按照已发布的速度和高度限制来执行（如航班 AA123 按照"Philbo3"协议下降）。

"通过限制"条件通常以"高于某个给定高度"形式发给驾驶舱机组，例如"在 FL240 通过 STW"，也有可能同时给出速度限制，例如"在 11 000 英尺以速度 250 节通过 CAMRN"。如果未发放"下降许可"但又需要立刻开始下降，那么驾驶舱机组就有责任确定符合通过限制条件的"下降高点（TOD）"。FMS 中的 VNAV 功能可用于确定"最佳"TOD 点。固然要考虑乘坐平稳性，不过从油耗及环保角度考量还是应尽可能推后下降，并且需等飞机达到最优速度、发动机进入或接近急速状态时再开始下降，同时要在到达"指定高度"之前几英里处开始下降，以确保有足够余量确保满足通过限制条件。这类能够减少油耗和排放、降低噪声的下降方式称为"最优化航迹下降（OPD）"，其能提升航班整体的运营经济性及环保。在制订下降计划时，必须考虑的因素包括：对应高度的风向和风力，如果

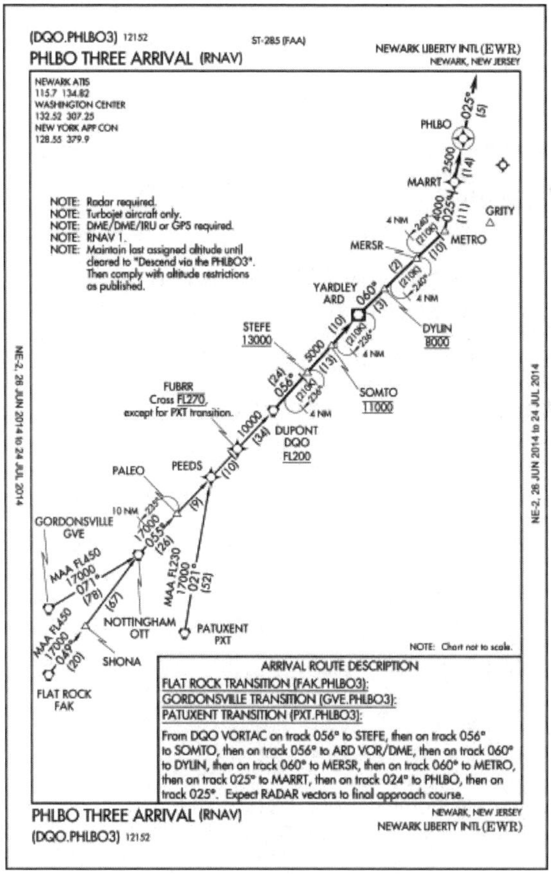

图 9.15　RNAV 标准航站到达航路的示例[1]

未指定还必须给出速度的范围限制,在"过渡水平"的高气压局部压力以及湍流影响[2]。此外,出于防冰需要,发动机要保持较高的怠速转速,这也会让下降航迹变浅(shallow);某些老旧机型在下降过程中有客舱加压要求,因此需要进行"发动机半开下降"。FMS 是飞行机组制订下降计划时借助的主要工具,通常可直接将限制条件输入 CDU 并计算下降航迹。还有一些辅助手段,可用以计算下降到指定高度需要的飞行距离。多数飞行员仍会使用"3 比 1"法则作为 FMS 解决方案的备份,即每下降 1 000 英尺需要飞行 3 英里[3],那么下降 30 000 英尺就需要留出 90 英里。最后还必须根据顺风/逆风条件以及预期的速度限制(如 1 万英尺以下速度限制为 250

---

① 为保持原文的直观与准确,不进行翻译。——译注

② 根据风切变(chop)或湍流的强度,将飞行机减速到它的"湍流穿越速度"。在多数情况下,该速度低于最佳巡航速度或者最优下降速度,使得下降航迹"更浅"(shallower),但能减小湍流对飞行机机身的影响。

③ 英里为英制长度单位,1 英里=1.609 千米。

节）对下降计划做出调整。

目的地天气情况、预计的进近/跑道流程是制订"到达计划"时，最主要的考虑因素。这些信息主要来自前文所述的 ATIS，此外盘旋延期、天气状况及跑道运行情况可由 ATC 或签派员通知。ATIS 能提供当前的天气情况、所使用的仪表进近流程、可用的跑道以及跑道与滑行道关闭的各项细节数据，提供风切变报告、单个跑道上的能见度精确数值、制动能力、周边鸟类活动情况、临时性障碍物（如建筑物）、"落地与等待程序/LAHSO[①]"的使用及其他与安全相关的信息。

当飞行机组收到目的地天气情况及进近信息后，便可按照预期到达流程来设置导航设备。这里关注的重点是需对比当前天气情况与可用的进场流程。飞行高度的下限以及能见度要求使用特殊的进近流程，而特殊进近流程又要求使用特定的导航设备来执行该流程。根据"跑道视距"（RVR，水平可见性的一种精确度量方法）以及"决断高度"（DH，为完成着陆流程，自某一高度以下跑道环境能被完全可视；如达不到就必须"中断进近并复飞"），将进近流程划分成"操作类别"（CAT）[②]。对于多数设备齐全的跑道而言，基准性精确进近流程（如能够持续为飞行机组提供航道上横向与纵向信息的进近流程）可以是"仪表着陆系统（ILS）CAT I"或者通过卫星定位的"全球定位系统（GPS）"流程，两类系统都能让飞机在水平能见度低至 0.5 英里或者垂直能见度低于离地 200 英尺的情况下完成着陆。"区域导航/必要导航性能（RNAV/RNP）"流程综合使用卫星导航、机载系统以及地面轨迹完成航路监测，能够在更差的进近气象条件下或复杂集合路径（由固定半径确定的曲线航路）下实现安全着陆。非精准进近程序（也就是说，横向航迹信息由机载导航辅助设备或 GPS 提供，但纵向引导通过气压参考值或其他不直接与具体跑道的基于地面的 NAVAID 相关方式提供）所需的最小气象条件要求较高。精确度较高的系统和流程可适用更小的"最低气象条件"要求的 II 类（CAT II）甚至是 IIIC 类（CAT IIIC）的"双零"（zero/zero）条件。如果当前的天气状况低于所使用流程允许的最低气象条件，或者必要的设备不可用或不能用，飞行机组必须考虑其他方案，如盘旋等候（如预期天气条件会有所改善）或启用备降机场。无论使用何种方案都需与 ATC 及航空公司签派办公室协调。

当飞行机组将预先制订好的流程输入导航系统和 FMS 之后，PF（执飞驾驶员）以发布的进近流程为基础，与 PM（监控驾驶员）一起仔细检查进近程序。如果遇到能见度较低的天气状况，进近程序可要求机长履行 PF 职责，确保能见度较低、危险

---

① 在 LAHSO 期间，已着陆的飞机在到达指定交叉跑道或滑行道之前应该停止或离开跑道。

② CAT I：$RVR \geqslant 1\,800$ 英尺或 0.5 英里，$DH = 200$ 英尺；CAT II：$RVR \geqslant 1\,200$ 英尺（如使用自动着陆，则 $RVR \geqslant 1\,000$ 英尺），$DH = 150/100$ 英尺；CAT IIIA：$RVR \geqslant 700$ 英尺，$DH = 50$ 英尺；CAT IIIB：$RVR \geqslant 150$ 英尺，$DH = 0$；CAT IIIC：RVR 和 DH 均为零。低于 CAT II 条件需要采用自动着陆或 HUD 引导。

度较高时的操作符合标准化要求。除对 PF 的指定,进近简报中还包括所需 NAVAID 的信息,关键阶段划分和通过高度,进近最小天气条件及当前天气状况,障碍物及地形情况确认以及进近复飞程序。

在飞机下降阶段,客舱机组人员的活动包括整理客舱及厨房、准备着陆,向旅客通知中转衔接信息,协助旅客完成海关要求文件的填写,向驾驶舱报告客舱出现的所有问题,并验证旅客安全带合规要求是否都已满足。机长给出飞机下降广播,通知内容常包括最新预计的到达时间及当地天气状况。如果预计有不利天气条件或延误,也会在广播中通报给客舱机组人员及乘客。如果跑道容量受限造成降落延误,可要求飞机进入盘旋等待模式,直到确认有可用的着陆空档后,通知飞机开始下降和进近程序(下文会详细介绍)。

当飞机降到"过渡水平"(美国是 FL180)以下时,需将高度计重置为本地气压参考设定。PM 需要完成"下降阶段"检查单上的各项检查内容,包括监测加压情况,调平累积的燃油不平,并计算或检查着陆数据(进近速度与跑道限制)。飞机下降经过 10 000 英尺时,机长通过铃声或公共广播提醒客舱机组人员,进入"无干扰安全驾驶舱"状态,客舱机组应当完成着陆的最后准备。

9.3.12 到达航站空域

通常在飞机距离目标机场 30～40 英里、高度下降到 10 000 英尺以下时,开始"航站空域操作"飞行。从这一刻开始,飞行路线就由 STAR 或 ATC 的雷达引导来定义。雷达引导由两类指令构成,其一是发给飞行员的航向指令,另一种是 ATC 用来安排空中交通排队与调节间隔的指令。如果空中交通条件允许,会越来越多地使用降噪到达程序。目前最常用的一种程序包含了"持续下降进近(CDA)"流程的多个变体,这种程序取消了常规步降进近流程高度计划中的平飞段,所以能以较小的发动机推力(使油耗和排放率都较低)让飞机较长时间保持在较高的高度上。该常用流程可通过两种方法实现,即由 ATC 向飞行机组提供"待飞航道距离"估计值,之后由机组决定合适的下降速率,并能消除(或最小化)平飞段;或者当使用 FMS 飞行时,采用专用的精准区域性导航(P - RNAV)CDA 流程(Reynolds、Ren 和 Clarke,2007)。在进近阶段采用"速度配置管理"可有效降低油耗,实现方式是在具备运行操作条件的前提下,将减速的时机尽可能推迟到速度已降至需要打开高升力/高阻力翼型设备之时。在无雷达空域中,航班沿着既定的航路或辅助航线前进,直到到达进近流程给出的进近起始点。在所有情况下,特别在山区或空中交通拥挤区域中航行时,飞行机组必须持续密切观测空中交通情况并保持对地形的关注(使用电子辅助、图表和目视等方式)。

当飞机接近进近起始位置时,飞行机组会接到详细且实时的着陆或指令信息。之前到达的航班会给出制动效果报告,对飞机着陆后滑跑阶段的制动效果给出定性的分级(在美国分为良好、正常、差及无效4个级别)。某些制动作用条件可能要求使用特殊机载系统,如自动制动或自动扰流器进行制动;或要求飞机进入盘旋状态,等待跑道打扫干净或进行化学处理后,再执行进近流程。当能见度较低时,为辅助决策进近流程是否适合或者为了判断是否应实施其他运行限制(如侧风限制及自动着陆要求),应向到达航班发送实时的RVR报告。ATC也可以向预备降落的飞机发出LAHSO指令。飞行机组可以拒绝LAHSO限制(有可能服从相关的引导/排队指令),不过一旦接受了LAHSO指令就必须严格遵照执行。之前抵达的航班发出的微下击暴流警报以及空速下降/增强报告也会转给该飞行机组。如果出现上述限制情况,可能还需对参考着陆速度做进一步调整。很多时候,飞机只能进入盘旋状态以等待低能见度或风切变/微下击暴流情况结束。

9.3.13　最终进近

大多数航空公司的飞机上都会配备满足各种进近流程要求的导航设备。精准进近流程包括GPS自动着陆、GPS横向及纵向导航(LNAV/VNAV)及前文提到的I、II、III类ILS进近流程。许多大型机场的跑道系统都使用ILS,当符合仪表条件时为飞机提供引导,使之能沿着由横向和纵向元件(也称为定位信标)精确定位的航道和下滑道降落,如图9.16所示。

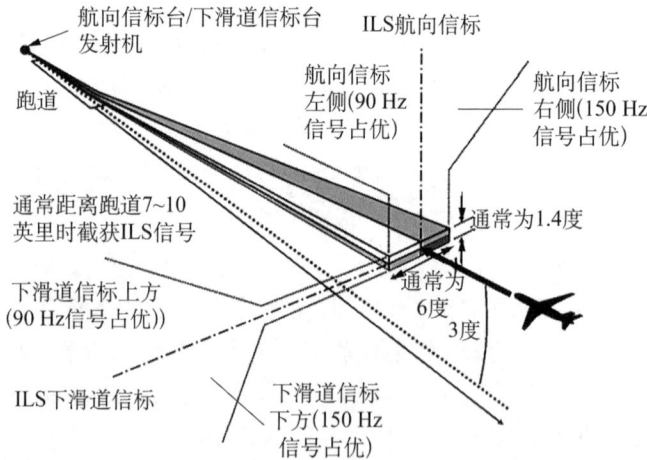

航向信标台/下滑道信标台发射机

ILS航向信标

跑道

航向信标左侧(90 Hz信号占优)

航向信标右侧(150 Hz信号占优)

通常距离跑道7~10英里时截获ILS信号

通常为1.4度

下滑道信标上方(90 Hz信号占优))

通常为6度

3度

ILS下滑道信标

下滑道信标下方(150 Hz信号占优)

图9.16　仪表着陆系统

正如预期的那样,精准进近方法相对于非精准进近方法,能使飞行操作在更低的垂直高度和能见度条件下完成。当出现极低能见度情况时,必须执行III类进近程序,实现自动着陆或平视显示器(HUD)引导着陆。出现这种情况时,由于跑道处理能力下降,可预期将发生航班延误。如果具备VFR条件,在进行目视进近程序时,仍然鼓励飞行员采用全部可用的NAVAID作为备份。此外,许多机场即使满足

VFR 条件也会采用仪表进近程序,目的是管理飞机排队或限制噪声的影响。

在雷达引导或辅助航段的某个点上,航班被"允许执行进近程序"。ATC 发出进近许可,向飞行机组授权开始执行已发布的进近程序。如前文所述,由驾驶舱机组确定进近程序的合规性。然后机组比对当前天气条件是否与进近流程中规定的一致,并对照查看所需的地面与机载设备的情况。如果机载自动化设备或显示器发生故障,或者部分功能不可用,可能会使着陆所需的最低气象条件增长,或造成某些流程无法执行。同样,如果有地面设备无法工作也会对着陆过程造成额外限制。通常,由 ATC 或 ATIS 报告进近流程中用到的全部设备上出现的问题,不过有些问题也可能被机载报警系统发现。

大多数国家的监管方都会在进近过程中设定某个特定"位置",在此位置上当前天气条件须不低于最低气象条件,这样飞机才能继续执行进近流程。在美国,非精确进近程序中须指定最终进近固定点,而对精准进近流程则需指定"下滑道截距"(在"正常"截距高度)。其他国家会使用"外指点标/outer marker"或指定具体高度;但总体来说,如飞机飞过指定位置时报告的天气状况没有比最低气象条件差,则就可根据情况进入复飞起始点或决断高度点(MAP/DH)。如在 MAP/DH[①] 存在"许用工况",且飞机稳定飞行或已获得"进近时刻"[②],则进近继续进入着陆阶段。如在指定位置时天气条件比最低气象条件差,则必须终止进近流程并考虑执行替代方案,如备降或盘旋等待。

在最终进近及着陆阶段中,飞行机组还必须考虑跑道的风况条件。根据风向、风力及是否有阵风,对进近计划做出调整,保证飞机有较高的进近速度。不同机型及天气条件下的最大侧风限制各不相同。现代运输飞机的安全侧风风速限制在25～35 节范围内。根据跑道状况(干跑道或湿跑道)、是否低能见度或设备故障情况(如方向舵失灵),侧风限制数值还会进一步减小。无论如何,当有强侧风或者地面风及阵风时,飞行机组需要始终保持对飞机能力极限的清晰认识。

除了天气条件,其他情况下都由飞行员决定是否在进近过程(或飞行的所有阶段)中使用自动驾驶功能。不少航空公司为了让飞行员保持操作熟练,鼓励飞行机组在合适的情况下手动操纵飞行控制装置。不过航空公司仍然期望无论在目视条

---

① 某些情况下,进近照明系统能增加目视距离,并因此允许飞机下降到更低的高度;然而,在着陆前必须始终保持与跑道环境的目视接触。跑道环境通常包括跑道表面情况以及跑道入口处或入口以外的所有助航灯光。

② 如果飞机已获得"进近时刻",则说明其处于稳定飞行中正常的着陆开始位置。各航空公司的要求可能不同,但通常限定在与目标航道的横向与纵向的偏差范围以及空速范围以内。一般情况下,大多数航空公司采用"稳定进近"概念这样要求,即飞机在仪表气象条件(IMC)下通过离地 1 000 英尺高度(AGL)或在目视气象条件(VMC)下通过离地 500 英尺高度(AGL)时,完成着陆设置(速度,放下起落架,襟翼处于着陆设置)。如果进近过程中飞机上的任何参数不符合上述设定值,则应中断着陆程序并执行已发布的复飞程序。

件还是仪表条件下,驾驶舱机组在包括进近与着陆的所有飞行阶段中用到所有可用信息(如显示在主飞行显示器上的自动驾驶飞行引导提示)。如前文所述,某些情况下流程规定必须使用自动飞行系统完成降落与滑跑阶段(CAT Ⅲ),而其他一些流程要求在着陆前断开自动驾驶仪(非自动着陆操作)。在特定飞行阶段或流程中,驾驶舱机组有责任确定采用何种自动化水平,并保持管理自动化程度的工作量在合理水平。

除非明确要求航班执行目视进近流程,其他情况下都由 ATC 确认飞机间隔及尾涡流间隔(即在连续两架飞机间保证有足够的距离,根据飞机重量判断,确保前面飞机的尾涡流不会对后面的飞机产生不利影响)。然而在高密度连续降落的情况下,飞行机组必须对着陆飞机间的最小距离保持警觉,并利用机载设备资源,如TCAS,进行视觉交通流量观测。

如果完成进近和着陆所需的各项条件不能具备,则必须进行"复飞",并应遵循标准的"进近失败流程"以及 ATC 的相关指令。发生进近失败后,可能的操作包括进入盘旋等待状态等待导致着陆中断的所有不适合条件全部结束、飞去备降机场或按照最常用的方式,接受 ATC 引导开始第二次进近流程。许多飞机着陆中断操作是由于 ATC 或驾驶舱机组发现跑道正在被使用而发起的。出现这类情况,大多数是由于之前到达的飞机未能及时离开跑道,不过也有部分是由于在跑道起飞侧的飞机延迟起飞。

如果飞机处于决策点时跑道上视线清晰,飞行机组就可继续下降过程,直到飞机即将触地、下降速率已经降低时,开始进行着陆的"拉平"动作。

9.3.14 着陆和滑跑

飞机接触到跑道之后,PF 负责启动发动机反喷,展开近地导流板并使用起落架制动装置,将飞机减速到滑行速度并离开跑道(见图 9.17)。在某些机场或某些时段内,由于噪声控制需要可能不允许使用发动机反喷。一旦飞机触地或者飞机机轮转速增加,近地导流板就会自动打开以增大前进阻力、减小机翼升力(增加轮子负重并提升制动效果),达到缩短着陆滑跑距离的目的。为了减少制动器与发动机磨损,通常只在较高速(60 节以上)时使用发动机反喷,在较低速(100 节以下)时使用制动,或者处于中间速度时使用两种方式。出于安全及最大利用跑道的考虑,滑跑期间应尽可能少地占用跑道,管控人员也希望驾驶舱机组能在"最早安全机会"处离开跑道①。很多机场设有"高速岔道",飞行员能用比进入正常"垂直岔道"高很多的速度驶离跑道。当飞机减速到岔道速度时,机长和副驾驶员按照正常的地面操作流程要求开始滑行和通信任务。一旦飞机离开跑道,飞行机组就会向塔台报告降落过程中

---

① 某些繁忙机场会要求,必须把跑道出口的具体信息放到已发布的到达流程之中。

图 9.17　发动机反喷与近地导流板展开（图片版权© Ivan Coninx，已授权）

遇到的迎面风状况或制动状况（低能见度时还被要求报告跑道是否干净）。飞机驶离跑道后副驾驶员与地面控制联系请求滑入指令，之后完成"滑入后"检查单，并呼叫本地机坪控制员以确认到达登机口安排情况和占用状态。

9.3.15　滑入

飞行员从 ATC 取得目的地机场的滑行放行许可后，通常使用"滑行道图解"（纸质或电子版）辅助完成滑行操作。在不甚熟悉或正在施工建设的机场中进行地面操作，飞行员必须保持警觉。美国机场的标记和标记灯都已经实现了标准化，然而全球其他地区的机场内这些标记可能仍然不同。夜间或强降水期间进行地面操作也需要特别注意，这种情况也可能严重影响机场内的整体运作。通常在滑入过程中，由机长决定是否需要启动 APU。有时为节省燃油可能需要关闭一台发动机，这样某些机型就需要使用 APU。通常，如果确定不会使用地面电源供电，在飞机还有几分钟到达停机位区域时就应准备启动 APU。如果使用地面电源，则在到达停机位之前发动机应保持运转，一直到地面服务人员把地面电源连接到飞机上。

如果安排的到达停机位被占用，只能要求飞机到远机位等待。通常，当前在机位上的飞机发生起飞延误或其他操作问题时会造成停机位占用情况，因此造成的后续到达航班的延误情况要通报给 ATC 和机上乘客。一旦接收到停机位放行许可，机长会将飞机滑行至停机坪并通过目视寻找信号引导员。在飞行机组确认停机位区域无障碍后，信号员利用两只发光指挥棒发出信号引导飞机滑行到靠近登机廊桥的停机位点（见图 9.18）。在飞机停稳后，常由于停机位附近区域内找不到地面服务人员、拖车或摆渡车，或需要等待靠桥（此时飞机必须关闭发动机，由牵引车将飞机拖至与廊桥连接的指定位置），因而产生延误。有些场站使用了自动化停靠系统：

图 9.18　滑入指引

在明确机型及停机位区域无障碍后设置引导灯光与信号指示,作为机长使用的引导线和停机位置标识。如果机长不能进行自主引导,则需要信号员使用指挥棒信号指挥飞机停在预定位置上。当放下驻车制动后,地面服务人员将廊桥移动到飞机登机门的位置,或在使用登机梯时将登机梯卡车停放在飞机舱门下方的恰当位置。

9.3.16　停放

多数情况下,放置驻车制动并打开客舱门后便触发了"IN"事件。"IN"时间被用来确定许多指标,包括飞行时长(用于计算机组人员补贴及确定机组的后续行程是否超过工作时长),填写 FAA 的准点到达报告卡,用于提供海关和移民数据以及用于航空公司内部业绩监测与航班计划调整等。

当连接地面电源(APU 或者外部电源电缆)之后,发动机熄火、飞行机组检查"发动机熄火"清单。在飞机外的工作人员与客舱乘务员共同确认滑梯预位解除后,打开指定舱门、开始引导乘客下飞机。使用轮椅的乘客与无人陪伴儿童乘客通常被安排最后下飞机。发动机停止后,地面服务人员开始卸载和处理行李及货物。飞行机组完成对驾驶舱和客舱的安全检查后离开飞机。某些特殊的场站要求驾驶舱机组在离开停机位区域之前,完成飞行后的飞机外部目视检查。对飞机进行飞行后检测不需要像飞行前检查那么彻底,通常在维护能力有限或者外包飞机养护的场站,完成当天最后一个航班时进行。最后,如果是国际航班,可能还需处理海关和移民方面的相关要求。

9.3.17　飞行后处理

完成了与飞机有关的飞行后处理任务以后,驾驶舱机组还要完成所有必须的飞行汇报工作,同时客舱乘务员需寄存烈性酒和免税商品——通常都在场站运营部门的处所完成。如果飞行过程中发生过宣布紧急情况或违反 ATC 指令的情况,或出现过重大机械故障(如发动机熄火),倾倒燃油,乘客或机组人员急病、受伤或死亡,乘客有不当行为或吸烟,超重着陆,危险品问题,转场备降,高速终止,遭遇雷击,空中危险接近或者出现其他非标准操作及问题的情况,驾驶舱机组必须接受询问及进行汇报。当所有的驾驶舱和客舱任务都完成后,机组人员就开始准备下一航节的飞行。如果使用相同飞机,就在该飞机上制订新的飞行计划并再次开始各项飞前准备工作。但多数情况下,机组必须更换飞机并前往新的离港登机口,并在那里完成飞行计划及航前准备。如条件具备,进港机组应与离港机组碰面并交接飞机的所有故障或运行问题。如果进港航班是当天最后一班或者飞行序列里的最后一个航节,则机组人员就可下班;如果要在外站过夜,可前往机组酒店;否则可乘大巴前往员工停车场。

　　如果飞机按计划经"周转"后由后续航节使用,则飞机一旦到达停机位后维修人员就会立刻开始工作:与进港航班飞行机组讨论故障状况,并尽快开始必要的维修。如在飞行过程中就已报告了故障情况,机械师就会带好需更换的零件[如可热更换的部件(LRU)]去接机,这样才可能在计划周转时间窗口内完成维修。如果飞机不会被立刻使用,那么维修可安排到空闲时间进行。当飞机完成了全天的飞行任务,可能被牵引或滑行到远机位或者回到机库,并在那里完成所有必要的维修与检查工作。除了满足飞机维修要求外,还需在地面工作人员的要求和配合下完成各种飞行后任务,包括飞机清洁和卸下剩余餐食、安全检查以及必要的海关检查。通常在需要进行海关或安保检查时会发生延误,因为在检查完成之前下一个离港航班的机组人员无法进入飞机。为了提升处理效率,在所有情况下,进港航班上的餐食清点、清洁以及行李处理等地面服务工作,应该与后续离港航节的相关准备工作同步进行。

9.4　本章小结

　　(1)航空公司运营要满足系统性、有优先顺序的多个目标,如安全性、经济性和客户服务体验。

　　(2)航班运营过程包含了一系列精心设计的任务,必须完全遵照预先制订的精确时间计划来执行。这些任务能以串行或并行方式成功执行,既要在时间和空间维度上协调,又需协同众多责任部门共同努力。只有航班与地面工作人员,包括驾驶舱与客舱机组、签派员、维修人员、票务及登机口人员、牵引或推出人员、行李员、供餐员以及加油员中的每个人都恪尽职守照章办事,才能确保顺畅的航班运营。

（3）驾驶舱与客舱机组中各成员的工作背景和工作经验各不相同。航空公司会雇佣成千上万名航班机组员工,他们必须协同履行各自职责,以保证安全和效率。只有通过大量培训并严格遵守精心设计的流程、协议才能达成该目标。

（4）起飞前的准备工作包括制定飞行计划,处理旅客,飞机航前准备,加油以及其他必需的地面流程。航前准备活动需精心安排,以便飞机能按计划从登机口推出,当然还必须考虑到所有与维修及登机口等待相关的问题。

（5）当飞机向出发跑道滑行时,驾驶舱机组需做好飞机起飞的准备,并根据实际配载数据更新起飞的性能参数。此外,还需要处理所有的起飞延误、飞机除冰以及诸如跑道上有无污染物等起飞环境的问题。

（6）起飞是一个航班运行中非常关键的操作步骤,因而必须仔细考虑所有相关因素,包括机场/跑道、环境、紧急或异常突发事件等。起飞过程应遵循场站空域范围内的航路及速度限制规定,起飞后需持续爬升到巡航高度。

（7）最佳巡航高度由多种因素决定,其中包括航空公司内部规定的油耗与时间之间的权衡、效率、乘坐舒适性、空中交通流量大小以及空域限制。在巡航飞行期间,驾驶舱机组必须持续评估针对突发事件的各种应对措施,以备出现乘客急病或机械故障等状况时采用。此外在某些特殊飞行条件下还须执行专门的流程,如国际航路、飞跃山区地形以及长程跨洋飞行时。

（8）在下降期间,机组人员开始进行驾驶舱和客舱内的着陆准备。除了要遵守ATC的限制条件外,驾驶舱机组还需要为进近和着陆操作制订详细计划,同时考虑气象条件、可使用的进近流程、环境条件、飞机的机械状况以及在必要时可供飞机在空中盘旋等待的油量等。如果进近不成功,则应考虑转场备降到更合适的机场。

（9）完成着陆后,飞机滑行至到达停机位,此时机组人员完成驾驶舱和客舱的驻车准备。一旦飞机停稳,乘客需全部下机,同时完成卸载行李和货物的工作。飞行机组则前往下一个航班的离港登机口;如机组已下班,则会前往地面交通运输区。

9.5 附录：缩略词表

ACARS	Aircraft Communication and Reporting System	飞机通信寻址与报告系统
ADS-B	automatic dependent surveillance-broadcast	广播式自动相关性检测
AGL	above ground level	距地面高度,离地高度
AOC	Airline Operations Center	航空公司运控中心

（续表）

AOCC	Airline Operations Control Center	航空公司运行控制中心
APU	auxiliary power unit	辅助动力装置
ARINC	Aeronautical Radio，Inc.	航空无线电公司
ATA	actual time of arrival	实际到达时间
ATC	air traffic control	空中交通控制
ATIS	Automatic Terminal Information Service	自动化航站信息服务
ATM	air traffic management	空中交通管理
ATP	Airline Transport Pilot	航线运输飞行员
CAT	category	分类，类别
CDA	continuous descent approach	持续下降进近
CDL	configuration deviation list	配置偏差清单
CDU	control display unit	控制显示器
CFR	Code of Federal Regulations	美国联邦法规
CONUS	continental United States	美国大陆
CPDLC	controller-pilot datalink communications	管控员-飞行员数据链路通信
CRM	crew resource management	机组资源管理
DH	decision height	决断高度
DME	distance measuring equipment	测距设备
DP	departure procedure	离港流程
EDCT	expected departure clearance time	预期批准起飞时间
EFB	electronic flight bag	电子飞行包
EFOB	estimated fuel on board	预计机上油量
EPR	engine pressure ratio	发动机压缩比
ETA	estimated time of arrival	预计到达时间
ETO	estimated time "OFF"	预计"OFF"时间
ETOPS	extended-range twin-engine operations	双发动机长程飞行
FAA	Federal Aviation Administration (United States)	联邦航空管理局（美国）
FIR	flight information region	飞行情报区
FL	flight level	飞行高度

（续表）

FMS	flight management system	飞行管理系统
FO	first officer	大副,副驾驶员
FOB	fuel on board	机载油量
GPS	global positioning system	全球定位系统
HAZMAT	hazardous material	有害物质,危险品
HF	high frequency	高频
HUD	head-up display	平视显示器
IAS	indicated airspeed	指示空速,基本表速
ICAO	International Civil Aviation Organization	国际民用航空组织
IFR	instrument flight rule	仪表飞行规则
ILS	instrument landing system	仪表着陆系统
IMC	instrument meteorological conditions	仪表气象条件
IOE	initial operating experience	初始运营经验
IRU	inertial reference unit	惯性基准装置
ISA	International Standard Atmosphere	国际标准大气压
JAA	Joint Aviation Authority (Europe)	联合航空管理局(欧洲)
LAHSO	land and hold short operation	着陆和空中等待短操作
LNAV	lateral navigation	横向导航,水平导航
LOE	line operating experience	航线操作经验
LRU	line replaceable unit	可现场更换单元
MAP	missed approach point	复飞(进近)点
MCP	mode control panel	模式控制面板
MEL	minimum equipment list	最小设备清单
MSL	mean sea level	平均海拔高度
N_1	engine fan rotation speed	发动机风扇转速
NAT	North Atlantic Track	北大西洋航道
NAVAID	navigation aid	助航设备,导航设施
NextGen	Next Generation Air Transportation System	下一代航空运输系统
OPD	optimized profile descent	最优下降计划

（续表）

PA	public address	公共广播
PDC	predeparture clearance	起飞前放行许可
PF	pilot flying	执飞驾驶员
PIC	pilot-in-command	责任机长
PIREP	pilot report	飞行员报告，飞行员气象报告
PM	pilot monitoring	监控驾驶员
PNF	pilot not flying	非执飞驾驶员
P‐RNAV	precision area navigation	精准区域导航
QNH	local barometric altitude above sea level	本地气压高度
RNAV	area navigation	区域导航
RNP	required navigation performance	所需导航效能
RVR	runway visual range	跑道视距
RVSM	reduced vertical separation minima	压缩的最新垂直间距
SATCOM	satellite communication	卫星通信
SELCAL	selective calling	选择呼叫，选择性呼叫
SESAR	Single European Sky ATM Research	单一欧洲天空 ATM 研究计划
SID	standard instrument departure	标准仪表离港流程
SOC	System Operations Center	系统运行中心
SOP	standard operating procedure	标准操作程序
STAR	standard terminal arrival route	标准场站到达航路
TCAS	Traffic Alert and Collision Avoidance System	空中交通警戒与防撞系统
TMI	traffic management initiative	交通管理计划
TOD	top of descent	起始下降高度，下降起点
VFR	visual flight rule	目视飞行规则
VHF	very high frequency	甚高频
VMC	visual meteorological conditions	目视气象条件
VNAV	vertical navigation	垂直导航，俯仰导航
WATRS	Western Atlantic Route System	西大西洋航路系统

参 考 文 献

Airbus (1998) *Getting to Grips with the Cost Index*，Issue 2. Airbus Customer Services，France.

Cook，A. (ed.) (2007) *European Air Traffic Management：Principles，Practice and Research*，Ashgate Publishing，Aldershot，UK.

Federal Aviation Administration (FAA) (2013) *Federal Aviation Regulations/Aeronautical Information Manual 2014*，Aviation Supplies and Academics，Inc.

Federal Aviation Administration (FAA) (2014) *NextGen*. Available athttp：//www. faa. gov/nextgen/.

Nolan，M. S. (2010) *Fundamentals of Air Traffic Control*，5th edn，Thomson Brooks/Cole Publishing Co.，Belmont，CA.

Reynolds，T. G.，Ren，L.，and Clarke，J. -P. B. (2007) *Advanced noise abatement approach activities at a regional UK airport*. Air Traffic Control Quarterly，15(4)，275 - 298.

10 不正常运营：航班计划恢复及稳健计划制订

Cynthia Barnhart 和 Vikrant Vaze

10.1 简介

采用第 8 章所介绍的方法产生的机队和机组优化时间计划在航空公司日常运营中很少能原封不动地执行。主要有两个干扰因素阻碍这些计划的准确实施。

（1）航空公司资源短缺，如由于飞机机械故障，机组成员因病、错过联程中转或者延误而不能执勤，因地面资源不足或登机口缺乏造成的航班延误，或者乘客上下飞机所花的时间比预期长等情况。

（2）机场或空域容量短缺，由于极端天气、机场安保排长队等不可抗力造成机场吞吐量下降。

这些干扰通常会造成不正常航班运营，由于干扰造成资源缺乏，如机组、飞机、登机口和降落时刻，制订好的航班计划就会无法执行。延误及中断情况造成的损失可能非常高。2007 年美国国内航空公司运输系统发生了有史以来最严重的延误和中断情况，因而联邦航空管理局（FAA）委托进行了一项名为"延误总体影响（TDI）"的研究，以揭示这种情况造成的总体损失及其对航班延误的影响（Ball 等，2010）。据该研究报告估计，2007 年美国航空运输业因延误导致的损失大约为 312 亿美元。其中由于额外燃油消耗、机组和维修费用给航空公司造成了 83 亿美元的损失；旅客损失约为 167 亿美元；其他经济损失约 22 亿美元，其中包含因航空需求减少对 GDP 造成的间接影响（见表 10.1）。能够发现，超过一半的延误损失由旅客承担。旅客损失包括因航班延误造成的损失以及因旅程中断造成的损失。前者造成的损失约占 2007 年全美航空旅客损失的一半，剩下的另一半是由于航班取消或错过联程航班等情况造成的损失（Barnhart、Fearing 和 Vaze，2014）。因此按平均计算，旅客承担的延误损失是航班承担延误损失的 2 倍左右。

当发生中断情况时，航空公司运行控制中心的控制员会基于整个航空公司航线

表 10.1 2007 年延误总体影响研究计划对延误损失的估算(Ball 等,2010)

损失的构成	损失数额/十亿美元
航空公司损失	8.3
旅客损失	16.7
客流损失	2.2
总直接损失	27.2
对 GDP 的影响	4.0
总损失	31.2

网络运营的最新实时状态信息,做出重新分配资源、调整航班计划的决策,以尽可能"最优"的方式修复被打乱的航班计划,让航空公司能够恢复到正常的计划运营状态。所有航空公司都期望保持利润率不下降,然而过去的一些年中燃油价格持续迅猛上涨,因此对航空公司而言,必须通过有效管理手段控制中断和不正常运营情况造成的损失。

本章重点介绍航班计划的恢复过程,涉及在不正常航班运营情况下,对飞机、机组及旅客重新规划与安排。本章的前几节述与不正常航班运营有关的延误及其造成的经济影响,然后详述航班计划恢复的方法,这些方法可以在不正常航班运营状态出现时有效地进行资源的重新分配。本章的后半部分介绍另一种应对不正常航班运营的方法,该方法称为"稳健计划制订",可用于第 8 章中讲述的航线网络规划阶段[①],以降低航班计划恢复的复杂性和难度,甚至更进一步,不需要进行航班计划恢复。该方法的目标是制订更"有弹性"的航班计划,在执行时能更容易地按照航班计划运营,或为了保障航班计划的可行性需要更少调整。本章最后总结航班计划恢复及稳健计划制订方法,给出两种方法的成功案例、各自的影响及尚待解决的问题和挑战。

10.2 不正常航班运营

机场容量、空域容量以及航空公司资源短缺问题常会造成巨大影响,如表 10.2 所示。美国交通运输部定义了航班准点率,即在计划航班到达时间 15 分钟以内抵达的航班,占总运营航班数量的比例。美国的航班准点率在 2007 年达到了破纪录新低(见表 10.2):在 2007 年的所有定期航班中,有超过 24%的航班发生了延误(延误超过 15 分钟),另外有 2.16%的航班被取消,超过 17 000 个航班转场。而特别需要注意的是,根据以前的研究成果(Bratu 和 Barnhart,2005;Barnhart、Fearing 和

---

① Barnhart 等人(2003)的论文概括描述了进行航线网络规划的主要步骤。

Vaze，2014)，美国交通部的准点率衡量标准会极大低估旅客的延误，而且会屏蔽航班计划本身的可靠性(可理解为缺少对计划可靠性的评价指标)。2007年准点率达到历史最低水平后，美国国内航空系统的延误率在随后的5年中不断下降，在2012年达到了近10年的最低水平。虽然自2012年后延误率又有所上涨，不过还是比2007年水平好很多(BTS，2014)。

表 10.2　航班准点统计(数据来源：www. transtats. bts. gov/HomeDrillChart. asp)

年份	准点到达	准点率/%	延误到达	延误率/%	航班取消	取消率/%	转场数	航班运营总数
2004	5 566 338	78.08	1 421 391	19.94	127 757	1.79	13 784	7 129 270
2005	5 526 773	77.40	1 466 065	20.53	133 730	1.87	14 027	7 140 595
2006	5 388 265	75.45	1 615 537	22.62	121 934	1.71	16 186	7 141 922
2007	5 473 439	73.42	1 804 028	24.20	160 809	2.16	17 182	7 455 458
2008	5 330 294	76.04	1 524 735	21.75	137 432	1.96	17 265	7 009 726
2009	5 127 157	79.49	1 218 288	18.89	89 377	1.39	15 463	6 450 285
2010	5 146 504	79.79	1 174 884	18.21	113 255	1.76	15 474	6 450 117
2011	4 845 032	79.62	1 109 872	18.24	115 978	1.91	14 399	6 085 281
2012	4 990 223	81.85	1 015 158	16.65	78 862	1.29	12 519	6 096 762
2013	4 990 033	78.34	1 269 277	19.93	96 012	1.51	14 160	6 369 482

飞机、机组人员及乘客以一种相互关联的方式在航线网络上不停地移动。因此某个航班航节的中断就会对航线网络上看似与之不相关的航班产生影响。例如，当一架飞机发生延误，则该飞机上搭载的机组和乘客，很可能产生如下状况：

(1) 由于联程乘客或机组延误，导致其他飞机也延误。

(2) 导致乘客赶不上联程的下一航班。

(3) 导致后备机组[①]接替延误机组的工作。

(4) 导致该飞机执行的下一航节上乘客及机组延误。

即使只发生单独的中断事件，也有可能对航班运营计划造成严重的影响，导致联程旅客和机组人员的服务被打断，从而使整个航线网络运营陷入混乱。由于中断会在航线网络上扩散，很可能某个局部机场因极端天气造成的延误会扩散到远离该区域的其他地区，从而影响航线网络全局运营。正是由于存在这种扩散现象，2013年中每个月因极端天气导致的延误占到了美国国内航空系统延误时间的60%～80%，如图10.1所示。

---

① 后备机组即备份机组，不会被安排执行计划航班，而是会被安排在特定位置待命，一旦有需要可立即开工。通常公司只给他们提供最低薪资水平，并且无论是否被安排执飞航班，每月的飞行小时数都不能超过预设的上限。

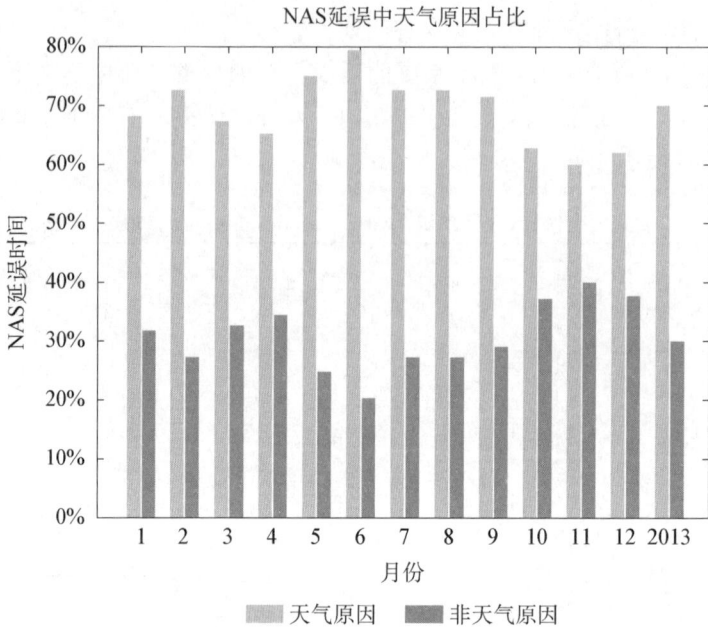

图 10.1　国家航空系统(NAS)延误时间中天气原因的份额(2013 年 1 月—12 月)(数据来源: http://www. transtats. bts. gov/ot_delay/ot_delaycause1. asp? display＝data&pn＝1)

中断的网络扩散效应,主要是由如下两个因素导致:

(1) 航班计划的优化基于正常的天气条件和其他运行条件完成,极大压缩了非生产时间或松弛时间,以使资源利用率最大。但这样一来,航班计划就无法消化掉未预料到的延误,因此延误会蔓延到整个航线网络(Lan、Clarke 和 Barnhart,2006; Ahmadbeygi、Cohn 和 Lapp,2010; Arikan、Deshpande 和 Sohoni,2013)。

(2) 不同于航空交通运输需量的增长,全球大部分繁忙机场的容量增长停滞不前。

10.2.1　管理不正常航班运营:航班运行控制中心

航空公司设立航班运行控制中心(AOCC)用以①确保运营安全;②与航空导航服务提供商及其他航空公司之间进行信息交换;③管理飞机、机组及旅客营运;④从不正常运营中恢复。AOCC 构成如下:

(1) 航班运行控制员,在 AOCC 中负责安排飞机飞行路线,做出航班取消的决策,决定飞机在地面的等待时间以及为各型号飞机做出转场决策。

(2) 机组规划人员,负责寻找高效的机组排班恢复方案,与航班运行控制员协调,确保其制订的运营计划,从机组角度看具备可行性。

（3）客户服务协调员，负责制订受影响旅客的有效保护（行程重新安排）方案，与航班运行控制员协调，评估所有可行的运营恢复决策对旅客产生的影响。

（4）签派员，为飞行员提供航班飞行计划及相关信息。

（5）空中交通管控小组，为航班运行控制人员收集和提供信息，例如能帮助判断未来用到"地面延误计划"可能性的信息。

AOCC与"场站运营控制小组"形成互补，后者在机场内办公，其工作人员负责本地的决策，比如为航班分配登机口，为飞机以及旅客服务分配地勤人员等。

10.2.2 不正常航班运营恢复的可选方案

当中断情况发生时，航线控制人员采用以下方式调整航班运行计划：

（1）推迟航班起飞，直到飞机或机组准备就绪。

（2）取消部分航班航节。

（3）重新安排飞行路线，或交换飞机（为某航班航节集合重新分配飞机）。

（4）召集新机组或重新分配已有机组。

（5）推迟部分后续航班航节的起飞时间，以防止中转联程旅客错过联程航班。

（6）重新安排受影响的旅客，即由于航班取消或因航班延误而错过联程航班的旅客，需在行程计划中重新为他们安排航班以继续行程。

对于航班计划的调整必须符合机组工作规定、飞机维护及安全的强制性要求以及旅客与飞机的位置要求。为满足这一要求，需要获取飞机、机组和旅客的最新飞行信息，并推算出未来飞机与机组的就绪时间。预测飞机和机组的就绪时间可以通过估计每个航班航节的登机口到登机口时间来预测。在实际中，登机口到登机口时间由滑出时间、航路飞行时间以及滑入时间共同构成，并根据机场的天气条件及拥堵情况的不同而有所差异。

以下各节中，将详细讲述航班计划恢复策略中的各具体做法，包括飞机交换、航班取消以及推迟航班起飞等方式。

10.2.2.1 飞机交换

为了说明飞机交换概念，考察图 10.2 所示的航班计划及其运营情况例子。该航班计划包含 f_1、f_2、f_3、f_4 共 4 个航班航节，并分配飞机 a_1 执飞航班 f_1 和 f_3，飞机 a_2 执飞航班 f_2 和 f_4。为便于阐述，假设航班 f_1 延误，而航班 f_2 按计划到达。如不重新分配飞机，航班 f_3 将延误，f_3 上的旅客还可能错过联程航班的后续航段。但如果使用飞机交换的策略，即将 a_1 从 f_3 重新分配到 f_4 上，a_2 从 f_4 重新分配到 f_3 上，也就是交换飞机 a_1 和 a_2 执行的航班。经互换调整后的航班计划能够消化掉飞机 a_1 的延误并且不会造成后续航班延误，也不会影响联程旅客搭乘后续航班。

运行控制人员也可对不同机型的飞机进行交换，但在交换时必须满足一些具体的限制条件。首先，为了不影响机组排班计划完整性，飞行员必须能够对重新分配

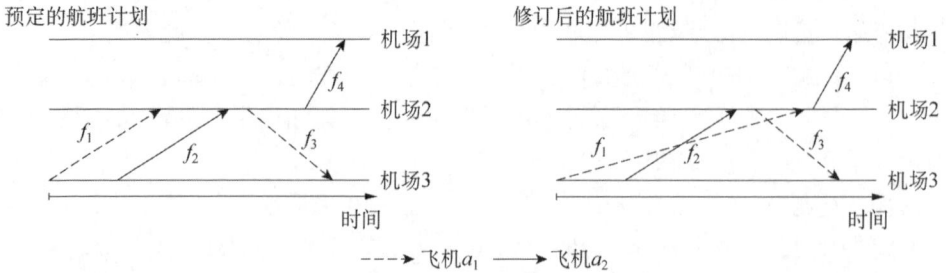

图 10.2 飞机交换示例

的飞机类型进行操作。其次,由于不同机型飞机的物理座位数会有所不同,要保证交换飞机所产生的利益大于旅客中断的损失。最后,所有的交换必须满足飞机维检计划的要求。尽管满足这些限制条件较为困难,不过现实中还是会有大量飞机交换的机会;特别是在大型航空公司运营的枢纽机场上机会更多,因为通常会有多架飞机同时停在机场。

10.2.2.2 航班航节取消和延期起飞

造成航班取消的原因包括飞机机械故障,机组因故未到、延误或出现突发状况,前序航班发生延误以及因极端天气条件并因此启动"地面延误计划"(见第 14 章)而造成的机场起降能力下降。同飞机交换措施类似,取消航班也是为了防止延误蔓延,减少对整个航线系统的影响。

为了把飞机安排到后续航班的起飞机场,运行控制人员必须保证取消航班的决策能保持每个机场上的流量平衡或称"飞机数量平衡"。通常情况下,取消航班操作要求同时取消由两个或两个以上航班构成的"航班环"。如果只取消单个航班、并且要求仍然执行剩余的航班计划,就需要安排一架与原计划同型号的飞机到被取消航班的目的地。由于通常备用飞机的数量很少,所以正常情况下不会只取消单个航班。好在枢纽轮辐式航线网络中通常包含大量的"航班环"——每个航班环由少数几个航班构成——能够被同时取消。具体地说,在连接性较高的大型枢纽轮辐式航线网络中,许多可取的消航班环仅由两个航班组成。

飞机交换措施,特别在枢纽机场,能够为航班取消措施提供更多选择。假设有飞机 a_1 分配给晚间航班 f_1,飞机 a_2 分配给早间航班 f_2。如果 a_1 无法执飞 f_1 而 a_2 可供使用,此时运行控制人员就可以把飞机 a_2 分配给航班 f_1,如果后面 a_1 仍无法执飞 f_2 则取消航班 f_2。取消早间航班保留晚间航班,旅客的过夜行程就不会被打乱,而且由此产生的延误也会大大缩短。

为避免干扰机组排班计划的执行,通常运行控制人员会选择取消由相同机组执飞的一系列航班。如果这种做法不可行,则尽可能选择取消那些还剩最后航班未执行的机组的航班,这样能够避免启用备份机组。在最坏的情况下,当航班取消须调动备份机组时,运行控制人员在选择取消航班时,常选择能让中断机组尽快回到可执行未来航班计划的地点并且使相关损失尽量小的方案。

通常情况下,运控管理人员不会选择取消航班,而是等候短缺资源变为可用状态或寻找到替代资源。在某些情况下,控制员选择推迟已经过了起飞就绪时间(即可能的最早起飞时间)的航班,这样尽可能让延误的中转旅客赶上后续航班。这种做法能避免重新安排行程被打断的旅客,而且能避免打断旅客行程造成的损失。

10.2.3　从不正常航班运营中恢复：目标与过程

航班计划恢复过程要实现多个目标,如让备份机组及备用飞机的成本最低,进行旅客保护的成本最低,使客户满意度的损害尽可能小以及尽量用最短的时间恢复到运营原航班计划的正常轨道上。不论要达成何种目标,航班恢复问题都应该在有限的时间内求出可行解,否则即使得到航班计划恢复的解决方案也没什么用。因为有求解时间的限制,求解大规模、多细节优化模型就变得不切实际。这样为了实现上述多个目标,大部分航空公司的航班计划恢复过程都采取顺序求解的折中方法。其中,第 1 步是恢复机队排班计划,对航班取消、航班延误及重新计划航路等做出决策;第 2 步是制订机组排班的恢复方案,为没有机组的航班重新安排机组或安排备份机组;第 3 步是为行程受影响的旅客制订旅客保护计划。AOCC 的决策过程天然具有层次性,航空公司的运行控制员、机组排班员及旅客服务协调员在评估决策的可行性和影响时,也会相互通气并紧密协同工作。

正常情况下,航空公司应该与自己的空中导航服务供应商(ANSP,如 FAA、EUROCONTROL,在英国境内是 NATS)提供的空中交通管制(ATC)指挥中心同步航班运行信息和情况,并与其他航空公司的运控中心协调,这样才能高效处理不正常航班运营状况,并尽快恢复到计划运营状态。在美国,上述协调工作借助协同决策(CDM,更多细节见 14.7 节介绍)过程实现。在 CDM 模式下,航班计划恢复过程中的主要干系人共享信息,并协同实施空中交通管理决策,如地面延误计划或空域流量计划。CDM 能提升该过程的协同效率及公平性,不过它的成功却反过来取决于航空公司之间及航空公司和 ANSP 之间的协同效率。ANSP 基于航空公司提供的信息制订"流量控制措施"(TMI),然后 TMI 又作为各家航空公司航班恢复流程中要遵循的重要限制条件。

为航班计划恢复过程研发的决策支持工具采用了顺序决策的方式,即首先恢复机队计划,然后是机组排班,最后进行旅客保护。通常情况下决策模型每次只会聚焦于恢复某一类资源,并且多数会首先进行机队计划决策,然后进行机组恢复,最后完成旅客保护。虽然这种方法能极大简化并加快航班计划恢复方案的制订,但对所有的决策结果,特别是在方案制订过程的早期产生的决策,还需要借助估算方法或基于不完整的信息,评估该决策对后续资源恢复产生的影响。

为了理解恢复过程的复杂性及其中为何必须进行的各种权衡,可以考察图10.3所示的简单例子。该例是图7.3所示例子的一个子网络,它包含了由2架相同型号的A300飞机(A300-1和A300-2)执飞的4个航班(CL302、CL332、CL502和CL551)。各个航班的时刻计划及飞机安排如表10.3所示。图中可见,飞机A300-1执飞CL551和CL302航班,飞机A300-2执飞CL332和CL502航班。

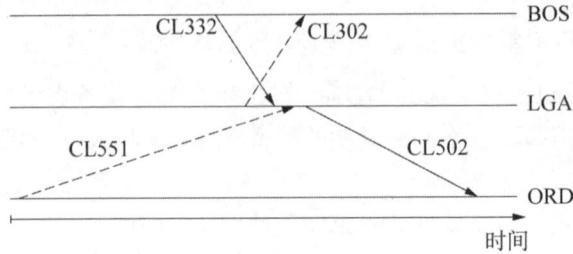

图 10.3　A300 的航班计划

为演示航班计划恢复过程,假设在航班CL551起飞前,已经知道该航班到达LGA的时间会延误至15点,正好是航班CL502的计划起飞时间(为简化讨论,假设最短周转时间为零,这样航班一旦到达后可马上起飞)。当延误发生后,首先应判断是否要启动恢复过程。某些情况下,通过推后紧接着的或后一个航班的运行,有可能利用航班计划中的"松弛时间"消化掉延误,对飞机、机组和旅客产生的影响最小或无影响。其他情况,如延误时间较长或航班计划非常紧凑、需要飞机尽快周转,或者留给机组和旅客的联程时间太短等,不调整航班计划可能产生较大损失时,就必须对航班计划进行变更。

从图10.3中能够清楚看到,表10.3中的航班计划没有留出足够的弹性时间来消化CL551的到达延误,因而这个延误必然蔓延到后续航班的运行中。因此,航空公司的航班计划管理团队采取的第一个必要行动就是制订航班恢复方案。按上述的顺序恢复过程,首先应确定飞机恢复方案,如下节所述。

表 10.3　上面例子中各航班的时刻计划与飞机安排

航班号	始发地	目的地	起飞时间(EST)	到达时间(EST)	安排的飞机
CL551	ORD	LGA	0700	1000	A300-1
CL332	BOS	LGA	1030	1130	A300-2
CL302	LGA	BOS	1100	1200	A300-1
CL502	LGA	ORD	1500	1800	A300-2

10.2.3.1　飞机恢复

飞机恢复问题的求解是指在航班计划运营中断时,决策是否调整航班起飞时间、是否取消航班和是否调整受影响飞机路径的过程。对飞机路径的调整手段的包括调机（ferrying）：将一架未搭载旅客的空飞机调配到另一地点备用；转场（diverting）：飞往计划目的地之外的机场；与最常用的飞机交换。对飞机路径修改必须满足飞机维检的要求，满足场站起飞宵禁的限制以及飞机数量均衡的要求，尤其应在航班计划恢复期的开始点与结束点满足这些限制。恢复结束时，各机型都应位于原航班计划规定的地点，以便按计划恢复运营。

在上面的例子中，可供航空公司选择的飞机路径恢复方案包括以下几个。

（1）让延误扩散（不调整该飞机的航路）：如图10.4所示，该方案继续让飞机A300-1按计划航线飞行，即CL551及后续的CL302航班，并且CL302的出发时间推迟至15点。结果是CL551延误5小时到达，CL302延误4小时到达。飞机A300-2未受影响，按照计划路径执飞航班CL332和CL502，并且都没有延误。

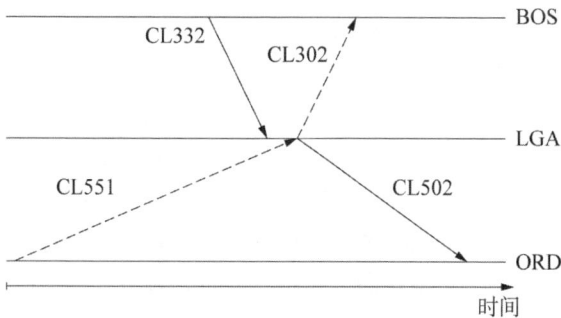

图10.4   延误蔓延的恢复措施

（2）飞机交换（调整飞机航线）：如图10.5所示，该方案需要交换分配给CL302和CL502的飞机，产生新的飞机航路，即飞机A300-1执飞航班CL551及后续的CL502，飞机A300-2执飞航班CL332及后续的CL302。飞机A300-1的航班CL551延误5小时达到，航班CL502没有延误。对飞机A300-2而言，因为航班CL332的计划及实际到达时间为11：30，而航班CL302的计划出发时间为11：00，

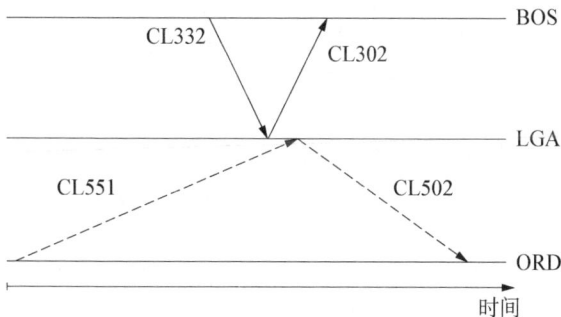

图10.5   飞机交换的恢复措施

所以 CL302 必须推迟 30 分钟起飞才能实现衔接。

(3) 航班取消：由于航班取消必须要保持航班计划的平衡，即在每个场站中被取消的到达航班数等于被取消的起飞航班数。因而不能只取消飞机 A300-1 航路中的航段——航班 CL551 从 ORD 开始，航班 CL302 结束于 BOS，取消其中一个航班会导致航班计划不平衡。此时，如决定取消飞机 A300-1 航路上的航班，还必须取消飞机 A300-2 航路上的所有航班。但如采用飞机交换方案，即将飞机 A300-1 分配给航班 CL551 和 CL502，A300-2 分配给航班 CL332 和 CL302，则无须或更少取消航班就可保持整个网络上的飞机数量平衡。特别地，飞机交换提供了两个航班取消方案，即只取消 CL551 和 CL502，或者只取消 CL332 和 CL302。可见取消航班虽能避免飞机延误的蔓延，但必须谨慎处理，因为飞机维修计划、机组飞行计划以及旅客行程都有可能被打乱，并且修复计划会花费更多的时间和成本。

即便是在这个只包含 4 个航班及 2 架同型号飞机的简单航线网络中，制订恢复方案的过程也相当复杂，尤其需要考虑到众多运营限制条件以及各方偏好时更是如此。例如，对飞机两次维检之间的飞行小时数有强制性规定，因此必须在制订恢复方案时予以考虑。对于上述飞机交换方案，假设①飞机 A300-1 在执飞 CL302 航班后须按计划做维检；②BOS 机场可进行维检；③ORD 机场不能进行维检。在该场景中，飞机交换方案以及交换-取消方案是最坏的选择，而且考虑维检要求后也无法实施这两个方案。如果要求 CL302 航班完成后立刻进行飞机维检，则"飞机交换"方案会导致飞机 A300-1 停留地面。飞机停在地面就会产生巨大损失，因而要尽可能避免这种情况的发生。

为了通过这个极简网络的例子进一步阐述该问题的复杂性，考察如何识别可行方案中的最优方案这一问题。如果以延误最小为优化目标，则飞机交换方案似乎优于延误扩散方案。延误扩散方案的总延误时间为 9 个小时，而飞机交换方案的总延误时间仅为 5.5 个小时。此外，延误扩散方案中每个航段的延误时间都不少于飞机交换方案的延误时间。但是，飞机交换方案有可能需要对既定机组计划、旅客行程以及飞机维检计划进行修改，这些变动通常成本极高。

在对这些可选方案进行比较时，还有一个基本考虑，即需要确定使用哪些衡量指标来进行对比。在上述讨论中，延误时间基于航班计划中的时刻计算。但如果用合计的每位旅客延误时间来做对比，则每个恢复方案，尤其是航班取消方案的总延误时间，将会与航班延误时间有较大差异，这样恢复方案的优劣排序就会有较大变化。2007 年针对美国国内航空运输网络进行的一项与航班和旅客延误有关的分析 (Barnhart、Fearing 和 Vaze，2014)表明如下观点：

(1) 航班延误时间与受影响旅客延误程度之间并不存在明显的联系。例如在 2007 年，受影响旅客的平均延误时间为 451 分钟，而航班平均延误时间仅为 15 分钟。

（2）受影响旅客承担的延误以及延误造成的损失占总旅客延误的很大一部分，即使受影响旅客的数量相对较少时也是如此。Barnhart、Fearing 和 Vaze 的研究表明，受影响旅客的数量仅占总旅客数的 3.2%，但他们承担的延误却占到旅客总延误时间的 48% 以上。此外，计划恢复要付出较多的成本，包括旅客住宿、餐食、重新订座（还可能预订其他航空公司的座位），以及航空公司客户满意度的损失等。

该研究得出结论，在恢复过程中仅考虑飞机延误而忽略受影响旅客的延误损失，既不够准确还有可能产生误导。因而，采用顺序流程制订恢复方案时，至少应该考虑到后续决策结果对于整体方案的影响。

10.2.3.2　飞机延误和航班取消模型

（本节的内容较难，可略过不读并且不会影响整体的连贯性。）

为了便于描述，下文介绍一个用于研究飞机恢复方案的典型优化模型。这种集成飞机延误及取消模型的目标是，针对每种机型，顺序计算出能使延误、取消和重新制订航路的成本最小化的飞机航路组合（Arguello、Bard 和 Yu，1997）。飞机数量平衡通过以下方式确保：即拿恢复期开始时飞机的准确位置与恢复期结束时航班计划中已确定的飞机位置做匹配。在上述例子中，恢复期从航班 CL551 的计划起飞时间开始，直到航班 CL502 落地为止。

该模型包含两种类型的二元决策变量：考虑飞机维检的航路、时刻计划以及航班取消的决策变量。飞机航路是指在计划恢复期内，由一组航班构成的有序列表，其中任一航班的起飞地与其前序航班的目的地相同，两个连续航班之间的间隔时间不小于该机型的最小周转时间。在恢复期内，对包含计划维检的飞机航路不做调整，以确保整个机队航路的恢复计划满足所有飞机的维检要求。

设 P 是飞机航路的集合，Q 表示飞机的集合，F 表示航班的集合，T 表示恢复期结束时机场站点的集合。在我们的例子中，飞机航路包括：

（1）采用延误扩散恢复方案时的航路，即飞机 A300 - 1 执飞航班 CL551 与 CL302，飞机 A300 - 2 执飞航班 CL332 与 CL502。

（2）采用飞机交换恢复方案时的航路，即飞机 A300 - 1 分配给航班 CL551 及后续航班 CL502，飞机 A300 - 2 分配给航班 CL332 及延后 30 分钟起飞的航班 CL302。

飞机集合 Q 包含两架同型号的飞机，即 A300 - 1 和 A300 - 2；航班集合 F 由航班 CL551、CL332、CL302 和 CL502 构成。

求解该优化模型时，当恢复决策将飞机 k 分配给航路 j 时，飞机航路决策变量 x_j^k 置为 1，否则为 0。此时，飞机航路匹配方案的成本用 d_j^k 表示，其值等于将飞机 k 分配到航路 j 时产生的延误成本总和。如上文所述，要量化这些成本还需要考虑到飞机航路调整决策对后续飞机、机组和旅客的影响，并估算由此产生的延误总成本。

航班取消的决策变量为 y_i，当航班 i 被取消时置为 1，否则为 0。在我们的例子中,如果航班 CL551 与 CL502 被取消,导致飞机 A300-1 在恢复期都停留在 ORD 机场地面,而飞机 A300-2 执飞 CL332 和 CL302 航班。类似地,取消 CL332 和 CL302 航班,则只能用飞机 A300-1 执飞 CL551 和 CL502 航班,而飞机 A300-2 在恢复期内需停留在 BOS 机场地面。取消所有航段意味着在恢复期内 2 架飞机都停留在地面。取消航段 i 的相关成本为 c_i,如前文所述,是对从航班取消中恢复时的直接与间接成本的估算,即将机组重新分配到修正后的航班计划并重新安排受影响旅客的成本。

优化模型的其他参数包括 h_t 表示当恢复期结束时为确保航班计划能继续执行,在机场位置 t 处所需的飞机架数;如果航路 j 中包含了航班 i,则 δ_j 等于 1;如果航路 j 在机场 t 结束,则 b_{tj} 等于 1。

飞机恢复模型表示为

$$\min\sum_{k\in Q}\sum_{j\in P}d_j^k x_j^k + \sum_{i\in F}c_i y_i$$

服从约束条件:

$$\sum_{k\in Q}\sum_{j\in P}\delta_{ij}x_j^k + y_i = 1 \text{ 对于所有航班航节 } i\in F \tag{10.1}$$

$$\sum_{k\in Q}\sum_{j\in P}b_{tj}x_j^k = h_t \text{ 在保护期结束时,对于所有机场 } t\in T \tag{10.2}$$

$$\sum_{j\in P}x_j^k = 1 \text{ 对于所有飞机 } k\in Q \tag{10.3}$$

$$x_j^k\in\{0,1\} \text{ 对于所有航路 } j\in P \text{ 以及所有飞机 } k\in Q \tag{10.4}$$

$$y_i\in\{0,1\} \text{ 对于所有航班 } i\in F \tag{10.5}$$

约束条件(10.1)以及约束条件(10.4)和(10.5),要求每个航班要么被包含在指定航路中,要么被取消。约束条件(10.2)确保在恢复期结束时,飞机都已被重新安排且能够使航班计划继续执行。最后约束条件(10.3)要求每架飞机都必须被分配到一条航路上,并且恢复期开始时航路起点正好为该飞机所在位置。优化目标是使得航班取消和延误的损失最小。

上述飞机恢复模型曾被用于波音 757 机型的小规模航班计划恢复问题之中,该问题由大陆航空公司提供,涉及 42 个航班,16 架飞机和 13 个机场。采用上述模型并求解,对测试用例中 90% 以上的情况能在 CPU 时间 10 秒内产生一个解,且解与松弛问题解(即下限)的相对偏差在 10% 以内。

10.2.3.3　机组恢复

虽然飞机恢复决策能够修复受影响的飞机排班计划,但往往又会扰乱机组排班。航班取消、延误、转场和飞机交换的决策以及机组病休,都可能导致某些需要机组的机场无机组可用的状况。

　　恢复受影响机组排班的方法之一，称为"机组人员空载转运"（即把机组当作乘客运送到指定地点），通常是将机组从受影响的机场运送到排班计划中下一个航班的起飞机场。一旦到达新的机场位置，机组便可继续执行原先的工作计划。另一类恢复方案是将备份机组安排到因机组排班中断导致的机组空缺或开放的航班。然而使用备份机组的成本较高，这是因为既要给备份机组也要给原机组支付报酬。通常航空公司需要向原机组支付原计划的全额薪酬，即使完成工作的是其他机组。第三种机组恢复方案是将某机组从其原先的排班计划中重新调配到另一个排班里。此时，对机组的工作调配必须满足所有的劳资谈判合同以及工作规范要求，包括最长工作时间、最短休息时间、最长飞行时间、最长离家时间等要求。重新调配后，通常按原航班与新航班两者中高的那个薪酬标准向该机组支付报酬。

　　此时机组恢复问题可描述为重新制订受影响机组及备份机组的排班计划，目标是以最小成本覆盖所有航班。不过求解机组恢复问题面临多项挑战。首先，求解机组恢复问题需要快速，只有在几分钟内完成求解才可能做出近乎实时的恢复决策。其次，必须随时获取每一位机组成员所处的位置及其飞行历史信息，这样才可能制订出满足众多机组工作规范及劳资协议要求的恢复计划。最后，求解机组恢复问题需要实现多维度目标，这种混合目标通常包括执行修订后的航班计划的机组成本增加最小，尽可能早地回归原航班计划执行以及针对原机组排班的变更次数最少。尽量减少受影响机组的数量，能够最大限度地保持原机组排班计划的有效性。此外，尽快回归原排班计划是为了避免对飞机、机组及旅客的后续计划造成进一步影响。

　　综合上述这些错综复杂的条件，事实上是要求将飞机和机组的排班计划问题放在一起考虑。仍用图10.3的例子来说明，联合考虑机队和机组排班问题如何让恢复问题变得更复杂。为简单起见，假定原计划中机组跟着飞机走。假设机组1分配给飞机A300-1，机组2分配给飞机A300-2。

　　当采用延误扩散飞机恢复方案（见图10.4），并且航班CL302延误起飞会导致机组1的工作时间超过最长工作时间规定，那么就必须更换机组。此时，需要调配一个备份机组执飞CL302航班，而机组1在LGA强制休息并过夜，既不能回预定位置也不能执飞下一个计划航班。因而必须重新安排备份机组或其他可用机组来执飞下一个计划航班或直接取消该航班。另外，被换下来的机组1要么"空载转运"到可恢复计划工作的地方，要么继续在LGA休息（仍需支付薪资）直到能恢复计划的工作。上述处置方法会给航空公司造成较大的损失。

　　与延误扩散方案类似，飞机交换方案也会打乱机组排班。上述飞机交换方案，即飞机A300-1执飞航班CL551和CL502，飞机A300-2执飞航班CL332与CL302，同样要求机组交换航班。机组1须跟随航班CL551和CL502，机组2须跟随航班CL332与CL302。计划调整后，航班CL302先于延误的CL551降落而起飞，因此原机组排班不再可行。但机组排班调整使得在保护期结束后机组的位置错误：机组1在ORD而非BOS，机组2在BOS而非ORD。虽然从系统整体角度看，这种调整不会造成机组位置的不平衡（当天结束时一个A300机组在BOS，另一个在ORD），但假如机组本身属性不同而导致不能互换，就可能造成许多问题。例如，机组1常驻地在BOS，按原计划他们飞完CL302之后很可能应该回家休息或轮休。但当天该机组以CL502结束飞行，则在抵达ORD后还需被"空载转运"回到BOS，这会造成航空公司一笔额外开支。此外，如机组1到达BOS的时间过早而导致其在岗时间超过最长工作时间，则该恢复方案依然不可行（被空载转运的机组即便没开飞机也认为在岗）。

如果从飞行小时数的角度分析，机组不能互换产生的影响也很明显。仍以上面的飞机交换方案为例，可知航班CL502的飞行时间比CL302的长，且CL551的飞行时间比CL332的长。此时，如果机组1连续执飞航班CL551和CL502（而非CL302）就有可能使该机组的飞行时间超过每天的最长飞行时间规定。此时，不能将机组1分配给CL502，而只能调配备份机组执飞或直接取消CL502航班。

上面的讨论清楚说明，在制订飞机恢复方案时不考虑其对机组排班的影响，可能得出一些不那么好、非常昂贵甚至不可行（无法实施）的恢复策略。制订有效的飞机恢复方案除了要考虑重新安排航路、确定延误航班的起飞时间或者做出航班取消等决策本身的复杂性，还必须考虑这些决策产生的后续成本以及对机组的影响。

10.2.3.4　旅客恢复

正如飞机恢复决策可能打乱机组排班那样，飞机与机组的恢复决策也可能打乱旅客的行程安排（回想一下，"受影响的旅客"是指由于航班取消或航班延误错过联程，而必须被保护到原计划之外行程之上的旅客）。因此造成的旅客延误程度可采用被取消航班的始发地和目的地之间替代行程的数量、航班取消影响旅客的数量以及这些替代行程上的可用座位数量构成的一个函数来表示。针对美国某大型航空公司旅客延误问题的研究发现（Bratu和Barnhart，2005），那些因航班延误而错过联程的旅客通常会被优先安排到最佳替代行程，也就是当明确了中断发生时间，能够最早到达目的地的替代行程。相比之下，因航班取消受到影响的旅客中大约只有一半能被重新安排到最佳替代行程。之所以出现这种情况，是由于按航班统计时，受航班取消影响的旅客人数远大于因航班延误而错过联程服务下一航班的旅客人数。

在上述飞机交换的例子中（见图10.5），所有由航班CL551中转到航班CL302的旅客都会错过联程服务。为了便于说明，假设图10.5所示的4个航班代表该航空公司的全部日常航班计划。这样，受影响旅客只能在LGA过夜，且当第二天的CL302航班上有空座位时才有可能完成行程。如果后续航班的客座率一直保持很高，那么只能用后面几天的航班陆续安排受影响旅客了。

那些未能被安排第二天起飞的旅客需要继续等待,直到积压的受影响旅客逐天被运走。很明显,在这个例子中如采用航班取消方案,会造成较大的旅客相关损失;因此,仅当其他的限制条件或者有其他考虑时造成的损失占主导(如考虑飞机或机组恢复),才会实施航班取消方案。

与其他恢复方案比较,航班取消方案面临许多重大挑战。虽然航班取消能减少航线网络中其他航班的延误,但往往会导致被取消航班上有大量旅客延误。即便是上述例子中的最佳情况,从 CL551 中转到 CL302 的旅客也会延误 24 小时,而 CL302 上旅客的延误时间仅为 30 分钟。从旅客延误的角度看,延误扩散方案——即使其飞机总延误时间为 9 小时,也是最可取的方案。在该方案下,所有旅客的中转行程都能衔接,而且旅客延误的最长时间(仅)为 5 个小时。这就说明飞机延误最短并不总能使得旅客延误最少。此外,这也再次证明了前文提出的关于机组恢复观点:如果飞机恢复决策未考虑旅客中断导致的损失,则整个恢复计划的实际损失会被低估,并且被低估的幅度较大。

造成估算与旅客恢复相关成本的过程非常复杂的原因之一在于,恢复期间的可用座位数量以及旅客对这些座位的需求数量与是否中断、延误时间长短以及采用的恢复措施之间存在某种函数关系。虽然看上去很直观,但由于不正常航班随机出现并处于动态的运营环境中,要准确预测后续航班上的可利用座位数以及每个航班上的受影响旅客数在实际上非常困难,甚至不可行。

为了便于说明,首先考虑指定某航班作为保护方案时,计算受影响旅客数量的问题。当给定了取消航班、延误时间及飞机交换方案时,计算受影响旅客数量的过程很直观。但是,当出现大面积延误、不清楚有多少旅客会选择取消行程、或改签到其他航空公司或通过其他交通方式继续出行时,只能大致判断出需要安置旅客数量会减少。此外,预期保护到的航班仍会延误或者对恢复措施不满,都可能导致未知数量的旅客认为继续搭乘原来那个航班是当前的最佳选择。

在另一方面,计算尚未起飞航班上可用座位数的任务也比较困难。在静态运营环境中,简单地用总座位数减去分配给乘客的座位数即可得出可用座位数。但在动态运营环境中,在恢复计划的制订过程中或者执行时,如果出现飞机交换或取消航班的情况,则可用座位数量就会发生较大改变。而且飞机交换或者航班取消也会使受影响旅客的数量发生很大的变化。

从上面的讨论可得出结论(与机组恢复方案讨论的结论类似):在决定采取何种飞机恢复或机组恢复措施时,必须考虑到预期的旅客恢复成本。很明显,仅从飞机或机组角度制订的"最优"恢复计划,放到飞机、机组及旅客综合优化的环境中很可能使最终的恢复成本极高(甚至不可行)。

10.2.4 评估恢复方案成本:不确定性与下游效应的挑战

要决策是否采取飞机交换、延误扩散、航班取消或其他的恢复方案,航空公司恢复计划制订团队必须对比每种恢复方案的相关成本。由于需要考虑到已经确定的维检计划、机组工作规范和备份机组的情况以及旅客保护和客座率等因素,这本身就是一项艰巨任务。尽管如此,估算这些成本还是有价值和其必要性的,就像通过上面的例子说明的那样。在顺序恢复计划制订过程中,早期做出的决策将对后续决策(及其运行成本)产生重大影响。

在恢复过程的每一个阶段,都必须考虑到与所有可能的恢复措施相关的下游成本。在飞机恢复优化模型里,目标函数中应包含代表航班延误与航班取消相关成本的条目。这些条目应能反映出针对当前这个恢复方案的解而言,与飞机、机组及旅客相关的直接或间接成本。某个恢复措施,例如延误扩散、飞机交换或航班取消等的延误成本,必须包含对下列各项成本的估算:

(1)与飞机相关的成本,包含因实施恢复措施而影响到的所有飞机产生的必要的维检成本及飞机位置重新调配的成本。

(2)与机组相关的延误成本,包括因延误、机组重新排班和位置重新调配以及使用备份机组等产生的成本。

(3)与旅客相关的成本,包括因旅客错过联程航班或航班取消而导致的延误以及因此导致的重订座成本,还有旅客对航空公司满意度下降的隐性成本。

即便能用成熟方法来估算恢复方案的总成本,航空公司未来运营的不确定性也会导致成本最小的恢复方案在很多情况下并不是最优方案。

如果假设针对延误航班CL551制订的恢复方案是交换飞机。执行这个恢复方案,即由A300-2执飞CL332,并在到达后立刻让CL302起飞。在CL302起飞后,航空公司得知ORD上空的雷暴天气会导致CL502延误。假设这次延误使CL551与CL502机组的工作时间超过了最长工作时间限制,进而使该恢复计划不可行;再假设没有可用的备份机组,因而只能取消CL502。如果忽略掉恢复计划对既定飞机维检计划的影响,此恢复方案执行的最终结果是1架飞机(在LGA而不是ORD)及2个机组(应在ORD的机组在BOS,应在BOS的机组在LGA)都未在正确位置,而且还会对后续航班的运营造成(昂贵的)影响。如果能更早知道CL502的延误情况,航空公司可能不会采取交换飞机(和机组)的方案,结果会是有所延误,但全部航班和机组都能按计划运行。

由于恢复决策只能基于不完整、不精确的未来运营信息做出,而恢复计划本身可能也会受到不正常航班运营的影响,然后造成更严重的延误和更多的恢复成本。因而很大程度上,航班计划恢复方案要进行再次设计。不过,Bratu 和 Barnhart (2006)的研究指出,如果能在飞机恢复的决策过程中纳入估算的(即使不准确)后续成本,确实能提升决策质量。他们利用航空公司的实际运营数据,建立并求解了飞机恢复优化模型,模型以恢复成本最小为目标决策航班起飞时间或者是否取消,恢复成本中包含了受影响旅客的保护、为受影响的机组重新排班、重新制订飞机航路以及航班取消的成本。研究采用的实例包含 303 架飞机、74 家机场(其中 3 家为枢纽机场)、平均每天 1 088 个航班以及 307 675 个旅客行程,他们得出的解决方案能够有效减少预期的旅客延误时间。更具体的数字包括受影响旅客的人数减少了40% 以上,需要在计划外地点过夜的旅客人数减少了 45% 以上以及受影响旅客的总延误时间减少了 33% 以上。

由于顺序的恢复决策过程常得不到最优解,所以最近一些研究开始尝试将恢复决策过程的部分或全部决策问题集成到单一的优化模型中求解。研究发现精确求解完全集成的恢复优化模型,特别是针对大型航空公司的大型航线网络求解大规模问题时,常因为所需时间太长(或所需计算资源过多)而不可行。例如,针对飞机和机组的集成恢复问题,如果目标是包含日均 1 100 个航班的大型网络,那么只能用贪婪启发式算法求解(Abdelghany、Abdelghany 和 Ekollu,2008),而针对日均 441 个航班的中型网络,就可用精确的优化算法求解(Maher,2014)。对于飞机、机组及旅客的集成恢复问题目前只能使用启发式算法求解,如美国国内某区域性航空公司的枢纽轮辐式航线网络,包含约 800 个航班的恢复问题(Peterson 等,2012)。目前,寻求大型航线网络或跨度 1 天以上恢复问题的精确解的有效计算方法仍是学术难题。

10.3　稳健航班计划的制订

稳健航班计划是对第 8 章所讲述的航班计划编制模型的扩展,试图在计划制订时考虑和预防航班计划执行中可能出现的各种不确定性。基本的想法是扩展航班计划制订模型,同时考虑按航班计划执行的相关成本以及从中断状态恢复到计划状态的预期成本。像原来制订"最优的"航班计划那样,先忽略掉恢复成本,以得到能使资源利用率最大并且地面非生产时间(即松弛时间)最短的航班计划。如果计划的松弛时间不足,在航班计划中断的情况下就难以抵消中断时间,并且此时恢复方案的选择很少。虽然可以在优化模型中考虑恢复成本,但这样一来模型求解难度会大大增加,对计算资源要求也会大大增加。

很多研究人员已经在尝试,将预期恢复成本纳入到航班计划制订模型中,并发现稳健航班计划制订是个大量机遇和问题并存的领域。为了方便制订稳健计划,开发出了多种衡量稳健性的指标体系。借助这些指标体系能够反映出灵活计划要实现的目标,包括为旅客、机组及飞机提供丰富的恢复方案选项,或者隔离中断影响这样仅需对航班计划做出局部调整。

为突显稳健优化方法与常规方法之间的异同,本节内容按与第 8 章结构类似的方式进行排列。实现稳健航班计划的典型方法之一是,首先确定出"稳健"目标,并对第 8 章中的优化模型进行修改,以达到新的稳健目标要求。在本节中,将对航班计划制订、机队编排计划、飞机维检航路制订以及机组排班计划制订问题的稳健目标给予描述,并简要描述为达成稳健目标带来的一些影响。

10.3.1　稳健航班计划的设计

一种设计稳健航班计划的方法是制订能使旅客延误最小的航班计划(Lan、Clarke 和 Barnhart,2006)。该方法的出发点是,选择航班起飞时间使得在运营过程中旅客错过联程航班的概率最小。要达成这个目标,只需简单地将航班起飞时间设定得"足够晚"就有可能把错过联程航班的概率降到零。虽然理论上在航班计划中增加大量的松弛时间可以达成这一目的,但在实际中可添加多少总松弛时间则受限于能参与运营该航班计划的飞机数量。此时问题就变成:找到最合理的松弛点,或等效地选择合适的起飞时间,从而最小化受影响旅客人数并维持飞机利用率较高。

2016 年 Lan、Clarke 和 Barnhart 使用该方法,对运营"稳健"并能保证航班延迟起飞时间最短的航班计划情况,研究其预期的旅客延误和中断时间,并与美国某大型航空公司实际运营数据进行了对比。即使在稳健航班计划中,限定起飞时间必须在原计划时间前后 15 分钟以内,从模拟结果看,稳健航班计划能减少 20%的旅客延误以及 40%错过联程航班的旅客数量。更有意义的是,这两方面的数量减少不会使航空公司成本有任何增加,而且由于上述稳健优化方法是从具有最小总规划成本的候选解决方案中选取,那些具有最短旅客延误时间和最小错过联程航班概率的解,所以达成这个目标的可能性较高。

除了可以调整航班起飞时间、设置有效松弛时间之外,还可以同时调整航班起飞和到达时间来设置松弛时间。对一个航班的计划起飞时间和计划到达时间的联合调整与只调整起飞时间相比,优势在于前者能够改变"轮挡松弛时间",即航班计划轮挡时间与期望轮挡时间之间的差值。与飞机的地面松弛时间只能"吸收掉"某航班与下一航班间的延误扩散不同,轮挡松弛时间还能"吸收掉"飞机推出后以及飞行过程中的延误扩散。为计划轮挡时间增加松弛时间的做法称为"航班计划填充"。基于某国际航空公司的运营数据,Chiraphadhanakul 和 Barnhart(2013)研究发现,对计划地面时间及轮挡松弛时间的微调能显著减少整体航班延误。

制订稳健航班计划的另一种方法是隔离中断产生的影响(Kang,2004):将航班计划划分为若干独立的子网络,并且飞机和机组只能在单独的子网络中运营和调配(不过旅客行程可以跨越不同的子网络)。子网络的优先级由子网络包含航班的总收益(收入)来确定,也就是说收益最高的子网络具有最高的优先级。当中断情况发生时,首先恢复最高优先级的子网络,最大限度屏蔽其他子网络延误对于当前子网络中机组、飞机及旅客的影响。这种方法可以将航班中断的影响转嫁到低优先级的子网络上,并使旅客延误及中断情况对收益的影响最小。

该方法的优点之一是能够简化运营恢复过程。由于延误及其扩散对飞机与机组的影响被限制在单一的子网络内，所以只需对受影响子网络内的航班采取恢复措施，而不需调整整个航线网络。

10.3.2 稳健的机队分配

因为枢纽机场的中断情况对航班按计划运行影响巨大，此时如能将枢纽机场最大限度地进行"隔离"，则就可能增加运行的稳健性。使用枢纽机场连接性指标能够度量枢纽机场被隔离的程度：即枢纽连接性的数值越小，则该枢纽被隔离的程度越高。此概念应用于机队分配问题，在将机型分配到航班时需要限制总的枢纽连接性，并使分配给同类机型的短循环数量最大化（Rosenberger、Johnson 和 Nemhauser，2004）。短循环是指由至少两个从相同地点开始和结束、并只包含少量航段（如两个）的联程航班序列。当航空公司不得不取消航班时，短循环能够限制被取消航班的数量，因而能控制中断的范围及其影响，从而有助于计划恢复。与传统模型产生的解决方案相比，用上述方法生成的稳健机队分配方案能够显著地减少航班取消数量，并提升航班计划执行的准时性，代价只是增加少量的成本支出。

机队分配方案稳健性的另一个评价指标是纯度（Smith 和 Johnson，2006）。纯度是指将运营枢纽机场到辐射机场航班的机型限制在一个或两个以内。虽然会使制订解决方案需要的设计成本增加，但纯度增加能够提升机组交换的可能性，从而使恢复方案的数量增加，因此提升恢复解决方案的可行性。此外纯度提升还会降低对备件的要求，使飞机的维护成本下降。

10.3.3 稳健的飞机航路规划

延误扩散是指由于联程航班的前序航班中断或者由该飞机执飞的一个或多个前序航班延误，而导致计划执飞某个航班的飞机未能按计划时间准备就绪。因此，延误扩散与飞机航路间存在某种函数关系。从而可建立稳健的飞机航路模型，其目的是优化飞机航路决策，使延误扩散以及旅客延误与中断最少发生（Lan、Clarke 和 Barnhart，2006）。与优化起飞时间类似，航路优化也可通过优化航班计划中的松弛时间来实现。不同的是，航路优化仅通过路线决策设置松弛时间，而不是调整起降时刻。

为说明具体做法，参考图 10.6～图 10.8 中的示例。计划中是先进先出的飞机航路，其中一架飞机先执飞航班 f_1 然后是 f_2，另一架飞机先执飞航班 f_3 随后是 f_4。假设 f_3 通常按计划时刻运行，f_1 常会延误，如图 10.6 所示。由于延误导致的周转时间不足，f_1 造成的部分延误会扩散到后续航班 f_2，如图 10.7 所示。但如果将第一架飞机的航路改为 f_1 接 f_4，另一架改为 f_3 接 f_2，则可以避免延误扩散，如图 10.8 所示。

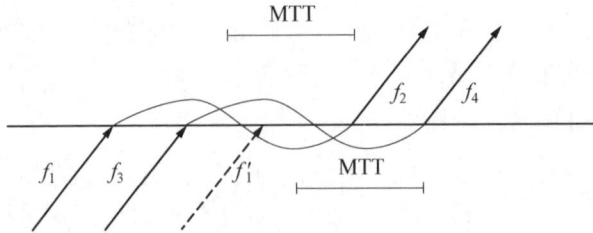

图 10.6　先进先出的航路及航班延误 f_1（MTT＝最小轮转时间）

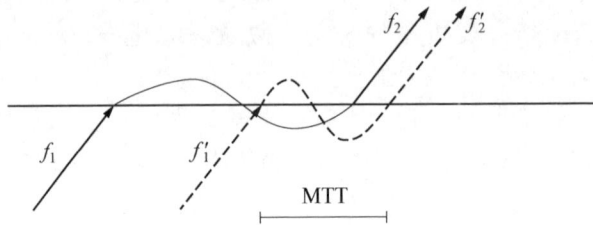

图 10.7　航班 f_1 延误造成的延误扩散（MTT＝最小轮转时间）

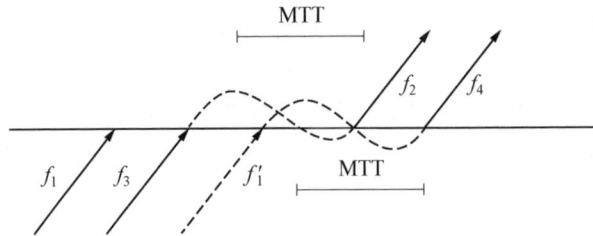

图 10.8　修正后的航路使延误扩散最小（MTT＝最小轮转时间）

根据美国某大型航空公司的数据,稳健航路计划(与常规的飞机航路计划对比)能使中断旅客的总人数以及旅客的总延误时间显著减少。具体来说,在 Lan、Clarke 和 Barnhart 所做的实验中,稳健航路计划能使中断旅客人数平均减少 11%,由于延误扩散造成的预期旅客总延误时间平均减少了 44%。此外根据美国运输部(DOT)的准点到达率统计,稳健航路计划的应用使得该数字提升了 1.6%。提升准点率能使航空公司在运输部的排名提高,由于准点率是公认并最常使用的航空公司绩效指标,排名提升对航空公司有重要的意义。

还有一种稳健计划方法,即构建灵活的飞机航路,使得在恢复期间飞机交换的机会尽可能多(Ageeva,2000)。在这一前提下,只要两架相同型号飞机的计划航路中,在两个或多个地点存在交汇时,就有可能实现飞机交换;更具体的描述是,只要两架相同型号飞机的航路计划使它们能在相同时间停在同一机场地面上,就存在飞机交换的机会。采用这种结构时,初始飞机按计划航路飞行到第一个交汇点,交汇点之后的航班可由任一飞机进行执飞，并且在第二个交汇点之后还可以调整回原先的航路计划。10.2.2 节曾讨论过，飞机交换是减少、甚至完全消除延误和中断的有效并且常用的恢复措施。Ageeva 的研究证实，灵活飞机航路计划有助于提升航班计划的执行效果，而且与常规方法的求解过程相比，不会增加计划成本。

制订稳健飞机航路计划的另一种方法是最小化飞机恢复的相关成本。当航空公司在日常运营中尝试恢复飞机计划时，通常采用航班取消、延误扩散、飞机交换和重新安排飞机航路等措施，肯定会造成一定损失。在制订飞机航路计划时明确的考虑飞机恢复成本，能够在不增加计划成本的前提下，降低飞机的恢复成本（Froyland、Maher 和 Wu，2014）。

10.3.4 稳健机组排班

为了使计划和非计划的机组排班成本最小，需要在稳健航班计划导致的成本增加与稳健恢复计划带来的成本减少之间进行权衡。实现该目标的方式之一是，对每种机组搭配方案的非稳健性进行估值（Ehrgott 和 Ryan，2002）。如果机组排班不用改变，则非稳健性的值为零；如果恢复计划要求机组衔接不同的飞机，则其值就表示延误造成的潜在中断影响。这样，机组排班问题的目标就变为使得求解非稳健性的估值最小，同时保持对应的机组排班计划成本"趋近于"最小的机组排班制订成本。

根据 Ehrgott 和 Ryan 使用该方法的经验，计划成本的少量增加能产生较大的稳健性效益。举例来说，以计划成本增加不到 1% 为代价，可使非稳健性指标提升 2 个以上数量级。稳健机组排班通常具有如下特性：当机组被要求在两个由不同飞机运营的航班之间衔接时，有更长的机组地面时间；要求机组在两架不同飞机间奔波的机组衔接更少；略微增加机组的工作时间；会略微减少机组排班计划中的航班数量。

与通过飞机交换实现恢复计划灵活性的做法相类似，也可以利用机动机组来提高恢复计划的灵活性（Shebalov 和 Klabjan，2006）。航班的机动机组是指存在一种可能性，即某机组未被实际指派给某航班，但在需要时可方便快速完成指派操作。为了使这种重新分配可行，要求机动机组①与目标机组的驻地相同；②在目标航班的计划起飞时间可用；③能够执行包含目标航班的机组排班计划的剩余计划。基于这个概念，稳健机组优化模型的目标在于找到能使机动机组数量最大化的机组排班计划集合。这样，大量的机动机组在恢复期内可转化为大量的机组交换机会。使用该方法制订灵活的机组排班解决方案，与常规的成本最小化机组排班优化方案相比，计划制订成本略微增加了一些，但机动机组的数量却能增加 5～10 倍。

在 10.3.2 节讨论机队调配计划时介绍了场站纯度的概念，可对进行其扩展，通过限制机型数量以及能覆盖到所有机场的机组基地数量，度量机队纯度和机组基地纯度（Gao、Johnson 和 Smith，2009）。优化机组基地纯度能提升在机组排班恢复过程中找到机动机组的机会，还有助于提升解决方案的品质，并使求解计算更加高效。

10.4　不正常航班运营恢复计划领域目前及未来的发展方向

每年由于大面积延误及不正常航班造成的直接或间接经济损失达数十亿美元，因此如何降低大面积延误的影响并快速从"不正常"运营中恢复是整个航空业都关注的事情。航空业内的有识之士正逐渐认识到，在航空运输运行的极端复杂又充满不确定性的动态环境中，制订灵活、稳健的航班计划与制订成本最小的航班计划同等重要。本章具体介绍了在这一方面的一些成就，包括在不正常航班运营下有效恢复飞机、机组和旅客的方法的研究与实施；以及越来越成熟的能够提升飞机、机组和旅客计划稳健性的模型和方法。

除了制订更加稳健的航班计划以及更有效的恢复方法之外，越来越多的有识之士意识到，需要更加系统化的协同各类干系人对不正常航班运营的反馈及应对措施。类似于在规划模型时考虑旅客偏好与选择的做法，也应该将干系人的偏好系统地整合进运营恢复模型中。ANSP（空中导航服务供应商）运营决策的主要干系人是航空公司及旅客，运营决策对他们的影响最大。但目前 ANSP 在设计 TMI（流量控制措施）时仅通过临时性或非系统化的方法整合与考虑航空公司干系人的偏好。使这一过程更加系统化的努力仍然处于起步阶段（包括 Ball 等，2013；Swaroop，2013；以及 Evans、Vaze 和 Barnhart，2014），他们所提出的解决方案需要更多的实践验证。

总结一下，未来在决策支持工具研究方向的机会包括①能有效处理不确定性；②能对多种受影响的资源进行集成恢复决策；③可整合、协同各类干系人的需求。从规划的角度来看，有效处理不确定性需要更加动态的规划过程，这类规划过程需足够灵活，一方面能对突发的中断情况，另一方面还必须对常规的或"预期"的变化情况妥善应对。需要具备针对"预期"变化，即根据需求与供给的后期变动来制订航班计划的能力，例如，在运营航班计划之前或在运营期间，具备允许进行飞机交换的能力（也称为需求驱动的签派）。从运营角度看，有效处理不确定性需要有决策支持工具帮助决策投入近期计划中的资源容量水平。

针对多种资源的集成恢复方案需要具备这样一种运营决策能力，即决策过程中逐步增加资源利用的集成度，从而使得上游决策不会造成下游运营成本增加。最后，未来不正常航班运营计划恢复领域研究的一个重要方向是，研发由干系人驱动或更进一步由市场驱动的机制，对稀缺的航空系统资源和容量进行实时重新分配。这类例子包括，针对短期资源容量分配决策的共识确立机制；基于共赢原则的时刻交换机制；以及能够将资源容量分配给最认可该资源价值的使用者的机制。

参 考 文 献

Abdelghany, K. F. , Abdelghany, A. F. , and Ekollu, G. (2008) *An integrated decision support tool for airlines schedule recovery during irregular operations*. European Journal of Operation Research, 185,825 – 848.

Ageeva, Y. (2000) *Approaches to incorporating robustness into airline scheduling*. Master of Engineering thesis, Department of Aeronautics and Astronautics, Massachusetts Institute of Technology, Cambridge, MA.

Ahmadbeygi, S. , Cohn, A. , and Lapp, M. (2010) *Decreasing airline delay propagation by reallocating scheduled slack*. IIE Transactions, 42,478 – 489.

Arguello, M. F. , Bard, J. F. , and Yu, G. (1997) *Models and methods for managing airline irregular operations*, *in* Operations Research in Airline Industry (ed. G. Yu), Kluwer Academic Publishers, Boston, MA, pp. 1 – 45.

Arikan, M. , Deshpande, V. , and Sohoni, M. (2013) *Building reliable air travel infrastructure using empirical data and stochastic models of airline networks*. Operations Research, 61,45 – 64.

Ball, M. , Barnhart, C. , Dresner, M. et al. (2010) *Total Delay Impact Study: A Comprehensive Assessment of the Costs and Impacts of Flight Delay in the United States*, FAA, Washington, DC.

Ball, M. , Barnhart, C. , Hansen, M. et al. (2013) *Distributed Mechanisms for Determining NAS-Wide Service Level Expectations: Year 3 Report*. The National Center of Excellence for Aviation Operations Research.

Barnhart, C. , Belobaba, P. , and Odoni, A. (2003) *Applications of operations research in the air transport industry*. Transportation Science, 37(4),368 – 391.

Barnhart, C. , Fearing, D. , and Vaze, V. (2014) *Modeling passenger travel and delays in the national air transportation system*. Operations Research, 62,580 – 601.

Bratu, S. and Barnhart, C. (2005) *An analysis of passenger delays using flight operations and passenger booking data*. Air Traffic Control Quarterly, 13,1 – 27.

Bratu, S. and Barnhart, C. (2006) *Flight operations recovery: new approaches considering passenger recovery*. Journal of Scheduling, 9,279 – 298.

Bureau of Transportation Statistics (BTS) (2014) *On-time performance-flight delays at a glance*. Available atwww. transtats. bts. gov/HomeDrillChart. asp (accessed July 3,2014).

Chiraphadhanakul, V. and Barnhart, C. (2013) *Robust flight schedules through slack reallocation*. EURO Journal on Transportation and Logistics, 2,277 – 306.

Ehrgott, M. and Ryan, D. M. (2002) *Constructing robust crew schedules with Bicriteria optimization*. Journal for Multi-Criteria Decision Analysis, 11,139 – 150.

Evans, A. , Vaze, V. , and Barnhart, C. (2014) *Airline-driven performance-based air traffic management: game theoretic models and multi-criteria evaluation*. Transportation Science. doi: 10. 1287/trsc. 2014. 0543.

Froyland, G. , Maher, S. J. , and Wu, C. L. (2014) *The recoverable robust tail assignment problem.* Transportation Science, 48(3), 351 – 372.

Gao, C., Johnson, E., and Smith, B. (2009) *Integrated airline fleet and crew robust planning.* Transportation Science, 43(1), 2 – 16.

Kang, L. S. (2004) *Degradable airline scheduling: an approach to improve operational robustness and differentiate service quality.* Doctoral thesis, Operations Research Center, Massachusetts Institute of Technology, Cambridge, MA. Available at http://dspace. mit. edu/handle/1721. 1/17659.

Lan, S., Clarke, J. P., and Barnhart, C. (2006) *Planning for robust airline operations: optimizing aircraft routings and flight departure times to minimize passenger disruptions.* Transportation Science, 40, 15 – 28.

Maher, S. J. (2014) *Solving the integrated airline recovery problem using column-and-row generation.* Transportation Science, in press.

Peterson, J. D., Solveling, G., Clarke, J. P. *et al.* (2012) *An optimization approach to airline integrated recovery.* Transportation Science, 46, 482 – 500.

Rosenberger, J., Johnson, E. L., and Nemhauser, G. L. (2004) *A robust fleet-assignment model with hub isolation and short cycles.* Transportation Science, 38, 357 – 368.

Shebalov, S. and Klabjan, D. (2006) *Robust airline crew scheduling: move-up crews.* Transportation Science, 40, 300 – 312.

Smith, B. C. and Johnson, E. L. (2006) *Robust airline fleet assignment: Imposing station purity using station decomposition.* Transportation Science, 40, 497 – 516.

Swaroop, P. (2013) *Problems and models in strategic air traffic flow management.* Doctoral thesis, Robert H. Smith School of Business, University of Maryland, College Park, MD.

11 航空业的劳资关系与人力资源管理[①]

Jody Hoffer Gittell，Andrew von Nordenflycht，
Thomas A. Kochan，Greg J. Bamber 和 Robert B. McKersie

劳资关系(LR)和人力资源(HR)管理是雇佣关系的两个方面，反映企业与员工之间的关系。由于航空业具有服务密集的本质、劳动力成本在总成本中占比较高、劳工联合水平较高并能够代表行业内的大部分从业者等特点，所以在航空业内理清劳资雇佣关系就显得特别重要。职员对航空公司绩效有着举足轻重的影响，这种影响有正面的也有负面的。通过集体协商，雇员们能够获得较好的薪酬福利和就业保障，但这会导致企业成本高企并缺乏整体运营的灵活性。此外在争取薪资福利及雇佣条件的过程中，雇员可能采用罢工或其他服务中断方式，给航空公司造成额外成本。

同时大量证据表明，航空业雇员在提升行业整体服务质量和生产效率方面起着至关重要的作用(Gittell，2003)。员工通过协调一致共同努力、贡献有关生产率提升的有效建议，促使航空公司降低单位成本；同时员工在与客户的互动、提供高质量服务的过程中也发挥出积极的作用。工会的主要职能是代表雇员的利益，同时也会对职员工作绩效产生重要的影响。

因此，全球各地的航空公司都极其重视对全体员工的管理，努力使其成为潜在的竞争优势，最终实现更低的单位成本以及更出众的客户服务和品牌效应。不过获取这种潜在竞争优势的方法很多，相比之下一些方法比另一些更加行之有效。

在讨论航空公司 HR 与 LR 的工作经验之前，有必要审视一下长期塑造航空业 HR/LR 的基本结构与模式。因而本章会对以下内容进行讨论。首先，我们勾勒出

① 有关本章所讨论主题的更多信息或分析结果，可参考论文(Bamber 等，2009)。本章的多位作者已加入美国劳动与就业关系协会(LERA)航空业委员会网络。本章内容构建的基础是该网络上许多其他专家的洞见与研究成果，在此表示感谢；这些成果见 Gittell 和 Bamber(2010)以及特刊《国际人力资源管理杂志》，2010，21(2)。

能够描述雇佣关系中各个关键方面的一般框架。随后,我们讲述美国的劳资关系监管框架及其演化的历史。然后,我们进一步讨论全球其他地区的劳工关系监管框架和发展历史,包括欧洲、斯堪的纳维亚以及亚洲的情况。最后,我们探讨在构建高水平生产率与服务质量过程中,航空公司劳资关系和人力资源管理方面有哪些有效经验。

11.1　雇佣关系中的各种可选策略

雇佣关系概念涵盖的内容较为广泛,包括企业与其员工之间的互动以制订雇佣条款(如薪酬福利规定),以及通过沟通和协调确定员工的工作内容与职责。识别这类关系的几个主要维度,并找出定义这些维度的基础方法,能为本章讨论设定清晰的上下文环境。在概念层面,雇佣关系可以分为三个互动层次,即工作场所、集体协商以及战略决策(Kochan、Katz 和 McKersie,1986)。其中第一层包含员工与管理者之间日常工作时的互动方式,也是许多 HR 管理方法、政策和规划的主要内容。

在人力资源领域,广义上有两种"模型"或"方法"来行使管理权,这两种模型被打上"控制"和"认同"的标记(Walton,1985)。在控制模型中,管理者与员工间的互动需遵循等级体系,并且管理行为是单方面的。雇员只被要求遵守管理层的命令,不要求他们在公司规定之外发挥主观能动性。在认同模型中,在决策时管理者会更多地咨询员工意见,并且允许员工在自己的工作中享有更多的决定权。作为回报,员工应当表现出对企业及其客户更多的认同感,并在工作中表现出更高水准的主观能动性。

在集体协商层面,企业与工会间的关系大致可分成三类,即回避、和解以及合作伙伴关系(Walton、Cutcher Gershenfeld 和 McKersie,1994)。虽然如何处理这种关系的选择权部分取决于工会代表和基层普通员工,不过人们早已认识到,在雇佣关系之下构建整体劳资关系氛围方面,管理层往往比普通员工更有影响力(Kochan,1980)。在回避型关系中,企业常通过阻止工会成立或者避开或者解散现有工会,来创造出一种无工会的环境。在和解型关系里,企业基本认可工会的存在,但在某种程度上保持敌对立场,并且双方间的互动只在谈判过程中才会出现。在合作型关系中,企业与工会间的合作较多,相互间对立较少,双方都寻找互利的机会,具有更加频繁的、协商性的交流与互动,交流远远超出了谈判桌的范畴。

最后,战略决策是指员工或他们的代表参与企业管理与治理的程度。很明显,在不同的层次上都会有互动。例如,在集体协商层面,能够形成在工作场所中的互动,而工作场所中的互动形成的基调和氛围又会影响到集体协商层面的互动。

不仅企业的 HR/LR 策略各不相同,而且各行各业以及各个国家的这类策略也会不尽相同,其中部分原因在于监管框架上的差异。这些差异对于单个企业采取何种具体的 HR/LR 战略以及战略的有效性都会产生重要影响。在航空业内,哪种策略选择最有可能让航空公司实现高水平的绩效?在本章后半部分,我们将介绍针对该问题的研究成果。不过,首先我们将简要介绍航空业内劳资关系的显著特点,并将目光集中到美国及全球其他地区,特别是欧洲、斯堪的纳维亚、亚洲和中东地区。

11.2 美国航空业的劳资关系

航空业是美国工会化程度最高的行业之一。基于目前的人口调查结果做出的预测表明,2011 年整个行业的工会覆盖率(由工会代表的员工比例)达到 43%(Hirsch,2013),这一比例在 1990 年代预计的工会覆盖率基础上(Johnson,2002)又有所增加。

“工会化”在大型航空公司中更为普遍。图 11.1 列出了截至 2014 年年中,18 家美国大型航空公司工会代表 5 类雇员群体的情况。这 18 家航空公司中仅有 1 家没有代表主要员工群体的工会组织。其中 9 家航空公司,在 5 大类雇员群体(飞行员、客舱乘务员、机械师、机坪/行李处理人员、票务代理/客户服务代表)中具有 4 类雇员的工会组织。另外,工会代表在所有 3 个类别的航空公司内普遍存在。图 11.1 的第 1 列中是航空公司分类(FS -全服务、LC -低成本、R -区域性)。全部 LCC 都有工会,这与公众和媒体的传统观点不符。他们认为 LCC 能实现低成本很大程度上就是因为没有工会的掣肘。

从图 11.1 中可发现,航空业的工会代表较为分散,即使在同一家航空公司内,不同类型的员工也由不同的工会所代表。5 类雇员群体中有 3 类至少被一种独立的工会所代表——飞行员有 ALPA、APA、SWAPA、USAPA;乘务员有 AFA - CWA 与 APEA;机械师有 AMFA(图 11.1 的注释部分将给出这些工会的全称)——这意味着在一家航空公司内,这些工会无法代表全体员工。此外,也存在多个工会代表同一类员工群体的情况。如飞行员与乘务员都有主要工会(ALPA 和 AFA - CWA),在少数航空公司中还有其他国家性工会或者独立工会代表这类员工。而 TWU、IBT 及 IAM 能代表所有 5 类员工群体。

虽然工会很多,但工会谈判大都在航空公司与本地工会之间独立进行,不存在行业级别的工会谈判。如果同一工会代表几家航空公司的某个职业群体,则集体协商与合同谈判在企业层面进行。即便在一家航空公司内部,多个工会间的协同谈判也非常少见(Walsh,2001;Bamber 等,2009)。

类型	航空公司	飞行员	航班乘务员	机械及相关		文员/代理
				机械师	停机坪/机队服务	
FS	联合/大陆	ALPA	AFA‑CWA	IBT	IAM	IAM
FS	达美	ALPA				
FS	美国*	APA	APFA	TWU	TWU	待投票
LC	西南	SWAPA	TWU	AMFA	TWU	IAM
FS/LC	全美*	USAPA	AFA‑CWA	IAM	IAM	IBT/CWA
LC	捷蓝	ALPA				
FS	阿拉斯加	ALPA	AFA‑CWA	AMFA	IAM	IAM
LC	穿越+	ALPA	AFA‑CWA	AMFA	IBT	
R	天西˙					
FS	夏威夷	ALPA	AFA‑CWA	IAM	IAM	IAM
LC	边疆	IBT	AFA‑CWA	IBT		
R	快捷˙	ALPA	IAM	IBT		
R	美国之鹰	ALPA	AFA‑CWA	TWU	TWU	
LC	精神	ALPA	AFA‑CWA			
LC	维珍		TWU			
R	ASA˙	ALPA	AFA‑CWA	IAM		
R	共和	IBT	IBT	IBT	IBT	
LC	忠实	IBT	TWU			

图 11.1　美国 18 家大型航空公司的雇员工会代表情况（截至 2014 年 8 月）（按 2013 年收入客英里的倒序排列）

　　* 美国航空和全美航空于 2013 年合并。但截至 2014 年年中，两家航空公司的员工仍然由其各自工会分别代表。

　　+ 穿越航空在 2010 年被美国西南航空收购。由于穿越航空的员工通过整合流程转为西南航空的员工，因而由西南航空公司的工会代表。

　　˙ 天西航空，美国快捷航空及 ASA 均属于 SkyWest Holdings（天西控股）。

　　AFA‑CWA：美国空乘协会——美国传播产业工人联盟；ALPA：美国民航飞行员协会；AMFA：飞机机械师联合会；APA：飞行员联合会；APFA：职业乘务员协会；CWA：美国传播产业工人联盟；IAM：国际机械师协会；IBT：国际卡车司机协会；SWAPA：西南航空公司飞行员协会；TWU：运输劳工工会；USAPA：美国民航飞行员协会。（来源：美国航空公司协会，单独航空公司文档 SEC 10‑K filings）

11.2.1　美国劳资关系的监管框架

造成航空业较为特殊雇佣关系的原因,很大部分在于其独特的监管框架——也就是那些管理工会与企业间如何打交道的法律。与那些受"国家劳资关系法(NLRA)"管辖的美国国内其他几乎所有私营行业相反,美国航空业劳动关系受"铁路劳工法(RLA)"的监管,该法令于 1926 年批准、并用在铁路运输领域,于 1934 年扩展应用到航空运输领域。RLA 中大量条款的目标都旨在保护公众免受行业停工和斗争的影响。由此以及考虑到针对 RLA 的修改提案层出不穷,我们参考 von Nordenflycht 和 Kochan(2003)的论文,详细介绍该法案形成的整个过程。

NLRA 与 RLA 之间的一个显著区别在于：RLA 规定,工会代表不同工种而不是在不同场所工作的雇员。换句话说,某个特定工会只代表特定工种的雇员(如飞行员和机械师),他们的工作地点可以分散在该航空公司的所有场站;而不是代表某一场站(如某一机场)内各工种的雇员。某些观察家认为航空公司高度工会化的原因正是这种基于工种的监管框架,因为工种模式更易于工会化：即工会对某一特定工种的雇员更具吸引力,如果试图将技能、薪资水平和背景完全不同的员工组织起来,航空业实现不了这种工会化水平。在另一方面,这样做的难度更大,因为需要将整个公司的雇员组织起来,而非仅仅组织在某个固定机场的雇员。

两类法案的另一个关键区别是,根据 RLA,合同不具有固定的到期日期。相反,这类合同有"可修改"日期。也就是说当合同到期之后,现有合同内的各项条款仍保持有效,直到合同双方达成新的协议。新合同不能由单方面强加条款,并且必须当双方按照"美国国家仲裁委员会(NMB)"的监管要求完成相关流程后才可发起罢工或停工。

如果双方无法自行达成合同协议,则任何一方均可申请国家仲裁委员会的调解服务。一旦仲裁开始,谈判要持续到达成协议或者直到 NMB 宣布谈判陷入僵局。在后一种情况下,再由 NMB 提出自愿强制性仲裁方案。如任意一方拒绝强制仲裁,NMB 就会让当事双方"解散"谈判。一旦解散,双方立即进入为期 30 天的"冷静期",并且此间现有合同条款仍然有效。冷静期结束后双方仍旧未能达成协议,则由 NMB 决定是否让双方"自便"(即让工人罢工或停工,或由管理层单方面增加新的合同条款)或者将案子提交到"总统紧急事务委员会(PEB)"。PEB 由总统指派的 3 位立场中立的专家组成,他们有 30 天时间深思熟虑,最后需要形成一个建议和解提议。当总统紧急事务委员会提出正式建议方案后,又一个为期 30 天的冷静期开始。最终,当第二个冷静期结束时,双方可自由选择是否进入"自便"状态。作为最终的手段,当第二个冷静期结束之后,总统可以将案子提交到国会,并要求国会通过立法解决问题。

换言之,一旦合同进入延长期,法律可以禁止双方采取"自便"的办法,直到

NMB 解散双方谈判并且所有的冷静期都已到期。理论上,可以无限期地阻止合同双方采取"自便"处理方法,因为在仲裁过程中 NMB 有权确定是否"解散"谈判。即使 NMB 解散了当事双方,在双方决定开始罢工或停工之前也会有最短 30 天、最长 90 天(第 1 个冷静期、PEB、第 2 个冷静期)的缓冲时间。

罢工一旦发生就会人尽皆知,不过美国航空业的罢工事件相对较少。而且,随着时间推移罢工事件发生的频率也在减少。即使管制放松之后发生的 4 次重大行业衰退(1981 年—1982 年,1990 年—1992 年,2001 年—2005 年,2008 年—2010 年)迫使雇员接受了薪资缩水的现实,但罢工发生的频率比之前还是下降了许多。从 1982 年—2002 年,客运航空公司共发生了 6 次罢工(占总计 199 次谈判的 3%),自 2002 年以来客运航空公司仅发生过 2 次罢工——2005 年西北航空的机械师罢工以及 2010 年精神航空的飞行员罢工——与此同时货运航空公司仅发生过 4 次罢工(NMB,2013)。罢工事件越来越少,不仅归功于 RLA 规定的流程,还因为管制放松后罢工成本急剧增加:通过联合罢工保险基金让其他航空公司补贴罢工航空公司的传统做法已被禁止,而且罢工后其他航空公司能自由进入对方航线市场参与竞争。

不过事物总有其另一面:与其他行业相比,航空业达成协议所需的时间一贯很长。例如,von Nordenflycht 和 Kochan(2003)对比了航空公司的劳动合同样本以及 NLRA 管理下的多个行业的劳动合同样本。在 NLRA 管理下的合同仅有 26% 是在前一个合同到期一个月后达成解决的。相反,89% 的航空公司合同在前一个合同到期一个月之后才达成解决,如图 11.2 所示。

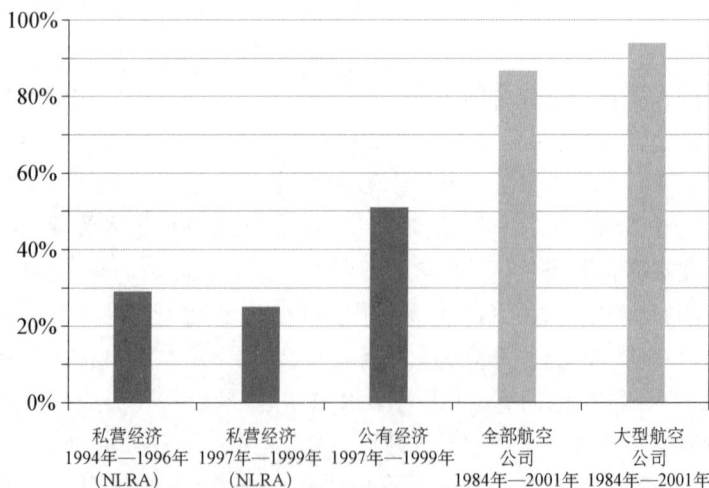

图 11.2 到期一个月之后签订合同的比例(来源:航空业关系研讨会(1984 年—2001 年)以及 1994 年—1996 年和 1997 年—1999 年间的联邦调解和调停服务国家业绩评审调查)

当然并非所有航空公司的合同协商都冗长不堪。一项针对 1984 年—2002 年间合同的分析表明,不同的集体协商关系达成协议所需的时间有较大差异(von Nordenflycht 和 Kochan,2003)。例如,大陆航空(与联合航空合并前)、西南航空及一些区域型航空公司达成劳动协议所用的时间还不到大型航空公司平均花费时间(16 个月)的一半(见图 11.3)。另外一些迹象表明,这类时间差异与谈判时航空公司或整个行业所处的整体经济环境好坏无关(von Nordenflycht 和 Kochan,2003)。这表明谈判时间的长短并不完全由监管环境或者经济环境决定。事实上,除了劳动法律的影响外,协商是否成功与劳工和管理层关系好坏程度的相关度更高一些。

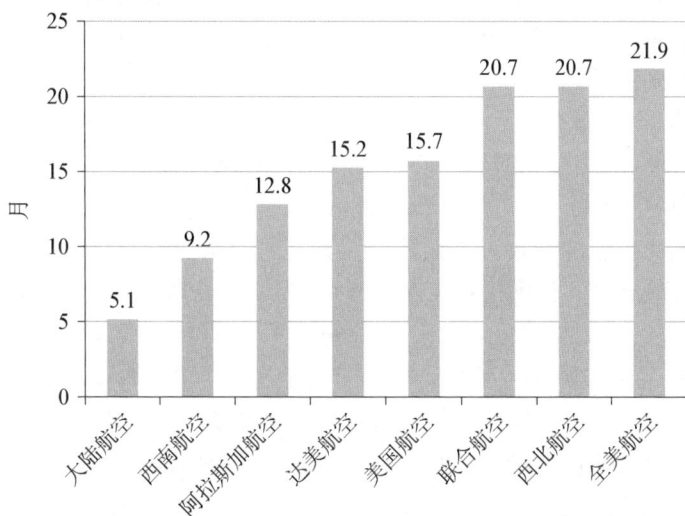

图 11.3 美国大型航空公司达成合同协议所需的时间,1985 年—2002 年(来源:国家调解委员会)

总体而言,每个国家监管结构中那些独一无二的条款都非常重要,从业者应该铭记于心,这些条款在某种程度上可能决定该国航空业内集体协商的结果,但却不一定能决定工会的代表性质、协商的结构或者合同谈判的时间长度。因此,要改善航空业的劳资关系,不能仅着眼于该国的监管框架。航空业的发展历史表明,企业与工会既可采取互不干扰的方式又可采用相互合作的方式,不断在劳资关系中寻找创新的机会。本章后面还会对此做进一步探讨。

11.2.2 管制放松后时代美国航空公司的成本压力及应对措施

与其他行业的熟练技术工人相比,美国航空公司雇员的薪资福利水平长期保持着较高的水平,通常认为,这种情况可以归功于航空业工会化的比例较高(Cremieux,1996;Card,1998;Hirsh 和 Macpherson,2000)。而在管制时代,这种情况更加严重,政府管制了成本和定价,导致航空公司没有任何动力反对高薪资。

管制放松后,由于传统航空公司将直面激烈竞争的市场环境,并且新进者因初始劳动成本较低而更具竞争力,很多人预期航空业雇员薪资或将下降。

第 6 章曾经介绍过,与历史悠久或传统航空公司相比,新进入市场的航空公司通常在劳动力成本方面具有明显优势。新进者的全体员工①在成立之初通常没有工会,因此薪资水平较低;②雇员平均年龄较为年轻或者终身职务较少,因此整体薪资水平较低,并且医疗保障与退休金的成本较低,如果没多少退休人员则这部分成本还能更低;③员工对公司的认同感更高,原因是新公司的雇员容易形成较小并且组织紧密的群体,也没有历史遗留的劳动关系纠纷。最后,新进者有机会从一张白纸开始,在开始时就以灵活高效为目标进行工作内容的编排及岗位设计;相反,由于传统航空公司至少都拥有半个多世纪积攒下来的劳动合同,在组织生产和有效使用员工方面会受到无数条条框框的严重制约。

11.2.2.1　让步谈判

管制放松后,美国传统型航空公司都在积极寻求各种途径以降低劳动力成本,日益增长的威胁不仅来自于 LCC 新进者,还来自其他传统航空公司对手。传统航空公司尝试用两种基本方式来降低薪资。其一是寻求雇员对工资与工作规则的直接让步。传统航空公司试图说服工会与雇员,为了与成本更低的新老对手继续竞争就必须做出让步;否则航空公司就需要缩减规模(并因此削减某些工作岗位),甚至进入破产程序。管制放松后的第一个 10 年里,航空公司认为整个行业已进入激烈竞争时代,并且 1981 年空中交通管制员大罢工的余波在美国国内营造出了一种鼓励企业雇主采取更激进做法的氛围,他们应该适当压制雇员的地位。

虽然管制放松之初工会遇到了挫折,但在此之后他们又很快重新组织起来,使得航空公司的让步谈判努力未能取得实质性成果。研究表明,只有当行业衰退、航空公司面临巨大财务危机时,让步谈判才能获得效果(Capplli, 1985; Nay, 1991)。并且,当航空公司处于严重的财务困境时,工资让步也无法保证航空公司继续经营:很多航空公司省下的成本不足以维持运营,最终还是被收购或完全停止运营。

11.2.2.2　双重薪金制

第二种方法是试图以某种方式构建所谓的"双重薪金制",保留现有业务所需员工的薪资标准,为新业务或扩展业务招聘的新员工制订较低的薪资标准。早期的一次尝试中,传统航空公司德州国际航空组建了一家无工会、独立运营的子公司:纽约航空。在其他尝试中,美国航空公司率先实行了双重或称"B 级"薪资制度,因而大幅降低了新雇员的薪资水平;所以这种方法很快普及到了竞争对手航空公司中(Walsh, 1988)。1990 年代又出现了另外两种形式。传统航空公司与小型、支线型航空公司构建航空联盟,让后者运营从自己的枢纽机场出发的短途航班——或者说,传统航空公司将自己的短途航班外包给(那些即便成立了工会)薪资水平较低的航空公司。此外,一些传统航空公司还在内部尝试成立专门运营短途航线的子部门,并在其中试行包括低薪资水平及较少工作规则等内容的低成本运营模式。

然而,工会也在努力限制航空公司尝试实行这类制度。例如,航空公司在 20 世纪 80 年代中期建立 B 级制度的战斗中获得了重大胜利,但通过之后的谈判 B 级制度被工会极大弱化,到 90 年代初期新老员工薪资水平之间的差异基本抹平了(Johnson,1995)。此外,20 世纪 90 年代的劳动合同中出现了许多专门限制航空公司的"范围条款",限定航空公司在低成本部门或地区联盟中可运营的最大飞机数量。工会虽能通过谈判给双重薪金制设置种种限制,不过传统航空公司航线网络中干线与支线运营中天然存在着薪资高低差异,这与人为设定新老员工薪资差异的做法正好相反。

最终结果是,自从管制放松开始直到 9 · 11 事件发生,传统航空公司利用面临财务危机时的让步谈判机会,仅获得了非常有限的降薪效果。各类经济研究表明,1980—2000 年间,航空业内的薪资水平仅略有下降,下降幅度低于所有行业的平均下降水平;另外薪资下降只在行业不景气时较为明显,并且之后又有所反弹(Johnson,2001;Card,1998;Hirsch 和 Macpherson,2000)。在劳动力成本方面,传统航空公司的劣势与低成本新进者的优势共存了很长时间。由于传统航空公司在其他方面仍有显著优势,如常旅客计划、掌控主要枢纽以及遍布世界各地的航线网络(Levine,1987),部分传统型公司仍能保持营利,所以在与其低成本对手抗衡时并没有采取强制减薪以降低劳动力成本的做法,不过,多次此类尝试也没少得罪民航业中的资深雇员(Rosen,1995)。

11.2.2.3 员工持股计划

应对竞争压力的第三种方法是雇员拥有航空公司,即员工集体持有航空公司普通股的大部分股权,并能作为集体股东提名若干董事会成员人选。通过采用"员工持股计划(ESOP)",员工(及其工会)可以参与到公司战略和决策制订过程中。几家大型航空公司在有限时间内,采用过这类员工持股计划,包括美国西部航空(1984 年—1986 年),东部航空(1984 年—1986 年),美国西北航空(自 1993 年起),环球航空(1992 年—2001 年)及美国联合航空(1994 年—2002 年)。人们会误以为,员工持股计划是促进劳工与管理层关系改善、让雇员更加主动的机会与尝试。但实际上,这类"员工所有权"的案例都是让步谈判的结果,在让步谈判中,雇员们为避免企业财务崩溃而做出让步,却要求普通股股权和董事会席位作为回报。

考虑到达成 ESOP 时航空公司所处的环境,实际上这些计划除了能避免公司马上破产之外并没有任何用处。所有采用 ESOP 计划的航空公司,在最初一段时间里劳资关系可能会有改善,但通常好景不长。在 ESOP 实施后的几年甚至几个月内,新的谈判就会重新引发相互间的不信任,并暴露双方在薪资及其他问题上的分歧(von Nordentflycht,2002)。所达成的协议也不能长久。5 家实施 ESOP 的航空公司中有 3 家(西部航空、东部航空及环球航空)被其他航空公司收购,其中 2 家在

ESOP实施后的2年内被收购。美联航的ESOP在2002年其宣告破产之时终止。

我们对大型航空公司劳资关系的定量分析表明,与未实施ESOP的航空公司相比,ESOP与实施此类计划的航空公司的生产率和营利增长之间只有较弱的关联,与整体利润率并无关联,不论这种联系是正面的还是负面的(Gittell、von Nordentflyche和Kochan,2004)。仔细研究航空公司ESOP计划后得出的关键性结论正好能支持了解ESOP协议的专家的观点,也就是说对正式监管结构的一次改变不会收到一劳永逸的效果,而且这样的改变自身无法使企业业绩长期改善(Levine和Tyson,1990;Balsi、Kruse和Bernstein,2003)。截至2012年底,大型航空公司内已不存在任何由正式员工或工会成员任职董事会席位的现象。

11.2.2.4 避开工会的策略

第四种应对措施是完全"避开工会":要么与工会战斗到底,就像大陆航空的Frank Lorenzo采取的遏制或压制策略;要么像达美航空采取的工会替代策略,尝试为员工提供他们希望通过谈判获取的薪资待遇,让工会没理由存在。行业管制放松后,Lorenzo在其任期内采取的措施是工会遏制或压制策略的最佳案例。管制放松后,Lorenzo作为德州国际航空公司的领导人,在行业中率先成立了前文曾提及的无工会子公司——纽约航空公司。更有趣的是,1981年他恶意收购了大陆航空公司,并且在未能达成使其满意的工资让步结果的情况下,迫使大陆航空公司破产,试图废除原有劳动合同并将薪资调整为原工资水平的一半。当工会罢工时,他重新招募了全体员工并且未再设置工会。随后在1986年Lorenzo收购了东部航空,除了要求巨大的工资让步,还将资产从东部航空转移到他管理的无工会航空公司。然而,虽然这些航空公司的劳动力成本确实出现了大幅下降,但相关公司的服务质量也出现严重下滑造成这些公司营利极少。到1991年,Lorenzo名下的全部航空公司都已破产,并且法院判定:禁止他再进入这个行业。这说明Lorenzo的方法不仅遭到雇员的强烈反对:1982年—1991年间全行业13次罢工中有7次发生在Lorenzo的公司,而且不受市场的欢迎。

达美航空为工会替代策略提供了另一个例子。在达美航空内部除飞行员和航班签派员外,都保持着无工会状态。达美航空最初制订的劳资关系方案中承诺了"行业领先"的薪资以及终身雇用条件。作为回报,达美获得极高的员工忠诚度(他们投票反对成立工会),甚至在20世纪80年代初的经济萧条时期,员工们联合出资购买了一架波音767飞机,以表达他们对公司制订不裁员政策的感激之情。

20世纪90年代中期,达美航空的雇佣政策受到了严峻挑战:达美正好在行业衰退之前进行了一次昂贵的并购,造成公司连续几年严重亏损。1994年—1997年间连续裁员和减薪,减弱了达美航空与员工间隐性社会契约的牢固程度。员工士气降低造成服务质量下滑,成立工会的呼声逐渐变大。为保护和恢复自己的企业就业文化,达美航空启动了几个较为正式的员工参与项目(Kaufman,2003,2013)。最终,员工们对达美航空的忠诚得以恢复,直至又一次战胜了成立工会的要求。

在后 9·11 事件时期,达美航空无工会员工忠诚模型面临的考验更加严峻:该公司经历了破产重组,造成员工薪资、福利及工作岗位数量都大幅削减(我们将在本章对此做详细描述),而且完成了与美国西北航空的合并任务——这导致几乎增加了 1 倍、长期习惯于工会制度的员工。不过 Kaufman(2013)认为,由 Gerald Grinstein 领导的新管理团队在度过破产艰难时期后,投入大量时间与员工沟通,并且做了大量努力证明公司管理层非常重视全体员工的福祉。上述沟通努力中很大一部分涉及在各个层面(从董事会到基层员工)中引入员工参与计划。所以尽管发生过薪资让步及合并,但在 2010 年底合并后的客舱乘务员、机队服务员工和旅客服务员工都对成立工会投了反对票(Mouawad,2010;National Mediation Board,2011)。

捷蓝航空与维珍美国航空属于新进采取工会回避策略的公司。如捷蓝航空表达了保持无工会状态的强烈意愿,还通过一系列 HR 措施培养员工对公司的忠诚,并弱化员工对工会代表的兴趣(Gittell 和 Reilly,2001)。到目前为止,捷蓝航空除飞行员外的其他工种都没有成立工会。飞行员们在 2009 年和 2011 年两次组织工会未果后,最终于 2014 年投票加入了 ALPA。

在维珍美国航空,2011 年客舱乘务员们投票反对加入工会(Carey,2011),但在 2014 年又投票赞成由 TWU 代表他们。图 11.4 按照成立的年限顺序,列出了美国航空业内成功(即幸存)新进者的工会代表状况。该表说明航空公司的工会化只是时间问题,往往从飞行员开始,至少会有一个工种投票加入工会。鉴于此,我们预期所有的雇员群体最终都将由工会代表。

	企业年龄	飞行员	航班乘务员	机械师	停机坪/机队服务	代理
西南航空	43	SWAPA	TWU	AMFA	TWU	IAM
美国西部航空(现全美航空)	24(合并中)	ALPA	AFA	IBT	TWU	IBT
穿越航空	20(合并中)	ALPA	AFA	IBT	IBT	
边疆航空	21	FAPA	AFA	IBT		
忠实航空	16	IBT	TWU			
捷蓝航空	15	ALPA				
维珍美国航空	7		TWU			

图 11.4　按公司年龄排序的现存市场新进者的工会代表情况(来源:独立航空公司 SEC 10-K 文件)

在劳资关系策略谱系的另一端,西南航空代表着既能高度工会化又能实现营利的航空公司群体。事实上,西南航空是美国航空业内工会化程度最高的航空公司,其员工由若干不同的传统工会代表,包括运输工人工会、国际机械师协会以及国际卡车司机兄弟会。西南航空不仅是美国几十年以来持续营利能力最强的大型航空公司,而且他的劳资冲突比例很低、达成劳资合同协议所需的时间也较短。一项对于近18年来劳资合同谈判的分析表明,西南航空的劳资冲突率最低,并且达成新劳资协议所需的时间也最短(见图11.3和图11.5)。西南航空的业绩说明,工会代表本身并不是实现完美的劳资关系和良好的业绩表现的障碍(Gittell、von Nordentflycht和Kochan,2004)。事实上,工会领导人能为一个组织的业绩目标带来强大的支持作用,就像他们在西南航空做到的那样。西南航空能实现高质量劳资关系的重要原因之一是,该公司成立伊始其领导人就决定欢迎工会参与公司经营并采取了与工会积极合作的态度(Gittell,2003)。

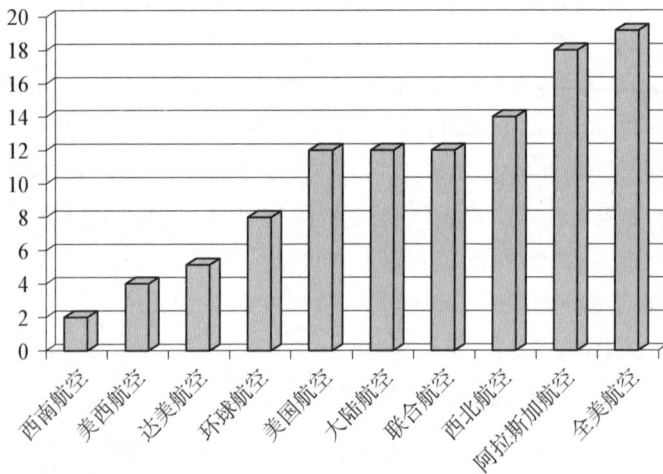

图11.5　美国大型航空公司的劳资冲突:罢工、NMB仲裁、调解及解散的次数,1985年—2002年

从西南航空公司的新闻稿中可以发现,这种合作方式从公司成立之初就已经存在,其领导人在宣布分红结果时将高绩效成果归功于"我们的员工"。

西南航空公司的董事长、总裁兼首席执行官Gary Kelly这样说:"我们员工的努力工作以及他们在提供卓越的客户服务过程中所保有的自豪感和主人翁精神,促成了西南航空40年来的持续营利。他们的不懈努力使公司的愿景得以实现:也就是成为世界上最受欢迎、客流量最大、最具营利能力的航空公司。加上分红、其他贡献以及穿越航空的401(k)计划,西南航空总共产生了2.69亿美元利润。2013年西南航空支付给员工的退休金将近5亿美元。除了退休金,2013年西南航空在员工福利上还投入了5.8亿美元,其中包括员工医疗保险、健康计划以及其他福利。总体来说,2013年西南航空在员工基本工资以外、用于提升员工财富和健康水平的投资总计超过10亿美元(西南航空,2014)。"

虽然在西南航空的历史上有过一次罢工,不过这些偶尔出现的劳资冲突都已得到妥善解决,包括客舱乘务员在9·11事件后就股票问题举行的示威游行。另一次冲突发生在2014年1月西南航空芝加哥枢纽机场,冲突造成大量飞机由于天气原因和机坪工作人员告病而停滞在地面上,很明显工作人员在用这种方式抗议管理层借助合同谈判延缓加薪的做法。西南航空没有公开指责员工,但要求他们提供病假证明。作为回应,工会指责西南航空说员工们一手打造了西南航空的成功,然而现在管理层却要摧毁他(Niclas和Carey,2014)。

11.2.3　后9·11时代的美国劳资关系

2001年9月11日的恐怖袭击事件对航空业造成了巨大冲击。在袭击事件发生后的几个月内,航空需求急剧减少,造成航空收入下降近20%以及整个行业裁员16%。虽然所有主流航空公司的旅客需求和流量方面遭受相同的毁灭性打击,但他们采取的应对措施不尽相同。袭击事件后的几周内全美航空决定裁员24%,然而西南航空、捷蓝航空和阿拉斯加航空却决定不裁员。裁员比例与各家航空公司在袭击前的债务/股权比及单位成本呈现反比关系,这表明当面对危机时,现金储备高和低成本商业模式带来更高的抵抗力,能帮助航空公司尽量减少裁员。而较低的裁员率又和袭击事件1年后公司股票价格"反弹"间存在着某种联系(Gittell等,2006)。

到2005年,以旅客飞行英里表示的需求已恢复到9·11事件前的水平,但收入座英里仍低于之前水平。2001年全行业亏损约80亿美元,而这种触目惊心的亏损一直持续到了2005年。

上述状况及由此引起的数十亿美元的经济损失,迫使传统航空公司启动大规模重组计划,目标是大幅削减成本。劳动力成本是这类计划要削减的大头。不少传统航空公司(不论是否申请破产保护)与其员工达成了巨大的工资让步。因而,在2001年—2006年间航空业的整体工资水平出现了下降。

11.2.3.1　行业薪资变化趋势

虽然传统航空公司的薪资让步较为显著,但行业整体薪资走势未呈现明显下降。包括西南航空在内的很多新进航空公司没有出现与传统航空公司相似的收益与成本不匹配问题,因而没有进行谈判降薪。而且还有部分传统航空公司在未借助薪资让步手段的情况下渡过了难关。此外,那些通过谈判达成薪资让步的传统航空公司,在之后5年内也陆续出现薪资上涨的情况。

图11.6所示为2011年、前15大航空公司在2000年—2012年间员工平均年薪以及公司平均薪资支出的数据。2002年—2006年间,平均薪资水平略有下降——

每名员工的平均年薪

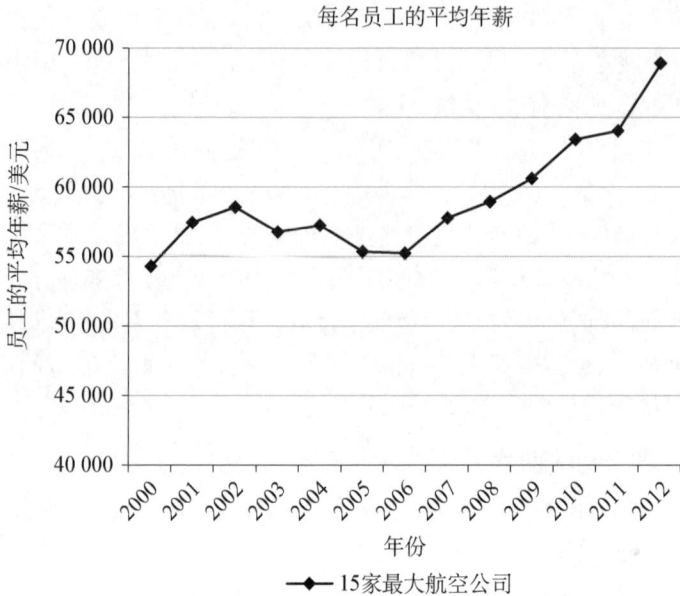

图 11.6　前 15 大航空公司员工的平均年薪与公司平均薪资支出，2000 年—2012 年（来源：MIT 航空数据项目，基于 DOT 41 号文件第 6 页和第 10 页）

传统全服务航空公司正在重谈劳资合同。但 2006 年后直到 2012 年间，平均薪资水平又保持了稳步上涨。

对行业平均工资水平进行分类后后仔细观察，会发现一个令人惊叹的新画面。图 11.7 将平均工资拆分为 3 个部分：6 大全服务航空公司（传统型）、6 家低成本航空公司（除西南航空）以及西南航空。过去 10 年低成本航空公司——特别是西南航空——的薪资水平都保持稳步上升，这与传统航空公司的薪资让步调整形成了鲜明对比。低成本航空公司薪资增长，以及全服务航空公司的薪资让步，显著缩小了两者间原有的差距。2006 年之后传统全服务航空公司的薪资水平也有一定程度的上涨，这样到 2010 年，行业平均薪资水平比 2002 年时的最高值还高出了约 3%。

因此，虽然整个行业关注的重点是传统航空公司的薪资重构，这些公司的员工与工会在薪资与福利上做出了实质性让步，但过去 10 年中行业整体薪资水平仍然实现增长，其中低成本航空公司的薪资水平涨幅较大，重构后的传统航空公司员工薪资在近年也有增长。随着传统航空公司退休金福利的终结以及员工医疗保险支付成本的增加，传统航空公司的整体薪资水平将会有所下降。

另外一个有意思的结论是，各种形式的薪资奖励已转变为标准形式固化下来。传统航空公司的全体员工都能享受股票期权或股票奖励，当利润超过预设值后还可得到一定比例的分红以及与经营业绩好坏相关的奖金。乍一看，这些奖励薪酬机制

员工平均年薪

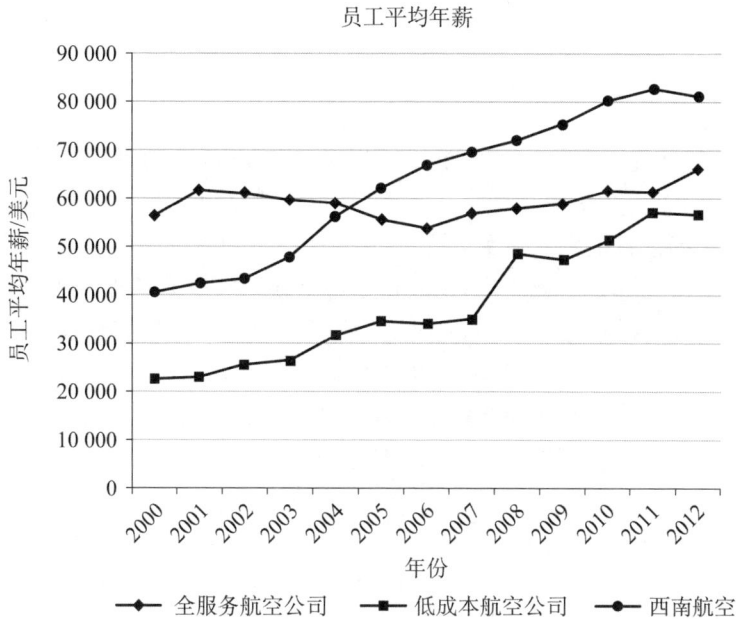

图 11.7 全服务航空公司和低成本航空公司每名员工的平均工资和公司薪资支出,2000 年—2012 年(来源:MIT 航空数据项目,基于 DOT41 号文件第 6 页和第 10 页)

似乎是稳定行业劳资关系的一种方法,它们能确保当航空公司业绩增长时员工可以获得奖赏,并且能将员工薪酬与行业发展状况关联起来,而不是在不可避免的商业周期中通过谈判确定一个固定的薪资水平。

不过奖励薪酬机制通常达不到航空公司在困难期通过薪资让步方式获得的减薪幅度。如 2008 年,传统大型航空公司中每位飞行员能从分红计划中获得 5 000~15 000 美元不等的奖励,不同的公司该金额有所不同。但在 2002 年—2006 年间,飞行员接受了平均 30%的工资让步。假设在 2001 年薪资重构前,飞行员的平均年薪为 12 万美元,也就意味着其年收入减少了 36 000 美元。而且除此之外很多公司还大幅消减了飞行员的退休金福利。

11.2.3.2 西南航空的薪资变化趋势与劳资关系

上述的薪资变化趋势给西南航空造成了相当的压力。2005 年当《华尔街日报》的一名记者问到西南航空面临不断增长的薪资压力时,首席执行官 Gary Kelly 信心满满的回答说:

"确实,我们的员工待遇优厚。他们创造了最高效、运行良好并有着最佳客户服务体验的航空公司,他们理应分享财富。员工们深知航空业的复杂。我相信,他们的努力会让西南航空始终处在行业领先地位。如果我们不得不告知员工必须降薪,

那恐怕就是我的重大失败。"(Warren,2005)

Kelly 的话反映出西南航空长期以来坚持的与员工"共享财富",并让高层管理人员薪资保持相对较低(与美国国内和全球比)的劳资关系哲学。

然而到 2011 年,Kelly 这样告知西南航空员工:"目前我们的工资水平在行业内已达最高,遥遥领先于其他公司。不过,破产兼并后新出现的巨无霸航空公司的工资率比我们低,而生产率却更高。"由于准点率和行李处理效率创历史新低,西南航空传统高水平的运营业绩正受到严重挑战。2014 年在给西南航空员工的视频中,创始 CEO Herb Kelleher 与 CEO Kelly 一同现身。视频中 Kelly 问其前任:"你如何回应员工对改变的担忧?"Kelleher 回答说,"我会告诉他们'我们谈论的是你们的未来。如果不做出改变,你们的未来也就无从谈起。'"(Carters,2014)

当传统航空公司开始从其低成本竞争对手处学习经验、借鉴他们的做法时,两者之间的界限就开始变得模糊了。一些传统航空公司已经通过协商对其工作规则做出了大量修改,并追随着西南航空的步伐,实现岗位重新设计和在一线工作团队中进行工作协调等创新(见 11.4 节)。此外,传统航空公司也在尝试增加工会与管理层之间的交流与协作,不论是在谈判桌之上还是谈判桌以外。西南航空自创建以来一直坚持着这样的策略,或许正在成为传统航空公司与工会合作的新方式。

11.3 其他国家航空业的劳资关系①

与美国航空业类似,全球航空业近年来也经历了多次重构。增长最快的是中东地区,3 家新兴大型国有航空公司(即阿联酋航空、卡塔尔航空和阿提哈德航空)由于获得了大量投资而发展迅速。得益于其地理、人口和经济地位,预期至 2030 年 3 家公司的旅客量将占到全球旅客量的 11%,2010 年这一比例为 7%(Airbus,2011)。

其他国家的航空公司与美国航空公司之间的差异至少体现在 3 个方面。第一,第二次世界大战后欧洲和亚洲的大多数传统航空公司都(至少大部分)归政府所有,包括爱尔兰航空、法航、意大利航空、英国航空、荷兰皇家航空、汉莎航空、澳洲航空、斯堪的纳维亚航空及新加坡航空等。国际监管中采用的双边形式也鼓励政府所有权,因为每个国家都需要指定其"载旗航空公司"(见第 2 章)。各国政府都要求载旗航空公司安全可靠、财务稳定并能为其国家树立良好的国际形象。此外在二战之后,各国政府也像美国政府那样,逐渐认识到了航空业在国防与经济发展中的战略性作用。尤其是那些国有航空公司,在必要时可动员作为战备资源使用(Doganis,

① 本节内容参考了 Christiane Fruehe, Olle Hammarstrom, Russell Lansbury, Werner Nienhueser, Bernhard Rikardsen, Bill Roche, Peter Turnbull 及 Emily Yossef 等人的观点,在此向他们表示感谢。

2006)。

美国航空公司与其他国家航空公司的第二个区别在于,美国之外的许多传统航空公司更加注重国际航班运营。这是因为除美国(当然还包括中国)外,大多数国家的国内市场相对较小。另外,在欧洲短途航空服务需面对地面交通方式,特别是快速发展的高速铁路网的竞争,但美国航空公司无需面对此类竞争。第三,美国航空市场是全球首个放松管制的市场。在美国企业家的努力下市场上的低成本航空公司以及其他类型的新进者层出不穷。全球大多数国家在管制放松方面的步调依然缓慢,而许多地区的市场自由化还在持续推进。

11.3.1 劳资关系的国际监管框架

与美国航空公司类似,其他国家的航空公司历来都受到高度的监管,如第 2 章所述。国际民用航空组织(ICAO)制订的各种规则条例涵盖了航空运营的各个方面,也包括人力资源管理。例如,过去 ICAO 的条例对"飞行机组与客舱机组的数量,机组人员的培训与执照,他们在机上的工作内容与职能以及他们的工作量与工作计划"做出了详细的规定(Doganis,2010)。

在 150 个国家中,"国际运输工人联盟(ITF)"组织了 700 个工会,代表着 450 万运输工人的利益,包括许多航空公司职工群体(以及其他运输行业的员工)。与美国的情况相似,其他大多数国家的飞行员也有单独的组织,不参与其他工种职工组织的工会。"国际航空公司飞行员协会(IFALPA)"声称他们代表着 100 多个国家、超过 10 万名飞行员与飞航工程师。ITF 和 IFALPA 在 ICAO 和其他国际监管机构内,尤其在事关航空安全和安保的问题上,代表员工利益发声。

监管机构只构建了劳资关系管理策略决策的上下文环境,并没有直接监管这些策略的内容。多数情况下,劳资关系通过集体协商或工会的工作委员会来达成。但在某些特殊情况下航空公司没有工会,那么劳资关系就通过"管理特权"确定(雇员管理企业的自然权力),或者当航空公司雇员可被看作政府雇员时由政府确定。虽然偶有例外,但美国、加拿大及欧洲绝大部分航空公司的全体员工都已实现工会化,并且与亚洲和中东地区相比,劳动力成本及"社会成本"都更高。中东航空公司的核心员工都尚未加入工会。但如果这些航空公司的驻外员工所在地工会化较为普遍,那么也会针对这部分员工采用集体协商的方式。以下内容将挑选部分欧洲和亚洲的重要航空公司作为例子,分析他们的劳资关系。

11.3.1.1 欧洲

与美国的情况相比,工会对于欧盟监管机构的影响力通常更大,而且工会对欧盟成员国政府的影响力也比对美国政府的影响大。欧洲工会的影响力通常以两种方式体现,即直接游说政府或欧盟监管机构,或通过政治党派(如工党或社会民主党等工会势力强大的党派)进行间接游说。

在以下对欧洲航空公司的描述中,主要讨论英国、爱尔兰、德国及斯堪的纳维亚国家的航空公司。与美国的情况类似,英国与爱尔兰可以归为"自由市场经济",相反德国和斯堪的纳维亚各国则属于"协调市场经济"(Bamber等,2009,2016)。有些人批评说,协调市场经济下劳动力市场是"刚性的"。不过,当企业处于协调市场经济环境时,劳动力市场的管制程度越高则企业越倾向于选择"生产力提升策略"而非"最低工资策略"。

从放松航空公司管制的角度上看,英国和爱尔兰比欧洲其他国家更接近美国模式。在全世界除美国以外,引领20世纪80年代全球航空管制放松与私有化潮流的正是英国。当然作为回报,英国和爱尔兰一起,在全世界除美国以外的地区引领了低成本、新兴航空公司的发展潮流。

1) 英国

传统上英国具有对立性的劳资关系(Waddington,2016)。英国的主要航空公司都有工会,但通常企业并不与工会合作。英国航空(BA)是英国最大和历史最悠久的航空公司,在1939年收归国有。在20世纪80年代准备进行私有化之时,英国航空曾解雇了大批员工以削减劳动力成本。

英国航空的花言巧语由来已久,包括激发员工对BA的认同以及提出"员工是我们最重要的资产"这样的口号(Colling,1995)。不仅如此,BA还时常削减劳动力成本,而这很可能引起劳资纠纷。举例来说,由于英国航空重新制订了客舱乘务员的津贴和薪资标准,导致了1997年夏天的罢工。罢工发生后BA采取强硬立场,威胁要开除罢工者并起诉他们违反合同。不过BA的强硬姿态没能达到预期效果,反而刺激员工们(包括原来态度温和的人)与公司对着干(Arrowsmith、Edwards和Sisson,2000)。

此后BA宣布进行业务重组,即到2008年将裁撤1 715名管理人员中的35%,以进一步推动劳动力成本削减计划(British Airway,2006)。2010年英国航空经历了旷日持久的劳资纠纷,主要涉及客舱乘务员(由联合工会的2个独立部门代表)。同年,BA的前CEO成为国际航空集团(IAG)的CEO,IAG是BA与西班牙航空合并后的新控股公司。

IAG任命了新的BA CEO,他上任后为解决这次纠纷立刻与工会达成了妥协。之后,BA开始按照新"机队规划"要求和工作条件,从申请者中招募新客舱乘务员。长远来看,这种做法是进一步削减劳动力成本及改变BA组织文化的一次尝试。BA还尝试遵循人力资源管理专家和组织心理学家的建议来提高员工士气。

一位来自唱片业的英国企业家Richard Branson在20世纪80年代早期创建了一家新的长途航空公司——维珍大西洋航空公司(Branson,1999)。

在最初的15年里,维珍大西洋采取了工会回避策略。直到1997年新工党政府上台并在1999年改革了劳动法后,他才逐渐承认了工会。大多数飞行员和乘务员投票同意成立工会。仅 10 年内,加入工会的飞行员比例就已很高,但乘务员由工会代表的比例仍较低。与 BA 类似,维珍大西洋与代表飞行员和乘务员的工会间也是对立关系:只是允许工会存在,不与之合作。此外,维珍大西洋的竞争策略中包含了最小化劳动力成本的内容。

1995 年希腊企业家 Stelio Haji Ioannou 创立了易捷航空公司。与 BA 及维珍大西洋这两家提供长途服务的全服务航空公司不同,易捷航空首先是一家低成本航空公司,其次只提供英国与欧洲间的中、短程航线。易捷航空的总部设在英国,同时在欧洲其他地方也建立了运营基地。

在成立之初,易捷航空也采取了工会回避策略。进入 21 世纪后,易捷航空受西南航空的影响,逐步转向了工会合作策略,试图将控制式的管理方式转变为更多认同的管理方式。因此到 2014 年前后,客舱乘务员等雇员都认为易捷航空是值得效力的"优质航空公司"。

2) 爱尔兰①

1936 年爱尔兰政府创建了爱尔兰航空,这家公司从航空业管制中获得了不少的商业利益。自 20 世纪 60 年代起,爱尔兰航空与 BA 在爱尔兰至英国市场上进行双头垄断经营,使票价始终保持在高位;另外与其他传统航空公司类似,该公司提供了相对宽松的雇佣条款和工作条件(Oxenbridge 等,2010)。但 20 世纪 70 年代后,爱尔兰航空感受到了越来越大的市场压力。

1993 年海湾战争影响成为迫使爱尔兰航空启动拯救计划的最后一根稻草,该计划涉及裁员、减薪和其他就业条件的削减,为劳资关系改变做好了准备(Wallace、Tiernan 和 White,2006)。到 2002 年,9·11 事件的影响和来自瑞安航空这个激进新进对手的竞争压力,导致爱尔兰航空面临更严重的生存压力。压力迫使管理层与工会达成了有关进一步削减成本并向低成本模式转型的系列协议。这样,员工数量从 2002 年的 6 624 减少到了 2005 年的 3 475,一些非核心工作岗位被取消,还引入了双重薪金制度、达成了"工资冻结"协议(Oxenbridge 等,2010)。不过工会拒绝进行更多服务外包,影响了让步方案的最终形式。另外采用提升遣散费让员工自愿选择的办法进行裁员。

爱尔兰航空最终在 2006 年私有化,之后提出修改原有雇佣条款及条件的要求。双方同意采取进一步成本削减措施,当然必须经历雇员反对以及长时间谈判的煎熬后才能落地,不过航空公司仍在提出进一步要求。

1987 年—2009 年间所谓的"国家社会合作关系"对双方行为起到了一定约束作用:一方面限制工会对私有化的反对,另一方面也迫使航空公司返回谈判桌就其要求进行协商;不过更重要的是所谓"集体协商安排的内在本质"(Oxenbridge 等,

① 本节内容参考了 Joseph Wallace 的研究成果,在此向他表示感谢。

2010）。2009年后"国家社会合作关系"解体，不过它依然能起到约束管理层的作用。在这一关系解体前后，管理层多次尝试单方面进行改变，不过由于工会以罢工威胁，并且爱尔兰劳资关系管理机构进行了多次调解，因而无果。但这也表明，国家意志在公司层面的影响力有限。

近年来爱尔兰航空越来越不愿意搭理政府的劳资关系机构。不过在2014年劳资争议法庭还是介入并协助解决了客舱乘务员的罢工事件。该事件的起因是员工认为他们在家庭和社会生活中被不恰当对待（Higgins，2014）。通过传统集体协商达成的系列调整措施中，只考虑了国家社会合作关系却并未考虑工作场所合作关系。虽然这种关系具有对抗性且谈判中也有过让步，但最终协议结果仍然是对零和博弈结果的分配以及综合权衡的产物。后者的例子之一是，通过利润分享条款和员工股权信托方式将14.9%股权的授予了员工。

与爱尔兰航空相反，自1990年代开始瑞安航空就保持了快速发展和高利润水平。这家新公司的总部设在都柏林，成立于1985年。在1989年政府决定开放爱尔兰航空市场，并要求爱尔兰航空将其在伦敦斯坦斯特德机场的降落时刻转让给瑞安航空，目标是帮助瑞安航空的低成本模式取得成功，不但要改变爱尔兰的还试图改变整个欧洲的航空市场格局（Creaton，2004）。对低成本模式影响最大的人是Michael O'Leary，他于1993年成为瑞安航空的首席执行官。瑞安航空通过低票价策略给客户出现提供了更多可能，并将爱尔兰航空的客户吸引了过来。这样瑞安航空迅速取代了爱尔兰航空的位置并成为欧洲最大的航空公司之一，还在几个国家设有基地。

虽然O'Leary关于低成本模式的部分想法来自西南航空，但他并没有照搬西南航空的劳资关系策略。相反，瑞安航空始终反对工会化。根据ITF的数据，瑞安航空是欧洲少数几家不组织工会进行集体谈判的航空公司之一。瑞安航空的这种策略导致ITF发起了一项网络活动（称为"瑞安应公平"），试图动员全欧洲的瑞安员工组织起来成立工会（ITF，2007）。

瑞安航空的策略是采用工资最小化、外包、"零工时合同"及"劳务合同"等手段来替代传统的雇用合同，并且与"只提供必要服务"和低票价经营策略结合（Oxenbridge等，2010）。事实上瑞安航空实行了工会控制策略，而不是认同策略，并且工会对该策略的挑战以失败告终。1998年瑞安航空从都柏林机场大罢工中幸存下来，并在2007年赢得了具有里程碑意义的判例，最高法院判决，不能用国家立法权干涉企业自定其薪资水平。这个判决导致工会向国际劳工组织（ILO）投诉：爱尔兰未能履行推进集体协商的义务，投诉获得了部分人的支持（ILO，2012；Wallace等，2013）。有趣的是，后来几家欧洲航空公司还是采用了瑞安航空创造的"虚假自我雇用"模式。

2014年瑞安航空推出了"客户友好"方案。其中包括情感工作要求（员工面带微笑服务客户)、更高的免费行李限额以及瞄准商务旅行市场的措施。瑞安航空做出重大转变的原动力是股东们的抱怨,他们抱怨在客户关怀方面的坏名声导致公司财务受损甚至负债。对客户满意度的关注似乎说明瑞安航空正在向爱尔兰航空或其他航空公司采用"提供附加服务"的方式转变。虽然瑞安航空引入了客户友好计划,但他并无打算启动一个员工友好方案,也没有计划改变其强硬的劳资关系和工会回避策略。

　　3) 德国

　　与美国、英国或其他自由市场经济体不同,德国是典型的协调市场经济体。德国法律规定,大型公司的企业治理必须采用"职工共同决策制",即监事会中需有50%的席位代表员工、工会和资深管理人员。监事会的职责是任命和监督执行委员会,并向执行委员会提出建议。执行委员会的职责是执行公司战略以及管理公司。两个委员会配合协作(Keller 和 Kirsch,2016)。此外,根据企业规模,德国公司有义务依法、根据员工意愿选举成立"劳资协商会",以便员工参与共同决策制。某种程度上,这类"共同决策"机构通常会促进在"社会伙伴"间形成合作型劳资关系。

　　汉莎航空是德国载旗航空公司,长久以来都保持着最大的规模并垄断着德国航空市场。汉莎航空最早成立于 1926 年,不过现在的汉莎航空公司重建于第二次世界大战后的 1955 年。战前及二战以后,汉莎航空公司都保持了国有。1996 年汉莎航空在德国股票市场上市,但上市后大部分股权必须由公共机构持有,直至 1994年—1997 年间汉莎航空完成私有化改造。

　　汉莎航空收购了包括奥地利航空和瑞士航空在内的多家欧洲航空公司,不过这两家公司仍保持相对独立运营。与其他航空公司相比汉莎航空的外包业务较少,即便对于必需外包业务,汉莎航空也会遵循集体协商达成的普通协议,将这些业务纳入公司内部。即使对维修和货运这样的核心业务也会采用此方式处理。不过汉莎航空新近成立了一家叫作德国之翼的子公司,其劳动力及其他资源成本相对较低(Barry 和 Nienhueser,2010)。

　　汉莎航空和其他伙伴航空公司共同创建了星空联盟。虽然航空联盟的主要作用是扩展航线网络,不过也会影响到劳资关系。2001 年汉莎航空的飞行员要求加薪 30%,理由是他们的薪资应当与星空联盟成员美国联合航空相当(Doganis,2006,p. 132)。

　　德国"劳资共同决策制"的政策环境,推动了汉莎航空合作型劳资关系的持续发展。这种合作型劳资关系也促成汉莎航空通过重组举措,从市场艰难时期(如 20 世纪 90 年代初和刚刚跨入新世纪时)的亏损及现金流问题中恢复营利。工会与劳资协商会参与到重组工作中,以确保工作条件不会变苛刻,也不会出现大规模裁员。与其他航空公司相似,9 • 11 事件后汉莎航空也承受了巨大收入损失,但并未裁员(Hatty 和 Hollmeier,2003)。汉莎航空管理层认为必须与员工协商以从更长远的角度达成重组方案。

尽管如此,2013年以后汉莎航空还是卷入了一些劳资纠纷中,包括和飞行员间的冲突。2014年汉莎的飞行员至少进行了13次罢工,导致8 000个航班取消及2.32亿欧元经济损失。这几乎是全球航空史上最严重的纠纷之一,飞行员要求加薪并对延迟退休的做法表示抗议。在本书撰写之时,双方仍在为解决这次纠纷进行协商。与此同时,为了提升市场竞争力并增加利润,汉莎航空启动了一系列旨在提升收益和削减成本的长期项目,这样做的原因是汉莎航空正面临着来自欧洲新进航空公司及中东航空公司的越来越大的竞争压力(Weiss,2014)。

4) 斯堪的纳维亚

斯堪的纳维亚半岛各国即丹麦、挪威和瑞典与德国的情况相同,也属于协调型市场经济体。

在资源匮乏的战争年代,主流私营航空公司、富有远见的商界人士以及3国政府认为从参与世界竞争的角度,共同合作推动斯堪的纳维亚航空业的发展才是最佳方式。在1950年他们建立了一家国际航空公司:斯堪的纳维亚航空公司(SAS)。SAS是一家传统全服务航空公司,其大部分股权由3国政府持有,由一家控股公司代持该公司股份并同时在3国股票交易市场上交易。SAS的运营类似于私营公司,政府通常不会在财务或政策方面去干预SAS的治理与运作。

斯堪的纳维亚的劳资关系大致基于雇主、工会及构建这种环境的国家间的三方模式。总体来说,国家鼓励各工会能相对温和地安排劳资关系,这既有助于公司获得营利,又能让企业提供良好的工作环境。这种模式只能出现在欧洲式的、完全靠税收提供资金的福利国家之内。与美国相比,该模式下雇主和员工的大部分医疗保险成本由社会承担;当然代价之一是企业的总劳动力成本相对较高。另外这种情况能促使企业提高生产率,提供创新产品并将经营重点放到高端消费市场上。斯堪的纳维亚模式的另一个重要特点是公司董事会代表员工利益,因此在公司的主要决策制订过程中员工们就有了话语权。SAS的斯堪的纳维亚模式促进了主要参与方之间合作型劳资关系的良好发展。

行业管制放松前,SAS雇员享受的就业条款与条件比其他大多数航空公司采用的条款宽松很多。随着20世纪90年代中期斯堪的纳维亚半岛3国放松对航空业的管制,SAS缺乏市场竞争力的弱点就暴露无遗了。由于要在3个国家内部协调业务,SAS不得不建立臃肿的官僚机构;而且SAS的劳动力成本也高于大多数航空公司,它不得不为来自3个国家的员工提供3国之中最好的薪资福利待遇。

随着竞争加剧,SAS高企的劳动力成本变成一个严重问题。同时,由于北欧地区高收入人口众多、航空出行频率高以及SAS采取高票价策略,这个市场吸引了越来越多的新进航空公司参与竞争。

随着市场竞争越来越激烈,管理顾问们强烈建议应尽快大幅减少SAS的雇员人数,同时应促进 SAS 买下的新航空公司快速发展(包括西班牙斯班航空,挪威布拉森航空和威德罗航空,芬兰蓝天航空,拉脱维亚波罗的海航空以及爱沙尼亚航空)。

虽然得到这样的建议,SAS 还是决定给工会一个机会,与管理者合作帮助航空公司转型,这也符合北欧地区注重合作的惯常做法。与美国某些航空公司不同,SAS 没有提出单方面大幅削减退休金的计划。不过 SAS 仍面临来自新进航空公司,特别是挪威航空的巨大竞争压力(Topham,2014)。21 世纪初期,强大的竞争压力促使 SAS 和工会同意了大幅削减成本的计划,其中包括减薪。简言之,SAS 的策略包括削减成本,避免不必要的开销并提高生产率。一般情况下,整体协议能以和平方式达成,但其中仍有一些细节条款需要通过艰苦的谈判达成,一些争执可能需要通过调解解决。

2012 年 SAS 又遇到了另一个挑战:即面对复杂的工会结构,应如何迅速而彻底地削减成本。SAS 单方面制订了新的劳资协议,因为 SAS 面临来自贷款方的压力:资方威胁让其进入破产程序,SAS 只能将这些事实透露给工会。工会非常反感这样的劳资协议,他们称整个过程都非常不公平、不民主。然而,除了接受协议工会没有其他选择,而且也赞同采取这样的激进措施是唯一办法。

即使在 9 · 11 事件后混乱时期,斯堪的纳维亚航空的主要干系人也认为他们的劳资关系模型高效、耐久且相当灵活。多数 SAS 管理者和工会也持相同看法,尽管 SAS 复杂的结构实际上减弱了斯堪的纳维亚劳资关系模式的有效性。此外,仅当北欧国家由社会民主党主政时,SAS 才能与工会真正建立"社会伙伴关系"。而中右翼党派组建的政府对这种伙伴关系并不那么支持。

11.3.1.2　亚洲

针对大多数亚洲国家,并不能简单用前文提及的"自由市场经济"或"协调市场经济"来分类。亚洲是与北美或欧洲完全不同的地方。亚洲航空业涉及多国政府及众多监管机构。与美国、加拿大和欧洲相比,亚洲的工会普遍较弱,而且更加分散,也没有明确的立场来推动或采纳欧盟式的社会伙伴关系。

自 20 世纪 70 年代以来,亚洲航空公司的发展速度已经超过北美及欧洲的公司。亚洲国家的载旗航空公司,如马来西亚航空、新加坡航空、泰国航空及印度尼西亚的贾鲁达航空基本是政府所有。亚洲也有私营航空公司,如中国香港国泰航空、中国台湾长荣航空及韩国的韩亚航空。21 世纪初期,平均而言亚洲航空公司的盈利能力高于欧洲和美国的公司,主要原因亚洲地区需求增长较快、劳动力成本较低且管制放松缓慢,如前文所述(Herdman,2007)。

不过,亚洲市场监管正在逐步放松,并促使许多新型公司出现。该地区的新航空公司包括:维珍澳大利亚航空(2000 年),狮航(印尼,2002 年),一二走航空(泰国,2003 年),德干航空(印度,2003 年),捷星航空(澳大利亚,2003 年),亚航与飞鸟航空(2004年),惠旅航空与老虎航空(新加坡,2004年),香料航空与翠鸟航空(印度,2005年),亚航印尼(印尼,2005年),奥凯航空(中国,2005年),绿洲航空(中国香港,2006年)(Baker、Field和Ionides,2005)。由于竞争日益激烈,很多亚洲传统航空公司开始重构运营模式。下面以亚太地区某国为例讨论,该国的政治经济和幅员大小方面与美国最为相似。

澳大利亚

与美国、英国及爱尔兰相似,澳大利亚属于自由市场经济体。虽然澳大利亚的人口不及美国的10%,但与美国一样有着巨大的国内航空市场。1945年后到20世纪90年代间的大部分时间内,澳大利亚政府实行了"双航空公司"策略,在事实上造成了双寡头垄断局面。其国内的主要航线由澳亚航空(后与澳洲航空合并)和安捷航空瓜分。澳洲航空成立于1920年,是澳大利亚最大的传统航空公司。自从20世纪90年代实现私有化后,在国内和国际航空市场的运营或多或少都实现了盈利。安捷航空是私营航空公司,主要运营国内航线。两家传统航空公司的战略都是基于较高的运营成本和票价提供传统全服务。

虽然与德国或北欧相比,澳大利亚的劳资纠纷数量少得多,但澳大利亚的劳资关系仍属于对立型传统关系(Lansbury和Wright,2016)。澳大利亚两家传统航空公司的所有工种都实现了高度的工会化。两家公司都采用了包容工会的劳资关系策略。尽管如此,1989年—1990年间两家公司在联邦政府的强力支持下,与"航空飞行员澳大利亚联盟"进行了长达6个月的激烈谈判。此纠纷涉及两家传统航空公司大部分国内飞行员的停工与集体辞职问题(Bray和Wailes,1999)。

20世纪80年代后出现的几次国内航空公司尝试都以失败告终,直到2000年冲力航空与维珍航空成立。90年代末,Richard Branson展开了一项商业计划,即以西南航空为样板,在澳大利亚新开维珍品牌的航空公司(Godfrey,2002)。不过维珍航空对待员工和工会的方式不如西南航空那么友善。维珍航空发展迅速,很快抢占了近三分之一的国内市场份额。2001年安捷航空宣告破产,该公司借此机会获得了进一步发展。

进入21世纪,虽然澳洲航空仍要和具有30%~40%成本优势的新进航空公司同场竞技,不过还是对工会采取了包容的态度,只是在处理工会关系时略显强硬。澳洲航空经常提出,应将各类维修业务外包给劳动力成本较低的国家,不过这样的提议常遭到政客和工会反对因而无果。

2003年澳洲航空成立了自己的新子公司——将之前收购的一家小型国内新航空公司改造为捷星航空。随后,捷星航空在新加坡、越南、日本及中国香港成立了国际合资企业。与澳洲航空相比,捷星航空和维珍航空的成本(包括劳动力成本)都低得多。

面对来自亚洲和中东日益增长的竞争压力,澳洲航空在国际市场上举步维艰。

因而澳洲航空急需削减劳动力成本,他们采用的方法包括减少长期雇员数量,并借助中介机构、通过国外基地(如新西兰、泰国和英国)招募劳动力成本较低的客舱乘务员。

2011年,几乎在同一时间澳洲航空三个关键工种的雇员发起了罢工行动,这严重损害了澳洲航空的健康发展。作为回应,澳洲航空暂停了全球各地的机队运行,并宣布关停产生纠纷的工会组织。随后,巨大的混乱情况迫使联邦政府只能将纠纷提交给公平工作委员会(FWC)特别法庭,以进行裁决。法庭要求澳航及三个工会终止所有的罢工行动,委员会还要求各方必须进行"真心诚意"的谈判(Bamber,2011)。这些举措未能解决全部纠纷,委员会最后用裁决手段解决了未能达成一致事项。这种诉诸强制仲裁的利益纠纷即使在当代澳大利亚也不多见。这是航空业的基本服务特征,也是政府干预纠纷所带来的经济与社会后果(O'Neill,2012)。随后,澳洲航空宣布对其业务进行重组,其中包括与阿联酋航空的战略合作,工资冻结,并计划裁员5 000人。

与管制市场上国有航空公司采取的方式相比,上述三家自由市场经济体传统型航空公司英国航空、爱尔兰航空及澳洲航空在处理与员工和工会的关系时,显然都在转向越来越强硬的管理策略。他们仍然容忍工会存在,但都不再与工会合作。

11.3.2 航空公司劳资关系策略总结:怎样才有效?

以上我们重点介绍了美国及其他多个国家的航空公司劳资关系的情况。这些案例表明,航空业的劳资关系已发生了巨大变化,航空公司必须严肃考虑其劳资关系策略。航空公司会在各种情况下遭遇劳资纠纷,同时即使在相同的监管框架内,劳资关系策略也可能各不相同。多样性说明航空公司在进行劳资关系策略选择时有多种选项。各类劳资关系中最主流的仍然是选择包容工会,但与其保持一定的距离,只向他们共享必要的信息并且只在谈判桌上交流或者干脆不与其互动。第二种策略是主动压制工会,例证包括美联航前负责人Lorenzo的策略以及目前爱尔兰瑞安航空、马来西亚亚洲航空所采取的劳资关系策略,或尝试用复杂精巧的人力资源管理策略代替工会的作用,如捷蓝航空和达美航空。第三种方式是与工会建立合作关系,如SAS和西南航空,虽然两者做法间有不小的差异。

到底哪种劳资关系策略对实现企业整体的绩效目标最为有效?没有研究能够证明,无工会策略比工会合作策略或者工会包容策略更加有效。而针对美国主要航空公司的一项长期研究(从20世纪80年代末至21世纪初)表明,较高的工会化程度导致较高的薪资水平,但也能产生较高的生产率和利润率。图11.8是对该项研究结果的摘要。数据显示了自1986年—2000年的15年中,劳资关系对美国10家主流航空公司的业绩影响。劳资关系用以下5种指标度量:①由工会代表的员工人数比例;②员工参与公司治理的形式,包括员工持股及董事会中的员工代表;③工

航空公司绩效				
	服务问题	飞机生产率	劳动生产率	运营利润率
工会代表	−0.11 (0.633)	0.70*** (0.000)	0.11 (0.388)	0.02* (0.050)
共同治理	−0.40*** (0.000)	−0.53*** (0.000)	−0.07 (0.375)	−0.02** (0.001)
可谈判关系	0.25* (0.016)	−0.46** (0.002)	−0.21 (0.113)	−0.07*** (0.000)
工作场所关系	−0.22* (0.014)	0.54*** (0.000)	0.35*** (0.000)	0.03*** (0.000)
薪资水平（记录）	−2.08*** (0.000)	−3.55*** (0.000)	−1.30*** (0.000)	−0.14*** (0.000)
资本密集性（$\times 10^6$）	4.25*** (0.000)	−2.73*** (0.000)	0.98+ (0.095)	0.41*** (0.000)
航程（$\times 10^3$）		−0.78** (0.007)	−1.46*** (0.000)	−0.12*** (0.000)
飞机尺寸（$\times 10^2$）		2.09*** (0.000)	0.58* (0.040)	0.11*** (0.000)
R^2	0.36	0.56	0.39	0.65

图 11.8 劳资关系对于航空公司绩效的影响

所有模型均以"公司/季度"颗粒度进行分析，采用随机影响回归分析（劳动生产率模型的 $n=485$，所有其他模型中 $n=489$），并将企业（$n=10$）作为随机影响。

统计显著性的标注为：＋表示 $p<0.10$，＊表示 $p<0.05$，＊＊表示 $p<0.01$，＊＊＊表示 $p<0.001$，并且"左侧列内的变量改变会使航空公司绩效产生改变"具有确定性，p 值越小则确定性越高。

R^2 表示由模型解释的绩效变化的比例。每个模型包括季度因素虚拟变量，以模拟行业市场环境变化。

会与管理层发生冲突后被解散或发生罢工的次数；④是否存在正向的企业文化；⑤平均薪资水平。航空公司绩效以 4 种指标度量：①用准点率、行李丢失、客户投诉及飞行员安全故障症候表示的服务质量；②用每架飞机每天的轮挡小时数表示的生产率；③所有员工的劳动生产率（按各工种分别统计）；④运营利润率（Gittell、von Nordentflycht 和 Kochan，2004）。

研究结果表明，那些积极营造无工会氛围的管理人员应该进行慎重考虑。一旦员工开始寻求工会代表的帮助，那么这些管理者们就会面临巨大挑战，此后他们将不得不与新工会建立合作伙伴关系。

整个研究工作，基于对近年来美国几家最为成功航空公司（西南航空、与美联航合并前的大陆航空以及捷蓝航空）的深度理解，并将结果与他们的竞争对手做了对比,另外还对过去 15 年主要航空公司的绩效做了定量分析。研究结果表明:在管理层与工会间以及管理者与员工间构建并维系高质量的劳资关系,是实现航空公司高绩效水平的最有效途径。与其他所有的具体特性相比,例如与工会化程度、雇员所有权或者薪资水平相比,高质量劳资关系与更高的生产率和利润率间的关联更加稳定。集体协商时,只有高质量劳资关系才能让双方间的恶意最少并能维持谈判进行下去,合作方式还能让谈判卓有成效。高质量劳资关系还能促进管理者与被管理者之间以及不同工种的员工之间建立有效的沟通与相互的信任。

11.4　航空公司人力资源管理

如上所述,劳资关系与人力资源管理(LR/HR)是构成雇佣关系的两个方面。劳资关系指的是针对雇员组织起来寻求企业决策制订中话语权的行为进行管理;而人力资源管理则是指通过雇佣条件影响员工及其工作相关行为的所有管理手段。与劳资关系策略不同,人力资源管理策略较少受到国家政策环境的影响。而与劳资关系策略相似的是,人力资源管理策略的效果往往取决于企业能否构建高质量的劳资关系。研究表明,企业人力资源管理中采用包容模式,而不是航空业通常使用的控制模式,才是航空公司们获得更优绩效的最好方法(von Nordentflycht,2004)。在本节中我们将讨论基于高质量的劳资关系以及采取包容的人力资源管理策略,无论工会是否参与到人力资源管理过程之中,航空公司应如何实现优异的生产率以及客户服务效果。

提升航空公司绩效的关键在于能否有效协同多个职能工种的员工,包括飞行员、客舱乘务员、机械师、停机坪工作人员、客户服务代表等。在航空公司内部,能够影响服务质量和生产效率的不仅仅是单独的员工,还包括由相同职能员工组成的部门或者组织。图 11.9 所示为任意航空公司在航班离港运行时涉及的关键工作流程以及在协调该流程所有参与者时所面临的巨大挑战——每天航空公司在几百个机场中都会重复该流程成百上千次。面对航班起飞这类由多个完全不同又高度相互依赖的技能组成的工作流程,实现高绩效就不能只依靠员工个人努力,还必须协同好各个团队。

"协同"不仅是个技术范畴,还是个高度关系化的过程(Gittell,2003)。这反映在"关联式协同"的概念之中:通过共同目标、知识共享与尊重包容的关系实现协同工作。如果这些关系是积极的,能帮助航空公司员工通过经常的、及时的以及有助于解决问题的沟通实现有效的协同;如果这些关系是消极的,就会成为协同的障碍。不被其他部门或团队尊重的员工往往会避免与该职能部门员工进行沟通(甚至要回避眼神交流)。缺乏经常性的对话又将固化每个职能团队内部已经存在的"思想世界",进而破坏知识共享。没有知识共享关系作为基础,当环境发生变化时员工们就

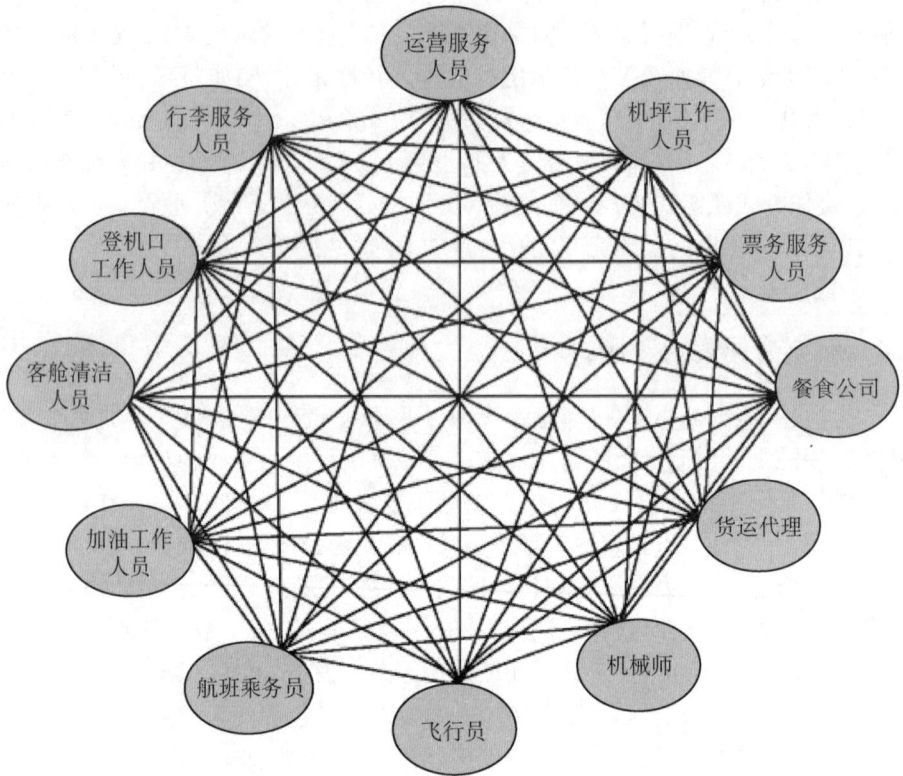

图 11.9　航班离港协调涉及的各项职能

无法进行及时有效的沟通，因为不了解谁应该知道什么知识及其紧迫程度如何。

缺乏及时沟通会破坏共同目标关系，这又导致和强化了每个职能团队只站在自身角度行事的状况。没有了共同目标，在面对问题时，常会采取简单粗暴的办法——指责别人造成了问题，而不是去进行有助于解决问题的沟通。如果将沟通重点放在相互指责而不是解决问题上，又会进一步损害双方间的尊重包容关系。这样的恶性循环必然会破坏有效协同的基础。图 11.10 所示为构建关联式协同中沟通和关系间相互强化的循环作用，以及循环在积极方向和消极方向上怎样形成良性循环和恶性循环。

关联式协同有助于航空公司实现更高的生产率以及更优质的服务，并且能让航空公司抬高两者的天花板，在两方面都达到更高的水准。我们用图 11.11 和图 11.12 归纳此种绩效影响。图 11.11 所示为关联式协同对于航空公司绩效的影响。关联式协同通过共同目标、知识共享以及尊重包容的关系构建，借助员工调查、评估跨职能关联为"强"或"超强"的方式度量。航空公司绩效的度量方式包括①以客户投诉、行李处理错误以及航班晚点次数表示的服务质量；②按每个起飞航班的周转

图 11.10　关系协调的交替动态过程

	航空公司绩效				
	周转时间（飞机生产率）	服务每位旅客的工作时间（劳动生产率）	客户投诉（服务质量）	行李丢失（服务质量）	航班晚点（服务质量）
关联式协同	−0.21***（0.000）	−0.42***（0.000）	−0.64***（0.000）	−0.31*（0.042）	−0.50**（0.001）
航班数/天	−0.19***（0.000）	−0.37***（0.000）	−0.30***（0.000）	0.13（0.287）	−0.22+（0.065）
航程，客货运	0.79***（0.000）	0.45***（0.081）	0.13（0.188）	0.12（0.471）	−0.54**（0.001）
旅客中转	0.12**（0.004）	0.19**（0.008）	0.09（0.329）	0.13（0.287）	0.00（0.987）
R^2	0.94	0.81	0.69	0.19	0.20

图 11.11　关联式协同对航空公司绩效的影响。

所有模型均按场站/月为单位进行分析,完成随机影响回归分析其中($n=99$)且场站($n=9$)作为随机影响。

统计显著性标注为:−表示 $p<0.10$,* 表示 $p<0.05$,** 表示 $p<0.01$,*** 表示 $p<0.001$,并且"关联式协同的改变会产生航空公司绩效变化"具有确定性,p 值越小则确定性越高。

R^2 表示由模型解释的绩效变化的比例。

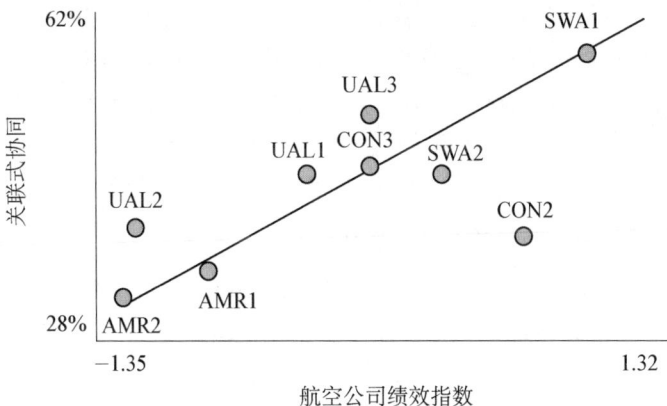

图 11.12　关联式协同对航空公司绩效的影响

时间计算的飞机生产率;③按服务每位旅客花费的工作人员时间计算的劳动生产率。图 11.12 用散点图汇总和展示了上述结果,其中对图 11.11 所示的每一种绩效度量指标按产品特性差异进行了校正,并将其整合为单一绩效指标,因此图中每个圆圈表示在该项研究所使用的 9 个场站之一的绩效(Gittell,2003)。

总之,在关联式协同中高质量的关系确实能够帮助组织中扮演不同角色、分属不同部门的员工间进行高质量沟通,提升整个组织的信息处理能力,从而使工作能够以高度协同的方式有效开展。除了服务质量以及工作效率方面的提升,关联式协同还能提高员工的工作满意度(Gittelld 等,2008)。原因有二:其一组织成员间的高质量关系能够提供更愉悦和满意的工作环境(Dutton,2003;Dutton 和 Heaphy,2003;Dutton 和 Ragins,2007);其二掌控完成工作的必要资源是提升工作满意度的重要原因(Hallowell、Schlesinger 和 Zorentsky,1996),而且高质量关系是能帮助员工获取完成其工作所需资源的一种社会资本形式(Nahapiet 和 Ghoshal,1998;Adler 和 Kwon,2002)。

以下各节描述了几种重要的人力资源管理实践方式,这些实践构成了关联式协同,而关联式协同又能够推动企业生产率以及服务质量的提升。这些方法包括招聘和培训具备关系能力的员工,各职能工作岗位间的灵活边界,监督指导与反馈,在流程层面做绩效评估,冲突解决以及设置跨界合作角色等。

11.4.1 招聘与培训员工的关联能力

因为不同的工作岗位要求不同的岗位技能,所以招聘过程最核心的目标之一是找到满足工作岗位要求的人。在招聘流程中,识别关键技能确实超出了招聘者的技术及认知范围,因此转而考察应聘者的人格特质(Day 和 Silverman,1989)。服务管理专家 Schlesinger 和 Heskett(1991)认为服务型公司应该有意识地雇用具备"软实力",如以客户至上及能进行团队合作的员工。

招聘时注重岗位技能而忽略关联能力的情况,在航空公司中非常普遍,特别是在招聘飞行员或者机械师这类专业岗位技能价值非常高的职位时更是如此。不过,那些从事需要高水平岗位技能工作的员工更加需要具备高水平的关联能力,这样才能起到黏合剂的作用,将自己与团队中其他同事的工作整合起来。对航班起飞过程的研究表明,认识到关联能力的重要性、努力寻求具备该能力的员工并通过培训提升员工这一能力的航空公司与同类公司相比,具有明显的绩效优势。

11.4.2 各工作岗位间的灵活界限

在像航空业这样具有高度的相互依赖性以及服务密集性的行业中,从事不同工作的员工,比如飞行员、客舱乘务员、旅客服务人员、机坪工作人员或机械师等,具备相当的跨工种适应能力非常重要。并且,在不同工种间设定灵活的岗位界限才能有效提升关联式协同水平。灵活岗位界限使属于不同工种的员工间有更多交流机会

(Preuss，1996)，能有效促使他们达成高度一致的共同目标、知识共享及相互尊重关系。特别在航班起飞这类需要自发协调的流程中，工作岗位界限的灵活性更为重要，唯有如此员工才能知晓要完成自己的工作应该与哪些其他员工进行协调。灵活岗位界限使员工有机会直接地了解与自己工作关系最紧密的其他员工，在出现问题时采取更有建设性的应对措施。

为了获得这些好处，不少航空公司，如西南航空、易捷航空和维珍蓝航空都放宽了对工作岗位要求的限制，员工能够据此做出必要调整来达到组织的要求。但放宽工作岗位要求操作起来较困难，因为会使人担忧工作内容宽泛、没有安全感并认为工作中可能出现未知情况。这种担忧会妨碍公司放宽工作岗位要求，特别在已经高度工会化的航空业中，岗位描述经由集体协商后方可加入合同之中，不能灵活变更。所以，随着时间流逝具有高质量劳资关系的航空公司更有可能采取灵活工作岗位界限。对已实现灵活岗位界限的航空公司而言，好处在于能实现不同工种间高水平的关联式协同，从而提升飞机生产率、员工生产率和服务质量(Gittell，2003)。

11.4.3　监督指导和反馈

许多当代管理学家和思想家认为，监管的目的是通过控制和监督工人来维系官僚主义(Selznick，1949)。今天的竞争环境要求一线员工具备团队合作精神，但监管者却往往成为个中障碍。扁平化组织结构中监管者更少，因而能获得比官僚主义严重的组织更优的绩效(Piore 和 Sabel，1984；Walton，1985；Appelbaum 和 Batt，1994)。尽管如此，美国劳动力数据显示，自 20 世纪 50 年代以来管理者和监督者占劳动人口的比例在持续上升，即便当时的商业媒体报道说劳动人口在减少、机构在扁平化，该情况仍延续到了 20 世纪 80 年代和 90 年代(Gordon，1996)。

在航空业内监管人员的配比范围较广，例如西南航空每 10 名基层员工中配有1 名监管者，而美国航空每 35 名员工中才有 1 名监管者(Gittell，2001)。同样，监管者与一线员工间互动的强度也各不相同：美国航空互动较少、关系疏远，而西南航空互动频繁、关系紧密。换句话说，如果监管水平较高，对航空公司监管者的直接报告就减少，能促进他们与报告者之间频繁互动并关系紧密；而那些需要更多直接汇报的监管者与其汇报者之间的互动较少并且关系疏远。

西南航空监管者收到的直接报告较少，所以有更多的机会与其负责监督管理的一线员工并肩工作。西南航空公司的监管者与员工保持一起工作，能够拉近他们之间的距离，方便沟通和交流，也有助于形成共同目标。共同目标使得西南航空公司的员工更容易接受管理指导并经常给出反馈。同时由于员工间的相互监督，也减轻了管理者的监督工作压力。

但美国航空公司的情况却完全不同。20 世纪 80 年代末期，作为"提升领导力"计划的一部分，美国航空为节省人力资源并提高一线员工的参与感，大幅削减了监督管理职能。其结果是监管者与直接报告者的关系疏远,很大程度成为官僚角色,借着一些冷漠僵化的规则,把责任推到航班延误或其他失误上。他们的作用仅限于监控总部制订的绩效目标是否达成,以及诸如是否按时上班之类的员工行为是否符合了规定。

研究发现,高水平的监管人员配置与跨职能的高水平关联式协同关系相结合,能使飞机生产率、工作人员的劳动生产率以及服务质量达到更高的水平(Gittell,2001)。

11.4.4 流程层面的绩效评估

与其他行业中的许多组织类似,传统上,航空公司都采用基于职能的问责制体系。航班起飞流程的结果通常分解为部门目标,这样可以对每个独立的部门分派任务或进行追责。所以,每个航班延误都能追溯到造成这个问题的部门。然后,以天、周、月为单位,计算各个部门的航班起飞准点率。

正如全面质量管理专家 J. Edware Deming 所预期的那样,这套问责制常常导致只是找某个部门来承担责任,却并不吸取教训解决问题(Deming,1986)。由于航班起飞流程中各任务间有相互依赖,通常很难确定某个具体航班的延误到底由哪个部门造成。常用的经验法则是"责任在最后离开飞机的那个人"。如果负责乘客登机的登机口工作人员最后离开,则推定为客户服务延误。如果装载行李的机坪工作人员最后离开,则推定为机坪延误。如果加油员最后离开,则推定为加油延误。这样就造成每个部门都想在其他部门之前完成自己的指定任务,却不管合作是否能提升工作速度和质量。更糟的是,参与者往往会隐瞒信息以逃避责任,这样一来就破坏了吸取经验教训、解决问题的机会。

基于职能的问责制造成了这种无意识的负面过程,进而不能形成共同目标、知识关系和互相尊重,导致原本必须紧密协同才能实现高绩效的关系被破坏。如果不能实现有效的协调,要实现符合质量要求的产出,就需要更长的周转时间与高水平的工作人员,从而造成巨大的效率损失。好在还有一些根据建设性的方案能够替代职能问责制。如采用跨职能绩效评估,当出现问题时鼓励参与者把精力集中在吸取经验教训而不是相互责备上,从而促成共同目标、知识共享及相互尊重的关系,并可实现更好的绩效(Gittell,2000)。基于该论点,我们发现在航班起飞的案例中,让多个职能群体共同为某航班延误承担责任(如西南航空的"团队延误"方式),能实现跨职能高水平关联式协同关系,使飞机生产率、员工生产率及服务质量达到更高水平(Gittell,2003)。

11.4.5 冲突解决

在航班起飞流程中,常有冲突情况发生。由于必须让航班按时起飞、实现安全运营,同时由多个职能部门参与该流程,并且这些部门并不能充分理解其他部门的想法和立场,综合考虑多个目标造成了巨大的压力。因此不论对飞行员还是客舱保洁员,在缺乏共同目标、知识共享和互相尊重关系的环境中,部门间的协同都是实现高绩效的航班起飞流程的前提。没有良好的关系,职能部门间的摩擦常常导致整个流程失败,因为在多职能相互依赖的工作环境中,冲突产生无可避免(Lawrence 和 Lorsch,1967)。冲突更有可能出现在强相互依赖的工作流程中,而冲突的出现还可能进一步产生增强效应(Gladstein,1984)。

在许多人看来,冲突通常具有破坏性,应不计代价避免冲突。然而,冲突也具有建设性的一面。我们发现,提前发现和解决冲突,确实能够增强、支撑和实现关联式协同关系。如果工作流程的参与者原本未能充分理解其他参与人的想法和立场,那么"冲突解决"或可成为一个建立相互理解的机会,虽然这个机会常常被忽视。

有一些策略能使冲突发生的可能性最小。管理理论家 Louis Pondy 在 20 世纪60 年代末指出,防止冲突发生的一种方式是减少相互依赖,通过办法"①减少对共用资源的依赖;②松弛航班计划或引入缓冲,如增加库存或应急费用;③减少舆论压力。"但他同时还指出,"防止冲突发生的手段通常会产生直接或间接的成本",并最终认为"人与人之间的摩擦是实现'高效管理'必须支付的成本之一"(Pondy,1967)。

在航班起飞流程中,能减少相互依赖及减少冲突的最常见方法是延长飞机周转时间——即两个连续航班之间,飞机停在地面进行准备的时间。然而增加周转时间会降低飞机及员工生产率水平,会使采用该策略以减少冲突的航空公司的竞争力降低。不过与其增加周转时间减少各部门间的冲突,或只简单把冲突作为高效管理的一项成本,航空公司管理者还不如将冲突视作可从中汲取经验教训的机会(Van de Ven,1976)以及形成对共同目标、期望与行为的清晰认知的机会(Van de Ven 和 Ferry,1980)。

一旦管理者将各职能间的冲突看作是汲取经验教训的机会,就能够强化员工之间的良好关系,并极大提升这些员工参与的工作流程的绩效。根据对航班起飞流程的研究,管理者积极主动地解决冲突,能够有效提升跨职能部门间关联式协同的程度,从而实现更高的飞机生产率、工作人员劳动生产率以及服务质量(Gittell,2003)。

11.4.6 跨界的作用

许多不同岗位的员工都在航班起飞流程中发挥着重要作用——包括飞行员、客舱乘务员、登机口工作人员、票务人员、行李处理人员、机械师等。其中航班签派员对成功完成航班起飞流程特别重要,在某些航空公司该岗位也被称作"运行代表"。航空业中,运行代表处于各职能员工沟通的中心位置,这些员工共同完成飞机卸货、服务、重新装载的工作并让飞机安全离开。运行代表的任务包括收集某个特定航班上乘客、行李、货物、邮件及航油等的信息，根据天气预报和航路数据，计算各要素的装载数量、确定装载地点。在完成这些工作的过程中，运行代表还要把各个部门间，关于旅客需求、货物和邮件客户的委托以及飞行安全要求等方面的冲突汇总在一起，并尝试对冲突进行调解或解决。

实际上，运营代理起到了"跨界协调者"的作用，管理着那些跨越职能边界的信息流。组织设计理论学家指出，跨界协调者对协调此类工作流程特别重要，即参与者在工作流程中完成差异极大的工作并因此对需要完成何种工作持有完全不同的看法（Galbraith，1994）。传统上，人们将跨界协调者看作是跨越组织边界收集、过滤、翻译、解释以及传播信息的一种机制（Aldrich and Herker，1977）。不过，一个合格的跨界协调者所做的远不止处理信息这一项工作。有效的跨界协调者还会参与到良好关系的建立中，在同事间建立共同目标、知识共享及相互尊重的关系，促进工作中的关联式协同。

跨界协调者的成本很高，这正是因为他们作为一个独立职能群体，主要任务就是进行协调（Galbraith，1994）。一种简单降低跨界协调者成本的办法是，增加分配给每个人的航班起飞数量，减少他们的人数。自20世纪80年代中期以来，大量航空公司借助计算机接口将航班签派所需的信息汇总到一起，大大提升了运行代表的工作效率。确实，新系统能让运行代表的效率更高。利用信息技术，运行代表在中心位置能同时协调多达15个航班的起飞流程。但这种方式下，沟通的质量及细致程度并不高。现在运行代表常常进行远程工作，并且全部工作都要依赖于计算机系统的辅助才能完成。

在较小的航空公司中，一直以来运行代表都起到了某种程度上各职能部门黏合剂的作用。以前运行代表常常由知名的行业专家担任，因为在每个起飞航班的准备或执行阶段，他们都需要和各职能部门员工做面对面沟通。他们工作的运行控制中心常被称为"消息集散地"，是为数不多能舒适的聚集各类型职工群体，如飞行员、加油员、行李处理人员、机械师及客户服务人员的地方之一。航空公司通过自动化决策支持工具提高了航班签派流程的效率，而且减少了运行代表的人数，但也失去了许多让员工互动并且建立良好人际关系的机会。

如果在跨界协调员岗位上配备足够的人手——这方面西南航空是个极端案例，同时只给每位运行代表分配一个起飞航班——他们就能在跨职能边界环境中创造出高水平的共同目标、知识共享和相互尊重的协同关系。对航班起飞流程的研究发现，运行代表的人数较多确实与跨职能群体间较高水平的关联式协同有关，因而能实现更高的飞机生产率、劳动力生产率和服务质量（Gittell，2003）。

11.4.7　与其他公司的合作伙伴关系

跨内部职能边界的协调的确是航空业中实现高水平绩效的重要原因，并且可将上述 HR 管理措施整合为有机的 HR 体系并有效支撑高水平的关联式协同。不过，航空公司并不是隔绝孤立的，相反每一家航空公司都属于更大型的组织网络。主流航空公司的组织网络通常包含支线航空公司——他们把旅客从小航空市场输送到大型航空枢纽以及其他大型航空公司——两者通过航班代码共享的方式形成航空市场联盟。

航空公司的关系网络中其他类型的组织包括各种供应商，如旅行社、线上预订服务商、飞机制造商、机场、大型维修供应商、油料供应商、航食服务公司以及机场安保服务商等。这一关系网络中还包括各类监管机构如美国国家仲裁委员会、联邦航空管理局和航空运输安全委员会及行业协会如美国航空运输协会（A4A）。最后，如本章前半部分中介绍的那样，这个行业关系网络中还包含各种各样的员工工会，其中一些为航空业所特有，如美国民航飞行员协会和美国空服员协会；另一些工会则代表多个行业的工作者，如国际机械师协会、运输工人工会以及国际卡车司机兄弟会。

本项研究得到的一个普适结论是，航空公司与行业网络中其他关键参与者进行合作能够为自身带来好处。恰如航空公司能从关注劳资关系及能加强一线员工间关系的 HR 管理举措中获益，他们也能从与行业网络中的关键参与者，如机场、空中交通管制机构、飞机制造商等的合作中获益。

近年来，航空公司通过外包等方式努力降低劳动成本并改革工作体系，凸显出行业协同及合作关系中越来越重要的方面，即航空公司与各类分包商之间的关系，这些分包商分担了以前由航空公司员工完成的工作。飞机维修是其中一个明显且有巨大争议的例子，通常维修工作部分由航空公司员工完成，部分由飞机制造商或其代理商完成，现在越来越多地由专业的机械类分包商完成。事实上，2005 年发生的美国西北航空机械师罢工，其原因主要是公司决定将大部分繁重的维修工作（如发动机大修）外包给专业公司，并裁减一半的机械师岗位。这种做法能够显著降低企业的固定劳动力成本。此外，复杂维修任务外包后需对剩余维修工作进行调整，目的是增加前文曾提及的岗位灵活性，如果再能与一些支持性的 HR 管理举措结合起来，还可进一步提高生产率。

航空公司外包更多的业务是否能降低总成本（考虑直接和间接劳动力成本，加上合同费用及合同管理与协调的相关成本）以及采用这类策略对安全、生产率、利润率及客户服务效果的底线有何影响，始终存在较大的争论。虽然这些争议仍未得出结论（迄今为止没有任何研究对不同策略的根本影响做过对比），但来自其他大量使用承包商行业的证据表明，采用不同策略的结果取决于承包商与雇主公司间以及经常一起工作的不同职能群体间的关系质量高低（Kochan 等，1994）。最终，这种合作能力会成为组织后天习得的重要技能，并对组织成功产生巨大影响（Lorenzoni 和 Lipparini，1999）。通过将组织外部的各方视为合作伙伴，航空公司能够将影响力扩展到组织和员工以外,并覆盖整个产业价值链。

11.4.8　领导力

最后,如果航空公司的员工认为他们的领导者关心员工,并且员工能被领导者信任和尊重——领导者既关心航空公司也关心公司雇员,他们的话能被相信——那么这样的航空公司也能够实现更高水平的关联式协同以及业绩成果。这样的领导力特征有助于在公司领导者、员工及他们选出的代表间建立高质量的关系,就好比 Herb Kelleher 和 Colleen Barrett 及他们的继任者 Gary Kelly 和 Laura Wright 领导下的美国西南航空公司。

11.5　总结

航空业一直被作为传统劳资关系的典型——由于该行业高度工会化,劳动者与管理者之间的对立关系及基于控制的人力资源管理模式。不过,我们也发现创新让航空公司和他们的员工间的关系正在往好的方向发展。某些航空公司采取了基于承诺的 HR 策略,将重点放在构建与员工的高质量关系上,还有一些航空公司选择与工会建立合作关系。

但是,从传统基于控制或接受模式向承诺或合作模式的转型并不容易进行,在过程中常会遭遇挫折。特别是一旦发生公司合并就会对劳资关系和人力资源管理措施产生负面影响,并常导致在所有权形式、工会关系及高承诺的人力资源管理措施方面的创新中断。例如,美国航空向承诺和合作方式的转型努力,在其破产保护及随后与全美航空合并的过程被打断和放弃。大陆航空与美国联合航空合并后,其成功的以承诺为基础的模式也面临着被逐步弃用的风险。2002 年以来,美国航空业经历了主流航空公司间大规模合并的浪潮:2001 年前后的 9 大航空公司现在只剩下 4 家。这使得美国西南航空公司成为采用传统和接受型 LR 与 HR 模式的唯一例外。

随着市场竞争日益加剧,航空公司削减成本的愿望也与日俱增,他们也期望尝试一些创新方式,就像西南航空已采用的很多新办法那样。其他航空公司在应对成本压力时采取了不同的做法,例如向着传统的强化员工控制的方式或者完全避开工会的方向发展,瑞安航空就采用了后一种策略。

在本章中,我们介绍了在多个层面上、由相互关联的部分构成的人力资源管理和劳资关系体系:包括工作场所、劳资合同谈判、经营战略及企业治理层面中劳动者与管理层的沟通互动以及构建了整个行业环境的各个企业、工会与政府机构之间的外部关联。我们不断强调,要实现整个行业的可持续发展与营利,HR 与 LR 体系中的每一个方面都需要不断优化和改进。目前,该观点正在被业内人士逐步接受与认可。既然有关各方已经认识到为了适应竞争环境的改变必须进行持续的优化和改进,那就应该加快改革的步伐并扩大改革的范围。

总体而言,我们的研究主要得出了两个结论。首先,同时非常重要的是,为了构建企业内部劳资双方间高质量的关系,应当建立一种基本共识,即应将员工视为宝贵资源,而不是可节省的成本。其次,该理念应当由一整套综合 HR 管理措施支撑,同时促进航空公司运营过程所涉及的各职能群体间的团队合作和协同关系。

虽然 HR/LR 策略常常被当作是航空公司和工会的事情,不过消费者与国家政策制定者仍然特别期待航空业的整体服务质量和运营生产率能够不断提升。不过目前在行业层面或国家范围的政策改进努力仍然较少,能否出现这样的力量或者策略来提升航空业的整体绩效仍有待观察。如果出现这样的力量,那么无论是航空公司的 HR 和 LR,或是整个行业的绩效都将翻开新的篇章。如果没有出现,那么其他人——不满的消费者、投资人或政府官员——有可能迫使全球航空业出现新的变化。

参 考 文 献

Adler, P. and Kwon, S. (2002) *Social capital: prospects for a new concept*. Academy of Management Review, 27(1), 17 - 40.

Airbus (2011) *Delivering the Future*. Toulouse, France.

Aldrich, H. and Herker, D. (1977) *Boundary spanning roles and organization structure*. Academy of Management Review, 2(2), 217 - 230.

Appelbaum, E. and Batt, R. (1994) *The New American Workplace*, ILR Press, Ithaca, NY.

Arrowsmith, J., Edwards, T., and Sisson, K. (2000) *Industrial Relations at British Airways: Setting a New Course?* European Industrial Relations Observatory. Available at http://www.eurofound.europa.eu/observatories/eurwork/articles/industrial-relations-at-british-airways-setting-anew-course.

Baker, C., Field, D., and Ionides, N. (2005) *Global reach*. Airline Business, 5, 60 - 65.

Bamber, G. J. (2011) *The Qantas Dispute: What Next and a Recap*. Available at theconversation.com/the-qantas-dispute-what-next-and-arecap - 4411.

Bamber, G. J., Gittell, J. H., Kochan, T. A., and von Nordenflycht, A. (2009) *Up in the Air: How Airlines Can Enhance Performance by Engaging Employees*, ILR Press, Ithaca, NY.

Bamber, G. J., Lansbury, R. D., Wailes, N., and Wright, C. F. (eds) (2016) *International and Comparative Employment Relations*, Sage, London.

Barry, M. and Nienhueser, N. (2010) *Coordinated market economy/liberal employment relations: low cost competition in the German aviation industry*. The International Journal of Human Resource Management, 21(2), 214 - 229.

Blasi, J., Kruse, D., and Bernstein, A. (2003) *In the Company of Owners: The Truth about Stock Options and Why Every Employee Should Have Them*, Basic Books, New York.

Branson, R. (1999) *Losing My Virginity: The Autobiography*, Random House, Milsons Point, Australia.

Bray, M. and Wailes, N. (1999) *Reinterpreting the* 1989 *pilots' dispute: the role of managerial control and labour productivity*. Labour & Industry, 10,79 – 105.

British Airways (2006) *British Airways Fact Book*. Available at http://media.corporateir.net/ media_files/irol/69/69499/bafactbook/Fact_Book_2006.pdf.

Cappelli, P. (1985) *Competitive pressures and labor relations in the airline industry*. Industrial Relations, 24(3),316 – 338.

Card, D. (1998) *Deregulation and labor earnings in the airline industry*, in Regulatory Reform and Labor Markets (ed. J. Peoples), Kluwer, Boston, MA, pp. 183 – 229.

Carey, S. (2011) *Virgin America facing unionization petition*. Wall Street Journal, Oct. 24.

Carter, M. (2014) *Southwest Airlines suffering from growing pains*. Aerospot, April 3. Available at http://aeropacific.blogspot.com.au/2014/04/southwest-airlines-suffering-growing.html.

Colling, T. (1995) *Experiencing turbulence: competition, strategic choice and the management of human resources in British Airways*. Human Resource Management Journal, 5,18 – 31.

Creaton, S. (2004) *Ryanair: How a Small Irish Airline Conquered Europe*, Aurum Press, London.

Cremieux, P.-Y. (1996) *The effect of deregulation on employee earnings: pilots, flight attendants, and mechanics*, 1959 – 1992. Industrial and Labor Relations Review, 49(2),223 – 242.

Day, D. and Silverman, S. (1989) *Personality and job performance: evidence of incremental validity*. Personnel Psychology, 42(1),25 – 36.

Deming, J. E. (1986) *Out of the Crisis*, MIT Press, Cambridge, MA.

Doganis, R. (2006) *The Airline Business*, Routledge, London.

Doganis, R. (2010) *Flying Off Course: The Economics of International Airlines*, 4th edn, Routledge, London.

Dutton, J. E. (2003) *Energize Your Workplace: How to Create and Sustain High-Quality Connections at Work*, Jossey-Bass, San Francisco, CA.

Dutton, J. E. and Heaphy, E. D. (2003) *Coming to life: the power of high quality connections at work*, in Positive Organizational Scholarship: Foundations of a New Discipline (eds K. S. Cameron, J. E. Dutton, and R. E. Quinn), Berrett-Koehler Publishers, San Francisco, CA.

Dutton, J. E. and Ragins, B. R. (2007) *Exploring Positive Relationships at Work: Building a Theoretical and Research Foundation*, Lawrence Erlbaum Associates, Mahwah, NJ.

Galbraith, J. (1994) *Competing with Flexible Lateral Organizations*, Addison-Wesley, Reading, MA.

Gittell, J. H. (2000) *Paradox of coordination and control*. California Management Review, 42 (3),1 – 17.

Gittell, J. H. (2001) *Supervisory span, relational coordination and flight departure performance: a reassessment of post-bureaucracy theory*. Organization Science, 12(4),467 – 482.

Gittell, J. H. (2003) *The Southwest Airlines Way: Using the Power of Relationships to Achieve High Performance*, McGraw-Hill, New York.

Gittell, J. H. and Bamber, G. J. (2010) *High-and low-road strategies for competing on costs and their implications for employment relations: international studies in the airline industry.* International Journal of Human Resource Management, 21(2),165 – 179.

Gittell, J. H., Cameron, K., Lim, S., and Rivas, V. (2006) *Relationships, layoffs and organizational resilience: airline industry responses to September 11.* Journal of Applied Behavioral Science, 42(3),300 – 329.

Gittell, J. H. and Reilly, C. (2001) *JetBlue Airways: starting from scratch*, in Harvard Business School Case, Harvard Business School Publishing, Boston, MA.

Gittell, J. H., von Nordenflycht, A., and Kochan, T. A. (2004) *Mutual gains or zero sum? Labor relations and firm performance in the airline industry.* Industrial and Labor Relations Review, 57(2),163 – 179.

Gittell, J. H., Weinberg, D. B., Pfefferle, S., and Bishop, C. (2008) *Impact of relational coordination on job satisfaction and quality outcomes: a study of nursing homes.* Human Resource Management Journal, 18(2),154 – 170.

Gladstein, D. (1984) *A model of task group effectiveness.* Administrative Science Quarterly, 29, 499 – 517.

Godfrey, B. (2002) *Low cost airlines in the Asia Pacific region.* Centre for Asia Pacific Aviation, February.

Gordon, D. (1996) *Fat and Mean: The Corporate Squeeze of Working Americans and the Myth of Managerial "Downsizing"*, Free Press, New York.

Hallowell, R., Schlesinger, L. A., and Zornitsky, J. (1996) *Internal customer satisfaction, customer and job satisfaction: linkages and implications for management.* Human Resource Planning, 192,20 – 31.

Hatty, H. and Hollmeier, S. (2003) *Airline strategy in the 2001/2002 crisis: the Lufthansa example.* Journal of Air Transport Management, 9(1),51 – 55.

Herdman, A. (2007) *Full Service Airlines: Adopting New Business Strategies in the Crowded Sky.* Available at http://www. aapairlines. org/resource_ centre/SP_ AAPA-HerdmanLCAC ongressSingapore-24Jan2007. pdf.

Higgins, C. (2014) *Aer Lingus rescued by labour court-is it ready for internal IR forum?* Industrial Relations News, No. 23, June 18.

Hirsch, B. T. (2013) *Union Membership and Coverage Database from the CPS.* Available at www. unionstats. com.

Hirsch, B. T. and Macpherson, D. A. (2000) *Earnings, rents and competition in the airline labor market.* Journal of Labor Economics, 18(1),125 – 155.

IATA (2013) *Airline Financial Outlook Strengthens.* International Air Transport Association. Available at http://www. iata. org/pressroom/pr/Pages/2013-12-12-01. aspx.

International Labour Office (ILO) (2012) *Reports of the Committee on Freedom of Association: 363rd Report of the Committee on Freedom of Association*, ILO, Geneva.

ITF (2007) *Ryanair Workers Mobilised to Strike.* International Transport Workers' Federation.

Available at http://www. irishexaminer. com/ireland/ryanair-workers-mobilised-to-strike-32010. html.

Johnson, N. B. (1995) *Pay levels in the airlines since deregulation*, in Airline Labor Relations in the Global Era (ed. P. Capelli), ILR Press, Ithaca, NY.

Johnson, N. B. (2001) *Airlines*. Working paper, Gatton College of Business and Economics, University of Kentucky.

Johnson, N. B. (2002) *Airlines: can collective bargaining weather the storm?* in Airline Labor Relations in the Global Era (eds P. F. Clark, J. T. Delaney, and A. C. Frost), Cornell University Press, pp. 15 – 54.

Kaufman, B. E. (2003) *High-level employee involvement at Delta Air Lines*. Human Resource Management, 42(2),175 – 190.

Kaufman, B. E. (2013) *Keeping the commitment model in the air during turbulent times: employee involvement at Delta Air Lines*. Industrial Relations, 52(51),343 – 377.

Keller, B. and Kirsch, A. (2016) *Employment relations in Germany*, in International and Comparative Employment Relations (eds G. J. Bamber, R. D. Lansbury, N. Wailes, and C. F. Wright), Sage, London.

Kochan, T. A. (1980) *Collective Bargaining and Industrial Relations*, Richard D. Irwin, Homewood, IL.

Kochan, T. A., Katz, H., and McKersie, R. (1986) *The Transformation of American Industrial Relations*, Basic Books, New York.

Kochan, T. A., Smith, M., Wells, J., and Rebitzer, J. (1994) *Human resource strategies and contingent workers: the case of safety and health in the petrochemical industry*. Human Resource Management, 33,55 – 78.

Lansbury, R. D. and Wright, C. F. (2016) *Employment relations in Australia*, in International and Comparative Employment Relations (eds G. J. Bamber, R. D. Lansbury, N. Wailes, and C. F. Wright), Sage, London.

Lawrence, P. and Lorsch, J. (1967) *Organization and Environment: Managing Differentiation and Integration*, Harvard Business School Press, Cambridge, MA.

Lee, B.-H. and Cho, S.-J. (2007) *Employment Relations of the Korean Airline Industry: Comparison of Koreana Air and Asiana Airlines*. Unpublished case study.

Levine, D. I. and Tyson, L. D. (1990) *Participation, productivity and the firm's environment*, in Paying for Productivity: A Look at the Evidence (ed. A. S. Binder), The Brookings Institution, Washington, DC.

Levine, M. E. (1987) *Airline competition in deregulated markets: theory, firm strategy, and public policy*. Yale Journal on Regulation, 4,393 – 495.

Lorenzoni, G. and Lipparini, A. (1999) *The leveraging of interfirm relationships as a distinctive organizational capability: a longitudinal study*. Strategic Management Journal, 20,317 – 338.

Mouawad, J. (2010) *In a narrow vote, flight attendants reject unionization effort*. New York Times, Nov. 3.

Nahapiet, J. and Ghoshal, S. (1998) *Social capital, intellectual capital and the organizational advantage*. Academy of Management Review, 232,242 – 266.

National Mediation Board (NMB) (2011) *Annual Performance and Accountability Report FY2011*, Washington, DC.

National Mediation Board (NMB) (2013) *Strike Report: U. S. Airlines.* Available at http://www. nmb. gov/services/mediation/airline-strikes.

Nay, L. (1991) *Determinants of concession bargaining in the airlines.* Industrial and Labor Relations Review, 44(2),307－323.

Niclas, J. and Carey, S. (2014) *Once brassy Southwest suffers grown-up woes.* Wall Street Journal, April 2.

O'Neill, S. (2012) *The Gods Must Be Crazy: Chronology of and Issues in the Qantas Industrial Dispute* 2011. Available at http://www. aph. gov. au/About _ Parliament/Parliamentary _ Departments/Parliamentary_Library/pubs/BN/2011-2012/ChronQantas.

Oxenbridge, S. , Wallace, J. , White, L. et al. (2010) *A comparative analysis of restructuring employment relationships in Qantas and Aer Lingus: different routes, similar destinations.* International Journal of Human Resource Management, 21(2),180－196.

Piore, M. and Sabel, C. (1984) *The Second Industrial Divide*, Basic Books, New York.

Pondy, L. (1967) *Organizational conflict: concepts and models.* Administrative Science Quarterly, 8,297－320.

Preuss, G. (1996) *The structuring of organizational information capacity: an examination of hospital care.* Best Papers Proceedings of the 1996 Annual Meeting of the Academy of Management.

Rosen, S. D. (1995) *Corporate restructuring: a labor perspective*, in Airline Labor Relations in the Global Era (ed. P. Capelli), ILR Press, Ithaca, NY.

Schlesinger, L. and Heskett, J. (1991) *The service-driven service company.* Harvard Business Review, September/October.

Selznick, P. (1949) *TVA and the Grass Roots*, California University Press, Berkeley, CA.

Southwest Airlines (2014) *Southwest Airlines Employees to Split Record-Setting Profit Sharing Amount in 40th Consecutive Payment.* News Release. Available at http://www. prnewswire. com/news-releases/southwest-airlines-employees-to-split-record-setting-profitsharing-amount-in-40thconsecutive-payment-255172981. html.

Teyssier, N. (2011) *Aviation statistics and data: a vital tool for the decision making process.* Presented at ACI Airport Statistics and Forecasting Workshop, International Civil Aviation Organization.

Topham, G. (2014) *How are Norwegian Air Shuttle's low-cost US flights financially possible?* The Guardian, February 5.

Van de Ven, A. (1976) *A framework for organization assessment.* Academy of Management Review, 1,64－78.

Van de Ven, A. and Ferry, D. (1980) *Measuring and Assessing Organizations*, John Wiley & Sons, Inc. , New York.

von Nordenflycht, A. (2002) *Alternative approaches to airline labor relations: lessons for the future.* Presentation to the 2002 Annual Meeting of the IRRA.

von Nordenflycht, A. (2004) *The transformation of authority at Continental Airlines.* Best

Papers Proceedings of the 2005 Annual Meeting of the Academy of Management.

von Nordenflycht，A. and Kochan，T. A. （2003）*Labor contract negotiations in the airline industry*. Monthly Labor Review，7，18 - 28.

Waddington，J. （2016）*Employment relations in Britain*，in International and Comparative Employment Relations（*eds G. J. Bamber，R. D. Lansbury，N. Wailes，and C. F. Wright*），*Sage，London*.

Wallace，J. ，Gunnigle，P. ，McMahon，G. ，and O'Sullivan，M. （2013）*Industrial Relations in Ireland：Theory and Practice*，Gill & Macmillan，Dublin.

Wallace，J. ，Tiernan，S. ，and White，L. （2006）*Industrial relations conflict and collaboration：adapting to a low fares business model in Aer Lingus*. European Management Journal，24（5），338 - 347.

Walsh，D. J. （1988）*Accounting for the proliferation of two-tier wage settlements in the US airline industry*，1983 - 1986. Industrial and Labor Relations Review，42（1），50 - 62.

Walsh，D. J. （2001）*Continuity and change in the structure of union representation in the U. S. airline industry*，1969 - 1999，in New Research on Labor Relations and the Performance of University HR/IR Programs（Advances in Industrial and Labor Relations），vol. 10（eds D. Lewin and B. E. Kaufman），Emerald，Bingley，UK，pp. 1 - 29.

Walton，R. E. （1985）*From control to commitment in the workplace*. Harvard Business Review，March 1.

Walton，R. E. ，Cutcher-Gershenfeld，J. E. ，and McKersie，R. （1994）*Strategic Negotiations：A Theory of Change in Labor-Management Relations*，ILR Press/Cornell University Press，Ithaca，NY.

Warren，S. （2005）*Southwest Airlines' CEO plans new growth*. Wall Street Journal，December 19.

Weiss，R. （2014）*Lufthansa Pilot Strike Holds Up Travel in Worst Walkout*. Available at http://www. bloomberg. com/news/articles/2014-0402/lufthansa-pilot-strike-grounds-jets-in-airline-s-worst-standoff.

12 航空安全与安保

Arnold I. Barnett

1997 年,美国航空运输协会召开了一次题为"安全：我们事业的基础"的会议。在 9·11 灾难的余波里,人们更加清醒地认识到,这个题目绝不是老生常谈。2001年第四季度全美客运量锐减了 25%。直到 2005 年运输量才恢复到 2000 年的水平,而预测者早在 2000 年时就预计到 2005 年旅客成行人数应该上升 20%。近期,由于发生了骇人听闻的坠机事件西班牙航空和科尔根航空不得不停止运营;而在 2013年底还是全球最受欢迎航空公司之一[1]的马来西亚航空,很有可能由于这两次坠机空难而在 2014 年内陷入破产危机[2]。

事实上发生重大空难之后,即便最细致的航空业务发展规划也会完全失去意义。除了与航空公司的自身利益密切相关,航空安全也是整个行业经济可行性的基石所在。如果一本商用航空业教科书中没包含关于安全事项的讨论,那一定会有人认为这本书不合格。

从航空旅客的角度看,安全的旅行需要考虑两方面的因素。首先,要避免航空事故,由于飞机以每小时数百英里的速度在离地数千英尺的空中飞行,航空事故很可能造成致命后果。其次,须防止可能对飞机乘客造成伤害的犯罪或恐怖主义行为。本章前半部分侧重于航空事故造成的威胁,后半部分集中讨论蓄意袭击和破坏造成的威胁。

航空安全是个庞大和复杂的话题,我们先考察航空事故这个方面。维修、飞行员培训、空中交通管制以及机场和飞机设计等方面的现行做法,实际上是对数十年来思想和经验的积累与提炼。本书其他章节对这些主题有所讨论,因此本章中不再展开和赘述。全面阐述技术细节(如飞机除冰)可能需要数百页文档,因此我们不会对任何具体的安全流程进行介绍。

---

[1] 马来西亚航空是被 Skytrax 授予五星评级的少数航空公司之一。

[2] 可以参考 2014 年 7 月 20 日的 BBC 新闻"马来西亚航空公司前途未卜"。

　　航空安全保障同样也是一个大课题,也有人认为这个主题本质上比安全问题更难以讨论。诸如风切变这样的物理危害如果能妥善处理,基本上不会再产生危害。但恐怖主义却恰恰相反,他们会不断改变袭击方式,并且很难预测下一次袭击将在何时何地以何种方式进行。同样很难确定的是,现有的防恐袭安保措施在实际中是否真的有效。

　　这两个主题的规模都较大,所以需要对本章的讨论范围做一些限定。我们主要从统计学角度分析航空安全,围绕"飞行到底有多安全?"这个问题基于大量数据分析给出答案。数据分析不仅能够刻画迄今为止取得的成果,还有助于制订最审慎的用于改善未来航空安全的策略。我们引用两项研究成果来阐明后一个观点:第一项研究会对航空安全政策中的主要决策产生影响,另一项研究关注未来可能出现的安全风险。

　　关于航空安全保障方面,我们也将偏重使用统计方法。然而在该主题上,从数据分析中获得的信息不如航空安全中那么清晰。有些讨论并不具有明确场景,这也提醒我们理解决策者们每天都要面对的困难。无论是他们还是我们都不能简单地两手一摊,说航空安全保障是一个棘手问题。决策必须做出,而基于不完美但合理的分析做出决策一定比随意做出的选择更好更有效。下文将讲述如何尝试进行这样的分析。

12.1　安全

　　我们将在下一节中讨论航空安全主题,在本节中仅对一些以航空安全为中心任务的组织进行简要介绍。所以 12.1.2 节讨论如何度量航空旅行中旅客的死亡风险。在 12.1.3 节中我们介绍所谓"每次飞行的死亡风险"衡量矩阵(Q 统计值),由于需要考虑大量的特征,度量结果需要用矩阵来表示。然后 12.1.4 节将展示一些 Q 统计值计算的最新进展。12.1.5 节从其他角度探讨航空旅客安全问题,12.1.6 节提醒从安全统计数据分析中可能得出错误结论以及如何预防这种情况的出现。12.1.7 节首先回顾旅客安全问题历史,12.1.8 节对一个具体安全问题进行分析,即机场跑道上飞机相撞的风险,12.1.9 节讨论避免飞机在空中相撞的问题。

12.1.1　安全就是不发生事故

　　严格执行各类具体的安全规章制度,极大减少和避免了商用飞机在运营中发生事故。在全球范围内,最重要的航空安全机构是国际民用航空组织(ICAO),该组织是联合国所属的专门机构。国际民航组织指出"航空安全处于航空业基础目标矩阵中的核心位置",因此专门制定和维护了"标准、推荐做法以及流程"体系,以实现航空运营的安全目标(ICAO, 2014)。ICAO 还制定了"通用安全监督审计流程",用

ICAO仅百年的航空事故预防经验帮助世界各国达成这一目标。ICAO还赞助了"有针对性的安全项目",重点关注民航领域内的常规风险,如跑道碰撞,可控飞行撞地及飞行员疲劳驾驶。

在国家和地区层面,同样设置了大量航空安全机构并采取主动措施预防事故发生。此类组织中最著名的代表如欧洲航空安全局(EASA),该组织认为其工作重心在于"通过对航空项目的认证确保最高水平的民航安全;批准组织提供航空服务,制定标准的欧洲监管框架"(EASA,2014)。到目前为止,欧盟委员会已禁止那些未能达到其安全标准的航空公司进入欧洲空域。在美国,国家运输安全委员会(NTSB)作为一个独立机构,由美国国会直接管辖,其职责是负责调查所有发生在美国的民用航空事故。国家运输安全委员会根据其调查结果提出安全建议,但并没有权力强制要求这些建议实施或执行。美国国内的另一个安全监管机构是联邦航空管理局(FAA),联邦航空管理局认为自己的使命是"提供世界上最安全、最高效的航空航天空间系统"(FAA,2014)。其他一些国家也设置了闻名世界的安全机构,如澳大利亚的民用航空安全局以及加拿大运输部。

除了制定规章制度和具体步骤以确保航空安全,ICAO以及其他相关组织也鼓励航空公司、机场以及维修企业开发安全管理系统。此类系统的目标是强化现有流程的执行,并且能够及早识别出潜在危险,从而制定应对措施、对现有流程改进,最终防止安全事故发生。另一方面,也要将安全意识"编织进组织结构之中",促使对安全风险的主动管理成为组织文化中不可或缺的重要部分。例如,美国某航空公司设置了5位安全负责人(如由1人负责驾驶舱安全,另1人负责维修等),他们每周开会讨论发现的各类安全症候,并共同制订公司策略来应对和解决这些问题。这样做其实想表达这样的信息:安全是公司内每一位员工的职责,每位员工都应报告发现的安全问题。

各方为保证航空安全进行了大量努力,成果之一是建立了航空疲劳风险管理系统(FRMS)。国际航空运输协会(IATA)将"航空疲劳风险管理系统"定义为"基于科学原理、科学知识以及能确保相关人员维持足够水平警觉性的运营经验,通过数据驱动的措施,持续监测和跟踪与疲劳相关的安全风险的做法"(IATA,2011)。这些系统的出现,鼓励人们深入研究睡眠不足与昼夜节律紊乱所产生的影响,研究如何将这类一般规律试验性地应用于飞行员或其他航空专业人员的排班计划中。航空疲劳风险管理系统得出的原理最先在新西兰投入实用,用于机组排班优化过程之中,现在这一技术已被很多国家采纳和应用了。

这样的安排对于保障航空旅客的安全到底有何效果?接下来我们将尝试从各个角度回答这一问题,可能其中一些回答会比另一些更有说服力。

12.1.2 度量航空安全:部分风险

为方便本节讨论,我们认为航空旅客最担心的事情是在坠机事故中身亡。因而,关于产生这种后果的可能性的统计结果非常有意义。然而,目前并不清楚到底哪些关于旅客死亡风险的统计最能够说明问题,或许回顾当前能获得的一些指标数据能使该问题逐渐清晰。

举例来说,美国国家运输安全委员会(NTSB)给出了如下统计指标:每 100 000 飞行小时的致命事故次数。在一般意义上该指标是合理的,将不良事件的数量与飞行时长联系起来。因而能提供类似"成本/效益"比这样的指标。

遗憾的是,该比值的分子和分母都难以确定。术语"死亡事故"混淆了 300 人中死亡 1 人的坠机事故与 300 人全部死亡的坠机事故之间的差别。而且,该度量指标没有给"安全改进措施"加分(如使用阻燃材料),这些措施能减少伤亡、但不能完全防止伤亡发生。

不仅如此,强调飞行时长的度量指标忽略了这样的事实:即绝大多数死亡事故都发生在起飞/爬升或者下降/着陆阶段。波音公司的报告显示,1998 年—2007 年间全球发生死亡的飞机事故中,13%发生在起飞阶段,22%发生在爬升阶段,17%发生在下降/进近开始阶段,38%发生在进近完成/着陆阶段,仅 10%发生在巡航阶段,而巡航时间比其他 4 阶段时长之和还要长(波音公司,2007)。同时,巡航高度发生死亡事故的旅客死亡率高于其他阶段死亡事故,而如果平均到每分钟飞行,巡航阶段的死亡风险仅为其他阶段的六分之一。

不论飞行时间多长,每次飞行都必须经历起飞/爬升以及下降/着陆阶段。因而,每次飞行发生死亡事故的风险基本与飞行时间无关:一次 4 小时的飞行与四次 1 小时的飞行预期的风险完全不同。虽然这两种情况都包含 4 小时飞行,即在 NTSB 统计计算中分母相同。如果每个航季的航班平均飞行时间不同,那么"死亡事故/飞行时间"的比就会随之发生改变,这种变化对安全毫无意义。

另一个被行业长期使用的统计指标是每 100 000 次起飞的飞机全毁次数。飞机全毁是指事故导致飞机损坏无法修理(大致相当于汽车报废)。显然该指标对飞机制造商更有意义。这个指标关注起飞次数而非飞行时间,是因为认识到航班的飞行距离或时间与事故风险的关系并不那么密切。

然而,如果目标是度量旅客飞行风险,那么用飞机全毁作为指标也有一定问题。如考察例子——2005 年同一个月内发生的两次客运飞机全毁事故。

两次客运飞机全毁事故

地点	旅客死亡比例
多伦多(2005 年 8 月)	0(机上 291 名乘客)
雅典附近(2005 年 8 月)	100%(机上 115 名乘客)

这样的例子有很多,一架飞机在损坏严重的情况下着陆,但由于应急处置得当,

所有乘客在飞机被大火吞没并导致机身全毁前都安全撤离了飞机。但是,救援成功与否与飞机全毁的统计数据间没有直接关联,却会对航空旅行死亡风险的评估产生较大影响。

另一个统计指标是旅客的死亡人数与总乘机人次之比。表面上,该指标确实能反映最近一段时间内乘客的死亡比例,因而可以认为该指标与乘客因事故死亡的可能性之间存在某种联系。然而,以死亡人数度量坠机事故风险也会有困难。如果一架喷气式飞机撞山导致机上乘客全部丧生,我们不能说,飞机满载时的安全性是只搭载三分之一乘客时安全性的 3 倍。同样,32 人登机 32 人死亡,与 320 人登机 32 人死亡并不相同(可能后一种情况下机组处置得当挽救了 90% 乘客的生命)。换句话说,该指标分子部分死亡风险统计数据很容易受到客座率波动的影响,却对坠机事故中幸存旅客数量之间的巨大差异视而不见。

除了上述 3 个度量指标之外,其他几个指标用于飞机死亡风险的度量时都有问题。如 Barnett 和 Wang(2000)讨论了一个例子,即事故风险与航空公司"绩效报告"之间存在某种奇怪的关联。当然,我们的目标不是给这些度量指标挑错,而是想强调谨慎选择风险度量指标对航空安全问题研究的重要性。下一节我们将介绍 Q 统计值——为避免上述缺点而专门制订的指标体系。

12.1.3 Q 统计值

Q 统计值方法能回答如下问题:"假设某人完全随机地从被研究的航班集合(如 20 世纪 90 年代英国国内的定期航班)中选择一个航班,那么他/她在此次飞行中死亡的概率是多少?"

在本节中,只讨论航空事故导致的死亡,不关注恐怖袭击或自然原因造成的死亡。另外,航班都指无经停直达航班;有 1 个中间点的行程由 2 个航班组成。

Q 统计值是指每个航班的死亡风险。假设有 N 个航班,标记为 $(1, 2, 3, \cdots, N)$。我们定义 X_i 为航班 i 上未能幸存的乘客比例。如果航班安全着陆,则 $X_i = 0$;假如飞机坠毁且无人幸存,则 $X_i = 1$;假如发生坠机事故且 20% 乘客因此丧生,则 $X_i = 0.2$。

为了确定 Q 统计值,我们假设在 N 个航班中随机选择 1 个航班,因此每个航班被选中的概率为 $1/N$。假定选中航班 X_i,则乘客的条件死亡风险为 X_i。乘客死亡的第一种方式是选中航班 1 然后死掉,这一事件发生的概率为 $(1/N)X_1$;同样因为选择了航班 2 而死亡的概率为 $(1/N)X_2$。整体的死亡概率则是所有会产生死亡后果的 N 个相互排斥的事件发生的概率之和。因而,根据下列公式可计算 Q 统计值:

$$Q = \left(\frac{1}{N}\right)X_1 + \left(\frac{1}{N}\right)X_2 + \cdots + \left(\frac{1}{N}\right)X_N = \left(\frac{1}{N}\right)\sum_{i=1}^{n} X_i \tag{12.1}$$

与上节讨论的那些度量指标相比,Q 统计值具有以下几个优点:

（1）每次坠机事故都按照乘客死亡比例进行统计。因而,对于因撞山而导致机上无人生还的坠机事故,都以相同方式处理,并不考虑当时机上有多少人。坠机事故中的高生还率与低生还率在处理方式上有较大差异。

（2）根据经验数据,在计算过程中可以不考虑飞行里程或者飞行时间。

（3）Q统计值的计算十分简单。根据公开的数据资料,N通常已知。条件概率X_i在正常情况下始终为零,如果不为零,则可从事故官方报告中获取 X_i 的值。

（4）Q值的含义简单直观。虽然 Q 值计算基于已经过去的一段时间的数据进行,但近期的 Q 值可以相当准确地预测未来起飞航班上事故造成的死亡风险。

以下两节中,我们将提供一些 Q 值的例子。

12.1.4　Q 值的例子

我们从 21 世纪开始计算 Q 值,特别是在 2000 年—2007 年这 8 年之中。在此期间,全球约有 2.16 亿个定期客运航班,其中 95 次发生了致命事故。这些事故平均导致机上 74.5% 的乘客死亡。根据式(12.1),我们有 $N=2.16$ 亿,并且 $\sum_{i=1}^{n} X_i = 95 \times (0.745) = 70.8$;再代入式(12.1)得出:全球范围内的 Q 统计值为 70.8/(2.16 亿),约为三百万分之一。也就是说,在 2000 年—2007 年间运营的所有航班中,某人随机选择一个航班,则他在航空事故中丧生的概率约为三百万分之一(Barnett, 2010)。

虽然我们算出了三百万分之一的死亡风险,但并不是说在每个国家中死亡率都等于这个数字。恰恰相反,就像甜甜圈的中心是空的没质量的一样,没有任何一个单独国家的死亡率是三百万分之一。当然,我们也可以将全球国家按事故死亡率分成为 3 个组:同组内乘客死亡风险的差异不具有统计显著性,而组间数据差异具有较高的显著性。三组的结果如下:

（1）传统的第一世界国家,包括北美的美国和加拿大、亚洲的日本和以色列、澳大利亚和新西兰以及西欧和南欧国家。

（2）发展中国家,包括近期在人均寿命和/或人均国内生产总值方面达到第一世界标准的国家(如韩国和新加坡)以及其他被专家列为新兴工业化国家并朝着第一世界标准稳步前进的国家(如土耳其和巴西)。

（3）发展中世界内的欠发达国家。

Barnett(2010)定义的国家分组以及各组的 Q 值如表 12.2 所示。

应该更深入地理解这些风险统计数据的含义。一千四百万分之一表示,第一世界国家中某旅客在死于航空事故前,能每天乘机一次并持续 38 000 年。在第一世界国家机场中随机选一名年轻人,他成为国家总统/首相、赢得诺贝尔物理学奖或奥运会金牌的概率都比死于即将搭乘航班发生的事故的概率高。

即使在欠发达国家中,航空旅客平均每天乘机一次,平均需要 2 200 年才会死于飞机事故。虽然一发生空难事故就会出现连篇累牍的报道,但事实上商业飞行非常安全。

表 12.1　3 组国家的航空事故乘客死亡风险，2000 年—2007 年

分组	每个航班的死亡风险[a]
第一世界国家	1 400 万分之一[①]
发展中国家	200 万分之一
欠发达国家	80 万分之一

[a]该统计数据覆盖了每个组别中所有国家、所有航空公司的定期航班。坠机事故按照航空公司的国别而不是事故发生的地点来进行分类（比如，某美国航空公司在哥伦比亚发生坠机事故，则认为该事故发生在第一世界国家）。

如前文所述，表 12.1 中各组数据间的差异具有较高的统计显著性。也就是说，如果这 95 次致命事故随机分布——在这种情况下，某国遭遇一起特定事故的概率基本等于该国的航班数占全球总航班数的比例——这真是难以想象：欠发达国家在发展过程中积累的事故次数显然会高得多，现实中就是这样。所以，把所有国家分为不同的三类时，我们不应该将偶发波动和确定模式混为一谈。

与表 12.1 相比，近期的第一世界国家和发展中国家数据更令人欣欣鼓舞。2008 年 1 月 1 日至 2014 年 7 月 25 日（本章完成时）期间的 Q 值如表 12.2 所示。再次强调，组间差异具有统计显著性。

表 12.2　3 组国家的航空事故乘客死亡风险，2008 年—2014 年

分组	每个航班的死亡风险	与 2000 年—2007 年相比
第一世界国家	2 360 万分之一	降低了 41%
发展中国家	500 万分之一	降低了 60%
欠发达国家	60 万分之一	增加了 33%

12.1.5　其他的安全度量方法

虽然统计"每个航班的死亡风险"有很多可取之处，但该方法的一个假设并不总是正确，即假设旅客会从目标航班集合中完全随机的选择一个航班。事实上乘客选择航班不是完全随机的，平均 500 座的空客 380 飞机上的旅客数远多于 19 座的比奇 1900 型飞机。假设飞机大小与坠机风险间有某种联系，那么忽略飞机大小进行风险统计得出的结果，与旅客实际风险相比肯定有误差。所以，指标"每航班死亡风险"的缺陷使其准确性降低。

为了评估"每航班死亡风险"指标是否准确，我们用"死亡乘客数/乘机乘客数"计算乘客风险，尽管之前曾提及该指标也有问题。我们先将这个指标改名为每次乘机的死亡风险，并用这个指标来回答这个问题：假设所有乘客的登机牌都保留在航

---

① 1 400 万分之一即 $1/(1.4 \times 10^7)$，下同。——编注

空公司且已积攒多年,现在从中随机抽出一张登机牌,那么持有该登机牌的乘客在航空事故中丧生的概率是多少呢?

2008年1月1日至2014年7月25日间的上面问题的答案如表12.2所示。

表12.3 3类国家每次登机航空事故死亡的风险,2008年—2014年

分组	乘机旅客数量[a]/10亿	旅客死亡数量	每次登机的死亡风险[b]
第一世界国家	10.1	422	2 390万分之一
发展中国家	5.2	820	630万分之一
欠发达国家	2.0	1 988	100万分之一

[a]在估算2014年旅客人数时采用一些近似值(到7月25日为止)。
[b]每次登机的死亡风险就是旅客死亡人数与乘机旅客人数之比。

这些数据与表12.2中的数据没有明显差异,说明虽然两种安全度量指标各有缺陷,但合在一起使用能够得出基本正确的结论。因此可以说,联合使用两种结果的可信度要高于单独使用一种方法结果的可信度。

12.1.6 某些航空公司更安全吗?

迄今为止,我们提供的数据都只反映了同一类国家分组中大量航空公司的平均绩效。不过,假设某人从A直飞到B,是否存在任何与安全相关的理由,支持他优先选择某航空公司的航班呢?

第一世界国家航空公司的死亡风险在统计上并无显著差异。不过鉴于几乎从未发生过致命事故(很幸运),很自然能得出上面的结论。假如2家同等规模的第一世界航空公司在过去20年中共发生3次致命事故。如果其中一家公司发生2起事故,而另一家只发生过1起,则从表面看,前者的"致命事故发生率"是后者的2倍。然而,这一结论非常牵强,就好像抛硬币三次中有两次正面朝上,就认为硬币本身不公平一样可笑。类似的结论同样也不适用于发展中国家和欠发达国家。

一些人认为发生的致命事故只不过是"冰山一角",应当基于大量数据仔细研究全部事故与症候,并进行交叉对比。但Barnett和Wang(2000)的研究表明,该方法在实际应用中并不像听上去那么有效:如在美国航空公司中,1990年—1996年间每航班死亡风险与非致命事故症候率呈负相关关系。对该结果的一种解释是,非致命事件引起了人们的警觉和防范意识,因而避免了部分致命事故的发生。

Czerwinski和Barnett(2006)对该问题做了进一步研究,整理了1983年—2002年间美国所有定期航班发生的致命事故以及其他非致命事故和症候。研究的重点放在有可能造成以及实际造成了乘客死亡的事件上(如飞机失控)。参考了美国职业棒球队奥克兰运动家队的运动员评估方法,他们研究了美国航空公司中发生的数百次突发事件,根据事故导致乘客死亡的概率,以及实际发生死亡的事件的平均死亡比例,给出每类事件的权重。例如,某类型紧急状况导致旅客死亡的平均概率为

2%,按上述队员评估方法,则航空公司每出现一次该情况就被罚掉 0.02 分。Barnett 和 Czerwinski 发现,没有证据表明一部分美国航空公司会比其他公司更容易发生危及生命的紧急情况。两位学者做了统计检验,即假定发生此类紧急情况后,在从极端紧急情况中恢复并确保没有死亡的情况下,是否有部分航空公司比其他公司做得更好。简言之,他们没发现部分公司比其他公司更安全的系统性证据,所有公司都很安全。

如果在不同国别组间比较又会怎样呢,例如在第一世界航空公司与欠发达国家航空公司之间? 毕竟两组航空公司的死亡风险值有不小的差异。但是,第一世界国际航空公司与欠发达国家航空公司在竞争航线上又会有怎样的差异呢? 例如,假设某人从东京飞往雅加达,乘坐日航的航班会比印尼鹰航的航班更安全吗?

要想了解在竞争航线上,第一世界航空公司是否比欠发达国家的航空公司更安全,有一个简便方法,即对比这些航线上致死事故的数据。当 Barnett 和 Wang (2000) 第一次这样做时,发现 1987 年—1996 年间两组航空公司的 Q 统计值相同,约为六十万分之一。几年后 Barnett(2006) 再次研究该问题后,结果仍然相同:第一世界国家与欠发达国家航空公司的 Q 统计值大概都是一百五十万分之一。其可能原因是,欠发达国家的航空危害会影响在该区域内运营的所有航空公司,而不是仅仅影响本地的航空公司。

这样我们就得出一个惊人的结论:当两家航空公司在同一航线上运营直达航班时,没有证据表明其中一家航空公司能比另一家更安全。我们无法改变这一结论,不过好消息是该结论没什么不好,所以无需改变。

12.1.7 20 世纪的情况

表 12.2 和表 12.3 中给出的安全水平统计与 2000 年以前的水平相比又会如何? 乘客死亡风险是否随时间流逝逐渐下降,又或者在较长时间里保持稳定? 为了回答这个问题,我们从本书第一版的对应一章中摘取一些统计数据来分析。这些统计数据与本章数据没有可比性,有如下两个原因:

(1) 这些数据只覆盖了喷气机定期航班,表 12.2 和表 12.3 中的数据覆盖了全部计划航班,包括螺旋桨飞机与喷气机。

(2) 这些数据没有区分发展中国家和欠发达国家,而是把不属于传统第一世界国家的其他国家统称为"发展中国家"。

表 12.4 所示为 1960 年—1999 年间喷气机定期航班的 Q 统计值,从喷气机出现到 20 世纪末。可将这一时期划分为几个 10 年,并将全球范围内喷气机运营分成 4 个互不重叠的类目。

(1) 第一世界国家的国内:同一个第一世界国家内的两个城市之间的航班。举例:多伦多—温哥华。

表 12.4　喷气机计划航班的航空事故中乘客死亡风险,1960 年—1999 年

时期	Q 统计值(每航班的死亡风险)
第一世界国家的国内	
1960 年—1969 年	100 万分之一
1970 年—1979 年	300 万分之一
1980 年—1989 年	400 万分之一
1990 年—1999 年	1 300 万分之一
第一世界国家的国际	
1960 年—1969 年	40 万分之一
1970 年—1979 年	100 万分之一
1980 年—1989 年	400 万分之一
1990 年—1999 年	600 万分之一
第一世界与发展中国家间	
1970 年—1979 年	30 万分之一
1980 年—1989 年	60 万分之一
1990 年—1999 年	100 万分之一
发展中国家间	
1970 年—1979 年	20 万分之一
1980 年—1989 年	40 万分之一
1990 年—1999 年	50 万分之一

注:这些数据中不包括由犯罪或恐怖袭击造成的事故。计算中对飞过的航班数量进行了部分估算,所用方法与数据来源的讨论见 Barnett 和 Higgins(1989)以及 Barnett 和 Wang(2000)。

(2) 第一世界国家的国际:

从一个第一世界国家城市飞往另一个第一世界国家城市的航班。举例:巴黎—都柏林。

(3) 第一世界国家与发展中国家间:发展中国家城市与第一世界国家城市间的航班。举例:卡拉奇—东京。

(4) 发展中国家间:

在发展中国家间始发和到达的航班。

举例:内罗毕—拉各斯。

上表数据中的关键模式较为明显。1960 年—1999 年间,全球范围内喷气式飞机的安全性每十年就会出现较大提升,无一例外。从 20 世纪 60—90 年代,各地区的死亡风险至少下降了 80%。而且数据表明,在固定时间内,死亡风险的下降比例不会减少;该结果令人印象深刻,因为通常认为死亡风险逐渐降低后,未来实现相同幅度的安全提升会更加困难。

同样明显的是,第一世界国家喷气机航班上的死亡风险还是远低于发展中国家同类航班的死亡风险。在研究的全部 4 个阶段中,两者间至少存在 5 倍的差距。如果问这些年过去后有何变化发生,那只是差距变大而不是缩小了。

螺旋桨飞机历来就比喷气机更危险(尽管 21 世纪后两者的安全性差距已大大缩小)。基于此并如表 12.2 和表 12.3 所示,进入 21 世纪后喷气机航班上的乘客死亡风险(及整体风险)持续下降。总体上在 2000 年—2014 年间,发展中国家远远落后于传统的第一世界国家,虽然快速发展国家对安全性提升做出了较大贡献[①]。

12.1.8 飞机碰撞风险评估

如前所述,数据分析能向我们提供关于过去和现在的商用航空旅行安全性的全貌。数据还能辅助我们做出资源分配决策,并影响未来的航班安全。此外,尽管未来的飞行环境肯定与我们见过的所有环境都不同,但仔细分析历史数据中的有用"线索"确实能预防未来致命事故的发生。

为说明此类面向未来的数据分析方法,我们举一个美国联邦航空管理局(FAA)提供的实际研究案例。FAA 描述的基本问题是:在未来 20 年中,全美国机场跑道发生飞机相撞事故的潜在风险有多大?该研究假定,未来将继续使用现有的流程和技术(即基于现状模型)。这样,问题就可转换为一个间接问题,即目前的资源投资对降低未来撞机风险到底有多大好处?

这个风险预测问题可分成两个不同的问题分别求解。首先是目标时间段内跑道撞机事故发生的频率;其次是具体撞机事故产生的后果,特别是在人身安全方面的后果。关于该问题的全面分析见 Barnett、Paill 和 Iasdluca(2000);此处仅对几个关键点做简要说明。

众所周知,在可见的未来,机场操作(着陆及起飞)的次数仍会持续增加。问题在于,操作次数的增加对跑道相撞事故(不仅包括飞机相撞,还包括飞机与地面车辆或障碍物相撞)发生的可能性有何影响。跑道相撞事故的发生次数是否随操作次数的增加而成比例地增长(线性模型),即操作次数加倍导致事故次数加倍?或者事故次数增加与操作次数增长间存在平方关系,即操作次数加倍导致事故次数增加 4 倍?再或成立方关系,即操作次数加倍导致事故增长 8 倍?又或事故次数根本不会增加。高速路上堵车每个人都快不了,每英里死亡人数不会比畅通的高速路多(后一种关系也称为"零阶"模型)。

一些人认为在上面列出的模型中最合理的有可能是 4 倍模型。那么,假设 M 是某一时期(例如一年内)某机场飞机操作的总次数,则跑道相撞事故发生的概率大致为 M^2 量级。对于这个观点,有以下两种普遍存在的争论:

[①] 2000 年之前的每航班死亡风险的统计数据上,快速发展国家与其他发展中国家并没有显著差异。但进入 21 世纪后,快速发展国家甩下了其他发展中国家,进步速度世界最快。即使如此,他们的旅客死亡风险仍然是传统第一世界国家的 4~5 倍。

2

(1) 假设机场共操作了 M 次(编号为 1 至 M),则理论上飞机相撞的所有可能对数(如 1 号与 3 号或 32 号与 89 号)应遵循众所周知的数学公式: $M(M-1)/2 = (M^2-M)/2$。当 M 值很大时,有 $M^2 \gg M$,因此上式近似等于 $M^2/2$,且误差较小可忽略。

但上述推导并不严谨,虽然航班延误的情况持续恶化,但难以想象 3 月 3 日起飞的飞机会与另一架于 8 月 9 日着陆的飞机相撞。不过平方模型确实有更严谨的推导过程。

(2) 假设某一郊区单行路与一条双向车道主路交汇,且在路口设有停车标志。假设这两条道路上的车流量都增加了 20%,那么如何评估车流量增加,对于分别来自两条道路的车辆在路口相撞事故的风险影响?

影响有个两方面。如果单行道的交通流量增加 20%,则能够预计在该道路行驶并违反停止标志而进入交叉路口的车辆数会增加 20%。然后假设主路上的车流密度更高,因而违反停止标志的车辆与另一车辆相撞的概率也会比之前提高约 20%。换言之,这是个"祸不单行"的问题:单位时间内发生事故的总体概率并非增长 1.2 倍,而是增长 $(1.2)^2 = 1.44$ 倍。这是一种经典的二次方模型推导过程。

不过只要有可能,人们都不会只满足于黑板上的理论知识,而必然会用可获得的数据对假设进行验证。很幸运,我们有足够的数据对上述二次方模型做验证。1997 年美国机场未发生致死的跑道事故,但却发生了 40 次吓人的"死里逃生"事件,被审核事件经过的航空专家(空中交通管控员、飞行员等)定性为"极度危险的事故症候";且事件都发生在能见度下降(夜晚、日出/日落时阳光直射或有霾/雾)的情况下。如果认为机场内事故症候的分布能合理代表致死事故风险的分布,那么统计 40 起事件在美国各机场的分布情况就能够验证二次方假设,即借助统计测试来验证,是否如二次方假设预计的那样,在 1997 年完成 50 万次操作机场的事故症候数量大致为完成 25 万次操作机场的 4 倍。

Barnett、Paull 和 Iadeluca(2000)描述了此测试的详细情况。简言之,数据证明二次方模型符合实际情况。而很有意思的是,线性、立方以及零阶模型都没能通过类似的统计测试。总体而言,测试结果说明,较为繁忙的机场发生严重事故症候的次数确实要多一些,但多的数量还算合理。因而,无论从理论角度还是经验角度选择,采用二次方近似模型预测繁忙机场上的跑道相撞事故风险的做法都较为合理。

另一个关键问题是,如果商业定期航班在跑道上发生了相撞事故,有多少乘客会殒命。此时,可能发生的最坏情况是两架喷气式客机相撞。还好,在喷气机时代美国国内只发生过一次这样的事故:两架飞机上 96% 的乘客,即总共 198 人中有 190 人生还。美国之外的一些国家发生相撞事故的死亡率较高,一些分析家认为,由于这类事件并未发生在美国航空监管之下,所以 FAA 不应考虑这类事件。

不过 Barnett 等(2000)认为,应当注意一个重要区别,如果要估算美国跑道相撞事故发生的概率,那么只使用美国的数据就较为合理;但如果要评估某次相撞事故的后果,则就应该采用全球的数据。首先,基于单次事故的数据进行死亡率统计存在问题(对单次事件无法计算标准差)。其次,跑道相撞事故中的大部分死亡都由快速燃起的大火所导致,也就是说各机场医疗救护能力的差异几乎与此无关。在这种情况下,作者研究了 1970 年—1999 年间发生的全部 3 起喷气式客机的跑道相撞事故(其中每次事故都涉及第一世界国家的航空公司)。其结果如表 12.5 所示。

表 12.5　3 起喷气式客机相撞事故中的死亡率,1970 年—1999 年

地点(年份)	第 1 架喷气客机	第 2 架喷气客机	两架喷气客机总计
特内里费(1977)	100%(248/248)	85%(335/396)	91%(583/644)
马德里(1983)	100%(42/42)	55%(51/93)	69%(93/135)
底特律(1990)	18%(8/44)	0%(0/154)	4%(8/198)
6 架喷气客机平均	60%(未加权)		70%(加权)

表中"6 架喷气客机平均"未加权值是对各飞机死亡率的简单平均;加权平均是 6 架飞机上总死亡人数与总登机人数之比。括号中的数字是死亡人数与登机总人数。3 起事故中相撞的飞机都由第一世界航空公司运营(Barnett、Paull 和 Iadeluca,2000)。

作者们认为,采用简单的"一架飞机一票"原则整合跑道相撞事故中所有 6 架飞机的数据最为可靠。据此,他们估计如果 2 架喷气机相撞,则每架飞机上的乘客死亡率都为 60%(估算时已考虑了统计上的不确定性)。

二次方风险模型和 60% 的统计估值都属于一个更全面的研究项目的成果,这些成果最终形成了一套飞机相撞风险预测的方法。采用此方法在 2000 年左右进行的中间预测结果为:如果保持现状,则自 2003 年—2022 年间,在设有控制塔台的美国机场中会有 15 架客机发生致命的跑道相撞事故,这些事故将造成 700~800 人死亡及 200 人重伤。作者认为,考虑到美国商业航空运营其他方面的优异安全记录,因跑道相撞事故导致的美国航空旅客死亡人数很可能超过所有其他类型事故导致的死亡人数总和。其他第一世界国家的情况与此类似:2001 年米兰发生的跑道相撞事故造成 110 人死亡,这是 2000 年—2007 年间西欧发生的最严重事故,同期欧洲因其他事故死亡的人数约为 160 人。

这个预测结果远高于早先在 FAA 内部流传的预测数据,后者是基于线性模型及美国航空数据的预测结果。FAA 很重视新的预测数据,该机构公开表示,2000 年的研究成果促使其决定在美国 25 个中等机场中部署新型防撞雷达(34 家大型机场已被要求安装此类设备)。新的预测结果促成新型安全手段广泛采用,希望这些措施能救下原预测中 700 人的生命。此外,这些预测结果也有助于衡量航空业在防止跑道相撞事故方面取得的巨大成就：他们并未听天由命、被动接受事故的发生，而是采取了果断措施防止事故的发生。

12.1.9　空中相撞的风险

2架飞机相撞既可能发生在空中也可能发生在地面。事实上，第一世界国家领空中定期客运航班的空中相撞事故已基本绝迹。最后一次事故发生在1988年，即发生在2亿个航班之前①。不过，目前的空中交通管制环境仍在快速变化。在西欧，各方迫切要求用协调统一的空中交通管制系统（欧洲天空一体化）代替各成员国自己的空中交通管制系统。在美国，当前固定航路（要求飞机在规定好的航路网络内飞行）将逐步被从始发地到目的地的"直接航路"所取代。新航路能够缩短飞行时间，并减少燃油消耗（这一点正变得越来越重要）。

这种变化对航空安全提出了新的挑战。协调几十个空中交通管制系统远非那么简单直接，直接航路也肯定会使美国航路的目视显示变得更加复杂。管控员屏幕上一些移动的点代表飞机，目前它们在网格中整齐排列，未来可能就会像随机散射的气体分子那样无序。此外，工业社会学中有个基本概念叫"学习曲线"，根据这一理念，新流程的应用会产生无法预料的错误和问题。因而，即使不考虑细节问题，空中交通管制的任何重要变化还是都会带来较大的风险。

可使用数学模型和数据分析来对这类情况进行分析。他们强调了这样一点：直接航路会增加空中相撞的风险，但在另一些方面也能够降低风险。这种航路设计方式会改变飞行路线的几何形状，从而有可能使相撞的分销降低。图12.1所示例子中，一架飞机从A飞往B，另一架飞机从C飞往D。根据目前的航路划定，第1架飞机需按照A—E—F—B航路飞行，第2架飞机则按照C—E—F—D航路飞行，在共同航路EF上2架飞机会靠得很近。如果采用直接航路，那么2架飞机就没机会相互靠近了。

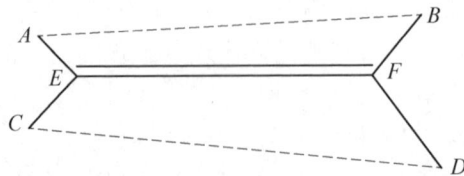

图12.1　直接航路能够减少飞行路线的重叠

此外我们有理由相信，直接航路能减小在给定高度上飞行路线可能相交的角度（见Barnett（2000），他仔细研究了纽约州奥尔巴尼空中交通管制部门提供的数据）。

---

① 然而2002年德国上空发生过一起空中相撞事故，一架DHL货机与一架俄罗斯包机相撞。

如果航路交叉角度减小,部分碰撞预警系统就能为飞行员留出更多的反应时间以应对可能发生的碰撞事故。反应时间变长能降低空中相撞事故发生的可能性。

可以肯定的是,必须把直接航路带来的优势和劣势放在一起权衡考量。随着飞行路线越来越多样化,空中交通管制员不能只是集中关注数量有限的交汇点。原则上,屏幕上的任何一点都有可能发生空中相撞事故。关键在于,空中交通管制的新措施本身不会导致更多的风险出现。也就是说如能小心应对,仍能保持极少空中相撞事故发生的状态。

将数学模型应用到实际的数据,可为避免机场及空中相撞风险的决策制订过程提供支持。2010 年洛杉矶国际机场投资扩大了跑道间距,并采用统计分析及人工＋自动方式模拟评估了安全提升的效果(Barnett 等,2010)。2014 年 ICAO 委托进行了一项研究:如果用基于 GPS 的数据连接信息取代自行报告飞机位置的方式,那么北大西洋区域内撞机风险可减小多少?不过两种情况中,安全提升的代价都是实施新措施所需的巨大成本。

应如何总结我们关于安全的讨论? 1996 年 AA CEO Robert Crandall 说,他希望有这么一天,航空旅客能将安全视为理所当然。虽然我们尚未做到乘飞机就像乘电梯那样安全,但已在这个方向上取得了巨大的进步,而且自 Crandall 先生提出这个期望后,我们前进速度也已大大加快。如果把过去取得的成果比作是开场白,那么现在他的期望正在变为实现。

12.2 航空安全保障

本节我们讨论航空安全保障这一主题。12.2.1 节曾提出观点,2001 年 9·11 事件并非孤立的恐袭事件,应该将其当作更广泛的航空恐怖主义模式的组成部分。12.2.2 节中先简要介绍第一世界国家实施安保措施的可量化成本,然后对目前正在使用的安保措施和已确定将在未来使用的(12.2.3 节)具体安保措施进行介绍。接下来,探讨到底需要怎样的安保水平这个普遍问题,并讨论为何在安保的上下文环境中很难进行成本-效益分析、进行传统风险管理(12.2.4 节和 12.2.5 节)。最后,通过介绍欧洲的危险品检测流程,来说明制订安保策略面临的两难境地,并介绍4 类针对机上危险品的有效安保措施(12.2.6 节和 12.2.7 节)。

12.2.1 "9·11"事件

可怕的公共安全事件必然会深深印入经历者的脑海中。在欧洲人心目中,1939 年 9 月 1 日希特勒入侵波兰使这片大陆燃起战火,就属于这样的事件。对美国人而言,1941 年 12 月 7 日珍珠港遇袭事件及 1963 年 11 月 22 日肯尼迪总统遇刺事件也属于这类事件。而毫无疑问,2001 年 9 月 11 日是商业航空史上最糟糕的一天,也属于这样的事件。在那一天,4架被劫持的飞机坠毁,其中2架撞毁了纽约世贸中心大楼,第三架造成华盛顿五角大楼严重损毁。近3 000人在世界史上最严重的恐怖袭击事件中丧生。

尽管本书选择通过9·11事件向读者介绍航空恐怖主义,但是针对飞机的犯罪行为却可追溯到很久以前。第一次有记录的劫机事件发生在1930年,当时几个秘鲁人劫持了泛美航空的一架邮政飞机,目的是在利马上空投放传单。在1963年,国际民航组织制定了"关于机上犯罪及其他行为的公约"(称为"东京公约"),要求劫机者迅速交还被劫持的飞机和旅客。Martonosi和Barnett(2004)的研究指出,任一名美国公民,按每小时计,他在航空旅行中被恐怖分子杀害的概率约为其他情况下的600倍(此处航空旅行是指从旅客进入始发地机场直到离开目的地机场)。该统计结果根据9·11事件前30年中,进行航空旅行的美国人死于恐怖分子之手的23起单独事件的数据得出。此期间被恐怖分子杀害的美国人中,进行航空旅行的要远多于进行其他活动的。

9·11事件后,试图伤害航空旅客的袭击事件并未停止,具体如表12.6所示。

表12.6　针对航空旅客的未遂和成功的恐怖袭击事件,2001年9月12日至2014年7月25日

年份	袭击的目的
2001	"鞋子炸弹携带者"试图破坏跨大西洋飞行的喷气客机
2002	火焰弹摧毁了一架中国国内航线上的喷气客机
2002	洛杉矶国际机场发生枪击事件,造成数人伤亡
2004	自杀式炸弹破坏了2架俄罗斯国内航线上的喷气客机
2006	计划用液体爆炸物摧毁7架跨大西洋飞行的喷气客机的阴谋被阻止
2007	格拉斯哥机场的火焰弹事件
2008	中国喷气客机上的火焰弹爆炸未遂事件
2009	"水下炸弹携带者"试图摧毁跨大西洋飞行的喷气客机
2010	企图用藏有爆炸物的油墨盒摧毁2架跨大西洋飞行的货运飞机的阴谋被阻止
2011	莫斯科多莫杰多沃机场的炸弹爆炸事件

这些公开事件的背后,还隐藏着更多的未遂恐怖袭击事件。例如有报道称,9·11事件后一起阴谋劫持喷气客机、计划撞击美国西海岸最高建筑物的企图被阻止。由于获知恐怖袭击者可将爆炸物藏于智能手机或笔记本电脑中,2014年后飞往美国的部分国际航班旅客被要求在安检处打开此类设备供查验。简言之,航空恐怖主义既未开端于、也未结束于9·11事件,这一天发生的巨大灾难虽然无法忘却,但它绝不是担忧针对飞机及其旅客策划故意恐怖袭击的唯一理由。

12.2.2　航空安全保障的成本分析

进行航空安全保障需付出巨大代价。9·11事件之后,美国国内每年在航空安保预防方面的花费大约为 60 亿美元，这些钱中大部分由联邦政府下属的交通运输安全管理局（TSA）提供。（9·11 事件后，国会将原本由联邦航空管理局负责的航空安全保障工作，调整到国土安全部，TSA 隶属于国土安全部。）这笔钱中的大部分用在机场安检人员身上，也有部分花在新设备（如能发现爆炸物的 CAT 扫描机）及其研发方面。在西欧地区，相应的成本数字为 30 亿美元（约 20 亿欧元）；该地区的安保费用，部分国家由政府承担，另一些国家则由私营实体承担——即在政府监督下，由机场、航空公司及私人承包商共同承担（Avia Solutions，2004）。粗略估计第一世界（美国、西欧与南欧、加拿大、澳大利亚、新西兰、日本与以色列）每年有 10 亿人次乘机，那么这些国家花在每位旅客身上的安全保障支出平均为 10 美元左右。这里面一部分是航空旅客支付的使用费，还有一些则由政府从其整体收入中（因此，很大程度上由纳税人）支付。

　　航空安全保障还造成了其他成本，而且其中一些数额巨大。与前些年相比，为了防止恐怖袭击采取的预防措施会导致乘客在航空旅行中花费的"总旅行时间"（见第 3 章）更长。按"时间就是金钱"的原则，美国国会估算出，旅行中每多花 1 分钟相当于 63 美分的现金成本（国会联合经济委员会，2008）。保守估计，现行的安全保障措施导致第一世界航空旅客的每次单程旅行都要比之前平均多花 20 分钟。乘客需要提前到机场接受安检，也可能由于某些物品必须托运而增加了在目的地机场等行李的时间。按 FAA 的标准计算，20 分钟就等于 12.60 美元；如果每年有 10 亿人次来自第一世界国家的旅客，则他们额外付出的时间成本大约为 130 亿美元。所以，旅客的额外时间成本甚至高于他们在安保上直接支付的金额。

　　事实上，一些安保成本甚至无法用金钱衡量。在美国，能检测到非金属材质武器的反向散射 X 光机，也能很清晰地拍到身体隐私部位。正是由于给旅客造成这样的困扰，这样的机器暂时被请出了美国机场。出于安保原因，一些机场的停车场也被关闭，这导致旅客只能将车停在远处，并提着行李走很远的距离才能到达航站楼。"黑名单"是另一种预防措施，名单中的人不能乘坐飞机，但是有很多无辜的人因此无法乘坐飞机（当美国参议员 Edward Kennedy 被拒绝登上从波士顿飞往华盛顿的航班时，他反复强调 42 年来自己一直乘坐该航班——但这个名字出现在了"恐怖分子监视名单"中）。更普遍的问题在于，安保措施产生的压力会时刻提醒着旅客想起原来从未考虑过的风险。

　　人们可以讨论如何将各类成本综合起来以估算安保措施对航空旅客造成的总负担。然而当安保已成为航空出行中一个必不可少但又非常令人恼火的环节时，再进行这样的讨论就没有多少实际意义了。

12.2.3　常见安全保障措施

　　读者可能从最近的飞行经历中了解了不少安保措施的细节，以下介绍目前在用

或很快会投入使用的安保措施。可将这些措施分为3大类:

(1) 保护客舱和飞行驾驶舱的措施。

(2) 防止爆炸物进到飞机行李舱内的流程。

(3) 防止来自飞机外部的威胁的措施。

在本节中,我们重点讨论第一世界国家采用的安保措施,并为简便起见用"恐怖行动"这个词指代所有可能致使航空旅客死亡的犯罪行为。一些罪行与政治无关,第一起蓄意破坏美国飞机的罪行发生在1955年,一名妇女的行李箱爆炸,而炸弹正是她儿子放进行李箱中的。

12.2.3.1　客舱与飞行驾驶舱

在该类别中,我们先讨论驾驶舱门。9·11事件后飞行驾驶舱的舱门都已被加固。劫机者会发现飞机驾驶舱门比以前更坚固更难闯入,不过机组还是有可能因各种原因(如去盥洗室)而打开这扇门。所以采用双层驾驶舱门来提升安全性:当打开驾驶舱门时外侧门保持锁闭,而打开外侧门之前应当锁上驾驶舱门。通常驾驶舱门经过强化后能够防弹,第一世界国家的喷气机已经全部完成改造;甚至长期以来以色列航空公司El Al一直使用着双层驾驶舱门。部分欧洲航空公司也采用了双层舱门,2004年美联航成为美国首家在所有飞机上安装双层驾驶舱门的航空公司。美联航解释说,这是在为"旅客和机组人员的安全和保障"进行投资。

与此同时,为机上人员配备武器的做法也越来越普遍。在美国,数千名机长和副机长在接受专门训练后,被要求携带枪支进入驾驶舱。虽然美国的航空公司都反对该举措,但在美国参议院以87比6通过了允许携带枪支的法案之后,FAA驳回了航空公司的抗议。该做法的出发点是:即使劫机者设法进入了驾驶舱,机组成员也有机会使用武器阻止灾难发生。此外,客舱里还有大量武装空警,而且他们会化妆成为普通旅客。当有乘客的行为可能对飞机造成威胁时,他们能立即采取应对措施。

最需要强调的是,必须把防止危险人员进入飞机放在第一位处理。该措施的第一步是当乘客要求登机时,必须提供带有照片的身份证明,通过验证后才允许登机。采用一些更先进的技术,还可以要求部分乘客提供可生物识别证件以证明他或她就是自己声称的那个人。目前可用的身份标识包括指纹、数字照片以及视网膜扫描。一旦请求登机的乘客未能通过身份验证,则能基本确认该旅客会对飞行安全带来不可接受的风险。

即使乘客符合其声称的身份(9·11事件的劫机者就是如此),仍然存在这样的问题:此人是否会对飞机造成危险? 各个国家都设有恐怖分子监视名单,名单上的人员因各种活动或者社会关系而被判定为潜在危险人物。在美国,安全飞行系统会对比旅客个人信息与监视名单中的信息,一旦发现匹配情况,则该旅客就必须在机场接受特殊安检,甚至在极端情况下被禁止飞行。

有一些机构尝试监控在机场中的旅客的行为,以发现是否存在邪恶意图的征兆。某些航空公司(其中最著名的是 El Al)会非常详细地询问部分旅客,仔细评估这些旅客的答复是否存在不实、前后矛盾或者其他问题。还可借助 SPOT(通过观测技术对旅客筛查)之类的方法,从企图实施飞机袭击的人身上,寻找出预期的身体及生理反应。

读者比较熟悉旅客筛查的正常方式:即在机场安检处对旅客及他们携带的物品进行物理检查。这样做的目的是防止旅客携带爆炸物或武器登上飞机。乘客需要通过磁力检测装置,以检查身上是否携带了超量金属物。假设某乘客的腿上绑了一支手枪,这些装置能够发现并发出报警信号;但是这些设备基本发现不了塑料制成的爆炸物(除非是内含大量金属的雷管)。因而,许多第一世界国家的机场已经淘汰了磁力检测装置,代之以反向散射 X 光机或毫米波检测仪,原则上这些设备能够检测到旅客身体以外的任何违禁物品。除了使用机器,通常还需要由安保人员进行配合性检查,其中包括使用手持金属探测棒检测某些特定部位是否有金属,或通过"轻轻拍打"寻找旅客藏匿的危险物品。在美国及其他一些地方,常要求乘客在通过探测机器前脱掉鞋子和外套,安保人员会单独用机器检测这两样东西。

所有旅客随身携带并打算带入客舱的物品都必须在机场安检处接受检查。通常在安检通道处,随身携带的行李要放入行李扫描机检查;某些情况下,旅客会被要求打开行李接受安保人员人工检查。旅客通常被要求将笔记本电脑以及其他较大的电子设备从随身携带行李中取出来,单独通过扫描机检查。盛放于单个容器内的大量液体通常不能通过安检。一般情况下,旅客能携带的单个容器容量及内部液体都不能超过 100 毫升(3.4 盎司),旅客带上飞机的所有液体容器都必须装入一个 1 夸脱(约 1 升)的塑料袋中。旅客必须在安检处将这个塑料袋从随身行李中取出(在某些第一世界国家,通过安检之后购买的像饮料之类的液体可以带上飞机)。

1) 旅客注册计划

在美国,与"TSA 预检"相似的预检程序越来越受到重视,这种方式能有效减少低风险乘客的安检扫描时间。TSA 官网解释说,参与该计划的乘客无需在安检时脱下鞋子、皮带或夹克,也不用拿出 3-1-1 袋子或笔记本电脑[①]。理论上,注册预检的乘客必须提供自己的生物标记并接受背景调查。在实践中,自 2014 年起美国适度放宽了注册要求。

此外,目前在旅客安检通道执勤的工作人员,比起 9·11 事件之前报酬更高、更加训练有素,并且被录用前的审查也更加严格。在一些国家中,只有公民才有资格参加航空安保工作;而在美国,关于现今的安检人员在武器和爆炸物检测方面是否真的强于他们的前辈仍有一些争论,不过他们工作的重要性是一致认可的。

---

① 3-1-1 袋中盛放液体的容器容积不应超过 3 盎司。——译注

2）情报活动

防止危险分子接近飞机的一种有效方法是：在所有人到达机场之前监听并发现针对航空的阴谋。虽然第一世界国家情报机构的活动都处于保密状态，但有理由相信9·11 事件以后这类情报活动已大幅增加。这些努力可能挫败了多起与 9·11 事件损害程度相当的企图，包括 2006 年企图同时破坏 7 架跨大西洋飞行的喷气客机的阴谋。

3）分级

在各种针对飞机的安保措施背后是分级安保的理念。任何特定安保措施都不够完美，但从理论上来说，整合使用多层次方法确实能够更有效地防止某人对飞机进行破坏。第一个层次是试图揭示旅客身份、背景以及活动中的所有疑点。而第二个层次中，旅客及其随身行李必须接受人工检查，这样危险分子即使到了机场也无法将危险物品带上飞机。在最后一个层次中，即便有旅客千方百计将武器带上了飞机，也会由于武装人员的阻止而不能使用武器，或者根本无法进入驾驶舱。分级累积效应既可产生心理上威慑作用，也具有实际的效果：由于试图登上并破坏飞机面临着太多太多的困难，潜在恐怖分子可能会直接放弃掉他们的阴谋。正是由于这一原因，安保措施整合施用的效果必然优于其各部分单独使用的效果之和。

12.2.3.2 行李舱

令人担忧的是，行李舱内的爆炸装置也能破坏飞机。1988 年这类爆炸装置导致泛美航空的 103 航班在苏格兰洛克比坠毁，机上 270 人丧生。前文曾提到，1955年一名旅客在购买航空意外险时将受益人确定为她的儿子，但其子为了获得保险赔付，居然在她的行李箱中放入炸弹并导致 UA629 航班在丹佛附近坠毁。第一世界国家中还发生过多起行李炸弹破坏飞机的事件，包括一个从芝加哥飞往圣地亚哥的美国国内航班，一架从苏黎世飞往特拉维夫的瑞士喷气机，一个从雅典飞往尼科西亚的英航航班以及一架从雅典飞往罗马的美国喷气机。

虽然 9·11 事件与行李舱安全并无直接联系，但自那以后针对行李舱爆炸物的安检工作也大大加强。目前第一世界国家采用的措施包括以下方面。

（1）爆炸物探测设备：各种各样的技术都被用来甄别炸弹的特性。针对旅客行李的爆炸物检测已经成为一项例行程序，并且对大宗航空货物已采用这种方法进行检测。一些机器使用了 CAT 扫描技术，能够提供含有爆炸性化合物物体的彩色透视图像。其他一些装置则能找出爆炸物的痕迹，或者找到可用于引爆的电线或其他材料。下文还将讨论，目前所有可用技术都面临着假阳性（行李安全但显示为危险）和伪阴性（把危险行李当作安全行李）问题。一些爆炸物探测器因经常误报而被诟病，它们常对巧克力或毛线等物品发出错误的警报。

（2）防爆犬：训练能对各种爆炸物气味做出反应的警犬，用于对旅客行李和货物进行检测。防暴犬在工作时相当尽职，但它们和人类一样，有时会因疲倦而不愿意工作。《纽约时报》就曾发现，嗅弹犬时常会在主人不知道的情况下自己休息去了。

（3）手工搜检行李：这种方法有它的价值，但炸弹从外面看并不总是滴答作响的亮橙色装置。执行搜检的工作人员通常并不清楚哪些物品会构成威胁。有一次，炸弹放置在行李箱的内衬之中，而炸弹的厚度仅相当于一张蜡纸。以色列航空出色的安保工作确实避免了这场灾难，但在其他场合中是否仍能成功就不好说了。

（4）旅客与行李准确匹配（PBM）：根据这一原则，只有确认某行李属于某旅客且确认该旅客已经登机时，行李才能放进行李舱。ICAO 的规程要求所有国际航班都必须采取 PPBM，但未对国内航班做出要求。完整执行该规定时，如发现托运行李的旅客并未出现在飞机上，则须拉下该行李；此外，没有机上旅客认领的行李也不能装上飞机（正是这类无人认领的行李，炸毁了泛美航空 103 航班。）

1）未来安检点

IATA 预计，航空旅游行业按照目前的速度持续增长，将使机场安检模式"难以为继"。因而，IATA 与国际机场协会（ACI）联合制定了"智能安保"计划，该计划的目标是研发所谓"未来安检点"（IATA，2014）。

在有关未来航空安保的讨论中，可能最重要的一个观点是，所有参与者都不可如此臆断：未来的某一天将不再需要安保。当然，智能安保计划的目标是希望能够"借助新技术，推动安检成为可持续发展的高效和有效的过程。"

该计划的目标是简化乘客的安检流程，就像美国高速公路收费点简化缴费流程那样。曾几何时，所有的驾驶者都必须停下车将钱交到收费员那里。而现在在安装电子账户设备的驾驶员只需在收费站稍稍减速，以便摄像头拍到其车牌号码。如果配备了最先进的设备，即使汽车不减速，高速摄像头也能拍到车牌号码并完成缴费。

根据 IATA 和 ACI 的设想，大约从 2020 年开始，通过安检口的旅客将被自动分为三个安检层次：即已知旅客、普通旅客及强化安检旅客。不论分到哪个层级安检，所有旅客仅需正常通过安检门一次，采用多种先进技术的安检设备能够同时检测危险物品。旅客不需要脱下衣服，也无须拿出随身行李中的物品；最终状态是，旅客带着行李像正常行走那样通过安检通道。已知旅客（类似参与 TSA 预检计划的美国旅客）在通过安检门时仅接受最少的检查，而那些需强化安检的旅客会接受最全面的检查。IATA 相信，新系统几乎能完全解决目前在安检通道前排大队的问题，并且不会对安保效果产生任何不利影响。未来旅客可以从机场停车场直接走到飞机登机口，无需停留。一旦这种零代价安保方式得以实现，必将大受欢迎。

2）航空货物安检

通常客运飞机会运送大量货物，爆炸装置可能被放置到装货物的板箱或者旅客行李之中。考虑到这种现实情况，美国国会于 2007 年责成美国国土安全局建立一套完备的体系"用与查验旅客行李的安保等级相同的要求，来检查由客机运输的全部货物"。目前，这套措施已经覆盖了所有的美国国内航班，但从美国本土以外地区起飞、飞往美国的国际航班完全实施这套举措仍需较长时间。所有货物都必须接受仔细的物理检查,而且大部分检查需在货物到达机场之前完成。与基于风险的旅客筛查分级类似,需对有较高风险的货物进行高强度的检查,而对已知和守信发货人的货物安检强度可以降低。美国和欧盟正在共同努力,以争取在货物安保的统一标准和执行流程方面达成高度一致。

12.2.3.3 飞机外部的安保威胁

能够威胁到航空安全的不仅仅是旅客和货主。各类机场工作人员(如飞机清洁人员、餐食服务人员、航空公司员工以及机场零售商等)都有可能将爆炸物偷运上飞机。在机场内恐怖分子可能制造针对旅客的袭击事件,航站楼附近的车辆也可能变成汽车炸弹而威胁航空安全。此外,地对空导弹也能将客机击落。

针对上述威胁,有关方面已制订并实施了一系列的组合措施。如为防止汽车炸弹(如之前袭击世贸中心大楼的做法),很多机场航站楼外设置了坚固的物理屏障;某些情况下,不允许在距离航站楼一定范围内停车,或者对进入停车场的车辆内部进行检查,以及绝不允许没有人的车辆停在航站楼外面。

在第一世界国家的大型机场航站楼内,武装警卫(有时还会携带机枪)随处可见。此外警犬小队和行为学专家也会参与巡逻,他们能够发现形迹可疑者。摄像头连续不断地记录着整个机场内的情况,以便在出现任何危险或异常状况时快速采取应对措施。

自 9•11 事件之后,对机场工作人员的防备更胜以前。某些情况下,必须对工作人员的背景进行核查,而且进行背景核查的做法通常都受到监管者鼓励。目前每位工作人员都持有(希望)难以复制的身份标识;而能防止身份假冒的生物识别技术很快将大范围使用。所有在机场安全区内工作的员工都必须接受与旅客同样严格的安检,机组也必须接受同样严格的安检。机上餐食及其他机供品必须经过安检通道,接受与行李同等级别的安检。

一些人担心危险分子有可能潜入机场并制造破坏或袭击。因此某些机场(如洛杉矶国际机场)在其周围安装了电网,当有人企图偷偷潜入机场时这些设备会发出警报。很多航空公司都已加强了对自己的机库以及过夜停放飞机的监控。对于进入机场敏感区域的工作人员的身份验证更加严格。理论上,没有即将起飞航班的登机牌,还能通过旅客安检口的情况早已不可能再发生了。

此外,还要防止恐怖分子通过某些方式获得地对空导弹,并用来发动对商业飞机的袭击。因此,对机场周边可疑行为的关注比以往更多了:如美国政府给波士顿港附近的渔民发放移动电话,并要求他们一旦发现任何异常活动就立即向当局报告。针对此类威胁的应对措施中,最难以抉择的问题为是否应该在商业飞机上安装反导弹装置(据可靠消息,以色列已经或计划在不久的将来安装这类装置)。为整个机队配备反导装置极其昂贵,而正常情况下用肩扛式导弹瞄准一架喷气机并将其击落的可能性非常非常低。然而,2014 年 7 月马来西亚航空公司 17 号航班的坠机事件——在 33 000 英尺高度飞行时被地对空导弹击中并坠毁——对这种观点产生了极大影响,因为确实发生过这种针对民航客机的导弹袭击事件。

12.2.4　安保,值得这样做吗?

读完如此之长的航空安保流程清单后,读者可能会提出这样的问题:"这一切都值得吗?"当今的航空业是不是处于巨大的风险之中? 希望"超越"9·11 事件"成就"的恐怖分子有可能转而采用生物、化学或核武器袭击的方式,或者在网络世界中或经济方面造成混乱。即便恐怖分子使用常规武器,他们为什么不将目标从民航转向基本不设防的地铁、商场或者海港呢? 美国政府下属的美国恐怖袭击事项国家委员会(2004)对这一观点表示赞同,并警告说由于 9·11 事件可能是"最后一次战斗",应摒弃对航空安全保障的成见(第 351 页)。

也许这种观点有一定道理,但正如前文所述,9·11 事件以后各种企图制造航空灾难的阴谋从来就没有停止过;并且鉴于有 3 架飞机毁于破坏活动,恐怖袭击得逞也从未停止过。第一世界国家的国土安保专家继续将航空列为最易受到恐怖主义威胁的领域之一。矛盾的是,尽极大努力改善了航空安保,却使航空领域成为对恐怖分子更有吸引力的目标。如果恐怖分子能找到方法避开尽最大努力设置的安保屏障,那么公众就会陷入最大的沮丧和焦虑之中。恐怖主义专家 Bruce Hoffman(2007)认为,"与比较容易进入的目标,如地铁和通勤火车、酒店和旅游景点相比,(2006 年夏天)谋划炸毁 10 架以上美国飞机[①]阴谋的目标就是针对 9·11 事件后国际上最重视和强化的领域:商业航空。"

不过,当考虑每种安保措施的成本、优缺点、并寻求多种措施共同使用形成最强组合效应时,什么才是制定整体安保政策的最优系统方法? 原则上,成本-效益分析和风险管理方法都是能解决这类问题的理想方法。但在实际应用中,这些方法会受到各种条件的制约,下文对此进行讨论。

12.2.5　两种经济范式

尽管难以给出确切定义,我们粗略认为航空安保策略是主要为了降低恐怖袭击风险而采取的一系列措施。同样,此处的恐怖袭击包括所有威胁航空旅客的罪行,无论其是否有政治动机。防弹驾驶舱门是该策略的组成部分;同样,要求旅客在登机口出示带有照片的身份证明(曾是美国安保政策的一部分,但现在已放弃)也是。

如前文所述,有两类关于决策制订的通用经济范式,可用于构建航空安全保障的相关策略。

12.2.5.1　成本-效益分析

这类广泛使用的技术能够帮助一个组织决策是否(或继续)使用某特定政策或

---

① 据报道,这一阴谋原本计划撞毁 7 架从伦敦起飞的飞机,其中 5 架飞往美国,2 架飞往加拿大。

流程。通常将采用该程序的各项成本汇总到一起（理想情况下，以美元等常见货币单位计量），然后将所有效益相加，如果效益与成本之比大于1，则该程序的优势多于缺点；反之，则说明效益不能覆盖成本。如果成本和效益都能归于同一方，这种分析方法最简单。

航空安保的分析需求对成本-效益框架提出了巨大挑战。有些与新程序相关的成本容易估算，例如新设备的采购价格或者操作设备的劳动力成本。但是，一些其他成本难以确定，例如由旅客承担的成本。正如我们在上文提过的，有一些方法可以将时间延误的成本"货币化"，但它们并没有被普遍接受。另外，如果旅客觉得某种安保措施侵犯了他们的个人隐私，又或者仔细审查会使他们对恐怖主义更加担心，那么也会产生无形但又实实在在的成本。

不过，成本评估中的困难与效益评估中的困难相比就不算什么了。进行效益评估要回答以下4个问题：

（1）如果不执行被考察的安保措施，在单位时间里恐怖分子企图袭击民航飞机的可能性有多少？

（2）该项措施能够阻止恐怖分子企图的条件概率是多少？

（3）假若未能成功阻止，该项措施能够挫败袭击的概率是多少？

（4）对于航空业袭击成功的后果（也就等于避免这次袭击所产生的效益）是什么？

这些问题都很难回答。我们对于恐怖分子如何猜测我们预测他们正在谋划的事情以及所采取的策略未能阻止其行动的概率几乎一无所知（关于后一个问题的部分讨论，参见Martonosi和Barnett，2006）。估算恐怖袭击成功后造成的损失也很困难，有人认为9·11事件的成本应当包括伊拉克战争花费的数万亿美元，因为如果该阴谋被挫败，这场战争就不会发生。不过也有人也尝试以美元来测量恐怖袭击成功后的损失，后文将讨论其主要观点。

很显然，将成本-效益分析应用于航空安保问题并不简单。还好正如下面将介绍的那样，某些情况下我们能改进该方法。"成本与效益之比是否大于1？"的问题比"该比例的确切值是多少？"的问题简单很多。因而成本-效益分析就要解决这个简单问题。

12.2.5.2　风险管理

风险管理起始于这样一种想法，即假设为应对某个威胁（无论地震还是恐怖袭击）设置了一个固定预算，风险管理的目的是找到最"物有所值"的花销方式。常见的风险管理流程是先列出所有风险的可能应对措施，并按成本效益进行排序，花费所有预算以最大限度地降低整体风险。

风险管理和成本-效益分析之间存在概念的差异。后者是将成本与效益之比和1进行比较，（原则上）直接根据比较结果做出决策。而在风险管理中，将一个个措施添加到应对策略中,直到花完固定预算。如资金紧张,则所加最后一项措施的成本与效益比很可能大于 1。在其他情况下,被选中的很多或大多数措施的成本与效益比都小于 1。

风险管理的总体思路具有重要的意义,不过它本身也有问题。首先,整体的预算应该为多少?显然威胁的量级很重要(往往难以准确估计这个量级),可用措施对威胁有效的可能性同样重要。如前文所述,如按成本效益划分可能的应对措施的等级,就需要对每一项应对措施进行成本-效益分析。我们已经看到,成本-效益分析本身就是一件艰难的事情。

另外,不能孤立地评价应对威胁的各项措施:某一措施的有效性往往取决于其他措施是否到位。举一个简单的例子来说明这个问题。假设一幢房子有两扇相邻的门,需要防范的威胁是入室行窃。如果其中一扇门大开着,即使在另一扇门上安装再多的三保险锁也无济于事。同样,仅仅给某些旅客贴上"高风险"标签并无用处,只有对这些旅客采取额外的安保措施才能有效防范恐怖主义行动。

12.2.6 欧洲的窘境

从通用范式出发再到进行具体决策的例子对理解决策制订过程很有帮助,通常一项安保政策是在单个决策层面上形成。我们首先介绍一种广泛用于西欧的安保措施的简化版本。要把托运行李装入飞机行李舱,需要依次通过 3 个不同的爆炸物探测器(根据探测器处理行李的顺序,依次命名为探测器 1、2、3)。每个探测器都能判定该行李是"安全"还是"可疑"。

任何设备都不能完全准确。为了表示其出错概率,需要先给出一些定义。如果某行李有危害(如内装一枚炸弹),探测器 1 错误地认为该行李安全的条件概率为 P_1(即伪阴性误差)。如果某行李无害,而探测器 1 认定其可疑的条件概率为 Q_1(即假阳性误差)。再定义另 2 个条件概率:P_2 是探测器 2 在探测器 1(正确)认定行李可疑的前提下,认定该行李安全的条件概率;P_3 是探测器 3 在探测器 1 和 2 均(正确)认定行李可疑的情况下,认定该行李为安全的条件概率。按上述定义,P_2 和 P_3 是后面的探测器否定前面的探测器关于一件危险行李认定结果的条件概率。进一步定义 Q_2 是探测器 2 在探测器 1(错误)认定某安全行李为可疑的前提下,认定该行李可疑的条件概率,Q_3 是探测器 3 在探测器 1 和 2 均(错误)认定安全行李可疑的情况下,认定该行李可疑的条件概率。

欧洲行李检测流程可以按不同方式操作。第一种方式是,一件行李需通过探测器 1,如该探测器认定行李安全,则该行李立刻被装上飞机,不再通过其他探测器。然而,如果探测器 1 认定可疑,则该行李将被送往探测器 2。如探测器 2 认定行李安全,则它将被装上飞机;如探测器 2 的判定结果与探测器 1 相同,则该行李将被送往探测器 3,而当探测器 3 认定其安全,该行李也能上飞机。即任一探测器认定行李安全,该行李就可上飞机。如探测器3也认定该行李可疑,则它会被拒收,并交专门流程处置。所以即使最终证明该行李安全,上述流程也会造成行李无法及时上飞机的问题。

假设某件行李有危害,那么根据上述3阶段方案,该行李能被装上飞机的概率为

$$P(\text{装上某危险行李}) = P_1 + (1-P_1)P_2 + (1-P_1)(1-P_2)P_3$$

对该表达式应做如下解释:注意该危险行李被装上飞机有3种互斥的方式:①由探测器1认定安全;或②探测器1认定可疑,但探测器2认定安全;再或者③探测器1和2都认定可疑,但探测器3认定安全。前面给出了P_1、P_2、P_3的定义,上述三种方式的概率相加,就得出三种可能方式装载该危险行李的总概率。

我们还可以写出另一个式子:

$$P(\text{未装载某安全行李}) = Q_1Q_2Q_3$$

三重"误报"的概率等于每个探测器错误地认定行李可疑(假定前面的探测器做出相同判断)的概率相乘("可疑"这个词可能有些言重了:应该说一旦需要对行李内容做进一步检查,则该行李就不会被认定安全)。

举例说明,假设$P_1 = 0.06$, $P_2 = 0.04$及$P_3 = 0.02$,再假设$Q_1 = 0.24$, $Q_2 = 0.12$, $Q_3 = 0.006$(后3个数据来自2006年欧洲某大型机场3个探测器的统计,按行李检测次序给出;前3个是假数据)。基于这些数据,按上述公式计算:将危险行李装上飞机的概率为$0.06 + 0.94 \times (0.04) + (0.94) \times (0.96) \times (0.02) = 0.116$;而拒收安全行李的概率为$0.24 \times 0.12 \times 0.006 = 0.000\ 17$;所以两者之比约为$6\ 000 : 1$。

请注意,还可以将表达式

$$P(\text{装载某危险行李}) = P_1 + (1-P_1)P_2 + (1-P_1)(1-P_2)P_3$$

改写为

$$P(\text{装载某危险行李}) = P_2 + (1-P_2)P_1 + (1-P_1)(1-P_2)P_3$$

或者

$$P(\text{装载某危险行李}) = P_3 + P_1(1-P_3)(1-P_2) + P_2(1-P_3)$$

上面的等式说明,当P_i的值在0～1时,使用3个探测器检测后,装载危险行李的概率超过了各个探测器的误判概率P_1、P_2和P_3。注意,等式右侧加到每个P_i的值都必须为正。换言之,上述3个等式表明:该方式下,用3个探测器安检时让危险行李上飞机的概率比用单个探测器的概率要高。那么为什么要采用该方式呢?

如果剖析与上述不同的装载策略或许可以找到个中原因。上述方式的简单替代方法之一是直接去掉后两个探测器：如探测器 1 认定行李安全，则该行李可装上飞机；否则直接将行李送往专门流程处置。按这种方式，装载危险行李的概率为6％，拒收安全行李的概率为 24％，总结如表 12.7 所示。

表 12.7　装载危险行李/拒收安全行李的概率

装载策略	装载危险行李的条件概率/％	拒收安全行李的条件概率/％
任一探测器认定安全	11.6	0.02
仅探测器 1 认定安全	6	24

为清晰起见对上面的数字做了四舍五入。错误拒收概率来自欧洲某大型机场的统计数据，错误接收概率使用了假设的数字。

需注意，这两种策略中到底哪一种更好并不容易确定。"多探测器检测"策略装载危险行李的概率更大，但另一方面，拒收安全行李的概率却远小于使用单个探测器策略。在两种策略间进行选择时，需在两种较坏的意外情况间权衡：飞机被破坏的风险与（更常见但并没那么严重的）拒收安全行李的风险。

如何进行权衡仍然不容易决定，原因是我们没有进行正规成本-效益分析所需的数值。每单位时间内危险行李出现并等待装上飞机的概率 X 是多少？采用"多探测器检测"方式，将炸弹装上飞机的概率是 $0.006X$，但我们不知道 X 等于多少。上了飞机的炸弹成功爆炸，并摧毁飞机的概率又是多少？对托运安全行李但需专门安检的旅客，他们承受的航班延误、焦虑及失去对航空公司的好感又能用多少钱来衡量？

欧洲当局采用了第一类方式（任一探测器认定安全即可装上飞机）。能够发现，这种方式为危险行李提供了 3 次可装上飞机的机会，而在应对真正的威胁方面比其他基于探测器的安检方法效果差，不过后者会引发较多的旅客处理中断。一方面，即便计算出错概率使用了假设数字，仍然无法证明欧洲当局的决定错误；而另一方面，由于不确定性无法消除，同样无法断言该决定就是正确的。

12.2.7　其他安保窘境

正如我们所见，目前各方都已经采用了大量安保措施，不过仍有一些已被提出的可能措施目前尚未用于实际之中。本节讨论 4 类这样的措施，它们的目的都是防止飞机上发生爆炸袭击事件。以下讨论表明，在做出航空安保决策时需要面对很多两难选择，其中很多都无法简单获得答案。

12.2.7.1　行李必须相配吗？

根据"行李确切匹配（PPBM）"规定，除非有已登机旅客认领行李，否则任何交付托运的行李不得装上飞机。PPBM 规则应用在所有美国的国际航班、大多数欧洲国家及美国之外第一世界国家的国内航班上;但美国国内航班并不要求 PPBM。美国国内航班上的行李需要经过爆炸物物理筛查,如过这类安检的效果完美无缺那确实无需 PPBM,不过目前没有任何人能确保这类安检万无一失。爆炸物检测的准确性测试结果并不乐观:在一个被广泛宣传的测试结果中,模拟炸弹在纽瓦克机场通过了爆炸物探测器,并成功地飞往阿姆斯特丹。

在美国关于恢复 PPBM 流程的争论焦点是,越来越多针对托运行李的物理筛查发生在旅客不在场的情况下。这样,恐怖分子可以利用伪造的身份证件,托运装有爆炸物的行李,并在该行李接受检查之前逃离机场。假设探测器未能发现炸弹——并且没有 PPBM——则不管他是否登机,这件行李都会被装上并且可能炸毁飞机。如果探测器认出了行李中的爆炸物,确实能避免灾难发生,但该名恐怖分子及其同伙却都已经逃之夭夭。换言之,如果没有行李匹配制度,机场的爆炸物探测器会变成恐怖分子不用支付成本就可随意玩耍的轮盘赌游戏。

如果在旅客出发地完成行李匹配检查的做法成为安保策略的组成部分,情况又会发生变化。为达成破坏飞机的目的,恐怖分子必须到达登机口。之后如果爆炸物探测器发现其爆炸装置,便有机会迅速抓住该袭击者。这种情形甚至让自杀式袭击者感到不安:即便他已准备好在袭击中献身,但一想到阴谋败露后受到的惩罚还是会有退缩情绪(有研究表明,对失败的恐惧确实打消了一些恐怖袭击)。

那么,为什么不把 PPBM 当作一种额外的安保措施呢? 原因是执行该流程的成本太高:PPBM 很可能造成航班延误——必须仔细核对乘客名单确保无人缺席,而且一旦发现无人认领行李则须尽快在行李舱中定位该行李并将其带离飞机。PPBM 造成飞机在登机口延误还会产生资金成本(如飞机动力装置运转时间增加,乘客延误以及机组工作时间的累计)。如果必须招聘一些新员工进行行李匹配检查,则额外费用还会快速增加。

好在我们还有机会跳出一般性成本-效益问题的框架:自2002年开始美国航空公司已陆续执行行李匹配策略。2002年—2008年间发生的各种情况促使该策略被不断修改完善,从中得出的统计数据表明,在旅客始发地进行行李匹配检查,造成起飞延误的比例估计为 70:1,航班延误时间的条件平均值约为 13 分钟。如果 2002年无需招聘新员工则其后也就不再需要招聘;估计的旅客平均现金成本约为每航班10 美分(Barnett, 2007)。

如上文所述,很难估计恐怖袭击造成的确切经济损失。不过兰德公司做了一些尝试,并已估算出针对美国航空业的成功恐怖袭击可能会造成 150 亿美元损失(RAND, 2004)。上述数据结果表明,即使将旅客延误成本定为每分钟 0.63 美元(采用 2008 年美国国会的估计值),每年国内行李匹配的成本会低于 1 亿美元。1 亿美元比 150 亿美元说明,如 PPBM 能在 150 年里救下一架飞机,则美国国内执行该策略就是划算的。

12.2.7.2　手提电脑不得带上飞机？

2006 年 9 月 10 日《纽约时报》刊登了一篇题为"禁止手提行李"的社论。文中指出"便携电脑,数码相机,移动电话及其他电子设备"可能被用来引爆炸弹,因此呼吁禁止将这类物品带入商业飞机的客舱。该刊物承认"飞行期间不能使用电脑会相当痛苦,"但又补充说"一些人肯定会利用这段时间阅读,甚至还能找回用纸笔的感觉。"该社论认为,最终只有技术进步可能最终废止这项禁令,然后做出结论"就目前来看,防止危险物品进入客舱的最稳妥办法是不让所有的物品进入客舱。"

不能因为缺少胆量或因其逻辑较为冷酷就去指责《纽约时报》。无论如何,航空运输的主要目的是迅速、安全地将旅客送往他们的目的地;虽然也应关注怎样在飞行中提供舒适的环境,但这并不是主要目标。如果能破坏飞机的手提行李无法可靠地检出,或许就应该简单的禁止手提行李。

然而该问题真像《纽约时报》描述的那么好解决吗？ 该报纸建议说,飞行中没有便携电脑会促使旅客重新规划时间,把在飞机上工作和在家阅读的时间对调一下。不过情况真如此吗？ 对于许多忙碌的商务旅客来说,落地后进行电脑工作,就会挤占他们陪伴孩子、与朋友们聚餐或其他社交活动的时间。并且,只用"纸笔"就能完成现代商业活动这种说法也相当滑稽。此外还有一点,如果便携电脑不得不像大号液体容器那样被托运,旅客们就会担心自己的手提电脑遗失、被盗或被损坏,这也会造成旅客内心的痛苦以及巨大的不便。

换句话说,该提议会导致商务旅客们的生活方式朝更糟糕的方向变化。然而恐怖袭击成功后的可怕后果难道不应压倒这种担忧？ 就好比 PPBM 流程,我们也可以在成本-效益框架内尝试一些新的办法。

为进行成本-效益分析,需要货币化禁止携带手提电脑的成本。这个任务并不简单,特别是考虑到可将旅客分为不同的两类：即飞行期间不使用电脑的旅客(不会因禁令受任何损失)以及其他在飞行期间需要使用电脑的旅客,并因不能使用而深感不快。

在分析该问题时应该注意,典型的第一世界喷气机航班大约飞行 1.5 小时(波音公司,2007),其中约 1.25 小时允许使用手提电脑。显然,便携电脑禁令对旅客造成的不便将会大于航班延误 1 分钟造成的不便。同样明显的是,延误 4 小时到达给旅客造成的厌烦情绪肯定会比不使用电脑 1.25 小时更严重。

在对后一条结果的观察中,可以得到一种对手提电脑禁令的效果货币化的近似方法。假定有数值 X,航班延误 X 分钟与在 1.5 小时的航班上禁止旅客使用手提电脑造成的"痛苦"相当。如前文所述,如采用美国的估计数字,延误 X 分钟的货币成本为 0.63X。这样,假设第一世界每年运输 10 亿旅客人次,则可得出如表 12.8 的结果。

表 12.8　延误的货币化统计数据

如果手提电脑禁令的"延误等效值"(X)为/分钟	那么每位旅客的平均成本可能为/美元	第一世界国家的总成本约为[1]/(亿美元/年)
10	6.30	63
20	12.60	126
30	18.90	189
40	25.20	252
50	31.50	315

这些数字都是近似值,不过在量级上与兰德公司估计的恐怖袭击如若发生所导致的损失数额(150 亿)大致相当。显然,只有在每年至少发生一起恐怖袭击前提下,便携电脑禁令在成本效益上才合算。当然,这个结论和 PPBM 流程的结论大相径庭。

便携电脑禁令能否符合这一苛刻条件? 从历史数据来看并不符合,不过这种做法有些问题:在极端情况下这意味着,任何尚未用过的袭击手段都应被视为潜在威胁而被彻底禁止。还应补充一点,事实上,手提电脑在安检处须接受比其他手提行李更详细的检查,尤其是在美国,这类严格安检至少在某种程度上起到了效果。

总之,禁止携带手提电脑的做法成本极高,与执行禁令必然导致的广泛不满相比,承担不执行禁令的安全风险甚至还能好一些。

12.2.7.3　不合时宜?

现代恐怖袭击的特点之一是连续发生,在最初的暴力行为后紧接其他的袭击行动。9·11 袭击事件肯定符合该模式,最近发生在西班牙、英国、俄罗斯及印度,针对交通运输系统的袭击也是如此。近年来在日本、以色列、摩洛哥、印尼、肯尼亚、沙特、伊拉克、菲律宾、约旦和埃及也发生了多起连环袭击事件。总体上同一系列袭击具有相似的形式(如定时炸弹)。

这样,假设有一架飞机突然遭到恐怖袭击而被炸毁。此时担忧在空中的其他飞机面临即将爆炸的危险是合理的。不过,如果有可能、应该怎样做才能救下这些飞机呢? 由于时间太短,我们很可能无法准确定位下一个炸弹,更别说拆除这些炸弹了。

应考虑的第一个问题是,从爆炸到其他有危险飞机上的飞行员收到警告,其间需要多长时间? 从爆炸发生到飞机坠毁需要的时间,大韩 007 航班在被击中后 10 分钟坠海,泛美 103 航班在爆炸发生 7 分钟后坠毁在洛克比。从飞机撞击地面到确认坠毁还需要一点时间,通知航空当局也需要时间,然后由当局联系空中交通管制员,并由空管员通知飞行员,这些都需要时间。简言之,从第一次空中爆炸到向其他

---

① 此处使用统计数据:第一世界国家每年的旅客量为 10 亿人次。

飞机发出警告,乐观估计至少需要 15 分钟时间。

然而有危险的飞机真能有这 15 分钟吗?答案取决于系列爆炸事件是否会同时发生。这方面,可参考 9·11 事件以来航空及铁路系统发生的重大爆炸事件——每一起都使多人丧生,爆炸事件统计如表 12.9 所示。

表 12.9 爆炸事件统计

年份	地点	炸弹数量①
2003	俄罗斯	1 个
2004	马德里	3 分钟内 10 个
2004	莫斯科	1 个
2004	俄罗斯	2 分钟内 2 个
2005	伦敦	1 个
2006	孟买	11 分钟内 7 个
2009	俄罗斯	1 个
2010	莫斯科	40 分钟内 2 个

表 12.9 所示,在这 8 起事件中有 5 起发生了一次或一次以上的后续爆炸,后续爆炸总数为 19 次。时间间隔为 15 分钟的情况在 19 次后续爆炸中仅出现过 1 次,即 2010 年莫斯科地铁上的第二颗炸弹。此外,任何突然给飞机减压的措施——可能是降低飞机被炸毁风险的唯一可行办法——其本身也非常危险(自 2005 年以来的两起坠机事故中,客舱失压导致了近 200 人丧生)。因此只是为了降低潜在爆炸风险,可能导致多人丧命;如果飞机在第一次爆炸发生 15 分钟后仍正常飞行,则根据历史数据推断,飞机上有爆炸物的可能性就很小了。

在此情况下,我们得出了一个令人不安的结论:第一次爆炸后,静观其变反而是危险最小的办法。其他有危险的飞机可能处于无法救援的境地,在救援努力中牺牲的生命可能比救下的还多。优化策略研究人员都很清楚,基于糟糕的约束集,即使采用最优策略也只能产生糟糕的结果。

12.2.7.4 "已知"旅客

如前文所述,美国 TSA 以及 IATA/ACI 的智能安保项目都认为:低风险旅客无需接受像其他乘客那样严格的安检筛查。不过,我们是否能够确定符合低风险分类标准的旅客就真的安全?最近的许多案例表明,犯罪或恐怖行为很可能由表面上最不可能的人来执行。2005 年伦敦地铁案中自杀式炸弹袭击者之一是一名在小学工作的年轻父亲,当时他的妻子仍在怀孕。甚至以色列人——其罪犯特征分析能力

---

① 所有的爆炸事件都发生在交通工具上,而非发生在机场或火车站内。飞机或火车上的爆炸与本节讨论的情况最相符合。本节讨论开始于一架飞机被炸毁。

世界闻名——也常被震惊：恐怖主义问题专家 Bruce Hoffman 在《大西洋月刊》上写道"（以色列的）自杀式炸弹袭击者基本为中青年，已婚或未婚，一些人有孩子"，这使以色列国防部非常烦恼（Hoffman，2003）。

此外，如果 TSA 的预检流程被证明有效，当局就可放松"已知旅客"身份认定标准，增加接受有限安检乘客的数量。原来的设想是，可接受预检流程的旅客应先提交生物识别标志并接受背景调查。不过在 2014 年，许多美国航空公司授权其常旅客可参与预检流程（作者根据个人经验认为，并非所有旅客都能同意接受背景调查）。此外，TSA 还采取了一项称为"受控包含"的策略，即从常规安检队伍中随机挑选旅客安排到预检队伍中，当常规安检排队较长时常常采用这种方式加快安检处理。最后一个策略说明，在可预测环境中，理论上应该接受最严格安检的那部分旅客实际上却接受了最少的安检。

既然"已知旅客"流程仍然存在风险，那么仍然采用该流程的好处是什么呢？短期内，排队接受有限安检的旅客确实能节省安检的时间，这部分时间转化为资金收益的标准是每分钟 63 美分。不过随着安检技术发展，在不久的将来这些好处会越来越少。未来安检流程中，即便那些需要超常规安检的旅客也不用再排队等待（采用高端技术的扫描设备，在旅客通过安检设备时即可完成对其身体和手提行李的检查，整个过程无需旅客停下脚步）。未来，对少数旅客进行高级别安检与对多数旅客进行一般安检的主要成本差异仅是购置额外安检设备的价格差别。依据该价格（分摊到大量旅客时）的高低，"已知旅客"带来的危险（如未仔细检查他的鞋子，他就有机会夹带爆炸物登机）的风险有可能抵消"已知旅客"计划所节省的设备成本。如果真是这样（现在尝试任何计算都为时过早），那么目前仍然不清楚该计划能否通过成本-效益的测试。

所有措施加起来能有多安全呢？我们又想起 Crandall 先生在 1996 年表达的愿望：总有一天安全对航空旅客来说理所应当。9·11 事件以后，很少人觉得我们能实现这个目标。目前，航空公司、机场以及政府都认为恐怖主义在可见的未来会长期存在，应当制订应对计划。如果第一世界的航空旅客登上飞机时有任何理由感到害怕，那么这个理由就是恐怖主义。

12.2.8　结束语

航空业面临着许多困难，有人开玩笑说，在航空业里发点小财的前提是先拥有巨大的财富。不过各领域中最重要的都是预防致命事故——还好航空业在这个方面记录优异。事实上，在几乎所有时期、在世界各个角落，航空旅客的死亡率一直在下降；并且进入喷气时代后死亡率更是急剧下降。

的确，在第一世界国家中，商业航空的事故已越来越少，然而许多濒临绝迹的安全隐患/威胁又再次出现，所以现在远没到沾沾自喜的时候。好消息是尚未出现骄傲自满的情况：第一世界国家每年有 1 000 万次喷气机航班，任何可能付出生命代价的系统性失效都会很快地现出原形——目前还未出现这样的系统性失效。

而在航空安全保障方面情况就不那么确定了。不争的事实是，在 2001 年，在世界历史上，在和平时期内，飞机都成为最严重恐怖袭击的焦点。同样不能忘记 2006 年 8 月的恐怖袭击恐慌：造成全球最繁忙的国际机场——伦敦希斯罗机场 75% 的航班取消。恐怖主义威胁是 21 世纪商业航空发展不确定性的主要根源之一。

虽然自 9·11 事件以来，安全保障措施显著增加，但我们还远不能确定航空安保是否已达到最佳状态。看起来，与其试图一步到位制订宏伟的整体安全战略，还不如步步为营，每一次都根据航空恐怖威胁的具体形式，考虑并制订具体的应对策略。我们不应被这样的观念所麻痹，即要么我们能搞清楚航空安保政策的一切方面，要么我们就是一无所知。

或许能从加利福尼亚人对待地震威胁的做法中获得启发。他们无法影响大地震的发生，但可以全力以赴弥合地震的损失。在这个过程中，他们发现生活在恐惧中并没任何用处。第一世界国家在应对恐怖主义威胁方面已做了大量努力，但应该明白：我们无法不计一切代价（无论多么巨大）地持续改善（无论多么微不足道）安全状况。我们确实能进一步改进安保政策，但某种程度上我们应该为已有的安保措施感到骄傲并尽量往好处想。毕竟生活在恐惧中没有任何好处。

参 考 文 献

Avia Solutions（Irish Airport Authority）（2004）*Study on Civil Aviation Security Financing*, *especially Section 8*. Available at http://www. ec. europa. eu/transport/air _ portal/security/ studies/doc/2004_aviation_security_s_0. pdf.

Barnett, A.（2000）*Free-flight and en route air safety：a first-order analysis*. Operations Research, 48(6), 833 - 845.

Barnett, A.（2004）*CAPPS II：the foundation of aviation security?* Risk Analysis, 24, 909 - 916.

Barnett, A.（2006）*World airline safety：the century so far*. Flight Safety Digest, 33, 14 - 19.

Barnett, A.（2007）*Match the bags again*. Airport Innovation, April 2007.

Barnett, A.（2010）*Cross-national differences in aviation safety records*. Transportation Science, 44(3), 322 - 332.

Barnett, A. , Ball, M. , Donohue, G. et al.（2010）*The North Airfield Safety Study at Los Angeles International Airport*.

Barnett, A. and Higgins, M. K.（1989）*Airline safety：the last decade*. Management Science, 35 (1), 1 - 21.

Barnett, A. , Paull, G. , and Iaedeluca, J.（2000）*Fatal US runway collisions over the next two decades*. Air Traffic Control Quarterly, 8(4), 253 - 276.

Barnett, A. and Wang, A.（2000）*Passenger mortality-risk estimates provide perspective on aviation safety*. Flight Safety Digest，27，1 - 12.

Boeing (2007) *Statistical Summary of Commercial Jet Airplane Accidents 1959 - 2006*. Available at http：//www. boeing. com/news/techissues.

Czerwinski，D. and Barnett，A. （2006） *Airlines as baseball players：another approach to evaluating air carrier safety records*. Management Science，52(9)，1291 - 1300.

EASA（2014）*Aviation Safety and Environmental Protection Standards*. Available at http：// www. ihs. com/products/industrystandards/organizations/easa/index. aspx.

FAA (2014) *Mission*. Available at http：//www. faa. gov/about/mission.

Hoffman，B. （2003） *The logic of suicide terrorism*. Atlantic Monthly，vol. 291，no. 5，June 2003. Available at http：//www. atlantic. com/magazine/archive/2003/06/the-logic-of-suicide-terrorism/302739/.

Hoffman，B. （2007） *Scarier than Bin Laden*. The Washington Post，September 9，2007，page B1.

IATA (2011) *Fatigue Risk Management System：Implementation Guide for Operators*. Available at http：//www. iata. org/publications/Documents/FRMSImplementationGuideforOperators1stEdition-English. pdf.

IATA (2014) *Smart Security*. Available at http：//www. iata. org/.

ICAO (2014) *ICAO Safety Report*. Available at http：//www. icao. int/safety/documents/icao_2014safety report_final_02042014. web. pdf.

Joint Economic Committee of US Congress （2008） *Your Flight Has Been Delayed Again*. Available at www/jec. senate. gov.

Martonosi，S. and Barnett，A. （2004） "*Terror is in the air*，". Chance （American Statistical Association），17(2)，25 - 27.

Martonosi，S. and Barnett，A. （2006） *How effective is security screening for airline passengers?* Interfaces，36(6)，545 - 552 （Special Issue on Homeland Security）.

National Commission on Terrorist Attacks on the United States （2004） *The 9/11 Commission Report*. US Government Printing Office.

TSA （2014） What is TSA PreCheck™. *Transportation Security Administration*. Available at www. tsa. gov/tsa-precheck.

13 机 场

Amedeo R. Odoni

13.1 引言

　　航空业的运营必须依赖于分布在全球的航空基础设施,包括地区或国家的空中交通管理系统(第14章)以及各处的机场。本章简要描述大型商业机场的重要特征、运营过程以及财务情况,"大型商业机场"是指年吞吐量超过300万人次的那些机场。2013年全球大型商业机场的总数为330个,这个数字小得令人惊奇,因为仅凭借这些机场就实现了全球航空客货运输中的大部分服务。而事实上,全球机场的客运量集中度更高:客运量排名前30的机场(见表13.1)合在一起几乎完成了2013年全球约60亿机场旅客[①]中30%的服务,而排名前100的机场——几乎全是年旅客吞吐量超过1500万人次的机场——完成了60%的服务。因此,这些大型机场在航空公司的发展、运营与经济性方面,以及在全球经济及其连通性方面都占据了中心位置。

表 13.1　2013 年按年旅客量排名,全球最繁忙的 30 家机场

	(1) 年旅客量/百万	(2) 年飞机起降次数/千	(3) 每次起降的旅客人数
1. 亚特兰大	94.4	911[1]	104
2. 北京	83.7	568[6]	147
3. 伦敦/希斯罗	72.4	472[12]	153
4. 东京/成田	68.9	401[18]	172
5. 芝加哥/奥黑尔	66.9	883[2]	76
6. 洛杉矶	66.7	615[4]	108

---

① 机场旅客总数是上、下飞机旅客人数之总和。经停旅客按一次统计,中转联程旅客按两次统计(下机一次、上机一次)。前者是在同一航班上继续旅行而无需换乘飞机的旅客,而后者则需换到不同的航班上。

（续表）

	(1) 年旅客量/百万	(2) 年飞机起降次数/千	(3) 每次起降的旅客人数
7. 迪拜	66.4	370[25]	179
8. 巴黎/戴高乐	62.1	478[10]	130
9. 达拉斯/菲特沃斯	60.4	678[3]	89
10. 雅加达	59.7	394[20]	152
11. 香港	59.6	384[22]	155
12. 法兰克福	58.0	473[11]	123
13. 新加坡	53.7	344[26]	156
14. 阿姆斯特丹	52.6	440[13]	120
15. 丹佛	52.6	583[5]	90
16. 广州	52.5	394[21]	133
17. 曼谷	51.4	275[29]	187
18. 伊斯坦布尔阿塔图尔克	51.2	406[16]	126
19. 纽约/约翰肯尼迪	50.4	406[17]	124
20. 吉隆坡	47.5	326[28]	146
21. 上海浦东	47.2	381[24]	124
22. 旧金山	44.9	421[15]	107
23. 夏洛特(北卡罗来纳)	43.5	558[7]	78
24. 拉斯维加斯	41.9	521[8]	80
25. 首尔仁川	41.7	271[30]	154
26. 迈阿密	40.6	399[19]	102
27. 凤凰城	40.3	436[14]	92
28. 休斯敦	39.9	506[9]	79
29. 马德里	39.7	333[27]	119
30. 慕尼黑	38.7	382[23]	101
合计	1 649.5	13 353	124

(数据来源：第(1)、(2)栏来自 ACI(2014)及各机场官网。第(2)栏中方括号内的数字表示上表列出的 30 家机场按照飞机起降次数排序的结果)

　　机场构成如下：①"空侧"(或"空区")，其中包括跑道、滑行道、停机坪、飞机维护区、空中交通管制设施与设备，以及上述设施的周边区域；②"陆侧"，即旅客候机综合楼，货运航站楼及其他配套支持设施(如机场行政管理，公共设施，餐饮设施)，地面通道设施(路边人行道、进出通道、汽车停车场/停车楼、铁路车站等)，以及其他位于机场范围之内的非航空设施(如酒店、办公楼、购物区等)。

　　本章将简要介绍许多与机场有关的重要主题，目的在于帮助读者熟悉与机场相关的诸方面事宜和相关术语，如果读者需要更详细的说明，则可通过本章末尾提供的"参考资料"按图索骥。13.2 节通过对全球不同地区机场基本特点的概述，给出本章的背景。第 13.3 节讨论机场空侧与陆侧设施的物理特性，以及相关的国际设计标准与规范。13.4 节分空侧与陆侧讨论了机场容量这一关键主题,并重点澄清几个容易引起混淆的问题——对于这些问题,甚至航空运输专家在某些情况下也会迷惑。本节还简要回顾了空侧延误以及机场需求管理问题。最后,13.5 节讨论机场收入、经济监管以及财务管理问题;还简要回顾了机场投资项目融资的各种方法。

本书其他章节中也包含了与机场相关的内容。第 2 章讨论了拥挤机场准入的监管条例以及机场私有化的国际趋势;第 9 章讨论了航空公司航班运营过程中如何与机场进行配合;第 12 章讨论航班与机场的飞行安全和安全保障问题;第 14 章讨论机场(及航路空域)中的空中交通管理;第 15 章讨论机场对环境的影响及相关的缓解措施;第 16 章讨论机场信息技术方面的进展。

13.2　背景

全球各地的商业机场都必须遵循一整套国际技术标准与操作流程,以确保飞机安全以及跨越国界时的互操作性。由于越来越多的机场学习和采用了先进机场的"最佳实践",在全球范围内旅客和货物处理流程的标准化程度也越来越高。尽管全球机场有着很多共性,但在占地面积、外形布局、设备使用、所提供服务、设施利用强度以及经济效益等方面不同机场间还是存在着巨大差异。例如,丹佛国际机场(DEN)占地 1.36 亿平方米(合 13 600 公顷或约 34 000 英亩),而纽约拉瓜迪亚机场(LGA)占地 260 万平方米(合 260 公顷或 650 英亩)。换句话说,丹佛国际机场的占地面积内可以容纳 50 个拉瓜迪亚机场[①]。即使不考虑这种极端情况,全球大多数最繁忙机场的占地面积基本在 800~3 500 万平方米(2 000~9 000 英亩)之间,差异仍然较大。图 13.1~图 13.3 所示为全球前 50 家最繁忙机场中 3 个机场的布局图,说明了同一个问题:即跑道与旅客航站楼的数量、几何布局以及占地面积等方面都可能存在显著差异。本节稍后将对这些问题做进一步讨论。

如表 13.1 所示,全球机场在交通流量特性方面存在显著的区域性差异。按旅客人数衡量,2013 年全球最繁忙的 30 个机场中有 12 家位于美国,7 家位于欧洲,11 家在亚洲,中东地区只有 1 家(迪拜)。这也体现了本书中曾多次强调的一点:美国的航空运输活动仍然比世界其他地方更加密集。另一方面自 20 世纪 90 年代以来,欧洲和亚洲最繁忙机场的平均增长率要高出美国很多:当时全球最繁忙的 30 家机场中有 21 家位于北美地区,只有四五家来自欧洲、亚洲或大洋洲。可以预计,在接下来的几年中,会有更多的欧洲机场,特别一些亚洲机场会加入"最繁忙的机场"的行列。

在亚洲最繁忙机场上起降的飞机机队(或"机队组合")多是大型、宽体喷气式飞

---

① 2013 年,丹佛国际机场的旅客量几乎是拉瓜迪亚机场旅客量的 2 倍(53 百万相对 28 百万)。

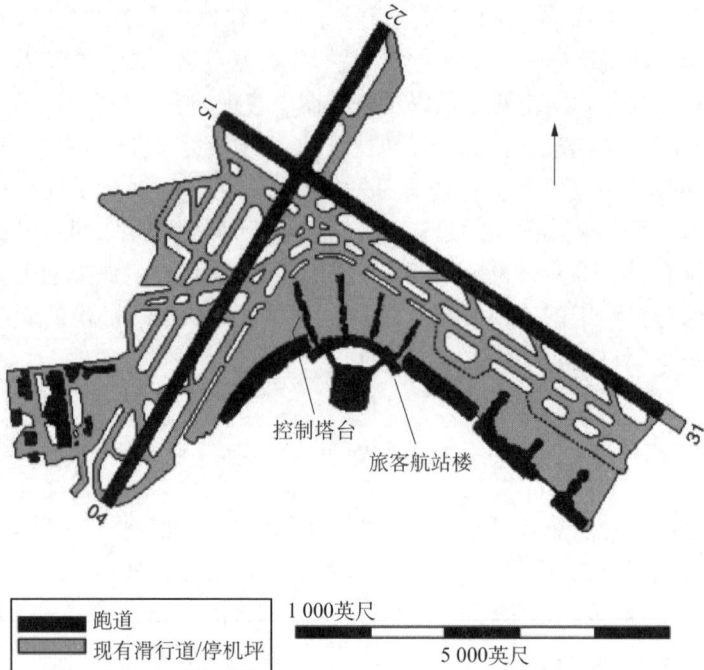

图 13.1 纽约/拉瓜迪亚机场有两条相互交叉的跑道。正常情况下,两条跑道都可使用,一条主要或专用于航班降落,另一条用于航班起飞。在有强风或恶劣天气条件下,所有的飞机起降都可以集中到一条跑道上进行。多年来对航站楼陆续进行了建设、重建和扩建。这种设计使得该机场的占地面积能比其他机场小很多,即只有 260 万平方米(约 650 英亩)(来源:de Neufville 和 Odoni (2013))

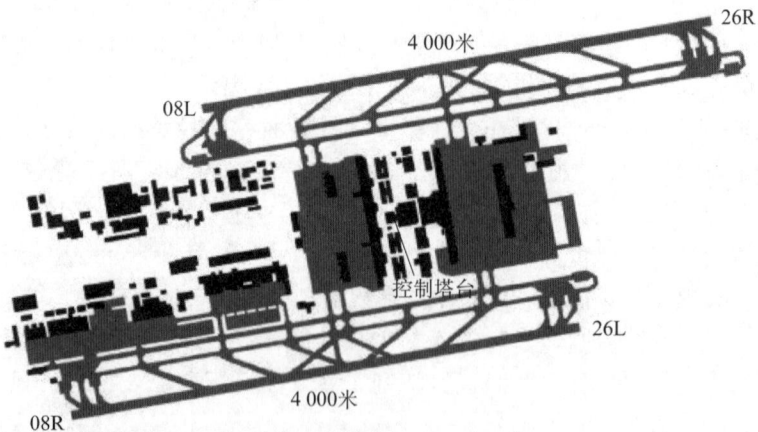

图 13.2 慕尼黑国际机场是一个相对较新的机场(1991 年启用),有两条独立且平行的跑道。正常情况下一条跑道主要或专门用于航班降落,另一条则用于航班起飞。原来的旅客候机楼即 1 号航站楼(图中中间靠左位置)用于流水线式分散旅客处理,而新的 2 号航站楼(图右侧中间位置)则用于集中旅客处理。该机场占地面积大致为 1 500 万平方米(约 3 750 英亩)(绘图:Daniel Fry)

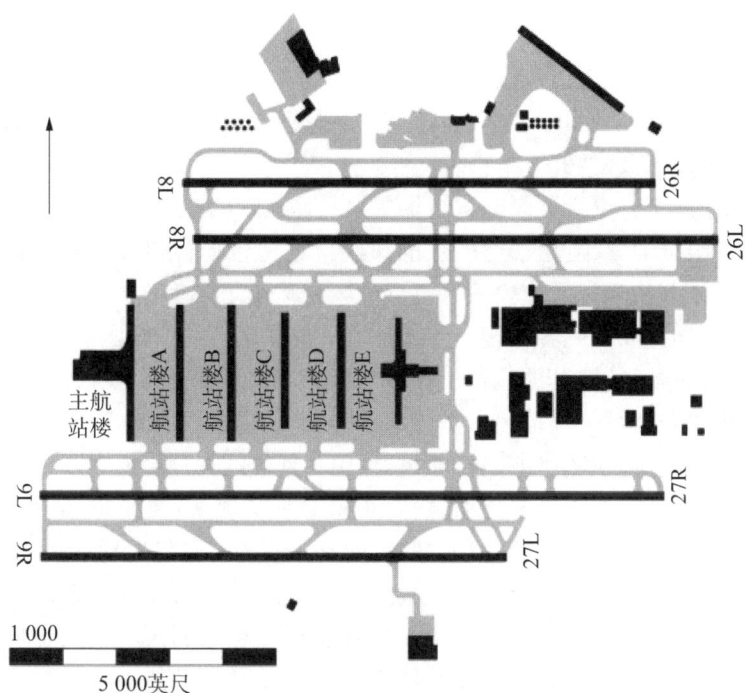

图 13.3　按年旅客吞吐量计，亚特兰大国际机场是世界上最繁忙的机场。
主跑道系统包括两套距离较近的平行跑道。正常情况下跑道
08L/26R 和 09R/27L 用于航班降落，另外两条跑道用于航班起
飞。该机场最出名的是旅客候机楼系统，包括一个主航站楼以及
中间 5 个一字排开的卫星航站楼（A‐E），通过地下通道及旅客自
动捷运系统相互连接。机场南侧第 5 条较短的平行跑道在 2006
年投入使用。这条跑道作为 4 条主跑道的备份，通常用于支线喷
气式飞机和通用航空飞机的运行（来源：de Neufville 和 Odoni）

机。相反，北美地区的大部分机场上起降的飞机机型中几乎没有宽体喷气式飞机，
而主要是一些窄体喷气飞机，支线喷气飞机以及一些由大型和支线航空公司运营的
非喷气飞机与一些私人或通用航空的飞机。乘坐支线喷气飞机或非喷气飞机的旅
客，很大一部分来自于或要中转到大型飞机运营的航班上。欧洲机场处于这两种极
端情况之间。事实上，自 1993 年欧盟（EU）开始航空业自由化（见第 2 章）之后，欧
洲主要机场上起降的由小型飞机运营的支线航班或轮辐航班的数量出现大幅增长。
因此，在机队构成方面，近年来欧洲机场也已经越来越接近"北美模式"了。

　　因此总体效果是，为处理同样数量的旅客，北美机场每年提供的航班起降次数
要比欧洲机场的航班起降次数多，并且比亚洲机场的航班起降次数多很多，这种情
况从表 13.1 中的第 2 列可见一斑。值得注意的是，如果按飞机起降次数而不是旅

客数量进行排序,亚洲机场的排名会低很多,如表13.1第2列所示。这样,最后的结果就是与亚洲机场(第3列)相比,表中北美地区机场平均每次起降的旅客量要少很多。这就意味着,北美以及欧洲的机场(在一个较小的程度上)比亚洲机场需要更多的跑道以处理相同数量的旅客。实际上,全球拥有三条或者以上跑道的机场绝大部分都位于北美以及欧洲。

平均每次起降的乘客数量与该机场提供长途航班的比例密切相关,在这方面可以做如下对比:有大量国际长途航班的纽约肯尼迪机场、洛杉矶国际机场、旧金山机场、伦敦希斯罗机场以及伦敦盖特威克机场与其他北美及欧洲地区的机场。全球各地区机场的国内和国际客流量[①]分布也存在显著差异。美国国内的机场中,除去几个大型国际机场以外,其他机场上国际航班或者很少或者根本没有国际航班;而在欧洲、亚洲以及世界上其他地区的绝大多数繁忙机场上,国际航班都占据最主要位置。这种差异会对机场中航站楼的设计、旅客处理的流程与成本产生重要影响。

通常对于全球多数大型机场而言,跑道都是稀缺资源,也是机场容量不足及交通拥堵发生的主要地点。之前亚洲最繁忙的机场还都能避免出现空侧拥挤的问题,不过近些年这些机场也逐渐要面对这类情况了。进入21世纪后,亚洲机场对于增加跑道容量或更普遍的做法——增加空侧容量提出了迫切需求。这不仅由于在此期间亚洲机场处理的旅客数量呈现快速增长,同时也受到当地航空运输市场性质变化的影响。国内及地区性旅客数量爆炸性增长,低成本运营商快速发展以及"枢纽"机场格局的形成。由于国内与区域型交通流量以及低成本运营商主要采用窄体客机且航班班次安排密集,因而多数亚洲大型机场的航班起降次数的增长率至少与旅客数量增长率保持了一致。换句话说,每次起降的平均乘客数(表13.1中第3列)并没有增加,小部分保持不变而大部分还略有下降,正如很多机场规划人员所预期的那样,这种情况在中国、印度及印度尼西亚的机场中更加明显。最终结果是大多数最繁忙的亚洲机场都在全力提升空侧容量。实际上,所有这类亚洲机场都至少增设了一条跑道或正在扩建跑道,有些机场甚至不计成本的扩建跑道(如中国香港机场)。

13.3 物理特性

接下来讨论机场的主要物理特性。首先介绍空侧的物理特性(13.3.1节与13.3.2节),之后介绍旅客候机楼(13.3.3节与13.3.4节)最后是地面交通(13.3.5节)。关于空侧、陆侧以及其他类型设施的详细介绍(如货运终端和行李处理系统),

---

① 在某些情况下,机场处理国内和国际旅客时差别并不大。例如,签署了"申根条约"的欧盟成员国在处理往来于其他签约国的旅客时,会把他们当成国内旅客看待。

参见 de Neufville 和 Odoni(2013)。

13.3.1 机场空侧设计标准

航空运行安全是航空业的重中之重,因此飞机场的设计必须符合一套详尽的标准与推荐做法,多年来由国际民用航空组织(ICAO)负责标准的制定和维护,并发布在"国际民用航空公约"之附件 14 中(参阅第 2 章)。附件 14(ICAO,2009a)最早于1951 年形成,到现在已经由国际民航组织理事会修订了四十多次:通常根据各类委员会和专家小组提交的报告和研究结论进行修改。附件 14 还详细规定了:跑道、滑行道与停机坪的长宽、面积等空间尺寸要求;跑道与滑行道周围一定范围内的自然及人造障碍物的高度限制;以及空中导航设备、机场灯光、机场标识等的布置和相关物理特性的要求。附件 14 本身还有一些附属文件,这些附属文件为机场规划和设计中的某些具体方面提供了更加详细的指导与规范[1]。如果某些国家的机场设计国家标准与附件 14 的规定有出入,还必须向 ICAO 报备,并由 ICAO 向全部成员国公开相关信息。

在实际运行中,美国联邦航空管理局(FAA)在标准制定方面也发挥了重要作用。通常 FAA 采用的设计标准会领先于国际民航组织要求的类似或同等标准。与机场设计有关的最主要文件是"民航咨询通告 150/5300 - 13"(FAA,2012),联邦航空管理局负责定期对该文件进行修订。联邦航空管理局还刊发多份与之相关的"民航咨询通告"[2]及联邦航空条例(FAR)。

国际民航组织与联邦航空管理局都使用双要素基准编码来描述其设计标准与推荐做法,如表 13.2 与表 13.3 所示。针对每种类型的飞机,ICAO 代码的第一个要素由"飞机基准场长"决定,即飞机以"最大认证起飞重量(MTOW)",海平面高度的标准大气条件[3]、无风、水平跑道上起飞所需的最短跑道长度。第二个要素则取决于飞机的两个物理参数(飞机的翼展和主起落架机轮外测边缘的宽度[4])中较小的那个。如此一来,适用于某机场的基准代码(如"机场设计符合代码 4 - E")便与该机场能够提供服务的要求最高机型的代码(附件 14 中的术语称为"关键飞机")相对应。联邦航空管理局使用的方法与此类似,但并不完全相同。使用飞机的进近速度确定基准代码的第一个要素,使用翼展与机尾翼的高度确定第二个要素。飞机的进场速度定义如下:在飞机在最大着陆重量之下,进场速度等于飞机着陆配置中规定的失速速度的 1.3 倍。

---

[1] http://www. icao. org/cgi/goto. pl? icao/en/sales. htm 提供了相关出版物的清单及线上订购所需表格。

[2] 在 www. faa. gov/circdir. htm 网页中可查到 FAA 的出版物清单。其中大部分都可以在线免费获取。FAR 则收录在《联邦法典》中。

[3] 标准大气的定义是:海平面高度,温度 15℃,气压 76 cmHg(厘米汞柱),温度变化率为每米 0.006 5℃(摄氏度),从海平面高度到 11 000 米高度。

[4] 需注意,ICAO 针对主起落架机轮外测宽度的规定代码中,D 与 E 是完全等同的。

表 13.2　国际民用航空组织机场基准代码(来源：ICAO(2009a))

ICAO 代码要素 1		ICAO 代码要素 1		
代码数字	飞机基准场长(RFL)	代码字母	翼展(WS)	主起落架外侧轮距(OMG)
1	$RFL<800$ 米	A	$WS<15$ 米	$OMG<4.5$ 米
2	800 米$\leqslant RFL<1200$ 米	B	15 米$\leqslant WS<24$ 米	4.5 米$\leqslant OMG<6$ 米
3	1 200 米$\leqslant RFL<1 800$ 米	C	24 米$\leqslant WS<36$ 米	4.5 米$\leqslant OMG<9$ 米
4	1 800 米$\leqslant RFL$	D	36 米$\leqslant WS<52$ 米	9 米$\leqslant OMG<14$ 米
		E	52 米$\leqslant WS<65$ 米	9 米$\leqslant OMG<14$ 米
		F	65 米$\leqslant WS<80$ 米	14 米$\leqslant OMG<16$ 米

表 13.3　FAA 机场基准代码(速度单位：1 节＝1 海里/小时≈1 852 米/小时，
1 英尺≈0.302 8 米)(来源：FAA(2012))

FAA 基准代码第 1 要素		FAA 基准代码第 2 要素		
飞机进近类型	飞机进近速度(AS) 单位：节	飞机设计分组	飞机翼展(WS) 单位：英尺(米)	尾翼高度(TH) 单位：英尺(米)
A	$AS<91$	I	$WS<49(15)$	$TH<20(6)$
B	$91\leqslant AS<121$	II	$49(15)\leqslant WS<79(24)$	$20(6)\leqslant TH<30(9)$
C	$121\leqslant AS<141$	III	$79(24)\leqslant WS<118(36)$	$30(9)\leqslant TH<45(13.5)$
D	$141\leqslant AS<166$	IV	$118(36)\leqslant WS<171(52)$	$45(13.5)\leqslant TH<60(18.5)$
E	$166\leqslant AS$	V	$171(52)\leqslant WS<214(65)$	$60(18.5)\leqslant TH<66(20)$
		VI	$214(65)\leqslant WS<262(80)$	$66(20)\leqslant TH<80(24.5)$

　　从实际情况中观察,能发现几乎所有的大型商业机场都具有 ICAO 的"机场代码 4",这类机场上能够起降要求最高的机型几乎都要求基准场长大于 1 800 米。出于同样原因,所有大型机场使用的 FAA 基准代码,其第一个要素代码都是 C 或者以上。

　　通过观察还可发现另一个现象：大型机场采用的 ICAO 基准代码的第二个要素,在实际中只采用该机场上起降要求最高机型的翼展来确定。这是因为,对于使用中的所有重要商用喷气式飞机机型,按照主起落架机轮外缘宽度确定的代码级别,绝不会比根据其翼展确定的代码级别更高。由于相同的原因,FAA 基准代码的第二个要素也根据机型的翼展确定,而不考虑飞机尾翼的高度。

　　还应该注意的是,表 13.2 与表 13.3 中 FAA 和 ICAO 基准代码的翼展限制完全相同。因此,如果按 ICAO 分类方法确定代码 A,则对应的 FAA 分组方法为 I组,ICAO 的代码 B 则对应 FAA 分组的 II组,以此类推。此外,在设计和建设机场时,空侧几何布局设计规范还需用到 ICAO 与 FAA 基准代码的第二个决定因素(即要求最高机型的翼展）。由于 FAA 和 ICAO 各自用于确定第二要素方法，根据机型翼展尺寸进行分类，即便不是完全相同差别也微乎其微。因而，无论按照 FAA 还是 ICAO 的标准进行设计机场，绝大多数机场空侧的几何布局特征结果都能保持基本的一致[①]。

显然在规划新机场或对现有机场进行重大改建时，选择要求最高的机型至关重要。另外，这里所说的"要求最高的机型"，不仅可以指当前使用目标机场的那些机型，也可以是机场规划与管理者期望能在未来为其提供服务的机型。目前已投入使用的主要商用飞机机型中，只有空客 380 和波音 747 - 8 能划入 ICAO 代码 F（或 FAA 的 Ⅵ 组）。其他常见机型中，宽体商用飞机通常划入代码 E 或 D（FAA 的 Ⅴ 或 Ⅳ 组）：波音 747、777 和 787 以及空客 330、340 系列与未来 350 飞机的代码为 E（FAA 的 Ⅴ 组），而波音 767、MD - 11 和空客 300、310 系列的代码为 D（Ⅳ 组）。窄体商用飞机中，波音 757 也划入代码 D（Ⅳ 组），但其他机型（包括波音 717、727 和 737 家族以及空客 318、319、321 和 321 家族）都被划入代码 C（Ⅲ 组）。目前服役的大多数支线喷气式飞机都被划入代码 B（Ⅱ 组）或 C（Ⅲ 组）。最后，大部分通航飞机，包括多数"新一代"轻型行政专机都属于代码 A（Ⅰ 组）。

13.3.2 机场空侧的几何布局

机场空侧通常会占用机场总占地面积的 $80\%\sim95\%$。如图 13.1～图 13.3 所示，机场空侧的几何布局大体上由跑道数量、跑道相对位置及其与航站楼配套设施（陆侧）的相对位置决定。许多大型机场只有一条跑道，由于存在各种限制，再增加跑道的可能性即便有也非常有限。而在另一个极端，达拉斯/菲特沃斯机场有 7 条跑道，丹佛机场目前有 6 条跑道，并已计划增加到 12 条跑道。

跑道长度及其他尺寸要求，取决于未来在该跑道上起降的"要求最高机型"的各项特性。确定任意给定机型、在任意一天起降所须跑道长度的主要因素包括：飞机起飞或着陆的标称重量；飞行航程长度（不经停距离）；天气条件，特别是温度与地面风；机场的地理位置，主要是机场标高与跑道周围天然障碍物的情况；以及其他一些特性，如跑道坡度、跑道出口位置、跑道地面情况（如地面经常保持干燥或潮湿等情况）等。比较粗略的划分，在海平面高度绝大多数远程航班需要约 3 100 米（$\approx$ 10 200 英尺）的跑道，如果跑道长度达到 3 500～4 000 米（$\approx$11 500～13 000 英尺）则基本可以起降各种航程的满载飞机，不过不包含环境温度特别高的情况。在另一端，长度为 2 000 米（$\approx$6 600 英尺）的跑道足以起降所有支线喷气机型以及大部分短途航班，2 700 米（$\approx$8 900 英尺）的跑道能为多数 4 500 千米（$\approx$2 500 英里）的中短航程航班服务。跑道长度须随着机场海拔高度增加而加长，海拔每上升 300 米（$\approx$

---

① ICAO 与 FAA 规范标准间确实存在几处明显的不同，参见第 9 章文献 de Neufville 和 Odoni（2013）。

1 000 英尺)跑道长度应该增加约 7%。

　　通常用两位数字标识跑道,以跑道方向的度数(取整到 10°)表示跑道的磁方位角(即跑道朝向)。例如,某跑道的磁方位角为 224°,则标记为"跑道 22"。显然,所有跑道两端的标识必然相差 18,如"跑道 22"的另一端标记为"跑道 04",然后这条跑道就被标记"跑道 04/22"。如果有两条平行的跑道,用字母 R 表示"右",字母 L 表示"左",以区分两条跑道,例如 22L 和 22R(参见图 13.2 中慕尼黑机场的跑道情况)。如果有三条平行的跑道,则用字母 R、C(表示中间)和 L 进行区分。如果有四条平行跑道,则其中一对按最接近的 10°附加 R 和 L 进行标记,另一对按下一个最接近的 10°再加 R 和 L 进行标记(如图 13.3 所示,亚特兰大机场的一对跑道标记为"08L/26R 与 08R/26L",另一对跑道标记为"09L/27R 与 09R/27L")。

　　如果机场具有两条或两条以上跑道,则设计师更倾向使用平行跑道组合布局,因为这种布局使航空运输运行更有效率,并能实现较高的空侧容量。根据跑道中心线间的距离,平行跑道可分成近距离、中等距离以及独立跑道三种类型。独立平行跑道允许飞机借助仪表飞行规则(IFR)同时进近,因而在各种天气条件下都能有效利用双跑道系统的最大运行容量。FAA(2012)规定,平行跑道中心线间的距离[1]为 3 000 英尺(≈915 米)及以上时,可批准进行完全独立运行,而 ICAO 在附件 14(2009a)中规定这个间距最小为 1 035 米(≈3 400 英尺)[2]。不过,大多数国家仍然要求这一间距至少为 5 000 英尺(约 1 525 米)[3]。

　　与此相对,在近距离平行跑道上使用 IFR 进行任何成对操作时,都需要进行充分的协调。例如,计划在其中一条跑道上进行航班起飞操作,并需等到另一条跑道上的航班降落后进行,那么必须在另一条跑道上降落的飞机触地后该跑道上的航班才能开始起飞操作。美国规定近距离平行跑道中心线的间距应在 700 英尺(214 米)至 2 500 英尺(762 米)之间。在中距离平行跑道上可执行独立起飞流程,或称独立"隔离"的平行操作,即一条跑道用于航班降落,另一条则独立的用于航班起飞。不过,在中距离平行跑道上同时进行降落的流程并不是相互独立的。

　　应该认识到,近距离和中距离平行跑道在较好的天气条件下应用目视飞行规则(VFR,在美国很常见)运行时,能够实现接近独立平行跑道的容量。当符合某些限制条件时,根据 FAA 和 ICAO 的规定,联立平行跑道操作可在中心线间距大于 700 英尺(≈214 米)的平行跑道上,通过目视飞行规则(VFR)引导完成。不过 FAA 建

---

① 跑道中心线间的距离不是判定平行跑道是否可以独立运行的唯一条件。其他一些准则包括机场仪表控制设施以及起飞后可供选择的飞行路径。进近失败后的复飞也需要提前了解可选飞行路径以保证复飞安全。

② 根据 ICAO 规定,平行跑道中心线间隔大于 915 米时,允许进行"同步关联平行进近"操作。

③ FAA 通常要求此间距达到 4 300 英尺,但对某些具有平行跑道的机场,如果这个间距在 3 400 英尺以上,也可以批准进行独立进近。

议,当Ⅴ组或Ⅵ组的飞机使用平行跑道时,跑道中心线间距至少应为 1 200 英尺 (366 米)。

通常近距离或中距离平行跑道间的土地空间不足以建设大容量的陆侧配套设施。因此,具有近距离或中距离平行跑道系统的机场只能把陆侧设施放在两条平行跑道的同一侧或者分别置于两侧。这种布局有一个重要的缺点,即在距离旅客候机楼较远一侧跑道上运行的飞机必须穿越另一条(在使用中的)跑道或其延伸段。这种情况可能降低跑道容量,增加飞机在机场地面上的滑行及延误时间,并增加空中交通管制员的工作量。

独立平行跑道间通常具有充足的土地空间来容纳大容量机场陆侧设施和建筑,特别是当跑道间距超过 5 000 英尺(1 525 米)时——这也是较为普遍的情况。主要陆侧设施和建筑可沿着机场的中轴线,或与跑道平行、或与跑道垂直进行建设。这种布局的例子包括部分全球最繁忙的机场以及那些 20 世纪 90 年代以后投入运营的新机场,如新加坡机场、中国北京机场、吉隆坡国际机场、慕尼黑机场①(见图 13.2)、中国香港机场和雅典机场。这种布局的主要优点是能有效利用独立跑道间的广大区域,而其他布局下跑道间的空间未能充分利用;客运和货运航站楼与跑道之间的距离较为合理;更有效的机场地面交通周转,飞机滑行到跑道无需穿越其他活动跑道;还可将机场路侧区域与机场周边区域隔开,因而能更好地规划陆侧区域的建设开发以及进出机场的地面道路。

许多机场有交叉跑道,有实际交叉的也有其投射中心线相交的②。纽约的拉瓜迪亚机场(见图 13.1)就是一例。当机场的可用土地面积有限(通常是位于城市中心附近的老机场),或一些地方经常有几个不同方向的强风,就需要采用交差跑道机场几何布局。在后一种情况下,跑道方向不同使得机场可在大多数天气条件下运行飞机起降,并能达到 ICAO 和 FAA 所建议的 95% 及以上的侧风覆盖率③。从空中交通管理(ATM)角度看,具有相交跑道的机场管控的难度更大,因为当两条跑道都在使用时,每条跑道上的飞机移动都必须仔细与另一条跑道上的飞机运动进行协调。此外,交叉跑道的处理容量根据跑道运行的方向以及相交位置的不同而不同。还要注意,当某个方向的强风导致两条跑道中的一条关闭时,整个机场的处理容量也会受到巨大影响。综上,具有交叉跑道的机场通常要面对各种严峻的运行问题。

---

① 注意,慕尼黑机场的两条平行跑道是"错开的",即其跑道入口交错排列。这能进一步为空中交通管制与地面飞机周转带来便利。

② 如果两条跑道的投射中心线在某个虚拟点上相交,通常根据跑道运行方向,称其为"聚合"跑道或"发散"跑道。

③ "侧风"是指从地面风速矢量中分解出的与跑道中心线垂直的分量。根据 ICAO 及 FAA 规定,当跑道表面干燥时,对于较大的飞机,侧风应不超过 20 节(约 37 km/h)。通常,该限制根据机型不同及飞机在跑道上的制动能力不同而有所差异。

　　某些大型机场在某个主运行方向上建设两条平行跑道，同时在另一个方向上建设一条或多条容量较小的"侧风"跑道。这样的机场包括纽瓦克机场（纽约三大机场之一）、布鲁塞尔机场以及坦帕机场。在无风情况下，并且有需要时，这些机场偶尔也会启用全部的 3 条跑道。

　　亚特兰大机场的跑道布局（见图 13.3）是对两条独立平行跑道布局的自然扩展[①]。该机场有两对近距离平行跑道，每一对都能够独立运行。这种独特布局特别适合交通运输量巨大的机场。如果在机场起降的机队机型组成较为合适，这类机场能够支撑的年旅客吞吐量可达 1 亿人次[②]。洛杉矶国际机场及巴黎戴高乐机场也采用了这类 4 条跑道的布局。

　　以上对机场空侧布局类型的介绍并没有涵盖所有的可能性。机场所处地形的特点（如苏黎世、阿姆斯特丹、波士顿、芝加哥/奥黑尔和旧金山机场）或机场用地没有限制（如达拉斯/菲特沃斯、丹佛、奥兰多国际机场）等因素会造成或可能造成这些机场的空侧布局与上述常见布局不同。一些最繁忙的机场通常会采用独特的布局，例如波士顿机场 5 条跑道分 3 个方向，阿姆斯特丹的 6 条跑道分 3 个方向，芝加哥/奥黑尔的 8 条跑道分布在 3 个方向上（未来将简化为在 2 个方向上布局 8 条跑道）。

　　滑行道系统是机场空侧区域的第二类主要组成部分，那些繁忙机场的滑行道系统可能占地广阔并极其复杂。滑行道系统的建设和维护成本非常高，在大型机场滑行道总长度往往超过 20 千米，远超机场跑道的总长度。滑行道系统还可能使用昂贵的"高架桥式滑行道"，这样飞机可以从高速公路、其他机场进出通道或铁路的上方通过。每个机场空侧布局的特性决定了其滑行道系统的布局，所以各机场的滑行道系统往往各式各样。值得注意的是，某些情况下滑行道系统会被过度设计，尤其是在那些比较新的机场中，通常会为每条跑道配备两条全长度的平行滑行道，并为跑道配备大量的高速度出口，这类配置所能提供的容量往往超过了当前空中交通量的需要。而在另一方面，许多机场特别是那些占地面积受限的老机场，其滑行道系统往往成为瓶颈（"热点"），导致飞机在滑行过程中产生明显延误。

　　最后，停机坪区和飞机停放区共同构成机场空侧的第 3 个组成部分。由于停机坪区域应当和旅客或货物航站楼相连，因此其形状和大小很大程度上由航站楼自身的布局所决定。停机位区域可与航站楼相连（靠近航站楼并由"伸缩登机道"或"机舱空桥"提供旅客接驳服务）；也可是远离航站楼的远端机位，并由摆渡车或其他地面车辆接送旅客。停机位的大小决定了该机位能够停放何种机型。停机位可供所有的机场用户共同使用，也可由某一用户专用，如只由某家航空公司或某个航空集

[①]　为突出其主要特点，图 13.3 只展示了亚特兰大机场的主体，未画出 2006 年新增的第 5 条跑道。这条新的较短跑道与其他 4 条主跑道平行，位于主跑道南侧较远处，主要用作主跑道的缓冲与备份。

[②]　2013 年亚特兰大机场服务了约 9 500 万名旅客（见表 13.1），机队构成大部分为窄体喷气式飞机。

团使用,或交给指定地面服务供应商("搬运公司")使用。

13.3.3 旅客候机楼的分类

旅客候机楼或"航站楼"及其所提供的服务,是一家机场建立公众认知的最主要手段。通常旅客候机楼的建造、运营及维护费用在所有机场建筑中最高。目前新建一幢设施完备的大型航站楼的成本可能远远超 10 亿美元[①]。另外,旅客候机楼是机场收入的重要来源,机场可通过空间租赁,特别是租给从事商业活动的客户,如零售店、免税店、餐厅等来获得收入。全球的机场运营商都越来越看重来自于这类商业活动的收入(见 13.5 节)。

通常采用一种非正式的分类方法对旅客候机楼的形式进行分类,其依据是候机楼的两个重要特征。第一个是候机楼的几何布局,分为 4 种典型布局,如图 13.4 所示:直线型,手指式(或码头式),卫星式及传送带式。实际中很少有旅客候机楼(即

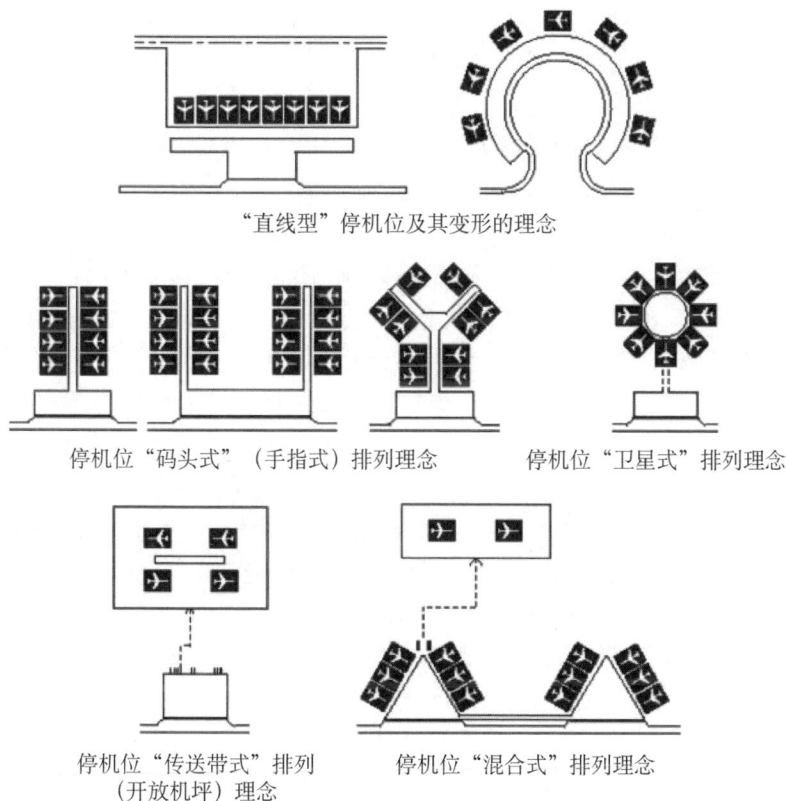

"直线型"停机位及其变形的理念

停机位"码头式"(手指式)排列理念 停机位"卫星式"排列理念

停机位"传送带式"排列 (开放机坪)理念 停机位"混合式"排列理念

图 13.4 旅客候机楼与停机坪的标准型及混合型布局(来源:ICAO(1999))

---

① 伦敦/希斯罗机场 5 号航站楼的成本约为 90 亿美元;在 2005 年左右阿姆斯特丹/史基浦机场新建的行李处理系统花去了 5 亿美元。

使有也是新建)只使用这4种布局中的一种。大多数旅客候机楼都采用第5类布局,即混合4类通用布局中的两种或多种所形成的布局(见图13.4底部)。

分类的第二个依据是区分处理离港旅客的方式是集中式还是非集中式(或分散式)。集中式处理为离港旅客提供单独的入口,例如,将所有办理登机口值机手续的柜台集中到中央大厅内。旅客们首先进入这个中央大厅,完成相关手续后再进入候机楼的其他区域。注意,如果机场有多个航站楼(图13.1中纽约拉瓜迪亚机场的例子),按定义应归于"分散式"处理。不过,离港旅客从一个集中入口进入,然后再前往各自航站楼的形式也认为是"集中式"处理。

将几何布局与处理方式(集中式或分散式)两类特征组合在一起,有时也称为"理念"(如"集中手指式理念")。图13.1~图13.3展示了3种不同的"理念"。拉瓜迪亚机场的中央航站楼有4个指状停机楼①,而亚特兰大国际机场则属于具有卫星式布局且进行集中式处理的典型机场。该机场的主航站楼(见图13.3)为出发旅客提供单独入口,然后旅客们各自前往位于卫星航站楼A至E或主航站楼的离港登机口。卫星航站楼与主航站楼间通过配备了旅客捷运系统的地下通道相连。亚特兰大机场的旅客构成为75%左右的联程旅客以及25%左右的始发/终到旅客,而这样的航站楼布局对处理该机场巨大的旅客量非常有帮助:多数联程旅客不用到主航站楼,只需在卫星航站楼间完成中转,甚至只需在同一航站楼内的不同登机口间转机。这种布局对航空公司也有好处:卫星航站楼间有足够空间允许飞机快速停靠或离开"机舱空桥",并且所有航站楼与两侧两对跑道的距离都较近且大致相当。

慕尼黑国际机场的设计理念完全不同。原来的1号航站楼,即位于图13.2中间部分、与停机坪区域连接并垂直于跑道的粗实线,是一幢很长的直线形建筑,它的一侧是停机坪区域,对面的另一侧是路面。这是一个分散式航站楼,航站楼靠公路一侧的外立面是4个不同的登机口模组。离港旅客需要根据购买的航空公司或者飞往的目的地寻找、使用相对应的登机口。在20世纪70年代中期,该航站楼设计的初衷是通过让始发或终到旅客从公路侧走到对应登机口(或相反方向)的距离最小,为旅客提供高效、高质量的服务。但对于汉莎航空公司而言,该机场将逐渐成为其最重要的中转联程机场之一,因此这种设计理念就变得既无效率、成本又高:首先旅客在两个登机口间中转需要步行很长距离,其次分散式处理流程意味着在4个不同的登机口处都必须设置服务柜台。另外,4个登机口模块处理的旅客人数难以平衡,很可能出现其中的一或几个超负荷运行,而其他却闲置的情况。为了彻底解决这些问题,在原来的候机楼(现1号航站楼)旁边,由汉莎航空公司和机场管理方共同投资新建了一座更大的(2号)航站楼。2号航站楼采用的集中式线性理念使登机口布局更紧凑,因此,汉莎航空已将所有航班都转移到了该航站楼。

---

① 该航站楼将被拆除,代之以一个全新航站楼。

13.3.4 旅客候机楼理念的评估

对旅客候机楼的设计理念进行评估和比较是一项复杂的任务,这要周全考虑大量干系人(利益相关者)利益以及非常多的设计属性。最重要的干系人包括机场运营商、旅客、航空公司、候机楼内的特许经营者以及参与旅客和行李处理的政府机构(如移民局、海关、警察或其他与安全有关的服务提供商)。然而这些干系人的目标及其对各类处理事项的优先级排序未必一致。例如,上述慕尼黑机场1号航站楼那样的分散式直线形航站楼,能够让始发旅客步行很短的距离、快速到达登机口,而且能使飞机更容易进出航空公司的联程停放位置。但是,对于特许经营权获得者(减少了经过候机楼的客流)、对机场运营者(通常需要更长的候机楼设计及在每个登机口处都需要配备相同的设施和服务)、对政府机构(多个安检口,设施重复)、对中转旅客和枢纽航空公司(导致旅客中转的步行距离更长)而言,这样的理念并非最理想。

在评估任何一个特定的旅客候机楼所提供的服务水平时,需要考虑的属性可能有很多,不同的属性关乎不同的利益相关者。其中有些是可以量化的,很容易进行对比,而另一些只能进行定性的描述。下面是一份不完整的属性清单:

(1)按每个航站楼的占地面积衡量其空间可用性。

(2)旅客在航站楼内部等待处理的时间。

(3)步行距离。

(4)中转旅客的最短联程时间[①]。

(5)飞机能否轻松进出联程的登机口。

(6)是否适合开展商业活动,并由此提高非航空运营的收益。

(7)从安全保障的角度看,该航站楼的可控性(如客流能否通过少量的安检口?)。

(8)旅客在通过航站楼时的方向感和认路的容易程度。

(9)在将来条件具备的时候或有需要的时候,航站楼的内部空间能否进行灵活调整。

(10)航站楼是否已模块化并具有可扩展性。

(11)周边附属设施与建筑物的质量。

当然,应该对所有这些特征要素分门别类,并且对是否应满足该特征要素,以及满足该特征的建设、运营及维护所需的固定和可变成本之间做出权衡。需要注意的是,一些特征要素需要由多个不同的"指标"加以描述。例如,平均步行距离、步行距

---

① 该时间是旅客乘坐一个航班到达机场,并赶去另一个出发航班完成中转所需的最短时间。例如,某一机场公布的最短连接时间是45分钟,那么航空公司就不能将两个进出机场时间间隔不足45分钟的航班称为"联程"航班。

离的方差(度量变量与均值间的偏离程度)和最大步行距离都可用于评估旅客候机楼的服务质量水平。

从上面的讨论可以看出,由于具体条件差异,不同机场的"最佳"设计理念也不尽相同。其中三个特别重要的影响因素如下。

(1) 旅客运输量:例如,手指式航站楼在中等规模旅客量之下能够平稳运行;如果航班起降数量和旅客数量大幅增加,就需要更长的"手指"提供更多机位,因而旅客步行距离也会大幅增加(像芝加哥奥黑尔或阿姆斯特丹史基浦机场就是这样)。

(2) 联程旅客的比重:某些理念针对始发或终到旅客能运行良好(如分散式线性航站楼),但对中转旅客却不是个好选择(像慕尼黑1号航站楼或达拉斯/菲特沃斯机场就是这样)。

(3) 运输量的季节性变化:如果运输量随季节变化较为显著,在高峰期可采用某些临时方案进行过渡。如许多机场在旺季采用远机位(摆渡车理念)服务多出的旅客量;这种方式明显优于修建大量与航站楼连在一起的机舱空桥,然后在一年中大部分时间不使用的办法。另一方面,如果机场旅客量的季节性变化不大,那么"远机位策略"就会成本高昂(摆渡车运送旅客的成本较高),而且会降低旅客对机场整体服务水平的满意程度。

13.3.5 地面道路交通

大型机场的地面交通系统通常非常复杂和昂贵,需要综合考虑高架公路及铁路的出入口,多个大型停车场以及(缺少精心设计的)位于航站楼之下的火车站。本节概述与地面交通系统相关的几个基础性考虑和实际运行情况。

一般来说,以机场为始发地或目的本地机场用户以及机场工作人员按人口比例均匀地散布在城区之中。因而除少数例外情况,大型机场的地面交通主要依靠高速公路、普通道路系统,借助私家车、租赁车、出租车、公共汽车、货运卡车以及特种地面车辆,运送大量的旅客、机场员工、货物及各种物资进出机场。在全球许多机场,特别是美国的几乎全部机场,所采用的形形色色的地面交通方式中,私家车都占据着最主要的位置。

全球各地的机场对轨道交通方式的投资和应用不尽相同。美国的大多数机场,或主动选择或迫于经济与政治的现实,都在逐渐减少对机场轨道交通的依赖。不过华盛顿里根机场是个例外,有约15%的旅客利用"华盛顿地铁系统"进出机场,而美国其他机场的轨道交通份额不足10%(de Neufville和Odoni,2013)。与之相反,欧洲和东亚的最繁忙机场这一比例高达20%~40%。通常,采用轨道交通进出机场的交通方式的成功度取决于几个因素:使用铁路的地方与国家文化;是否已有国家或地区的铁路网及机场轨道交通与铁路网之间的连接程度;其他进出机场交通方式的服务质量与成本。

讨论高速公路和普通道路进出机场的方式时应该认识到,员工车辆以及货物和物资运输车辆的流量都非常大,每类车流量至少占到每天进出机场的公路交通总量的 20%。以员工车辆流量为例,根据"经验法则"估计,机场年旅客吞吐量与机场工作人员数量的比例关系大约是每 100 万名旅客需要 1 000 名员工[①]。因此可估算,一家每年处理 2 000 万名旅客的机场需要 20 000 名左右的机场雇员在机场及其周边工作。假设在任意一天,雇员的 70% 到机场上班,其中又有 50% 驾驶私家车,那就意味着有约 7 000 台员工车辆行驶在进出机场的道路上。并且,这些车辆进出机场通常都集中在一天的交通高峰时段,这会进一步加剧高速公路和普通道路基础设施的交通压力。此外还需建设大量员工停车设施,这些停车设施不用建在航站楼附近,因而可使用班车提供接送服务。关键问题在于,为方便机场员工进出,需要对机场周边的道路基础设施进行大量投资,并且需花费大量成本进行日常维护。

机场旅客及访客的停车设施也非常重要,它们需要相当大的投资,并且占用珍贵的机场中心区域。大型机场的收入中来自停车设施的比例越来越高(见 13.5.2 节)。各个机场的停车位总数差别很大,平均为每百万旅客提供的停车位大约为 500 个,范围从 200~1 200 个不等(de Neufville 和 Odoni, 2013)。停车设施可以分为:短时间停车区,主要供那些来机场接机的人使用,通常停车时间为 30 分钟到 3 小时不等;主停车区,多为商务旅客使用,通常是位于中心地带的多层建筑,停车的时间从 8 小时到数天不等;此外还有长期停车区,车辆可以停放数天、一个星期或者更长。与员工停车区类似,长期停车区及租车公司停车区的位置通常都离航站楼较远,需要用班车接送用户。机场租车是另一项快速发展的业务,也是机场运营商越来越重要的一个收入来源。

随着旅客吞吐量和货物吞吐量不断增长,繁忙机场的地面交通系统变得越来越复杂和昂贵,并且经常会导致机场用户困惑焦虑。地面交通系统正成为机场设计者与运营商的巨大挑战。

13.4 容量、延误和需求管理

全球航空运输系统未来的发展很大程度上取决于是否有充足的机场容量可供使用。本节首先给出机场空侧要素(跑道、滑行道、停机坪)容量的定义并进行必要讨论,然后对空中交通延误及机场拥堵等相关问题做定性的介绍。在本节最后,探讨如何衡量旅客候机楼的容量。从下文论述不难看出,旅客候机楼的容量只能基于期望服务水平进行估算。

[①] 在全球各地,这一关系之间存在巨大差异。

13.4.1 空侧容量

无论针对机场的长期运营还是日常运行,大型机场内跑道综合设施的容量限制都是航空运输运营面临的主要挑战。从长期角度看,过去 40 年中,全球旅客需求的增长速度普遍高于机场容量的增长速度,并且两者间的差距常常很大。在美国,这种情况是导致 20 世纪 90 年代后期及 2000 年代航班延误的最重要原因。2001 年 9 月以后,美国国内客运需求及运营航班数明显下降,但可断定空侧拥堵情况的缓解只是暂时性的。在一些重要的欧洲机场以及许多发展迅速的亚洲机场中,容量短缺问题则更加严重。通过"航班计划协调"(见第 2 章)系统限制定期航班的数量,只能部分控制航班延误。除非商用飞机的起飞、着陆性能能获得实质性提升,大型机场的跑道综合设施仍将是国际航空运输体系中最稀缺的资源之一。建设新的跑道非常昂贵,除了需要机场周边大面积的土地,更麻烦的是新跑道肯定会对周边环境及其他方面产生影响,因而必须经历一个长期、复杂的审批过程,审批的结果也无法保证。

在机场日常运行中,跑道综合设施容量是造成航班延误的主要原因。假设机场每天的客流需求基本相同,某一机场一旦出现延误,即使第一天延误不怎么严重,但在第二天延误就会变得异常严重。恶劣的天气条件、强风或其他不可抗的随机事件常会导致频繁的航班延误,进而使旅客无法预期航空旅行的行程和时间,计划的航班运营被打乱,航班取消,已起飞的航班备降到其他机场或者导致旅客错过联程航班。

跑道(或机场内须与跑道同时运行的综合设施/活动)容量的定义是:当存在持续需求且在不违反空中交通管制(ATC)间隔要求的前提下,每单位时间内预计("平均")能执行的飞行器移动(着陆和起飞)的次数。通常该定义也称为机场的"最大通过量",因为跑道及相关综合设施是机场容量的瓶颈,始终处于繁忙及最大运行能力状态(用于度量跑道容量的时间单位通常是 1 小时)。需注意,定义中使用了"预计移动次数"的说法。换句话说,跑道能够提供的实际移动次数 N 是一个随机变量,即该数字由机场当前的具体情况决定,是一个带有概率的数值范围。因此,容量 C 可定义为等于 $E[N]$,即 N 的期望值(平均值)。

第 14 章将更加详细地描述决定单条跑道或跑道综合系统容量的诸多因素。在设计和建设"实体"机场时,需要理解机场容量,并计算在任意给定条件下单个跑道系统的容量,为此必须开发大量用于评估的数学模型[①]和用于模拟的模型。在评估机场容量的流程性或技术性改造方案时,或在机场规划过程中,这类模型都具有相当大的价值。20 世纪 80 年代初,通用型机场空侧运营模拟模型开始具备可行性并

---

① 其中包括一些简单模型,如只能处理一条或两条独立平行跑道的模型,以及能够处理更复杂机场布局的高级模型。

投入使用,之后更多的复杂功能加入到模型之中,也使这些模型日趋成熟。

同一个机场内的跑道容量根据当时当地的条件会有所不同,全球各地机场的预期(平均)容量之间也有很大不同。即便不与那些具有先进的空中交通管制系统的国家做对比,在通常的运行(起飞与降落)强度下,每条跑道的容量范围能从每小时25 次到每小时 60 次,造成这种情况的主要原因包括空中交通管制的间隔标准要求、在该机场起降的机型构成以及更普遍的 ATM 系统整体性能(见第 14 章)。如果机场起降机型构成中宽体喷气式飞机占较大比例,则机场的容量上限为约每小时 45次操作。美国机场通常都压着容量上限运行,因为他们采用了最密集的间隔标准并拥有全球最高效的空中管制员队伍。美国机场在容量利用率方面具领先水平的另一个标志是,如天气条件有利(能见度良好,微风),全美约 25 家多跑道机场的跑道容量能够达到或超过 100 次[①]。2013 年在美国以外地区,只有 4 个机场(巴黎戴高乐机场、阿姆斯特丹机场、马德里机场、多伦多机场)能够达到这一水平。

接下来简要说明机场空侧其他要素的容量。滑行道系统的容量,很大程度上取决于当地的条件以及机场空侧的几何布局。在全球主要大型机场中,滑行道系统的容量通常都远超其跑道系统的容量。滑行道系统上偶尔出现的"热点"有可能造成延误,但肯定比跑道系统容量受限造成的航班延误少得多。不过,一些老旧机场会有例外,主要因为其占地面积有限或者滑行道系统设计得很烂[②]。所以滑行道容量问题是个案,需要根据机场当地的具体条件具体分析。

在停机坪方面,需要区分一下静态容量和动态容量。前者单纯指可用的停机位数量,即停机坪上能够同时停放的最大飞机数量。由于停机位能够停放的飞机尺寸不同——有些停机位放得下大型飞机,另一些则不行——因此常用每种尺寸飞机的停机位数量来计算停机坪的静态容量,飞机的"尺寸"可用其翼展表示(见表 13.2 和表 13.3)。另一方面,动态容量是指每单位时间(通常为每小时)内,停机坪能够提供服务的飞机数量,该数字指标常用于评估机场运营与规划目标。动态容量考虑到了飞机停放时间:如果给定静态容量,那么飞机停放的平均时间越短则动态容量越大,反之亦然。动态容量常常难以确定,不仅是因为停机位存在大小差异,还因为各方都制订了大量的限制和前提条件,要求飞机满足这些条件后才能使用对应的停机位[③]。关键的问题在于,停机坪的动态容量是否能够始终大于跑道系统的容量,这样就不用再考虑停机坪系统对跑道运行乃至机场容量产生的限制。还好,目前在几乎所有最繁忙机场上的实际情况都是如此。不过还应注意到,那些土地使用受限的机

---

① 达拉斯/菲特沃斯机场(DFW)每小时的操作可达 300 次,其他 7 家机场在目视飞行规则(VFR)下,每小时能进行 150 次以上的操作。

② 例如,印度有几个机场的滑行道系统容量严重不足。

③ 例如,某些停机位只能供某些航空公司或某类型飞机使用(如远程飞机或往来于某些特定国家的飞机)。

场扩建停机坪容量的成本极高，或者扩建非常困难。

13.4.2　空侧延误及缓解措施

空中交通拥堵和航班延误是机场空侧容量受限的自然结果。统计航班延误使用最普遍的方法是计算"准点"航班的个数[①]。如果航班在计划到达时间后 15 分钟之内抵达，则认为该航班"准点"，这种方法已成为国际惯例。按照这一定义，2004年以后美国客运航空公司所有航班的"晚点"比例为 20%～25%，这一数字在 2007年达到了最高值 26%。而在纽约的三家机场以及其他最重要的枢纽机场，如亚特兰大机场和芝加哥奥黑尔机场，航班晚点的比例通常更高。

应该认识到，正常的准点率统计数据实际上严重低估了真实延误的程度，这是由于航空公司在制订航班计划时，通常会加入"延误缓冲"或"航班计划余量时间"。例如，机场 A 到 B 的无延误、门到门时间为 90 分钟，那么航空公司可能会根据其历史数据，将门到门时间定为 100 分钟，因此每个航班都有 10 分钟的缓冲/松弛时间（更多信息见 ElAlj，2003）。这样，如果在某天、某航班在其计划到达时间 17 分钟后到达机场 B，那么按照真实的无延误、门到门时间，实际上该航班延误了 27 分钟。一个 90 分钟的航班延误了 27 分钟，这对于航空公司和旅客来说都是巨大的损失。

伴随着全球大部分地区航班数量的不断增长，机场空侧拥堵及延误仍然会是许多大型机场挥之不去的顽疾，甚至在某些地区还可能达到危机的程度。必须认识到，即使当机场的平均空侧需求低于平均空侧容量，该机场也可能发生严重的航班延误。举例来说，如果某机场的平均需求（以起飞和降落请求次数计）在 4 个小时的高峰期内或类似时间段内，大于该机场良好天气条件下容量的 85%，则该机场非常容易因天气条件变化（及由此导致的跑道容量变化）以及在某段时间内对跑道或有意或无意的"密集"需求而产生延误[②]。此外，如果机场利用率已经达到较高水平，需求或者容量的变化对延误的影响也会非常明显：当机场处于或很接近最大容量运行时，平均需求每增加 1% 就可能导致平均延误增加 10%。空中交通排队和延误的动态变化相当复杂，且会互相影响，例如，某机场某天早晨发生的延误通常会扩散到一整天，并对后续几个小时的航班运行造成严重影响。对于繁忙机场，通常需要采用基于计算机的先进工具，才能得到准确全面、与延误相关的监测数据。

从长远看，预期的机场航班延误时长及其分散程度[③]都会随着跑道系统利用率（等于机场的需求量除以机场容量或最大处理量）的增长而呈现出非线性增长的关系。如果每天的高峰时间内跑道系统的利用率超过 0.85～0.9，那么平均航班延误

[①]　美国法律规定，航空公司每月必须公布其准点率绩效报告。

[②]　例如，出于市场营销目的，许多航班起飞时间都集中到整点或半点。

[③]　用延误时间的方差作为度量方式。

时间很可能会增加,并且每天航班延误情况间的差异也会越来越大。

机场拥挤问题除了对旅客服务水平和运营成本造成直接影响之外,还使航空公司的战略制订变得困难。例如,在最拥挤的机场上,提高航班计划可靠性的方法之一是为飞机规划更长的地面周转时间。按照这种方法执行,航班计划确实能够"吸收"掉一部分晚点到达航班的延误时间;但是使用这种方法必然对飞机利用率和机组利用率产生负面的影响(见第8章)。另一种长期策略是,在特定市场上,更多的使用大型飞机并相应减少航班班次。但在竞争激烈的市场环境中,该方法可能会导致市场份额损失(见第3章)。其他一些航空公司,特别是LCC,则在条件允许时避开最拥挤的机场,具体方法包括不在航线网络中规划"枢纽"机场或选择大都市中的不那么拥挤的二级机场。

除了航空公司通过自身调整解决拥堵问题外,民航管理当局、机场运营商及ATM服务供应商也有两种"策略性"的方法可以缓解机场的拥堵问题。显然方法之一是增加容量。实现这一目标的最有效办法是,在现有机场中或新建机场时建设新的跑道系统。不过如前所述,这种方法在很多时候都难以实现或根本无法实现。对于现有跑道系统也可进行升级改造,但这种方式带来的提升相对于新建一条跑道带来的容量增加微不足道。通过适度的物理改进(为跑道新建位置合适的高速出口)或改善ATM技术和流程(能减少同一跑道上或不同跑道上航班间的间隔时间,见第14章)确实能够增加现有跑道系统的容量。

第二种方法是使用战略或战术性手段干预机场的需求。战略性手段即在第2章介绍的需求管理措施。需求管理是指所有能防止机场出现拥堵问题的行政性或经济性规定、措施的集合,其目标是限制或影响一天内某些时段或一年内某些天的机场进出需求,如果不对目标机场采取措施就会产生拥堵。这是一种"前摄"方法,相关的措施和规定在实际运营开始前就已制订并设计妥当,而且会在相当长的时间内持续生效(短则6个月,长则数年)。目前该领域的国际趋势是,用"市场化"方式,如收取拥堵费、机场时刻拍卖和时刻交易等,取代或补充纯粹行政性的机场需求管理流程(见第2章)。在战术性手段方面则多采用ATFM,即空中交通流量管理。该方法由ATM服务供应商(在美国是FAA,在欧洲为EUROCONTROL)使用,根据当天需求与容量之间的实时关系,以在必要时对需求进行干涉的"实时"管理手段。第14章简要介绍了目前ATFM实践的情况。

13.4.3　陆侧容量和服务水平

估算旅客航站楼容量的任务相当复杂。通常由于对估算所使用的前提和假设理解不足,容易在估算过程中引起较多的困惑和争议。旅客候机楼容量通常用"每年百万人次"旅客量(MAP)表示。然而为了计算该数字,首先必须确定高峰时间每1小时(即"设计小时")内能够处理的旅客需求人数,然后将这个按小时计的数字转换为按年的估计值。本节简要地介绍其中涉及的一些概念及所采用的方法。关于该主题的详细介绍可参考 de Neufville 和 Odoni(2013)论文,如果不需要非常严谨的解释说明也可参考 IATA(2004)。

旅客候机楼"容量"的概念与其他容量(比如某个容器的容量)概念不同。某个容器的容量通常用其能容纳的体积来表示,是一个固定并且明确的数量值。但是旅客候机楼的容量则取决于期望的"服务水平(LOS)",即对于候机楼内的拥堵及航班延误的容忍程度。举例来说,对一个 100 平方米的区域,其容量可以是 50 名旅客也可以是 100 名旅客,这取决于空间占用"密度"的可接受上限是每 2 平方米 1 名旅客还是每平方米 1 名旅客。这类"服务水平(LOS)"的标准已逐步建立和完善,并且越来越多地获得了国际上的认可。

在此类标准中,目前使用最广泛的是由 IATA 提出的空间相关标准。IATA 参考高速公路的 LOS 标准,定义了从 A 至 F 共 6 个不同的服务等级,表 13.4 给出这 6 个服务等级的定性描述,主要以候机楼内旅客与其他用户的流量以及在服务过程中产生的延误情况作为分类依据。表 13.5 给出 IATA 规定的每个 LOS 标准下每名旅客(或固定空间中的其他用户)占用的空间。注意:①空间需求取决于候机楼内相关区域中发生的活动[①];②IATA 并未给出旅客等待服务所需时间的类似 LOS 的标准(如类似"LOS B 要求值机的平均等待时间为 2~5 分钟"的表述)。不过一些大型机场运营商(如前英国机场管理局、巴黎航空局)以及美国与其他地区的某些航空公司,都自行制订了关于旅客在机场航站楼内等待时间的服务水平标准,然而要统一这些标准还需完成很多工作。

表 13.4 旅客候机楼服务水平标准的定义(来源:de Neufville 和 Odoni(2013);摘自 IATA(2004))

服务水平	标准的描述		
	服务质量与舒适度	流量情况	延误
A	出色	自由流动	无
B	高水平	稳定	极少
C	良好	稳定	可接受
D	足够	不稳定,走走停停	勉强接受
E	不足	不稳定,走走停停	不可接受
F	不可接受	有横向流动	服务中断

[①] 表 13.5 所示的空间需求,由 IATA 于 1995 年公布,在最近进行了修订,新增了许多细节。例如,在某个区域中,可循环使用行李车以腾出更多空间(IATA,2004)。不过,本节描述的基本概念以及 6 种服务等级仍然保持不变。

表 13.5 为旅客提供空间的标准（平方米/旅客）（来源：de Neufville 和 Odoni（2013）；摘自 IATA（1995））

活动	情况	服务水平标准					
		A	B	C	D	E	F
等待和周转	空手移动	2.7	2.3	1.9	1.5	1.0	更少
行李提取区（提取设备外）	带行李移动	2.0	1.8	1.6	1.4	1.2	更少
办理值机排队	带行李排队	1.8	1.6	1.4	1.2	1.0	更少
拘留室；政府检查区	无行李排队	1.4	1.2	1.0	0.8	0.6	更少

　　第二个重要概念是"滞留时间"，即旅客在候机楼特定区域内逗留的时间。根据在该区域内所进行的活动类型不同，通常滞留时间有所不同。例如在候机休息室或购物区的停留时间通常远远长于在护照查验区的时间。假设高峰时段内，航站楼内出发旅客流量为每小时 1 000 人次，且这些旅客在办理登机手续的区域中平均滞留 1 小时，则该区域需要提供同时容纳 1 000 单位的空间。但如果旅客的滞留时间仅为 15 分钟，则该区域只需提供同时容纳 250 单位的空间。因此，航站楼里各区域（及航站楼整体）的容量主要取决于滞留时间，旅客流量大小以及每位旅客可用空间的 LOS 标准（见表 13.5）。设航站楼内面积为 A 平方米的区域，LOS 空间标准要求每旅客需 s 平方米，且每旅客平均滞留时间为 D 小时，则每小时可容纳人数[1]为

$$每小时容量 = \frac{A}{sD}$$

　　举例来说，护照查验区域前有 400 平方米空间，高峰时段采用 LOS D 标准（即表 13.5 中的每人 0.8 平方米）且预计滞留时间为 10 分钟（1/6 小时），则该区域每小时的容量约为 3 000[＝(400)(6)/(0.8)]名旅客。

　　能够发现，计算航站楼内任何区域的小时容量，需要确定航站楼（如各区域采用的 LOS 不一致，必须单独给出）在每年高峰时段的期望服务水平（如 LOS C）、对应的 LOS 标准（如表 13.5 或其他标准集合），以及对滞留时间的合理假设。为计算航站楼的整体容量，必须①估算航站楼内出发侧（供旅客送机、办理值机手续、移民护照查验、安检的离港大厅以及等待区域如候机休息室）和到达侧（移民局，护照查验、提取行李、海关以及接机的到港大厅）的所有主要功能区域的小时容量；②估算连接这些主要区域的走廊、楼梯、自动扶梯、电梯的容量，以及进港和出港的行李处理系统的容量；③根据上述信息识别出离港侧和到港侧的限制性区域（也就是识别出容量限制的"瓶颈"）。容量最小的这些区域最终决定了离港侧和到港侧的小时容

---

① 需注意，在航站楼的某些区域内，空间占用可能要考虑某些非旅客人员，例如某些区域中等待接机的人，或者前来送机的人，或者仅仅是想参观机场的人。

量值。

　　一旦确定了每小时容量的估计值,便可以通过简单的乘法——乘一个常数:"转换系数"——计算出旅客航站楼整年容量的估计值。"转换系数"反映机场需求的重要特征(当前需求或预期的未来需求),例如航站楼日需求变化的典型模式,一周中每天的需求量变化以及需求的季节性变化等。再举一具体例子说明,假设在某航站楼①在夏季旺季的每天中,10%的旅客需求发生在这一天的高峰时段内;②典型夏季旺季的旅客需求量比年平均日需求量高20%。这样,转换系数就是(10)(365)/(1.2)≈3 040。换言之,将前面计算的该航站楼的每小时容量乘以3 040,就可得出该航站楼年旅客容量的估算值。如果每小时容量的计算结果为每小时3 500单位,那么整个航站楼的年旅客容量约为(3 500)(3 040)≈1 200万。请注意,像我们假想案例这样的大型航站楼,年旅客容量通常使用进位到百万级的整数表示,主要为了强调这种估计方法比较粗略。通常,将小时容量换算成年容量的转换系数值从2 500至4 000,分别对应季节性特别明显、日计划航班需求集中度特别高的小型机场,以及季节性不明显、日计划航班需求有若干高峰及次高峰的繁忙机场。

　　前面曾提及,旅客航站楼容量估算这一课题很容易造成混淆和争议。原因之一是,估算的方法并不是特别可靠。容量估算通常在规划设计航站楼时进行,估算依据都是一些对未来情况的假设。构建这些设想用到的许假设在后来多被证明是错误的。例如,由于近年来安保要求不断升级,使得这一区域的滞留时间大幅增长。由于新的技术或流程(如电子票、自助值机、随身行李的无损检验等)的应用,航站楼各个区域的旅客处理时间可能出现延长或者缩短的情况。机场每天、每周及各航季采用的运营模式会有变化,如由于新航空公司进驻该机场、增加新的长途或短途航线及夜间运营的宵禁规定发生变化等。

　　第二个原因是,一些主要的航站楼最终服务的年旅客量,往往都远超过其设计容量。通常,这类航站楼都设计能在"目标年限"(常为投入使用后的5～10年)的高峰时段内,提供C("良好")级别的服务水平。这也意味着,在目标年限内的绝大部分时间里,该航站楼可向旅客提供A或B级服务水平。但事实上,很多候机楼在超过目标年限后许多年,其高峰时段的服务水平才会降到C级以下。目前世界上最好、最繁忙的一些机场航站楼,虽然客流高峰期的运营情况都在D级(仅"足够")甚至更低,但还是能提供积极的服务体验评价。这种情况在老旧的航站楼中较常见:在客流量逐年增长的情况下,航站楼运营商并没有为提升容量进行大规模的投资。所以这些航站楼实际就在远超"设计容量"(某些超过30%甚至更多)的客运量水平上运营。不论高峰时段如何"拥挤",这些航站楼仍然能在大部分时间里,以极具成本效益的方式提供足够的服务水平。

　　最后,造成混淆的第三个原因是航站楼容量之间的不恰当对比。例如,对位于机场A和机场B的两座大小相当且布局相似的航站楼的年旅客容量进行估算,其结果可能存在巨大差异。当出现这种情况时,其中一个航站楼的估算可能会招致大量的批评,指责该航站楼的设计没能有效地利用宝贵的空间。但是批评者们常常忘记了这样一点,正如本节所述,所有旅客航站楼的容量都强烈依赖于具体环境(客流类型、滞留时间、日常和季节性高峰时段)及选定的服务水平目标。

13.5　机场的体制、组织与经济特性

在本章的最后一节中,首先简要地总结部分全球最繁忙机场的较为典型的所有权形式及管理方式。从这里再引出对机场使用收费与机场收入来源这两个关键主题的讨论,还包括当前关于如何对待机场收入来自航空还是非航空(即机场商业)活动的持续争论。最后通过介绍和回顾机场金融资本项目所使用的两种不同方法,对本章作出总结。

13.5.1　机场所有权及其管理

机场的体制、组织和经济特征不仅存在巨大的差异,而且都处于不断、快速地变化当中,这种变化很大程度上是受到全球机场私有化及航空管制放松趋势的影响(见第 2 章)。

机场所有权及其管理方式有许多不同"模式"。机场管理的最传统方法是由国家政府机构进行管理,如国家民用航空管理局(CAA)。不过目前人们普遍认为,这些政府机构管理下的航空业在竞争日益激烈、市场快速变化的环境中常常无法满足高效、创新并且快速应对变化的要求。因此,全球范围内大型机场管理方面的趋势是分散化机场管理,通过将机场管理权让渡给地方政府进行控制,或者采用越来越普遍的做法:引入某种形式的机场管理方进行管理。机场管理方是由政府或私人投资商所有,或由两者共同所有的法人实体,目标是实现自治和灵活的机场运营。通常授予这类实体以"实际上"的机场所有权,因而能在所谓"特许期"内管理和运营一个或多个机场,特许期可以是 25、30 或 50 年。根据机场经营的业绩,或可根据需要延长特许期。

在美国,联邦政府不运营任何机场,实际上所有的大型机场都是由州政府或当地政府所有,或由两者共同所有。这些机场中,许多(如火鲁奴奴国际机场、芝加哥奥黑尔机场、丹佛机场和洛杉矶机场)由州政府或市政府下属的一些部门运营,另一些(如波士顿机场、旧金山机场以及纽约 3 大商用机场构成的整体)则由机场管理方负责运营。在全球其他地区,过去 20 年呈现的发展趋势也是由多方共同成立机场管理方,负责大型机场的管理和运营。

机场管理方的组织结构中通常包含负责各专业领域的组织单元,如法律事务、金融和财务管理、规划、公共关系、行政管理和人力资源、环境事务、工程和技术、商

业活动以及机场运营等。随着机场规模逐渐扩大,其组织结构也就变得越来越复杂。对于那些需负责一个以上机场的管理方(如纽约与新泽西的机场管理方),或除运营自己的基地机场还运营其他地方的机场,或者从事大量机场核心业务以外活动的机场管理方(如目前欧洲和亚洲的一些实体),其组织结构也正变得越来越复杂。

13.5.2　机场使用费

管理大型机场的运营商收入的绝大部分来自于多种多样的航空和非航空的使用费及其他费用[①]。不过,在收取哪些使用费以及如何计算这些费用方面,各国的做法之间还存在较大差别。

制订一套机场使用费收取体系相当复杂。这需要有规范的政策指导(如某些大型机场的收费原则是覆盖全部成本、覆盖折旧费用并且实现合理的投资回报率),定义机场的收入中心和成本中心,确定详细的成本基线,将成本分配到收入中心,制订定价策略,并征求机场用户的意见和建议等。理想情况下,机场收费系统应具备下列属性:即具有透明度,能产生足够的收益以实现机场的经济目标(见下文),在绝对数基础上确认收费的合理性并与具有相似特征的同类机场做对比,提升和促进机场、特别是拥挤机场中设施设备的有效利用,确保较好的灵活性并能根据具体情况变化灵活调整收费内容和数额的能力。在实际操作中,许多机场的收费系统还远远没能达成上面列出的这些目标和要求。

机场收费分为航空使用费和非航空使用费。前者是直接与飞机、机上旅客以及货物处理相关的服务及设施的使用费,后者是附加(或称为“增值”)服务、设施和设备的使用费。航空使用费的主要类型列出如下:

(1)飞机运营商因使用机场(跑道和滑行道)着陆需支付的着陆费。

(2)航站楼区域导航费,因在机场上空及其附近空域使用空中交通管理服务的收取的费用;通常属于着陆费的一部分,在某些国家中也会单独收取。

(3)停机坪或机库使用费,使用客舱空桥或远机位停放的费用,使用机库的费用(如发生);许多机场还对过夜飞机额外收费。

(4)机场噪声费,某些机场(目前大部分是欧洲机场)单独收取该费用,用于支付噪声监控系统及降噪措施的成本。

(5)各种旅客服务费,目标是覆盖与旅客航站楼及其内部的旅客处理服务直接相关的成本。

(6)货物服务费,某些机场用此来覆盖部分或全部的货物处理设施设备与服务的成本。

---

① 这包括各种与机场有关的税和费(如美国的“旅客设施费”)。某些机场还能从政府拿到补贴。不过对于大型机场,伴随着机场管理方在经济上实现自给自足的全球性趋势,收入中来自政府补贴的比例一直在逐年下降。

（7）为机场内（部分或全部）航空安保设施和服务所支付的安保费。

（8）与飞机服务、旅客及其行李处理相关的地面处置费。地面处置费通常可细分为：停机坪处置费，在停机位上提供服务的费用，如飞机装货和卸货，行李处理和分类，飞机清洁，旅客到停机位的接送，飞机除冰等；客流处理费，即处理旅客（值机、出票、登机等）和行李，以及提供信息服务，准备各种处理文件等的费用。地面处理服务可通过四种不同方式提供：由机场运营商提供；由航空公司自行提供（"自处理"）；由一家航空公司向另一家航空公司提供；由取得运营许可证、并获得机场授权的专业公司（地面运营商）提供。如果由机场运营商提供地面处理服务，则可直接向其所服务的航空公司收费。如由第三方（由一家航空公司向另一家航空公司，或由专业公司）提供服务，机场运营商向服务提供者收取许可证费或按一定比例收取处理费。自行处理的航空公司通常无需支付该费用，不过显然应自行承担相关费用。

（9）航空燃料或航油特许经营费，从获得授权在机场向航空公司或飞机运营商提供燃料与航油的供应商处收取，或直接向航空公司或飞机运营商收取。在后一种情况下，机场运营商可从外部采购航油，并零售给最终用户，然后在航油售价中分摊这部分成本。

除上述各项收费，通常还要再收取一部分费用以覆盖在机场的政府服务（如护照查验，海关，卫生检验检疫）成本。当然，这部分费用不归机场运营商所有。

非航空使用费的范围非常广泛，而且这个收费范围还在不断扩大，其中包括：免税店和零售商店、酒吧和餐馆、银行和货币兑换处以及其他需要由机场提供场地的业务支付给机场运营商的特许经营费；短期和长期停车费；机场土地、建筑内部空间、广告位和各种设备的租赁费用；以及机场运营商向机场用户提供的工程技术服务以及有偿公共服务而收取的费用。另一类非航空收益则来自于越来越被机场运营商（大部分在欧洲和亚洲）所认可和接受的"机场外服务"。机场运营商正在承担大量机场外活动，这类商业活动包括：向其他机场提供咨询服务；提供教育和培训服务；与其他机场签订带运营合同；尝试在机场以外投资房地产；或者在各类机场私有化的大环境中，对其他机场进行股权投资。

过去的 25 年中，发生在机场收入领域最重要、最一致的趋势是非航空收益的重要性越来越高。目前，全球多数大型机场的非航空收入与航空收入的比例基本持平。这是一个巨大的变化，直到 20 世纪 80 年代末的时候，机场的航空收入仍然占据着机场收益的主导位置。出现这种发展趋势的原因很多，其中最根本的原因在于，越来越多相对富裕的旅客乘坐民航班机，而这些旅客在机场航站楼内消耗的时间越来越多，而且常常迫于无奈。

表 13.6 所示为 2013 年按年旅客量计，全美国前 29 家最繁忙机场（FAA 称为全部"大型枢纽"机场）的收入来源状况。该表列出了全部的运营性收入和非运营性收入。后者包含了来自政府的直接补贴以及通过名目"旅客设施费（PFC）"获得的

直接收入。PFC 实质上由航空客票税、存款利息和其他杂项收入构成。运营性收入中最大、最重要的三项收入是着陆费、航站楼租赁费（即航空公司因租用旅客和货物航站楼空间、登机口等所支付的费用）以及汽车停车费。有意思的是，来自汽车停车费以及租车公司和服务的收入加起来甚至超过了飞机着陆费收入！运营收入中约59％来自于航空相关的收费和费用，剩余41％来自非航空相关的收入。运营性收入与非运营性收入分别占总收入的 78％ 和 22％。目前非运营性收入的两个主要来源是联邦政府的"机场改善计划"（AIP）补贴以及"旅客设施费（PFC）"。1992 年联邦立法征收的 PFC 已逐渐成为美国机场最重要的收入来源之一。

表 13.6　2013 年全美国年旅客量最大的前 29 家机场的收入来源分析（来源：数据摘自 FAA 表格5100 – 127）

收入来源	收入额/百万美元	总运营收入占比/％	总收入占比/％
航站楼租用费	3 518	28	22
着陆费	2 416	19	15
货物和机库租用费	409	3	3
其他	916	8	6
航空相关的总收入	7 259	58	46
土地和非航站楼设施租赁	296	2	2
航站楼特许经营	1 325	11	8
租车公司	915	7	6
停车	2 061	16	13
其他	738	6	5
非航空的总收入	5 335	42	34
总运营收入	12 594	100	80
利息收入	82	2	0
拨款收入	826	26	5
旅客设施费	2 009	64	13
其他	242	8	2
总非运营收入	3 159	100	20
总收入	15 753		100

如果仔细研究全美所有运营定期航班服务的机场（约 500 个）的数据，能够发现，除了极个别例外，整体情况基本与大型机场的情况完全相同。2013 年全美运营计划航班机场的航空与非航空收入中，运营性收入占比分别为 55％ 和 45％，由此可见小型机场对非航空收入的依赖更甚于大型机场。小型机场最重要的运营性收入来源是汽车停车费以及租车公司的特许费，两者合计占到总运营收入的 27％ 左右。与大型机场相比的一个较大区别是，小型机场的非运营性收入已经占到总收入的25％，而大型机场的这一比例是 20％。这是由于小型机场对联邦 AIP 补贴的依

赖更加严重,所有机场的 AIP 补贴金额基本和所收取的 PFC 费用金额相当。相比之下(见图 13.6),29 家大型机场的 PFC 收入约是他们收到的联邦补贴金额的 2.5 倍。

　　分析美国之外的大型机场,可以发现航空与非航空收入情况具有类似的模式。举例来说(ATRS,2012),2009 年亚洲大型机场的航空和非航空收费占总运营收入的比例几乎相同(为 51% 和 49%);同时在欧洲,相同年份中航空和非航空收入占比分别为 53% 和 47%,数据来自一份涵盖了 190 家欧洲机场(服务整个欧洲客流的 80%)的报告(ACI-Europe,2010)。不过全球一些最繁忙的机场,如伦敦希斯罗、新加坡、首尔仁川和中国香港机场,来自非航空的收入占比甚至高于 60%。全球除美国之外的机场,非航空收入的最大来源是零售商店特许经营费,包括“食品和饮料”,在欧洲这部分收入常常达到停车费及租车收入之和的 2 倍(ACI-Europe,2010)。机场以外的商业活动(如提供咨询、机场外房地产、管理合同等)也是全球其他机场运营商的重要收入来源。此外,奥地利、德国和意大利的很多机场都从“地面处置运营”中获得了相当可观的额外收入。

　　在整体财务绩效方面,通常全球最繁忙机场的利润率都很高。如表 13.7 所示,2012 年全球年营业额最高的前 100 家机场运营商的总收入为 770 亿美元,平均每个机场 7.7 亿美元。这与大型航空公司常常高达 50 亿美元甚至更多的年营业额相比,显然是个较小的数字[①]。然而,这些大型机场的净运营利润(净运营利润=运营收入-运营成本)达到运营总收入的 20.9%,而全球前 150 家大型(按收入)航空公司的利润率仅为 2.9%。同样 2012 年大型机场和前 150 家大型航空公司的整体净利润率分别为 10.6% 和 0.6%。此外在 2008 年—2012 年的 5 年间(包括 2008 年和 2009 年两年全球经济危机时期),前 100 家机场运营商的平均运营利润及净利润分别都与 2012 年的数字相当,因而机场财务业绩稳定性非常好。这样巨大的差别是机场与航空公司间关系长期紧张的根源,航空公司争辩说正是由于机场运营商利用其“准垄断”优势向航空公司收取过高的航空服务费才造成了这种结果。

表 13.7　机场与航空公司的收入和利润对比(2012 年或 2012 年—2013 年财政年度)(来源:《航空业务杂志》,2013 年 10 月)

总收入/亿美元	770	净利润/亿美元	82
净运营利润/亿美元	164	净利润率/%	10.6
运营利润率/%	21.2	平均净利润(2008 年—2012 年)/%	8.9
平均运营利润率(2008 年—2012 年)/%	17.9		

---

① 2012 年全球收入最高的 4 家航空公司(汉莎、美联合-大陆、达美与法荷航)的平均运营收入约为 350 亿美元(ATW,2013),而全球前 4 的机场运营商(AENA -西班牙机场管理、希斯罗机场控股有限公司、巴黎机场与法兰克福机场)平均收入为 35 亿美元,只有航空公司收入的约十分之一。

13.5.3 经济监管

在大多数国家,机场的空侧收费都受到某种形式的监管[①]。监管机构可以是国家政府部门或下属机构,某些情况下也可能是专职机构或委员会。对航空侧收费的做法有两个考虑,首先用户应当"覆盖"提供航空设施及服务的成本,同时应防止因机场的私有化或机场在为 OD 位移需求提供服务时天然所处的"准垄断"地位,而对航空侧进行随意收费(见第 2 章)。国际民航组织理事会曾表示,机场运营商可以通过收费收回航空侧设施与服务的全部成本,但"不能超过成本"(ICAO,2009b)。所谓"全部成本"包括运营、维修、管理和行政成本以及资金的利息、资产折旧,并在条件允许时获得公允的投资回报。相比之下,对于机场的非航空类收入,要么完全没有监管,要么在某些国家只有部分监管。

国际上,对机场航空侧收费进行监管有 3 种最常用的方法,分别是①规定机场能赚取的投资回报率目标值(或上限);②规定机场运营商在任一年内能够收取的单位价格的上限("封顶");③限制单位收费的年增长率。举例来说,英国航空监管机构——民航管理局就具体规定,前 BAA[②] 的净资金资产回报率的目标上限为 7.5%,并且限定了 BAA 航空侧收费的年增长率。在其他的案例中(如维也纳),把对机场航空侧收费的年增长率限制与旅客量的增长率捆绑在一起——旅客量增长率越高,则对收费增长率的限制越少。全球许多大型机场,尤其是已实现某种程度私有化的机场,都按照相同的原则,实施了各式各样的监管方案。各种具体或特殊情况也会被考虑,例如机场运营商有大量资本支出时,可以考虑大幅调整收费金额。总体而言,机场收费的设置依然是个有争议的领域,并将持续刺激机场运营商与机场用户之间的关系,可能导致经年不衰的激烈讨论,甚至引发诉讼纠纷。所以,目前国际上针对监管这个主题的相关原则和准则仍然模糊不清也就不足为奇了。

监管机构还需解决另一个重要问题,即是否可通过某种方式,让机场的非航空侧收入影响航空侧的收费。航空公司建议采用所谓的"单一备用金"方法。按单一备用金方法,在计算机场运营商的航空侧收费费率时,首先应满足经济监管机构的规定,如对机场航空侧设施的资金投入回报率的限制,并要求计入机场总运营收入(即航空侧与非航空侧收入之总和)的影响。这实际上意味着,要用非航空服务的净收入(通常这部分收入的利润率较高)来最终抵消航空侧成本中的较大部分。举个简单的例子说明,假设某年,机场需要有 100 美元的收入来满足航空侧设施与服务的回报率指标(符合监管要求),并且非航空商业活动为实现此目标贡献了 40 美元

[①] 在最极端(当然也非常罕见)的监管方式下,政府——不是机场运营商——自行设立收费名目,并定期对收费进行调整。

[②] BAA(曾一度代表英国机场管理局)有限公司在公司状态几经改变后于 2012 年与其运营及拥有的机场一起更名为"希斯罗机场控股有限公司"。

的收入,则机场只需要从航空侧收取 60 美元的费用。这样在大多数情况下,采用单一备用金方法都能使机场对航空侧服务的收费降低。非航空侧服务最终补贴了航空侧服务。例如,在这一方案下,来自免税店的收入最终将有助于减少航空公司支付的着陆费。

与此相反,机场运营商普遍支持"双备用金"方法。按双备用金方法,机场将航空侧的业务与非航空侧的业务分开处理。机场运营商仅通过航空侧设施与服务的收入实现监管机构设定的经济目标,并据此原则设置航空侧的收费费率。与此同时,机场运营商通常拥有几乎全部的自主权,在非航空侧寻求无限制的高利润。因此与单一备用金方法对比,在大多数情况下双备用金方法都会导致更高的航空侧收费以及为机场运营商们带来更多的总体利润。因而,航空侧收费负责覆盖全部成本并实现合适的投资回报,而无监管的非航空设施与服务产生的所有利润归机场运营商所有。

目前,单一备用金与双备用金之间的争议还没有被解决。某些机场采用单一备用金方法,其他一些机场采用双备用金方法,还有一些机场则综合采用了两种方法。在美国,与两种方法对应的分别是"剩余"与"补偿"体系。如按前者,航空公司仅需支付以下两者之间的差额[①]:①机场每年的总收入目标;②所有来自非航空及通用航空的收入。不过,单一备用金方法与"剩余"体系有个重要的区别。美国航空公司想从剩余体系中获利,就必须承担较大的财务风险。与机场运营商签订长期使用协议,这类协议要求航空公司偿付机场债务,例如收益债券(13.5.4 节)。这样,航空公司实质上同意了当未来机场偿还债务时出现的差额由航空公司支付。相反如按照补偿体系,机场运营商承担偿还债务的全部财务风险,而航空公司和通用航空则需按照类似双备用金的方式,支付航空侧设施与服务的全部费用。由一两家航空公司主导的枢纽机场(如明尼阿波利斯/圣保罗、亚特兰大和辛辛那提)通常按照"剩余"体系运营,而绝大多数始发终到机场(如纽约和波士顿),因不用依靠任何单一的航空公司,则通常按照"补偿"体系运营。

13.5.4　融资项目

当需要进行大规模基础设施建设或改建项目时,融资就成为机场所有者和运营商最关心的问题。机场资本投资可以采用多种方式筹集资金,从国家政府的补贴到由机场运营商发行和偿还的收益债券等。机场融资方式可以粗略分为以下几个大类:

(1)完全靠政府补贴。

(2)征收特殊用途的税,如美国将"旅客设施费(PFC)"放在机票票价中收取。另外许多国家采用的在机票中征收的类似税费,目的也是支持机场的建设与发展。

---

① 简单来说,如果机场需要 100 美元的总收益来满足其某一年的财务目标,且这一年中非航空业务产生的收益为 70 美元,那么机场将从航空费用中收取剩下的 30 美元。

(3) 由国家或国际开发/发展银行提供的低息贷款,如世界银行或欧洲投资银行。

(4) 对机场运营商挣取的利润做部分截留。

(5) 由商业银行或其他资金源以金融市场利率提供的贷款。

(6) 发行政府公债,以发行该债券的政府实体(国家、地区或地方政府)的完全征税权作为担保,假如能证实机场收入不足以履行对债券持有人的义务,则无关纳税人必须弥补欠款缺口。

(7) 由机场管理方直接发行的收益债券,且作为唯一责任人以机场收入履行对债券持有人的义务。

(8) 发行专项收益债券,基于特定机场项目(如新建航站楼)的收入偿还债券,这类债券通常由机场管理方联合其他投资方共同发行。

(9) 通过出让机场收入或租赁权等特定权利获取私人融资,通常用在单个设施(如汽车停车库、旅客候机楼)或者成套设施(如某些案例中用于整个机场)的建设、运营以及转让(BOT)合同中。

在每种情况下可供使用的融资方式取决于机场特征以及国家法规、经济政策及措施。举例来说,方法(1)仍然是许多国家,特别是欠发达国家最常见的机场融资方式,同时这些机场也有更多的使用方法(2)和(3)。在美国,方法(2)、(7)、(8)以及某种程度上方法(9)都是大型机场融资项目的主要资金来源。直到20世纪80年代,方法(1)都通过联邦航空管理局(FAA)的"机场改善计划"发挥着重要作用,目前该方式已退居繁忙机场的次要资金来源,而支持机场发展的联邦拨款大部分都直接用于小型机场。对于西欧、东南亚、环太平洋及大西洋地区最繁忙的机场来说,方法(2)、(4)、(8)正变得越来越重要,而方法(1)的重要性正在逐步降低。20世经80年代以前机场收益债券[方法(7)、(8)]在美国以外的地方还相当罕见,但现在已日益成为这些地方机场资本项目融资的普遍方式。

表13.8列出了兴建雅典国际机场的资金来源,也说明选择上述方法时考虑的

表 13.8　2001 年投入使用的雅典国际机场的融资情况

	金额(1996 年价值)/百万美元	占比%
1. 欧洲投资银行	1 128	47
2. 商业银行财团	360	15
3. 机场发展基金(希腊)	288	12
4. 欧盟补贴	264	11
5. 希腊政府补贴	168	7
6. 股本(希腊政府55%,德国财团45%)	144	6
7. 次级债务(商业利率)	48	2
合计	2 400	100

要点。该机场位于斯帕塔镇附近,于 2001 年 3 月投入使用,共投资 24 亿美元(以 1996 年价格计)。该项目投资中约 30% 的资金(表中第 3、4、5 项)来自希腊政府、欧盟以及机场税(第 3 项)的政府补贴;47% 是欧洲投资银行的低息贷款(第 1 项);6% 来自机场股东投资(第 6 项);17% 是商业利率的贷款(第 2、7 项)。

机场运营商能否获得合适的融资在很大程度上取决于信用评级机构对其的评估结果。评级机构中有资质进行机场信用评级的机构包括穆迪投资者服务机构、标准普尔公司以及惠誉-ICBA 公司。这三家信用评级机构还采用类似的信用评级标准,定期发布关于全球大部分重要机场运营商的信用信息报告,供各方参考。

参 考 文 献

Airports Council International (ACI) (2014) *World Airport Traffic Report: 2014.* Available at www. aci. aero.

Airports Council International-Europe (ACI Europe) (2010) *Economics Report 2010.* Brussels, Belgium.

Air Transport Research Society (ATRS) (2012) *2012 ATRS Global Airport Performance Benchmarking Report.* Sauder School of Business UBC, Vancouver, BC, Canada.

Air Transport World (ATW) (2013) *The World's Top Airlines 2012.* July 2013.

de Neufville, R. and Odoni, A. (2003) *Airport Systems: Planning, Design, and Management,* 1st edn, McGraw-Hill, New York.

de Neufville, R. and Odoni, A. (2013) *Airport Systems: Planning, Design, and Management,* 2nd edn, McGraw-Hill Educational, New York.

ElAlj, Y. (2003) *Measuring the true delays in the air traffic control system.* S. M. Thesis, Massachusetts Institute of Technology, Cambridge, MA.

Federal Aviation Administration, United States (FAA) (2012) *Airport Design.* Advisory Circular 150/5300-13A, US Government Printing Office, Washington, DC.

Flight Global/Airline Business (2013) *Airport Financials 2012.* October 2013.

International Air Transport Association (IATA)(1995) *Airport Development Reference Manual,* 8th edn, IATA, Montreal, Canada.

International Air Transport Association (IATA) (2004) *Airport Development Reference Manual,* 9th edn, IATA, Montreal, Canada.

International Civil Aviation Organization (ICAO) (1999) *Airport Planning Manual, Part 1, Master Planning,* ICAO Doc. 9184, ICAO, Montreal, Canada.

International Civil Aviation Organization (ICAO) (2009a)*Aerodromes, Annex 14 to the Convention on International Civil Aviation, Volume I: Aerodrome Design and Operations,* 5th edn, ICAO, Montreal, Canada.

International Civil Aviation Organization (ICAO) (2009b)*Policies on Charges for Airports and Air Navigation Services,* ICAO Doc. 9082/6, ICAO, Montreal, Canada.

14 空中交通管制

R. JohnHansman Jr. 和 Amedeo Odoni

14.1 引言

空中交通管制(ATC)[①]是每家航空公司运营所必须的关键职能之一。全球大部分区域中,定期航班的所有运营阶段:从滑出、起飞到着陆、滑入,都必须得到ATC 的批准。为了有效运营定期航班,航空公司必须理解 ATC 系统的运作方式并遵循 ATC 的规范和限制。此外,ATC 服务的相关政策、流程及其提供者的运行成本,对航空公司战略和业务规划都会产生重要影响。

ATC 的目标是保障航空交通运输安全且高效,ATC 提供 4 项基本服务来实现该目标。其中飞行安全由间隔保证手段保障,空中交通管制员负责确保飞机间有合理的间隔,同时确保飞机与地形或者其他飞机造成的尾流等危害因素保持合理距离。ATC 向飞机提供飞行信息,如天气报告和机场条件更新报告。当需要进行飞机搜救时,ATC 还会扮演通知和警示相关人员的重要角色。此外,ATC 还通过合理组织进入拥挤机场和空域的交通流量,进行拥堵管理以保证航空运输的高效运行。

本章主要介绍 ATC 系统的重要特性以及相关发展状况。首先(14.2 节)回顾构成 ATC 系统的一般要素。尽管全球范围内使用的 ATC 设备和技术有所不同,但所有的 ATC 系统都必须提供交通监控、通信、导航、间隔保证以及信息收集等基本服务。接着介绍多数 ATC 系统如何组织和构造由其负责的空域(14.3 节)、常见的ATC 运行方式(14.4 节)以及采用"标准操作流程(SOP)"提高运营安全性、减少工作量,并提升对交通流量模式的预测能力(14.5 节)。之后介绍容量限制(14.6 节),

---

① 除了"空中交通管制",业界还经常采用"空中交通管理(ATM)"和"空中导航服务(ANS)"两个术语指称这一领域。一些人试图找出三个术语间的细微差别。如部分人支持使用"空中交通管理"(这是个较新的说法)并认为,"ATM 系统"应包含两个子系统:"空中交通管制"——保障飞机间存在合理间隔的战术级别任务,以及"空中交通流量管理"——提供战略级别的流量拥堵管理。然而,包括部分专家在内的多数人认为,ATC、ATM 和 ANS 可互换使用,其中 ATC 最为常用。本章使用术语 ATC。

将重点放在 ATC 系统中的主要瓶颈,即主要机场的跑道综合设施以及航空港附近空域的容量。同时识别出决定单个跑道系统和多跑道系统容量的关键因素,并解释为何跑道系统容量之间会存在较大差异。在 14.7 节中简要讨论与空中交通流量管理有关的问题。空中交通流量管理(ATFM)为 ATC 提供了宏观层面上组织交通流量的手段,通过这类手段能有效管理拥堵问题并使容量不足造成的影响最小。在交通流量稠密地区,如北美、欧洲,现在又多了东亚和东南亚,这类手段的重要性正变得越来越高。本章最后用对正在进行中的 ATC"现代化"进程的简要审视(14.8 节)结尾。有关 ATC 的其他资料,可参见第 9 章内对典型航班各个阶段与 ATC 交互的描述,以及第 13 章内对主要机场的跑道系统容量的说明。如果读者对空中交通管制的发展历史以及本章所提到的主要设备和部分流程的技术特性感兴趣,可参考文献 Nolan(2010)。

14.2 ATC 系统的一般要素

图 14.1 所示为 ATC 系统的一般组成要素。空中交通管制员通过监听系统观察 ATC 交通流量状态。管制员通过通信系统向飞机发出指令(放行许可),飞机则利用导航系统沿着放行航线飞行。其他一些重要的技术要素包括飞行信息系统,为飞行员和管制员提供最新的信息、决策支持工具以及气象信息。下文将逐一对这些要素进行简单的介绍。

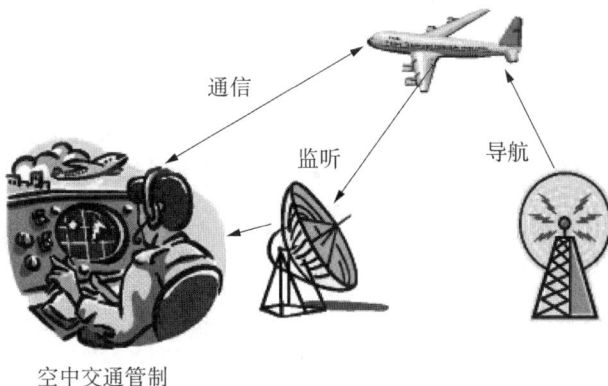

图 14.1 ATC 的一般组成要素

14.2.1 通信系统

目前多数的 ATC 通信,都在为航空预留的甚高频(VHF)波段上、通过语音无线电进行。由于语音无线电通信具有每次只能进行一个方向的语音传输的特性,多个无线电信号同时传输会导致频道"阻塞"。因而,ATC 放行许可须采用"复述"方式进行确认,并且通信通道对于在一个频率上管理的飞机数量进行了限制。全球大部分地区都采用 25kHz 作为甚高频频道间隔,但某些频道资源紧张的地区(如欧洲部分地区)则使用 8.33kHz 作为频道间隔。

甚高频通信非常可靠,不过只能沿着"直线"传输,因而通信距离有限(通常小于100 海里),并需由地面站构成的网格实现大面积区域的通信覆盖。在海洋洋面上,则需使用高频(HF)"短波"无线电,高频无线电可被电离层反射从而实现"横向"通信。高频无线电通信质量较差,多数飞行机组不会持续监听 HF 信号,除非 ATC 通过高频选择呼叫(HF SELCAL)消息(点亮驾驶舱内某个信号灯及声音警报)提醒机组。部分飞机在海洋上空采用卫星语音通信系统(SATCOM),但出于成本考虑,许多 ATC 部门都没有采用 SATCOM 设备。

由于制定国际通用的通信标准较为困难,用于 ATC 目的的空中飞机与地面之间的数据交换能力仍相当有限。目前使用最广泛的系统为 ACARS(飞机通信寻址与报告系统),这是一种低带宽 VHF 系统,最初设计用于航空公司与飞机间的通信手段并仅限传送字母和数字的文本内容。ACARS 同时采用了模拟和数字的甚高频数据传输系统。其数字系统为 VDL 模式 2,性能优于原始的模拟系统。目前在全球大部分地区都能兼容使用两种系统。

由于信号仍是直线传输,在海洋或偏远地区,由于缺少地面基站,基于甚高频的 ACARS 将无法使用。飞行在这类区域的飞机通常会配备基于卫星的 ACARS 系统,也称为"未来航空导航系统套件(FANS 1A)"。飞机在海洋和偏远地区飞行时,FANS 1A 设备可用于"管制员与飞行员间的数据传输通信(CPDLC)"。通用广播卫星,如 XM 或 Sirius,常用于向飞行中的飞机发送气象信息等与具体飞机无关的数据。

作为 ATC 现代化规划的一部分,欧洲、美国及其他部分地区正逐步将 CPDLC 应用于其国内空域。这类 CPDLC 采用了 ACARS 数字 VLD 模式 2 数据连接方式。

14.2.2 导航系统

导航系统是 ATC 的关键组成部分之一,它决定了管制员用以组织交通及发布指令的航路基本结构。在航路中使用的导航系统与进近机场时使用的导航系统不同。航路导航系统必须具备远程覆盖能力,进近导航系统则必须具备更高的精度,以使飞机在较低高度避开地形或人工障碍物。

14.2.2.1 航路导航系统

过去 50 年中,"VHF 全向信标系统(VOR)"是全球范围内使用最广泛的基本航路中导航辅助系统。VOR 系统由多个地基信号发射器组成,飞机位于 VOR 基站的特定半径范围内即可实现导航。部分 VOR 基站和飞机还配备了测距设备(DME),这类设备能测量飞机到 VOR 基站的距离。与 VHF 无线电通信类似,VOR 系统只在"视线所及"范围内可用,因而如需在广阔区域内使用,则需要用 VOR 基站构建覆盖该区域的网格。通常基站位于机场及其周边或保持均匀间隔分布在高地之上,覆盖重要航路,并提供良好的导航服务。VOR 网格能为低海拔和高海拔的航路结构提供框架,并展示在导航图上,如图 14.2 所示,在其中 VOR 基站用向位圈表示。在美国,高空"喷气机"航路网络连接一串大功率 VOR 基站;而低空"维克特"航路结构则连接较为密集的低功率 VOR 基站[①]。

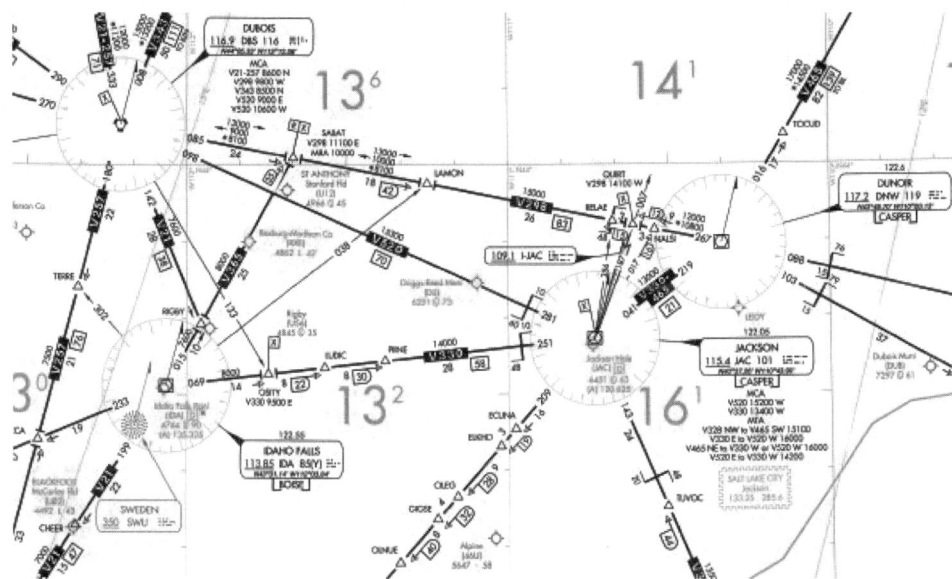

图 14.2　仪表飞行规则(IFR)飞行图示例,用航路连接 VOR 基站(不可用于实际导航)[②]

近年来涌现了许多其他类型的导航系统,这些系统对 VOR 导航体系形成了补充,其中包括基于卫星的导航系统,如全球定位系统(GPS)和惯性导航系统(INS)等。这类导航系统除了能够支持传统的以若干地面基站为中心的发散式径向导航外,还能在全球任意两个地点间进行直接导航。此外,由于这类导航系统不受地面基站覆盖范围的限制,在 VOR 网格覆盖范围以外的海洋区域中非常有效。

GPS 及其他卫星导航系统的发展以及它们快速增长的应用,促使这一领域向着"所需导航性能(RNP)"(也称为精密导航技术)方式发展,在该方式下,可以使用符合"所需 RNP 标准"的任意导航系统,而无需说明导航系统如何支持这一标准。采用 RNP 能够开发更成熟并具有精确定义的三维曲线轨迹的规程。这类规程在飞行的进近和起飞阶段作用较大,因为这类规程能够导航飞机避开地形敏感和噪声敏感

---

① 　根据维基百科,在美国和加拿大,"维克特航路"指 VOR 与"VOR 交差"构成的低空航路,因以字母 V 开头
　　(在 ICAO 术语表中),所以称为维克特航路。——译注

② 　为保持原文的直观与准确,不进行翻译。——译注

区域。RNP 有各种不同的等级,通常取决于飞行应用要求,如 RNP 1 要求水平导航精度优于 1 海里,而 RNP 0.3 则要求精度优于 3/10 海里。

垂直导航通常采用气压测高方式实现。该方法通过测量气压的数值计算出飞机的高度,气压越低则高度越高。为能让飞机高度计显示准确的高度读数,必须参考随天气变化的当地地表气压。"高度计参考值"通常在气象站或机场测量,并经由 ATC 传送给飞机。在远高于地面的"过渡高度"(在美国为 18 000 英尺)上,所有高度计参考值均设为地面标准大气压(1 010 毫巴①或 29.92 英寸汞柱②),这能减少高度计参考值的修改次数并避免同一位置的飞机使用不同的高度计参考值。以该方式确定的高度称为"飞行高度(FL)"。如 FL360 对应标准高度计参考值下标称高度 36 000 英尺。

在低空中飞机间的最小垂直间隔为 1 000 英尺;在 FL290 以上时,由于高空中不同高度间的气压差较小,所以一直使用 2 000 英尺作为飞行高度间隔。随着高度测量系统的改进,在某些地区,包括美国及欧洲大部,已在所有飞行高度上采用 1 000 英尺间隔,即"短距离最小垂直间隔(RVSM)"。

14.2.2.2 进近导航系统

跑道可分为仪表跑道和非仪表跑道。非仪表(或目视)跑道供只能采用目视进近程序的飞机使用。仪表跑道允许飞机在低能见度条件下使用仪表进近程序。仪表跑道又可进一步细分为非精密仪表进近跑道和精密仪表进近跑道。

对于精密进近,仪表着陆系统(ILS)的原理如图 14.3 所示,这是全球广泛采用的一类基础系统。ILS 由"定位信标"——与跑道中心线对齐的垂直导航波束,以及"下滑信标"——与跑道的着陆区成标准下降角度(通常为 3°)的横向导航波束。此外,还需一组部署在距跑道固定距离位置的无线电记号信标以及引导飞行员对准跑道入口的进近灯光设备。图 14.4 所示为典型 ILS 进近程序的例子。按精确程度,可将 ILS 分为几类。基本的 I 类 ILS 要求最低能见度 0.25 英里③,云底高度 200 英尺(除非有地形障碍物需要增大这个最小值)。Ⅱ类和Ⅲ类 ILS 系统允许较小的最小值条件(见表 14.1),但必须提供额外的地面和机载设备(如雷达高度计)以及配备受过专门培训的机组。

对于非精准进近,可采用 VOR 或无向信标(NDB)等精度较低的导航辅助设备,通过直线进近程序为操纵和对准提供方向性指示。非精确进近程序的云底高度与能见度最小值都较大;在进近过程中不做精细的垂直引导,而是采用系列梯次下降的机动飞行方式。与 ILS 进近程序相比,使用"俯冲下降法"非精确进近程序的事故率要高得多(Enders 等,1996)。

---

① 毫巴为压力单位,1 毫巴=10^2 帕。——编注
② 英寸汞柱为英制压强单位,1 英寸汞柱=25.4 毫米汞柱=3.386×10^3 帕。——编注
③ 英里为英制长度单位,1 英里=1.609 34 千米。——编注

VHF LOCALIZER

Provide Horizontal Guidance
108.10 to 111.95 MHz radiates about 100 watts horizontal polarization.
Modulation frequencies 90 to 150 Hz. Modulation depth on course 20%
for each frequency. Code identification (1020 Hz, 5%) and voice
communication (modulated 50%) provided on same channel.

ILS

(FAA INSTRUMENT LANDING SYSTEMS)

STANDARD CHARACTERISTICS AND
TERMINOLOGY
ILS approach charts should be consulted
to obtain variations of individual systems.

1000 ft typical. Localizer transmitter building is
offset 250 ft minimum from center of antenna
array and within 90° +/- 30° from approach end.
Antenna is on centerline and normally is under
50/1 clearance plane.

Runway length
7000 ft (typical)

250 to 600 ft from
centerline of runway

Sited to provide 55 ft
(+/- 5 ft) runway
threshold crossing height.

Point of intersection
runway and glide slope
extended.

3000' to 6000'
from threshold

*200'

UHF GLIDE SLOPE TRANSMITTER
Provides Vertical Guidance
329.3 to 335.0 MHz. Radiated about 5
watts. Horizontal polarization, modulation
on path 40% for 90 Hz and 150 Hz. The
standard glide slope angle is 3.0 degrees. It
may be higher depending on local terrain.

MIDDLE MARKER
Indicates Approximate Decision
Height Point Modulation 1300 Hz
95% Keying: 95 Alternate
Dot and Dash

Combinations/Minute

Amber Light

Flag indicates if
facility not on the
air or receiver
malfunctioning

OUTER MARKER
Provides Final Approach
Fix For Nonprecision
Approach
Keying: Two dashed/second
Modulation 400 Hz, 95%
Blue Light

Localizer modulation
frequency
90 Hz   150 Hz

90 Hz   150 Hz
Glide slope
modulation frequency

Approximately 1.4° width
(full scale limits)

0.7°
(approx)

3° above
horizontal
(optimum)

Outer marker located 4 to 7 miles
from end of runway, where glide
slope intersects the procedure turn
(minimum holding) altitude,
50 ft vertically.

All marker
transmitters approximately
2 watts of 75 MHz
modulated about 95%.

Course width varies;
between 3° - 6°
tailored to provide
700 ft at threshold
(full scale limited)

RATE OF DESCENT CHART
(feet per minute)

Speed (Knots)	Angle		
	2.5°	2.75°	3°
90	400	440	475
110	485	535	585
130	575	630	690
150	665	730	795
160	707	778	849

Compass locators, rated at 25 watts
output 190 to 535 KHz, installed
at many outer and some middle
markers. A 400 Hz or a 1020 Hz tone,
modulating the carrier about 95%, is
keyed with the first two letters of the
ILS identification on the outer locator
and the last two letters on the middle
locator. At some locations,
simultaneous voice transmissions
from the control tower are provided,
with appropriate reduction in
identification percentage.

✱ Figures marked with asterisk are typical.
Actual figures vary with deviations in
distances to markers, glide angles and
localizer widths.

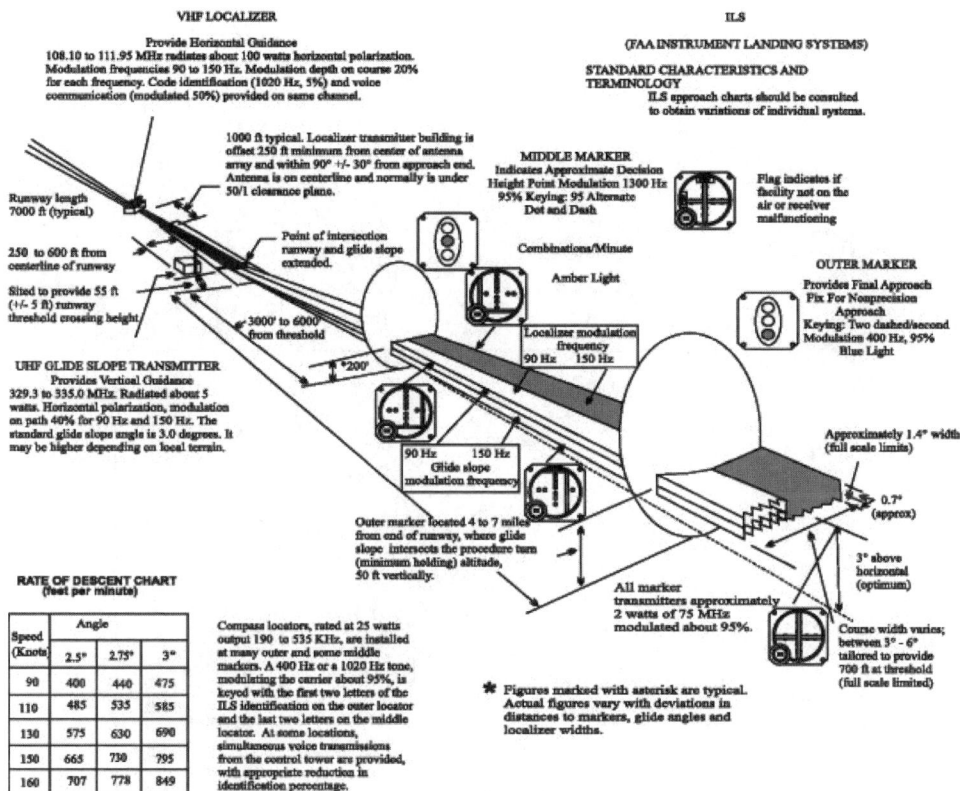

图 14.3 仪表着陆系统（FAA《飞行员情报手册》）[①]

表 14.1 精密仪表进近的分类（ICAO，2009）

	决策高度/米(英尺)	能见度或跑道能见范围(RVR)/米
Ⅰ类	60(200)	能见度：800 或 RVR：550
Ⅱ类	30(100)	RVR：300
Ⅲ-A类	0	RVR：175
Ⅲ-B类	0	RVR：50
Ⅲ-C类	0	RVR：0

　　GPS 也可用于进近导航。一般的民用 GPS 系统可为非精准进近程序提供足够的精度；而且在多数情况下，GPS 足以取代现有非精准进近程序中使用的 VOR 或无向信标。GPS 还能支持进行低 RNP 进近（如 RNP 0.3 或更低），并能为非精准进

---

① 为保持原文的直观与准确，不进行翻译。——译注

近程序提供垂直引导，甚至用于复杂地形。图 14.5 所示为阿拉斯加朱诺机场 RNP 进近程序的示例。在进近程序中，当 RNP 等级为 0.3 时，最低决策高度（DA）是 1 238 英尺，当 RNP 等级为 0.15 时，最低决策高度则可降至 336 英尺。

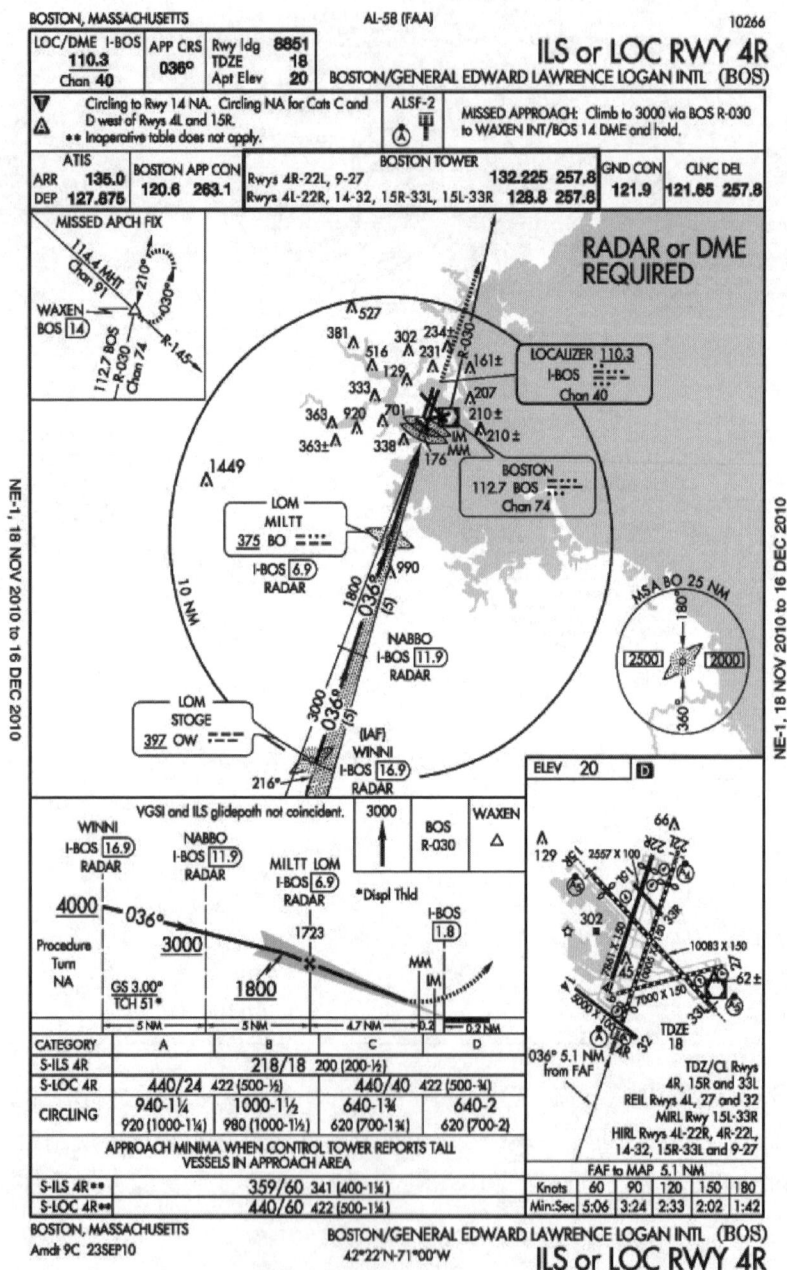

BOSTON, MASSACHUSETTS　　　　AL-58 (FAA)　　　　10266

ILS or LOC RWY 4R
BOSTON/GENERAL EDWARD LAWRENCE LOGAN INTL (BOS)

LOC/DME I-BOS	APP CRS	Rwy Idg	8851
110.3 Chan 40	036°	TDZE	18
		Apt Elev	20

Circling to Rwy 14 NA. Circling NA for Cats C and D west of Rwys 4L and 15R.
** Inoperative table does not apply.

ALSF-2

MISSED APPROACH: Climb to 3000 via BOS R-030 to WAXEN INT/BOS 14 DME and hold.

| ATIS ARR 135.0 DEP 127.875 | BOSTON APP CON 120.6 263.1 | BOSTON TOWER Rwys 4R-22L, 9-27 132.225 257.8 Rwys 4L-22R, 14-32, 15R-33L, 15L-33R 128.8 257.8 | GND CON 121.9 | CLNC DEL 121.65 257.8 |

RADAR or DME REQUIRED

MSA BO 25 NM

CATEGORY | A | B | C | D
S-ILS 4R | | 218/18 200 (200-½) | |
S-LOC 4R | 440/24 422 (500-½) | | 440/40 422 (500-¾) |
CIRCLING | 940-1¼ 920 (1000-1¼) | 1000-1½ 980 (1000-1½) | 640-1¾ 620 (700-1¾) | 640-2 620 (700-2)

APPROACH MINIMA WHEN CONTROL TOWER REPORTS TALL VESSELS IN APPROACH AREA

S-ILS 4R** | | 359/60 341 (400-1¼) | |
S-LOC 4R** | | 440/60 422 (500-1¼) | |

BOSTON, MASSACHUSETTS
Amdt 9C 23SEP10
42°22'N-71°00'W

BOSTON/GENERAL EDWARD LAWRENCE LOGAN INTL (BOS)
ILS or LOC RWY 4R

图 14.4　ILS 精准进近程序图的举例（不可用于实际导航）

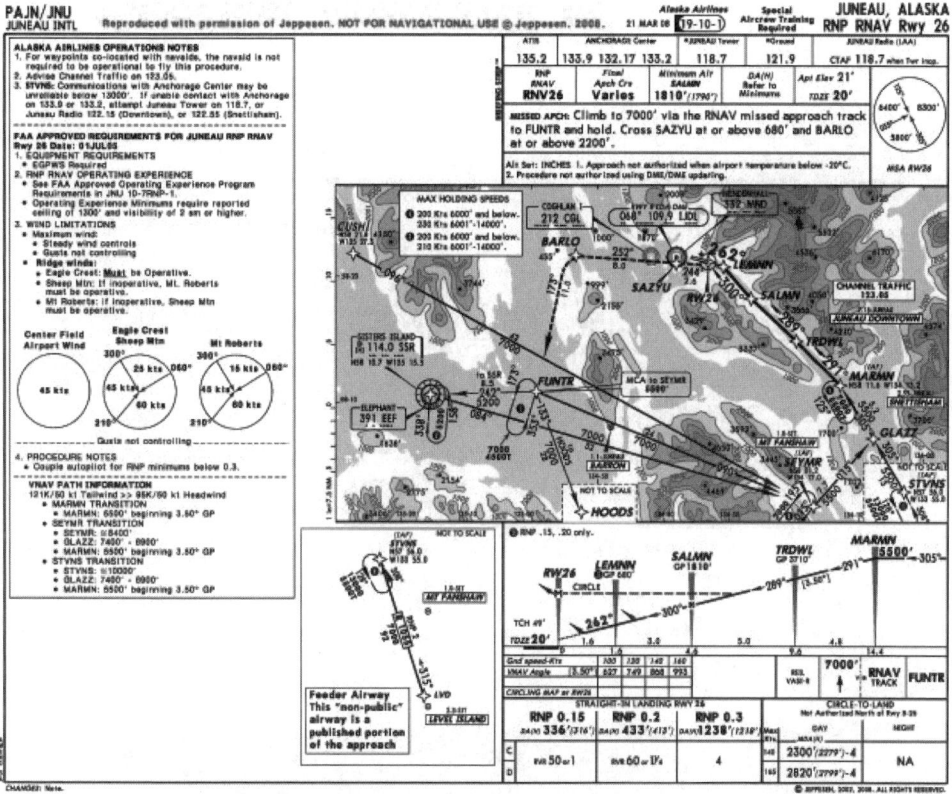

图14.5 RNP进近程序图（不可用于实际导航，感谢阿拉斯加航空公司及Jeppesen公司）

如果将GPS当作精准进近程序的主导航信号源，就必须对基本民用GPS系统进行"强化"，以提高其精确度，做到通过GPS定位测量手段发现问题（完整性检查）。当GPS定时信号从卫星出发并穿过大气电离层时会产生变慢的现象，导致GPS测量精度下降。目前有两种不同的GPS增强方法。其中之一是地基增强系统（GBAS），通过建在已知位置，具备GPS接收装置的基准站，测量GPS误差并向周边地区发送修正的GPS信号。该类系统的准确度足以完成Ⅱ类或Ⅲ类进近程序，而其缺点是每个机场附近都必须设置一个基准站。另一类是星基增强系统（SBAS），借助一些分散各地的基准站，组成一个能修正电离层误差的简单模型，并通过卫星向所有飞机广播修正后的GPS信号。SBAS系统能够覆盖广大区域，但其垂直精度仅大致相当于Ⅰ类精确进近程序的等级。目前全球正在使用或进入最终开发阶段的几个SBAS系统包括美国的广域增强系统（WAAS），欧洲的EGNOS，日本的MSAS和印度的GAGAN。

14.2.3 监控系统

监控系统是管制员用以监视交通情况的主要手段。除了能见度较好时管制员可直接在控制塔台中观测交通情况,其他所有情况下的 ATC 操作都必须依赖监控系统提供的交通情况。

飞机监控的最基本形式是位置报告,机组人员使用无线电通信设备向 ATC 报告其位置、高度及意图信息。从前,管制员在地图上移动代表飞机的实物"模型"(所谓的捕虾船)或者采用在某种表示航空交通状况的图纸上组织飞航进度记录条的方式来记录飞机位置。在现代化系统中,位置报告展现在电子地图或飞行进度显示器上。如果没有其他监控系统可用,那位置报告就是主要的监视方式。在多数海洋空域和边远地区,如阿拉斯加、加拿大北部、中国西部,以及航班密度较低的发展中地区,如非洲和南美洲的部分地区,多采用这种方式。另外,一旦其他监控系统失效,位置报告还可作为"备份"系统使用。

目前美国国内的 ATC 系统所使用的监控系统,多数由雷达构成。ATC 监控雷达有两种类型。主雷达利用从飞机外壳金属表面(即"涂层")反射回来的询问脉冲的往返时间来测量距离。副雷达(ATC 雷达信标系统,即 ATCRBS)则要求在飞机上配备一个转发器,能够接收并转发询问脉冲信号并应答飞机的识别代码和其他飞机数据。每架飞机都分配了一个四位数的转发器识别代码,用于在雷达的显示器上标识出该飞机(见图 14.6)。

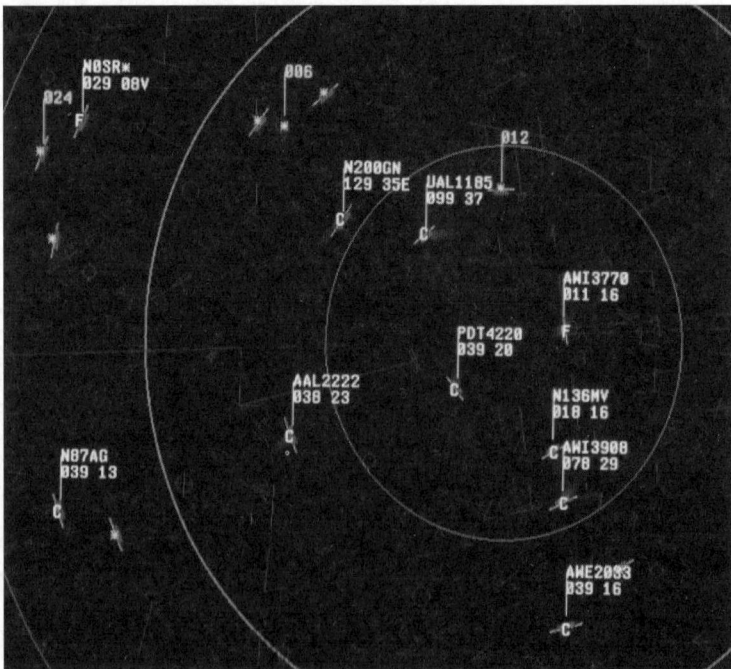

图 14.6 能显示飞机数据块及历史航迹的航站楼雷达显示示例

飞机位置的方向(或称"方位角")由飞机被检查到时天线的指向决定。为了能扫描到所有方向,ATC 监控雷达通常保持匀速旋转,这一速度决定了雷达显示器的刷新速度。在航空港空域使用的短程机场监控雷达(ASR)通常每 4 秒多一点刷新一次。用于航路中控制的远程航路监控雷达(ARSR)通常每 12 秒刷新一次。由于雷达显示的刷新速率较低,大部分 ATC 雷达都会显示最近一次雷达追踪到的飞机轨迹,这样管制员才能估计出飞机的方向,如图 14.6 所示。同时,雷达的处理器还必须利用跟踪软件,综合多次刷新的轨迹点位置,估算出飞机的速度和方向。雷达刷新速度过低还会产生更严重的问题。因为估算需要多个轨迹点的信息,通常需耗时几分钟才能确定飞机是否改变了飞行路线或者飞行方向。

飞行高度不能用 ATC 雷达直接测得,而由 ATCRBS 转发器的响应报告。飞机的气压高度(100 英尺间隔)由机载"高度编码器"(与转发器集成在一起)测量。高度数据与飞机识别代码一起发送,并作为"数据块"的一部分在雷达上显示(见图 14.6)。

还可用雷达监控机场地面交通情况。但由于雷达信号会受到建筑物或其他障碍物阻挡,地面监控雷达(SSR)通常有"盲点"。综合传感器系统,如 ASDE - X,可与雷达结合组成多点定位阵列,通过监测飞机转发器的信号来测量飞机位置。多点定位还可用于监控空中飞行的飞机。

自动相关监控(ADS)是一种新出现的监控方式,飞机能够自动发送位置报告和意图数据。该方式实质上是前文介绍过的手动位置报告的自动化版本。目前有多种 ADS 系统:ADS - A(寻址式)在 ATC 发出请求后,向地面发送位置报告。ADS - C(合同式)使用 FANS 1A 星基数据链路系统,以规定的时间间隔或在特定条件出现时(如通过某报告点时),自动向 ATC 发送位置报告。在一部分海洋或偏远空域(南太平洋、北大西洋),当卫星或其他通信链路可用时,就使用 ADS - A 和 ADS - C 系统报告位置。

ADS - B(广播式)以较高的刷新频率(1 秒)发送飞机位置和状态信息,区域中其他装备了此类设备的飞机以及 ATC 都可接收到该信号。高质量的监控信息、更高的刷新频率以及 ADS - B 基站较低的成本(与雷达基站相比),使其成为传统 ATC 监控极有吸引力的替代选项。澳大利亚、美国、欧洲及其他很多地区已经实施了 ADS - B。装备了 ADS - B 的飞机还能通过驾驶舱内的交通流量信息显示器(CDTI)互相观察。能够预期,ADS - B 将促进和实现更加高效的空中飞机自动分隔的新程序。

14.2.4 飞行与气象情报系统

ATC 系统运行需要若干类信息系统的支撑。飞机的飞行计划由集中式飞行数据处理系统(或"主机")管理,包括接收、处理以及根据预期的飞行路线将飞机的飞行计划分发和同步到各类 ATC 设施。由于飞行信息系统(见 14.7 节)提供了必要的信息,目前已开发出大量基于计算机的决策支持工具,帮助管制员优化受限空域中的空中交通流量。最后,大规模的气象信息系统能够生成并广播一般机场及指定机场的天气预报与天气观测结果、高空风预报、灾害性天气警报以及飞行员天气报告(PIREPS)。

14.3 空域与 ATC 结构

民用空域划分为"管制空域"与"非管制空域"。在管制空域中,交通流量受ATC 的监督与管理,因而飞机能在低能见度的仪表飞行气象条件(IMC)下飞行。ATC 不直接管理非管制空域中的飞机,这类空域常见于低海拔及交通密度较低的偏远地区。在多数国家中,部分空域为军事预留区,这些空域禁止民用飞机进入,或者民用飞机要进入这类空域需提前与军事当局进行沟通协调。

图 14.7 所示为美国 ATC 的通用管制结构,全球多数地区都采用类似结构,但也有各自特点。在交通密度较低的地区或国家,部分 ATC 要素会整合到一起。以下简要介绍不同类型的管制区域。

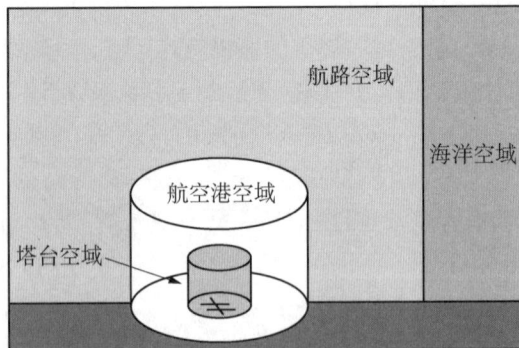

图 14.7 典型的空域结构

在机场及机场附近,机场地面上的飞机或其他地面交通工具从停放位置推至跑道(或从跑道推回停放位置)的操作,由专门的地面管制部门管理。本地(塔台)管制负责管理飞机起飞降落。塔台管制还管理活跃跑道及本地机动空域——通常是以机场为中心、半径 5 英里以及机场上空 2 500~3 500 英尺以下空域。在部分大型繁忙机场,如亚特兰大机场,又会将空域分成几个扇区分别管制,每位管制员可管理一条或多条跑道(见第 13 章)。应注意,许多小机场并未使用管制塔台,而是借助程序性的"交通规则"管理交通流量。不过,全球大多数提供定期航班服务的机场都被要求配备管制塔台(并具备坠机后救援能力)。

　　主要机场的航站楼区域(或"航站楼空域")进近或起飞管制,管理着处于下降或初始进近阶段的飞机,以及处于起飞或垂直爬升阶段的飞机。在美国,由航站楼雷达进近管制(TRACON)设施管理的航站楼空域范围通常是以机场为中心、半径50英里以及高度18 000英尺以下区域。全球大型机场普遍采用的航站楼空域范围基本和这个相同。TRACON设施通常使用短距离、高刷新频率(4秒)的ASR雷达。根据机场配置不同(所采用的活跃跑道组合——见14.6节及第13章),TRACON将空域划分为多个扇区并管理其中的降落和起飞流量。在一些高密度大都会地区(如纽约、华盛顿、旧金山、洛杉矶)可能有多个高度活跃的机场,则通常采用组合TRACON协调降落和起飞的交通流量。图14.8所示为纽约TRACON交通流量的例子,图中展示了进出纽约大都会地区的4家主要机场的飞行轨迹。

图14.8　纽约附近出发和到达的航班航迹(肯尼迪机场、拉瓜迪亚机场、纽瓦克机场和泰特波罗机场)

　　航路中(中心)管制负责航站楼空域之间和以外的交通流量。美国陆地上空划分成了20个航路交通管制中心(ARTCC),他们管理着各区域内的航路中交通流量,其分布如图14.9所示。ARTCC设施通常采用覆盖范围广但刷新速度慢(12秒)的ARSR雷达。中心区的空域根据交通流量划分成多个三维扇区。低空"航路中"空域划分的地理布局如图14.10所示。

　　在大密度交通流量地区,如欧洲和美国,为了在更大范围内跨各类ATC设施协调交通流量,又额外设置了一个交通管制层。这一层称为空中交通流量管理系统,在14.7节中还将对此系统做进一步说明。

　　国家间以及"海洋"区域间的国际空域中的飞行管制由国际民用航空组织(ICAO)进行协调——ICAO通过一种称为飞行情报区(FIR)的结构体系分配管制职责。图14.11所示为管理北大西洋空域空中交通流量的FIR分布情况。

图 14.9　美国大陆空中航路交通管制中心的分布及其管辖范围

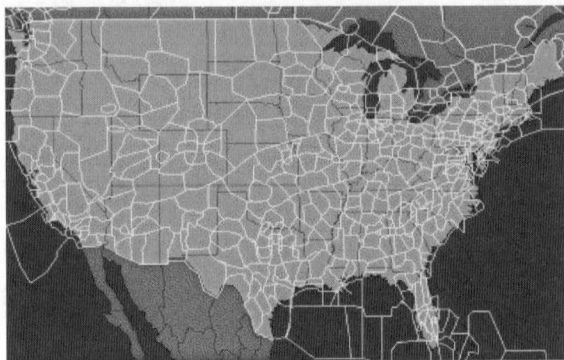

图 14.10　美国国内的低空空域划分

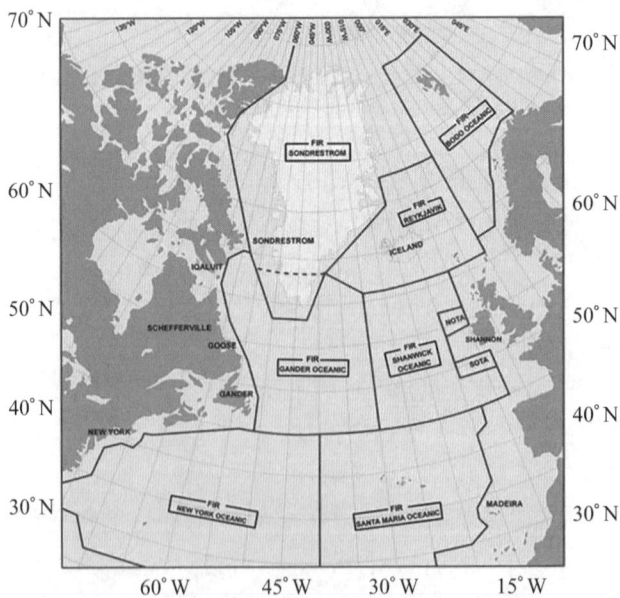

图 14.11　北大西洋 FIR 边界(Gaudet，2008)

　　另外，还需要考虑飞机跨越国界时的处理流程。飞机在进入主权国家空域之前，需由防空识别区（ADIZ）认明其身份。各个国家的身份识别程序各不相同，有些程序要求可能导致 ATC 运行变得更加复杂。

14.4　ATC 的运作

　　目前实际使用的 ATC 是以人工处理为核心的"合同流程"，在其中管制员与飞行机组（或签派员）就使用机场或空域资源事宜进行协商。这里的合同是指 ATC 的"放行许可"，由飞行机组执行并受管制员监控。如果需要对放行许可变更，则要重新协商后再发布经过修订的放行许可。

　　图 14.12 所示为基本的 ATC 控制回路。ATC 管制员通过监控系统观察交通流量情况。管制员使用修订过的放行许可或以"航向"控制方式向飞机发出指令。"航向"控制是管制员用方向、速度及高度组成的航向参数向飞行员发布操作指令的过程。通常，当需要对飞机的机动过程实施严格控制时，管制员才会使用航向控制方式。通常在航站空域内飞机处于最终进近阶段而需要机动操作时，或者在航路管制区内飞机因流控或天气原因进行机动操作时，都可采用航向控制方式。

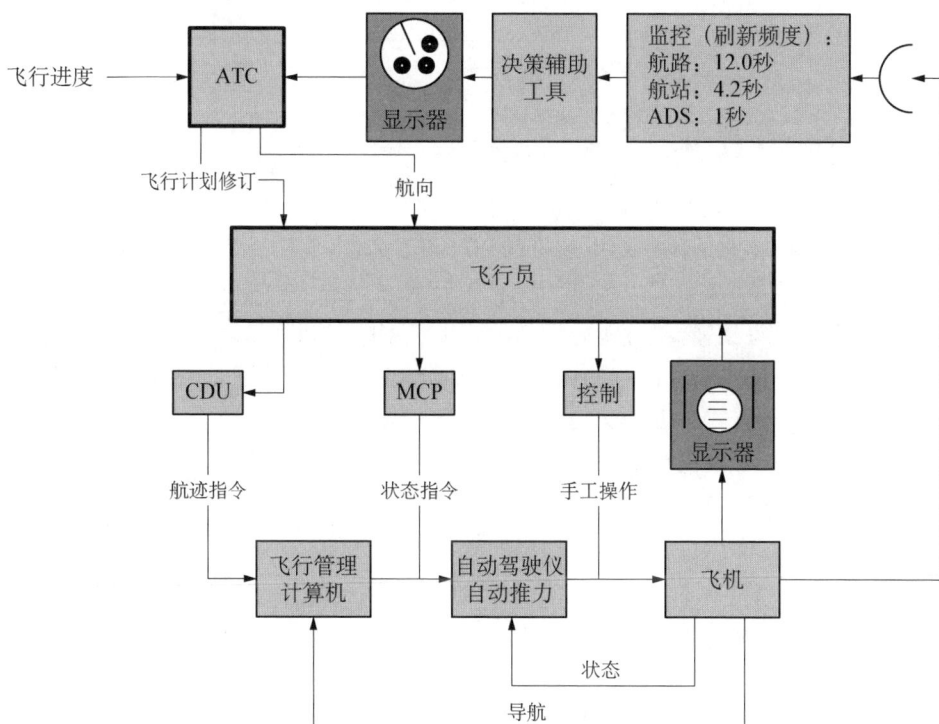

图 14.12　基本的 ATC 控制回路

ATC 的精准程度取决于监控系统的性能以及图 14.12 所示的 ATC 控制回路中的约束条件。产生这些约束的根源在于,所使用的雷达系统刷新速度较低、雷达中飞机的相对位置不确定以及语音通道的通信延迟和飞行员对指令做出各异的响应。很可能需要数次雷达刷新才能判断飞行员是否对指令做出了正确的响应。这就导致管制员不敢把相邻飞机间的间距调整到规定的最小值以下。实际中的最小间距称为 ATC 的"专用最小间距标准",因此限制了 ATC 系统的处理能力。目前多数航站空域之中,同高度飞行的飞机采用的"最小雷达间距标准"为 3 海里。在航路空域中,因航路雷达(ARSR)的精度较低并且刷新速度更慢,最小间距增加到 5 海里。如前文所述,全球大部分地区的垂直间隔标准为 1 000 英尺且在 FL290 以上为 2 000 英尺。但在美国、欧洲和北大西洋地区,所有能飞到 FL290 及以上的飞机都须配备高精度的高度测量系统,因而在所有高度上垂直间隔标准都定为 1 000 英尺。

在某些海洋空域中只能通过位置报告进行监控,并且通信连接也不够可靠,为避免因通信延迟造成的潜在风险,必须采用较大的最小间距。目前采用的经线方向间距为 60 英里,不过可在通信条件良好并具备导航能力的前提下缩小这一间距。

最后,航站区域飞机间隔标准的另一个影响因素是飞机飞行时产生的有害尾部涡流。由于飞机尾部涡流的力量通常随产生它的飞机重量的增加而增大,因此在确定到达和起飞的飞机间距标准时,应考虑前、后两架飞机的相对重量。14.6 节将对这些要求做更加详细的探讨。

14.5 标准操作程序

大多数 ATC 系统都定义了标准操作程序(SOP)。SOP 规定正常的操作程序、标准的航路选择和通信流程。以航班的标准高度为例,SOP 指定向西飞行飞机的巡航高度为偶数千英尺(如 12 000 英尺),向东飞行的飞机巡航高度为奇数千英尺;这能够避免飞机迎头相撞,并且能为管制员留出更多的时间来处理同一高度上发生的交通冲突情况。另一个标准程序的例子是"等待航迹",该航迹是围绕某个基准点、像跑道一样的环形;如果由于交通流量、天气或其他原因而无法让飞机进入另一个空域分区时,可安排飞机在空中等待航迹上盘旋等待。SOP 中的部分标准航路已经公布,如标准仪表起飞(SID)(见图 14.13)以及标准航站到达航路(STAR)。

一项重要的 SOP 与服务优先级和服务公平性有关。美国的系统——以及几乎所有其他先进 ATC 系统——运行基本都采用先进入先服务(FCFS)的原则,每个 ATC 设施都按照飞机到达的先后次序处理飞机或者服务请求。为提高处理效率在日常运行中还设定了一些例外。例外情况中也包括高优先级状况,例如宣布处于紧急状态的飞机、医疗运送(救护)航班以及高优先级的军用飞机,如美国的空军 1 号。

随着 ATC 系统日益成熟,出现了专门的程序来处理本地条件。以图 14.9 所示

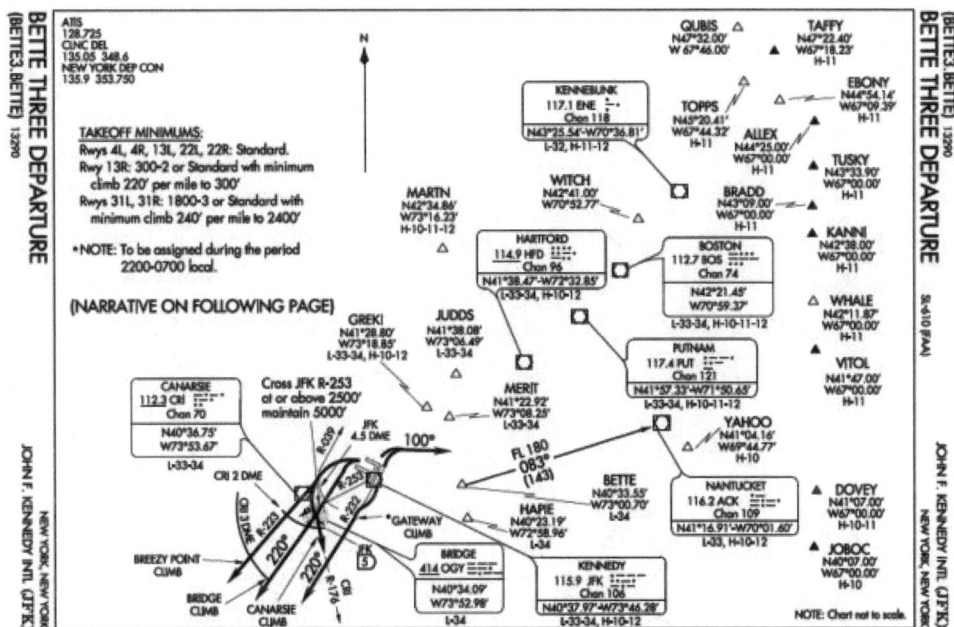

图 14.13　JFK 机场标准仪表起飞的示例(不可用于实际导航)

繁忙的纽约地区航站空域中,进入和离开几个核心机场的航路为例。为了最大限度地减少几个机场间的协调需求,采用了事先在 SOP 程序上把进入和离开每个机场的航迹分开的办法。这样做,一方面能使纽约机场实现很高的运行效率,另一方面导致在批准非标准航路时决策非常困难。管制权在两个 ATC 设施间的转移需要定义专门的转移程序。相关流程的描述放在"协议书(LOA)"中,通常协议书定义相邻 ATC 设施间进行管制权切换的地点、切换的流程以及最大切换率的上限。

　　还有一类重要的程序,专门用于紧急或设备故障的情况。例如,假设某飞机失去了通信能力,那么对这架飞机来说,标准程序就是按最后的放行许可及航路继续飞行。如果该飞机在等待航迹上,通常在它已获得的指令中会包含"预期之后放行时间(EFCT)",可在这个时刻离开等待航迹。这时 ATC 会要求其他飞机为其让路。

14.6　容量限制

　　在全球很多地区,ATC 和机场的容量限制正在成为机场发展的主要制约因素。全球最繁忙机场容量的主要"瓶颈"是跑道系统及其周围的航站空域。滑行道、停机坪及登机口的设计通常都要匹配和支撑跑道系统容量。在一些情况下,航路容量不足的情况也很严重,特别在欧洲部分区域以及航班班次越来越多的美国(见14.7节)。本节回顾机场和航站空域容量受限问题,并介绍该问题造成的航空延误影响。

单条跑道的容量在很大程度上取决于连续两次飞机操作之间的最小间隔要求。为了给着陆和起飞操作设置合适的间隔,ATC 根据"最大起飞重量(MTOW)",将飞机划分为几类,通常是4或5类。ICAO 定义的分类方法(全球大部分国家使用)以及 FAA 定义的分类方法(仅由美国使用)对比如表14.2所示。表中列出了所有可能的配对分类(如"重"飞机操作之后紧跟着"轻"飞机操作)以及所有可能的操作顺序(如"降落之后再降落""起飞之后再起飞""起飞之后再降落"以及"降落之后再起飞")的最小间隔要求。表14.3所示为采用仪表飞行规则(IFR)时,分别由 ICAO 与 FAA 定义的适用于"降落之后再起飞"场景的间隔要求。需注意,两套间隔要求大部分都相同,只有很细微的差异。如在美国,由于波音757飞机的 MTOW (255 000磅)不大也不小,并且该机型可能产生较为严重的尾部涡流,因而划分到单独一类。还要注意,如果较轻的飞机跟在较重的飞机后面,就要求增大飞机间隔(到4,5或6海里),本章前面部分也提到过这种"尾部涡流间隔"效应。此外,考虑到空客 A380 尺寸庞大,被划分成一个特殊类型——超重(SH)机型。在为该类型飞机的尾部涡流特性积累更多数据之前,只能为其设置非常保守的间隔标准(见表14.3)。由 FAA 与 EUROCOUNTROL 共同发起的 REACT 联合计划仍在进行之中,该计划的目的是修正并标准化表14.2中的分类,并修正表14.3中部分机型尾部涡流的间隔要求。自2012年起,REACT 计划的部分成果已在美国的孟菲斯机场实际应用。

表14.2　为制订降落与起飞操作时的最小 ATC 间隔,根据飞机的最大起飞重量将飞机分成若干类型

ICAO 分类	
超重型(SH)	空客380
重型(H)	MTOW>136 吨(约300 000磅)
中型(M)	MTOW 在7~136 吨(约15 400~300 000磅)
轻型(L)	MTOW<7 吨(约15 400磅)

FAA 分类	
超重型(SH)	空客380
重型(H)	MTOW>225 000磅(约116 吨)
波音757	最大的窄体喷气机(MTOW=255 000磅),因产生强大的尾部涡流而自成一类
大型(L)	MTOW 在41 000~225 000磅(19~116 吨)
小型(S)	MTOW<41 000磅(约19 吨)

ICAO 和 FAA 的分类与类型名称在某些地方略有不同。

表 14.3　在仪表飞行规则（IFR）下，同一条跑道降落操作的最小间隔要求

ICAO 间隔要求

A. 在整个最终进近阶段之中，相邻飞机操作的间隔按照以下表格计算（单位：海里）

		后面的飞机			
		SH	H	M	L
前面的飞机	SH	4	6	7	8
	H	4	4	5	6
	M	3	3	3	5
	L	3	3	3	3

B. 只有当前面一架飞机离开跑道之后，后面的那一架飞机才能在跑道上触地。

FAA 间隔要求

A. 在整个最终进近阶段之中，连续飞机操作的间隔按照以下表格计算（单位：海里）

		后面一架飞机			
		SH	H	L＋B757	S
前面一架飞机	SH	4	6	7	8
	H	4	4	5	$5/6^a$
	B757	4	4	4	5
	L	2.5^b或 3	2.5^b或 3	2.5^b或 3	4^a
	S	2.5^b或 3	2.5^b或 3	2.5^b或 3	2.5^b或 3

B. 只有当前面一架飞机离开跑道之后，后面的那一架飞机才能在跑道上触地。

[a] 该间隔用于前面一架飞机位于跑道出入口时，应当保持的间距。
[b] 当机场符合某些要求时，可使用 2.5 海里的间距；大多数美国最繁忙的机场都能符合这样的要求。

　　除了进近时的最小间隔要求之外，还有许多其他因素也可对单条跑道的容量产生显著影响。以下列出部分重要的影响因素：

　　（1）飞机在该跑道上的性能特点（如最终进近速度），这些性能参数可影响飞机连续降落的时间间隔以及跑道的占用时间。

　　（2）跑道的几何特征，例如跑道具有间隔合理的高速出口供飞机使用，则可大大缩短降落时的跑道占用时间。

　　（3）使用跑道的飞机类型组合：同类型飞机组合（如几乎全部都是"大型"飞机，

参见表 14.2 中 FAA 定义的分类）使用跑道的效率高于多种类型的飞机组合使用跑道的效率。

（4）在某个时间段内，使用跑道的操作类型（仅有降落或仅有起飞以及综合操作类型）。

在第 13 章中曾经提到，单条跑道的容量，在不同的国家、不同的机场中也可能有较大差异，不过存在一致的上限，即每小时处理 60 架飞机起降；而对于综合操作条件下的跑道，每小时通常处理 40～50 次飞机操作。de Neufville 和 Odoni（2013）给出在考虑了上述各种因素的情况下，计算单条跑道容量的多种方法的综述。

绝大多数最繁忙的机场中都会同时使用两条或多条跑道。对于这类多跑道机场，在计算跑道容量时还需考虑另外两个因素：

（1）各种构型的几何布局。如同时在使用中的两条跑道是否交叉或者是否互相平行。

（2）不同跑道上飞机操作之间的依赖程度。也就是说，某条跑道上的操作对另外一条或多条跑道上活动产生限制的程度。举例来说，在两条交叉的跑道上，跑道的交叉点相对于起飞的开始点或者降落的触地点的位置，对于这两条跑道上飞机操作及容量的影响非常大。同样的，如果是两条平行跑道，跑道中心线间的距离决定了这两条跑道互相影响的程度，如第 13 章所述。理想情况下，在两条不同的活动跑道上，同时的飞机操作应当完全相互独立。

具有多条跑道的机场可能设定了多种跑道配置方案，也就是说在不同时间，机场可使用的活动跑道组合。图 14.14 所示为波士顿洛根国际机场（BOS）常用的跑道配置布局。在该配置下，BOS 的 5 条主要跑道中的 3 条跑道可同时使用，其中一条只用于航班降落，另一条只用于航班起飞，剩下的第 3 条则用于综合运行。通常根据天气情况或噪声控制要求选择使用何种跑道配置。在仅有地面风的情况下，可随意进行降落与起飞操作。如果是微风或"平静"条件，则配置选择的主要依据是最大化容量并使影响周边社区的噪声最小，或出现天气条件变化时能够快速切换到其他有利的跑道配置。例如 BOS 机场，在 23：00 至次日 06：00 期间，因交通流量较少而使噪声控制变得重要，通常仅用一条跑道运行；而在一天的其他时间中，根据天气条件及交通流量，选择使用

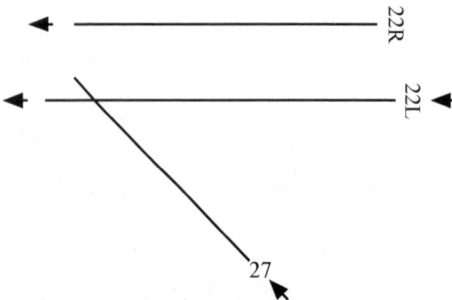

图 14.14 波士顿洛根国际机场（BOS）常用的跑道配置之一。在该配置中，跑道 22L 用于降落和起飞，跑道 22R 仅用于起飞，跑道 27 仅用于降落。需注意，跑道 22R 和 22L 是近距离平行跑道，跑道 27 与 22L 是交叉跑道。因此，这三条跑道上的飞机操作必须由 ATC 仔细计划和协调

一条、两条或三条跑道(见图 14.14)。

整个机场的性能可采用起飞降落可达率的帕累托边界①表示,如图 14.15 所示的例子。这类帕累托边界通常称为"跑道配置容量边界(RCCE)",并且对于任意给定的跑道配置,能够方便给出该配置的容量。图 14.15 所示为给定某机场中假想的跑道配置 M 的两条典型 RCCE。图中水平轴和垂直轴分别表示在单位时间(通常为每小时或每 15 分钟)内能处理的起飞和到达操作的次数。图 14.15 中,连接 A 点和 B 点的连接线表示在"目视气象条件(VMC)"下跑道配置 M 的 RCCE,而连接 C 点和 D 点的连接线表示"仪表气象条件(IMC)"下跑道配置 M 的 RCCE。在 RCCE 之内的任何点都代表可行的起飞与到达组合,反之在 RCCE 以外的点都是不可行的。例如,图 14.15 中的 X 点在 VMC 下是可行的,但在 IMC 下是不可行的。后一种情况下,跑道配置 M 的容量不足以支撑单位时间内 X 点所要求的起飞与到达次数,因而造成飞机排队。

需注意:如图 14.15 所示,IMC 运行时的机场容量通常低于 VMC 运行时的机场容量:对任意给定的跑道配置,IMC 的 RCCE 都小于 VMC 的 RCCE。此外,机场容量会随着所采用的机场配置不同而有所不同。还有如前文所述,多跑道机场中可能的跑道配置数量可能巨大。BOS 有 5 条跑道,通常在一年中会用到二十几种不同的配置,每种配置都可能包含 1、2 或 3 条同时运行的跑道。由于大多数跑道配置都会有两条 RCCE——VMC 时一条,IMC 时一条——因而,BOS 全年要考虑的 RCCE 数量会多达 40 余条。

因采用不同配置而造成的机场容量变化,使机场和航空公司的规划制订者处于两难的困境。在计划起飞和到达次数时,到底应针对良好天气条件,还是针对较差能见度及逆风的"最坏情况"? 在起飞和到达的"可用时刻"数量受限②的机场中,通常采用保守

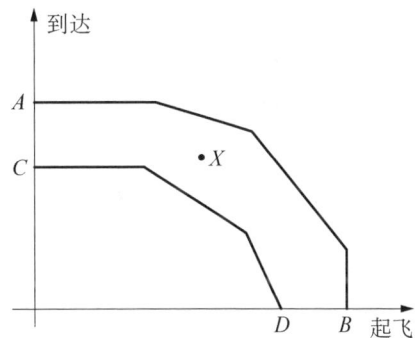

图 14.15 对于假想的跑道配置 M,两条跑道的配置容量边界(RCCE)描述了在该配置下,VMC(边界 *AB*)和 IMC(边界 *CD*)时,分别的起飞与到达操作容量

---

① "帕累托最优"是博弈论中的重要概念,并且在经济学、工程学等社会科学中有着广泛的应用。帕累托最优也称为"帕累托效率",是指资源分配的一种理想状态,假定固有的一群人和可分配资源,从一种分配状态到另一种状态的变化中,在不使任何人境况变坏的前提下,使得至少一个人变得更好。当给定一组选择以及评估选择的方法,"帕累托边界"或帕累托集是指处于帕累托最优的那一组选择。——译注

② 如第 2 章所述,在美国之外,大多数最繁忙的商用机场都属于这一类型,也就是要严格限制每小时或其他单位时间内计划的飞机运行次数。美国国内的一些机场(纽约三家机场以及华盛顿里根国际机场)的时刻虽没那么紧张,但也实施了时刻限制。

的 IMC 容量作为运营规划依据。这样做的理由是在所有天气条件下都能确保有足够的机场容量可用。对于没有时刻限制的机场,航空公司可基于高于 IMC 的容量、甚至用 VMC 容量自主制订运营计划。当偶尔出现实际容量低于需求水平的情况时,航空公司就要面对长时间延误的状况。

图 14.16 所示的简单例子说明了容量变化产生的各种影响。在该例中,某假想"枢纽"机场的标称 VMC 容量为每小时 50 次操作,航空公司选择在一天 4 个起飞"时间窗口"(或"航班波")内进行计划"超负荷"运行(见图 14.16(a)),以最大化该机场的航班衔接数。即使偶尔出现需求超过容量的情况,当机场处于 VMC 容量运行时,航班波之间的低谷期也可吸收少量延误并使航班基本准点运行(见图 14.16(b))。然而,一旦遭遇恶劣天气条件,该机场的容量会骤降至 30 个航班/小时,可能出现第一个航班波之后所有航班都延误的情况,并且延误会蔓延到一整天之中,如图 14.16(c)和(d)所示。

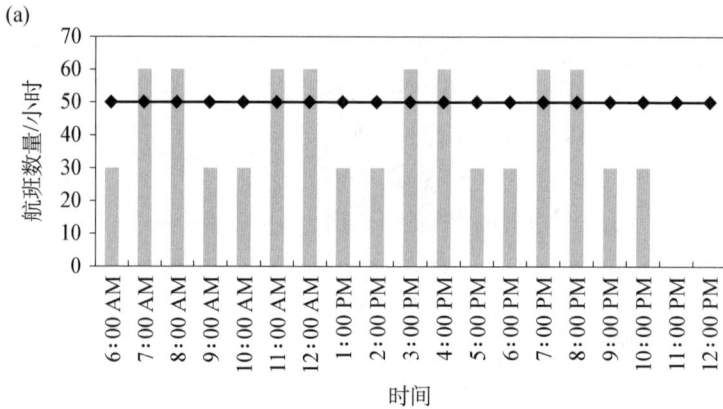

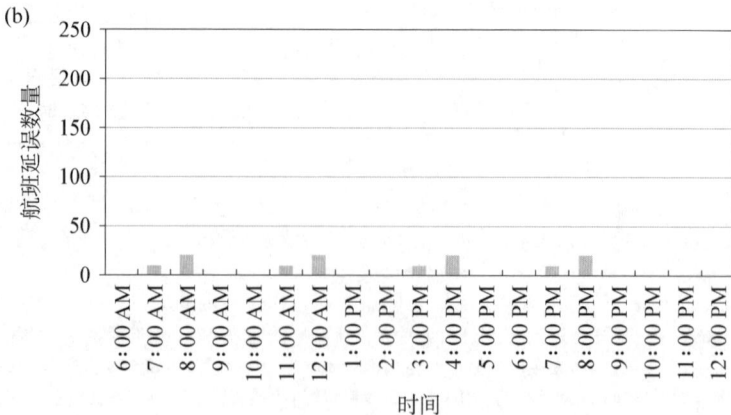

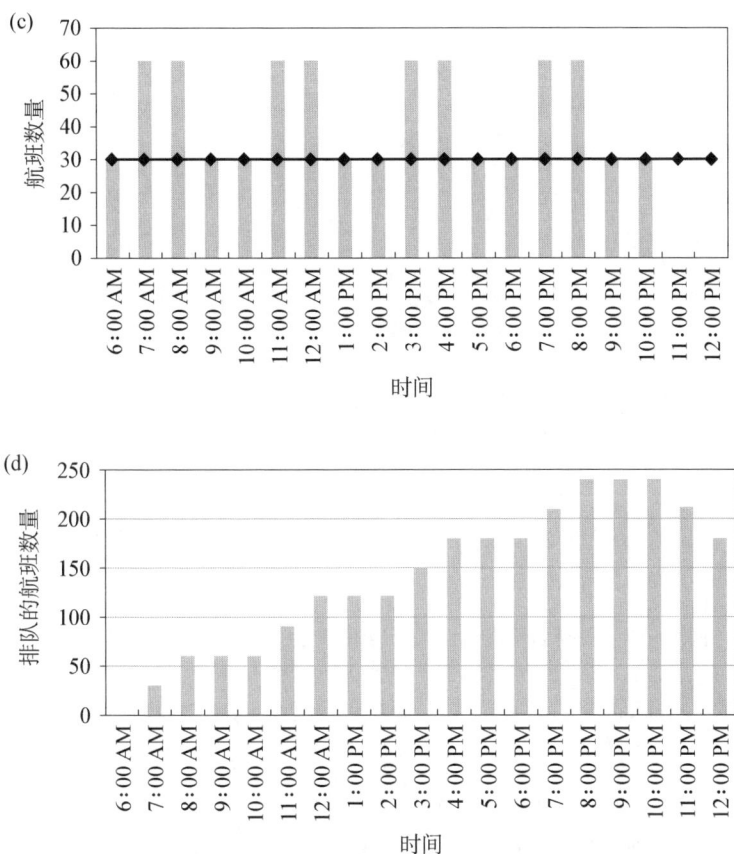

图 14.16　机场容量变化产生的影响

14.7　拥堵与空中交通流量管理

随着航空交通运输量的增长,在航空运输网络上的关键结点与高峰时刻,很可能出现需求超过容量的情况。部分机场超负荷运行造成的延误会蔓延到整个航空运输网络,而且因容量瓶颈造成的拥堵会被网络放大。此外,平均延误时间的增速与交通运输量的增速之间并非线性关系,在图 14.17 所示的美国航班延误数据[①]中,这种非线性关系相当明显。自 1998 年起,受强对流天气及航季需求增加之影响又出现了一种夏季延误高峰模式。2001 年 9・11 袭击事件后,因需求下降延误略有缓

[①]　这组数据记录的是:包含航班延误超过 15 分钟的定期航班的空域分区中,所有定期航班每月的延误分钟数的合计值(仅在单个空域分区内)。因而,图 14.16 中的延误分钟数仅是美国定期航班运营中所有航班延误时间中的一小部分。

和,随后几年因交通量增加延误再次严重,并在 2007 年后因需求减少延误再次缓和。这说明,当运输体系满负荷运行时需求的微小增加就会造成严重的延误。随着需求增长,全球其他地区的航空交通延误模式逐步呈现出与美国类似的特征。

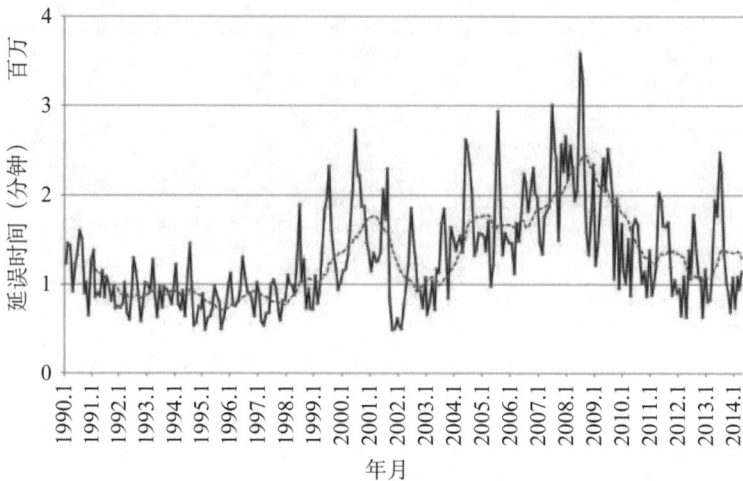

图 14.17　美国的航班延误情况(数据来源:FAA 运行网-OPSNET)

ATC 的主要职责之一是:当发生拥堵时管理空中交通流量。由于飞机无法停在空中,调整方式只能暂时进入等待航迹,在空中为其重新安排航路或者在飞机尚未起飞时在地面等候。通过管理手段 ATC 必须保证没有下游空域扇区或机场超过其"运行时可接受流量水平(OALT)"。OALT 由空域容量决定,空域容量又可用某指定空域扇区内允许的飞机数上限或机场容量来定义。

空域容量通常由 ATC 系统的空域扇区容量决定。某一扇区的最大容量通常由管制员的工作量以及空中交通的复杂程度所决定。在有雷达支持的 ATC 环境中,每个航路中空域扇区内同时运行的飞机数量最多为 10~20 架。本扇区内交通流量还会受到下游空域扇区容量的影响。当飞机跨越国界时,或当几个扇区的飞机同时往某个高流量目的地机场附近空域汇合时,这种情况会更加明显。

在机场层面,OALT 通常用"机场接收率(AAR)"来定义。任一机场的 AAR 都可提供未来几小时内,该机场中每小时(或其他单位时间)降落容量的预测值。例如,BOS 机场未来 4 小时的 AAR 可用数列[40,33,33,40]给出,表示 BOS 机场在此期间的第 1 个小时内可处理 40 架次航班降落,在第 2 和第 3 个小时内可处理 33 架次降落,在第 4 个小时处理 40 架次。前一节已说明,很多因素都会影响跑道系统的降落容量,而且天气条件多变或不利时容量的不确定性更大。此时,即便只提前 2 或3 个小时进行机场容量预测也会非常困难。

在交通流量较大的地区,容量与延误管理已成为 ATC 的最重要任务之一,并被专门称为"空中交通流量管理(ATFM)"。图 14.18 所示为美国用于 ATFM 目的使用的战略协调框架(Haraldsdottir, 1997)。如图,ATFM 按照层次结构实施,根据当前情况,可从本地、地区或全国等不同层面处理超负荷问题。图中右侧部分是前文讨论过的 ATC 战术控制回路(见图 14.12)。R(雷达)侧管制员采用战术时间标度(分钟)管理其雷达上的飞机。更靠"战略"层面的 D(数据)侧管制员为 R 侧管制员提供支持,D 侧管制员负责协调飞机转入其他扇区,并用 5～20 分钟的时间标度进行扇区流量计划。航路中协调在地区的 ATC 中心层面、由交通管理组(TMU)完成,TMU 负责协调同一中心内跨空域扇区间及相邻中心间的交通管理。TMU 还负责以 30 分钟到几小时的时间标度下帮助制订流量计划。如果预期会发生严重超负荷情况或某扇区内流量将超过 OALT,TMU 可对进入该中心或该中心一部分的交通实施流控。流控通常采用在定义好的航点上进行"里程间隔排队(MIT)"或"时间间隔排队(TIT)"的形式。采用 MIT 和 TIT 流控也就是要求相邻两架飞机(如 30 海里或者 5 分钟)飞过航点时必须使用更长的间隔距离。

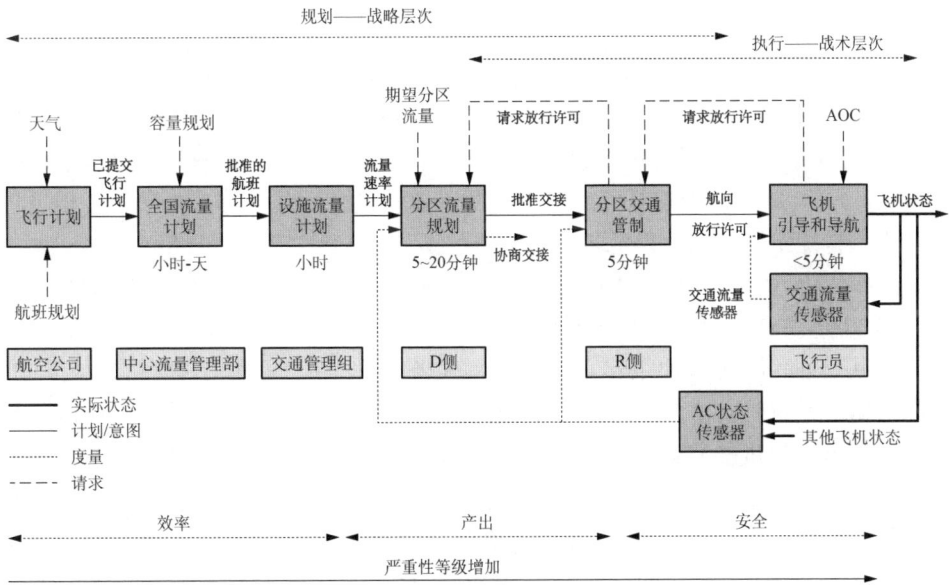

图 14.18　ATC 战略协调框架(摘自 Haroldsdottir)

　　如果在本地或地区中心层面无法管理超负荷流量,则需要从国家或类似层面进行流量管理或干预。在美国和欧洲,这类大范围流量规划由"中心流量管理部(CFMU)"完成,CFMU 以几小时到一天的时间标度评估系统的实际容量[①],并采用

① 在欧洲地区,ATFM 计划中每一天的开始实际上与前一天的结束相衔接。

战略性限制手段最大限度缓解系统级别的超负荷。美国的 CFMU 属于"空中交通管制系统指挥中心(ATCSCC)",该中心位于华盛顿特区附近。负责协调欧洲(共 44个"欧洲民航理事会(ECAC)"成员国)跨国空中交通的 CFMU 则由位于比利时布鲁塞尔的 EUROCONTROL 运营。美国的 CFMU 基本被动地履行职责:仅在天气条件需要或出现类似情况时才会介入。相反在欧洲,所有的飞行计划必须由 CFMU批准后才能发给飞机,也就是说飞机在收到"起飞时刻"指令后才能离开其停机位。

CFMU 采用如下方式预测交通流量:根据航空公司上报的航班计划及机场的飞行计划,对比预期的交通流量需求和系统中关键元素(主要机场或拥挤的航路中空域)的期望容量。容量大小往往取决于天气状况,因而 ATC 系统的天气预报能力在决定 CFMU 的干预效果方面扮演着非常重要的角色。对于强对流天气的预报尤其重要,这种天气会导致航路关闭或航路中的关键点阻断,还会在机场周边造成云底高度过低、能见度下降、雷暴或者冰雪天气,使机场 AAR 降低。其他因素也会影响容量,例如导航设备故障或者因为要除雪以及进行维护操作关闭跑道等。确定可能出现超负荷的区域后,就可以制订交通流量管理策略。策略使用三种主要干预措施:①地面等待,即故意将飞机的起飞时间推迟某个明确的时间;②重新规划航路,即更改或重新构造飞行路径,以改变交通流量分布;③计量,即通过调整飞机之间的间隔,控制飞机通过某些特定空间边界的速度。当预计某机场将出现严重超负荷情况时,通常会让飞往该机场的飞机在地面等待。当强对流天气阻断某航路或某个空域扇区导致超负荷情况时,通常采取重新规划航路措施。计量方法常用于管理飞机流量进入特定空域扇区的速度。

近些年来,美国的 ATCSCC 通过一类名为"协同决策(CDM)"的流程,加强对航空公司、机场及 ATC 设施间协调过程的干预。协同决策的目标是在干系人间实现信息共享,从而为 TFM 决策建立"共同的认知基础"。在协调决策出现之前,CFMU只能根据一些过时的信息施行干预措施。例如,当一场大暴雪导致某枢纽机场(如芝加哥的奥黑尔机场)容量减少时,航空公司很可能会主动取消许多航班。然而,CFMU 无法获知这个信息,因而无法准确地评估超负荷程度。如果缺少航班取消的相关信息,CFMU 往往会高估超负荷情况,并采取一些不必要的流控措施。为使TFM 系统的效能最优,协同决策流程通常会采用各类信息共享技术,包括基于互联网监控航班计划、定期和航空公司开电话会议以及重新制订航班计划等手段,以能够在航空公司和其他空域用户之间公平分配剩余的有限可用容量。

与美国的 ATCSCC 类似,位于布鲁塞尔的欧洲 CFMU 也会综合利用实时信息和先进的算法,以最大限度地提升交通流量管理的效果。不过,就像前文已说明的那样,欧洲 CFMU 采取了不同的运作理念,依靠更积极的干预措施——所有航班起飞前都需要从 CFMU 获得放行许可。有关美国与欧洲的空中交通流量管理系统的简要介绍以及对目前美国 CDM 运作方式的详细描述可参考 Ball 等(2007)以及

Vossen 等(2012)的文献。东南亚与东亚地区的区域性 ATFM 都还在建设中,这些地区的空中交通流量自 2000 年以来出现了大幅增长。

14.8　ATC 系统的未来

为了推动航空运输体系的发展,相关各方都在努力提升 ATC 系统的容量、效率以及环境保护的效果。在 ATC 系统已发展成熟的地区,如美国和欧洲,通过新建机场或者跑道系统扩展航空系统的物理基础设施的机会已所剩无几,不过仍然可以通过规划与实施新系统改造项目(如美国的 NextGen 和欧洲的 SESAR)提升 ATC 系统的效率和效果。这些改进计划中有许多共通的元素,包括推广使用卫星导航系统和基于 ADS – B 的监控系统;在四维航迹系统中采用时间作为签发放行许可的控制参数;借助增强型 CPDLC 与"全系统信息管理(SWIM)"实现更广范围的信息共享。计划中还建议应该将更多的监督管理职责交给管制员,并将 ATC 的部分职能转移到驾驶舱由飞行机组完成。在欧洲,"单一欧洲天空"计划的目标之一是重新划分空域,解决目前按国界划分空域并导致管制效率低下的问题。在 ATC 还处于快速发展的地区、如中国,印度及中东,人们的大部分精力都放在建设新机场或新增跑道容量上。很快这些地区也会采用上述 ATC 新概念和新技术并能从中受益。

当然,现代化 ATC 的努力还需克服许多重大障碍,如资金受限,部分航空公司和重要干系人对此持怀疑态度,工会对此的接受程度以及国际关系等相关问题。

参 考 文 献

Ball, M. O., Barnhart, C., Nemhauser, G., and Odoni, A. (2007) *Air transportation: irregular operations and control*, in Handbook in Operations Research and Management Science, vol. 14 (eds C. Barnhart and G. Laporte), Elsevier, pp. 1 – 73.

de Neufville, R. and Odoni, A. (2013) *Airport Systems: Planning, Design and Management*, McGraw-Hill Educational, New York.

Enders, M. J., Dodd, R., Tarral, R., and Khatwa, R. (1996) *Airport safety: a study of accidents and available approach-and-landing aids*. Flight Safety Digest, 15,3.

Gaudet, M. (2008) *Harmonization of Aviation User Charges in the North Atlantic Airspace*. S. M. thesis, Civil and Environmental Engineering Department, Massachusetts Institute of Technology, Cambridge, MA.

Haraldsdottir, A. (1997) *ATM concept baseline definition*. NEXTOR Annual Research Symposium, FAA Headquarters, Washington DC, November.

ICAO (2009) *Aerodromes: Annex 14 to the Convention on International Civil Aviation, Volume I: Aerodrome Design and Operations*, 5th edn, International Civil Aviation Organization, Montreal, Canada.

Nolan, M. (2010) *Fundamentals of Air Traffic Control*, 5th edn, Cengage Learning, Boston, MA.

Vossen, T., Hoffman, R., and Mukherjee, A. (2012) *Air traffic flow management*, in Quantitative Problem Solving Methods in the Airline. *Industry* (ed. C. Barnhart and B. C. Smith), *International Series in Operations Research and Management Science* 169, Springer, New York.

15 航空运输与环境

Karen Marais 和 Ian A. Waitz

15.1 简介

　　航空业是国家经济的重要组成部分,为世界各处的人员与货物提供位移服务,并以此促进全球经济增长。不过,伴随着航空业的发展,航空业对声音、空气质量、水质量以及气候的影响逐渐引起了广泛的关注。虽然在过去的 35 年中,飞机的燃油效率在提升、噪声在减小,但多数预测都认为航空运输增长的速度会超过噪声及排放技术进步的速度,因而航空运输造成的环境影响将会更加严重。

　　与此同时,公众的环境意识在快速成长,要求治理环境影响的政治压力也越来越大。美国 50 个最繁忙机场的跑道扩容项目中大约四分之三的计划都推迟了,而造成推迟的主要原因都与环境影响有关。这 50 家机场中的 12 家机场,至少都有一个扩容计划因环境问题而取消或无限期搁置(GAO, 2000)。如此看来,环境的限制很可能会成为 21 世纪航空业发展的基础性限制因素。

　　航空业对于环境的影响发生在地方、区域及全球这三个层面上。地表径流冲刷飞机和机场用过的除冰液和其他污染物,如燃油泄漏、溢漏;固体和液体废物的处理和处置等都会对机场周围水质造成不利影响。通常水源相互连接成为水系,因而机场周边的水质恶化很可能在距离机场很远的地方造成影响。15.3 节将着重讨论处于寒冷地区的机场中,径流污染的最大来源之一:飞机和机场除冰液。

　　飞机发出的噪声可导致睡眠障碍,干扰学习,影响心肺健康,还会对机场周边的房产价格产生不利影响。因此,机场周围的社区常会激烈反对机场扩建。15.4 节讨论航空噪声的来源、影响以及控制。

　　在地方和地区层面,飞机、机场交通及机场固定源排放的废气都会影响空气质量,并危害公众健康。在美国,很多建有机场的郡县的空气质量都达不到联邦"大气保护法"标准(Pub. L. 101－549, Nov. 15,1990,104 Stat. 2399)。15.5 节从地方及地区视角探讨航空废气的来源、影响与管理。

在全球层面，飞机排放物导致大气中对流层和平流层内 CO_2 和 H_2O 等温室气体水平的升高，并导致气候变化。飞机的 NO_x 排放物通过在对流层产生臭氧（增温效应）并消除甲烷（冷却效应）的方式间接对气候产生影响。此外，飞机发动机产生的航迹云（通常会形成卷云）直接或间接增加云层覆盖范围，因而改变大气的辐射效应（更容易产生净温室效应）。15.6 节讨论航空排放物对气候改变的影响。

采用兼容替代航空燃料，或者近期出现的各种新型环保技术，能够进一步提升航空业环境保护的效果。15.7 节讨论使用航空替代燃料产生的社会影响以及由此带来的潜在环保效应。

减少航空业对环境的影响需要面对许多挑战。航空业发展直接带动经济增长。一旦对航空业发展施加不合理的限制措施，就可能对地方、国家以及世界经济产生不利影响。然而，任由航空业消费者与生产者通过他们的行为影响和改变环境（即经济活动对环境的影响），会对经济产生不利影响。平衡航空运输的机动性与环境质量的社会性目标非常具有挑战性，这是由于航空业对环境的各种影响之间具有高度相关性。举例来说，噪声较小的发动机通常较重，因此飞机整体的燃油效率会降低，并使排放增加。此外，还必须在安全性要求、环境保护目标以及业务目标之间进行权衡。例如，为保证飞机能安全抵达目的地，除了携带正常飞行所需的燃油量，飞机还必须携带足够的储备燃油。储备燃油很少使用，但为保证安全却必须携带，同时导致飞机重量增加以及油耗增加（也会使运营成本增加，并且增加排放及环境影响）。最后，航空技术改进以及由此减轻对环境的影响，所需的时间跨度较长。新型飞机研发通常需要花费 5 年或更长时间才会被商业认可和接受，商用飞机投入生产运行可能需要 15～20 年才算成功，飞机的平均使用寿命为 25～35 年（NRC，2002）。因此，用新技术产品替换整个机队最长需要 40 年时间。此外，飞机本身的资本成本和残值都较高，所以航空公司很少提前报废或退役飞机。例如仅在美国国内，为降低噪声替换飞机的成本，粗估可达 50～100 亿美元（Morrison、Winston 和 Waston，1999；GAO，2001）。

本章提供民用航空对水质、社区噪声、本地空气质量和气候变化的影响以及如何减轻这些环境影响的概要性的介绍。考虑到土地征用、荒地开垦会改变当地水文特性或水域、打乱部分物种的栖息或迁徙模式以及上游产业（飞机制造生产）与下游（飞机拆解与回收）产业等的行为，实际上民用航空业对环境的影响远不止上述三点。本章并不打算对这些额外的环境外部效应做深入探讨。15.2 节将首先向读者概要介绍地方、国家和国际层面上，负责监管航空业对环境影响的那些机构。

15.2 减少航空业对环境的影响：监管机构的作用

管理或者减少航空对于环境的影响，主要有四种方式，即改变运行方式，改进技术，采用替代燃油以及政策变化（政策可直接或间接影响运行、技术以及燃油）。运行方式变化包括减少飞行小时数（如因噪声宵禁时段）及把飞机限制在狭窄的航道内飞行。技术改进包括采用噪声更小、排放有害物更少或者"更清洁"的发动机。采用替代燃料能够改变影响当地空气质量的燃烧排放物的总量和组成成分；而且相对于常规的喷气机燃料，替代燃料能够减少燃油在提取、生产、运输过程中的净温室气体排放量（15.7 节）。政策变化包括机场周边土地的使用管理以及一些财务上的措施，如飞机降落费、排放税以及排放权交易。虽然环保指标只是飞机和发动机设计过程中相互依赖的大量安全与性能指标的一部分，然而环境保护的影响力在不断增加。不仅如此，考虑到航空燃料成本始终占运营成本的大部分，长期以来航空公司提升燃油效率的愿望一直非常强烈。燃油效率较高的飞机排放的 CO_2 也较少，因此对全球气候的影响就较小。最后，旅客在选择航空公司时，通常不会把环保指标作为考虑因素之一——他们通常更关心航班准点率/有无直飞航班和票价高低。即便旅客确实想选择更环保的航空公司或机型，但对不熟悉这个行业的人们而言，获得足够信息做出这类决策也会非常困难。

尽管在航空业中，环保绩效的优先级排在安全性和经济性之后，但越来越多人已经意识到，环境带来的限制与航空经济发展之间存在重要的联系。环境意识的出现导致了整个行业日益重视自身行为对环境的影响。一些地方、国家和国际监管机构正在积极寻求能够平衡社会对位移服务的需求与环境质量间关系的政策措施。

国际民用航空组织（ICAO）隶属于联合国，是管理航空环境影响的专门机构，他们向遍布全球的 ICAO 会员国推荐国际行业标准，监管着全行业的飞机噪声和排放事宜。ICAO 付出了巨大的努力，减少被飞机噪声影响到的人数、降低航空业产生的排放对地表空气质量的影响以及减少航空业排放的温室气体对于全球气候的影响（ICAO，2013）。ICAO 内部的"航空环境保护委员会（CAEP）"负责与噪声及排放控制相关的标准制定工作。然而，由于缺乏地方及地区组织的配合与支持，尚未能完成全世界通用的规范和标准。机场和航空公司需要接受地方及地区监管机构制定的不同标准和规定。如有可能出现航班始发地和目的地对飞机噪声水平的规定不同的情况。由于飞机噪声与排放间存在相关性，不同地方性标准还可能造成严重矛盾。例如，在设计上符合某地严格噪声标准的飞机，通常会排放更多的有害物质，因而不符合另一地方的排放规定。

大多数国家都会设置一个或多个专门机构，负责管理航空业对于环境的影响。在美国，由环境保护局（EPA）负责制定和执行"美国环境保护标准"。1990 年对

1973 年通过的"大气保护法(CAA)"进行了最后一次修订,针对部分污染物规定了最低空气质量标准(国家环境空气质量标准(NAAQS)),并要求各州都执行一项计划(即州实施计划(SIP))以使空气质量符合或优于最低标准(P. L. 101-549,1990-11-15,104 Stat. 2399)。由联邦航空管理局(FAA)负责"净化空气标准"的执行。CAA 的出台避免了各州制定出不同航空排放标准的状况。自 1973 年发布首个排放标准后,FAA 还与 ICAO 共同制定了国际飞机排放标准(EPA,2012b)。最后,由 NASA 负责进行基础性研究,以寻求更多在技术上可行的环保减排措施(NRC,2002)。

在美国,联邦航空管理局 FAA 代表 EPA 履行制定和施行航空噪声标准的职责。1968 年通过的"飞机噪声控制法案"(49 U. S. C. 44709,44715)指派 FAA 制定并施行与飞机噪声相关的安全标准。随后的几个法案继续提出航空噪声限制的条款,并确定用于机场周边降噪措施资金(如购买房屋及地面的隔音设施)的分配方式。此外,1979 年通过的航空安全与降噪法案的目的是帮助机场运营商准备并实施噪声适应性计划[P. L. 96-193]。

在欧洲,欧盟环境委员会发布了"环保指示",欧盟根据这些指示监测和控制排放(EC,2006b)。欧盟发布的指示旨在协调整个欧盟范围内的监测策略、测量和校准方法以及质量评估方法。在欧盟出现之前,排放标准都由各国自行制定。此外,欧洲的飞机噪声水平受欧洲航空安全局(EASA)的监管。在这些政府机构之外,机场周边社区对机场和飞机运行的影响也越来越大。在机场开发计划制订或空域重新规划之前,通常需要出具噪声评估及环境影响报告,机场周边社区对这些报告的反应或反馈将直接或间接影响决策结果。

15.3 管理机场水质

机场的地表污水排放,会影响到机场周边的排水道、河流以及湿地等的水质[①]。这些污水主要来自以下方面:

(1) 飞机除冰是机场活动中"生物需氧量(BOD)"指标的主要影响源。

(2) 航空油料溢漏的发生可能源于人为失误、阀门故障或燃油放空。当天气炎热时更容易发生油料溢漏,因为太阳炙烤飞机机翼,造成机翼内已加满的油料受热膨胀而溢出。

(3) 油脂及其他化学品的储存空间不足、处置或丢弃不当也会造成污染。

(4) 机场还必须控制植物和害虫的生长,确保跑道和飞机行道区域没有杂草,在确保飞机安全的同时也可保护基础设施。如果机场位于自然保护区内,还需对入

---

① 本节主要参考了 USEPA(2002)、加拿大运输部(2006)及 Switzenbaum 等(2001)的文献。

侵物种种群进行管理。杀虫剂和除草剂可能会流入地下水和雨水排水渠,对动植物都产生不利影响。

(5)用于消防灭火的水中可能含有从燃烧材料中释放出来的高浓度碳氢化合物以及重金属。

(6)来自地面运输区域的地面污水,包括租车公司车库、公交站与交通枢纽站以及停车场与道路等,含有各种可能造成污染的化学品,如油、燃料及重金属。

(7)航油库和燃油供应基础设施的泄漏和溢出。

(8)建筑商和承包商造成的污染。

(9)飞机清洗有三种方式,即干洗、表面冲洗或维护清洗。湿洗产生的废水中可能含有重金属和碳氢化合物。清洗地面保障车辆产生的废水中可能含有油料、润滑油、洗涤剂、溶剂以及铅和镉之类的重金属。这类废水的总量可能非常大,比如希斯罗机场大约有17 000辆属于机场、航空公司以及承包商的车辆。用肥皂水清洗停机位产生的残留物也会使生物需氧量小幅增加。

有些地方的温度会降到冰点以下,所以在飞机起飞前必须检查和清除飞机表面的结冰,以确保机翼操纵面能正常工作并能保持机翼的空气动力特性。飞机表明覆盖上几毫米厚的冰层,会导致空气动力学特性发生严重变化(Lynch 和 Khodaaoust,2001)。所以飞机除冰和防冰对飞行安全至关重要。为一架大型商用飞机除冰平均需要500~1 000加仑的除冰液(EPA,1995),一个中等规模的机场每年要用掉264 000加仑除冰液(Betts,1999)。此外,还需综合采用机械方法、除冰液及固体化学品对冰冻或被冰雪覆盖的跑道、滑行道和停机坪除冰,以确保飞机起降和滑行安全。

飞机除冰和防冰最常用的方式是采用除冰液(ADF)和防冰液(AAF)。除冰液和防冰液主要由乙二醇或丙二醇及多种添加剂构成,添加剂包括阻蚀剂、阻燃剂、湿润剂、pH 中和剂、分散剂和增稠剂。添加剂能够保护飞机,并使乙二醇在飞机表面停留较长的时间,如果飞机需要等待起飞则能有效减少反复除冰的次数。除冰液/防冰液可分为如下四种类型(ACRP,2009;SAE 国际协会,2012):

(1)Ⅰ型液体为飞机除冰液。在使用时需要用水稀释并加热,其作用是移除覆盖在飞机表面的霜冻和冰雪。

(2)Ⅱ型和Ⅳ型液体为飞机防冰液。两类液体都较为黏稠,通常直接涂在干净的飞机表面上。Ⅳ型液体的保留时间比Ⅱ型液体长,因而更受商业飞机运营商的青睐。

(3)Ⅲ型液体也是防冰液,用于起飞时发动机转速较低的飞机。这类液体的使用较为有限。

除冰液(ADF)和防冰液(AAF)的确切成分属于商业机密。

机场室外地面的清洁通常先使用各种各样的化学除冰剂(如乙二醇或丙二醇、尿素、乙酸钾、乙酸钠、乙酸钙镁或者乙二醇基的液体)使压实的冰雪松动,之后用机械方法(雪铲和钢刷)清除。一般很少使用沙子和盐(氯化钠或氯化钾)除冰,因为这些物质会损坏飞机。

15.3.1 除冰液的影响

当多余的除冰液从飞机表面以及机场地面流入地表水系之后,就会造成环境污染(Ramakrishna 和 Viraraghavan,2005)。用在机场地面的除冰液直接在路面上沉积,并最终冲到机场周边区域;如果不加治理,这些污染物还会渗入地下水和雨水道。大约75%～80%的Ⅰ型飞机除冰液会沉积在进行除冰的道路表面,另外15%～20%的Ⅰ型和Ⅳ型除冰液会在飞机滑行和起飞阶段从表面脱落(Switzenbaum 等,2001)。这些除冰液中的一部分最终也会渗入机场周边的土地。地下水污染问题更加严重,即便清除了污染源,已造成的污染仍会长时间存在,未受污染的水洗净污染物可能需要很多年的时间。除冰液会被雨水冲刷、带入地表水中。当积累的污染物被雨水冲刷进入机场周边土地时,渗透作用会加剧。这些化学污染物的影响程度取决于天气条件(如降雨量、温度)以及河流中的河水流速(如能提供相关数据)。

地表水和地下水污染将直接影响动植物生长,最终可能影响到饮用水的供给。在美国,机场和飞机除冰操作大约排放了 2 100 万加仑的 ADF 进入地表水中(EPA,2002),另有 200 万加仑除冰液由公共污水处理厂进行净化处理。

乙二醇和丙二醇的水生生物毒性非常低,在环境中存留的时间大约为 3～20 天,同时也能作为微生物的生物基质(食物)。微生物消耗的氧气量与其可获得的生物基质量成正比,因而生物基质的增加会导致水中含氧量水平降低,从而造成其他生物生存困难,例如鱼类和两栖类生物。

ADF 成分中部分添加剂的水生生物毒性较高,另一些添加剂可能会使乙二醇的毒性增加。从环保角度,添加剂中的主要成分都是三唑类化合物,主要用于黄色金属防锈。防锈剂之间、防锈剂与乙二醇之间都较容易发生化学反应,产生有毒的副产品。湿润剂、阻燃剂、pH 中和剂和分散剂对水生生物和哺乳动物都具有较高的毒性。

用于清洁机场地面的液体和化学品也会对土壤和水质造成污染。这些化学品的影响程度取决于多种因素,包括排水系统、地形、温度、降水量以及所用化学品的类型、稀释和储存的条件。除了钠元素和氯化物之外,人们对于地面除冰化学品产生的健康和环境影响仍然缺乏足够了解,因此,几乎没有任何立法限制此类化学品的使用。地面除冰剂中乙酸盐和甲酸盐基质的冰点降低剂是水生生物毒性的主要来源(ACRP,2009)。另外,使用尿素会产生有毒的氨气,氯化物会腐蚀引水管道并使水有咸味。

除冰废水还会导致异味问题,滋生易附着的细菌(如球衣菌类),或造成排水口的泡沫(ACRP,2009)。

15.3.2 管理机场水质①

使用毒性较小的化学品或减少化学品的使用，并有效管理除冰产生的废水，能够减轻除冰活动对环境的影响（EPA，2002；ACRP，2009）。毒性低、生物耗氧量低、更易生物降解的 ADF 替代品包括乙酸钾、乙酸钠、甲酸钠和甲酸钾。例如，英国机场管理局在希斯罗机场使用乙酸基液（乙酸钾）进行机场除冰（BAA，2003）。然而，在极端严寒或极端潮湿天气等需要使用高黏度除冰液的情况下，只能使用乙二醇基质的除冰液。

温度越高需要的乙二醇浓度就越低。储备多种浓度的乙二醇，或除冰操作者使用系统自行配置 ADF 中乙二醇浓度，能减少乙二醇的总使用量，并进而减少废水排放。当温度高于−2℃时，只使用热水就可完成除冰（Switzenbaum 等，2001）。

采用类似全自动洗车机器的计算机控制喷淋系统来均匀喷洒除冰液，也能减少 ADF 的用量以及废水排放（EPA，2002）。虽然这类系统能减少除冰液的使用和除冰时间，但其高昂价格会使小型机场望而却步。某些情况下，针对难以触及的部位还需使用车载或摇臂式除冰装置。采用摇臂式装置时，操作人员能近距离喷洒除冰液，减少无效喷涂，并节省 ADF。采用机械除冰技术，如除冰带、电阻（在机翼内安装电阻器产生热量）或红外线加热方式，也能减少甚至完全避免使用除冰液。

但是不论除冰人员还是飞行机组都难以准确检测飞机的结冰状况。飞行员根据天气、上次所用除冰液的类型以及距上次除冰的时间来判断在登机口完成初次除冰后是否还需要再次除冰。所以目前只能采用无论何时一旦怀疑有结冰可能就必须对飞机进行除冰的做法。结冰探测系统——使用磁致伸缩②、电磁及超声装置——用于检测结冰情况并根据飞机的具体情况，判断是否需要进行除冰，因而能有效减少或避免除冰操作。小型飞机使用此类系统相对昂贵，对大型飞机运营商而言，这类系统确实能够有效节省时间和成本。

在风雪天气到来或结冰前进行机械除雪或采用乙酸钾基除冰液清理机场路面，可有效减少对机场地面除冰的需要（EPA，2002）。据 FAA 估计，使用此类预处理方法可减少路面除冰及防冰剂的用量 30%～75%。

采用能收集废水的除冰垫，可有效减少 ADF 废水排放。除冰垫通常放置在离登机口较远的地方并可由多家航空公司共用，当前较多采用登机口除冰与除冰垫除冰相结合的方式。航空公司更愿意采用登机口除冰方式，主要因为该方式对航班计划干扰较小，并可让同一批工作人员完成除冰及其他登机口工作，如飞机装卸。如遇恶劣天气或者高峰时段，除冰垫会满负荷工作。此外，除冰垫不占用登机口，所以

① 关于美国机场水质监管的深入讨论，见 ACRP(2009)。
② 铁、钴、镍等强磁性金属具有磁致伸缩特性。当置于强磁场时，这类材料会发生变形。反之亦然，拉伸或压缩这类材料，会改变其磁性强弱。

登机口的使用效率更高。如果将除冰垫置于跑道附近，还可减少 AAF 的使用及反复除冰之必要。可使用乙二醇回收车和真空清扫车从机场地面回收 ADF、积雪、污水以及盐渍。但这些车辆会加剧地面拥堵，并造成空气污染（见 15.5 节）。

对除冰液进行处理和清理主要有三种方式：场外处置、现场处置及回收。场外的处理和清理首先收集废水，然后将其运送到场外设备进行处理。现场处理则使用机场内部的有氧或无氧设施来处理和净化废水。回收是指采用过滤、反渗透或蒸馏等方法去除废水中的乙二醇。不过，把回收的乙二醇投入再次使用有相当的难度，因为回收得到的乙二醇质量难以达标。目前乙二醇的回收还十分昂贵，因而多用于大型机场（EPA，1994）。

氧化废水处理系统能有效将有毒化学品转化为无害物质，但需要处置其产生的大量沉淀物。最简单处理方法是利用蓄洪水库或人工湿地，在将废水排入地表水和地下水之前"静置"废水以降低其生物耗氧量。例如，希斯罗机场采用了平衡蓄水池，用微生物降解乙二醇，并在将废水排入外部水系前恢复水体的溶氧量水平（BAA，2003）。如果利用湿地处理，则废水必须在湿地中停留较长时间，以便完成有毒废物的处理与转化。

无氧处理方法是创造无氧环境，利用微生物将有毒的废水发酵转换成甲烷和二氧化碳。与有氧方法相比，这种处理方法的优点是产出的沉淀物较少、不需要消耗氧气、所需的自然养分较少，产生的甲烷还可用于供暖。而这种方法也有缺点，包括处理废水的过程较慢，会产生难闻的硫化氢气体以及如果产生的甲烷未被使用还需进一步处理。

15.4 噪声

航空噪声由发动机内部不稳定的流体力学过程、燃气喷流和周围空气之间不稳定的相互作用以及飞机机体产生的不稳定气流共同产生的声能引起。噪声有几种不同类型，每种类型造成的影响各不相同。社区投诉主要由于起飞和进近时产生的噪声，滑行和发动机加速噪声同样也会导致社区对噪声的投诉。在国家公园等静谧区域中，即便在巡航高度飞行的飞机噪声也会令人反感，影响人们享受大自然的静谧，也可能导致对噪声的投诉（FICAN，1992）。此外，绝大多数社区都无法忍受音爆和超级音爆（音爆被低强度热球大气折射后的残余）。如社区对于音爆的反对迫使 ICAO 出台了政策限制协和飞机在陆地上空进行超声速飞行。因此，协和飞机只能在纽约和希斯罗或者巴黎之间飞行。目前研制超声速商用喷气飞机的工作重点之一是将飞机在陆地上空飞行、进入超声速时产生的音爆减小到社区能接受的程度（见 15.4.5 节）。

在过去几十年中，虽然美国航空业获得了 6 倍的增长，但暴露于高水平噪声中的人数却减少了 95%(Waitz 等,2004)。受噪声影响人数的大幅度减少得益于技术进步。同时,全球范围内对航空噪声的反对越来越强烈,已有越来越多的非政府组织(NGO)专门致力于降低航空噪声(NRC,2002)。图 15.1 所示为过去 40 年中,美国提出的噪声缓解运营规定的变化情况(波音商用飞机,2014)。机场周边社区对航空噪声的强烈反对,可能导致机场扩建计划延迟甚至取消,或者导致机场运行受限(如限定航路或者设定宵禁时间,即在规定的夜间特定时间内不可飞行)。

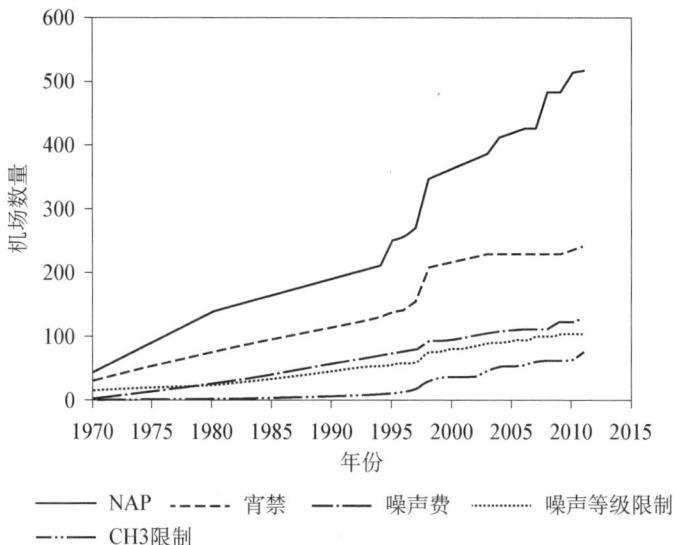

图 15.1 对机场噪声的限制越来越严格(波音,2014)

波士顿洛根国际机场扩建跑道的案例能充分说明社区对于噪声的反对如何阻碍机场的扩建计划。20 世纪 70 年代初,机场管理当局想增加一条与现有跑道 33L/15R 平行的新跑道 33R/15L(NRC,2002)。当时建设工程已在按计划正常进行,但社区民众发现该项目,并堵住了跑道施工用的推土机以阻止跑道施工。法院随后判决禁止该跑道及其他新跑道的建设,最终这项禁令在 2003 年 11 月撤销。现在跑道 33R/15L 确实已经建成,但只有 2 557 英尺长,无法起降大型喷气式飞机。与其他机场一样,洛根机场的飞机起降次数出现了大幅增长,从 1975 年的 30 万次起降上涨到 2000 年的 50 万次起降。为应对交通量激增,机场提议建设一条 5 000 英尺长跑道供通勤机和轻型飞机使用。使用该跑道的飞机在进近时飞越波士顿港,而非附近人口稠密的社区。虽然本地社区仍反对修建该跑道,但本州最高上诉法院还是推翻了 2004 年的反对决议。该跑道称为 14/32,于 2006 年 11 月开始运行。

本节首先讨论噪声对于当地社区及环境的影响。然后介绍测量噪声的一些技术手段。测量的结果能够说明噪声控制的发展趋势——将在 15.4.3 节讨论,并且成为噪声监管政策的基础,将在15.4.4节讨论。本节最后将介绍和探讨新近出现的部分噪声问题(如低频噪声以及无人机噪声的潜在影响)。

15.4.1 影响

这类针对机场扩建的社区反对行动——就像洛根国际机场曾经遭受的——会导致机场拥堵并加剧航班延误,因而增加航空公司的资本和运营成本,并最终使票价上涨(NRC,2002)。在美国,噪声是前50家繁忙机场官方最关心的问题,如图15.2所示。

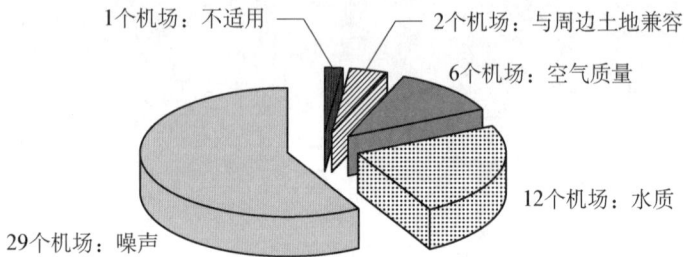

图15.2 美国官方最关注的环境问题,针对最繁忙的
50个机场(GAO,2000)

噪声大到一定程度会造成听力损伤。机场地面服务人员最关注听力损伤问题,因为在地面的飞机发动机空转或在飞机起降时,他们都必须在附近等候或工作。机场周边社区的居民不会因为飞机噪声导致听力丧失,但噪声会干扰他们的睡眠、打断他们的谈话,两者都导致学习和工作的效率降低。最近的研究表明,噪声会造成非听觉性健康问题,例如引起高血压、心脏病以及中风等疾病(Basner等,2014)。

噪声还会影响野生动物。一些研究试图明确飞机噪声对100多种家养和野生哺乳动物、鸟类以及海洋哺乳动物的影响(Wautz等,2005)。由于缺少噪声对动物影响的确切数据,美国国家科学研究委员会曾提议对动物采用与人类相同的噪声防护标准(NRC,1977)。

强有力的证据表明,机场噪声会导致使周边房产价格的下降(Nelson,2004)。通常采用"噪声贬值指数(NDI)"估算噪声对居住房产价格的影响,NDI是指可感知噪声每增加1分贝(dB),导致房产价格下降的比例。感知噪声水平高于50dBA(调整分贝)时,每增加1dB造成的NDI变动范围通常为0.5%~1.5%。相同的房屋,由于航空噪声造成的贬值可达10%~15%。另外,航空噪声还会造成机场周边的土地用途受限。这些限制会导致当地的社会福利损失,而损失难以用确切金额来衡量。

15.4.2 噪声的测量

有许多的指标体系可用于评估飞机与运营飞机的运输系统产生的噪声和排放之大小。有些指标体系适于感知和理解技术的发展趋势,另一些指标体系则更适于

评估噪声和排放对环境的影响,还有一些指标体系适于和公众进行沟通(Eagan,
2007)。对生活在噪声环境中不良反应进行衡量的指标中,使用最广泛是"烦恼度"。
噪声烦恼度是一个广泛使用的术语,用于描述个体、群体或社区暴露于噪声中产生
的反映;以及如果可能,积极尝试缓解或避免暴露于噪声中的努力。噪声是一种普
遍存在并较为主观的体验,其定义与睡眠干扰或谈话中断的定义有重叠,而且不同
个体在相同噪声水平中暴露后的反应也常常大相径庭。通过一些完善的流程和指
标体系,可在仪器声音测量结果与人类烦恼度之间建立关联。这些流程与指标考虑
了人耳对声波频率与振幅反应的差异,对音调和宽频带噪声敏感度的差异,以及噪
声持续时间以及某类噪声源造成的烦恼度与背景噪声水平之间关系的差异。针对
某架具体飞机的运行噪声,影响通常以"有效感知噪声等级(EPNL)"表示,单位是分
贝(dB)。根据噪声控制法(NCA)及后续修正案制定的商用飞机噪声检定标准的基
础就是 EPNL。

　　图 15.3 所示为用 EFNL 表示的商用飞机噪声等级,测量位置为起飞过程中,跑
道侧方 450 米处(某些 4 发飞机例外,这些飞机按早期的 650 米标准测量)。自 1960
年至 1995 年,噪声等级在总体上呈现下降趋势。

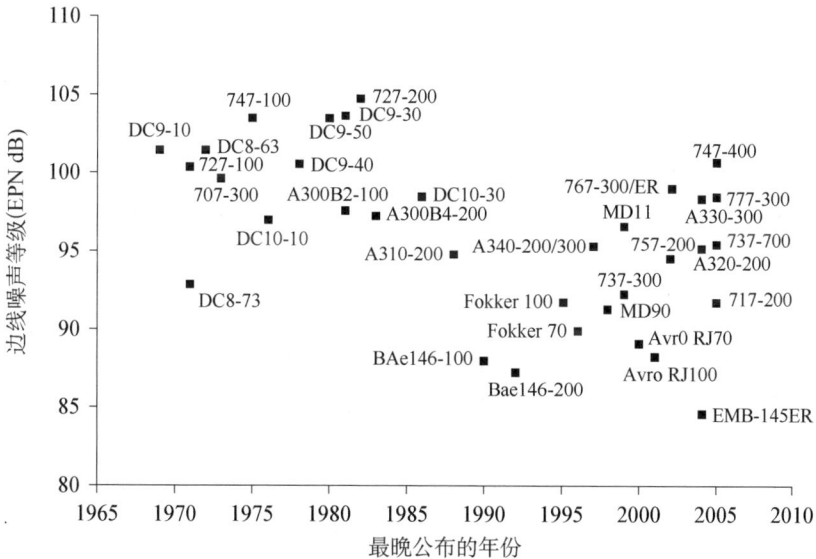

图 15.3　商业飞机的有效感知噪声等级认证数据(FAA,2001)

　　在评估某机场及与其相关的所有飞机运行对于当地社区的影响时,总体考虑一
段时间内航班运行产生的噪声影响是个不错的方法,如"昼夜噪声等级(DNL)"方
法。DNL 在社区烦恼度与飞机噪声水平之间建立起关联关系。DNL 的计算方法
是对 24 小时内的 A 型加权声能(即在可听见的频谱范围内,不等响度感知的平均

值)进行平均。此外,由于夜间造成睡眠干扰的可能性更大而且夜间的背景噪声相比白天更小,因而假设夜间噪声产生的烦恼是白天噪声的2倍,需要对夜间噪声指标增加10 dB惩罚。在欧洲,常使用"白天-傍晚-夜间分级(DENL)或Lden",并规定对傍晚噪声增加5dB惩罚。表15.1总结了社区对以DNL表示的噪声的反应情况(FICAN,1992)。作为对比基准,城区噪声等级范围通常为58~72 dB,郊区和野外的噪声等级范围分别是48~57 dB以及20~30 dB。

表 15.1　居民对噪声等级(用 DNL 表示)的反馈(FICAN,1992)

分贝数	听力损伤	烦 恼 程 度		
		非常烦恼的人口比例/%	平均的社区反应	社区对这个问题的一般态度
75 及以上	可能开始出现	37	非常严重	噪声很可能是影响社区环境的最主要不利因素
70	可能不会出现	22	严重	噪声是影响社区环境的最主要不利因素之一
65	不会出现	12	明显	噪声是影响社区环境的最主要不利因素之一
60	不会出现	7	中等到轻微	噪声可能是影响社区环境的一个不利因素
55 及以下	不会出现	3	中等到轻微	噪声可能是影响社区环境的一个不利因素

虽然在多数地区,DNL等级与噪声烦恼度间存在关联关系,但DNL级别并不适用于安静区域(如小型社区、国家公园、农场等)的航空噪声烦恼度评估。在这类地区,即便在35 000英尺上飞行的飞机产生的较小噪声也可能导致烦扰。如丹佛国际机场建造在离住宅区至少10英里的地方(NRC,2012),机场刚刚开始运营就收到了来自博尔德(40英里外)、沃德与雷克斯堡(60英里外)以及佩顿(85英里外)等地方的投诉。

噪声烦恼度还与机场是否有能力控制"正常噪声体验"的偏差有关。例如,亚特兰大的哈特菲尔德-杰克逊亚特兰大国际机场是世界上最繁忙的机场之一,但其收到的噪声投诉却相对较少,其中部分原因在于机场规定飞机必须在狭窄的航道内飞行,这样就使得本地社区逐渐习惯了噪声的大小和起伏。因此,如果飞行航道发生变化很可能会招致社区的大量投诉。

另一种评估噪声烦恼度的方法是根据机场收到的噪声投诉数量来估计烦恼度。收到的投诉越多就说明噪声烦恼度的程度越高,不过情况并非总是如此。投诉数量会随个人习惯、投诉的难易以及是否期待回应等因素而发生变化(Maziul、Job 和

Vogt，2005）。因此，从投诉数量估计噪声烦恼度有可能得出不准确的结果。

15.4.3　噪声的趋势

图 15.4 所示为美国国内商业航空运输产生的噪声与运量的历史变化对比情况。最新估计结果表明，美国约有 32 万人居住在商业机场周围 DNL 65 分贝等值线区域之内（FAA，2014）。过去 30 多年中，居住在 DNL 55 分贝等值线区域内的人数已减少了 95％（NRC，2002）。受噪声影响人数大幅减少，其主要原因是运营和发动机技术的巨大进步。飞机通信与导航能力的改进以及飞机监控与空中交通管理技术的进步，使得飞机低噪声运行成为可能。由于发动机技术的大幅改善，建立相应的监管措施，经过两个时期，高噪声飞机已逐步淘汰。噪声第一次大幅降低发生在 20 世纪 60 年代末至 70 年代，主要原因是采用了涡轮风扇发动机。改用这类发动机的主因是为了提升燃油效率，降低噪声只是额外获得的好处。到 80、90 年代，又出现了许多革命性技术突破，包括采用高涵道比发动机和改进型声衬技术，又进一步使飞机噪声减小，尽管这次的降幅没有第一次的明显。

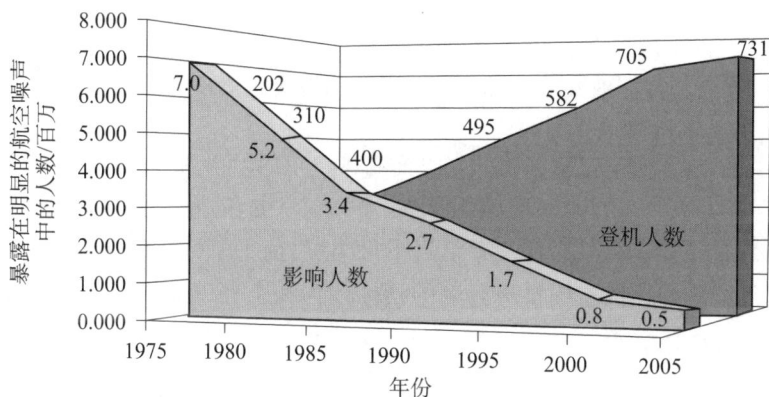

图 15.4　美国受到商业飞机噪声影响的人数估计（FAA，2014）

CAEP 的最新预测显示，全球范围内暴露在 DNL 55 分贝及以上航空噪声中的人数约为 2 110 万，如图 15.5 所示（ICAO，2013）。如果出现运行或技术方面的进步，可以预测这种进步对受噪声骚扰人数的影响。但全部预测结果都表明，技术和运行改进带来的影响会被交通运输量增长所抵消，未来受噪声影响的人数还将增加。不过，如果以技术和运行没有变化的情况作为基线，未来的改进有可能使噪声影响降低 35％。所以，进一步降低噪声影响的主要挑战在于：需求量增加导致的交通运输量增长以及新技术推广使用需要长时间的过渡期。

以 2006 年的噪声影响人数为基线。假定自 2006 至 2036 年人口总量保持不变（ICAO，2013）。

技术和运行方面的改进有可能使飞机噪声降低。如欧盟已经启动了一些研究

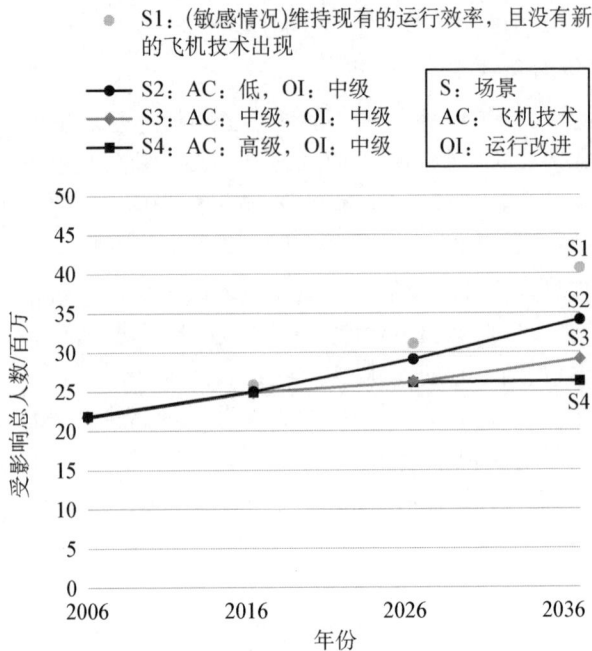

- S1：(敏感情况)维持现有的运行效率，且没有新的飞机技术出现
- S2：AC：低，OI：中级
- S3：AC：中级，OI：中级
- S4：AC：高级，OI：中级

| S：场景 |
| AC：飞机技术 |
| OI：运行改进 |

图 15.5 针对全球噪声影响趋势的各类预测

项目,旨在到 2050 年,把新型飞机的可感知噪声在 2000 年平均值的基础上降低 65%(EC,2011)。美国国家航空航天局(NASA)也在进行这类研究,不过最近 NASA 获取的资金支持处于历史最低水平,而且目前 FAA 内部的研究工作重心主 要放在研发能更好评估航空噪声影响的指标体系和工具以及研发和实施能降低噪 声水平的新运行流程。

15.4.4 噪声控制

降低噪声必须采取多管齐下的方式,一方面,运行流程的改进是短期内进行噪 声控制的最大机会,另一方面,从噪声源着手(机身和发动机)降噪则需要长期努力。 2001 年,CAEP 提出了一系列全面建议,指导行业采取具有成本效益的方式降低飞 机噪声对环境的影响。CAEP 委员会还为一种能降低噪声的平衡方法背书,该方法 着重于①减少噪声来源;②土地利用规划与管理;③能降噪的运行流程;④飞机使用 的运行限制(ICAO,2013)。该方法还制定了部分新噪声标准,比现行的标准低 10dB(3 个认证点的噪声水平总和比现行标准低 10dB)。2013 年 CAEP 建议进一步 严格标准(提高 7dB,同样是 3 个认证点的总和),并将在 2017 年针对大型飞机实 施,在 2020 年针对小型飞机实施该标准(ICAO,2013)。

国家监管机构,如 FAA 在制定噪声标准时通常遵循 ICAO 和 CAEP 颁布的噪 声限制。根据噪声大小将飞机划分为"阶段"(在美国)或"时期"(在欧洲),阶段/时期越高则噪声越小。随着降噪技术发展，该分类方案通过定义高级的阶段/时期实现连续的更加严格的噪声控制。自 1984 年起，处于阶段 1 的飞机已逐步淘汰出商业运营（波音商用飞机，2006）。自 1999 年起，未经改装的 75 000 磅以上的阶段 2 飞机也已淘汰了。阶段 3 的飞机需分别符合起飞、降落及间距噪声跑道标准，根据飞机重量和发动机数量，噪声范围必须在 89～106 dBA 之间。2006 年 1 月阶段 4 噪声限制标准生效，该阶段不仅要求符合阶段 3 的限制，而且各个飞行阶段的累积噪声需要比阶段 3 的低 10dB。阶段 4 标准适用于新认证飞机以及重新认证为阶段 4 的阶段 3 飞机。

当来自联邦政府和行业相关方的投资被用于降低飞机噪声时，地方管理当局掌控着机场附近的土地使用决策权。很多例子中，地方管理当局不遵守旨在缓解噪声影响的国家或国际土地使用准则，致使噪声问题恶化（GAO，2001）。例如，在美国为了减少机场噪声投诉，部分机场搬迁到人口稀少的区域（如达拉斯/福特沃斯国际机场、芬特雷斯海军航空着陆场以及丹佛国际机场）。不过，地方土地使用决策导致机场附近的房屋和其他建筑设施增加，随之而来的噪声投诉也因此而增多。

虽然部分社区也参与解决机场周边土地的使用问题，并发挥了积极作用（如为新房屋隔音制订建筑规范和准则，或为社区提供交互工具和房产定位信息，助其更好地了解指定地点的噪声等级数据），但也常出现本地土地使用决策与国家或国际航空政策存在差异和矛盾的情况。在美国国内，通过"机场改进计划（AIP）"，由联邦政府提供资金解决噪声问题。资金的大部分用于缓解指定机场的噪声，主要手段是帮助高噪声区域内的建筑进行隔音和静音改造，或购买机场周边高噪声区域的土地扩大机场边界（2010 年分得 2.3 亿美元），或为噪声研究和监控项目提供资金（2010 年仅得 140 万美元，FAA，2011a）。用于研究和技术改造的经费太少，必然造成技术改进与积累需要极长时间才能发挥出效果。因此，当局选择了部分机场，用其"旅客设施费（PFC）"资助噪声监控和缓解计划（2010 年资助 1.1 亿美元，FAA，2011a）。

各个地方从源头着手治理噪声还能收到事半功倍的效果。欧洲许多机场制订了噪声治理规范，惩戒使用大噪声飞机，鼓励多使用小噪声飞机。噪声规范通常在阶段/时期 3 基础上做进一步要求。例如，法国里昂圣修伯利机场规定，自晚 10 点至次日早 6 点对时期 3 及之下 5dB 的飞机实行宵禁（不含因安全原因必须进行的运行）。

15.4.5 新的问题

本节讨论的内容有关航空噪声对社区影响的三个新问题：即低频噪声，低音爆超声速飞机以及无人机产生的噪声。

15.4.5.1 低频噪声

最近，由飞机产生的低频噪声对当地社区的潜在影响又重新引起了人们的关注。低频噪声是指频率低于 50 赫兹(Hz)的声能——低于典型的人类噪声烦恼度度量指标体系(如 EPNdB 和 DNL)所采用的噪声频谱。美国的一些机场中已经出现了低频噪声问题,其中问题最突出的机场,包括明尼阿波利斯圣保罗国际机场、旧金山国际机场、巴尔的摩华盛顿国际机场、波士顿洛根国际机场以及洛杉矶国际机场。

许多研究已经确认,低频噪声与睡眠障碍、心烦意乱之间存在联系(Presson, 2004)。虽然尚未证明低频噪声会直接对健康产生不利影响,但如前所述,睡眠障碍确实可能产生不利于健康的影响。低频噪声虽然不会对建筑物造成结构性损害,但可能导致建筑物结构发出咯咯的声响,同样引起人们的不适(FICAN, 2002)。

目前对于低频噪声尚无普遍认可的度量标准,而且无法预测低频噪声会引起何种声响(FICAN, 2002)。所以需要对航空低频噪声影响做进一步研究评估,在必要时制定缓解策略。

15.4.5.2 低音爆超声速飞机

社区对超声速飞机产生的音爆的抵制限制了超声速飞机的应用范围。协和飞机于 2003 年停止运行,部分原因在于许多运行方面的限制导致运营该机型难以获利。近些年来,研发新一代"低音爆"超声速飞机又被提上议程,这类飞机的设计目标是大幅降低进入超声速飞行时产生的音爆强度,从而是飞机能够在陆地上空进入超声速飞行。降低音爆的研究重点是改进机身,使音爆压力信号造成的干扰比多数超声速飞机产生的典型"N-激波"干扰更小。不过,音爆并不是超声速飞机产生的唯一环境问题。与亚声速飞机相比,超声速飞机的燃油效率更低,并会产生更多的排放。

15.4.5.3 无人机的噪声

无人驾驶飞行器(UAV)和无人驾驶飞机系统(UAS)在商业以及公共领域中的作用日益获得广泛认可。目前,无人机在美国国内空域中使用受到严格管制,仅限用于特定任务,例如边境和港口的监控、公共安全事务和执法、科学研究以及支持政府机构工作等。不过,有机构正在运作,支持将民用无人机队投入商业用途,如摄影或包裹运送。2012 年通过的 FAA"现代化与改革法案"规定,需尽快制定可行计划,在安全前提下将民用无人机纳入到美国国内领空监管体系之内。

商用无人机的噪声影响是一个新出现的问题。许多小型商用无人机被设计在高度 400 英尺以下的不受限空域中使用。因此,当前的噪声认证标准——将管制重点放在飞机降落和起飞时产生的噪声上——尚不能用于保护民众免受无人机产生噪声的影响。在森林和公园等背景噪声水平较低的地区,无人机噪声问题尤其明显。2014 年开始,美国国家公园管理局为治理噪声影响,规定在所有国家公园中禁用无人机(NPS, 2014)。

15.5　空气质量

噪声是目前机场运营及扩建时需考虑的主要环境约束条件,不过有许多机场也认为,应将环境因素中的空气质量与噪声放到同等位置对待,或正在计划这样做(GAO,2000)。此外,伴随着机场业务量的持续增长,可以预计空气质量破坏会成为当地社区环境污染的重要方面(Wolfe 等,2014)。噪声与人类健康之间的关系尚不十分清楚,但排放物直接影响人类健康并导致过早死亡风险增加的事实非常明确。另外,持续研究表明,排放与气候变化(反过来也会影响人类福祉与生态系统健康)间的关联也已相当明确(见 15.6 节)。

排放物产生的影响表现在几个不同的时间尺度上。对空气质量的影响会立即显现,并随着排放量、当地气候条件及其他排放源的不同每天变化。在对健康的影响中,有些是急性的,另一些需要较长时间才会显现,且往往持续很长时间。排放物对气候的改变则会持续几十年甚至数百年。

在美国,自 20 世纪 70 年代以来,得益于大气保护法及其相关修正案的执行,空气质量保持稳步改善(EPA,2011)。遗憾的是,由于飞机必须遵循严格的重量、体积和安全限制,许多地面使用的治污技术无法应用于航空业。因而,虽然航空排放导致的空气污染不显著,但其他污染排放普遍减少的情况下,飞机排放却在持续增长(Waitz 等,2004)。在美国的一些郡县中机场常是最大的单体污染源之一,图 15.6 所示为美国 10 个大型城市中,由航空产生的 NO_x 排放的占比。

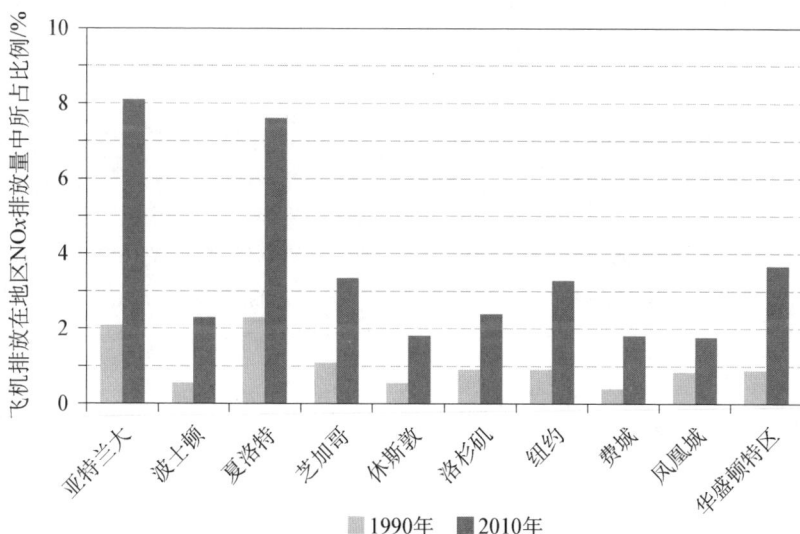

图 15.6　飞机排放在地区总排放量中所占的比重:**1990 年的值与 2010 年的预测值(EPA,1999)**

与大多数化石燃料污染源相同,飞机发动机排放出多种影响人类健康及能改变生态系统的化学物质,包括二氧化碳(CO_2)、水蒸气(H_2O)、氮氧化合物(NO_x)、未完全燃烧的碳氢化合物(UHC,如甲醛与苯[①])、一氧化碳(CO)、硫氧化物(SO_x)和其他微量物质,包括氮氧化合物族(NO_y)、有害空气污染物(HAPS)及挥发性和非挥发性颗粒物(PM),其中主要为 PM2.5(即直径小于 $2.5\mu m$ 的颗粒物)(Masiol 和 Harrison,2014)。主要颗粒物包括直接排放到空气中的灰尘、污垢、烟灰、烟雾和小液滴。排放到大气中的 NO_x、SO_2 和 UHC 等气体的冷凝或转化而形成的颗粒物被称为次级颗粒物。燃油溢出直接将碳氢化合物排入大气中。飞机发动机的排放物由 70% 的 CO_2、不足 30% 的 H_2O 以及不到 1% 的其他污染物构成(FAA,2005)。

飞机处于地面运行、降落及起飞阶段时产生的排放显而易见(如飞机起飞时可见发动机排气羽流),但这部分排放仅占航空总排放量的约 10%。飞机在巡航高度(9~11 千米)的排放会使颗粒物与臭氧等表层污染物的浓度增加(Lee 等,2013)。巡航排放发生在大气层高度,因而影响范围巨大。例如,在美国商业飞机排放造成的健康影响中,超过 95% 的排放发生在美国以外(Koo 等,2013)。

在各种情况下,排放物的构成比例受到多种因素的影响。CO_2 和 H_2O 是碳氢化合物的燃烧产物,因此这些气体的排放量与燃油消耗量直接有关,即这些气体的排放量是飞机及其发动机燃油效率以及发动机或辅助动力装置(APU)运行时间长短的函数。含硫化合物的排放总量与燃料中含硫浓度(可从燃料规格说明中获得)以及燃油消耗总量有关。NO_x、NO_y、非挥发性和挥发性颗粒物(PM)、CO 和 UHC 的排放与燃料燃烧方式以及发动机内部发生的燃烧后化学反应有关。因此,这些物质的排放量与消耗的燃料总量以及发动机的设计和运行规格呈现出某种函数关系。

因为发动机需要在高温高压条件下,提升每单位质量流量产生的效能与推力,所以很难降低因此产生的 NO_x 排放。这样需在 NO_x 排放与 CO_2 和 H_2O 排放之间做某种权衡。从航空排放对气候及空气质量的综合影响角度观察,增加 CO_2 与 H_2O 的排放是否能减少 NO_x 的排放尚不明确,反之亦不明确。最后,颗粒物和 UHC 的排放还受燃油成分的影响。表 15.2 总结了决定排放的各主要因素。

正如上文所述,航空业排放的 NO_x 和 VOC 还会导致在地表高度及对流层高度上臭氧(O_3)的形成。如果臭氧出现在平流层,就可以保护我们免受紫外线辐射,但出现在其他高度就会成为一种污染物:会导致地表形成烟雾,或使对流层中的空气变暖。吸入臭氧会诱发呼吸道疾病或造成肺功能下降,不论短期还是长期暴露于臭氧环境中都会导致死亡率上升。在美国郡县层面,机场的 NO_x 排放量占总体排放的 2%~5%(FAA,2005)。

---

① 挥发性有机化合物(VOC)是从特定液体或固体中挥发出的同类型碳氢化合物。在航空业中,未燃烧的燃油释放 VOC,同时燃料燃烧的副产品也会释放 VOC。

表 15.2 发动机燃烧产生的化学物质及其对健康的影响（EPA，2014）

化学物质	主要决定因素	健 康 影 响
CO_2	燃油消耗	无直接健康影响
H_2O		
未燃烧的碳氢化合物	发动机设计，燃油的成分	导致在地表形成烟雾和臭氧
挥发性有机化合物	发动机设计，燃油的成分	产生短暂健康影响，例如呕吐、疲劳、咽喉疼痛。某些 VOC 属于有害的空气污染物，并可致癌（见 5.5 节）
SO_x	燃油消耗，燃油的成分	二氧化硫：高浓度 SO_2 会对呼吸系统产生不利影响，并可能加重呼吸道与心血管疾病。哮喘病、支气管炎和肺气肿病的患者、老年人以及儿童对 SO_2 最为敏感。另外，SO_x 在大气中经历化学和微观物理过程后，最终形成硫酸铵气溶胶，并影响周围特定物质的浓度（见前文所述 PM 颗粒物对健康的影响）
NO_x	发动机设计	导致烟雾和臭氧的形成。NO_2 会刺激肺部，引起支气管炎和肺炎，并降低呼吸道感染的抵抗力。NO_x 也会在大气中发生化学和微观物理变化，最终形成硫酸铵气溶胶，并影响周围特定物质的浓度（见前文所述 PM 颗粒物对健康的影响）
NO_y		导致烟雾和臭氧的形成
CO		导致形成烟雾和臭氧。人体会像吸收氧气那样吸收 CO，但是血红细胞吸收了 CO 后就不能再吸收氧气，因而无法将氧气输送到人体器官和细胞。暴露于高浓度 CO 中会影响视觉、动作的灵敏性，降低学习能力以及导致无法完成复杂任务等问题。对心血管疾病患者，特别是同时患心绞痛和外周血管疾病的患者而言，CO 的健康威胁极大
主要颗粒物	燃油燃烧，发动机设计	导致烟雾的形成。颗粒物对呼吸系统产生不利的影响，并且是一种致癌物质，还可能导致过早死亡。它会损害肺组织，能导致呼吸道和心血管疾病恶化，并导致人体免疫系统对外来异物的防御过程发生改变。患有慢性阻塞性肺气肿或心血管方面疾病的患者，或流行性感冒、哮喘病患者，以及老人和儿童比较容易受颗粒物的损害和影响
次级颗粒物	次级污染物（由 SO_x、NO_x、氨及其他化合物组成）	
臭氧	次级污染物（由 NO_x、VOC、氨及 CO（仅某些情况下）组成）	臭氧会造成肺部组织的损害并危害健康，还会降低肺功能，并使肺对其他刺激物敏感。臭氧不仅会对患有呼吸系统疾病，例如哮喘病患者，产生影响，还会对健康的成年人和儿童造成危害（EPA 的绿皮书）

　　飞机并非航空业排放的唯一源头。机场保障作业，例如机场接驳巴士、场站动力源设备、建筑用装备以及进出机场的旅客交通工具，都会在机场进行排放。

15.5.1　影响

前文所述的化学物质,以及这些物质在大气中与其他物质发生化学反应产生的物质,都会直接对地方及全球环境产生影响。表15.2总结航空相关排放物对当地健康及环境的影响。15.6节讨论排放对全球气候的影响。

航空排放对健康的影响仍有部分尚不确定。一项最新研究表明,对人类健康影响最大的污染物是由全球NO_x排放形成的次级颗粒物(Koo等,2013)。虽然航空SO_x排放占到航空悬浮微粒排放总量的20%以上,但是飞机产生的硫酸盐微粒并未集中于人口稠密地区,因此对全球环境影响较小(Barrett、Britter和Waitz,2010)。最近的研究表明,在美国由于机场分布密度较大,飞机起降操作排放的主要颗粒物影响也较大,但与NO_x和SO_x排放形成的次级颗粒物相比,主要颗粒物对环境的影响程度仍然较低(Ashok,2012)。在起飞和降落过程中排放的臭氧产生的影响只占总影响的很一小部分,而巡航排放臭氧的影响还不能完全确定(Ratliff等,2009)。

航空污染排放对于人类健康最重要的影响是,长期暴露于细微颗粒物(PM2.5)会诱发或使呼吸道和心血管疾病加重,从而导致患者过早死亡(Masiol和Harrison,2014)。针对海平面以上、3 000英尺以下的航空排放对健康影响的调查研究发现,美国每年有75~340起死亡可归因于这类污染(Ratliff等,2009;Levy等,2012;Ashok等,2013;Brunelle-Yeung等,2014)。虽然目前尚未对飞机巡航排放做出限制,但这类排放也会影响人类健康。全球范围内,每年约8 000起过早死亡可归因于巡航排放(Barrett、Britter和Waitz,2010)。该数字占全部与空气质量有关的过早死亡案例的约1%。

15.5.2　排放物的测量

有若干种方法来表征飞机的排放量。判断与飞机及相关运输系统的运行排放绩效的技术发展趋势,通常需要使用飞机以某种方式运行时的污染排放总量作为主要衡量指标。例如,NO_x排放量与发动机压缩比和发动机总额定输出推力之间存在较强的函数关系。因此发动机技术性能通常用单位推力产生的NO_x排放质量来估算,并将NO_x折算成发动机压缩比后,展示为连续曲线。该指标体系是目前使用的发动机NO_x认证标准的基础。

衡量航空对空气质量影响的更合理的方法是,针对一段时间内累积的排放量进行评估。例如,NO_x排放对于当地空气质量的影响,直接与在指定区域飞行的所有飞机排放的NO_x总量有关(如每天排放的NO_x公斤数)。

通常,采用空气中污染物的浓度为特征指标监测周边环境空气质量的方法,评估暴露于污染中的人口数量。例如臭氧含量用百万分之比率(10^6)表示。通常在给定时间段内对污染物含量进行多次测量,以确保观察到该时段内含量水平的变化。

美国对各类空气污染物的监管规定就根据给定时段内的平均浓度制定,测量时段短则为1~3小时,长则可达一整年(EPA,2014)。

污染对于人群的总体影响很难衡量,原因是污染的总体影响需借助人口统计方法获得,常常需要几年时间才能显现,而且较难将污染影响从其他危害健康的原因中分离出来(EPA,2011)。尽管如此,广泛的流行病学证据还是被收集起来,并构建了美国与欧洲采用的浓度-反馈关系基础(BenMAP,2005;EC,2006a)。该关系模型将周围污染物的浓度与各种健康危害的风险增量,包括过早死亡等,联系在一起。最新研究表明死亡率与PM2.5的关系反馈曲线呈线性,并始终低于美国目前的监管限制值。这就说明并不存在这样一个确定阈值,当浓度低于该阈值后继续降低人群暴露于颗粒物的程度仍能带来益处(Pope、Ezzati和Dockery,2013)。

15.5.3　排放的发展趋势

2011年,航空业消耗的化石燃料(不包括天然气)占到交通运输业消耗总量的5.6%(BTS,2014)。随着交通运输业中其他行业越来越多使用替代能源,如混合动力汽车发动机和风能,美国与欧洲航空业使用化石燃料的份额可能还会持续增加。

技术进步促使飞机发动机的油耗和排放量大幅降低。在过去的40年中,每客公里的燃油消耗下降了70%,如图15.7所示(该图展示的是为将一位旅客运送单位距离所消耗的燃料能量,以产生每收入客公里所需的兆焦耳为单位)。各类飞机运行阶段特征——机场地面服务、飞行航程长度、飞行高度——也会对燃油效率产

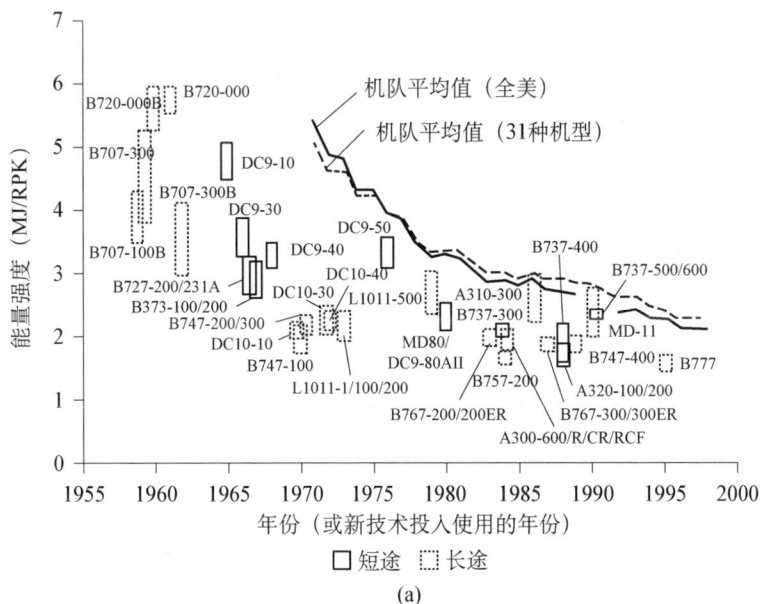

(a)

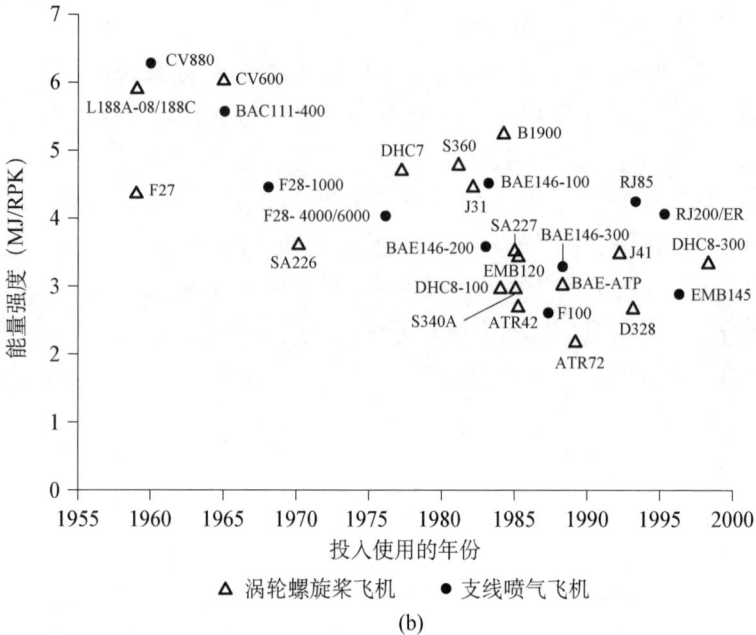

(b)

图 15.7 (a)美国大型商业机队能量强度的历史发展趋势;(b)美国支线机队能量强度的历史发展趋势(来源:经 Lee、Lukachko 和 Waitz 许可使用)

生重要影响,如图 15.8 所示[①]。与大型飞机相比,支线飞机飞行的航程长度通常较短,因此支线飞机发动机运转在如滑行这类非最佳工况、非巡航高度飞行阶段上的时间会更多一些。

可采用改进型发动机减少污染物的排放。改进的方向包括发动机产生每磅推力排放的污染物减少,改进后的机身仅需较小推力便可按指定速度、指定距离运送指定的载荷,以及优化的运行流程能更有效地使用飞机。在过去五十多年中,得益于各国发动机制造商及政府机构的共同努力,发动机涡轮设计取得了重大进展。技术进步提升了发动机的燃油效率并改善了发动机的性能、耐久性及可靠性。在燃油效率提升中,约 60% 的效率提升可归因于发动机技术发展,其余提高则可归因于空气动力学获得的进步以及运行优化方面(特别表现在客座率提升)(Lee 等,2001)。在同一时期,机身设计和制造方面也取得了重大进展,研制出高强度的轻型材料和结构,并借助计算机辅助设计工具最优化空气动力效率。

当环保措施能够产生经济效益时,如燃油效率的提升,就很可能主动实现环保。

[①] 图中的 y 轴为"能量强度",与燃油效率密切相关。能量强度是衡量将 1 名旅客移动 1 千米所需能量的指标。通常以 MJ/ASK 或 MJ/RPK 为单位。

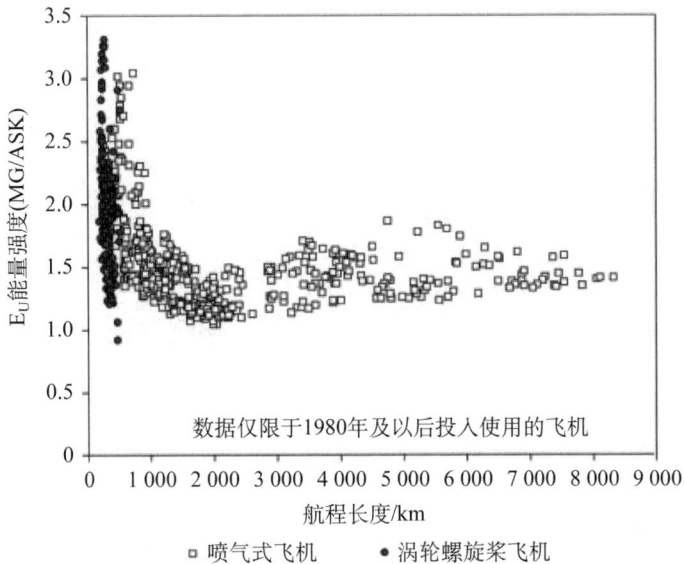

图 15.8 能量强度与航程长度间的变化关系（来源：Babikian 等 (2002)著作重印版，经 Elsevier 授权）

因为有些排放物（主要是 CO_2 和 H_2O）与燃油消耗直接相关，因此提升燃油效率可以产生好的副作用，即减少这类物质的排放。但另一方面，NO_x 的排放量主要取决于发动机内部的温度与压力，而现代飞机发动机必须在高温和高压条件下运行才能提升单位重量的燃油效率及推力，因此减少 NO_x 的排放非常困难。观察图 15.9 可发

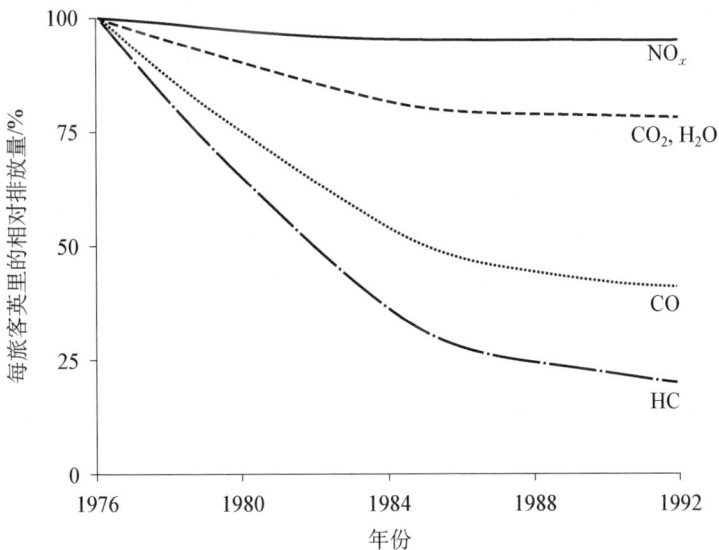

图 15.9 1976 年—1992 年间，飞机相对排放量（FAA，2005）

现,所有其他类型物质的排放量都在随时间推移而下降,但 NO_x 的排放量一直非常稳定。目前,能在国际标准基础上将 NO_x 排放降低 33％的喷气发动机新型燃烧室已研制出来,并且预计未来 20～40 年内新技术可将 NO_x 排放降低 45％～90％(Graham、Hall 和 Morales,2014)。然而,一些人认为采用此类燃烧室的发动机会比采用简单燃烧室的发动机更重和更贵。如果没有强力的激励或管理措施,航空公司不会采用更贵的燃烧室。不过,还是有一些替代方法能减少 NO_x 排放并且无需以燃油效率为代价,包括燃烧室技术、机身空气动力学和重量方面的种种改进已能够有效减少 NO_x 排放并且不会对燃油效率产生负面影响(Waitz 等,2004)。

由于研发周期和服务生命周期都非常漫长,在航空公司、国家或者国际的机队层面,技术改进获得回报也都会非常缓慢。根据过去的经验,在未来 15～20 年中,预计新型飞机采用技术改进,每年都可使每收入客公里的油耗下降 1％左右(NRC,2002)。然而,这种效率提升和相应的排放减少仍不足以抵消在同时期内,每年 3％～5％的预期交通运输量增长(IPCC,1999;Lee 等,2001;NRC,2002)。

借助改进各种关键环节的运行效率,在减少 NO_x、UHC、一氧化碳及颗粒物排放方面仍有许多机会和空间。研究表明,地面运行、航空公司运营及空中交通管制和管理工作的改善可以使全球总油耗减少 5％～9％(Hileman 等,2013)。欧盟希望到 2050 年,通过提升燃油效率及改进发动机设计,将 NO_x 排放减少到 2000 年的 10％左右(EC,2011)。同时 FAA 也在研究能够减少燃油消耗及污染排放的运行优化方法,例如修改飞机起飞和降落流程,或者促使空中交通管理系统现代化,以减少航路及地面延误等(Marais 等,2013)。

15.5.4　控制排放

1981 年 CAEP 制定了关于烟雾、UHC、一氧化碳及 NO_x 排放的测量流程和合格标准,以限制机场周边的污染排放(EPA,2012b)。另外,ICAO 批准了制定排放标准的四条准则,包括标准必须在技术上可行、在经济上合理、对环境保护有益,并且要均衡考虑排放与噪声之间的关系(ICAO,2013,引自 ATA)。提出这些基本准则的目的在于帮助制定切合实际的管理条例和相关标准,既要考虑到当前、中期和长期的发动机技术可用性,同时要权衡减排 CO_2 和减排 NO_x 哪个更有利,还要在社区利益和实施成本之间找到折中的办法。

在机场及其附近发生的绝大多数操作都与飞机起降有关(相对于在巡航高度飞行而言),ICAO 定义了"起降循环"用来描述在机场范围内飞机发动机的运行特征和状态。排放标准的适用范围是国际标准大气压(ISA)海平面静态(SLS)条件下,所有新制造且额定推力输出大于 26.7 千牛(kN)的涡轮喷气及涡轮风扇发动机。

自 40 年前燃气涡轮发动机广泛普及之后,美国便开始对飞机污染排放进行监管(NRC,2002)。美国的发动机排放标准通常会与国际标准保持一致。第一部限制飞机排放对空气质量影响的联邦法令于 1973 年由 FAA 和 EPA 共同颁布执行。该法令要求使用低烟燃烧器并且禁止发动机正常停车后随意排放燃油。根据大气保护法,EPA 针对 6 种"主要"污染物(包括 PM2.5,PM10,一氧化碳,SO_x,NO_2 和铅)制定了"国家环境空气质量标准"。喷气飞机的排放中含有除铅以外的其他所有主要污染物(而螺旋桨飞机仍在使用含铅的燃料)。最近即 2012 年,EPA 针对新制造的发动机设定了更严格的 NO_x 排放 ICAO 标准(EPA,2012a)。目前,几乎全部与航空相关的排放源都受到由不同组织制定的规范的约束,包括针对具体设备的规定、标准和推荐做法以及运行指南(FAA,2005)。举例来说,机场的固定排放源,如动力锅炉或制冷冷却装置都要求符合各州的规定。几乎所有航空设施(如发动机图纸、仪表或控制器)和流程(如降落程序)都必须获得 FAA 认证。自 1997 年开始,必须由 FAA 批准机场建设计划,表明该建设项目的直接或间接排放都符合各州实施的空气质量标准。

在美国,还有许多机场自行制订和实施了一些规范和计划,目的是减少地面保障和其他车辆的排放(FAA,2005)。许多机场在试用混合动力、压缩天然气或替代燃料车辆,一些机场采用了烧天然气的穿梭巴士。2004 年,FAA 和 EPA 开始了一项旨在减少机场内非达标区(排放超过大气保护法要求的区域)排放的措施。"机场自愿降低排放(VALE)"计划为机场提供资金和排放积分奖励,以鼓励机场多使用低排放车辆、为应用替代燃料改造机场的基础设施、通过登机口为停场飞机提供电力及空气(避免使用烧油的辅助动力装置)或者采用其他减排措施。

欧盟也制订了类似旨在限制与航空相关排放的规范或者计划,例如颁布多种指示用于监管大气中的污染物,包括二氧化硫、二氧化氮、颗粒物、铅、臭氧、苯、一氧化碳、多环芳香族碳氢化合物、镉、砷、镍及汞。第一份排放限制规范于 1999 年 7 月生效,主要限制向大气中排放 NO_x、SO_2、铅和 PM10,第二份限制规范于 2000 年 12 月生效,限制向大气中排放苯及一氧化碳。此外,一些欧洲机场制订了基于排放量的飞机降落收费机制,通过经济措施刺激飞机使用低 NO_x 排放的发动机。

机场提出的扩建或扩容计划,如果预期的交通量增长导致的排放增加不符合当地的排放标准,则该计划通常会搁置。如 2003 年英国政府拒绝了希斯罗机场新建第 3 条跑道的计划,理由是该跑道建成后机场周边的 NO_x 水平将会超过欧盟的限制规范要求(Harrison,2006),目前仍在对该计划做进一步环境评估。英国政府宣称在 2015 年前都不会决策修建新跑道[①],所以希斯罗机场的扩建计划仍处于搁置状态。

15.5.5 新出现的问题

在过去的 10 年中,航空业内新发现了两个与当地空气质量密切相关、同时又具

---

① 机场委员会透露将扩展其成员数量,*BBC* 新闻,2013 年 12 月 17 日(2014 年 9 月 24 日摘录)。

有高度不确定性的重要问题。其中第一个是危害呼吸道健康的细微非挥发颗粒物(nvPM)问题。

虽然 EPA 针对颗粒物设定了越来越严格的国家环境空气质量标准,但目前尚没有公认一致的测量颗粒物的方法,而且可供参考的、与航空相关的颗粒物历史数据甚少(Kinsey 等,2011)。ICAO 也建立了关于飞机 NO_x 排放的认证标准,这也许能够限制次级颗粒物的形成以及飞机发动机尾气中的可见烟尘排放。认证时,通过前述从尾气中收集颗粒物的过滤器装置上反射率的损失程度来确定烟雾等级。由于烟雾控制标准针对那些能产生可见烟雾的老旧发动机制定,因而这类测量标准和方法无法适用于现代化机队及细微颗粒物排放。因此,用这些方法难以评估航空业对颗粒物排放的影响程度,从而难以确定是否需要采取缓解措施以及应该采取何种缓解措施。已经有一些项目和计划在尝试解决该问题。例如,汽车工程师协会(SAE)的 E - 31 委员会正为飞机发动机认证制定一项颗粒物测试的标准方法(Masiol 和 Harrison,2014)。ICAO 的航空环境保护委员会(CAEP)正在制定针对飞机 nvPM 排放的认证标准(ICAO,2013)。

第二个与当地空气质量相关的新问题是航空业向当地大气环境排放有害污染物(HAPS)的情况。美国环保局目前已确认了 188 种 HAPS,所有已知或怀疑对人体健康或环境产生不利影响(如造成癌症、先天缺陷或神经系统损伤)的空气污染物都属于 HAPS。然而,目前仍较难确定 HAPS 中航空排放所占的比例。部分研究发现,在机场附近某些已知由飞机发动机排放的 HAPS 水平较高,说明航空确实是 HAPS 的主要排放源之一;在最新的机场环境评估流程中,更加突出了 HAPS 评估的比重(CDM,2003)。

15.6　航空业对气候的影响

当前,最具争议性和不确定的问题是航空业如何影响气候变化。在欧洲,航空业排放的温室气体占到总量的3‰且仍在继续增长;同时,气候变化被认为是航空业对环境产生的最主要影响(EC,2014b);而在美国,许多人仍认为治理社区噪声和地面空气质量比气候变化更加重要和紧迫。

人类活动导致气候改变越来越成为一个问题,这主要由于当前变化期的改变速度远比之前气候期的变化速度快。因此,生物来不及适应这种变化,许多物种可能濒临灭绝。气候变化还会影响农作物的生长,有些地区可能变得更适合农作物生长,同时有些地区会变得不适合农作物生长。全球性气候变暖将导致海平面上升,从而使全球一些大城市陷入危险境地。气温升高导致热应力增加,极端天气事件频发,并使某些传染性疾病更容易扩散和传播。气候变化导致的社会、人口以及经济混乱会使健康风险增加。因此,任何关于航空业对健康和环境影响的评估,都必须考虑到航空业对气候变化的影响。

15.6.1　影响

飞机会排放出化学物质,并且产生影响气候的物理反应,如航迹云。本节从气候的角度出发,介绍影响最大的那些排放物以及它们影响气候的原理和机制。

二氧化碳是一种温室气体,会导致全球气温上升。由于地球碳循环的时间跨度非常长,二氧化碳排放出来后会在大气中存在 500 年,并对气候产生持续的影响。图 15.10 为 2006 年全球飞机燃料消耗的分布情况。如图所示,全球各区域的排放量存在显著差异。这种差异对于下文将讨论的那些短期气候影响而言非常重要。

2006年度总油耗 (kg/km^2)　　　区域总值|平均值：188.20 Tg | 368.97 kg/km^2

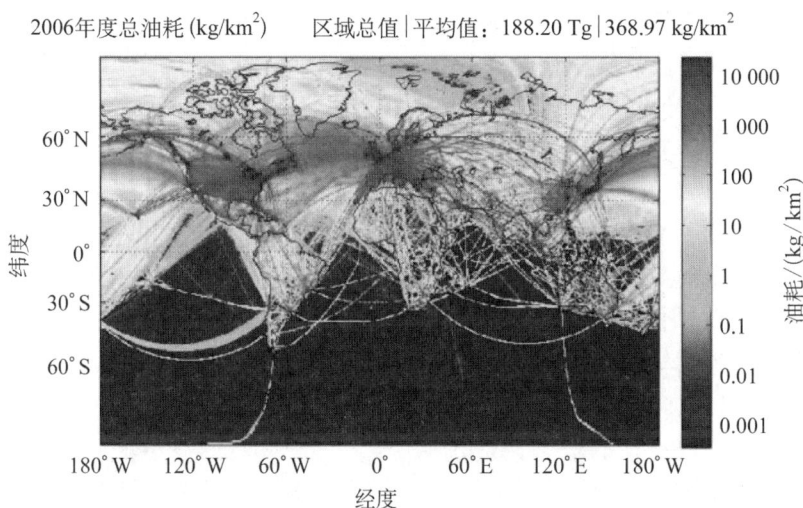

图 15.10　2006 年全球飞机油耗分布(Wilkerson 等,2010)

相对于 CO_2 的影响周期,发动机排放尾气中其他成分对大气的影响周期要短很多,从以天计(航迹云)到以 10 年计(NO_x 吸收甲烷)不等,基本不会超过百年。不过,这些排放物仍是航空业对气候影响的重要原因。

(1) 水蒸气会影响航迹云的形成,并且由于水蒸气是一种温室气体,会直接导致气候变暖,特别在平流层中作用更显著。与 CO_2 不同,对流层天然存在高浓度的水蒸气,航空排放也几乎不会影响对流层的水蒸气浓度。

(2) 飞机在对流层内飞行产生的 NO_x 排放会增加臭氧(O_3)的净浓度。在平流层内臭氧直接决定大气过滤有害紫外线的能力,但在对流层高度上它却是一种强力温室气体。臭氧分解相对较快(几天至几周),因此 NO_x 基本只在北半球(全球航空交通量最多的地方)造成区域性以及短暂的变暖效应。

(3) 飞机在对流层内飞行产生的 NO_x 排放还能加速清除甲烷(CH_4)气体,许多自然和人类活动会排放甲烷,这是一种强力温室气体;甲烷能在全球范围内均匀混合，并存在数十年时间。减少甲烷能够长期抑制对流层中的臭氧形成，这种影响是全球性的，并能够带来气候冷却效果。从全球平均水平看，NO_x 的几种影响（产生能快速分解的臭氧，清除生存期较长的甲烷并抑制臭氧生成）具有相同量级但相反的效果（Holmes、Tang 和 Prather，2011）。不过，这些影响的时空范围不同，NO_x 的总体影响仍不确定。

（4）当飞机发动机尾流内相对温暖和潮湿的空气遇上大气中寒冷干燥的空气时，就会形成凝结尾迹或称为航迹云。在航迹云内，发动机尾气中的微粒会成为污染物凝结的核心，附着周围大气中的污染物、排放的烟尘以及挥发性气溶胶颗粒，如硫酸盐等。航迹云的形成受环境条件（给定飞行高度上的大气压力、温度以及相对湿度）、燃油的燃烧特性和发动机整体效率的影响。航迹云的存在时长或在多长时间之后航迹云会消散，受当地大气条件（即当地大气的热动力状况是否满足某种条件，如是否处于相对冰饱和的状态）的影响。

航迹云和其他类型的薄云可能具有保温效果，因为它们能阻挡从地球辐射向太空的热量（也称为向上的地面辐射通量或向外的长波辐射），而对于地球从太阳吸收的热量（也称为向下的太阳辐射通量或向内的短波辐射）只有很小的影响（Burkhardt 和 Kärcher，2011）。与二氧化碳相比，航迹云的生命周期（以小时计）相对较短，对气候变化的影响非常有限。航迹云还可能促进卷云的形成，卷云对热量的反射和保温效果与航迹云类似。因航空业产生的卷云的云量及影响也无法确定，不过大多数估计都认为，卷云的影响与比较容易观察的线形航迹云产生的影响相同或者仅稍大一些。

（5）烟尘排放物会吸收太阳光，这是一种能直接导致气候改变的变暖效应。烟尘颗粒会成为云的凝结核，也可能改变冰云和水云的微物理性质。烟尘沉积到地表可能改变地表反射率（行星反照率或地球反射率），并间接造成气候变化。虽然与其他排放物类型相比，航空烟尘的直接升温效应非常小，但对于烟尘影响到底是纯冷还是纯升温以及该效应的幅度大小都仍然未能明确（Lee 等，2009）。

（6）与烟尘排放类似，硫酸盐排放物也会直接导致气候变化，会通过航迹云产生间接的影响。硫酸盐气溶胶会将太阳辐射反射回太空之中，因而产生某种程度的冷却效果。

（7）平流层中水蒸气和 NO_x 的排放会产生不同的影响。特别是在大气平流层的 NO_x 排放会导致臭氧消耗。平流层内的臭氧是抵御紫外线辐射的重要屏障，因而平流层内的臭氧消耗会导致皮肤癌患病率增加以及生态的变化。如上文所述，平流层内排放的水蒸汽具有强烈的升温效应。航空排放总量中约三分之一发生在平流层内高度较低的地方（IPCC，1999）。

总结本节，单个航班的环境影响如下。飞行后几天内最重要的影响是航迹云和航空卷云（如果出现）的升温效应。此后臭氧分布变化造成的升温效应最为重要。

这两类影响基本是区域性的,发生在飞机飞过的地方。在较长时间尺度上产生的影响则更趋向于全球性。在数年的尺度上,甲烷减少产生冷却效应;而在几十上百年的尺度上,二氧化碳造成小幅升温效应是唯一影响。所有影响综合在一起的静效应仍是目前科学研究的方向之一。

15.6.2 测量

气候变化可用多种方法进行测量,不过最常用的综合指标体系是:由大气辐射平衡波动造成的全球地表平均温度的变化。辐射平衡的变化用辐射强度来表示,即以单位表面积上的辐射功率——瓦特数(W/m^2)表示。与前工业时代的温度相比,正辐射强度造成净升温趋势使环境温度升高。不同的化学物质每个单位的浓度变化会造成辐射强度等级的变化;同时,每个单位的辐射强度变化会使地表温度产生不同的变化。随时间推移,上文中讨论的每种排放物对辐射强度的影响可使用简化模型进行估算,该模型综合大气及碳循环模型推导而来(Sausen 和 Schumann,2000;Marais 等,2008)。各类排放物导致的温度变化则更加无法精确测量,不过可使用简化的脉冲响应参数化模型或采用更精确、考虑了海洋及陆地热通量的模型,根据辐射强度进行估计。

过去,估计航空效应对气候改变的相对影响依据的是给定时间点上所有之前的恶化当下的航空业活动的辐射强度(如根据累积 CO_2 排放产生的或者其他排放物当天或短期的影响,后者如航迹云产生的影响)(Lee 等,2009)。然而,这类借助辐射强度估计航空排放影响的办法,在评估相对影响时常常造成误导,因为并未考虑航空活动导致的所有影响(如未考虑由 CO_2 造成的长期效应)。在评价环保政策时,基于新活动产生的单位排放导致的全部未来边际成本进行评估,可能更加合理。因此,气候的边际变化(如全球平均地表温度的变化,或者全球净福利损失)是时间或指定时间跨度的函数,可作为判断航空相对影响的更合理方法。采用经济性度量指标,能够直接对比航空导致的气候变化影响与其他环境影响,如空气质量和噪声,并能在政策分析过程中评估环境要素的权衡效果或伴随效益。然而,当前航空排放造成未来气候变化的总体经济成本仍然难以确定,该总体成本也取决于未来的排放量情况和经济状况。很多非市场因素影响,如生物多样性消失非常难以衡量,在如何货币化这些影响方面仍存在着巨大的争议。

15.6.3 控制温室气体排放

目前,美国尚未出台限制飞机和航空其他排放源排放温室气体的国家监管规定(FAA,2005)。然而,作为提升燃油效率的副作用之一,航空业早已在减少 CO_2 和 H_2O 排放方向取得了重大进展。

CAEP 继续从技术和标准、运行手段以及市场措施,如自愿性协议、开放排放交易市场、征收排放税费等方面进行改进,以限制或减少航空温室气体排放。CAEP

还打算制定一种新的标准,把燃油效率技术集成到用于所有机型尺寸飞机的设计流程之中,以减少 CO_2 的排放(ICAO, 2013)。为达成该计划,2012 年 CAEP 批准在三个巡航点上安置基于飞机尺寸、飞机重量和燃油消耗绩效的 CO_2 排放测量系统。

航空对气候的影响具有较大不确定性,所以很难对气候影响实施有效的控制措施。不过,根据过去十多年的测量数据进行分析和判断,能够预期,航空温室气体排放还会持续增加(FAA, 2005)。正是由于存在多种不确定性,导致难以决策采用何种适当技术、运行优化以及政策方案,来减缓航空对气候变化之影响。所以,目前多数人建议的缓解方案都与减少燃油消耗有关。此外,虽然在过去 35 年中,平均每旅客英里消耗的燃油量已减少了 60%,但许多预测结果表明,在未来 15~20 年中油耗下降比例将低至每年 1% 左右,远低于预测的航空需求增长率(IPCC, 1999；Lee等,2001)。

欧盟委员会已开始在多个主要行业的约 11 000 个工业设施中实施"温室气体排放交易机制(ETS)"。ETS 对温室气体排放的总量设置了上限,在该总量限额以内,各个运营商可根据自己的需要买卖排放配额。当然,事先也已公平地将排放限额分配给了各运营商。预期排放量会超过配额的运营商可以购买额外的排放份额,或者在减排上进行投资；而预期排放量少于配额的运营商可选择出售剩余的排放量。所以,各运营商都可自行选择最具成本效益的方式来控制和管理排放,同时有动力想办法永久减少排放。自 2012 年以来,欧洲经济区(EEA)内所有的航班排放都已纳入欧盟排放交易体系。此外,该体系还覆盖了欧洲经济区"外延区域"内(如瓜德罗普岛、法属马提尼克及马约特岛)航空站的航班,但不包括外延区域之间的航班(EC, 2014a)。

虽然进出欧盟的国际航班都应纳入 EU-ETS 体系之中,但迫于行业及外国政府压力,又为此制定了法律修正案：承诺至少在 2016 年之前不会将这部分航班纳入ETS 体系。这项修正案还赋予低排放运营商以豁免权,并引入所谓"时钟停止"扩展。根据 ICAO CAEP 为解决航空排放问题制定基于市场的全球性措施的进展情况,欧盟考虑在 2016 年重启把进出欧盟的非欧盟国家航班纳入 EU-ETS 体系的计划(EC, 2014a)。

在美国,针对 SO_2 和 NO 污染物的排放交易计划也已建立,但并未覆盖航空业(Burtraw 等,2005)。

15.7 替代燃料

目前几项活跃的研究和研发工作正在进行之中,这些工作的目标是推进航空替代燃料的使用。使用替代燃料能带来一系列好处,包括能源独立性与安全性、改善经济效益以及缓解环境恶化。虽然一些创新概念,如装备了超导电动机的全电动飞机或者太阳能动力飞机,带来愿景能彻底消除排放问题;但近期的目标仍然是,如何尽快应用完全兼容现有飞机技术和加油基础设施的液体燃料(ICAO,2013;Hileman 等,2009)。

生产替代燃料并逐步应用于现有飞机可采取多种方式。对传统喷气机燃料进行加氢处理可产生一种含硫较低的航空燃料,常称为超低硫(ULS)喷气机燃料。费托合成(FT)处理方法可将从煤、天然气或生物质中提取的氢和一氧化碳转化为相容的合成液体燃料。对植物油进行氢化处理后,例如亚麻籽油、麻风果油及菜籽油等,也能生产称为 HEFA 的替代燃料。虽然 HEFA 和 FT 燃料的成分与常规燃料的成分大致相同,但因替代燃料中不含芳香族化合物,而会影响密封圈和垫片的性能。因而如果将合成燃料与常规燃料以 50∶50 的比例混合,就能满足现有性能要求(Hileman 等,2009)。还有途径和方法,如高温裂解煤或者生物质原料也可产生替代燃料。植物糖的微生物代谢也可产生具有经济可行性的替代燃料,并能提升环境效能(Staples 等,2014)。

一些替代燃料中只含极少的硫和芳香烃,与常规燃料相比,能在最小性能改变的前提下大幅减少污染物排放。因而,采用合成或者 ULS 燃料确能改善当地空气质量。

还有一些替代燃料采用可再生原料生产,植物可再生原料在生长过程中从大气中吸收的 CO_2 量大约等于燃烧它们时释放的 CO_2 量。不过,这类燃料的种植收获、生产转化以及运输等过程还会产生 CH_4、N_2O 和 CO_2 等温室气体排放。通过种植生产可再生原料还会改变大气中的 CO_2 平衡(Stratton、Wong 和 Hileman,2011b)。因此,替代燃料对气候影响的评估,需要基于燃料全生命周期内的温室气体排放以及每单位燃料的 CO_2 当量排放量进行。部分替代燃料确实能够减少其全生命周期内的温室气体排放,而另一些替代燃料的排放甚至会比常规燃料还糟糕,如图 15.11 所示。

混合燃料的成分特性还会改变替代燃料使用对气候产生的影响。如硫酸盐气溶胶会产生冷却效应,相对于传统燃料,替代燃料中含硫量减少就会导致短期升温效应(Stratton,Wolfe 和 Hileman,2011a)。这种升温效应可能会被替代燃料中芳烃含量降低所导致的颗粒物排放减少抵消掉,然而排放变化对于辐射强度的直接净影响、对航迹云和云层形成及其光学性质的间接净影响尚无法明确。

目前,在评估替代燃料的环境效能方面依然存在较大的障碍。生物燃料的生产需要大面积耕地以及能方便获取的大量淡水或咸水,这两者都会产生一定的生态影响。原料生产地区的生物地球物理效应,例如土壤蒸散总量变化、植物源挥发性有机化合物的产生以及地球反射特性的变化(行星反照率),都可能影响到气候、水质和空气质量。举例来说,最新研究结果表明,土地利用改变导致的反照率变化对气候的影响可能与替代燃料全生命周期内温室气体排所放造成的影响相当(Caiazzo

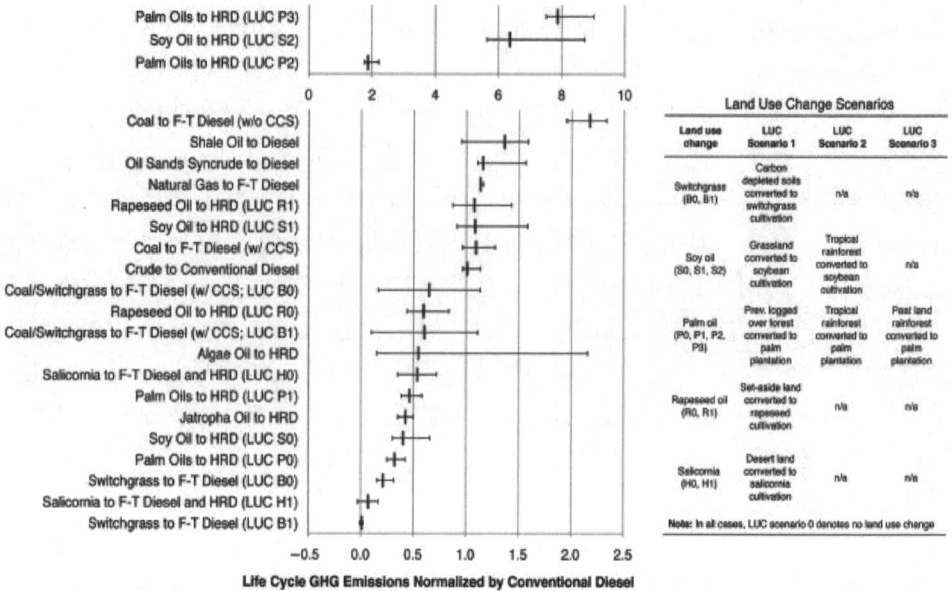

图 15.11　不同的土地利用改变假设之下,各种替代中间馏分燃料的生命周期温室气体排放(**Stratton、Wong 和 Hileman,2011b**)[①]

等,2014)。

　　此外,航空替代燃料的使用方面也面临着多种重大挑战,包括与粮食作物竞争耕地、生产替代燃料的高成本、与其他环保燃料竞争以及能否生产出足够的生物燃料达到有效减少矿物燃料衍生能源的使用等。尽管如此,美国 FAA 设定的目标是,至 2018 年要生产 10 亿加仑可再生喷气机燃料(FAA,2011b)。

15.8　总结与展望

　　预计在未来 20 年中,航空运输需求量将增长 2～3 倍,航空对环境的影响也因而会越来越受关注(JPDO,2006)。预期的航空环境影响将超过航空环保效能的提升。尽管过去的三四十年中,在飞机降噪方面已取得了长足的进展,不过由于当地社区对机场运行及扩建的反对和限制,噪声仍然是限制航空增长的关键因素之一。过去几十年中,每旅客公里的 CO_2 和 H_2O 排放量大幅降低,这主要得益于燃油效率的提升。而 NO_x 的排放量并没有明显的下降,相反,NO_x 的排放量会随着燃油效率的提高而增加。减少 NO_x 的排放成了相当有挑战性的技术问题。

---

① 　为保持原文的直观与准确,不进行翻译。——译注

在航空噪声与排放领域还出现了一些新的问题。航空低频噪声是造成建筑物结构性咯咯声响的罪魁祸首,并且有证据表明低频噪声会危害人类健康。民用无人机系统(UAS)的发展提出了新的监管挑战,监管策略应平衡安全、环境影响以及商业机会等方面。有些人认为,噪声和排放对健康的影响会互相加强,这意味着航空对人类健康的总体危害会高于目前的估计值(Schwela、Kephalopoulos 和 Prasher,2005)。例如,噪声和污染都会对人类心血管健康造成危害。

有害空气污染物(HAPS)是严重危害健康和环境的化学物质。飞机尾气中到底包含哪些 HAPS 及其危害程度如何,仍是相当活跃的研究主题。目前已确知,航空会对全球气候变化产生了影响。不过,每种航空排放物在人类活动总影响中所占的比重,以及应采用何种手段限制航空环境影响最为有效,目前都不得而知。

降低噪声和减少排放的目标又引发了一些有趣的政策问题。相互依赖的技术和运行手段造成了噪声和排放影响,因此旨在解决一方面影响的措施很可能会对另一个方面产生负面影响。举例来说,旨在降低噪声的运行和技术措施都会导致燃油消耗增加,从而加剧航空业对气候变化及当地空气质量的影响。排放物间的相互作用,使得很难通过改进发动机设计来减少尾气对环境的影响,其原因是人们必须在每类污染物之间以及排放与噪声之间进行权衡。而由于空气质量以及噪声影响很大程度上局限在机场周边,社区可能承受的环境成本分布并不均匀。噪声与排放的空间异质性导致了危害影响分布不均,并导致了社会公平和社会正义方面的政策问题。此外,由于环境影响以及技术研发成本发生在不同的时间尺度上,一项环境政策是否适当,除了要看现在,还对政策的未来效应进行考察。

最近十多年以来,美国联邦航空局、欧盟委员会以及其他国家与国际间组织已经在评估各种政策、技术和运行方案间的相互依赖性以及方案的经济效果方面取得了重大进展。

举例来说,2010 年国际民航组织的环保委员会曾考虑制定更严格的发动机 NO_x 排放认证标准。制定更加严格的发动机 NO_x 排放认证条件能够改善空气质量,但为了遵从这样的标准而进行机队改造可能使总油耗增加,因此需要在经济性和保护气候之间进行权衡。据此,需要为认证标准变化对于商业机队构成及所采用的技术进行建模,以推测和计算对飞机拥有成本、燃油成本及其他直接运营成本的影响。同时也要为每套候选政策建模,以评估其对空气质量、气候及噪声的影响并评估这些环境因素对人类健康和福祉的影响。对各类措施的环境效益和经济成本进行货币化处理后,即可直接对比两者并进行决策。此外还需考虑科学与经济上的不确定性、代表政策制定者偏好的观点以及对未来影响进行估值的不同方法。分析表明,日益严格的监管迫使人们在经济性和气候变化间进行权衡,但在特定条件下,适度严格的监管确能增加社会福祉(Mahashabde 等,2011)。根据分析结果,CAEP 建议将大型发动机以及整个机队的 NO_x 排放上限调小 15%。

参 考 文 献

ACRP (Airport Cooperative Research Program) (2009) *Report 14: Deicing Planning Guidelines and Practices for Stormwater Management Systems*, February 2009. Available at http://onlinepubs. trb. org/onlinepubs/acrp/acrp_rpt_014. pdf (accessed June 2014).

Ashok, A. (2012) *The air quality impact of aviation in future-year emissions scenarios*. Masters thesis, Massachusetts Institute of Technology, Cambridge, MA.

Ashok, A., Lee, I. H., Arunachalam, S. et al. (2013) *Development of a response surface model of aviation's air quality impacts in the United States*. Atmospheric Environment, 77,445 - 452.

BAA (British Airports Authority Heathrow) (2003) *Airport Water Quality Strategy* 2003 - 2008, Beacon Press.

Babikian, R., Lukachko, S. P., and Waitz, I. A. (2002) *Historical fuel efficiency characteristics of regional aircraft from technological, operational, and cost perspectives*. Journal of Air Transport Management, 8(6),389 - 400.

Barrett, S. R. H., Britter, R. E., and Waitz, I. A. (2010) *Global mortality attributable to aircraft cruise emissions*. Environmental Science & Technology, 44(19),7736 - 7742.

Basner, M., Babisch, W., Davis, A. et al. (2014) *Auditory and non-auditory effects of noise on health*. The Lancet, 383(9925),1325 - 1332.

BenMAP (Abt Associates Inc.) (2005) *BenMAP: Environmental Benefits Mapping and Analysis Program*. Prepared for US EPA, Office of Air Quality Planning and Standards, Research Triangle Park, NC.

Betts, K. S. (1999) *Airport pollution prevention takes off*. Environmental Science & Technology, 33(9),210A - 212A.

Boeing Commercial Aircraft (2006) *Noise regulations timeline*. Available at http://www. boeing. com/commercial/noise/timeline. pdf (accessed June 2006).

Boeing Commercial Aircraft (2014) *Growth in airport noise restrictions*. Available at http://www. boeing. com/assets/pdf/commercial/noise/restrictions. pdf (accessed October 2014).

Brunelle-Yeung, E., Masek, T., Rojo, J. J. et al. (2014) *Assessing the impact of aviation environmental policies on public health*. Transport Policy, 34,21 - 28.

BTS (Bureau of Transportation Statistics) (2014) *Table 4 - 5: Fuel consumption by mode of transportation in physical units*. Available at http://www. rita. dot. gov/bts/sites/rita. dot. gov. bts/files/publications/national_ transportation _ statistics/html/table _ 04 _ 05. html (accessed September 2014).

Burkhardt, U. and Kärcher, B. (2011) *Global radiative forcing from contrail cirrus*. Nature Climate Change, 1(1),54 - 58.

Burtraw, D., Evans, D. A., Krupnick, A. et al. (2005) *Economics of pollution trading for* SO_2 *and* NO_x. Annual Review of Environment and Resources, 30,253 - 289.

Caiazzo, F., Malina, R., Staples, M. D. et al. (2014) *Quantifying the climate impacts of albedo changes due to biofuel production: a comparison with biogeochemical effects*. Environmental Research Letters, 9(2),024015.

CDM（2003）*Ambient air quality human health risk assessment for the Oakland International Airport*. Port of Oakland Environmental Planning Department.

Eagan，M. E.（2007）*Supplemental metrics to communicate aircraft noise effects*. Transportation Research Record，2011,175 – 183.

EC（European Commission）（2006a）*European Commission-Environment-Policies-Air-Air Quality*. Available at http://europa. eu. int/comm/environment/air/ambient. htm（accessed May 2006）.

EC（European Commission）（2006b）*Climate change：Commission proposes bringing air transport into EU Emissions Trading Scheme*.

European Commission，Official Press Release. Available at http://europa. eu/rapid/pressReleasesAction. do? reference = IP/06/1862&format = HTML&aged = 0&language = EN&guiLanguage=en(accessed September 2006).

EC（European Commission）（2011）*Flightpath 2050：Europe's Vision for Aviation-Maintaining Global Leadership and Serving Society's Needs*. Report of the High Level Group on Aviation Research，Luxembourg.

EC（European Commission）（2014a）*Reducing emissions from aviation：Aviation included in EU ETS*，http://ec. europa. eu/clima/policies/transport/aviation/index _ en. htm（accessed September 24,2014）.

EC（European Commission）（2014b）*Climate action：reducing emissions from aviation*. Available at http://ec. europa. eu/clima/policies/transport/aviation/faq _ en. htm（accessed October 13, 2014）.

EPA（US Environmental Protection Agency）（1994）*Addendum to municipal wastewater management fact sheets：storm water best management practices*. EPA – 832 – F – 93 – 013, Office of Water，Washington，DC.

EPA（USEnvironmental Protection Agency）（1995）*Emerging Technology Report：Preliminary Status of Airplane De-icing Fluid Recovery Systems*. EPA 832 – B – 95 – 005, Office of Water，US Government Printing Office，Washington，DC.

EPA（US Environmental Protection Agency）(1999)*Evaluation of Air Pollutant Emissions from Subsonic Commercial Jet Aircraft*. EPA 420R – 99 – 013，April 1999. Available at http://www. epa. gov/otaq/regs/nonroad/aviation/r99013. pdf（accessed February 2015）.

EPA（US Environmental Protection Agency）（2002）*Source Water Protection Practices Bulletin：Managing Aircraft and Airfield Deicing Operations to Prevent Contamination to Drinking Water*. EPA 816 – F – 02 – 018，August 2002.

EPA（US Environmental Protection Agency）（2011）*The Benefits and Costs of the Clean Air Act，1990 to 2010：Final Report，Washington，DC，March 2011*. Available at http://www. epa. gov/cleanairactbenefits/prospective2. html（accessed October 2014）.

EPA（US Environmental Protection Agency）（2012a）*EPA Adopts NO_x Emissions Standards for Aircraft Gas Turbine Engines*. Regulatory Announcement，Office of Transportation and Air Quality，EPA – 420 – F – 12 – 027，June 2012.

EPA（US Environmental Protection Agency）（2012b）*Control of air pollution from aircraft and aircraft engines*. Emission Standards and Test Procedures，40 CFR Parts 87 and 1068，Federal Register，Vol. 77，No. 117，June 18. Available at http://www. gpo. gov/fdsys/pkg/FR-2012-

0618/pdf/2012-13828. pdf.

EPA (US Environmental Protection Agency) (2014) *EPA Green Book*. Available at http://www. epa. gov/airquality/greenbook/(accessed October 2014).

Federal Aviation Administration (2001) *Noise Levels for U. S. Certificated and Foreign Aircraft*. FAA Advisory Circular AC36 – 1H, Office of Energy and Environment, Washington, November. Available at http://www. faa. gov/about/office_org/headquarters_offices/aep/noise_levels/(accessed June 2006).

Federal Aviation Administration (2005) *Aviation and Emissions: A Primer*. Office of Environment and Energy, Washington, DC, January.

Federal Aviation Administration (2011a)*Airport Improvement Program: Fiscal Year* 2010. Report to Congress, Federal Aviation Administration, Washington DC. Available at http://www. faa. gov/airports/aip/grant _ histories/media/FY-2010-AIP-Annual-Report-ofAccomplishments. pdf (accessed October 2014).

Federal Aviation Administration (2011b)*Destination* 2025. Available at http://www. faa. gov/about/plans_reports/media/Destination2025. pdf (accessed October 2014).

Federal Aviation Administration (2014) *Aircraft Noise Issues*. Available at http://www. faa. gov/about/office_ org/headquarters _ offices/apl/noise _ emissions/airport _ aircraft _ noise _ issues/ (accessed September 2014).

Federal Interagency Committee on Aircraft Noise (1992) *Federal Agency Review of Selected Airport Noise Analysis Issues*, Washington DC, August 1992.

Federal Interagency Committee on Aircraft Noise (2002) *FICAN on the Findings of the Minneapolis-St. Paul International Airport (MSP) Low-Frequency Noise (LFN) Expert Panel*. Washington DC, April.

GAO (US General Accounting Office) (2000) *Aviation and the environment: results from a survey of the nation's 50 busiest commercial service airports*. GAO/RCED – 00 – 222, Washington DC, August.

GAO (US General Accounting Office) (2001) *Transition to quieter aircraft occurred as planned, but concerns about noise persist*. GAO/RCED – 00 – 222, Washington, DC, August 2001.

Graham, W. R. , Hall, C. A. , and Morales, M. V. (2014) *The potential of future aircraft technology for noise pollution and emissions reduction*. Transport Policy, 34,36 – 51.

Harrison, M. (2006) *Row Takes Off Over Heathrow Runway Claims*. The Independent, (London), May 6.

Hileman, J. I. , de la Rosa, E. , Bonnefoy, P. A. , and Carter, N. A. (2013) *The carbon dioxide challenge facing aviation*. Progress in Aerospace Sciences, 63,84 – 95.

Hileman, J. I. , Ortiz, D. S. , Bartis, J. T. *et al.* (2009) *Near-term feasibility of alternative Jet fuels*. RAND TR554, Rand Corporation and Massachusetts Institute of Technology. Available at http://www. rand. org/pubs/technical_ reports/2009/RAND_ TR554. pdf (accessed October 2014).

Holmes, C. D. , Tang, Q. , and Prather, M. J. (2011) *Uncertainties in climate assessment for the case of aviation NO*. Proceedings of the National Academy of Sciences of the United States of America, 108(27),10997 – 11002.

ICAO (International Civil Aviation Organisation) (2013) *Environmental Report* 2013. Environmental Branch, Montreal, Canada. Available at http://cfapp. icao. int/Environmental-Report-2013/(accessed October 2014).

IPCC (Intergovernmental Panel on Climate Change) (1999) *Aviation and the Global Atmosphere* (eds J. E. Penner, D. H. Lister, D. J. Griggs *et al.*), Cambridge University Press, Cambridge, UK.

JPDO (Joint Planning and Development Office) (2006) www. jpdo. aero (accessed May 2006).

Kinsey, J. S., Hays, M. D., Dong, Y. et al. (2011) *Chemical characterization of the fine particle emissions from commercial aircraft engines during the Aircraft Particle Emissions eXperiment (APEX) 1 to 3.* Environmental Science & Technology, 45,3415 – 3421.

Koo, J., Wang, Q., Henze, D. K. et al. (2013) *Spatial sensitivities of human health risk to intercontinental and high-altitude pollution.* Atmospheric Environment, 71,140 – 147.

Lee, D. S., Fahey, D. W., Forster, P. M. *et al.* (2009) *Aviation and global climate change in the 21st century.* Atmospheric Environment, 43(22),3520 – 3537.

Lee, J., Lukachko, S., and Waitz, I. (2004) *Aircraft and energy use.* Encyclopedia of Energy, Academic Press/Elsevier Science, San Diego, CA.

Lee, J., Lukachko, S., Waitz, I., and Schafer, A. (2001) *Historical and future trends in aircraft performance, cost, and emissions.* Annual Review of Energy and the Environment, 26, 167 – 200.

Lee, H., Olsen, J. S., Wuebbles, D. J., and Youn, D. (2013) *Impacts of aircraft emissions on the air quality near the ground.* Atmospheric Chemistry and Physics, 13,5505 – 5522.

Levy, J. I., Woody, M., Baek, B. H., et al. (2012) *Current and future particulate-matter-related mortality risks in the United States from aviation emissions during landing and takeoff.* Risk Analysis, 32,237 – 249.

Lynch, F. T. and Khodadoust, A. (2001) *Effects of ice accretions on aircraft aerodynamics.* Progress in Aerospace Sciences, 37(8),669 – 767.

Mahashabde, A., Wolfe, P., Ashok, A. *et al.* (2011) *Assessing the environmental impacts of aircraft noise and emissions.* Progress in Aerospace Sciences, 47(1),15 – 52.

Marais, K., Lukachko, S. P., Jun, M. *et al.* (2008) *Assessing the impact of aviation on climate.* Meteorologische Zeitschrift, 17(2),157 – 172.

Marais, K. B., Reynolds, T. G., Uday, P. et al. (2013) *Evaluation of potential near-term operational changes to mitigate environmental impacts of aviation.* Journal of Aerospace Engineering, 227(8),1277 – 1299.

Masiol, M. and Harrison, R. M. (2014) *Aircraft engine exhaust emissions and other airport-related contributions to ambient air pollution: a review.* Atmospheric Environment, 95,409 – 455.

Maziul, M., Job, R. F., and Vogt, J. (2005) *Complaint data as an index of annoyance: theoretical and methodological issues.* Noise Health, 7(28),17 – 27.

Morrison, S. A., Winston, C., and Watson, T. (1999) *Fundamental flaws of social regulation: the case of airplane noise.* Journal of Law & Economics, 42(2),723 – 743.

Nelson, J. P. (2004) *Meta-analysis of airport noise and hedonic property values.* Journal of

Transport Economics and Policy, 38(1),1 – 27.

NPS (National Parks Service) (2014) *Unmanned Aircraft*: *Interim Policy*. Policy Memorandum 14 – 05, Washington, DC, June 2014. Available at http://www. nps. gov/policy/PolMemos/PM_ 14-05. htm (accessed October 2014).

NRC (National Research Council) (1977) *Guidelines for Preparing Environmental Impact Statements on Noise*. Report of Working Group 69, Assembly of Behavioral and Social Science, Committee on Hearing, Bioacoustics, and Biomechanics, Washington, DC.

NRC (National Research Council) (2002) *For greener skies, reducing environmental impacts of aviation*. Committee on Aeronautics Research and Technology for Environmental Compatibility, Aeronautics and Space Engineering Board, Washington, DC. Available at http://books. nap. edu/catalog/10353. html (accessed May 2006).

Persson, W. K. (2004) *Effects of low frequency noise on sleep*. Noise Health, 6(23),87 – 91.

Pope, C. A. , Ⅲ, Ezzati, M. , and Dockery, D. W. (2013) *Fine particulate air pollution and life expectancies in the United States: the role of influential observations*. Journal of the Air & Waste Management Association, 63(2),129 – 132.

Ramakrishna, D. M. and Viraraghavan, T. (2005) *Environmental impact of chemical deicers: a review*. Water Air and Soil Pollution, 166(1 – 4),49 – 63.

Ratliff, G. , Sequeira, C. , Waitz, I. A. et al. (2009) *Aircraft Impacts on Local and Regional Air Quality in the United States*. PARTNER report, Report No. PARTNER – COE – 2009 – 002.

SAE International (2012) *Deicing/anti-icing fluid: aircraft*. AMS 1424K.

Sausen, R. , and Schumann, U. (2005) *Estimates of the climate response to aircraft CO_2 and NO_x emissions scenarios*. Climate Change, 44(1 – 2),27 – 58.

Schwela, D. , Kephalopoulos, S. , and Prasher, D. (2005) *Confounding or aggravating factors in noise-induced health effects: air pollutants and other stressors*. Noise Health, 7(28),41 – 50.

Staples, M. D. , Malina, R. , Olcay, H. et al. (2014) *Lifecycle greenhouse gas footprint and minimum selling price of renewable diesel and jet fuel from fermentation and advanced fermentation production technologies*. Energy & Environmental Science, 7(5),1545 – 1554.

Stratton, R. W. , Wolfe, P. J. , and Hileman, J. I. (2011a) *Impact of aviation non-CO_2 combustion effects on the environmental feasibility of alternative jet fuels*. Environmental Science & Technology, 45(24),10736 – 10743.

Stratton, R. W. , Wong, H. M. , and Hileman, J. I. (2011b) *Quantifying variability in life cycle greenhouse gas inventories of alternative middle distillate transportation fuels*. Environmental Science & Technology. , 45(10),4637 – 4644.

Switzenbaum, M. S. , Veltman, S. , Mericas, D. et al. (2001) *Best management practices for airport deicing stormwater*. Chemosphere, 43(8),1051 – 1062.

Transport Canada (2006) *Guidelines for Aircraft Ground-Icing Operations*. TP 14052. Available at http://www. tc. gc. ca/civilaviation/publications/TP14052/menu. htm (accessed September 2006).

Waitz, I. A. , Stephen, P. L. , and Joosung, J. L. et al. (2005) *Military aviation and the environment: historical trends and comparison to civil aviation*. Journal of Aircraft, 42(2),

329 – 339.

Waitz, I. , Townsend, J. , Cutcher-Gershenfeld, J. et al. (2004) *Aviation and the Environment*: *A National Vision Statement*. Framework for Goals and Recommended Actions, Report to Congress, December 2004.

Wilkerson, J. T. , Jacobson, M. Z. , Malwitz, A. et al. (2010) *Analysis of emission data from global commercial aviation*: *2004 and 2006*. Atmospheric Chemistry and Physics, 10 (13), 6391 – 6408.

Wolfe, P. J. , Yim, S. H. L. , Lee, G. et al. (2014) *Near airport distribution of the environmental costs of aviation*. Transport Policy, 34,102 – 108.

16　信息技术在航空公司运营、分销和旅客服务中的应用

Peter P. Belobaba，Cynthia Barnhart 和 William S. Swelbar

　　由于数据库技术和基于计算机的各类决策支持系统在行业中得到广泛应用,航空公司早已经成为信息技术应用的领先者。本章首先回顾了计算机系统在航空公司规划和运营中的作用,之后着重介绍信息技术在航空公司分销与旅客服务领域中的应用及发展过程。本章以计算机预订系统的演变为背景,描述航空公司分销系统在过去 20 年中发生的巨大变化,即从传统旅行社销售方式转变为互联网订座和售票;本章还阐述了传统航空公司分销渠道与新兴航空公司分销渠道之间的差异,以及因此导致的航空公司营销成本下降的趋势。本章介绍了航空公司新一代分销体系的长期规划及其对航空公司与消费者可能产生的影响。在本章的最后,回顾了在旅客处理方面的创新情况,并着重讨论旅客处理创新对航空公司经济效益和旅客满意度的重要影响。

16.1　信息技术在航空公司规划和运营中的应用

　　前面一些章节详细介绍了航空公司如何为未来某一日期起飞的定期航班制订航班计划和规划的各个步骤,如第 7 章所述,航空公司的规划过程开始于对机队规划的战略决策,之后进行航线评估,最后制订航班时刻计划。在第 4 章及第 5 章中说明,一旦制订了航班计划和运营计划,就需要做出与产品定价与收益管理有关的短期商业决策。航空公司航班计划的实际执行过程会受到多种因素的影响并可能造成不正常航班运行,如第 9 章和第 10 章所述。

　　几乎所有航空公司在规划过程和运营过程中做出的决策都需要借助计算机数据库、交互式决策辅助工具以及优化模型的帮助才能完成,航空公司规模及其成熟程度决定了工具应用的广泛程度。即使那些规模最小的航空公司,也已具备能支持他们进行大多数规划决策分析的数据报告处理能力。在本书中,我们重点讨论被全

球最大的那些航空公司普遍采用的高级决策支持模型的特征。目前,最新的数据库技术、决策支持工具以及高级优化模型的进展都已广泛应用到了航班计划制订、运营控制以及收益管理领域中。

如第7章和第8章所述,航班计划制订及优化过程的目标是为该航空公司航线网络中拟运营的未来某日期段内的每个航班航节,确定始发地、目的地、航班时刻,并为其分配飞机尾号和机组。无论是规划未来的航班计划还是运营当前的航班计划,所面临的最大挑战都在于需管理无数的异质资源,而且在航线网络中不同类型的资源以各种复杂的方式交互,同时受到大量监管或操作的规定或条件的制约。由于求解此类问题极为复杂,反而促使航空公司率先研究并应用了先进的运筹学工具,同时此类工具也更加依赖信息技术(IT)。事实上,除了军方之外,没有其他任何行业能像航空业这样与运筹学建立如此紧密的联系。

最初,航空公司主要使用运筹学优化方法求解航线网络与航班规划问题。部分原因在于此类问题的求解时间可以较长(多个小时或数天),相比之下实时运筹问题的求解时间要求很短(几分钟甚至若干秒)。初期运筹学应用聚焦在规划问题之上的另一个原因是,可用飞机与机组成员的数量、预期旅客数量等数据相对容易获取,而在实时运筹学问题求解中需要的按分钟级更新的数据,通常获取难度更大。

不过在最近,基于运筹学优化控制方法的决策支持工具的研发与实施越来越受到重视。第9章介绍过航空公司使用的"系统运行控制中心(SOCC)",其职责是应对由于未预料事件导致的不正常运营状况,意外情况包括极端天气、计划外飞机检修要求以及进出港飞机、机组及旅客延误。航空公司SOCC的职能对信息技术及决策支持系统的依赖仍在快速增加,此类工具能有效简化极其复杂的航班计划调整、飞机路径和机组资源的重排以及旅客行程的重新安排问题。

但是,真实情况是,如果航空公司不能为优化模型提供准确的数据输入,则这类优化方法就不能发挥出应有的作用。飞机与机组排班的计划编排以及计划恢复的优化方法需要大量的数据输入,例如:

(1) 航空公司航线网络上,数十万个针对"行程-运价舱位组合"的需求预测结果。

(2) 对于各类机型运行每个航班航节的成本估算。

(3) 每架飞机的最大航程与座位容量。

(4) 安排机组到计划航班上时,需要遵循的各种监管规则。

(5) 在任何时候,每名机组成员的位置和状态(如每人的工作小时数与应计的休息时间)。

(6) 任意时间每架飞机的位置与状态。

(7) 每种机型可在哪个基地进行维检的信息。

(8) 每架飞机的维检要求与规定,以及该飞机自上次维检以后的飞行时间与所经历的总时间。

　　航空公司老早就意识到这些数据及对其有效利用的重要性,但限于当时的计算能力和数据库处理能力,大多数航空公司都无法充分利用这些详细而珍贵的数据。还好随着 IT 能力的快速发展,特别是 20 世纪 70 年代以来航空公司逐步具备了采集和存储详细数据的能力,并有能力基于这些数据和优化模型完成制订航班计划与运营计划的任务。很多大型航空公司都进行了大规模投资,以建设和开发集中式数据仓库,实现各种与规划和运营控制相关的功能。集中式数据仓库能够为航空公司所有决策者在同时提供相同的数据,支撑他们进行长期战略规划、中期战术规划及短期运营决策。

　　基于计算机系统的收益管理系统的巨大成功,是航空业中信息技术与运筹学成功结合的又一重要例证。在第 5 章中我们详细介绍了收益管理(RM)系统,该系统的核心作用是确定航空公司座位库存的销售价格以及这些座位库存在各式各样的分销渠道中的展示内容。成熟或高级收益管理系统对数据库的需求,远远超过上述航班计划优化模型对数据库的要求。航班计划优化问题通常涉及未来一个较长时期(如未来一个月)内的需求与运营制约条件,而网络型收益管理系统则必须预测每个未来起飞航班上的旅客行程与票价类型(某些情况下还需考虑"销售点(POS)"及分销渠道)。因此对数据库处理能力的要求将非常惊人,如大型网络型航空公司所使用的具备 O—D 控制功能的收益管理系统,能够在起飞前最多一年之内预测未来每天起飞的数千个计划航班航节上,数万乃至数十万个"行程-票价类型组合"上的需求。

　　所幸,如果能够假设针对未来不同起飞日期的需求预测相互独立,则就能够把航线网络(或其子网络)上每个起飞日期的网络收益优化问题拆分为子问题并逐个解决。此外网络型收益管理问题能够以数学语言建模为较容易处理和求解的"运输问题"。因此对于整个航线网络上未来某个起飞日期全部航班的 RM 限制销售数或者 bid prices(底价)(见第 5 章)进行频繁的重新优化,由于硬件计算速度的大幅提升而能够实现。这种快速发展出现在最近几年,因为即便在 1999 年,据美国某大型网络型航空公司报告称,即便使用当时可用的最先进主机,对未来某个起飞日期完成一次全航线网络的收益管理优化处理也需要 7 天时间(Saranathan、Peters 和 Towns,1999)。

　　对于大型网络型航空公司而言,实施高级的网络收益管理系统还依赖于另一项关键信息技术的发展,即实现不同航空公司的客户预订系统(下文将详细解释)间的"无缝连接"或称为"座位可利用信息实时数据传递"。直到 20 世纪 90 年代后期,这种能力才逐步实现并用于生产。这一能力对 O—D 控制收益管理系统十分关键,航空公司借助此能力,基于当前的需求预测结果、剩余库存以及针对整体航线网络优化的"底价(Bid Price)",响应对不同行程和运价组合报价的请求。目前各航空公司订座系统间的无缝连接已经较为常见,所以航空公司能够根据每个座位请求的收益价值响应不同的座位可利用性,同时加强了对自己的座位库存的控制程度。此外,如后文将详细讨论的,最新行业标准"新分销能力(NDC)"代表了航空分销模式发展的新趋势。

16.2 航空公司分销系统

航空公司的分销职能负责将航空公司的运输服务产品销售给消费者,主要通过向客户提供航班时刻计划、可利用座位及对应票价信息,帮助旅客完成安排出行行程所需的预订、支付和出票流程。从航空公司角度看,在管理其可利用航班和座位库存、跟踪销售订单以及统计旅客销售收入,或通过广告和品牌效应等手段保持市场份额等方面,分销系统都起到了至关重要的作用。

本节中,我们首先对航空公司分销职能的演进做简要的回顾,从最初的人工处理方式直到今天先进的信息系统。随后,描述当前航空公司分销渠道的主要特征,并讨论全球分销系统(GDS)的出现及其发展情况。然后从技术和成本两个方面讨论这些渠道之间的关系,并介绍互联网分销渠道的快速发展。本节最后探讨航空公司分销模式的演进对航空公司、特别是对其 IT 系统带来的主要挑战,并讨论这类挑战在近期如何推动航空分销领域最新行业标准的建立。

16.2.1 计算机订座系统的演变

在航空业发展早期,航空公司分销功能的主要作用是帮助旅客预订未来起飞航班的座位并完成购票过程。与此同时,航空公司需要跟踪每个未来起飞航班上的订座数量和剩余可利用座位数量,以及每位旅客的预订信息(包括旅客姓名、详细联系方式、航班行程、特殊要求以及机票支付详情)。这些功能最初由各家航空公司集中式订座办公室内的工作人员完全采用手工方式完成,消费者(也就是旅行社和代理人)只能通过电话和电报与订座办公室进行沟通。而随着航空公司运营的航班规模不断增加,通过手工方式管理预订和出票过程的难度呈现出指数增长的趋势。

计算机订座系统(CRS)的发展开端于 20 世纪 50 年代,当时美国航空与 IBM 为此进行了合作,并于 1962 年正式投产了全球首个 CRS(Copeland、Mason 与 McKenney,1995)。该系统名为"半自动业务研究环境"(SABRE),允许航空公司订座人员不仅能在订座中心的办公室内,还能在机场和市内营业部管理机票的分销。SABRE 是"计算机技术第一次在实时商业领域的应用,该自动系统具有完整的电子化旅客预订记录,任何与其对接的代理人都能访问"(Smith 等,2001)。

SABRE(以及其他大型航空公司开发的类似计算机订座系统,如美联航的 Apollo、环球航空的 PARS)等系统具备的通信能力,可将机票信息传送到航空公司以外——例如给旅行社。到 20 世纪 70 年代前后，部分拥有 CRS 的航空公司将他们各自的系统整合在一起，并让旅行社有偿使用这类系统。旅行社的 CRS 终端能显示几乎所有航空公司的航班时刻与票价信息，并允许旅行社代表航空公司直接为消费者完成订座、支付和出票服务。

拥有 CRS 的航空公司向旅行社提供了上述的服务能力，因此能通过下列方式实现收益（及利润）的增长：

（1）向旅行社收取 CRS 终端的租赁费或者使用费。

（2）对通过 CRS 实现的每个航段预订交易，航空公司都可收取订座费。

（3）从 CRS"显示歧视"产生的额外订座中获益，显示歧视是指拥有 CRS 的航空公司会将自己的航班优先显示，以影响旅行社向客户推荐的航班。

（4）从"光环效应"产生的额外预订中获益，旅行社向客户优先推荐使用 CRS 的航空公司的航班。

另一方面，旅行社能够从航空公司获得销售机票的佣金——按机票价格的某个百分比支付。同时，航空公司为了刺激某些航线上的预订以实现收入目标，会提出各种"代理佣金"支付方案，使旅行社获得的佣金比例越来越高。这种佣金结构导致了严重的问题，例如旅行社为获得更多佣金，常常会主动帮助旅客搜索最低票价，而不论最低价属于哪个航空公司。

随着计算机订座系统之间的竞争日益加剧以及计算机和通信技术的快速发展，计算机订座系统之间出现了整合：合并通信网络，并形成所谓的"全球分销系统（GDS）"。GDS 能够让全球范围内的旅行社获得很多家航空公司的机票信息及分销能力。例如，美联航最初为美国旅行社开发的 CRS 系统"阿波罗（Apollo）"与几个美国和欧洲的 CRS 合并后，组成了"伽利略（Galileo）"GDS。"伽利略"与 Worldspan 合并后又组成了 Travelport，Worldspan 又是环球航空、美西北与达美航空的 CRS 合并的结果。目前 SABRE 也已从 20 世纪 70 年代美国航空的 CRS 成长为全球著名的 GDS，主要采取了内部成长方式；同时多家欧洲航空公司的 CRS 合并而成的 Amadeus 系统，如今也成为一家独立的全球分销系统供应商。

美国交通部自 1984 年开始实施管理航空公司 CRS 的监管条例，目的是禁止 CRS 对所有者航空公司在航班显示顺序及其他方面的优惠待遇。条例要求所有的 CRS 必须公布其航班显示的排序算法（如按最短飞行时间或者最接近需求指定时间的方式排序），并且禁止 CRS 显示航空公司提供的不能在全部渠道销售和使用的特殊票价。该 CRS 监管条例一直到 2005 年才取消。取消该条例的目的是为航空分销系统创造新的无管制竞争环境，让传统和新型分销渠道（如新出现的互联网分销引擎）获得同等发展机会。

进入 20 世纪 90 年代后，航空公司航班和票价信息的分发以及机票的预订和出票服务，已基本完全转移到这类传统系统之上，系统的主要用户是旅行社。90 年代初期,美国航空公司销售的机票中超过四分之三由旅行社进行分销,而这些旅行社几乎完全依赖于 CRS 和 GDS。通常 GDS 由一家或多家航空公司共同所有,所以这些航空公司能够在相当程度上控制分销的过程。在有些年,航空公司所有者来自 GDS 交易费中的利润竟然能超过运营航空公司的获利。虽然美国航空业的经济管制早已取消,但影响航班与票价信息流动并控制预订和出票流程的仍然是少数几家 GDS 供应商。

最近航空公司分销领域出现了一些新变化,也减缓了业界对航空公司拥有分销渠道的担忧。最大的全球分销系统不再由航空公司独家或部分所有——例如 2004 年 AMR 集团将 SABRE GDS 剥离出来变成了一家独立公司,而航空公司也不再是 Amadeus 和 Travelport 的所有者。另外航空分销领域中出现的新玩家正试图取代传统 GDS,如 Google 旗下的 ITA 软件公司。

尽管如此,全球航空分销市场仍由少数大型 GDS 供应商主导,他们是 Amadeus、 SABRE、 Travelport 和 Abacus[①]。图 16.1 所示为 2013 年全球 GDS 渠道航空预订总量中各 GDS 的市场份额。应注意,随着航空公司直销及互联网分销渠道的发展,GDS 分销占全部分销渠道总预订量的份额持续下降。分销渠道的改变及其对航空分销成本的影响将在 16.3 节中做进一步讨论。

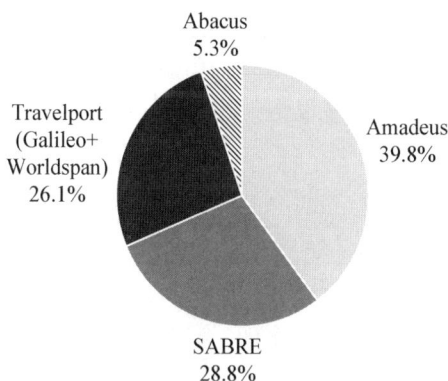

图 16.1 GDS 机票预订的全球份额,2013 年(数据来源:MIDT 预订数据,2013 年 1—12 月)

16.2.1.1 订座系统的术语和功能

航空分销体系从出现演化至今,产生了许多容易引起混淆的术语——也就是说,航空公司自有的内部订座系统与外部所谓计算机订座系统(CRS)或者全球分销系统(GDS)到底有何区别? 在继续讨论航空分销领域的最新趋势前,我们需要澄清这些术语,并用于描述电子化航空分销系统的核心功能。为了直观地描述这些功能,我们使用传统 GDS 中显示航班座位可利用性的例子来说明。

通常,每家航空公司都会在内部使用一套 IT 系统,航空公司称之为自有的"订

[①] 可能因数据缺乏,本书作者忽略了中国唯一的 GDS——Travelsky。根据中国民航局公布的数字,2013 年国内民航旅客运输量(非 GDS 预订量)为 3.54 亿人次,最近几年该数字的增长率分别为 2012 年 8.9%,2013 年 10.8%,2014 年 10.7%,2015 年 11.3%,2016 年 11.9%。2016 年国内民航旅客运输量为 4.88 亿人次。——译注

座系统"或简称为 RES。更准确地,这套内部系统应该称为航空公司的"旅客服务系统"或简称 PSS。航空公司 PSS 包含所有的航班计划、价格、座位库存、实时运营信息("FLIFO")以及离港控制系统(用于机场值机处理)。PSS 通常是由每家航空公司专有,占据主机 IT 系统的主要部分,由航空公司自行运维或托管给外部 IT 供应商运维。从各个方面看,PSS 都是航空公司的核心运营系统,PSS 集成了分销与库存控制功能,并管理着运营控制及客户服务所需的大部分信息。

图 16.2 所示为航空公司 PSS 的主要组成部分、PSS 与位于图片右侧航空公司内部各种规划系统之间以及 PSS 与位于图片左侧的外部 CRS/GDS 系统之间的关系。本书前面章节介绍过的航空运输规划系统,如航班计划优化、机组/飞机的周转计划、收益管理系统,将自己的输出(解决方案)提供给航空公司 PSS,后者储存航班时刻计划、运行计划及库存数据。其他 IT 规划系统,如定价决策支持系统,向 PSS 提供票价数据。PSS 也会将信息提供给航空公司的其他 IT 系统,如离港控制、值机和航班签派系统等,这些信息由在机场的航空公司地服员工处理每日离港航班时使用。

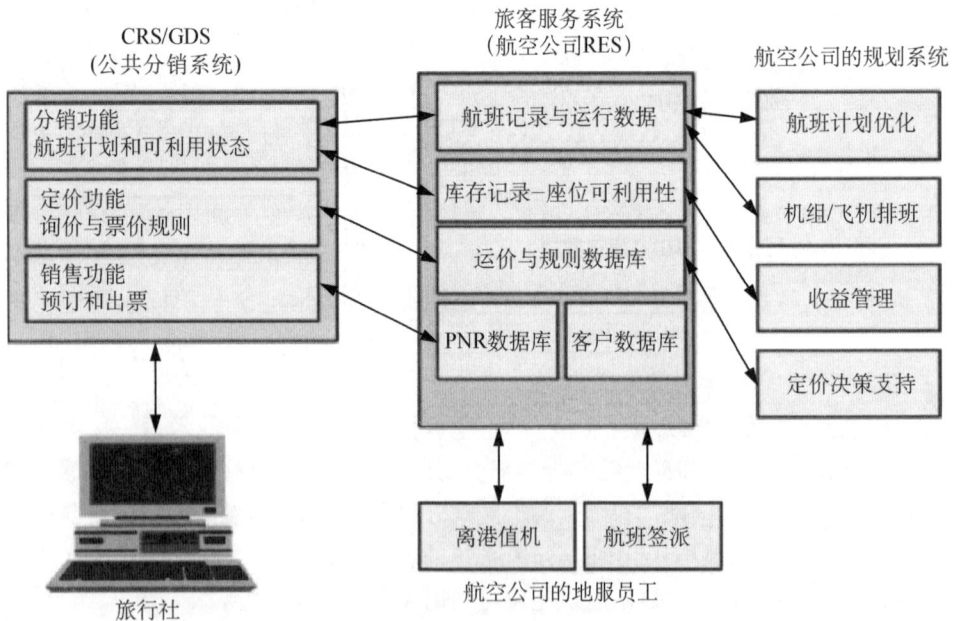

图 16.2　订座系统的功能

在图 16.2 左侧,给出了航空公司自有 PSS 与外部 CRS/GDS 分销环境间联系的示意。如前文所述,面向旅行社的 CRS 以中性方式显示所有通过 CRS 进行分销的航空公司航班计划、价格以及座位可利用信息。航空公司自有 PSS 与公共 CRS 的区别在于,CRS 用户者只能受限访问航空公司内部系统功能,而航空公司自有系

统的用户能获得该航空公司全部的座位库存与订座详细信息。公共 CRS 的用户也
无法访问航空公司自有 PSS 中存储的那些航班运营信息,例如关于机组与飞机周转
的详细信息。

这样,从航空公司订座系统的出现与发展、之后产生 CRS 并且最终成长为 GDS
的过程,基本上确定了传统航空公司分销系统的功能特性。到今天,术语"GDS"通
常指航空公司自有订座系统之外的大型航空分销系统。历史上,这类系统的最重要
功能是向旅行社(并最终向消费者)显示航班的可利用信息。以下我们为读者提供
了某 GDS 显示航班座位可利用信息的例子,能使读者直观了解 GDS 所提供的功
能,以及 GDS 对于航空分销和市场竞争的重要性。

图 16.3 所示为航空 GDS 显示的航班可利用性,例子中是 SABRE 系统显示
2007 年 1 月 31 日从波士顿飞往劳德代尔堡的航班信息。操作日期为 1 月 26 日,即
航班起飞前 5 天。航班显示的第 1 页(或"第 1 屏")中列出了 6 个航班,其中 3 个由
捷蓝航空(B6)运营,另外 3 个由达美航空(DL)运营。6 组信息中每 2 行提供一个未
来起飞航班的时刻与座位可利用的详细信息。本例中第 1 组(2 行字符)提供捷蓝航
空(B6)449 航班的信息:该航班计划于 08:20 从 BOS 出发,计划于 11:46 抵达
FLL,并计划使用空客 320 机型执飞。

```
 31JAN   WED      BOS-FLL

 1 B6     449   Y7  K7  H7  Q0  B0  L0  V0  BOSFLL  9    820A   1146A 320 0
                R0  M0

 2 DL    1883   F9  A9  Y9  B9  M9  H9  Q9  BOSFLL  7    815A   1146A 757 0
                K9  L9  U6  T2

 3 B6     453   Y7  K7  H7  Q7  B0  L0  V0  BOSFLL  8   1015A    133P 320 0
                R0  M0

 4 DL    1179   F9  A3  Y9  B9  M9  H9  Q9  BOSFLL  7   1135A    304P M88 0
                K9  L9  U6  T6

 5 DL    1834   F6  A0  Y9  B9  M9  H9  Q9  BOSFLL  8    225P    554P M88 0
                K9  L6  U0  T0

 6 B6     455   Y7  K7  H7  Q7  B0  L0  V0  BOSFLL  8    235P    600P 320 0
                R0  M0
```

图 16.3 GDS 中 BOS 至 FLL 的航班可利用信息,2007 年 1 月 31 日(来源:SABRE GDS)

图中所示,该航班的座位可利用性由 9 个订座舱位构成(Y,K,H,Q,B,L,
V,R 和 M),每个舱位都对应不同的票价。操作当时的座位可利用性显示为:1 月

31 日起飞的捷蓝航空 449 航班,只有票价较高的舱位 Y,K 和 H 有座位,而票价较低的其他舱位都没有座位可销售。该示例说明,GDS 显示的座位库存与航空公司所使用的不同类型的定价和收益管理理念(如第 4 和第 5 章所述)间存在极强的相关性。通过控制不同航班及订座舱位的可利用性,即便廉价航空公司——如捷蓝航空也能控制在高需求航线上低价舱位的销售数量。

在图 16.3 所示的例子中,6 个不同的未来起飞航班的座位可利用性,即各航班的订座舱位及其对销售“开放”或“关闭”的状态都不尽相同。如捷蓝航空 08：20 起飞航班上的 Q 舱座位不可销售,但 10：15 与 14：35 起飞航班上的 Q 舱可销售。此外,竞争者达美航空的航班上有更多舱位可销售,说明此时达美航空有更多的低价座位可销售。也就是说,此时达美航空更愿意销售低价座位或者捷蓝航空的座位接近售完、剩余座位不多。如是后一种情况,捷蓝航空的收益管理系统就会保护这些航班上的剩余座位,供高支付意愿的旅客购买。

图 16.3 的示例只是 GDS 全部功能的“冰山一角”。(来自航空公司或旅行社的)业务人员首先通过指令显示座位可利用性,然后可使用十几条指令,查询有关票价、票价规则、座位安排、准点率及出票请求等更多信息。示例中每个订座舱位后面跟着的数字表示该航空公司在该舱位上当前开放可供销售的最大座位数。航空公司采用不同的默认值,DL 航班显示的最大座位数默认值为 9 个座位(除非实际可利用座位数量小于 9),而 B6 航班显示的最大座位数默认值为 7 个座位。

还应注意,将各舱位的可利用座位数相加没有意义：DL1883 的经济舱可能只剩 9 个座位,而在舱位 Y 直到 L 上这 9 个座位都显示为可用状态(F 和 A 属于头等舱预订舱位)。如第 5 章所述,航空公司常采用“嵌套的限制销售数”方式控制座位库存。所以,GDS 的座位可利用显示无法向客户或竞争者提供确切的航班剩余座位数或每个舱位的剩余座位数。这些细节只能由航空公司的收益管理系统和预订系统(PSS)使用。

16.2.2　航空分销渠道的其他形式

航空分销模式的演变,从航空公司集中式订座办公室发展为能覆盖全球的 GDS 网络,再到最近广泛应用的互联网分销方式,极大扩展了航空公司的分销渠道并使消费者购票更加方便。图 16.4 非常简要地列出了这些分销渠道。最传统的分销渠道(同时也是分销成本最高的渠道)服务那些把旅行社当作中介的旅客。当旅客从使用 GDS 的旅行社处购买机票后,运营航空公司需向 GDS 支付订座费,并需向旅行社支付一定比例的佣金。如果旅行社通过电话在航空公司预订中心完成订座,航空公司虽无需支付 GDS 订座费,但仍然要承担建设和运营电话预订中心的成本及其雇员成本。

如果是旅客直接通过电话在航空公司订座中心完成预订的情况,则航空公司分

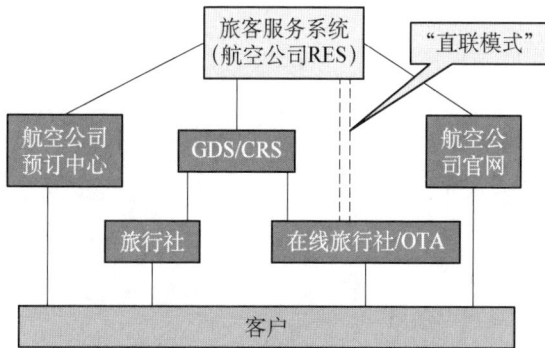

图 16.4 航空分销之渠道

销成本略低。航空公司会尽可能避免支付代理佣金和 GDS 订座费（如航空公司使用自己的订座系统），但两种情况下，航空公司运营电话预订中心的固定和可变成本仍然无法避免。

航空公司大力推动基于互联网的订座及出票方式快速发展的部分原因是航空公司能够借此降低分销成本。互联网旅游分销渠道通过"基于网络的中介"方式，在很大程度上取代了"传统的实体"旅行社服务。Travelocity 与 Expedia 是总部在美国的互联网旅游中介机构，但两者的航班和运价信息都来自于 GDS。另有很多大型航空公司为节省 GDS 订座费而采用了"直连"方式，即在自己的订座系统与线上旅行社(OTA)之间建立销售连接（见图 16.4）。采用新渠道能节省多少成本，取决于航空公司与线上旅行社谈判确定的预订费或佣金与传统旅行社相比减少的程度。

虽然通过上述方式，航空公司节省的分销成本相当可观，但航空公司和他的客户之间仍然会有代理、中介提供服务。许多航空公司为了进一步降低分销成本，激励旅客直接在其网站上进行预订、支付和出票。如果航空公司的网站无需通过 GDS 获取信息及完成订座和出票流程，则航空公司就能省下全部的旅行社佣金、GDS 订座费和自建电话订座中心等各项成本。消费者能直接在航空公司网站上订座出票，表明航空公司已经非常接近取消所有中间环节，并负责自己的产品分销和销售了。

尽管航空公司力图将订座都转移到自己网站上，但多数传统航空公司的预订很大程度上仍依赖于 GDS，而且他们支付给 GDS 的旅客预订费仍是一大笔钱。通常 GDS 订座费按交易收取，约 2～4 美元每笔交易，但订座业务常涉及预订、出票及行程变更等多个交易，这样每旅客的 GDS 订座费常达到 15～20 美元。该项成本占票价总值的比例仍在增加，特别在短途市场上，因为 LCC 们已将票价降到了 100 美元以下。

使用传统 GDS 居高不下的成本使得若干公司对于采用更低成本技术开发新系统以替代现有的 GDS 产生了巨大的兴趣。此外，基于互联网线上预订技术的穿透力日益增强，也使网络型航空公司和传统 GDS 公司商谈订座费时的议价能力有所增强。

开发任何类型的订座环境都会面临巨大的复杂性，这导致新一代航空库存与分销系统短期内难以出现。与此同时，传统的 GDS 公司对分销成本高企做出了响应，积极地改进收费结构，向航空公司客户提供更强的功能，协助他们有效地利用最新的线上分销技术。此外，GDS 仍然是航空公司产生预订及出票收入的重要来源，特别对愿意优先使用旅行社服务的企业与商务客户而言更是如此。

部分低成本航空公司一方面仍然通过自己的网站分销大部分机票，另一方面也逐渐认识到了 GDS 的潜在价值。如捷蓝航空在 2006 年做出战略决策加入某大型 GDS，想借此挤入商务出行市场并从商务需求中斩获更多利润。就在最近以"只提供必要服务"著称的 LCC 瑞安航空宣布，自 2014 年 11 月起其航班将在某 GDS 上显示。

16.2.2.1　进化中的分销渠道们面临的 IT 挑战

航空分销系统的持续演进对信息技术提出了各种挑战，其中绝大多数挑战涉及不同 GDS、航空公司网站及其他分销渠道之间通信与协调的技术问题。与技术前进的方向和预期相反，这些技术问题会导致客户困惑、并产生挫败感，甚至让他们认为整个航空分销过程正变得越来越不友好、不透明。

或许航空分销领域中最大的 IT 挑战是，在航空公司的各个分销渠道以及多个 GDS 之间，同步航班、运价与旅客预订信息。航空公司市场营销实践的变化（包括定价、收益管理及联盟事宜）速度轻而易举地超越了分销系统的改变速度。许多航空订座系统在 20 世纪 60 年代采用已淘汰的编程语言开发，这导致对这些系统的大规模升级改造非常困难而且昂贵。航空联盟也发现，同步多个航空公司的 IT 系统及订座信息是个严重问题。

旅客们常遇到的同步问题包括某航空公司无法识别其伙伴公司做出的座位分派或打印的登机牌，或者乘坐伙伴公司产生的常旅客里程不翼而飞。然而信息一致性问题不仅限于航空联盟的伙伴公司之间。即使同一家航空公司内部，从不同分销渠道搜索的机票价格也很可能出现不一致。

20 世纪 90 年代前后，出现了连接大型航空公司订座系统与 GDS 的"直接访问"和"无缝连接"技术，很大程度上解决了通过 GDS 网络订座产生的此类问题。GDS 用户使用无缝连接技术，能让每个航班查询请求都获得准确的来自承运航空公司自有内部库存控制系统的预订舱位可用性及询价结果的实时反馈。借助无缝连接技术，代理人发出的每个请求都被传送到各承运航空公司自有系统中处理。

无缝连接技术是航空分销领域取得的一个重大进步，它能让航空公司更好地控制自己的库存——航空公司改进其收益管理系统之后，可基于同一航班，针对不同请求给出不同的座位可利用性响应（订座舱位上可利用的座位数）。例如，第 5 章介绍的网络型 RM 系统的有效性就完全依赖于无缝连接技术，只有通过该技术航空公司才能根据不同的网络收入值对 O—D 运价舱位的请求做出差异化的响应。对于旅行社或旅客而言，无缝连接技术可大幅降低 GDS 网络间座位可利用及票价信息不一致的概率。

不过，基于互联网的航空分销渠道飞速发展，将航空分销系统逼入了必须快速发展、奋力赶上信息技术发展脚步的境地。虽然无缝连接技术确能提升座位库存和询价结果信息的准确性，但为时已晚，因为该技术只能解决旅行社发出的少量可利用性请求的问题，而来自各大网站的请求数量却前所未有的巨大。转变已发生：以前由几千家旅行社每天向航空公司订座系统请求机票信息，现在是数百万旅客直接向航空公司请求机票信息，给其 IT 系统造成的压力前所未有。更糟的是，旅客通过线上旅行社(如 Orbitz、Travelocity 或 Opodo)网站搜索低价机票时，网站通常返回数千条来自不同航空公司的航班选项，这已远超绝大多数航空订座系统的能力极限了。

航空分销系统并没有做好准备面对这些新需求，权宜之计只能是向线上旅行社网站定期提供未来起飞航班的座位可利用及运价的更新信息。因此，客户在网上购买机票就要承担这样的风险：即客户机票搜索的结果(价格和可利用性)和选择、预订航班的结果很有可能不同——这时只有无缝连接技术才能确保准确的价格和可利用性。客户甚至可能认为航空公司或网站在使用"低价诱导、价格替换"的市场营销策略欺骗客户。从更广泛的角度看，IT 落后导致了畸形的分销环境：客户查询同一航班会得到不同的价格结果，如从航空公司网站、OTA 以及使用 GDS 的传统旅行社。

在短期之内，部分航空公司对此的应对策略是确保自己网站提供所谓的全网最低价。如果航空公司从自有的订座系统中获取信息展示在自己的网站上，那么这种"全网最低价"的保证就比较容易实现[①]。从中期看，部分大型线上旅行社已开始研发和实施更成熟的采样和缓存(如储存上一次请求及返回的座位可利用性数据)策略，从而最大程度减小从各航空公司获取的信息与显示给客户的信息之间数据不一致问题的影响。最后，从长期角度看，如果将航空公司座位库存与票价信息的全局一致性及透明性作为目标，则需要借助更先进的技术实现所有分销网站与航空公司订座系统之间实时准确的通信方式。

16.2.2.2 "新分销能力"的发展

航空分销系统的许多改进可能都被 50 多年前就已出现、目前仍在使用的早期

---

① 实际上航空公司很难确保"全网最低价"，首先航空公司无法以合理的成本获得自己的某一航班在整个互联网上销售的全部价格信息；其次，某些互联网公司会采用补贴方式吸引流量，此时的机票价格有可能低于航空公司收益管理系统计算的最低价；第三，部分 PSS 在执行 O—D 收益管理系统的决策时引入缺陷，如当 PSS 不支持 MSC(航段捆绑控制)时，捆绑在一起的多个航班可拆分销售，其中部分航班的售价可远低于航空公司公布的最低票价。——译注

计算机订座系统所抹杀。这类系统的目标在于能让航班航节及订座舱位的座位可利用性信息广泛传播,为实现该目标甚至为全球航空公司制定了相应的数据通信标准。尽管 IT 发展日新月异,这些老标准仍是航空业的主要通信标准。之后,部分先进的航空公司投入巨大资源研发无缝连接和直接连接技术,目标仍是使座位可利用性及询价信息的通信更实时并保持更好的数据一致性。然而,这类新技术未能覆盖所有分销渠道,很多情况下仍然会出现上一节所描述的数据一致性问题。

直到 2014 年,虽然能够轻松地依据航空公司发布的运价及使用规则确定每个预订舱位的可利用性,此时即便采用了最先进的分销流程,在数据通信方面仍然存在着某些限制。客户搜索低价航班的结果由订座舱位的可利用座位数与所预订行程是否符合该订座舱位对应的运价规则和限制条件共同决定。然而,这种结构限制了航空公司试图通过传统 GDS 的分销体系销售打包票价产品或"菜单点选式"辅营产品的努力。部分人认为,正是这些限制抹去了航空公司产品的竞争性属性,使之成为航班计划、公布运价及每个订座舱位上的可利用座位数,并导致了航空旅行的泛标品化(Westermann,2013)。

迫于这种压力,部分先进的航空公司开始自行探索"直连"替代方案,寻求绕过 GDS 渠道以节省分销成本、并消除 GDS 对其产品分销制约的办法。虽然航空公司都在利用新技术及强化通信能力实现直连模式,但仍需依赖旧的分销标准,直到 2012 年 IATA 批准的 787 号决议推出了 NDC 计划。NDC 是一整套基于 XML(可扩展标记语言)的航空分销数据传输行业标准(IATA,2014)。

NDC 标准引入的最重要改变是:所有查询座位可利用性及运价的请求都被送到航空公司以完成实时评估。从本质上看,NDC 为航空公司提供了与"直连"类似的能力:能连接 PSS 的库存控制系统与所有分销渠道(包括直接的和间接的渠道)。在图 16.5 中,"间接"渠道包括旅行社(传统旅行社与线上旅行社)和 GDS 供应商,他们都可接收来自航空公司 PSS 内部新"航空定价与零售引擎"的实时座位可利用及询价结果信息。航空公司的直接分销渠道包括自有网站和电话订座中心也能收到这样的实时信息。NDC 将库存和价格信息的分销控制权完全交回航空公司手中,并能提升所有分销渠道上座位可利用信息的时效性、一致性及准确性。

借助 NDC,航空公司能够生成"产品组合"——不仅包含简单的公布运价产品,还能任意打包增值服务产品。传统方式下,按航班及订座舱位组织起来的座位可利用信息只能以静态的形式传播,而借助客户(或其代理)与航空公司间的实时交互,能够实现航班与运价产品的动态打包和动态定价能力。航空公司具备新分销能力后,还可向其客户提供多种附加服务产品选项,并为客户提供类似于其他电商网站的购物体验:使用购物车挑选产品并购买和支付。从诸多方面看,航空公司通过实施 NDC 能够完成整体分销流程的转变,即从座位可利用信息分销到旅游产品零售。

整个行业对 NDC 的期望是:基于 NDC,航空公司能在不借助第三方力量的情

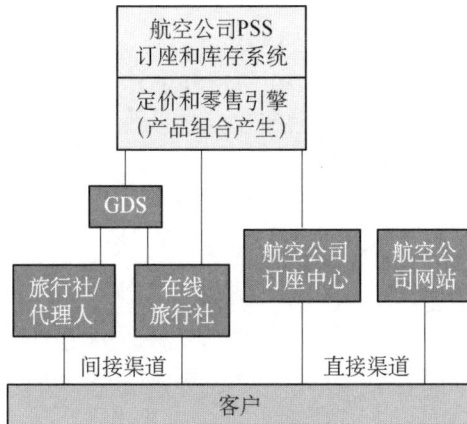

图 16.5 新分销能力

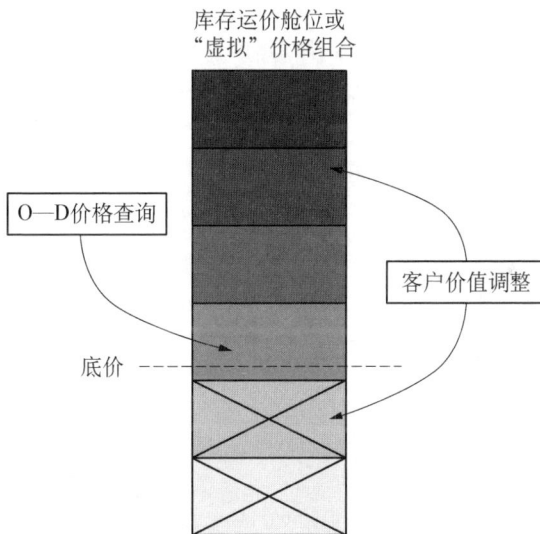

图 16.6 实时座位可利用性及报价的动态调整

况下,为客户和旅行社提供运价和服务产品组合。这样,在对座位可利用性和询价请求进行响应时进行实时、动态调整就具有了可行性,如概念图 16.6 所示。

这类实时调整方法已投入使用,如某航空公司向其精英级别常旅客提供或展示独特的积分兑换选座或升舱的选项。当旅客同意向航空公司提供信息以识别自己时,如用某种 ID 登录航空公司网站(IATA,2014),那么在 NDC 框架下航空公司就有能力向每位旅客提供个性化的产品组合。目前尚不能明确定制化或个性化产品组合的价格应该高于或是低于普通产品价格:一方面航空公司可以选择为忠诚客户提供更好的可利用性或更低的票价,而另一方面由于大部分忠诚客户对价格不敏感,因而也可能为航空公司带来更多收益。

目前,NDC已成为航空分销领域的行业标准,随着该标准的不断完善,肯定会引起传统定价和收益管理方面的显著变化。一旦航空公司在所有分销渠道上实施了NDC标准,他就能够采用实时动态定价方式响应全部请求,这就意味着无需为O—D市场设定6、20或任意固定数量的订座舱位和票价水平。航空公司仅靠自身能力就可以进行实时定价决策,无须再公布复杂的运价计算规则并由第三方分发给内容集成商——把运价计算任务交还给航空公司;甚至分销中不再需要订座舱位及复杂运价计算条件的概念;分销系统无须再存储成百上千条运价规则和限制。这些变化还要求航空公司对传统的订座、定价、RM、库存及值机过程进行重大修正(Westermann,2013)。

NDC分销标准提供的各种可能性已打开了通向未来的大门,同时它对航空公司及其客户的影响仍存在很大的不确定性。虽然所有干系人对于航空公司提升航班和票价信息准确性与一致性的努力都表示欢迎,但动态定价和个性化报价对市场竞争、价格透明度以及公平对待客户等方面的影响仍不清晰。唯一清晰的恐怕是,NDC必定会从根本上改变已经存在和使用了数十年的传统分销方式。

16.3　分销成本与电子商务的发展

全球航空业自1991年的海湾战争开始,就进入了下行通道,随后发生的经济衰退迫使很多航空公司采用传统方式削减其劳动力和飞机拥有成本,并寻求更多节省成本的机会。自航空业管制放松之后,始终未触及的一大成本中心是营销与分销成本。航空公司们愿意长期维持按票价的某个比例支付给旅行社分销佣金的业务模式,其主要原因仅仅是担心如果改变了历史上形成的"旅行社-航空公司"分销关系,很可能会影响眼前的分销机会。

历史上,航空公司用于销售及分销的总成本,曾接近客运总收入的25%,其中最大的部分就是支付给旅行社的机票佣金。如图16.7所示,美国航空公司支付的佣金在1993年达到最大值,在当时仅佣金成本就占到旅客收入的13%,也就是说,当年美国航空业的佣金支出为80亿美元。为了降低分销成本,航空公司纷纷开始对产品交付整个过程中的各步骤进行重新评估——从接受旅客订座到出票和旅客处理。与此同时,信息技术的发展终于使得从分销过程中移除传统旅行社这个"中间人"角色成为可能。1994年达美航空成为第一家为旅行社佣金设置上限的航空公司。

在达美航空设置佣金上限之后,几乎所有的传统航空公司竞争者都快速复制了这一做法,所有航空公司都渴望能大幅降低分销成本中的佣金支出。在随后的几年

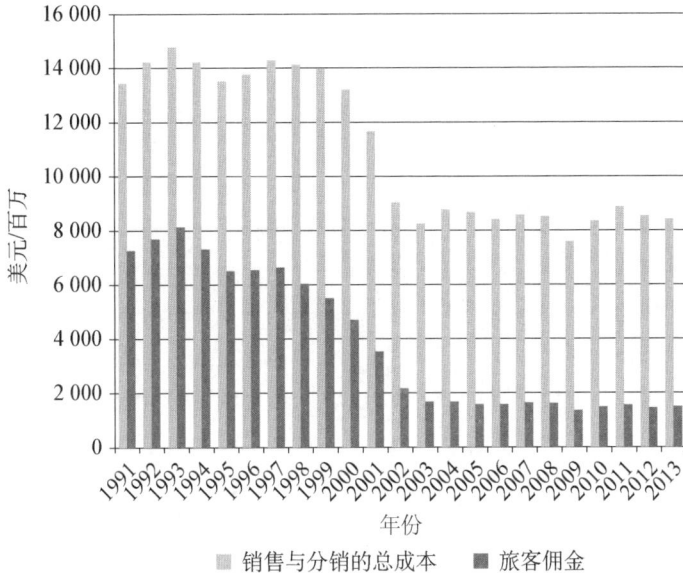

图 16.7　美国航空公司的分销及佣金成本，1991 年—2013 年（数据来源：美国交通部（2014））

中，支付给旅行社的佣金比例进一步下调并且设置了更严格的佣金上限，让整个行业节省了大量成本。到 2000 年，绝大部分美国国内机票销售都取消了旅行社佣金，当年美国航空公司总佣金成本下降了 44％，与此同时总收益增长了 37％。随着佣金占收益的比重从 13％下降到 5％左右，美国航空业每年大约能节省 30 亿美元的成本。

在此期间，驱动航空分销方式发生重大改变的另一个因素是 LCC，他们如雨后春笋般纷纷涌入市场。LCC 把降低分销成本当作其商业计划的核心任务，其中许多 LCC 采用了仅通过自己的网站和呼叫中心分销机票的策略。低成本航空公司能够实现这种分销方式，得益于他们和旅行社之间尚未形成那种紧密依赖的关系。

为了降低分销成本以维持市场竞争力，传统的网络型航空公司被迫采用了与 LCC 竞争对手类似的策略：利用信息技术发展，全力以赴做大自己的网站，提升直接机票销售量。为了激励客户使用航空公司网站（显然，这是最具成本效益的分销渠道）购买机票，某些传统网络型航空公司对线上订座提供了额外的里程奖励，并对所有通过其呼叫中心和营业部销售的机票加收额外的费用。

互联网分销渠道的出现和发展为航空公司带来了前所未有的机遇，通过互联网分销，航空公司既能增强对自有产品分销的控制，同时又可以降低分销成本。自 2000 年以来，美国的航空公司借助互联网分销手段，又可进一步节省 40 亿美元销售和分销成本，2000 年—2007 年间这项成本下降了近 40％。由于取消了大部分国内旅行社的佣金,到 2013 年美国航空公司的总佣金成本下降至 1.2%(见图 16.8)。而且,互联网分销渠道使得分销成本进一步降低,因而总销售和分销成本占旅客收入的比例进一步下降:从 2000 年的 15%下降到 2013 年的 7%。从最初实施佣金上限至今,美国航空公司年平均分销成本的降幅惊人——仅因改变分销流程,每年节省了近 70 亿美元的成本。

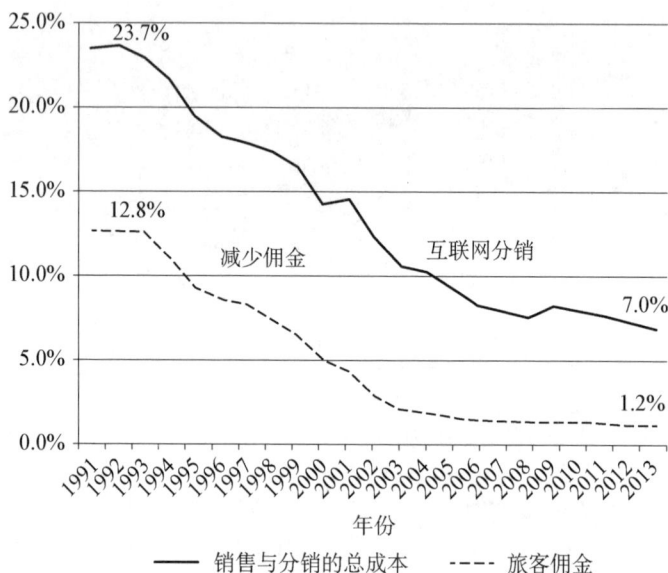

图 16.8　美国航空公司的分销及佣金成本占旅客收入之比例,1991 年—2013 年(数据来源:美国交通部(2014))

当美国的航空公司率先通过减少旅行社佣金支付并转型互联网分销以降低成本时,这一趋势也逐渐蔓延到了全球范围:所有航空公司都在重新审视其销售和分销方式,并努力降低相关成本。全球航空公司的详细运营成本数据的分类方法或者获得方式不同,使得难以直接与美国航空公司的数据做对比,但 2009 年全球航空公司的"出票、销售及促销"成本已下降到了总运营成本的 9%以下(ICAO,2012)。主要因为佣金和 GDS 费减少,这一数字从 1992 年的 16.4%下降到了 2002 年的10.7%(见图 6.5)。

美国以外的航空公司试图在降低销售和分销成本方面取得进展,但却受到诸多因素的制约。首先,许多国家无法采用类似美国航空公司削减其国内旅行社佣金的激进做法,原因是许多国家的航空公司对旅行社分销的依赖程度较大,竞争压力和旅行社的反对阻碍佣金下降。限制全球其他地区航空公司的销售和分销成本快速下降的第二个主要因素是对于旅行社分销渠道的持续依赖,导致互联网分销渠道的渗透率以及客户接受程度都较低。世界其他地区航空公司通过网络渠道进行航空订座的比例明显落后于美国的航空公司,也使得这些航空公司充分利用快速发展的互联网分销技术的能力被限制了。

16.3.1　互联网分销渠道

通过互联网门户网站销售航空机票的新业务模式发展迅速,因而传统及低成本航空公司都已将关注重点转移到这类新型分销渠道。通过推广并吸引客户使用官网(甚至在某些情况下,规定客户只能从官网上)购买机票,成功崛起的低成本航空公司与传统型竞争对手相比,借助互联网技术保持了分销成本方面的明显优势。例如,早在 2004 年捷蓝航空通过官网销售了近 75% 的机票。而此时,美国传统航空公司的官网销售比例仅为 20%。2010 年一项针对全球 129 家航空公司的调查显示,26% 的机票由网络渠道直接销售,预计到 2013 年该数字会增加至 38%(SITA,2010)。

互联网分销的另一类主要形式是在线旅行社,他们向客户提供包含机票、酒店住宿及租车在内的旅行预订服务。Travelocity 和 Expedia 是美国最早出现、也是最大的在线旅游零售商,自 21 世纪之初获得快速发展。随后该领域出现的竞争对手包括如由欧洲 9 家载旗航空公司与欧洲 GDS Amadeus 共同拥有的 Opodo,以及 2001 年由美国的 5 家网络型航空公司创建并在后来卖给美国圣达特旅游集团的 Orbitz(现在属于 Travelport)。

从很多方面看,这些具有中介性质的新型渠道仅仅是简单取代了线下传统旅行社的大部分功能。航空公司最先发现,旅客使用网站订票对节省分销成本没什么作用,因为他们仍需为每次机票销售向第三方分销商支付佣金。不过,第三方线上销售网站对于航空机票分销及旅游市场的价格透明程度仍有重要影响。部分网站开发了票价搜索引擎,一方面为客户提供针对众多航空公司的机票比价功能,另一方面也可基于多家航空公司的航班构造出一个行程。

另一些第三方网站开发了"网络爬虫"技术,能够抓取各家航空公司官网和其他线上旅行社网站的价格数据,为旅客提供比较所有旅游网站票价的功能。这类网站包括 SideStep、Mobissimo 以及 Kayak,他们的收入来自航空公司或在线旅游零售商支付的潜在客户跳转或推荐奖励。

还有一种旅游网站专门为航空公司销售"不良库存",即销售那些预计在起飞前以公布价格卖不出去的剩余座位。Priceline 是这类网站中第一个出现也是最著名的例子,他的主要业务目标是把不良库存卖给价格敏感型旅客。最初,这种业务模式构成了对航空公司分销的有益补充,这些专门销售剩余座位的"电子批发商"与航空公司谈判获得净价,并能以净价向公众销售。对航空公司而言,提供给 Priceline 销售的座位库存仍受收益管理系统的控制,并取得了销售剩余座位的机会。不过,随着航空公司收益管理能力以及网站功能持续提升,通过自有渠道促销和推广特价

"不良库存"获得了快速增长，Priceline 及其他第三方网站的吸引力就越来越小了。因而，近年来随着航空公司自有在线分销与促销工具的发展，这类第三方网站的重要性正在持续减弱。

2000 年前后，所有机票预订和购买中仅 5％来自线上，不过自那以后互联网航空机票预订和购买有了快速增长，同时直接通过航空公司官网的预订比例也在增加。如图 16.9 所示，2007 年全球范围内在线预订比例达到了 35％，其中四分之三以上的预订直接在航空公司网站上完成（不包括中国）。至 2013 年，美国旅客通过航空公司官网预订的比例超过了线上旅行社——36％的旅客使用航空公司官网，仅33％的旅客使用其他网站（BizReport，2013）。该数据表明，航空公司提升直销的努力获得了较大成功。不过，在全球不同地区、不同类型航空公司之间，线上销售快速增长的趋势也存在较大的差异。

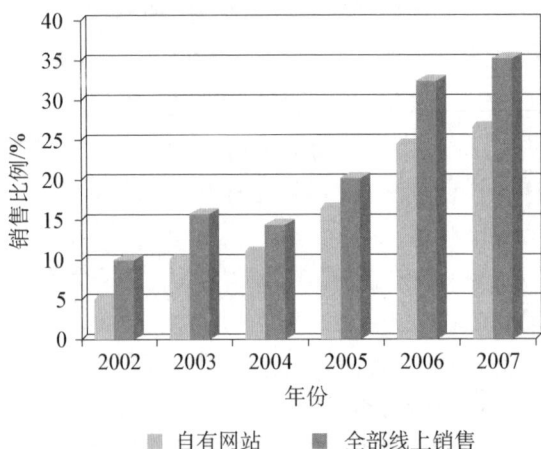

图 16.9　线上机票销售比例——全球航空公司调查（数据来源：Airline Business，2008 年 7 月）

在直销比例和线上预订比例方面，全球的传统航空公司普遍落后于他们的低成本竞争对手，传统航空公司的很多客户，特别是商务旅客，仍然习惯使用传统旅行社订票方式。2007 年，全球范围内传统网络型航空公司仅 28％的旅客通过互联网渠道预订（包括官网和第三方线上渠道），此时 LCC 的线上订座比例高达 75％（Jenner，2008）。此外，几乎全部的 LCC 线上预订都在官网上完成，这又进一步降低了成本。捷蓝航空的数据表明，2007 年机票收入的 80％来自线上销售，而欧洲LCC 瑞安航空的线上销售比例达到了惊人的 99％（Sobie，2008）。

不同国家间线上订座的渗透率也有所差别。在北美地区，截至 2013 年近四分之三的航空机票通过互联网销售。而在其他地区，由于家用电脑普及率较低，并且消费者对信用卡线上支付的安全性尚有顾虑，因此线上机票销售比例仍然较低。

　　无论传统航空公司或者低成本航空公司,当他们将大部分分销能力迁移到互联网之后,不仅可直接节省分销成本,还为进一步通过降低或取消旅行社佣金来降低成本提供了机会。此外,航空公司利用线上渠道分销也为销售"不良库存"(预计卖不掉的剩余座位)、增加收入提供了机会,并为更好地管理旅客需求及可利用库存提供了可能。近年来,价格敏感的休闲旅客更偏爱用互联网旅游网站完成预订,而且绝大多数旅游搜索引擎都提供了最低票价搜索功能,因而一周内各天旅客量变化的规律性明显减弱了(Brunger,2008)。

　　如图 16.10 所示,2003 年—2007 年间,过去被认为是一周内"非高峰"时段(工作日)的客座率增加明显,而"高峰"时段(休息日)的客座率则相对变化不大。同时,高峰时段的平均收益(客公里收入)增加明显,这是由于 RM 系统根据预测为高支付意愿旅客、按他们最可能出行的日期和时间在航班上预留了座位。Brunger 认为,发生此类转变的主要原因就是因为很多非高峰时段的订座已经转移到了互联网预订渠道之上。

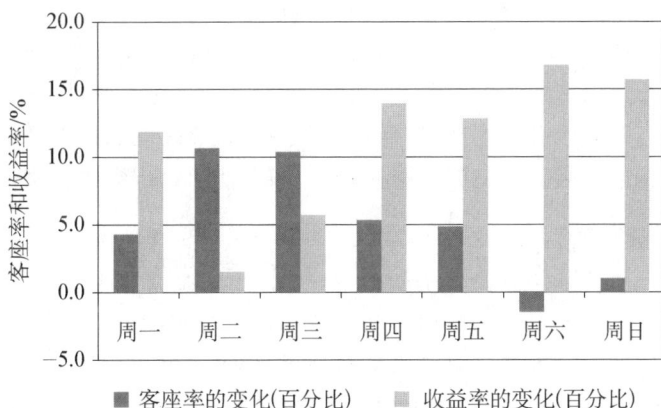

图 16.10　2007 年与 2003 年一周内各天的客座率和收益率变化(来源:Brunger(2008))

　　事实上,休闲旅客更可能使用线上预订方式。他们对价格的要求更高,为了获得最低票价,他们愿意改变旅行日期、航空公司偏好甚至换个目的地。这类人群对航空公司收入的影响有好有坏。一方面,喜好线上预订的旅客某种程度上能帮航空公司消化"不良库存"或者购买他们原本没打算购买的行程,这样航空公司有可能以极低的成本产生增量收入。另一方面,如果原本计划购买相同行程但较高票价的旅客在线上渠道发现了更低的票价并且购买,相当于互联网帮助旅客获得了更完整的票价信息并改变了购买行为,导致航空公司的收益"稀释"和平均销售价格下降。

　　Brunger(2008)对航空公司的订座和机票数据进行了深入分析,并且发现:尽管航空公司向各个渠道提供的票价和可利用信息完全相同,但是线上订座的平均价格始终比传统旅行社订座的平均价格低 5％～8％或更多。Brunger 的分析剔除了"明显的休闲"旅客（即提前 14 天以上订座以及周末在目的地停留的旅客）行程的影响，并对各种其他解释因素进行了控制。这种称为"互联网价格效应"的情况，广泛存在于研究使用的美国国内市场的大量样本数据以及近几年的订座数据中。一些可能正确的原因可以解释互联网价格效应：使用线上订座渠道的客户与使用传统旅行社渠道订座的客户，通常即使预订相似的休闲行程在支付意愿上也会有较大差异。而即便他们的支付意愿相同，旅行社所能提供的低价信息也不如互联网搜索引擎提供的信息完整。所以无论哪种情况，造成售价差异的原因都是互联网提供的航班和票价信息更加完整。

越来越多的旅客习惯使用航空公司网站及第三方线上分销渠道预订机票，因为可以直接访问到最新的航班时刻、运价规则以及座位可利用信息，客户在规划行程时有了更多的选择和自主权。这类线上渠道，实际上将原来预订过程中的大部分选择职责（及成本）从传统旅行社和航空公司订座人员那里转移到旅客自己手中。许多旅客认为这种转变有积极意义——如果他们有时间在网络上搜索低价，就能得到比从前更多更全面的关于航班和票价选项的信息，还能在自己家中舒适、方便地完成订座过程。另一方面，复杂的航空运价结构、运价使用规则和限制条件常让一些使用自助订座方式的旅客感到挫败，这种情况通常会导致他们按不甚了了的条件或服务质量水平标准购买的航空旅行服务，与他们最初的旅行构想大相径庭。

16.3.2　电子票

全球航空公司选择淘汰传统纸质机票、使用电子化机票（电子票/e-tickets），主要受到两个主流趋势的影响：如前文所述，一是降低分销成本的迫切需求，另一是互联网分销渠道的快速发展。每张纸质机票的平均成本超过 10 美元，相比之下每张电子票的成本仅为 1 美元，全球航空公司每年因此可节省约 30 亿美元成本（Grossman，2008）。而且，仅当无需再向客户提供实体票证时，互联网分销才能在客户接受度与成本效益两个方面发挥出它的全部潜力。

电子票是国际航空运输协会（IATA）"简化商务"计划的组成部分，2004 年IATA 要求全部会员航空公司在 2008 年 100％使用电子机票（IATA，2004）。全球航空公司使用电子票的比例从 2002 年的约 10％增长到 2007 年的近 72％（*Airline Business*，2008-07）。电子票的使用最初仅针对短途及休闲旅客，因为这类行程通常简单且较少更改。偏好灵活运价的商务旅客不愿接受电子票，原因是代理人在某航空公司发行的电子票上出另一家航空公司的机票非常困难。造成这些困难的原因是竞争航空公司间互通或交换电子票的详细信息存在技术障碍。目前通过各类电子票数据交换协议，这些障碍已经克服。

当日历翻到 IATA 规定的截止日期（2008 年 6 月 1 日）时，全球电子票的使用比

例达到了 96.5%;未能按时切换的多是规模较小或经验不足的航空公司,需提升其
IT 自动化水平并解决联运行程票面信息的交换问题(Ezard,2008)。通过以上叙述
可知,电子票对线上订座渠道发展及分销成本降低都起到了重要的作用。由于电子
票的普及率已超过 95%,全球航空业已经能够完全取消用于收集、处理和记录纸质
机票交易的基础设施与人员。另外下节还将讨论,通过信息技术创新,电子票的普
及还间接促进了各类"自助服务"的快速发展。

16.3.3　对航空公司及其客户的影响

前面章节中曾提到,分销技术的改变也会对航空公司收益及旅客服务产生影
响。例如,如果选择使用中介机构分销座位库存,航空公司就需要将这些库存从自
己的直销渠道中分离出来。此外,如果航空公司向中介机构提供极低价格的机票库
存,则有可能把航空公司自己的忠实客户出让给中介机构,并导致航空公司的收益
稀释以及分销成本增加。

但另一方面,如果航空公司不能在某些主要的中介网站上保持其票价及可利用
性的竞争优势,则可能会导致自己的市场份额下降,并失去那些不愿使用航空公司
官网预订的高价值旅客。在历史上航空公司用高佣金和各种"现金奖励"办法来激
励旅行社优先销售自己的机票,不过旅游预订网站、不良库存代销以及航空公司直
销渠道等新分销模式已经彻底改变了这种竞争态势。所以航空公司必须小心翼翼
地在众多分销渠道上提供有竞争力的运价和可利用座位状态,并仔细权衡不同分销
渠道的成本差异、整体市场份额损失及收益稀释的风险。

从客户角度,机票购买方式从旅行社向多种线上渠道的变化,让买机票这件事
变得更简单的同时也可能更复杂。大型旅游预订网站确实可以搜索数百万个航班
与票价组合,在指定的时间内找到旅客行程的最低可用票价,努力为客户提供"一站
式购物"航空旅游购买体验。但这种方式之下,市场上机票价格更加透明,竞争更趋
向纯价格比拼,迫使航空公司放弃服务和品牌而更关注低价。好在这一时期内,对
分销渠道的管制在迅速减少,并且历史上签订的保证所有(或至少大部分)旅游网站
可访问大型航空公司所有运价信息的那些协议已基本到期。

实际上,很多航空公司采用了"仅供线上销售"的运价,并只用于直销渠道,而未
向其他第三方网站开放。对旅客而言,这种方式使得票价透明度降低而非提高。价
格敏感型旅客为了找到最低票价,甚至为自己制订了多个旅游网站的搜索策略。此
外,目前一些客户已经建立了这样的认知:相同的(航班号/日期)航班在不同的网站
上有不同的报价。而随着对航空分销的管制放松,这种混乱的情况只会愈演愈烈。

16.4　旅客处理的创新

旅客对航空公司服务的不满,大多由于机场的旅客和行李处理方面存在问题。

经常乘坐飞机的旅客最不可接受的事情包括值机时被告知延误,座位安排出现问题以及行李丢失或行李比人晚到等情况,还有就是信息沟通不畅和发生特殊情况(不正常运营或错过联程航班)时处理失当。此外,很多旅客都相信机上服务就是一种商品,大部分航空公司的服务品质都一样好(或同样糟糕)。这会使航空公司认为,旅客和行李处理方面的创新及信息技术与分销的加速整合是其获得市场竞争优势的一个可能手段。

首先是旅客乘机前的流程方面,创新已经彻底改变了原来的值机过程,并为航空公司省下了大量的机场工作人员及相应的劳动力成本。旅客到达机场之前,就可以在家中、办公室或在酒店里通过自助方式办理航班值机、选座、为国际行程提供必要的护照信息并打印登机牌。智能移动设备广泛使用,又为旅客办理值机手续提供了一种新方式。旅客通过移动互联网设备,可以完成以前在个人电脑上才能完成的自助值机流程,并在移动设备上生成条码形式的登机牌,无需再打印纸质的登机牌。

如图16.11所示,2014年全球约40%的航空旅客会在到达机场之前使用自助值机服务,预计到2017年这一比例会达到55%。使用自助值机服务的旅客中有一半以上通过航空公司网站办理,不过根据预测,旅客使用其他渠道完成自助服务的数量增长将会更快。如果旅客未能通过互联网办理值机手续,到机场后可使用自助值机设备完成同样操作,自助值机设备能加快机场旅客处理的速度并为航空公司节省多项成本。不过,移动互联网技术快速发展以及旅客对在机场外部使用自助值机服务的接受度不断提高,促使部分航空公司重新考虑其在机场增设自助值机设备的

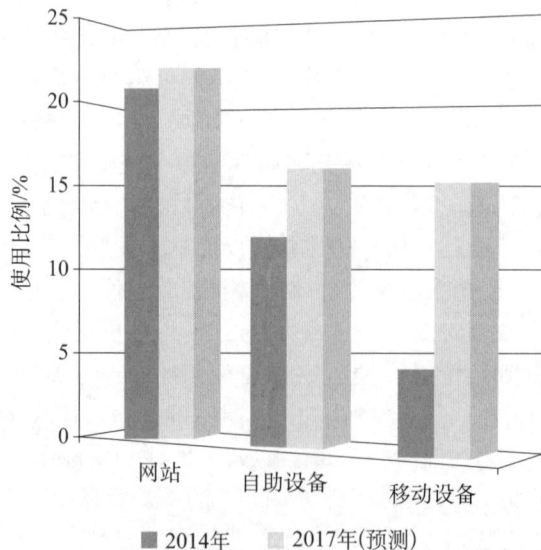

图16.11 全球航空旅客使用自助值机服务的比例(数据来源:SITA(2014))

计划。

　　除了为旅客提供自助值机服务外,越来越多的航空公司借助互联网与移动互联网技术向旅客提供更加及时的信息推送服务,以协助旅客更好地管理自己的旅行体验。图16.12所示为2010年以来,全球航空公司提供的基于移动设备的自助服务增长状况。2014年超过60%的航空公司提供自助值机与航班信息通知服务,预计到2017年这一数字将超过90%。此外最近也出现了一些新型自助服务,包括不正常运营导致旅客行程中断后,向旅客提供自助重订航班的服务及丢失行李找回服务。2014年仅11%的航空公司提供此类新型服务,预计到2017年全球三分之二的航空公司会提供这类服务。

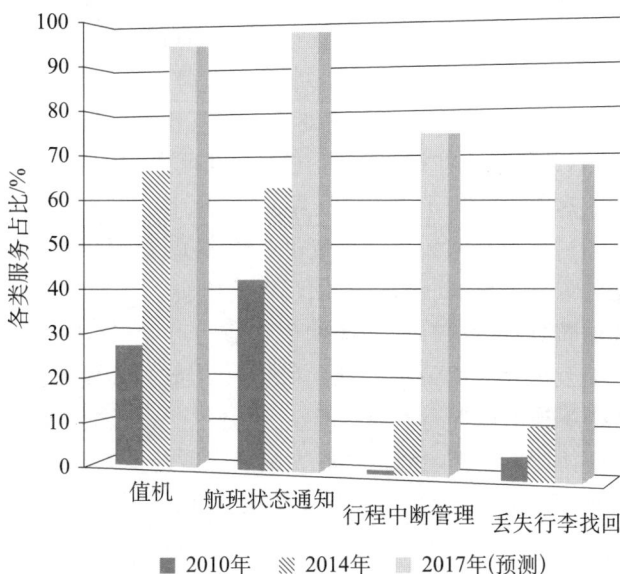

图16.12　航空公司提供的移动自助服务(数据来源:SITA(2014))

　　随着航空公司信息技术能力快速提升,他们将原有捆绑到机票内的服务通过"拆包"方式,单独拿出来销售给旅客以产生新的收入。正如第4章介绍的那样,航空公司越来越多地采用了"菜单式"定价方法,旨在增加辅助收益并提高营利能力,同时保持与廉价航空公司在价格方面的相对竞争力。2008年许多美国航空公司都引入了行李托运费,创造出航空运输产品的"拆包"销售模式,并引爆了更多新型辅助收益的创收机会。例如,可以在非会员旅客办理登机手续时向其销售机场休息室产品,根据他此次行程的机票价格和计划出发时休息室的预计使用量来动态的确定销售价格。另外一个例子是,在不正常航班运营情况下,旅客能优先获得重新订座和重新安排的服务。

　　旅客处理自动化程度的提升(以及航空公司的机场工作人员数量的减少),也会改变旅客在机场的登机流程。举例来说,部署在登机口的电子登机牌信息读取设备,既能提升登机处理的速度和准确性,还能减少登机口的人工劳动强度。实际上,已有部分航空公司允许旅客使用可机读电子登机牌自助通过登机闸机,而不再由人工检票和计数。在美国国内航班上已经实现了这类自动化登机流程,不过在国际航班上仍然需由人工完成旅客行李检查及其他有安保要求的操作。

信息技术快速发展促进旅客处理领域出现大量创新,这样的例子如航空公司能在机场内全程追踪旅客的行动轨迹。目前至少有一家欧洲航空公司完成了该功能的测试:通过在常旅客卡中植入无线射频识别(RFID)芯片,并挑选精英会员作为测试者;一旦定位测试者进入航站楼,就为其自动打印和发放登机牌及行李标签,这样被测试旅客可直接前往某个专门值机柜台快速办理值机手续。通过这项技术航空公司还能实时掌握旅客在航站楼内的位置,航空公司可据此信息决策是否等候联程旅客,或者帮助机场运营商分析旅客在机场内的消费行为模式。当然,采用新技术在机场内追踪旅客移动轨迹,必然会引发对旅客隐私保护问题的广泛关注。

同样,信息技术的发展也能改善旅客在飞行过程中、在飞机上的服务体验。许多航空公司已为旅客提供了机上 WiFi 服务;越来越多的航空公司为飞机安装了卫星直播电视系统。这类新技术的采用不仅可为旅客提供更好的机上服务体验,也能为航空公司带来收取额外服务收费和增加收入的机会。

技术进步使旅客处理(及娱乐)方面的创新成为可能,过去 10 年中这类创新的步伐越来越快。航空公司在决策是否投资和应用创新时,需要考虑以下主要问题:

(1) 投资这些新技术是否能够降低成本、提升生产力或增加收入?

(2) 实施这些新技术是否能够提高旅客的满意度乃至忠诚度?

如果上面两个问题的答案都是肯定的,那么旅客处理方面的信息技术创新就能在航空公司与旅客之间形成某种双赢的局面。航空公司越来越关注如何提高此类创新的普及度和接受度,当然所有的前提是不危害旅客隐私或不出现类似问题。这些创新已经对航空公司、机场员工以及航站楼值机流程、旅客处理的相关配置产生了较大影响。展望未来,这些创新还会对机场航站楼的设计以及机场客流处理产生更加深刻的影响。

参 考 文 献

BizReport (2013) *Airlines outselling online travel agents*. May 6. Available at http://www.bizreport.com/2013/05/airlines-outselling-online-travelagents.html.

Brunger, W. G. (2008) *The impact of the Internet on airline fares. Part II. Understanding the 'Internet price effect'*. Unpublished doctoral dissertation, Case Western Reserve University, Cleveland, OH.

Copeland, D. G., Mason, R. O., and McKenney, J. L. (1995) *Sabre: the development of information-based competence and execution of informationbased competition.* IEEE Annals of the History of Computing, 17(3), 30 – 55.

Ezard, K. (2008) *Papering over.* Airline Business, July, p. 52.

Grossman, D. (2008) *The end of the paper airline ticket.* USA Today, May 30.

IATA (2004) *Simplifying the Business.* International Air Transport Association Press Release 31, November 16.

IATA (2014) *New Distribution Capability (NDC): facilitating air retailing.* Strategy Paper V1. 0, International Air Transport Association, Geneva, September.

International CivilAviation Organization (ICAO) (2012) *Regional Differences in International Airline Operating Economics: 2008 and 2009*, Circular 332, Montreal.

Jenner, G. (2008) *Mobilised change.* Airline Business, July, pp. 48 – 51.

Saranathan, K. , Peters, K. , and Towns, M. (1999) *Revenue management at United Airlines.* Presentation to AGIFORS Reservations and Yield Management Study Group, London, April 28.

SITA (2010)12th *Annual SITA/Airline Business IT Trends Survey.* Available at http://www. eyefortravel. com/mobile-and-technology/airlines-sellmajority-tickets-direct-passengers-2013-survey.

SITA (2014) *The Airline IT Trends Survey.* Available at http://www. sita. aero/surveys-reports/industry-surveys-reports/airline-it-trends-survey2014.

Smith, B. C. , Gunther, D. P. , Venkateshwara Roa, B. , and Ratliff, R. M. (2001) *E-commerce and operations research in airline planning, marketing and distribution.* Interfaces, 31(2), 37 – 55.

Sobie, B. (2008) *Weaving the web.* Airline Business, March, pp. 46 – 49.

United States Department of Transportation (US DOT) (2014) *Air Carrier Financial Reports (Form 41 Financial Data).* Bureau of Transportation Statistics, Washington, DC. Available at www. transtats. bts. gov.

Westermann, D. (2013) *The potential impact of IATA's new distribution capability (NDC) on revenue management and pricing.* Journal of Revenue and Pricing Management, 12(6), 565 – 568.

17　全球航空业面临的关键挑战与对未来的展望

Peter P. Belobaba，William S. Swelbar 和 Amedeo R. Odoni

自从 40 年前美国率先放松对航空市场的管制以来，全球航空业发生了巨大的变化。航空市场自由化已经成为一种全球现象，日益激烈的竞争迫使全世界的航空公司寻求更高效的运作方式。本书前面的部分描述了全球航空业的诸多特性、航空业运营的各类过程以及他们面临的问题。显而易见的是，航空业大部分利益相关者都受到了行业转型的影响。当然，这种转型还远未完成，即使在本书的编写过程中，转型也在持续进行着。

在航空业众多干系人群体之中，航空旅行客户是最大的赢家之一，因为时至今日，航空旅行的实际平均价格要比几十年前低出许多，即便算上附加服务的费用亦是如此。虽然旅客从日益激烈的市场竞争中获益，但是航空公司却未能从其开发和实现的众多成本效益及生产效率提升过程中获得更多经济利益。因而有一种意见认为，在这场迫使全球航空业更具竞争力的转型过程中，最明显的失败者其实是航空公司的股东。然而，近些年来，航空公司股东的财富又开始增长，原因是相较于几十年前，整个行业越来越注重资本回报了。

与此同时有证据表明，原来经济增长与航空业发展趋势间的强相关关系已开始逐渐减弱。以前的假设是，航空市场自由化能够带来新型和更好的航空服务，从而使航空运输量增长，运输量增长又促进了经济增长，最后经济增长反过来又能刺激产生对更新更好航空服务的需求。现在这种联系已不再那么明确，正是这种联系支撑了历史上每个新经济周期或世界性事件中步履蹒跚的航空业。

本章是对全书的总结，我们首先回顾美国航空市场的发展变化带给我们的经验教训，以及这种变化对全球航空业近期发展的重大影响。美国航空市场是全球第一个放松管制的市场，并且仍是全球最大的航空市场。此外，在航空业从关注区域向聚焦全球的转型过程中，美国的市场经验还成为重要的研究案例。正如前面章节所述，美国航空市场的许多发展趋势已经推广到了欧洲和亚洲。

在 17.2 节中,我们首先展望未来,然后讨论截至 2014 年底全球航空业面临的关键挑战。整个行业过去战胜了各种各样的宏观经济问题,即将实现连续第五年全行业总体盈利。每当一个新的挑战出现,航空公司都需要调整他们的运营战略,降低成本,寻找替代收入来源,应对新的竞争压力,坚强的生存和发展下去。近年来燃油价格的上涨与剧烈波动,也成为航空公司继续那场始于数十年前、由行业管制放松及市场自由化倡导者发起的行业转型的额外推动力。

17.1 美国及全球航空市场的演变

可以肯定的是,相对于世界其他地区快速发展的全球性航空公司而言,美国的航空公司正在失去原有的领先地位。不过自 1978 年美国航空业放松管制以来被反复证明的是,美国航空市场确实是全球航空商业及运营战略的模板。美国航空业曾经是众多最重要的航空业创新模式的孵化器,现在这些模式已被广泛应用到全球航空业之中。促进航空企业的兼并与整合、低成本航空公司(LCC)的快速发展、经济增速与航空业收入间关系的弱化以及成本及生产力结构的重构确定了美国航空业发展演变的基调。就在最近,"容量规模效应"再一次为美国航空公司所实践——美国航空业的深度整合使得整个行业盈利能力获得了实质性提升。虽然在新世纪的前 10 年美国航空业未能获得多少盈利,但今天它却是全球盈利最好的地区。由于上述趋势都已扩散(或即将扩散)到世界其他区域,因此了解美国模式的影响,对于理解全球航空业的发展十分重要。

17.1.1 美国航空市场的演变

1978 年美国国内市场监管放松之后,运价和运营成本方面新出现的竞争压力使一些新进入者及航空企业被迫申请破产。到 20 世纪 80 年代中期,由于需要在美国境内建立地区性市场优势,第一波航空公司并购整合得以顺利进行。其中的许多交易都涉及直接竞争者之间的兼并整合。从历史上看,这种类型的兼并整合在美国市场上绝无仅有。此外,近期在世界其他地区也出现了非常明显的兼并整合趋势。

LCC 模式始于美国,不过已经扩散到了全球每一个自由化航空市场之中。当美国航空业放松管制时,只有两家航空公司具备后来称之为"低成本航空公司模式"的部分特性。当时西南航空和太平洋西南航空(PSA)公司已分别在德克萨斯州与加利福尼亚州境内运营,因而不受仅针对洲际间航空运营的监管限制。这两家航空公司各自制定了创新的运营战略,一旦所有进入美国国内航空市场的壁垒清除后,这些运营策略就有可能发展为一种新的模式。

虽然美国放松管制后出现了很多新航空公司,但其中的大多数在 20 世纪 80、90 年代就以失败而告终。2000 年后,伴随着效率与灵活性较差的大型传统航空公司运力削减,美国的低成本航空公司获得了空前快速的发展,并抢占了较大的市场份额。由于 LCC 快速发展,导致传统航空公司无力维持原有的票价溢价,美国航空业遇到了前所未有的结构性收益问题。美国航空业的国内旅客收益与国内生产总值(GDP)间的关系在 2000 年后开始瓦解,如图 17.1 所示。历史上,美国国内航空旅客年收入约等于 GDP 的 0.70%。但 2003 年,美国航空旅客收益降至 GDP 的 0.55%,相当于整个美国航空业亏损了 200 亿美元。在 2009 年金融危机和经济衰退后,该关系进一步解构。到 2013 年,美国国内旅客收益占 GDP 的比例相比 2000 年以前的历史平均值,降低了约 340 亿美元。

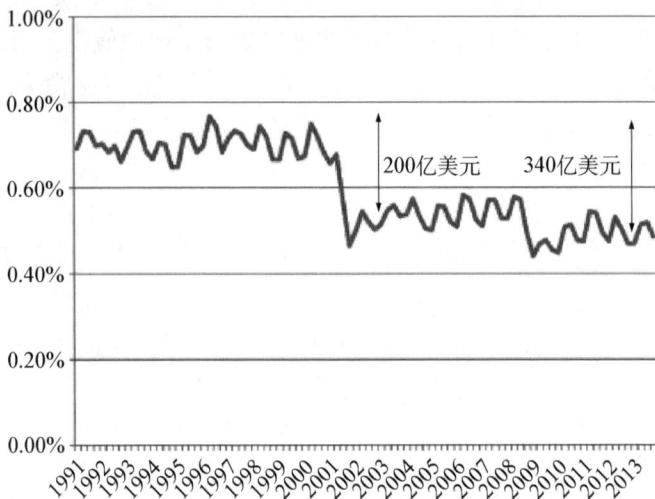

图 17.1　美国国内航空公司旅客收入占 GDP 的比例(数据来源: 美国交通部,2014)

2002 年—2007 年间,美国航空公司破产及相关的重组导致整个行业的年运营支出减少了近 200 亿美元,所减少的金额超过整个行业非燃油成本的四分之一,削减部分主要来自于劳动力工资和福利的减少。不过自 2005 年开始出现了另一种宏观经济现象,就像营收环境在这个 10 年初期发生了根本性改变那样,全球对原油及其衍生物的需求导致喷气燃料在之后 3 年时间中上涨了 2 倍。

燃油价格大幅上涨在 2008 年达到了空前的高峰,再加上全球经济危机及经济衰退,逼迫美国航空公司的战略再一次转变。所有类型的航空公司都面临着不可控的燃油成本上涨问题,最明显和合理的策略就是关注如何提升收益及削减不能盈利的运力。随着燃油套期保值策略失效,即便最大的 LCC 也被迫提高了自己的平均票价。最后,航空公司战略从追求市场份额向更有效的管理运力供给及更保守的运力增加转变,标志着美国大型航空公司商业活动的重大变化。

美国大型航空公司近期表现出的极强的盈利能力说明,2000 年以来美国民航业出现的一些重要变化产生了效果。传统型航空公司在成本及生产力方面取得的改善使其不但在与国内市场上的 LCC 对手竞争时占优,还在国际市场上获得了成功。众多证据说明,美国传统航空公司的重组使得他们的成本及生产率水平接近了 LCC,并迫使 LCC 增速放缓。

近期美国航空业中几家大型航空公司的兼并整合非常出人意料——包括达美与美西北合并,美联航与大陆合并,美国航空与全美航空合并,乃至 LCC 美西南与穿越航空合并。前所未有的整合导致的直接结果是,美国国内航空市场上 85% 的运力由 4 大航空公司所控制。合并后的航空公司才有机会合理化其航线网络并削减多余的航班运力,最终形成主流航空公司之间的"容量规模效应"格局。在该格局下,美国国内市场的可用运力在近几年内基本没有增长,且在可见的未来也不会有明显增长。

通过限制运力盲目增长,4 家大型航空公司居然实现了客座率与收益率(平均票价)同时提升——通常很难使两者都增加,这也在很大程度上解释了为何近期美国航空公司实现了大幅盈利的业绩。如图 17.2 所示,仅在 20 世纪初期客座率上升以收益率下降为代价,而在 2009 年—2013 年间美国民航国内客座率上升并超过83%,同时这 5 年内收益率也在上升。不过容量规模效应属于非稳态平衡,始终存在这样的可能:某个竞争者为了获得更大的市场份额而单方面增加运力投放。人们对美国航空业的这种平衡能维持多久有很多猜测。

美国航空业之所以获得巨大发展并得到大量经验教训,其基础是拥有规模庞大

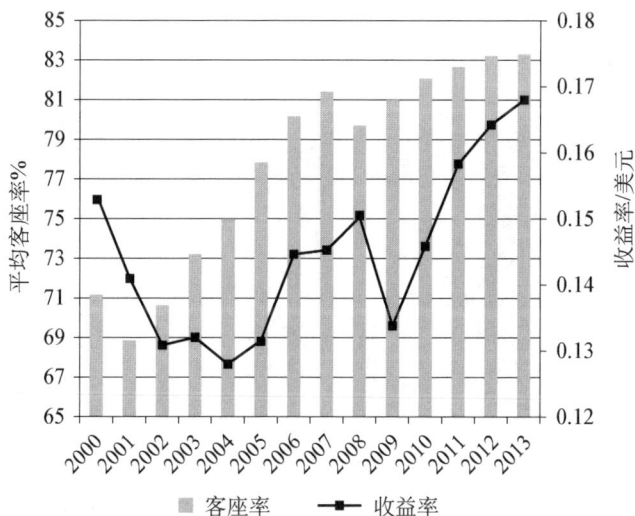

图 17.2　2000 年—2013 年美国国内航空公司客座率和收益率
(数据来源:MIT 航空数据项目,2014)

的国内市场。虽然传统航空公司在国内投放的运力有所下降并将部分国内航班外包给小型支线航空公司,但大部分美国航空公司的航线网络很大程度上仍然依赖竞争激烈的美国国内市场。成熟的 LCC 如美西南和捷蓝航空,发现其成本已与传统网络型航空公司的成本相差无几,这样他们在国内的发展空间受到挤压,只能将注意力转向国际市场或在国内市场上转型为新的极低成本航空公司(ULCC),如精神航空、忠实航空与边疆航空。

美国航空业虽然号称在 30 多年前已放松管制,不过在许多方面依然有管制。航空业对经济的巨大影响明显而且重要,这种情况促使立法与监管机构,常借着保护市场竞争和保护消费者的名义,持续地参与到商业决策之中。航空公司劳工关系受到"铁路劳工法案"的监管,而这部法律的主要条款自 1934 年以来没有实质性变化。行业基础设施仍然是运营效率提升的一个制约因素,很多情况下都是因为监管的要求或者行业主要干系人对政策的不同解读。改善航空基础设施和航空交通管理系统的政策,通常需要政府内的多个部门以及劳工组织、当地政府和环境保护组织之间达成一致。尽管近年来美国的航空公司努力对自身的运营和管理进行重构,不过长达 60 年的行业监管余威尚在,管制与监管将继续在美国航空业的发展中发挥非常重要的作用。

17.1.2　近期全球航空市场的发展

伴随着全球航空业的持续重组进程,自最近发生的 2008 年经济危机之后,全球航空业的财务状况显著改善。2014 年全球航空业预计将产生 180 亿美元的净利润,为历史最高水平(IATA,2014)。另一方面如图 17.3 所示,虽然预期全球其他地区

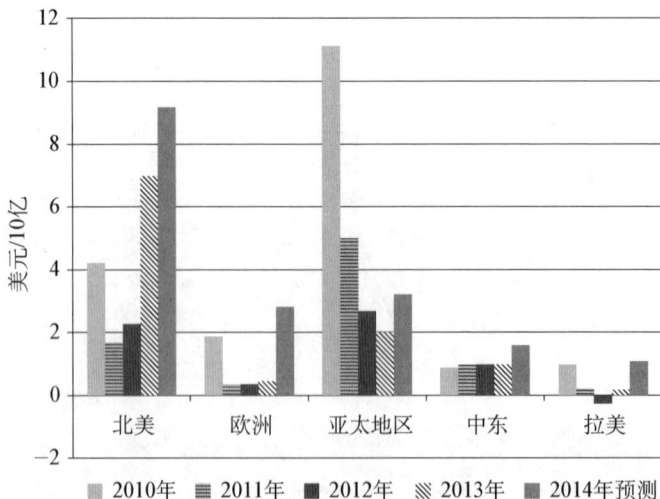

图 17.3　2010 年—2014 年各地区航空公司的净利润(数据来源:IATA,2014)

的航空公司能在前几年的基础上进一步提升利润率,不过预测的全球净利润的一半多仍然由北美的航空公司实现。全球范围内航空公司利润间的巨大差异,说明他们在重组过程、受低价竞争影响、新进入全球性航空公司的成长以及总体经济状况等方面存在众多差异。

当美国的航空公司停下发展脚步,将注意力放到对自身进行重构、采取保守运力投放战略之时,世界其他地区的航空公司仍在持续加大投入。拉丁美洲、东南亚以及中东地区的航空公司正以惊人的速度发展,同时有许多人质疑这些地区的爆炸式增长能否持续。中东地区航空公司的客运量增长速度是北美地区航空公司客运量增长速度的 4 倍以上。亚太地区和拉美地区的交通量也在以同样惊人的速度增长。

虽然这些地区的航空公司盈利保持持续增长,但由于运力投放高于需求增长而导致利润空间逐渐减小。某些航空公司在新兴地区的运力部署具有重要的战略性意义。当发现新兴市场的需求属性逐渐向成熟市场(如欧洲和北美)的需求特性演变时,航空公司将进入这类双边限制国家的机会视为长期投资。

另一方面,欧洲和北亚地区的大多数航空公司保持着较低的增长率,这说明各自的区域市场已相对成熟。不过,几年前亚洲地区的利润率还保持最高水平,但到了 2014 年北美就成为全球获利最好的地区。实际上,北美地区产生的利润总额几乎是亚洲的两倍。欧洲地区的利润率相对最低——甚至少于 2%,并且仍然需要进行大规模的成本整合。中国市场足够大并为所有地区的航空公司们提供了发展机遇,同时亚洲二级市场已经发展到了完全能满足所有服务需求的程度。非洲市场也提供了新的发展机会,特别是对欧洲航空公司,因为在历史上他们就与非洲关系密切。

与美国的情况类似,欧洲的 LCC 通过在欧洲内部城市对间新开航线获得了快速发展。像美国 LCC 那样,欧洲众多的低成本运营商积极扩张、努力取代传统运营商,他们的发展速度甚至更快。某些低成本运营商进入了欧洲内部较为成熟的市场,而瑞安航空选择围绕人口最多的中心城市拓展二级市场。欧洲还有许多区域可为 LCC 提供进一步扩张的市场空间,如东欧地区与地中海地区;相比之下美国国内市场早已成熟,几乎没什么发展机会能进一步刺激航空旅行需求增加。当然,未来某些 LCC 还会考虑提供跨洋服务,这将再一次挑战原来统治这些航线的全球性传统航空公司的地位。

与美国航空公司相似,欧洲大型传统航空公司也构建了自己的枢纽及门户机场,形成强大的通向全球各地的交通网络。大规模兼并成就了传统航空公司巨无霸,如汉莎航空集团买下了瑞士航空与奥地利航空,法航与荷兰皇家航空实现了完美的合并。英航与西班牙航空在 2011 年合并后被国际航空集团(IAG)控股。并非全部欧洲航空公司都能顺风顺水,之前载旗的比利时航空和不断陷入困境的希腊载旗公司奥林匹克航空现已不复存在。此外欧洲市场上的二级航空公司,如 SAS 和葡萄牙航空能否作为独立实体继续存在下去也是个问题。

尽管实现了连续 5 年整体营利,但欧洲传统航空公司的利润率依然很低。大型传统型航空公司,如汉莎航空与法荷航,要继续面对成本高、生产率低、劳工关系紧张的问题,并在和欧洲 LCC(他们的增长速度并没有像北美 LCC 那样减慢)的竞争中遇到了严重困难。新兴全球型航空公司对欧洲传统航空公司的影响更大,他们凭借自己在中东的枢纽分流了许多原欧洲枢纽上的国际长途客源。

阿联酋、阿提哈德、卡塔尔及土耳其航空都制订了雄心勃勃的扩张计划并持有大量等待交付的飞机订单。从战略角度看,他们已带给欧洲、大洋洲及亚洲的航空公司巨大的新竞争压力。迪拜、阿布扎比、多哈和伊斯坦布尔枢纽正在形成,凭借优良的全球性地理位置以及大幅增加的运力投放,他们从传统枢纽(法兰克福、巴黎及伦敦)分流了大量的联程客源。同时,这些新枢纽也为南北美与印度、东南亚、非洲和澳大利亚之间提供了新的联程方式。

枢纽型网络客流的整合能力使得这些中东航空公司不仅能向大型航空公司市场(如纽约至德里)提供联程服务,也能向圣保罗至大阪这类较小的次级市场提供联程服务。此外,这些中东枢纽机场的优良地理位置可促进非洲商业航空市场的发育。非洲航空市场至今还没有真正意义上的自有航空公司——该市场仍然是欧洲航空公司航线网络的延伸。

新兴航空公司在向同一类型的 O—D 市场(其中大部分涉及第六航权,详见第 2章)扩张时,采取了各不相同的发展战略。阿联酋航空一直保持自行发展,除了最近与澳洲航空的合作——澳洲航空将其欧洲门户从新加坡转移到了迪拜。阿提哈德航空的基地位于阿布扎比,并选择持有至少 8 家航空公司的少数股权,其中持有股份最多的是意大利载旗航空公司 Alitalia,达 49%。卡塔尔航空是 4 家公司中规模最小的一家,已选择加入航空联盟"寰宇一家(oneworld alliance)"。此外,3 家中东航空公司选择服务中转联程客源因而运营的全部是宽体客机,但土耳其航空则选择建设传统型枢纽,同时运营窄体客机和宽体客机,航线网络面向本国、欧洲以及北非地区。

除极少数例外,南美地区不稳定的经济状况已经导致了许多航空公司关闭。代表性的案例包括巴西航空和阿根廷航空,他们都因财务压力和极低的运营效率而垮掉。墨西哥航空也已关门。不过,一些具有不同特性的新兴航空公司可能会成为该地区航空业未来的希望。LAN 航空公司由前 LAN 秘鲁航空、LAN 阿根廷航空及LAN 厄瓜多尔航空,在前 LAN 智利航空的基础上整合而成。LAN 获取了南美大陆上失败航空公司的双边航权,借此构建自己的航线网络,并获得较大成功。对于其他面临同样难题的地区,或某些国家的需求规模和土地范围不足以支撑一家载旗航空公司,都可借鉴 LAN 的模式。

　　拉美地区航空整合的趋势也很明显：LAN 与巴西天马航空整合成了 LATAM，TACA 与哥伦比亚国家航空公司合并。COPA 控股公司运营着巴拿马城的 COPA 航空与哥伦比亚的共和国航空。初创的巴西戈尔航空是拉美地区最强大的 LCC，并已计划将其航空品牌推广至中美及墨西哥地区。另一家总部设在巴西的 LCC 阿苏尔航空（Azul）成立于 2008 年，就在最近与巴西最大的支线航空公司 TRIP 合并了。

　　亚太地区的兼并行为非常少，他们通过成本较低的分/子公司或合资企业的形式来提升成本效率和营利能力。亚洲将成为最值得关注的地区之一，该地区也将面临全球产业转型。虽然亚洲地区的经济状况对世界经济的重要影响毋庸置疑，但是外部航空公司进入该地区仍然会受到严格的管制。除了印度、韩国、中国台湾、新加坡以及若干较小的亚洲国家和地区之外，进入亚洲空域在很大程度上仍然受限。中国仍然是无可争议最有潜力的市场，并且由于其民众具有强大的挣钱能力，因此对航空旅行的内在需求将持续增长。

　　日本历来就是一个重要门户，所以美国和日本的航空公司都在此建设了一些到亚洲目的地的国际联程枢纽。不过在日益激烈的竞争环境中，日本的国内需求能否支撑两家航空公司呢？韩国航空公司带来了较大的新型竞争压力，并已对日本航空公司产生了影响。随着韩国、台湾及中国大陆的枢纽和门户不断成长，以往经停日本进入亚洲的客流现在可以选择飞过日本。已有美国航空公司使用新型长航程飞机不经停东京成田机场而直接进入亚洲。美国航空公司改变了对日本市场的战略后，要求日方允许其在东京市中心的羽田机场提供更多服务。亚洲的国际客流变化与中东航空公司扩展其航线网络时发生的情况类似，两者都将重新定义已存在几十年的全球竞争性客源的格局。

　　在大洋洲，新西兰政府的政策比澳大利亚实施的政策更加宽松和优惠。虽然澳大利亚的经济实力十分强劲，但其载旗航空公司澳洲航空却毫无竞争力可言。该航空公司正在艰难应对其高成本结构，并与在地理位置上极具竞争力的中东航空公司展开竞争。最近澳航与阿联酋航空达成了一项协议，规定澳航不再直飞欧洲，而是将自己的欧洲客流通过迪拜转运。作为交易条件之一，澳航须结束与英国航空的长期合作关系。近年来，澳大利亚政府已表现出接受与以往不同的新所有权制度的意愿。在寻求澳洲航空重组方案的过程中，澳大利亚政府可能成为国际航空自由化政策的领导者——这类政策将对全球航空业的竞争格局产生重大影响。

　　最后，伴随着全球航空业的发展，非洲大陆也出现了几家成功的航空公司。不过与世界其他欠发达地区类似，非洲航空业有发展前景但较为有限，如目前南非航空公司发展良好，肯尼亚也被认为是有潜力的新兴非洲市场。然而支撑一家能与大型全球性航空公司竞争的本地运营商需要更强大的经济基础。在具备这样的经济基础之前，非洲仍将继续依赖欧洲、中东及土耳其的航空运输系统。

17.2 展望未来：全球航空业面临的主要挑战

在第1章中，我们识别了全球航空业面临的一些主要挑战——维持航空公司的盈利能力，确保安全和安保以及建设充足的航空运输基础设施。在对本书进行总结时，我们重新讨论这些挑战，并在这个列表中增添一些日益重要的事项——航空业对环境的影响，日益增长的全球化影响以及高税收负担对整个行业的影响。在展望未来的部分，我们针对未来数十年塑造全球航空业的各类干系人、各类力量及业务流程提出一些想法。

17.2.1 支撑持续营利能力的策略

在本书中已经明确，航空业是资本密集型和劳动力密集型产业，并主要受宏观经济发展影响且具有长周期性特征。创纪录盈利之后紧接着是全行业的巨大亏损，周期性现象导致了许多航空公司破产，并迫使更多公司的财务陷入长期疲软状态。在可见的未来，造成周期性的因素不会有大变化，对于航空公司而言最大挑战仍是寻找并保持某种能提供持续盈利能力的稳定模型，以完成业务规划、运营并参与竞争。本节讨论航空公司在探索过程中可能遇到的若干具体挑战。

在本书(指原书第2版)出版时，由新兴经济体内的新兴航空公司与老牌航空公司创建的新型航空联盟推动了全球航线网络的发展，航空业即将进入持续转型的下一个阶段。北美以外的很多地区仍在发生兼并重组，在航空业进行重构的同时，所有航空公司都必须面对相同的基础性挑战——油价大范围波动造成史无前例的运营成本不确定，以及不同地区经济发展前景的不确定性。新兴航空公司们制订了激进的运力投放计划，实际是对发达(北美地区)和发展中(欧洲及部分亚洲地区)航空运输市场进行的压力测试。

全球几乎所有区域都已出现了低成本航空运营模式，可以预期，传统和低成本运营模式将在相当长的时间内并存。亚洲及南美地区的LCC仍在快速发展，当然来自这些地区以及中东地区的新兴全球性航空公司的发展，无疑将对平均票价以及整个行业的盈利能力造成较大的压力。

纵观整个行业的发展过程，航空规划流程不会有大的改变，但机队规划、航线路径评估和航班时刻计划决策过程的管理效果将获得持续改进。我们已看到这样的事实：部分航空公司已将其战略重心从提升市场份额转换为精细化管理其运营的每一条航线的财务绩效。不过在另一方面，新兴全球性航空公司制订的激进发展计划说明他们依然对提升市场占有率非常关注。运力投放过剩，特别是面临又一次全球经济衰退的大环境，对实现全球航空业持续盈利的目标带来了重大风险。

枢纽轮辐式网络模型将继续主导航空公司的航线网络策略。正如第7章所述，联程枢纽网络的基本经济特性以及客流整合能力既简单又十分强大,难以被替代。不仅大型传统型航空公司将重心重新放到枢纽战略上,许多 LCC 也开始转向建立联程枢纽(或者至少"中心城市")模式,以支撑其发展。此外,枢纽轮辐式网络模型是发展最快的新兴全球性航空公司使用的唯一(或严重依赖的)网络策略。确实,如果枢纽机场上没有第六航权带来的联程客流,中东地区的新兴航空公司就无法快速发展。未来,中东及全球其他地区的新兴航空公司要想成就预期的发展,通过其枢纽的联程客流贡献至少应与本地或区域市场客流的贡献相当。

在可预见的未来,航空公司的机队构成将持续改进,而非彻底地变化。波音公司、空客公司及一些小型飞机制造商们,如巴西安博威和加拿大庞巴迪,目前制订的发展计划只是对现有飞机进行改进,如借助新发动机或空气动力技术降低油耗和运营成本。尚无任何迹象表明,在飞机技术方面会发生革命性飞跃,无论在飞行速度还是成本效益方面。一些新飞机制造商,如日本三菱,所提供的新型飞机开始影响到部分航空公司的机队规划决策,但新制造商确实需要很多年才能对这个市场产生显著的影响。

航空公司机队规划成功的关键全在"灵活性"上,也就是说通过提供不同容量的飞机机型,降低未来的不确定性风险及减少对需求的影响。对那些正在快速扩张的全球性航空公司而言,采用更加成熟的机队编排优化模型,为不同航线上随机和动态的预订模式分配正确的机型,最终提升机队规划的灵活性也将更加关键。制订更好的运力管理策略,优化收益、客座率,最大化飞机利用率并有效利用航空公司最主要的资本资产(飞机),依然是航空公司的首要任务。

随着航线网络与竞争态势的改变,定价与收益管理技术也需要进行不断改善。较传统方法采用的基础概念是以任意价格销售剩余运力,目标就是增加收入,但 LCC 发展壮大使价格成为区别航空公司服务的主要手段。不过,随着能源成本的增加以及预期未来环境相关成本的占比可能越来越高,航空公司的定价和收益管理部门将重新聚焦于如何最大化其整体利润,而非简单创造更多的增量收入。航空燃油成本在评估是否进入市场或扩大服务范围方面将发挥更重要的作用,由此导致票价不可避免上涨,也会对全球多个地区航空出行需求的价格弹性产生影响。

为了平抑高企的能源成本,特别由于航空公司的其他运营成本构成上已没多少空间能再削减成本,为了实现收益最大化的需求,必须对航空公司的定价技术进行差异化改造。历史上剧烈波动、日益上涨的能源价格,已迫使整个行业开始对原来更多价格歧视(一些人认为是"更复杂")的票价结构进行重构,目标是根据基本经济理论使收益最大化。某些程度上能源价格高企并剧烈波动对 LCC 的挑战更加严酷,已逼迫 LCC 重新审视和评估其使用已久的定价和收益管理"简化"方法。航空旅客对产品的态度与选择行为在很大程度上取决于价格,但当能源成本日益高企时,LCC 们很难继续降低票价水平。

把以前包含在基础票价中的产品和服务拆出来额外收费的做法,近年来开始快速普及,包括"只提供必要服务"的LCC以及大量传统网络型(或称"全服务")航空公司。引入附加服务收入或实质上为增加收费而名义上为改进旅客出行体验的"零售式"产品组合的出现,说明从航空公司角度来看,在寻求持续营利的道路上,增加收入与成本效益同等重要。成功的航空公司通过为各种需求分类提供不同的服务及产品组合的方式重新定义客户的"价值主张",而且他们采用的价格水平应能使收入覆盖成本乃至确保盈利。

航空公司为改善客户的航空出行服务体验所做的全部努力,都可能转化为竞争优势。美国的网络型航空公司大幅增加了国际市场上的投入,导致向头等舱及商务舱旅客提供舒适型服务或设施方面的竞争变得异常激烈。为了提升营利能力或考虑到参与竞争的需要,美国及全球其他地区的航空公司在提升座椅或旅客舒适度方面进行了投资,并引入新型产品,如"超级经济舱"。改善服务并增加收入的创新机会并不局限于飞机内部设施或机上服务改善。旅客的机场体验也蕴藏着大量创新机会,如在安检和边检过程中的创新。

在机票分销领域,航空业在降低分销成本方面取得了巨大的进步,这主要是由于互联网兴起并成为重要的分销渠道。尽管对美国航空公司而言,已没有空间让分销成本再下降与之前相当的数量级,新技术却始终能够驱动该领域的效率提升。第16章介绍了新分销能力(NDC)的发展规划,该计划将从根本上改变航空公司与全球分销系统之间的关系。此外,借助NDC项目,航空公司将能够为客户定制航班产品和票价产品组合,有可能为各类分销渠道,并最终为个人客户提供差异化的服务和产品。NDC对航空公司收益及价格竞争态势的影响尚不明确,但未来这种新能力必将对所有客户产生深刻的影响。

劳工关系被证明是航空公司寻求持续营利能力过程中最重要的因素。即使燃油价格高企并变化剧烈,人员工资及相关费用仍是几乎所有航空公司的最大单项可控成本支出。管制的航空市场环境中,监管者对竞争性劳动工资率的干涉及制订低效工作规范的欲望依然根深蒂固。随着市场自由化的深入、竞争加剧及新进者增加,市场力量促使航空业中形成了与以往截然不同(从薪资率以及劳动生产率角度看)的劳工市场(不含飞行员)。全球航空劳动力市场正逐步建立起来,但在此之前,全球各地区内部和地区之间的劳动力价格差异仍会存在。这些差异有助于新兴航空公司在低工资地区形成竞争优势,并仍将是北美及欧洲等成熟地区的劳动工会主要关注的问题。

要参与全球航空市场的竞争,就必须对劳动力成本进行管理和控制,然而这却使劳资关系更加紧张。全球各地区间工资率与生产率水平的差距,使航空公司认为外包某些类型的航班更加合算。在美国,支线航空公司外包了大型传统型航空公司一半以上的国内航班,运送国内旅客总量的近四分之一,说明以往的外包做法正在发生改变。在欧洲,部分传统型航空公司在其集团内部成立多家下属公司,专门运营欧洲境内的航班,并借此绕开劳工合同中的诸多限制条件。举例来说,多洛米蒂航空、欧洲之翼、汉莎城际快线及德国之翼航空公司都以干线航空公司"汉莎航空"的名义、使用 LH 代码进行运营。

随着整个行业继续朝着全球化市场方向转型,航空公司的劳资关系明显变得更为复杂。如第 11 章所述,世界各地的劳工法律各不相同,甚至同一地区的劳工法律间也会存在差异。由于劳工法律间几乎或根本没有共通性,随着全球航空联盟、全球并购、跨洋低成本航空公司的出现,以及全球航空公司之间以及航空公司内部资本流动更加自由,劳资间的紧张关系还将持续。缓解这种紧张关系可能是那些寻求持续盈利能力的航空公司面对的最关键挑战,因为没有员工的参与,通过创新的规划和运营措施产生效益就根本无法实现。

最后是航空安全与安保问题,虽然自 9·11 事件以来,这两个方面都已取得了巨大的进步:机场安检人员数量增加,安检培训加强,全部托运行李都必须接受爆炸物筛查,然而"目前的做法是否足够?"以及"目前的做法是否正确?"这两个问题依然找不到答案。严格的安检造成机场旅客处理时间不确定,旅客认为乘机过程"过于麻烦",都将持续的对航空出行需求、特别是短途出行需求产生不利影响。对航空公司而言,安检流程会增加运营成本,甚至导致与安检流程有关的航班取消或延误发生。

9·11 事件已过去 10 多年,余威犹在——有专家认为,假如未来 20 年内全球航空旅客数量翻番的预测准确,那么机场安检的速度或效率就必须获得大幅提升(IATA,2014)。在美国,在预先识别和预检"已知旅客"项目的推动下,安检的整体时间明显缩短,也为越来越多的旅客提供了方便,但这种方法还是会降低安检的精确性和警觉性,如第 12 章所述。还有一些专家担心削减已有安检措施会导致未来恐袭的风险增加,甚至有可能最终毁掉整个行业。

17.2.2 基础设施与环境问题

无论在美国国内还是在国际上,未来全球航空业发展需要面对的两个最关键问题是:机场与空中交通管控基础设施的容量不足,以及运营维护或扩建此类基础设施的成本持续上涨。如果不能大幅投资扩建基础设施,整个行业的发展速度就会被拖慢,并且客户体验会越来越差。目前的基础设置肯定难以应付未来航空旅行需求的预期增长,这对全球航空业中几乎所有干系人都会产生重大的影响。

9·11 事件之后,全球最繁忙机场的拥堵与航班延误情况只得到了短暂的缓解,而且目前这种缓解效果也早已结束。2007 年美国航班延误数量达到创纪录水平,此后因受到 2008 年金融危机以及 2010 年后大型航空公司实施"运力规模效应"策略的影响,整体的航班数量有所下降,航班延误也保持在相对较低的水平。本章前面曾提及,"运力规模效应"策略的效果能否持续尚未明确。很有可能,当未来几年大型机场的航班数量出现小幅增长(如 10%~15%)后,大规模延误的情况又会卷土重来。在美国以外,空中交通拥堵正在迅速发展成一个全球性问题。在中国,主要机场的平均航班延误时间通常超过 1 小时,是当前比较突出的例子之一。欧洲、亚洲以及中东地区的许多重要机场的交通量也已近乎饱和,经常出现航班长时间延误的状况。

造成这种状况的原因多种多样,其中最重要的是:很多机场的跑道数量不足、空中交通管制系统的能力不足或已非常陈旧。此外还有许多"技术"性原因,如在那些最繁忙的机场上航班计划未进行有效的同步协调,航班计划间的空隙过于精确以至于不能吸收局部延误而导致延误扩散,当旅客遇到错过联程航班或航班取消的情况时,处于历史高位的客座率实际上阻碍了及时重新安排旅客。这些因素叠加起来,导致旅客行程中断及延误增加,甚至到达历史最严重水平。机场航站楼内产生的延误,主要由于安检流程和程序的强化,也会进一步加剧基础设施拥堵的问题。

这类问题的解决需要大量的组合投资,包括增加空域,尤其是扩大机场容量,加强对空域和机场需求的管理以及对现有容量更好的管理和利用。然而遗憾的是,至少在中期(10 年)内,北美及欧洲机场运力方面出现实质性缓解的前景并不理想,虽然联邦航空管理局和全球其他空中导航服务提供商一直在采取多种措施、努力增加航路空域的容量。他们在某些领域也获得了一定的成绩,但是整个航空运输体系真正的瓶颈在于主要商业机场的跑道系统以及跑道周边的空港空域的容量限制。

当需求以恒定速度持续增长时,有效提高机场跑道系统容量的唯一清晰路径就是在已有机场中新建跑道系统,或者在同一个大都市范围内新建机场。可惜不论在北美还是在欧洲,获准建设新跑道或新机场,并等到跑道系统或机场最终投入使用,是非常困难并且耗时的事情。与此形成鲜明对比的是,亚洲几乎所有的最繁忙机场(见第 13 章)目前都已计划新增至少一条跑道系统,而迪拜、卡塔尔(已完成)以及伊斯坦布尔都正在建设具有庞大运力的新机场——这必将为新兴的中东航空公司增强竞争力提供强大的助力,同时使得欧洲大型航空公司与他们竞争更加困难。

如第 14 章所述,北美、欧洲以及其他地区都在努力推动空中交通管制系统的现代化改造。遗憾的是,其中一些地区的进度因资金不足已远远落后于计划。此外,各家空中导航系统供应商还未能提供有说服力的案例,说明空域使用者能从这类现代化系统中获得何种好处。因此,航空公司及私人飞机所有者尚未开始对航空电子设备进行必要的投资。

很多机场需要对陆侧设施进行大规模投资。由于每个机场既是旅客行程的开始之处也是行程结束的地方,需要不断改善旅客在机场的服务体验,减少等候时间,并改善与航空出行的地面交通有关的诸多不便之处。除了安检程序(安检也是当前陆侧的主要"瓶颈"),与行李相关的服务也需要持续改进,这一领域常常常被旅客拿来说事儿,被认为是机场体验中最易出问题的环节之一。

运维现有机场、扩大机场容量或者建设新的机场都需要巨大的投资,这是促成机场私有化趋势的主因之一:自20世纪80年代以来世界许多地方(由于法律原因,不包括美国)都出现了显著的机场私有化趋势。航空基础设施(机场和空中交通管制系统)成本快速增长的另一个后果是,直接向航空旅客及货物征收更多税费的趋势。目前,用于支持基础设施建设及安保的各项税费,使美国国内航空机票的平均成本提高了约15%,欧盟的情况大致相同。在很多情况下,航空公司补偿机场的传统方式已不再适用,并面临着多方的挑战。

如果不能大幅度提升航空基础设施的容量,机场和国家民航管理当局也许就不得不采取更加严格的"需求管控"措施,如时刻的使用限制、收取拥堵费甚至拍卖大型机场的时刻使用权。在欧洲,这种做法已经成为趋势,但这会导致另一种行业监管形式的出现,即逐步演变为机场准入制甚至市场准入制。

类似的,航空业造成的环境污染问题日益严重,因而亟待解决。大多数预测结果表明,未来航空旅行需求的增长步伐很可能会超过研发降低飞机噪声及污染排放所需新技术的发展速度。近几十年来,噪声合规要求制约了航空公司运营,正在制定中的新排放标准以及监管规定必然会在未来对航空业产生更多的制约。采取更加严格的环境保护标准,能有效刺激厂商对新型飞机技术的研发,并迫使航空公司更快更有效地使用这类新技术。然而,如果不能帮助全球的航空公司维持或重获持续盈利能力,恐怕很多航空公司都将难以筹集到更新自己机队所需的庞大资金。

综上,每家航空公司能够生存下去并且成功的基础都是明确制定可持续盈利的运营及财务模式,只有实现持续盈利,才有可能对自身发展进行投资。管理者面对的仍是一个资本与劳动密集的行业,且整个行业仍会被周期变化的宏观经济力量所左右。此外,许多商业和战略决策仍将继续受到严格审查,航空业可能是全世界监管最严格的"管制放松"行业。

在过去的几十年中,长期的经济强劲增长以及政府的保护政策,掩盖了这样一个事实,即航空公司未能对管制条件下形成的业务模式做好重构或重新审视的准备。展望未来,全球航空市场不应该担忧个别航空公司的失败或兼并整合,相反整个行业已经多次证明,一旦市场竞争者出现了弱点或失误,那么新玩家就有可能乘虚而入,抓住机会一举成功。哪里有市场机遇,哪里就会有竞争者快速抓住机遇。与现在的管理者相比,未来的管理者必须基于全球性视野,而非只着眼于某区域,做出经营决策。

参 考 文 献

IATA (International Air Transport Association) (2014) *Economic Performance of the Airline*

Industry. 2014 Mid-Year Report. Available at www. iata. org.

MIT Airline Data Project (2014) http://web. mit. edu/airlinedata/www/default. html.

US DOT (United States Department of Transportation) (2014) *Air Carrier Financial Reports*: *Form 41 Financial Data*. Bureau of Transportation Statistics, Washington, DC. Available at www. transtats. bts. gov.

索　引